江苏高校"青蓝工程"资助出版

顾倬教育文集

（上册）

顾倬 著

施仲贞 张琰 整理

WUHAN UNIVERSITY PRESS

武汉大学出版社

图书在版编目(CIP)数据

　　顾倬教育文集/顾倬著;施仲贞,张琰整理.—武汉:武汉大学出版社,2023.12
　　ISBN 978-7-307-24142-8

　　Ⅰ.顾… Ⅱ.①顾… ②施… ③张… Ⅲ.顾倬—教育思想—文集 Ⅳ.G40-092.6

中国国家版本馆 CIP 数据核字(2023)第 221254 号

责任编辑:黄金涛　　　责任校对:李孟潇　　　版式设计:马　佳

出版发行:**武汉大学出版社**　　(430072　武昌　珞珈山)
　　　　　　(电子邮箱:cbs22@whu.edu.cn　网址:www.wdp.com.cn)
印刷:湖北金海印务有限公司
开本:720×1000　1/16　印张:53.75　字数:1084 千字　插页:7
版次:2023 年 12 月第 1 版　　2023 年 12 月第 1 次印刷
ISBN 978-7-307-24142-8　　定价:198.00 元(全二册)

施仲贞，男，浙江瑞安人。博士，教授，硕士生导师。现任职于无锡城市职业技术学院师范学院。江苏省"333工程"中青年学术技术带头人，江苏高校"青蓝工程"中青年学术带头人，江苏高校"青蓝工程"优秀青年骨干教师。从事中国文学、教育学研究。开设国家精品在线开放课程1门（排名第四）、国家虚拟仿真实验教学一流课程1门（排名第三）。获得省政府哲学社会科学优秀成果一等奖1项（排名第二）、二等奖2项（分别排名第二、第八）。获得市政府哲学社会科学优秀成果一等奖1项（排名第一）、三等奖1项（排名第一）。出版著作5部，主编省高校重点教材1部。发表论文40余篇，其中CSSCI期刊、核心期刊20余篇。

张琰，女，江苏无锡人。硕士，副教授。现任职于无锡城市职业技术学院科技处。担任《无锡高职教育研究》副主编。江苏高校"青蓝工程"优秀青年骨干教师。从事中国文学、教育学研究。出版著作3部，任副主编参编省高校重点教材1部。发表论文近30篇，其中CSSCI期刊、核心期刊4篇。获得省高校微课教学比赛二等奖1项（排名第一）。获得市政府哲学社会科学优秀成果三等奖1项（排名第二）。

名 家 评 论

謇于无锡谘访，而得顾君述之；尝一见之沪上，与之语，窥其蕴，肫肫然君子也。

——张謇

今述之既卓然于学界之中，为东南最有名望之教育家。

——陆士奎

顾君述之之为人也，庄重而沈重，劲气内敛，慎默寡言，造次颠沛，必于礼法；其教人也，简而有制，威而不猛；与朋友处，凝然肃然，吾敬之如严师。

——严修

侯君保三、顾君述之归自日本，无锡之新教育自兹始。

——裘廷梁

任职十年，所造就人才，遍布大江南北，远至秦陇；多遣子弟就学，声誉之美，推江南冠冕。

——章乃羹

先生之生亦有涯兮，而先生之教泽无穷。

——钱基博

余少年颇病狂易，而倬独渊懿纯厚，接之温然，若千顷汪洋之不可测也。

——蒋维乔

顾述之先生在朋辈中为实心实力服务社会者之一人。

——黄炎培

余谓顾公生平无赫赫之功，名位不及于全国，而为人严毅坚重，藻蕴不可测。方其生，隐然负一乡之望；及其殁，受其教育列门墙称弟子者遍邑中，皆有以自靖献。其斯以为一乡之士者欤？其斯以为天地之所以不毁、民物之所以常荣者欤？今之士志浮而气嚣，其驰骛于一国，颠倒于名位之煊濯者，闻顾公之风，其亦有所兴起而思以自反欤？

——钱穆

前　言

　　顾倬(1872—1938)，字述之，号云窝，江苏无锡人。生于清同治十年十二月十八日(1872 年 1 月 27 日)，世居无锡县城凤光桥(今无锡市梁溪区三凤桥)顾家弄。1938 年 7 月 7 日，不幸于长沙患痢疾逝世。终其一生，顾倬以其非凡的能力、先进的理念、成功的经验、卓越的成绩，在无锡乃至江苏教育史上写下了浓墨重彩的一笔，对无锡乃至江苏教育的发展做出了重要的贡献，"社会上称他是'江苏蔡元培'"①。晚年，他又从教育转入服务农村的金融业，极力扶持和帮助农民，"农家时誉之为万家生佛"②。黄炎培曾在《〈江苏无锡县农村经济调查第一集(第四区)〉序》中高度评价顾倬，云："顾述之先生在朋辈中为实心实力服务社会者之一人。"③

一

　　顾倬是明代名宦顾可久的第十二世孙。顾可久(1482—1561)，字舆新，号前山，别号洞阳，江苏无锡人。明正德九年(1514)进士，官至广东按察司副使。为官仗义直谏，不畏权势，曾两次遭廷杖。明隆庆四年(1570)，海瑞任应天巡抚时，为追怀他的老师，奏请在惠山史家弄内建顾可久祠。

　　据《无锡顾氏宗谱》记载，在无锡顾氏家族聚居的三凤桥顾家弄风流文采，代有传人，先后考中了六位进士。传至顾倬的父亲顾宽时，顾家虽门衰祚薄，但仍然保存着诗礼传家的大家风范。顾宽(1843—1874)，字硕甫，县学生。其文学、德行兼备，著有《达观楼诗草》。遭逢太平天国运动，顾宽的父亲顾钧居家迁居到兴化，后顾钧夫妇及长子顾容、次子顾觉先后不幸罹难，唯独三子顾宽幸免于难。同治三年(1864)，太平天国运动失败后，顾宽重新回到无锡顾家弄，但当时的顾家

---

　　① 薛暮桥：《薛暮桥回忆录》，天津人民出版社，2006 年版，第 5 页。
　　② 言卓君：《纪念一代师表顾述之先生》，见《梁溪忆旧·台北市无锡同乡会〈无锡乡讯〉选萃》，苏州大学出版社，2015 年版，第 73 页。
　　③ 顾倬：《江苏无锡县农村经济调查第一集(第四区)》，江苏省农民银行总行，1931 年版，第 1 页。

弄原本宽大的住宅早已被战火烧毁。此时的顾宽形单影只，生活极为困难。为摆脱生活困境，他应聘担任私塾先生，勤俭持家，以诚笃为世人所称赞。同治六年（1867），他娶同县国学生杜兆堂之女杜氏为妻，始知有室家之乐。杜氏（1837—1904），生于清道光丁酉（1837）九月二十七日，卒于光绪甲辰（1904）七月二日。三十一岁时，嫁给顾宽。过了一年，杜氏生下大女儿。再过一年，生下二女儿。然后，两个女儿都不幸夭折。三十六岁时，杜氏才生下独子顾倬。

（一）报恩有道

顾倬三岁时，其父顾宽不幸患肺病去世。此后，其母杜氏茕茕子立，形影相吊，家庭的重担瞬间全然落在她一个弱女子身上。但杜氏强忍悲痛，临危不乱，以坚韧之毅力面对万难之遭遇，发誓独自抚养其独子长大成人，以告慰其夫顾宽。于是，她在家中开设私塾，收点学费，并做些针线活，添补家用，以维持生计，再造家室。她平常生活虽窘迫，身体虽有恙，但绝不肯轻易向人诉说贫困和病痛，更不肯轻易求助于人或受人馈赠。

在顾倬的成长过程中，杜氏把自己毕生心血和唯一希望寄托在他的身上，故对他的教育显得极为严苛。黄炎培云："盖凡为人母，食之而唯恐饥，衣之而唯恐寒也；而述之之母，食之而唯恐过饱，衣之而唯恐过暖也。抑凡为人母，教之而或过慈也；而述之之母，教之而唯恐不严也。"[1]从顾倬小时候起，杜氏就十分注意他的一饮一食、一言一行，严厉教导他不许私食，不许私蓄钱，不许与他儿相冲突。平时，顾倬偶有违背礼法家教，杜氏决不容宽恕。有一次，姑母来探亲，虽家徒四壁，但杜氏仍设置佳肴以招待她。当杜氏发现顾倬偷偷在旁边看着菜肴时，大发雷霆，误以为他口馋贪吃。于是，她就把顾倬拎到后园大加挞伐，并厉声斥责道："吾所期于此子者如何，乃垂涎如乞儿，吾无望矣！"[2]

顾倬四岁时，杜氏教他识字，并口授唐诗。五岁时，杜氏让他进私塾学习，在家命温课所习倍于他儿。有一天傍晚，顾倬从私塾回来，杜氏就命令他点灯学习。顾倬当时稍作犹豫，正好姨母在身旁，就乞求稍等，姨母也为他说话，不料杜氏不予理会，云："吾仅此一子，可成不可败，训之不严将奈何？"[3]待顾倬稍长，杜氏时以"毋坠家声"之语相激励，并谆谆教导他不欺、不苟且、与人以信，而尤鼓励他知恩图报。九岁时，杜氏命令顾倬师从龚叔度。龚叔度学问、道德为无锡一时魁杰，主张学问要经世致用，学习西方的富国强兵之术。由于龚氏十分敬重杜氏的为人，加之顾倬志向远大、勤奋好学，故尤其钟爱顾倬。"十岁，群经读毕，接读古

① 顾倬：《顾母杜太君懿范录》，石印本，1936年版。
② 顾倬：《顾母杜太君懿范录》，石印本，1936年版。
③ 顾倬：《顾母杜太君懿范录》，石印本，1936年版。

文辞。稍能自动，师出朱子《小学集注》《名臣言行录》《国朝先正事略》等书，置余案头，任其展读。师所交接，多品学兼备之士，又得饫闻诸名人之绪伦，融融于春风爱日之中。感化之神，殆出于不自知。"①十四岁时，龚叔度去世，顾倬因家贫而无法再从师，故在家课徒自给。在杜氏的严厉管教下，顾倬愈加发奋图强，力求精进。二十一岁时，成为县学增生。二十四岁时，肄业东林书院，受知于陶云组。三十一岁时，肄业南菁高等学校，受知于丹徒丁叔衡。三十二岁时，和侯鸿鉴、秦毓钧一同公费留学日本，入日本弘文学院②师范科学习一年。三十三岁时，被任命为东林小学校长，当年杜氏去世。

可以说，顾倬的学识和成就固然有其天分，加之勤奋，但若离开其母杜氏的言传身教，恐难以至此。对此，顾倬感触最深，云："先姚一生以人世罕有之孱躯，处人世难堪之境遇，而百折不挠，卓然自立。倬行能无似，然犹得崛起孤寒，不辱先德者，三十年家庭教育之力也。"③也正如杨寿柟所言："述之生三岁而孤，单门素族，家无宿储，以养以教，俾玉于成，实惟母氏之力。"④为感念杜氏的教导之恩，传扬杜氏的教育之术，顾倬特意编撰《春晖小识》一书，全书分为家世、女德、妇道、母教、懿行嘉言。由此可见，顾倬真可谓有孝子之心也！

（二）教子有方

顾倬十九岁时，与原配杨氏结婚。杨氏先后为顾倬生育二子，即长子顾复、次子顾志韩。二十九岁时，原配杨氏去世。三十岁时，与继室侯氏结婚。侯氏曾任无锡佛教学会副会长，先后为顾倬生育二子，即三子顾衡、四子顾循；生育四女，即长女顾淑英、次女顾静英、三女顾清侣、四女顾幼彤。

顾倬跟母亲杜氏一样，极为重视子女的教育。顾倬云："父母无不爱其子女。然必能教子女成人，乃为真爱。若惟以养其口腹、顺其性质为事，是非爱之，而适以害之。"⑤无论如何，不管是儿子还是女儿，顾倬都煞费苦心把他们送到学校去培养，甚为开明，极有远见。长子顾复（1894—1979），字震吉，于中学毕业后留学日本，先后就读于日本东京第一高等学校、名古屋第八高等学校、东京早稻田大学、东京帝国大学，1920 年获东京帝国大学农学学士学位。归国后，顾复曾在东南大学、中央大学、中山大学、江苏省立教育学院等单位工作，在农业研究方面做

---

① 王树棠、张捷：《本校纪事》，《江苏省立第三师范学校校友会杂志》，1915 年，上期。

② 弘文学院，初名亦乐书院，由日本教育家嘉纳治五郎创办，是日本最早专门接受中国公派留学生的学校。后来，为了避乾隆帝御讳，学校改名为宏文学院。

③ 顾倬：《顾母杜太君懿范录》，石印本，1936 年版。

④ 顾倬：《顾母杜太君懿范录》，石印本，1936 年版。

⑤ 顾倬：《通俗教育谈》，沈恩孚校订，中国图书公司光绪三十三年（1907）版，第 20 页。

出重要贡献,曾受到国家领导人的接见和表彰。著有《农村教育》《作物学泛论》《作物学各论》《农具学》等论著。次子顾志韩(1897—1899),不幸夭折。三子顾衡(1909—1934),毕业于东南大学附属中学,肄业中央大学理科。曾任中共太和县委书记、中共南京特支书记、中共南京市委组织部长等职务。后因叛徒出卖,顾衡不幸被捕,于南京雨花台慷慨就义,成为著名的雨花台烈士。顾衡牺牲后,顾倬悲痛地写下一首挽歌:"世间血性真男子,壮志成城百不回。俯仰只求无愧怍,冰霜风雪任残摧。"四子顾循(1916—1986),曾用名郭钦,1937年毕业于复旦大学,曾任中共孝感县委书记、新四军五师政治部组织部部长、中原军区政治部组织部部长、东北军区公安军政治部主任、广东省机械工业厅厅长、广东省科委副主任等职务。长女顾淑英(1905—1910),不幸夭折。次女顾静英(1907—1936),中学毕业,嫁给顾倬朋友蔡松如的长子蔡劫存,不幸病逝。三女顾清侣(1913—2004),中学毕业,肄业中央大学,嫁给苏州汪凤瀛四子汪楚宝。汪凤瀛是晚清时期张之洞的重要幕僚。汪楚宝(1909—1984),字季琦,毕业于中央大学土木工程系。1931年,汪楚宝加入中国共产党。他长期从事革命活动,1949年后先后担任上海市工务局副局长、北京中央设计院副院长、北京工业建筑设计院副院长等职。四女顾幼彤(1918—2004),又名顾炜,中学毕业后,入同济大学医学院学习,后成为小儿科医学专家。

(三)功德有成

顾倬一生阅历丰富,勤勉行事,功德有成。古人称立德、立功、立言为人生三不朽,顾倬都做到了。他亲自创办过多所学校,参与筹办过图书馆,担任过编辑、校长、政府职员、董事、银行经理等职务。各项工作都干得有声有色,自然是有口皆碑的。1898年5月11日,他与裘廷梁、吴荫阶、汪赞卿、丁仲祜等于无锡创建白话学会。白话学会以广开民智为宗旨,并刊行《无锡白话报》(后易名为《中国官话白话报》),是中国最早的提倡白话文的团体。1904年,他从日本留学回国后,担任东林小学校长。1905年,他与侯鸿鉴在无锡北门外竹场巷钱业公所创办商余补习学校,为开创无锡地区职工教育之先声。为满足儿童入学要求,他于1906年筹办新民小学,先租赁吴姓屋,开学后旋在锡巷建筑校舍,并迁入。1907年,他兼任上海中国图书公司编辑。1908年,他与华实孚、蔡松如于城中锦树里合办女子职业学校。1909年,他赴天津直隶提学使署任普通教育科长。1910年,他和孙锡皋当选为锡金教育会正、副会长。宣统三年正月(1911年2月),江苏省谘议局议决在无锡筹办官立"江苏第三师范学堂"(无锡城市职业技术学院前身),定开办费为五千两,经常费为一万二千两,时任江苏提学使樊文宗委任顾倬为学校监督。"顾无相当校舍,遂致一时未能开办。而吾省士绅深恐校务不积极进行,则已定之案且归打消。多方催促,务于暑假后开校。不得已乃牺牲四年前所自经营之新民小学，捐入本校，于其四周购田二十余亩，即行开始建筑。"①为了解决校舍问题，保证顺利开学，顾倬在无偿捐出自己创办的新民小学的基础上，仿效日本东京师范学校，积极扩建学校。经过三个月的努力，学校于宣统三年七月二十五日（1911 年 9 月 17 日）正式开学。民国元年四月（1912 年 4 月），学校改名为"江苏省立第三师范学校"，顾倬被任命为学校校长。江苏省立第三师范学校是当时无锡的"最高学府"，它比 1921 年开馆的无锡国学专修馆早十年，比 1947 年成立的私立江南大学（江南大学前身）早三十六年。1912 年，他参与筹建无锡县立图书馆，与秦琢如担任筹建经董。同年暑假，苏教育会开全体审查大会，他被推举为国文科主任。1913 年，他创建了"江苏省立第三师范学校附属小学"（江苏省无锡师范附属小学前身）。1920 年，他受邀担任私立无锡中学（无锡市第三高级中学前身）董事。1926 年，他受邀担任匡村学校（江苏省锡山高级中学前身）常务校董。同年，黄炎培等组织人员在南京成立"联合改进农村生活董事会"，顾倬与赵叔愚、杨卫玉、冯梯霞、唐御仲五人被公推为组织调查设计委员会委员。1927 年，他受邀担任无锡国学专门学院董事。1929 年，他担任江苏农民银行无锡分行经理。1937 年，抗战全面爆发后，他避居长沙，集合同道筹办商业专科学校。此外，他还担任过《义务教育》《小学教育月刊》等期刊主编。

（四）著述有声

顾倬生平谨慎坚毅，崇实黜华，纵谈治乱，尤为关注教育及民生。他乐于将自己的所见所闻、所思所感诉诸笔端，在学术研究、诗文创作、外文翻译等方面均取得了丰硕的成果。他主要编撰了《初等小学国文课本》《高等小学国文读本》《初等小学修身范本》《初等小学修身课本》《初等小学修身教授本》《通俗教育谈》《小学各科教授法》《简明单级教授法》《幼儿保育法》《学潮研究》《春晖小识》《顾母杜太君懿范录》《云窝文存》《云窝诗存》《农民银行之性质与责任》《江苏无锡县农村经济调查第一集（第四区）》《顾氏宗谱》等著作，并翻译了日本学者小泉又一的一部著作——《教育学》。1919 年，他参与撰写了由薛明剑主编的《无锡指南》，该书是第一部系统介绍无锡人文历史、地方经济、风土人情的书籍。同时，他还在各类报纸杂志上发表了大量学术作品和文学作品。

二

早在 1903 年，顾倬在给张竞良《万国教育通考》所作的序言中就指出，教育是

---

① 　顾倬等：《五周年纪念会讲演记录》，《江苏省立第三师范学校校友会杂志》，1916 年，上期。

立国之基，是立人之本，云："国非教育不立，人非教育不生；教育者，其新民之管钥哉！方今地球万国，无不以教育争胜于天演界。"为此，顾倬提出要想办好教育，一方面要坚持国粹，另一方面要进行欧化，云："夫一国之国民，必各有其特性，钟于地理之现象，胎于历史之遗传，深根固柢而不可拔；矧此数千年中列代圣贤豪杰之微言大义，与夫法制规模之历久不能易者，当一一保而守之，扩而充之，是为国粹。今日地球教育之主动力，操之欧西；凡哲理之精微、科学之发达，多吾国所未备，而实为人人当共知共能之学问，如布、帛、菽、粟之不可一日离，是为欧化。故居今日而言教育，必研究国粹、欧化之两大问题，列孔、墨、老、庄、苏柏亚及近代之廓美纽司、陆克、庐骚、康德、海尔巴脱、斯宾塞诸人于庭，度量其方法，比较其意见之孰是孰非，孰得孰失；更按以吾国民之特性与今世界通行之教育目的，当孰从而孰违，孰因而孰革，如衡之平，如鉴之空，不爽累黍，以定今日教育国民最大最新之一主义。"①顾倬的这种调和"国粹"和"欧化"的教育思想，在当时是相当有先见之明的，并始终贯穿于他一生的教育实践中。事实上，顾倬任职江苏省立第三师范以及其附属小学期间，在学校治理方面取得了令人瞩目的成绩，"长校十年，誉满江南；所造多士，蔚为良材"②。

（一）订立规章制度

顾倬参照日本学校的管理条例，主持制定了学校管理的各项规章制度，包括《江苏省立第三师范学校暂定简章》《教育实施顺序》《本校教育方针》《职员服务及待遇章程》《校务分掌规程》《图书品物保管规程》《文书表册处理规程》《清洁法施行规程》《生徒体格检查规程》《起居作息规程》《褒赏惩戒规程》《学年历》《宿舍事务分掌规程》《宿舍编制规程》《宿舍生徒服务规程》《自习室寝室规程》《生徒请假规程》《生徒调养规程》《卫生部规程》《贩卖部规程》《室长会规程》《教室管理规程》《教授研究会规程》《训育研究会规程》《生徒学业成绩查考规程》《生徒性行考查规程》《生徒出席缺席调查规程》《教员缺席补课规程》《教生实习规程》《学校园管理规程》《学校园实习规程》《生徒旅行规程》《级长值日生服务规程》《级长会规程》《附属小学教育研究会规程》《附属小学设施要项》《本校分科研究规程》《校友会规章》《暑期国文研究会简章》《函授国文概要》《乙戊学级会自治会概览》《暂定高等科学级联合会组织大纲》《江苏省立第三师范学校学生会章程》等。这些规章制度的订立，大大提升了管理水平，提高了教学质量，从而保障了学校日常工作的正常运行。

① 张竞良：《新编万国教育通考》，上海明权社光绪二十九年（1903）版。
② 章乃羹：《顾君述之诔》，见《顾公述之追悼会特刊》，1948 年 8 月 1 日。

(二)打造良师队伍

自筹建学校以来,顾倬就十分注重教师队伍建设,包括校长自身和普通教职员。首先,校长示范。作为校长,顾倬对自己更是严格要求,真正做到"学高为师,身正为范"。他认为,"一校之良否,实集中于校长"[1],校长"不可无高尚之道德""不可无相当之学识""不可无教育之经验""不可无行政之经验"。[2] 校长在选聘教职员时,不能全部使用自己的新知旧识;对于各方面所推荐者,应该细加探访;即使是校内同人互相荐举,也应防止出现尾大不掉之危害。[3] 其次,选聘良师。他特别强调教职员的人格、道德,学识及教育上的经验亦需兼备,"教职员须爱护学校,为学生之模范,宜负责任,富研究,俾教学相长"[4],"其责任虽次于校长,然均有各局部之职权,即均有各局部之责任。虽降至事务员,对于学校亦各有相当之责任。全体教职员合而为一有机体,藉令有一人不能称职,则局部病而其害于全体,以故教职员不可不自重自尊"[5]。虽然有时因自己要求过于严苛而得罪人,但他仍不改初衷,坚持选拔、任用德才兼备者,云:"交道之不终,吾则自知罪矣!然吾宁获罪朋友,而不愿朋友之暱就于我,长傲纵欲,以贻误后生,贻误教育。吾望朋友为当代之人师,而不能陷朋友为教育之罪人。知我罪我,任之而已。"[6]在他的感召下,一批著名学者如顾实、钱基博、吴涤楼、徐彦博、沈昌直、胡汀鹭、黄淡如、向宾讽、陈纶、华绂言、李康复、王云轩、钱穆、施之勉等来校执教,从而保证了学校良好的师资水平。此外,组织考察。为了提高教职员的操行素养和业务能力,在办学经费十分紧张的情况下,仍派遣教职员去日本相关学校考察学习,以及去省内外其他学校参观交流。仅从 1912 年到 1913 年间,他就先后 4 次派遣校内教职员到日本考察教育,一些教职员撰写发表了自己的参观考察报告,如陈纶《考察日本师范教育之报告》、顾鼎铭《参观日本师范学校乐歌教授之概略》等。他本人也分别于 1912 年和 1919 年去日本参观考察,先后撰写了《东游日记》《参观日本教育报告》等。

(三)完善经费开支

顾倬主持校务期间,正恰逢军阀混战之时,办学经费经常十分拮据。为此,顾

---

[1] 顾倬:《校长覆谢景灏书》,《江苏省立第三师范校友会丛刊》,1920 年,第 4 期。
[2] 顾倬:《学潮研究》,中华书局,1922 年版,第 68-75 页。
[3] 顾倬:《学潮研究》,中华书局,1922 年版,第 75 页。
[4] 顾倬:《学潮研究》,中华书局,1922 年版,第 122 页。
[5] 顾倬:《学潮研究》,中华书局,1922 年版,第 75 页。
[6] 钱基博:《顾述之先生哀辞》,见《顾公述之追悼会特刊》,1948 年 8 月 1 日。

倬运用自己的财政专长，通盘考量，想方设法撙节开支，以保障学校正常运行和师生的良好发展。后来，他对自己的学校财政管理经验进行总结，云："窃谓编制预算时，校长必须征集各局部进行意见，然后配置款项。惟是校内教职员明瞭财政实况，有财政经验者绝少。综各局部之所主张，必与财政实况距离甚远。孰缓孰急，校长必加以制裁，而分别为各局部说明之。泊乎预算既经议会官厅之核准，在今日必有减无增。则校长不得不将编造总数与核定总数即行公布，而各项支配，则斟酌变通，取断然之处置，万不可再与各局部公商公决。盖公商公决，各局部必不肯想让，则适起纠纷而处置难矣！若夫平日于财政支付，当然负有监督之全权，本身立足地步既须极清，而会计员开列账目，亦不容稍有含糊。现金出纳之簿，必须勤于抽查。按月之支出计算书，尤须督令按时编造而审核之。凭证须严防假伪，现款须严防影射挪移。即如债息等项，或有不能开报之款，亦惟有设法将无须开报而可活动支配之款项，从事通销，未便以之牵动正项。按月校中收支总数及存欠总数，必令收支员逐项开列，清造对照表以备考查。"①针对当时社会盛唱"经济公开"的说法，顾倬则从学校管理者的角度出发，提出了自己不同的看法，认为经济公开的方法不应该是"在上者不负监督之责，而欲在下者监督之"②，云："教育行政人员对于经济上所负责任，其一为坚社会之信用，其二为标个人之道德。人人出入分明，即人人能受社会之尊敬、赞助，而教育事业可以积极进行。此则经济公开之要旨也"，"地方各团体组织会计会议，互相监督，而并以监督官厅。凡教员、行政人员悉负应尽之责任，而于额定预算内，仍人人伸缩自由；为之属者，则绝对不容置喙"③。

（四）创新组织机制

为了办好师范教育，让学生获得更多成长、成才的锻炼机会，顾倬对学校的组织机制进行创新。首先，支持成立学生会。经过几个月的考察，顾倬决定改组舍务，支持成立学生会，辅助培养学生自治能力："以本校为新潮流之试验品。遂于寒假开校以后，提出舍务一部分，大变更其固有之组织，以学级会为中心，由各学级公推代表，联合组织学生会，而付之以自治权。"④1920年3月27日，江苏省立第三师范学校正式成立学生会，顾倬出席致辞。他认为，学生会不是奔走国事的机关，也不是干涉学校行政的机关，但学生会有几项重要责务：一是养成互助精神，二是确定法治基础，三是促进文化事业。在他看来，"学生宜以学业为前提，尽心

---

① 顾倬：《学潮研究》，中华书局，1922年版，第74-75页。
② 顾倬：《学潮研究》，中华书局，1922年版，第75页。
③ 顾倬：《经济公开》，《义务教育》，1922年，第11号。
④ 顾倬：《勖本校学生会》，《弘毅日志汇刊》，1920年，第2期。

研究科学。自治重精神，不重形式"①。然而，随着社会局势剧烈变化，加上其儿子顾衡后来不幸牺牲，顾倬的观点也逐渐有所改变，"始觉察到仅谈教育不问政治为非计"②。他在1935年12月4日为怀念其儿子顾衡而写的《祭衡儿文》中写道："汝爱国，余亦爱国。四十年来忧国家之积弱、社会之不良，初欲以教育报国，继欲以扶助农村，尽国民之天职，而不与问政治，故尚不致招人之忌，然亦终无补时艰。汝曾告余不注意根本办法而枝枝叶叶以为之，绝对无成功之望，不幸言中。"③

其次，倾力组建校友会。1912年9月，在顾倬的筹划下，校友会正式成立，初设学艺、运动两部。1913年，校友会之组织已推广为总务、图书、运动、学艺、谈话五部。经过不断发展，校园之规画、图书之购置、运动品物之消耗、杂志之印刷、娱乐室之布置、指名制作之教便物、远足开会等费用，均由校友会会费支付。即使学校正项开支，有碍难报销者，也往往用校友会会费来弥补。"是校友会不惟能自立，且隐为学校之尾闾矣！诸生中之办事干才，亦于会务养成者为多。"④1916年，校友会之组织又合并为总务、学艺、运动三部，会长由校长兼任，部长由校长推举职员担任；部长之下，设干事长，由全体学生按照资格互相推举，后由会长委任。此外，创办小学教育博物馆。顾倬认为，"师范教育以小学教育为前提，而小学教育尤重直观"⑤。早在1913年，顾倬去日本参观考察时，深感学校设立教育博物馆之必要紧迫，云："教育博物馆之设立，所以征集内外国教育制作品，以资各地人民之考镜，俾全国学校中种种设备有一定之标准而形式无不合宜。若幼儿知识之开，其得当与否，系乎玩具恩物者殊大。以适宜之品物陈列馆中，然后制作者得有所模仿，使用者得有所依循，蒙以养正，是谓圣功大矣哉！博物馆之成效也！"⑥于是，他在1917年筹办小学教育博物馆，组织师生调查教材，编定要目，实事制作，标本采集，号召捐赠，既为课堂教授充实了所需要的教具，又为本校师生及各地来校参观人士提供了观摩的场所。⑦对顾倬先生设立小学教育博物馆的贡献，张正三予以中肯的评价，云："其时去清末废科举兴学校之期未远，一般学校尚徒知

---

① 顾倬：《学潮研究》，中华书局，1922年版，第122页。

② 张正三：《顾述之与江苏省立第三师范学校》，见《无锡文史资料（第十六辑）》，中国人民政治协商会议江苏省无锡市委员会文史资料研究委员会，1987年版，第23页。

③ 顾倬：《祭衡儿文》，见《丹心谱——皖西北党史人物传（第二辑）》，安徽人民出版社，1992年版，第75页。

④ 顾倬：《江苏省立第三师范五周年之概况》，《教育杂志》，1916年，第8卷，第11号、第12号。

⑤ 《省长训令第一〇〇五二号（十月二十六日）：令教育厅长胡家祺》，《江苏教育公报》，1921年，第4卷，第10期。

⑥ 顾倬：《东游日记》，《教育研究》，1913年，第3期、第4期。

⑦ 顾倬：《告毕业同学》，《江苏省立第三师范学校校友会杂志》，1917年，上期。

重书面材料之教学，而先生能作出创建小学教育博物馆之具体措施，在教育上开辟直观教学新途径，风气所开，引起本省教育界之普遍重视，对于省内中小学教学质改进，亦发生一定的影响。"①

三

顾倬认为，"学校良，则为造就人才之所；学校不良，则牺牲青年之屠宰场耳"②，"然而，学校之真正成绩，决不在职员而在同学"③。经过顾倬十余年的匠心擘画，江苏省立第三师范学校取得了长足的发展，不断为国家、社会培养了大量优秀的人才，逐渐成为当时一所全国颇负声望的师范学校。1914 年，当时的教育部对江苏省的学校教育情况进行视察，在考察完几所师范学校后，得出了结论，云："校风严整，学科完善，以无锡第三师范为优。"④1918 年，当时的教育部还给江苏省立第三师范学校颁发了"教衍东林"的匾额，并给顾倬颁发了三等奖章，以示肯定和鼓励。⑤ 从 1919 年起，学校生源涵盖无锡、宜兴、武进、江阴、靖江五县。由于学校教育质量受到各界的好评，学校毕业生的发展前途也比较好，除了一部分继续升学深造外，大部分都成为当时无锡市教育界的骨干成员。沈澄清《无锡县施行义务教育之实况(十一年十月调查)》："全市公私立校长及教员，三师毕业者居多数，其实施上之成绩亦颇好。"⑥此即是明证。由此可见，顾倬的师范教育尤为成功。

(一) 改革学制课程

江苏省立第三师范学校以"造就高等小学、初等小学教员管理员，并养成共和国民之模范"为宗旨，"入学者以行端体健，年在十五岁以上二十五岁以下，曾在高等小学毕业或有同等之程度者为合格"，"入学后试习三月，合格者留校修

---

① 张正三：《顾述之与江苏省立第三师范学校》，见《无锡文史资料(第十六辑)》，中国人民政治协商会议江苏省无锡市委员会文史资料研究委员会，1987 年版，第 23 页。

② 顾倬：《江苏教育进行之再商搉》，《义务教育》，1922 年，第 3 号。

③ 饶锺灵：《校内纪事》，《江苏省立第三师范学校校友会杂志》，1918 年，上期。

④ 舒新城：《中国近代教育史资料》，人民教育出版社，1981 年版，第 318 页。

⑤ 教育部：《咨江苏省长奖给第三师范等校匾额及顾倬等奖章文》，《教育公报》，1918 年，第 5 卷，第 5 期。

⑥ 沈澄清：《无锡县施行义务教育之实况(十一年十月调查)》，《义务教育》，1922 年，第 11 号。

业"。① 顾倬把学校的学制分为预科和本科，预科为一年，本科四年。预科、本科的课程设置，不断修改完善。1915 年，顾倬根据当时教育部公布的修正师范学校授课时间的要求，确定了预科设有修身、读经、国文、习字、外国语、数学、图画、乐歌、体操等课程；本科除了继续开设预科所设的课程外，还增设教育、历史、地理、博物、物理、化学、法制、经济、手工、商业等课程。② 师范生在校共五年，前面两年基础比较薄弱，还没具备自动学习之能力，故授课时间较多；到了后面三年，则基础更为扎实，故减少授课时间，使得他们有自己支配的闲暇时间于普通学科之外，专心研究兴味深、能力足的其他学科，以资深造。预科生，刚入学时，其国文、算学程度各有不同，这就成为教授学生上的最大阻力。因此，预科一年"均宜专重主科，其短绌者，尤宜与以适当之补习，而齐不齐者以使之齐"③，教育者当具有"一夫不获，时予之辜"的情怀。直到学生预科毕业时，是否准予学生升级，则要严格审核。除了预科和本科，他还根据当时城乡的具体情况，在江苏省立第三师范学校开设讲习科，"招收在职小学教师和乡村塾师，学习时间两年"④。讲习科设有修身、教育、国文、地理、博物、物理、化学、算学、手工、图画、习字、乐歌、体操等课程。正如于书娟、张玉晴所言："顾倬鉴于当时小学教育的缺点，结合历届毕业生任事期间所遇到的困难，对'三师'的课程不断完善，以期达到更好的教育效果。这种举措既顺应了当时的需要，又与学生的自身发展相结合，具有现实性和能动性。"⑤

(二) 注意研究教材

顾倬鼓励全体教师根据师范生的特性，认真研究教材，编制教授要目，"于普通学科减少无用之教材，以节省学生之精力；而即腾出学生有用之精力，俾钻研有用之学科"⑥，"兹也，课程标准、教材纲要大致公布，所望者从此而有适用之课

---

① 《江苏省立第三师范学校暂定简章》，《江苏省立第三师范学校校友会杂志》，1912 年，第 2 期。

② 顾倬：《改订本校课程之旨趋》，《江苏省立第三师范学校校友会杂志》，1915 年，下期。

③ 顾倬：《予之教授观》，《江苏省立第三师范学校校友会杂志》，1914 年，第 3 卷，第 1 期。

④ 杨兆昆：《顾倬——风范永存无锡城》，见《师范群英，光耀中华(第十一卷，上册)》，陕西人民教育出版社，1993 年版，第 3 页。

⑤ 于书娟、张玉晴：《顾倬师范教育实践研究及其启示》，《教育评论》，2019 年，第 3 期。

⑥ 顾倬：《改订本校课程之旨趋》，《江苏省立第三师范学校校友会杂志》，1915 年，下期。

本，各校科任教员又能善于运用，则短期师范之前途必有显著之进步"①。一时间，学校教师编订教材之现象蔚然成风。钱穆曾回忆当年在学校编订教材的情形，《无锡江苏省立第三师范》："子泉、颖若各自编讲义，余亦循例。"②顾倬本人也参与师范生教育相关教材的校订、审核工作，如参与校订由钱基博编写的教材《国文》、由秦毓钧编写的教材《教育学》、由杨保恒编写的《心理学》等。同时，他还亲自翻译了日本学者小泉又一的《教育学》，云："予于民国二年，在江苏第三师范学校，讲授《教育学》，遍搜国内通行课本，其能阐明理法繁简适宜者甚少，因求得是书日本明治四十三年订正本，译述应用凡有不合于吾国情及学制者则改易之，间亦采取他家之说，补其一二。"（《教育学·序》）③由此可见，顾倬在翻译小泉又一的《教育学》时，结合我国国情及学制要求，对原著内容作了部分修改，并补充了其他教育学家的一些观点，其目的是为了让此书更加适合我国师范生教育。

(三)注重校训教育

顾倬深受传统儒家思想的影响，力图从传统文化中汲取智慧，奉行孔子所谓"己欲立而立人，己欲达而达人"的观念，专门设立校训来教导学生。他给江苏省立第三师范学校定下"弘毅"校训，云："即就诸君今日就学时言之，必于师长之训诲、朋友之切磋，与夫一乡中父老兄弟之督责，均能容受，而后可以有成；必勉力前修，始终不懈，而后可以有成。此非鄙人之私见也。曾子不云乎：'士不可以不弘毅，任重而道远。'旨哉斯言！"④当时教员陈纶云："'弘'者，立己立人之意，即公共心也；'毅'者，决断之意，即责任心也。校长素抱此旨进行。"教员章伯寅云："本校训为'弘毅'二字，此孔门曾子之言也。弘者，真朴宽大之意，而著手做起，尤不可不谨小慎微；毅者，有恒之意，盖能任大事者必百折不挠，方足有为。诸君投身师范，目的在能普及教育。范文正所谓'先天下之忧而忧'，即诸君今日之地位也。若非弘毅，何以当此？是故弘毅者，诸君将来之绝大纪念也，其毋忘之！"⑤同时，他还给江苏省立第三师范学校附属小学定下"诚勇"校训，而"诚勇"二字就来自儒家经典著作，《大戴礼记·文王官人》："诚勇必有难慑之色。"⑥这种注重校训教育的做法，对弘扬中国传统文化、提升师生襟怀具有重要的意义。

① 顾倬：《本会创立二年之回顾》，《义务教育》，1923年，第17号。
② 钱穆：《八十双亲师友杂忆合刊》，见《钱宾四先生全集》，联经出版事业公司，1998年版，第136页。
③ 小泉又一：《教育学》，顾倬译，文明书局，1914年版，第1-2页。
④ 《校内记事》，《江苏省立第三师范学校校友会杂志》，1912年，第1期。
⑤ 王树棠、张捷：《本校纪事》，《江苏省立第三师范学校校友会杂志》，1915年，上期。
⑥ 王聘珍：《大戴礼记解诂》，中华书局，1983年版，第192页。

（四）重视品德教育

钱基博云：“制行之谨，不如同县顾倬、高文海。”①可见，钱基博高度肯定顾倬的德行。顾倬云：“盖余视学校为家庭，视同学为子弟，事事以学校为前提，求有益于诸同学，不过所期望于同学者切。故爱之以德，而不肯流于姑息。”②在江苏省立第三师范学校里，顾倬十分重视师范生的品德教育，“开校之初，即以淡荣利、耐劳苦、守纪律为倡”③。他认为，我国人民之所以贫困，心术之所以不正，实际上主要因崇尚豪奢而导致，“欲挽救之，全在教育者以反朴归真为己任，直接以化导学生，即间接以感格家庭、社会”④。根据钱基博回忆，有一次他与顾倬一起参加人家寿宴，归来途中遇到有人结婚，“从骑数十，仪仗夹衢，笙歌沸天”，当顾倬得知是杨仲元时，不禁蹙然悲叹道：“此吾弟子也！仲元以小学教师，月入几何，而娶妇华侈乃尔！吾虑其无以保终也！”后来，杨仲元果然以悲剧收场，当时大家都由衷叹服顾倬当初的远见卓识。⑤在顾倬看来，师范生“为第二代国民之母”，而自己“又为造就第二代国民之母之人”，因此责任重大。⑥师范生毕业后，将成为小学教师的主力军，而“造成有用有为之国民，振兴次代之文化，悉惟小学教员是赖”⑦。在顾倬看来，“教育以确立道德品性为最终目的，则训练之责务至重”⑧。实施训练的步骤依次是干涉、指导、监察和自动，而实施训练的最终目的是为了铲除固有之劣根性和养成自治能力。他指出，为了将来能成为一名合格的小学教师，师范生须有伟大的度量，“凡同志之批评、家庭之责备，均当虚心顺受，以力求进步。若讳疾忌医，自误误人，厥咎甚重”；同时，师范生在校期间应该要养成威重、勤劳、诚实、亲爱、聪明等品格。⑨为此，顾倬采取多项措施。首先，专门设立训育研究会。训育研究会主要研究校训之实践、训育之统一进行、生徒个性之考察，其集会包括：一为协议会，协议关于训育上种种事项；二为谈话会，有

①　钱基博：《钱基博自传》，《江苏研究》，1935 年，第 1 卷，第 8 期。
②　薛尊龄、徐鸿熙：《校内记事》，《江苏省立第三师范学校校友会杂志》，1916 年，上期。
③　顾倬：《江苏省立第三师范五周年之概况》，《教育杂志》，1916 年，第 8 卷，第 11 号、第 12 号。
④　顾倬：《再告毕业同学》，《江苏省立第三师范学校校友会杂志》，1918 年，上期。
⑤　钱基博：《金玉缘谱》，《伉俪月刊》，1947 年，第 1 卷，第 8 期。
⑥　顾倬：《江苏省立第三师范五周年之概况》，《教育杂志》，1916 年，第 8 卷，第 11 号、第 12 号。
⑦　顾倬：《说权利、义务》，《江苏省立第三师范学校校友会杂志》，1916 年，下期。
⑧　顾倬：《予之训练观》，《教育研究》，1914 年，第 8 期。
⑨　顾倬：《小学教师之修养》，《无锡教育杂志》，1913 年，第 1 期。

训诫生徒之事及考察生徒个性之所得，为相互之通知。① 他本人经常对学生发表训词，并邀请校内外知名人士对学生进行训育。其次，重视生徒性行考查。顾倬认为，"三育之中，惟德最难"，"将来诸君毕业，亦须道德、知能、体格三者兼备，乃授以毕业证书。若品性不能粹美，即使学业优胜，体力坚强，亦只给学科修了证书，断不任谬种流传，贻祸学子也"。② 为此，他还特意主持出台《生徒性行考查规程》。该规程规定，学级主任教员随时以周密之观察及他职员之报告，记载于性行考定簿；学级主任于每学年终之前三周填写《性行考定表》，经教务处主任提出于校长；性行总评，凭考查之结果，分别为甲、乙、丙、丁、戊五等，丁等以上留校，戊等退学，但在毕业时列丁等者停止毕业。③

(五) 培养知识技能

顾倬对师范生知识技能的培养尤为看重。他认为，小学教师虽不必寻求广泛通晓各种知识，但必须具备其职务上应用之知识，具体包括普通科学、国民常识、社会状况、教学经验、保养身体等。④ 在培养师范生知识技能方法方面，他进行了多方有益的探索。首先，推行分科研究。对此，陶行知予以高度肯定，《师范教育之新趋势》："师范教育，当发展各人的特长，以适合社会上的需要。例如江苏省立第三师范学校的分科研究制，是很好的师范教育。"⑤顾倬提出，师范生于普通学科之外，再精研一二学科，以养成完备之生活能力；师范生万不可有依傍教师之心，对于不懂的事物，均须自己查书，自己质之师友。⑥ 需要注意的是，"普通各科以合度为主归"，任教老师应当互相配合，不能因本科之故而妨碍他科教学，灭损他科成绩。基于此，他主张各科进程须预定，各科进程时为系统的协商，各科教式均取开发主义，各科均注意学困生之救济法，各科均注意生徒笔记。⑦ 其次，重视国文教学。他认为，文学是科学之管钥，"国文一科于师范生之前途关系绝大"⑧，

① 《训育研究会规程》，《江苏省立第三师范学校校友会杂志》，1915 年，上期。

② 周永嘉、汪光文：《校长训话》，《江苏省立第三师范学校校友会杂志》，1912 年，第 2 期。

③ 《生徒性行考查规程》，《江苏省立第三师范学校校友会杂志》，1915 年，上期。

④ 顾倬：《小学教师之修养》，《无锡教育杂志》，1913 年，第 1 期。

⑤ 陶行知：《师范教育之新趋势》，《时事新报·学灯》，1921 年，10 月 22 日。

⑥ 顾倬：《对于分科研究之管见》，《江苏省立第三师范学校校友会杂志》，1917 年，上期。

⑦ 顾倬：《予之教授观》，《江苏省立第三师范学校校友会杂志》，1914 年，第 3 卷，第 1 期。

⑧ 顾倬：《江苏省立第三师范五周年之概况》，《教育杂志》，1916 年，第 8 卷，第 11 号、第 12 号。

"青年时代，其所以当注重文字者，实以文字为各科学之邮。冀文字贯通，各科学能吸收亦能发表故也。而师范生为尤要"①；然而，"今日之师范生，或毕业于办理未完善之小学，或并未毕业，根柢既至浅薄；在校数年，统计国文教授之时间既已甚少，而日日纷心科学，自修时刻又不获增加，自非上智，收效之难亦固所宜"②。为了提高师范生的国文水平，他甚至提出，"各科教员于处理学生成绩时，并订正其文辞之谬误，订正后送国文教员覆核发还；国文教员则于指导规范文字外，力求与各科学相联络，俾学生得以所吸取各科学之菁华，时时发展于文学中"③。不仅如此，他还专门开设国文研究会、国文函授社，供学校毕业生继续研修国文。再次，开设讲演会。他认为，"师范生毕业以后，出任小学教员，于口才之良否关系甚大。且以现今状况论之，任学校教员者不得不兼顾社会教育，则口才尤为重要"④，因此必须让师范生在学校读书期间就能有机会练习口才，而参加讲演会是锻炼口才的良好途径。不仅如此，他专门派学校教师担任巡回讲演员，以视察毕业生服务为专责，希图帮助毕业生成长。⑤ 又次，规范实习管理。在顾倬的主持和推动下，学校专门制定了《教生实习规程》，规范师范生实习管理。按照学校规定，教生实习，本科以十五周为限，讲习科以十周为限；实习科目，初等级以修身、国文、算术、体操为主科，其余为选科；高等级以修身、国文、算术为主科，其余为选科；主科必须实习，选科由学生选习；教生除实习教授外，须练习管理、训练监护及处理事务。⑥ 在顾倬看来，所创办的附属小学是办好师范教育的重要组成部分，也是师范生实习的重要场所，云："师范教育，为小学教育之母。而附属小学，则师范教育实施之场所也。"附属小学的主事和教师对师范生进行实习指导，并指派教师负责带师范生到全国各地学校进行参观见习。凡是实习成绩不合格的，一律不准毕业。此外，鼓励高年级师范生实地调查。顾倬认为，"吾人学识，有可得于有字之书者，有必得于无字之书者。社会中事事物物，随在与吾人有关"，高年级师范生应该利用寒暑假，通过实地调查，明瞭地方社会状况，以便将来能胜任从事造就儿童的小学教员工作；假期结束后，则开调查报告会，教职员分别稽核其

①　顾倬：《覆钱子泉书》，《江苏省立第三师范学校校友会杂志》，1915 年，上期。

②　顾倬：《本校课程问题之商榷》，《江苏省立第三师范学校校友会杂志》，1915 年，下期。

③　顾倬：《本校课程问题之商榷》，《江苏省立第三师范学校校友会杂志》，1915 年，下期。

④　顾倬：《对于讲演会之管见》，《江苏省立第三师范学校校友会杂志》，1916 年，下期。

⑤　顾倬：《本校特派员巡回演讲概括》，《江苏省立第三师范学校校友会杂志》，1916 年，下期。

⑥　《教生实习规程》，《江苏省立第三师范学校校友会杂志》，1915 年，上期。

成绩，而加以批评。①

（六）倡导体育运动

在任职江苏省立第三师范学校校长期间，顾倬特别重视和极力倡导师范生加强体育运动，云："即就诸君个人方面言之，康健为诸事之母。诸君将来欲为良好之教师，则今日不得不养成强健之身体；欲养成强健之身体，舍注重体育无他途。"②为此，他还规定，学生除了参加学校规定的体育运动外，还要随时参加其他体育运动；到了升级之时，学生如不能达到学校所规定的体育成绩标准，其他科成绩虽属优良，但仍予以留级。③ 他指出，体育的要点，不外乎保卫与锻炼两者。起初，顾倬十分注重于锻炼，"盖以世变日亟，凡我青年非有强固之体魄，耐饥寒，忍劳苦，为风霜雨雪之所不能侵，蛮烟瘴疠之所不能害，不能应今后之事变；且即以小学教员论之，全校、全级之事务萃于一身，亦断非不能耐饥寒、不能耐劳苦而体弱易病者之所能胜任，是非锻炼不为功"④。后来，随着形势的急剧变化，他开始转变观念，逐渐偏向注重于保卫，"体育非仅属于体操运动已也，举凡身体之检查、疾病之诊察以及每日之动作起居均须适当，而以节制饮食为尤要"⑤。

（七）造就农村师资

陶行知对江苏义务教育期成会的袁希涛、顾倬发起"每个师范学校在乡间设立分校，以为造就乡村师资之所；每分校并设附属小学一所，以资乡村师范学生之实习"的提议大加赞扬，云："他们的宗旨在联络研究共谋各该教育上之改进及乡村教育之发展。我国师范学校以合作及研究精神图谋乡村教育之发展的实以此为起点。"⑥在顾倬看来，"农村师范，为全国大多数人民开化之起点"，办好农村教育，不仅可以普及教育，而且可以促进农产，改造农民思想。他认为，办理农村师范，务必要物色良好的主任教员，精选学生，确定教科、训育的要旨，联合组织农村师范分校委员会。⑦ 1923 年 9 月，江苏省立第三师范学校在无锡洛社设立农村分校。

---

① 顾倬：《师范附属小学应与地方小学教员共同研究》，《义务教育》，1923 年，第 15 号。

② 薛元鹤、唐湛声：《校内纪事》，《江苏省立第三师范学校校友会杂志》，1914 年，第 3 卷，第 3 期。

③ 薛元鹤、唐湛声：《校内纪事》，《江苏省立第三师范学校校友会杂志》，1914 年，第 3 卷，第 3 期。

④ 顾倬：《江苏省立第三师范五周年之概况》，《教育杂志》，1916 年，第 8 卷，第 11 号、第 12 号。

⑤ 顾倬：《兵事后教育问题》，《申报：教育与人生（周刊）》，1924 年，第 57 期。

⑥ 陶行知：《师范教育下乡运动》，《新教育评论》，1926 年，第 1 卷，第 6 期。

⑦ 顾倬：《办理农村师范学校之管见》，《义务教育》，1922 年，第 9 号。

后来，顾倬又进一步指出，农村师范教员在形式上要农村化，在精神上要化农村；农村师范的目标有三个要点，即接近农村生活，调查农村实况，应具改进农村的学识和精神。① 农村师范教员，一方面为儿童的教师，另一方面为农村的中心人物，肩负着改造农村的责任。②

四

除了师范教育外，顾倬还十分重视普及教育。需要特别指出的是，此处的普及教育主要指平民教育、通俗教育、幼儿保育、义务教育、职业教育。在顾倬看来，一个国家要想进入文明社会，只有依靠普及教育。惟有普及教育，才能使人人接受教育，才能改造国民的劣根性，才能缩短人与人之间的差距，才能逐渐消除国民等级的不公，从而使国家兴盛发达、社会长治久安。为此，顾倬在普及教育方面进行多方尝试，提出独到见解，做出不少贡献。

（一）平民教育

顾倬认为，"平民教育，在使失学之平民受相当时期之教育"。鉴于当时社会动荡、经济困难等因素，他极力赞同推广平民教育，以补充义务教育之不足。平民教育，其宗旨"在急速造成此大多数失学之平民，使咸能识字、知算，且尽国民之天职，庶几可为国干城"。通过平民教育，可让儿童之父母兄弟品尝学业的况味，知道教育的重要，进而让他们支持自己的子女就学，最终达到普及教育之目的。然而，他又指出，"平民教育设施之难，更甚于义务教育"，故真正把平民教育推广开来并非易事，其效果也有待观察。基于此，他认为当前最好的办法是将平民教育与义务教育双管齐下，同时推进，绝不能因推广平民教育而耽误义务教育之进行。否则，"是义务教育之进行益杳杳无期，而平民教育亦未易惬心贵当"，结果只能落得两头空，得不偿失。③ 同时，他认为欲求平民教育效果之快速，就不得不为年长失学之农民考量，"吾国现今各地，提倡平民教育，只须每日授课一时，历十六星期则可终了"④，"倘更扩而充之，使时期稍长，教科目稍充足，定为国语、算术、常识三科，稍加农业上必须之知识，改为冬春学校，即附设于地方小学中，招村中一般农民入校肆业，所费虽微而得益至大"⑤。

---

① 顾倬：《办理农村师范的旨趣》，《义务教育》，1924 年，第 24 号。
② 顾倬：《我之农村教育观》，《义务教育》，1924 年，第 27 号。
③ 顾倬：《义务教育与平民教育》，《义务教育》，1923 年，第 20 号。
④ 顾倬：《义务教育实施事项》，《新教育》，1924 年，第 9 卷，第 12 期。
⑤ 顾倬：《我之农村教育观》，《义务教育》，1924 年，第 27 号。

(二)通俗教育

我国通俗教育肇始于晚清，兴盛于民国初年。所谓通俗教育，就是以通俗易懂的方式，向国民传授常识、道德。顾倬当时正身处内忧外患的背景下，深感"旧道德将亡，新道德未入"(《〈通俗教育谈〉编辑大意》)①，故积极提倡对国民进行通俗教育，期以养成国民健全的人格。早在1907年，他就根据其平生的阅历，参考先哲的遗规及东西人士的美德，编撰出版了《通俗教育谈》。该书分为处己、治家、明伦、正俗、涉世、爱国六个部分。首先，在处己方面，他认为人要做到自治、自尊、自爱、自立，并要坚持励志操、整仪容、慎言论、多劳动、起居衣食有节。自治，就是"谓不烦人之督责，而秩然自有条理之谓也"。自尊，就是"谓高其身分，而不肯自轻自贱之谓也"。自爱，就是"在保其身体之发达，修道德，及求有普通之智识、技能而已"。自立，就是"谓不求依傍他人，而卓然能自树立之谓也"。人无论家居、外出，均不可不修饰仪容，其仪容要保持端庄、整洁、沈静。人在交际场中，不可不特加注意言论，其言论要表示亲爱、谦和、完善、审慎、真实。劳动的好处，在于健康身体，活泼精神。其次，在治家方面，他认为人要做好整理家政、家庭卫生、制财用、款宾客、对奴仆、整肃门庭、防患。整理家政的要点，一在有定时，一在有定法。保护平时之健康，豫防疫气之传染，就不得不重视卫生。制财用为保家兴业之根基，平时要量入以为出，切不可制用无节。款待宾客，宜亲和诚恳，而不必过事客气，不可以亲疏而分厚薄。对待奴仆，第一须审度其心性，切不可留用心术不端者。家人不可与社会上不正派的女人和其他闲杂之人来往。防贼盗，慎灾害，也是治家之要事。再次，在明伦方面，人要懂得事父母、对尊长、待兄弟姊妹、夫妇之道、教子女、妯娌姑嫂之道、睦亲族、交朋友、敬祖先。孝为百行之原，为人子者不可不孝顺父母。对待尊长，要像对待父母一样至诚至敬。对待兄弟姊妹，应当始终相亲相爱。夫妇相处之道，应当亲和、整肃、以道义相勖勉。教导子女成人，才是父母对子女的真爱。妯娌姑嫂相处在道，一在识大体，二在有大量。亲族之间，应当推诚相助，不可漠视对方。与朋友交往，有善相劝，有过相规，有难相助。祭祀祖先，应当至诚至敬，事死如事生，事亡如事存。又次，在正俗方面，人要留意庆祝、婚嫁、丧葬、戒词讼、禁赌博、遏色欲、禁缠足、禁烟酒、破迷信。复次，在涉世方面，人要知晓公益、公约、公众卫生、慈善事业、书信秘密、借偿、买卖、接引外人、道路、客寓、学校、公园、交际场、宴会场、剧场、饮食店、妓院、公共游戏场、轮车轮舟中。对于公益，人人皆有应尽之责任。对待亲友托付的书信，不可偷看；亲友倾谈的秘密，不可泄露。对待异乡人、异国人，应尽接引的责任。进入学校，要遵守参观规则，不得大声喧哗，不得擅入

---

① 顾倬：《通俗教育谈》，沈恩孚校订，中国图书公司光绪三十三年(1907)版，第1页。

教室，不得衣冠不整，不得迁延时间。交际场中，以谦恭谨慎为准。洁身自好之士，当以不入妓院为第一义。此外，在爱国方面，人要做到爱戴君主、关心时事、服从法律、纳赋税、当兵役、担任公债。此书是我国一部较早对通俗教育进行系统和深入研究的著作，有力地推动了当时无锡乃至江苏地区的通俗教育深入有序的开展。

(三) 幼儿保育

清末民初，随着幼儿保育的不断开展，学习幼儿保育的人数大大增加，国外有关幼儿保育的理论与书籍也逐渐被引入中国。顾倬十分重视幼儿保育研究，因为今日的幼儿将是他日的国民，幼儿只有保育得宜，将来才能成为强大之国民，而国民之强大又是国家之强盛的保障，云："当今之世，欲强其国，先强其种；欲强其种，必自研求幼儿保育法始。何也？保育得宜，斯儿童之身体、精神悉臻发达；保育不得宜，斯儿童他日即得受良教师之训导，而其基已坏，于教育上之效力不无减色。夫今日之幼儿，即他日之国民。"[①]在顾倬看来，幼儿保育包括两个方面：家庭保育和幼稚园保育。早在 1920 年，他就编撰出版了《幼儿保育法》，云："从事保育者，其以此书为大辂之椎轮可也。"此书本着切于实用的宗旨，参考了日本、德国及国内学者的教育著作，选择了幼儿保育上较为重要的内容，而一一进行了讲解。全书分为总论、养护身体、授予知识、陶冶性情、保育事项、结论六章。需要特别指出的是，此书所谓的幼儿保育主要是指家庭保育。顾倬认为，"教育儿童，以家庭为最要"，家庭教育可以补学校教育之不足；保育者要以体育为主，以保育其身体之健康，而德育"不过导儿童之性情，使归于良善"，智育"不过如教以语言，及使能认别身体周围之事物"；在养护身体方面，保育者要熟悉幼儿的饮食、睡眠、被服、运动、休息、居处、清洁、看护疾病等方面的知识；在授与知识方面，保育者要训练幼儿的语言、记忆、想象；在陶冶性情方面，保育者要培养幼儿的爱情、同情、审美心、好洁心；在保育事项方面，保育者要注意游戏、唱歌、谈话、手技、玩具及庶物示教。同时，顾倬赞同日本学者小泉又一的观点："幼儿教育之后半，即蒙养园保育是也"；幼稚园保育的要旨，不仅要"调摄幼儿相互之交游，规制社会的生活"，而且要"保护其身心，引诱其自己活动，以养成善良之习惯"；幼稚园保育的方法，"在取幼儿了解之谈话、简易之作业、唱歌及游戏课之，俾幼儿自然活动，于不识不知之间受其感化"。[②]

[①]　顾倬：《幼儿教育法》，沈恩孚校订，商务印书馆，1920 年版。
[②]　小泉又一：《教育学》，顾倬译，文明书局，1914 年版。

(四) 义务教育

顾倬认为，"义务教育，在使学龄儿童受相当年期之教育"①。此处所谓的义务教育，实际上就是指小学教育。他指出，欲推行义务教育，要先做好前期准备工作，云："施行义务教育，第一在积极整理已设置国民学校，第二在积极筹备师资，第三在筹措财政，第四在切实调查学龄儿童、筹度设校地点。"②只有先做好这四点，义务教育的推广才切实可行。后来，他还对此进行了更加深入的专题研究，发表了系列文章。在创办江苏省立第三师范学校附属小学的过程中，顾倬针对义务教育进行了多方面有益的探索，取得了不菲的办学成果。首先，明确教育方针。在顾倬的主持下，附属小学明确了学校教育方针，包括三个方面：1. 教旨，在本"养成健全人格，发展共和精神"的旨趣，造就身心健全适合平民主义社会的个人；2. 教材，在依儿童身心自然发达之顺序，选择与社会及个人生活最有关系之材料为实施教育的工具；3. 教法，在发展各个智能，养成共同习性，使儿童自己获得种种经验，以为将来立身处世之标准。③ 基于此，确定附属小学的教育实施顺序，具体包括品性教育、学业教育、身体教育、共同生活教育四个方面。④ 其次，支持成立童子军。1915 年 4 月 15 日，顾倬根据附属小学主事唐昌炎的提议，支持他在附属小学成立童子军，这在当时的江苏算是一大创举。成立童子军的目的，不是为了养成军士，而是用军队的训练法，使发达个人的才能与德性。童子军的课程，分初级、本级、优级三种。⑤ 再次，提倡远足旅行。顾倬认为，"远足旅行，最足以锻炼儿童之身体。盖儿童身体，欲其发育完全，饮食起居之外，以运动为最要。然体操游戏，为人为之运动；远足旅行，为天然之运动"；同时，远足旅行，也能大大增进儿童之知识和经验，更能与小学教师以训育之标准。⑥ 复次，提倡家庭联络。顾倬认为，"学校、家庭情意隔膜，教育必无效果"⑦，"欲振兴学校教育，必与家庭相联络，而后得收其效果"，"教师为儿童所深信，并为儿童之父兄所深信，学

---

① 顾倬：《义务教育与平民教育》，《义务教育》，1923 年，第 20 号。
② 顾倬：《江苏教育进行之再商榷》，《义务教育》，1922 年，第 3 号。
③ 《本校教育方针》，《江苏省立第三师范附属小学校教育会研究报告》，1919 年，第 1 期。
④ 《教育实施顺序》，《江苏省立第三师范附属小学校教育会研究报告》，1919 年，第 1 期。
⑤ 《江苏省立第三师范附属小学组织童子义勇队宣言》，《教育杂志》，1915 年，第 7 卷，第 9 期。
⑥ 顾倬：《儿童训育法》，《无锡教育杂志》，1913 年，第 1 期。
⑦ 顾倬：《对于地方教育之管见》，《江苏省立第三师范学校校友会杂志》，1914 年，第 3 卷，第 2 期。

校教育日益兴盛固其所宜。且教育儿童，学校教师不可不求家庭之助力"①。他指出，通过举办恳谈会、展览会、通信簿、家庭访问、成绩品回览、邀请参观仪式等方式，可取得学校与家庭联络的良好效果。又次，救济学困生。顾倬认为，学生中有学困生是难免的，"然使成绩过差，致不能随班受业，则其有碍于教程之进行者甚大"。因此，授课时需要时时注意学困生，"时时施以救济之方法，使不致自落于下乘"。② 1921 年，江苏省立第三师范附属小学还专门为有智力障碍的儿童开设了"特殊学校"，揭开了中国特殊教育各领域发展的新纪元。③ 从次，注重编写教材。为了给小学生提供更好的教材，他编写了《初等小学国文课本》《高等小学国文读本》《初等小学修身范本》《初等小学修身课本》等教材；为了给教职员提供较好的教学方法，他又编写了《小学各科教授法》《简明单级教授法》《初等小学修身教授本》等教材。这些教材，都是顾倬严格按照学生的学习时间和教师的教学进度进行编排的，教材语言通俗易懂，内容贴近儿童的日常生活，便于教师的教学实施。此外，举行讲堂训话。顾倬认为，"谋训育之统一，则讲堂训话为至要"。讲堂训话，每学级置主任教员，专任一级之教授、训练；同时，大约经历一二个星期，选择特别事件，召集全校儿童于一堂，职员全体入座，然后由校长登坛讲话。④

(五) 职业教育

顾倬十分提倡职业教育，认为职业教育是解决国计民生的重要途径。首先，开设农业补习学校。他号召在农村开办农业补习学校，"招集有初级普通常识而躬耕陇亩之农人，为之讲授经营改善之方法，使一一见之实施"，从而改进农业和发展农村。同时，他又指出，在办理农业补习学校之前，必须先办理好农场；通过农场的试验，累积丰富的经验。⑤ 其次，增设职业学科。1916 年，附属小学开设商业科，并附设贩卖部、储蓄会供学生实习。1917 年，附属小学开设职业部。1919 年，附属小学在无锡时郎中巷开设工业补习科，又细分为木工部、铁工部。⑥ 1920 年，附属小学在无锡藕塘桥附近开设农业补习科。从此，附属小学实际上已分为普通部和职业部。最后，开辟土地生产。1913 年，他考虑到校内空地甚多，拟督促学生

---

① 顾倬：《儿童训育法》，《无锡教育杂志》，1913 年，第 1 期。

② 顾倬：《对于地方教育之管见》，《江苏省立第三师范学校校友会杂志》，1914 年，第 3 卷，第 2 期。

③ 甘昭良：《从隔离到全纳 特殊教育发展的理论与实践》，厦门大学出版社，2012 年版，第 26 页。

④ 顾倬：《儿童训育法》，《无锡教育杂志》，1913 年，第 1 期。

⑤ 顾倬：《我之农村教育观》，《义务教育》，1924 年，第 27 号。

⑥ 顾倬：《江苏省立第三师范学校附属小学校添设工业补习科旨趣书》，《江苏省立第三师范学校校友会杂志》，1918 年，上期。

开辟菜畦，种植蔬菜，以事生产。后来，他又在校外空地开辟一小学农园，使由乡间来校的儿童利用课余时间，从事农业。此外，创设日曜工作场。在附属小学创设日曜工作场，使住居城市中的寒苦儿童实习工作，以救济其穷困。①

综上所述，顾倬是一位报恩有道、教子有方、功德有成、著述有声、育才有爱的教育家。裘廷梁云："侯君保三、顾君述之归自日本，无锡之有新教育自兹始。"②的确，顾倬始终怀抱教育兴国的信念，立足于中国传统文化和现实国情，借鉴了国外先进的教育理论和办学经验，以实事求是的精神、刻苦耐劳的品格、拼搏进取的志气、广博高深的学识、卓越超群的能力，"不慕浮名，不贪小利，兢兢焉以实心、毅力，尽吾之所当为"③，在学校治理、师范教育、普及教育等方面均进行了积极有益的教育实践和探索，取得了良好的办学效果，从而推进了无锡乃至江苏地区教育事业的发展，为国家和社会培养了一大批具有精深造诣、突出成就、卓越贡献、崇高声望的杰出人才。如戏剧理论家陈瘦竹，文艺理论家徐中玉，外交家曾涛，食品发酵专家秦含章，画家吴冠中、钱松岩，教育家王承绪、李伯棠，经济学家薛暮桥、钱俊瑞，音乐家杨荫浏、钱仁康，化学家钱保功、唐敖庆，物理学家史绍熙，新闻学家徐铸成，"实践是检验真理的唯一标准"的作者胡福明等，都曾就读于由顾倬创办的江苏省立第三师范学校。

---

① 顾倬：《江苏省立第三师范五周年之概况》，《教育杂志》，1916年，第8卷，第11号、第12号。

② 顾倬：《顾母杜太君懿范录》，石印本，1936年版。

③ 顾倬：《说权利、义务》，《江苏省立第三师范学校校友会杂志》，1916年，下期。

目　　录

凡　例

一、本文集所收的作品，均为顾倬有关教育方面的作品，以公开出版的著作（含译著）为基础，增补了目前已发现的未公开发表的手稿本、油印本等，还包括发表在各种刊物、收集在他人著作中的文章。

二、本文集所收的作品，除附录外，分为上卷、中卷、下卷。上卷，收录5部著作；中卷，收录106篇杂谈；下卷，收录1部译著。

三、本文集所收的作品，均重视底本的选择和确定。著作、译著方面，比较不同版本，取其体例一致、质量较优者为底本。杂谈方面，某一篇文章可能会出现在不同刊物、不同著作中，内容或不尽相同，则酌情取舍，并以脚注加以说明。

四、本文集所收的作品，每卷除了个别作品之间不能确定其成文（成书）时间先后外，其余绝大部分作品均按其成文（成书）时间先后进行编排，并用脚注标示其出版机构、出版年月，或者其发表刊物、刊物期数（出版时间）。

五、本文集所收的作品，其底本一般无标点或仅用旧式圆点者，均予以重新标点；其底本未分段者，除了个别作品为了便于读者阅读和理解而加以分段外，一般不予分段，保持原貌。

六、本文集所收的作品，一般仍沿用原有标题，个别的酌加改动；对于少数没有标题的书信、短文，则根据内容另加标题，并以脚注加以说明。

七、本文集所收的作品，除了引用、转载他人作品外，一般不增删其内容。作者的原用字、原译名，习见的异体字、通假字，原则上保持原貌；个别地方改动的，均用脚注加以说明。

八、本文集所收的作品，文中所涉及的序号格式，如"一""（一）""1""（1）""甲""（甲）"等，一般都改为当下的通行写法，并用脚注加以说明。

九、本文集所收的作品，文中所涉及的年月日，凡不明确且有必要说明的，均在相应地方的"（）"符号中加以标注。

十、本文集所收的作品，具有一定的史料性质和史学价值，难免带有特定的时代印痕，请读者阅读和使用时加以鉴别。

上卷

高等小学国文读本

编　辑　大　意①

文无取乎工，求其达焉而已。虽然，文之体格，或立言，或纪事，或传人，或抒写性情，发明理蕴，必一一求其能达，盖亦难矣！况十龄以上之儿童，具中人资者，茫乎不知文法之为何，而欲以畅达期之则尤难。然而，泰东西各国，凡卒业高等小学者，于通常应用之文字，无乎不达，因由为教师者深明教授之法而引导得宜，亦由教科书之浅深难易适合初学程度而教师乃得奉以为引导资也。

吾国之教师所奉以为引导资者，每求之《左》《国》《史》，汉、唐、宋、明及近代诸大家之文辞，口讲指画，终年兀兀，而学者一无所得。海内通人知古文辞之未可以授初学也，爰以浅显之笔编辑读本，以为教课，无如文虽浅显而其中所包含者为至精深、至广大之学理，则于程度至浅之儿童亦终如圆枘方凿之不相合。矫其弊者，又动谓中土文字太高古、太深奥，至国民智识因之退步，而以为文法之不必讲求。呜呼！是安知国文为各种科学之本根？文之不达，各科学亦未由通贯也耶！

吾之忧国文一科，无以为初学引导资也。凡十载于兹，往岁就学东瀛，亲睹彼中教师讲授国文之方针与教科书之美备，而知国文一科必配合各休沐之时刻，按照各学年之程度，选择材料，务使难易浅深与年俱进，而后引导之得其宜。

自东瀛归，承乏东林小学校教员，苦国文之无教科书与初学相接合也，用敢不揣谫陋，从事编辑，名之为《国文读本》。按合四学年，区分为四卷，其前二卷务取近人文字之词浅意明、雅驯可诵者，以启其端；后二卷并及古今名人浅近文辞以示之，则所罗列之材料，则论说、传记、与夫言情、说理之文，均无不备。凡谋篇布局、用笔遣词之法，评语问题不嫌烦数，以暂为初学之引导资。不佞学识浅薄，妄加编次，见哂于大雅君子者必多，幸辱教之。

①　顾倬：《高等小学国文读本》（四卷），文明书局光绪三十一年（1905）初版，文明书局1913年十八版。

国文教授法之概略

欲发表己之思想感情，则恃乎作文；欲理会人之思想感情，则恃乎读文。然必能融化人之思想感情，为己之思想感情，而后能畅所欲言，是读又为作之本。况读文之益，非仅以他人之文辞，为作文之模范与材料已也。有极美备之文章，必有极高尚之精神，以为国粹之菁华。乐歌之用，足以涵养性情，变化气质。文辞亦然，善读之者，音乐铿锵，抑扬缓急无不合度，使作者之精神跃跃于口齿间，则读者之精神亦因以振奋。故文辞不可不选择，教授方法不可不讲求。

读文之法，逐字逐句读者，为机械的；能理会其意义者，为理论的；知作者之精神而发挥抑扬顿挫之美音者，为审美的。入其校，耳聆其读文声，而校规之整肃与否，校风之美善与否，校内学生之通贯文法与否，无不可得而知。

教高等级之学生，与初等级之学生为大异。盖初等级之学生，其知识甚薄弱，思想甚简单，声音之高下、缓急、疾徐亦无准的，教师必有以引导之，为之详讲书中意义，且朗吟徐诵，一而再，再而三，务使耳闻心会，以诱其兴味，而正其音调；高等级之学生，知识渐开，思想渐富，而声音之高下、缓急、疾徐亦渐有准的，善教者务在诱其自动，先示以文之规范，而后及其内容，摘文中之义蕴及事实，勤加发问，而诏其所未知，或即其所已知者，诱之以剥茧抽丝，领之以升堂入室。其读文也，则指优等生读之，以为全级之模范，而教师改正其音调之非，俾读者、听者其精神无乎不动荡；然后使全级学生读之，或有音调失宜者，特指之与优等生同读，数回以后，无不改观。何也？学生之与学生，有观感心，有竞争心；利用此二心，较之师劳而功半者，得益孔多。

小学校中所授之各学科，无不求其纯熟，而国文为尤甚。故读文之法，讲、读、背三者不容偏废。吾往者读日本小学校之施行规则，其国文一科，凡授一课，有一定之时间；又于高等师范之附属小学校中，亲见彼中学生之答讲与背诵也，益悟中土学校不求甚解而生吞活剥之非。故特编辑课本，每文一篇，均定四小时，以第一时为讲授期，以第二时、第三时为诵读期，以第四时为答讲及背诵期。不求其多而求其熟，不求其速而求其通。至答讲时，为教师者又必温彼旧闻而诏以新得，庶资质聪颖者不至有厌倦心，而中人以下之才亦不至一无所得也。东人有言曰："良教师最注意于复习。"盖不复习，则必有遗忘。以故读国文者，授一二篇后，必令将前所习者复习一小时。然亦非使之蛮诵已也，必用种种方法变换之，以鼓其兴味。

一级之中，有优等生，有劣等生；而介乎优等、劣等之间者，其数为尤多。校①内课程，必以多数为之准。是故读文一篇，必通晓其义者居大半，而后不虚读此文。苟通晓其义者，仅一二之优等生，或少数而非多数，是必文之性质不合初学之程度，抑教师之不善教也。有一于此，教师当重行讲论以诏诸生。虽然，一级学生辄数十人，必人人令之答讲，以验其通贯与否也。时有几何？法宜指劣等生述辞义，中等生言文法，而优等生正其缪悠。举一级之学生，更迭试验，以使之不测，于诸生之深浅，即不能尽知，相去亦不远矣！

一岁中去暑假、年假七十日，又去节假、祭日假及月考、学期考之应辍课者，至少以五十日计之，约共得上课二百三十日有奇，七日一周，合三十三周耳。每周读文五小时，每四小时读文一篇，得三十五篇，适数一百四十时之用，其他二十余时，可以之为复习期。

---

① 原作"梭"，误。

《高等小学国文读本》卷一目录

---

① 　原作"论人品",据汪缙《汪子遗集》而改。

第一篇　开学记

　　学堂之中，年终放假一月，正月二十日开学，常例也。先叙开学日期，笔法何等干净！是日教习若干人，学生若干人，二句系对偶法。有对偶，则句法整齐。至孔子神位前，行三跪九叩礼毕，行谒见教习礼毕，诸生行东西相见礼毕，排笔句法，参差变化，而先后自有一定次序。然后肃肃雍雍，鱼贯而出，次叙开学仪注。退而记曰："今而知孔子之道大也！"从行礼上生出议论，孔子道大是一篇主脑，行礼是一篇线束。此一笔承上起下，有无限感情。孔子生春秋之世，至今二千四百余年矣！其容貌吾父未之见也，吾祖未之见也，惟最初之远祖或及见之，吾侪之脑中安有所谓孔子之容貌者？一笔中有三曲折。作文最忌直率，必有曲折，而后有精彩。此种处最宜学步。孰知一拜跪间，我最可尊、最可敬之孔子不啻监视在上，无敢稍懈。此何故也？我知之矣！二句一呼一应，是极力顿挫法。譬如瞽者，目不能睹日之光明、星之高远，而日星之形状未尝不往来于寸衷也。用譬喻以达难显之情。礼谒孔子，严肃有加，亦此道欤！拍到行礼，总结全篇。

总评

　　叙事简洁，思路开展，曲折顿挫，无不如意。

习问

　　问全篇何处为叙事，何处为议论？
　　问首叙何事，次叙何事？
　　问文中对偶、排笔有何益处？
　　问全篇中主脑何在，线束何在？
　　问文之曲折有何用处？
　　问文中何故作呼应语？
　　问文中何故作譬喻语？

第二篇　说山

　　高出于地上者为山，不高者不得窃其名也。然世之人往往指培塿以示人，曰：
"此宝山也。"是山之名亦可以窃之矣！借培塿说入，是谓无中生有。吾也生长里闬，未
尝登高山大野以自广。曲一笔。然吾闻之，连峰际天，摩崖拔地，今培塿无有也；
禽兽于是居，草木于是生，今培塿无有也；且有山之名者，必有山之实，如金、
银、煤、铁等矿，言富国者均于山乎是取，所谓宝藏兴焉者，今培塿亦无有也。分
作三层，以发明山之不同培塿。安得沾沾自喜，以为天下之山皆如是耶？呜呼！目不
睹宫阙之壮者，不可与言居；身不涉河海之大者，不可与言水；足不履泰华之峻
者，不可与言山。三排笔中一正两陪①，初学最宜效法。山固不可以培塿当也。点醒作
意。然谁钦可与言山者？故作疑问，悠扬不尽。

总评

　　凭空着想，实题虚做，当细玩其无中生有之法。

习问

　　问何谓无中生有？
　　问文何以须分层次？
　　问排笔中分宾主，有何趣味？
　　问故作疑问，何以便悠扬不尽？

---

　　① 　原作"培"，误。

第三篇　示程在仁①

程生在仁由海虞来苏，适予有来安之役，遂从予游焉。予念生少失恃，无兄弟，离其家尊，从予远游也；又念生有意于文学，欲被服于此也。予之期望乎生者甚至，其忧生也甚切。念欲告生，必也终身可诵者乎？② 予今以阅历自得之言告生曰：被服文学，必与年俱进，无容骤以尽告生也。③ 至若人之所以成人④，其流品之高下，数言可决者⑤，在见己之过、见人之过、夸己之善、服人之善而已。全篇作意，一笔标明，眉目清楚。但见己之过，不见世⑥人之过；但服人之善，不知己⑦有一毫之善者，此上流也。一层。见己之过，亦见世⑧人之过；知己之善，亦知人之善；因之取长去短，人我互相为用者⑨，其次焉者也。二层。见己之过，亦见世⑩人之过；知己之善，亦知人之善；因之以长角⑪短，人我分疆者，又其次焉者也。三层。但见世人之过⑫，不见己之过；但夸己之善，不服人之善者，此下流也。四层。就人品高下，劈分四层。即以为文之章法次序井然。终身流品之高下，其定于此。总束一笔。吾尝验之于身，验之于人，百不失一。生其终身诵之，以副予望，勿加予忧！⑬ 找足一语。

---

① 原作"论人品"，据汪缙《汪子遗集》而改。

② 原无"程生在仁由海虞来苏，适予有来安之役，遂从予游焉。予念生少失恃，无兄弟，离其家尊，从予远游也；又念生有意于文学，欲被服于此也。予之期望乎生者甚至，其忧生也甚且。念欲告生，必也终身可诵者乎"，据汪缙《汪子遗集》而改。

③ 原作"人之品至不一也"，据汪缙《汪子遗集》而改。

④ 原作"然而人之所以成人"，据汪缙《汪子遗集》而改。

⑤ 原作"可以数言决者"，据汪缙《汪子遗集》而改。

⑥ 原无"世"，据汪缙《汪子遗集》而改。

⑦ 原作"已"，据汪缙《汪子遗集》而改。

⑧ 原无"世"，据汪缙《汪子遗集》而改。

⑨ 原无"者"，据汪缙《汪子遗集》而改。

⑩ 原无"世"，据汪缙《汪子遗集》而改。

⑪ 原作"比"，据汪缙《汪子遗集》而改。

⑫ 原作"世人但见人之过"，据汪缙《汪子遗集》而改。

⑬ 原作"愿诸生终身诵之也可"，据汪缙《汪子遗集》而改。

总评

布局极精，造句极浅，通体纯如白话，而立论自不可易。

习问

问全篇作意？
问中四层次序可颠倒否？
问何以须总束一笔？
问找足语可省否？

第四篇　说布

　　古时无棉，所用以为布者，不外苎、葛、麻三种。自棉花之种，传入中国，于是有棉布一种。迨棉布既盛行，遂独为布之大宗；而苎、葛、麻诸布，其为用之广，远不及棉布。首叙布之种类。何也？苎、葛、麻，性寒，宜于暑时；棉，性温，宜于寒时。人寒时需布多，暑时需布少，苎、葛、麻之不敌棉者以此。次分析各类功用之优劣。自通商以来，外洋之布，输入中国，而中国所织之布销售太滞，机妇仰屋而嗟，生计日拙。无他，外人讲求工艺，故同一棉布，彼纺纱细而成布匀，尺幅宽而裁制便；我国机妇率其旧法，不能变通，以粗布狭幅与之角，大利尽为所夺也固宜。次言织布不精之害，一层紧一层。若夫帛虽与布并重，而帛之值贵，不如布之值贱。贫人之衣，惟布是赖。天下贫者多而富者少，故布之销售较帛为广。复以帛作衬笔。然则，居今日而欲振兴物产，以辟利源，所急宜讲求者自布始。作意于结处说明。

总评

　　浅明可法。

习问

　　问何以作此题必先叙布之种类？
　　问分析各类功用之优劣有何关系？
　　问用衬笔之法？
　　问作意何在？

第五篇　论君子、小人之分

置身于乡党中，无不乐为君子，而不乐为小人。引起全篇。然世之所以小人多而君子少者，盖不知君子、小人之分耳。用逆折笔法唤醒题目。人无生而为君子者，亦无生而为小人者。学君子，则以君子终；学小人，则以小人终。旷览古今，无以易是。复扬开一笔，以展文气。然则君子、小人之情状，其不可不明辨之也审矣！此句方入正文，以下若从正面着笔，便落平庸。偶见水与油，而得君子、小人之情状焉①。领起下文，两层譬喻。水，君子也；其性凉，其质白，其味冲②；其为用也，可以浣不洁者而使洁；即沸汤中投以油，亦自分③别而不相混，诚哉君子也！油，小人也；其性滑，其质腻，其味浓；其为用也，可以污洁者而使不洁；倘滚④油中投以水，必至激搏而不相容，诚哉小人也！形容君子、小人之情状曲切不遗，而对偶又极整齐。知乎此，则君子、小人之分毫发无所遁矣！愿以告世之乐为君子而不乐为小人者！照应起语作结。

总评

善用譬喻，故于君子、小人之区别推勘入微，而篇法、笔法又极浅显。

习问

问唤醒题目处用逆折笔，有何趣味？
问作文如何而能使文气开展？
问入正文后，何以不宜从正面著笔？
问譬喻语以者何为贵？
问起结照应之法？

---

① 原作"而得其实焉"，据魏象枢《寒松堂全集》而改。
② 原作"淡"，据魏象枢《寒松堂全集》而改。
③ 原作"相"，据魏象枢《寒松堂全集》而改。
④ 原作"沸"，据魏象枢《寒松堂全集》而改。

第六篇　论万物

　　美矣哉！宇宙之间万物也！从咏叹入题。仰而观之，昼则日光照耀，夜则月色清妍；其色苍，其形圆穹者，天也；光明闪烁，高悬天空者，众星也。俯而察之，红葩绿叶，四野弥望，森森而成阴者，树木也；飞鸣上下于其间者，众鸟也。仰观、俯察，明系两排，而笔法参差历落，令人不觉其为排偶。溪涧逶迤于山谷，峰峦壁立于天际，万众杂陈，目不暇接。世人好入骨董肆，把玩珍奇。若夫天地间之形形色色，非一大骨董肆而何？笔法变化。植物之大者如百尺之松，小者如一茎之藓；动物之大者如昂藏之巨象，小者如纤屑之微虫，皆生趣盎然，足供人之细察。笔法又变化。万物之美固若是哉！以咏叹作结。虽然，万物虽美，不能及人之万一。则以人之操纵万物，神奇变化，有不可思议者在也。故人为万物之灵。侧重在人。

总评

　　文亦只是平铺直叙，以造句用笔之法饶有生趣，便觉动目。

习问

　　问文中用咏叹法，其妙何在？
　　问文既平铺直叙，何以不落平庸？

第七篇　说冰

水遇严寒，则结为冰。寒愈烈，水愈清而流愈平，则结冰愈速而愈厚。冰之由来。冷之感物也，能令缩而密；其于水也，不然。水结冰，体积大十四分之一，较轻于水，故能上浮。结冰之时，涨力甚猛，能柝坚石，裂钢铁管，即巨炮亦为之迸裂。然冰性虽坚，时有水汽散布空中，遇热则解，以重力压之则亦解。此言冰之性质，笔颇简洁。且冰在水面，而冰下之水依然流动。故水之有冰，犹身之有衣，所以护其热者也。异哉！冰之浮而不沈然也，不水中之鱼皆糜烂，而地面之水亦阻而不流矣！非化工之妙，曷克臻此？以咏叹作结。

总评

简洁明净，说理题以此制胜。

习问

问说理以简洁明净为贵，其故何在？

第八篇　为善、为不善说

《书》有之："吉人为善，惟日不足；凶人为不善，亦惟日不足。"若是乎劳且勤也。*引证成语，以为起笔。此法亦便于初学。*虽然，勉于为善，究其极，足以显亲而扬名；勉于为不善，究其极，足以伤风而败化。其区别也如此，其关系也又如彼。*郑重言之，折入主意，便觉有力。*而吉人与凶人，卒画界分疆，漠然各不相谋者，一念之分，为终身之归焉耳。*点醒主意。*吾今者试举至浅显之理以告人曰："一念为善，则以善终；一念为不善，则以不善终。"其可危也孰甚？是故使为善而父母怒之，兄弟怨之，宗族乡党贱恶之，如此而不为善可也；为善而父母爱之，兄弟悦之，宗族乡党敬信之，何苦而不为善？使为不善而父母爱之，兄弟悦之，宗族乡党敬信之，如此而为不善可也；为不善而父母怒之，兄弟怨之，宗族乡党贱恶之，何苦而必为不善？*浅显如白话，而义蕴则耐人寻味。*知乎此，而为善者可以勉矣，为不善者可以警矣！

总评

清切指点，词意显明，初学者最易领会。

习问

问引证之法如何？
问全篇多托空说否？
问主意何以只用一点而义自充足？

第九篇　说新

新者，旧之对也。有新，必有旧。不然，则新之名何由而出也。通体以旧伴说，是谓借宾定主法。在昔唐虞以前，人皆巢居而穴处，饮血而衣皮，实为最旧之时。降至于今，而有宫室之美、文绣之奉、珍肴之进，较之唐虞以前，其相去固甚远矣！从极浅显处著笔，故轻轻顿挫，便足引人入胜。乃世之阻挠新机者，每攘臂奋舌以号于众，曰“旧章”，曰“旧制”。一若甚重乎旧也者，则曷不毁宫室而复巢居穴处之常，弃文绣，却珍肴，而守饮血衣皮之旧也乎？吾有以知其必不然矣！纯用顿挫之笔，妙语足以解颐。盖世界公理，新与旧不能两立，新与旧亦无定名。人之度势而审时者，苟昔日以为新，而今日以为旧，舍昔而从今可也；今日以为新，而后日以为旧，舍今而从后可也。议论明通，最耐寻味。无止境，亦无尽时。人之所当勉力者，惟日求进步，而勿封故域焉耳！结穴。

总评

用借宾定主法以发挥题旨，言浅而义甚长，足以发人深省。

习问

问何谓借宾定主？

问新旧何以不两立，亦无定名？

问文中用顿挫之笔足以制胜否？

问何谓结穴？

第十篇　论植物

凡有生机而无知觉运动者，谓之植物。自一须之苔，以至寻丈之木，皆足供人之游玩，植物之功大矣！以"功"字为一篇主脑。盖其品类性格，虽不能悉数，然平人服之以养生，病者饵之以却疾，绿色宜人，芳香悦鼻，甘果适口，大块得此文章烂然，孰非植物之功乎？一层。不宁维是，五谷、果蔬可以供衣食，棉、麻可以制衣服，苜蓿、刍豆可以饲牲畜，材木可以为宫室、舟车、器皿之用，可以废料作薪柴，可以毒草充药饵，凡植物类者无一不归于有用。又推进一层。然此犹其小焉者也。植物之最有功于人者，人赖氧气生，而炭气足以致人之死命，植物之吸炭气而吐氧气也，昼夜循环，无时或息，彼天地间之炭气不因以加增，氧气不因以稍减者，非植物之功不致此。又推进一层。呜呼！人可不研求斯理也夫？

总评

用笔遣词，清浅合度。

习问

问全篇共分几层？

问文中层次是否平列？

第十一篇　游戏宜有限制说

　　泰东西各国之言教育者，分为三门，曰"德育"，曰"智育"，曰"体育"。体育之义，在保卫身体以求其健康，游戏乃体育之一也。_{点游戏。}各种游戏，西人谓之天然体操，练之能少疾而多力，大有益于人身。故列国学校中，其视游戏为至重，设教习以教之，而春、秋二季且往往开大运动会以从事于游戏。_{郑重言之，折入下文愈有力。}虽然，有有规则之游戏，有无规则之游戏。有规则之游戏，定时刻，守秩序，若网在纲，有条不紊，学校之所宜注重者也；无规则之游戏，萃一校之生徒，而颠狂恣肆，泯泯棼棼，蠢如鹿豕，学校之所宜严禁者也。_{用反正二层，以发明游戏之不可无限制。}无他，游戏不可无限制。无限制，则非惟紊乱校风，身体亦大受其害。如饥饱及构思之时，血气聚于胃部与脑部，当此而为剧烈之运动，有破裂血管、残伤筋骨者矣！由此观之，游戏无限制，则危立至，可不慎哉，可不戒哉？

总评

　　浅显明白，布局亦井井有条理。

习问

　　问全篇布局之法？
　　问游戏何以当有规则？

第十二篇　说学

　　今人读书①，辄②云："为俗务、家计所累，有妨于学③。"④当头一棒，用撇笔引起全篇，笔法与他篇又异。岂知真读书者⑤，正须⑥一面读书，一面理事，非俗务、家计之能累人也。⑦说明读书、理事之并行不悖，由侧面入平面。盖闭门读书，不识世事，则所读之书每成无用；终日理事而不读书，则所逐者俗情，所理者俗事而已。偏重之害。读书而兼理事，则⑧理事时莫非读书；理事而兼读书，则⑨读书时莫非理事。往往有书理窒碍不通⑩，至应事而忽悟者；亦有家事、世事窒碍不⑪行，至读书时始悟其处⑫之失当者。并进之益。盖读书是致知，理事是力行，不致知无以善其行，不力行无以进其知。知行并进者，圣贤之学也。"知行并进"四字为全主脑，于结末点明。

总评

　　阅历有得之言，初学宜奉为圭臬。至其篇法、笔法，浅显明白，尤便领会。

---

① 原作"世之学者"，据谢金銮《教谕语》而改。
② 原作"每"，据谢金銮《教谕语》而改。
③ 原作"有妨于学问"，据谢金銮《教谕语》而改。
④ 原下有"呜呼！此自欺欺人之言也"，据谢金銮《教谕语》而改。
⑤ 原作"善为学者"，据谢金銮《教谕语》而改。
⑥ 原作"当"，据谢金銮《教谕语》而改。
⑦ 原作"岂俗务、家计所能累之"，据谢金銮《教谕语》而改。
⑧ 原无"则"，谢金銮《教谕语》而改。
⑨ 原无"则"，据谢金銮《教谕语》而改。
⑩ 原作"往往有书中之理窒碍不通"，据谢金銮《教谕语》而改。
⑪ 原作"难"，据谢金銮《教谕语》而改。
⑫ 原下有"置"，据谢金銮《教谕语》而改。

习问

问起处即用撇笔，何以亦警色？

问何谓侧面、平面？

问文中分析利害处是否确切？

问"知行并进"即为圣贤之学，其说当否？

第十三篇　原社会之缘起

人相群而成社会。未有国家，即有社会。社会者，人类生成之道也。断定社会之重要。西国有鲁宾生者，航海覆舟，同舟者皆没水，鲁宾生漂流荒岛，独立自给，衣食日用无缺乏。然试思之，方其初至也，手不持寸铁，欲猎无火器，欲渔无网罟，欲耕无锄犁；即有资粮矣，有器械矣，而能耕田未必能造屋，能造屋未必能制衣；即尽能之矣，而一人之身忽而庖丁，忽而木工，忽而衣匠，无乃劳乎？鲁宾生才智过人，仅能自给；他人处此，其有不槁卧而毙者几希！引证西史，参入议论，以发明社会之不可少。故社会之成，成于自然，非有创始之人。人非仙灵，非神物，无不赖社会而生。有人类即有夫妇，有夫妇即有室家，群家而成族，群族而成民，群民而成国。国也者，数千万之室家，互相团聚，以保护其公共之利益者也。有社会而后有国家，回应起处作结。

总评

言明而清，气疏而达。篇中引证古事，以反跌题局，又为初学添一法门。

习问

问引证之法？
问社会与国家之关系？

第十四篇　说云

云忽有忽无，忽聚忽散，忽留忽逝。平平叙述，已为"变幻"二字伏根。其有也，不知其何来；其无也，不知其何往。其聚也，孰联合之；其散也，孰解纵之。其留也，一若有所恋；其逝也，一若有所趋。分作三排，中说"忽有忽无"三句，而每排均自为对偶，亦整齐，亦变换，如此方有神味。其有色也，吾以为白而忽变为黑矣，吾以为黑而忽又变为白矣；而若红若紫，又其色之善变也，而云固无色也。其有形也，吾以为牛而忽又若马矣，吾以为山而忽又若水矣；而为奇石，为美人，又随人之定其形也，而云固无形也。又推进一层，即"形""色"二字分作两排，笔法又变化。以上皆极力形容。苗之槁也，云能作雨以膏之，粒我蒸民，云为之也；日之明也，星与月之华且美也，云能作障以蔽之，天地昏黑，云为之也。此则言云之作用，亦作排笔，而笔法又变换。学者留心其变换处，便觉处处引人入胜。呜呼！凡吾目之所遇，极其变且幻者，孰有过于云之为物哉？此一笔为画龙点睛。盖全篇主意均形容"变幻"二字。然而，人之涉世，其悲戚欢愉，且百倍于云之变且幻也，又孰从而知其所以然哉？余波得此一找，更觉悠扬不尽。

总评

云之形状，最难描写。文从"变幻"二字著想，故随笔挥洒，多成妙境，而文气亦极盛。

习问

问通体纯用排笔，何以不觉其呆板？

问全篇以何处为最有趣味？

问"呜呼"一笔，何以评之为画龙点睛？

问文中何必有余波？

第十五篇　立志说

处群邪之中，而不整躬率物，持之以至正者，则非圣贤；当大乱之秋，而不劳心焦思，措之于至安者，则非豪杰。人生天地间，不为圣贤，必为豪杰，而后能有补于天下。以极大议论领起。全篇如登高而呼，众山皆应。虽然，人果操何术而能成圣贤、成豪杰哉？在立志而已矣！用顿挫之笔出题。故虽从正面著笔，而不觉其平庸者，以起处之力厚思沉也。志乎圣贤，则为圣贤；志乎豪杰，则为豪杰。何也？有求为圣贤之志，则必思圣贤之所以为圣贤者何在，而日日效法之，其操守也坚，其趋向也正，积之久而遂成为圣贤；有勉为豪杰之志，则必知豪杰之所以为豪杰者何在，而事事砥砺之，其才力也厚，其谋略也精，积之久而遂成为豪杰。用两层申说题旨，而圣贤、豪杰之分寸自各不同，当细审之。如操舟然，不误所向，必能达其程途；如积钱然，不怠所为，必能遂其目的。用譬喻以伸足题意，出以对偶，笔法极整齐。彼世人之不能成圣贤，而亦不能成豪杰者，皆因循苟且而志不立之故也。反应上文作结。

总评

议论警动，思笔清锐，可以为初学法。

习问

问全篇以何处为最起色？

问文中是否从正面出题，从反面作结？

问圣贤、豪杰之分寸何在？

第十六篇 论中国急宜讲卫生学

赤子之入水、蹈火而不惧者，不知水、火之险也。世间害生之物，若水、火之类者，触处皆是。不知卫生之学，则饮鸩中毒，与赤子之入水、蹈火将毋同？*借径入题，起法又与他篇不同。*彼世之纵欲亡身者无论矣！其以饮食起居之失宜而死于非命者，一岁之中亦不可胜数。是果何故哉？*顿挫。*试行其道，则街衢狭隘，茅厕栉比，水沟淤塞，粪秽狼藉；试入其家，则院落如井，屋宇卑湿，食品腐败，水味臭恶。*极言卫生之不讲，是题前腾挪法。*致病之由讵不以是？呜呼！他国之民强，中国之民弱，其故非一端，而卫生之不慎亦其一也。*说得确有关系，益见卫生之不可不讲。*且人之强弱，关乎国之盛衰。合全国之士民而迫于饥寒，中于疫疠，死亡之数相继不绝；即其存者，亦皆面目黄瘦，形容枯槁，则国之败亡可立而待，尚安得自立于竞争之世界乎？*更推进一层说，文气自极充足。*强民之策，其必以卫生为急务矣！

总评

从题前竭力腾挪，故能使"急宜"二字跃然纸上，其得诀在前八行。

习问

问借径入题之法与陪衬法有别否？
问何谓腾挪？
问全篇何以多从题前著笔？
问初学作文，每苦短促，果如何而能使文气充足？

第十七篇　原人

与万物并生而为人，人亦万物中之一物也。探源立论。有无知觉之物，有仅有知觉之物，有有知觉而能运动之物。人与禽兽皆隶于第三类者也。人与禽兽既同此知觉，同此运动，而卒能异于禽兽者，将形骸之不同欤，性欲之各异欤，人能言而禽兽不能言欤？是三者，人与禽兽最著之异点。人之所以为人，禽兽之所以为禽兽者，盖在是欤？原人与禽兽之别，从浅处言，作为疑问口气。而抑知不然。孟子之言曰："饱食暖衣，逸居而无教，则近于禽兽。"又曰："人之所以异于禽兽者几希。"引证以疏文气。是何故哉？盖既卓出于高等动物中，而独称之为人，即有相当之人格。断定人之异于禽兽在有人格。人格者何？无论男女老幼，无论贵贱上下，既已为人，必具此一定之资格者是也。诠释人格。人生于世，一身之外所接触者，曰"家族"，曰"社会"，曰"国家"。对此四者，而道德或有所亏损，即不能为合格之完人。吾国今日风俗人心，降而日下。统全国之人民，具人格者实居少数。隐忧之大，莫过于此。呜呼！人苟且自恃为人，而不知修道德以养成人格，恐名为人而实则为禽兽矣！凡我少年，其慎思之。回顾引证语作结。

总评

诠发人与禽兽之别，在以有人格与无人格为准。议论警切，起处由浅入深，另开一法。

习问

问何谓由浅入深？试言其理。

问何谓人格？

第十八篇　论妇女缠足之害

　　世间残酷伤身之事，患始于闺房，而害及于邦家者，孰有过于妇女之缠足哉？*登高而呼，起笔即唤醒题目，此又一法也。*夫不幸而为中国之妇女，既不令识字，又禁其出门，生人之趣殆已索然。乃复戕贼其举步之器，使以纤弱之足载全身之重，步履艰难，动虞倾踬。其缠裹不如法者尤为苦楚，非得人扶助，几一步不可行。呜呼！妇女何辜而罹此毒刑乎？*顿挫。以上是申明残酷伤身之害。*且一家之间，妇女居其半，以缠足之故而精力易衰，则中馈之职有所未尽，其家政遂败坏于冥冥中。一国之间，妇女居其半，以缠足之故而身体弱，而所生之子女亦无不弱，种之不强，国何以立？*是国事亦败坏于冥冥中。发明"患始闺房，害及邦家"二句，立言精要。足之害，其大也如是。结束。*乃世之男子既视其妇女为玩物，为妇女者又以玩物自居，切切焉惟缠足之是尚，而始终不悟其非，与劗面、文身、压额之恶习有何异乎？谨告世人，其务革妇女缠足之风，以完全天赋之形体，而强其家与国也。*回应起笔作结。*

总评

　　议论精警，而笔亦足以达之。文法浅明，易于学步。

习问

　　问起笔便唤醒题目，用此法有何胜处？
　　问全篇主脑何在？
　　问末段①是否为说明语，抑为补足语？

---

　　① 原作"叚"，误。

第十九篇　说蚁

蚁者，微虫之一也，分黄、黑二种，卑湿之处皆有之。首叙蚁之种类。其居也，穴于土中，泥之溢出于穴者，垒垒若山然，猝望之，相间宛如村落。次叙蚁之居处。其觅食也，数蚁先出，见有物焉，然后还招群蚁，共往取之。其出也，群小蚁之后，必有一大蚁统之，若将弁然。此叙蚁之营生，结队有条不紊。其与他物相敌也，则大蚁率之，排队整旅以出。合群而相攻，至死不稍却，以是竟能保其种族，雄长泥涂，不为他族所残灭。次叙蚁有合群保种之公勇，旋入议论，笔法则与上不同。虽至微之物，而宛具一立国之道焉。呜呼！是可为明鉴也矣！用顿挫之笔总结叙事，却从此生出绝大议论。天下之物，互相争竞，即互保生存，故必各卫其同种族，协力同心，以抵御异种族，而又有百折不回之志，乃克有济。此种议论可为至言，全篇中最精警处也。彼蚁其显焉者也。一句拍到题目，而下文忽又推开。奈之何以最高等之动物而不知合群，又乌能保种？吾恐其将为蚁所笑矣，岌岌乎危哉！点醒正意，精神动荡。

总评

前路平平叙事，后路于空处著议论，其作意不用正笔点明而处处跃然纸上。

习问

问叙事有次第否？
问是篇亦有叙事，有议论，其用法与《开学记》篇同否？
问空中发议处，其针锋与题相对否？
问结处何以非余波，与《说云》篇异？

第二十篇　记东侠

日本以区区三岛，县琉球，割台湾，胁高丽，逼上国①。西方之雄者，若英、若法、若德、若美，咸屏息重足，莫敢藐视。呜呼！真豪杰之国哉！以咏叹之笔领取题神。而其始乃不过起于数藩士之论议。一夫倡，百夫和；一夫趋，百夫走；一夫死，百夫继。盖自安政、庆应之间，日本举国甚嚣尘上矣！笔力健举。余读冈千仞氏之《尊攘纪事》、蒲生重章氏之《伟人传》，冥想当时侠者，言论风采，一一若在耳目。其一二定大难、立大功、赫赫于域外者不必道，乃至僧而亦侠，医而亦侠，妇女而亦侠，荆、聂肩比②，朱、郭斗量，攘夷之刀纵横于腰间，脱藩之袴络绎于足下。造句隽永有味。呜呼！何其盛欤！龙蛇起陆，惊前劫之杀机；燕雀处堂，哀尸居之余气。书其微者，而显者可以概矣！鉴于彼而己可以惧矣！记东侠。③

总评

包罗史事，笔力健举，而字法、句法无不以修饰为工。读此，可知运用史材之法。

习问

问题颇广大，何以片幅中能包括无遗？
问文中造句之法？

---

①　原作"逼中国，胜强俄"，据梁启超《饮冰室合集》而改。
②　原作"荆、聂踵接"，据梁启超《饮冰室合集》而改。
③　原无"龙蛇起陆，惊前劫之杀机；燕雀处堂，哀尸居之余气。书其微者，而显者可以概矣！鉴于彼而己可以惧矣！记东侠"，据梁启超《饮冰室合集》而改。

第二十一篇　原国

社会相群而成国。室家为社会之起点，亦即国之起点也。原国之所由来。盖有室家，则有子女；子长而有室，女长而有家；子孙繁衍，则散为族；族大众多，则分为部落；部落者，未完全之国也；部落既盛，其邻近部落或自愿归附，或以兵力兼并之，则成一小国；国与国相并合，而称雄坐大之国成。原国之所由成。地球之国俄为大，考其立国之初，仅地球上之一黑点耳。用证引法以申明前说。凡同族之部落，其性情、风俗、语言、容貌必相同；其不同族之部落，由归附、兼并而来者，则不相同。立国之后，归附愈众，兼并愈大，则国人之性情、风俗、语言、容貌愈大异。原国之内情，各有不同。然既称为国，必有疆域，有君相，有文字、法律，以维系之；否则，以游牧为生涯，以侵略为恒业，是部落而非国也。即国人之语言、风俗，亦必渐以混同之；否则，有国之名，无国之实。其或地隘民稠，生计不足，或智力雄大，务求开拓，则必远出觅地以居之，为之属地。凡属地之民相隔太远，大抵不能尽以本国之法治之者也。原国之内治，当因地制宜。

总评

思清笔净，章法井然有序。

习问

问文中探源立论，其次第何若？
问属地之民不能尽以本国之法治之，其故何在？

第二十二篇 说爱群

有童子于此，而强壮之人不敢侮者，非畏童子也，畏童子之父母、亲戚与其他相识之人也。故使我辈而为孤立之人，则强有力之匹夫，与利爪牙之毒虫猛兽，皆得而害之，必至禽兽食人，人亦相食，而人类绝矣！*题前极力顿折，以发明群之不可不爱，入正面便有力。*然则人之得相生相养以至于今者，惟其群也。*点"群"字。*折一矢易，折十矢难；十人各驾一舟则迟，十人共驾一舟则速。*复用譬喻，以发明群之当爱。*群愈大，则力愈厚。故世界人类无不赖社会而生。然同一社会，而团结之力有厚薄，则视乎其人爱群心之厚薄而已。*声明爱群心之厚薄，以便为我国民痛下针砭。*吾国民笃于家庭宗族之谊，而同乡同业者亦知建会馆、立公所以相联络，固爱群之美德也。*曲一笔。*然家族之群与同乡同业之群，犹其小焉者耳。莫大于一国之群，皆自数千年来并合团聚，联为一国，以为我御侮之助者也。吾国民有爱群之德而不能扩充，故十八省一千数百县与一千数百国无异，甚且倚外人之势以欺我同国之民。呜呼！中国有四万万人之大群，而不能胜数百万、数十万之小群者，岂不以此也欤？*咏叹作结。*

总评

言浅而义甚长，足以发人深省。至其谋篇布局之法，尤便初学。

习问

问篇首用何法入题？
问篇中用曲笔有何妙处？

第二十三篇　论水流循环之理

　　水之行于地中，如血之运于全身，所赖以滋生长养者也。然水不独流于地中，亦流于空际。先点明水流之循环，以下乃申言其理。何也？江湖河海之水，风日扬晒，空气逼压，则化为不可见之水汽，出水汽凝极细水点而成雾，雾上升而为云，望之迷漫，是地面之江湖河海变为天际之江湖河海矣！水之上流。云为风所吹，至冷处而下降则为雨，更冷而水汽径成为冰，冰与冰相合而下降则为雪。雨水、雪水，皆自沟涧而归于江湖河海。或风擎水汽，至高寒之界而径成为雪，故高山之顶终年有雪。其雪以时融解，逶迤而下，始入沟涧，继入江河，而卒归于海。水之下流。海既汇纳百川，而风日之扬晒，空气之逼压，终无已①时，复化汽而上升霄汉。水复上流。故一水也，始行地中，继化为汽、为云、为雨、为雪，雨、雪之水由沟涧江河而入海，海水复升为汽，上下往来，循环不息，可不谓之奇妙也哉？结题。

总评

　　以浅显之笔达积深之理，明净无遗憾。

习问

　　问文甚平淡，其制胜处何在？

---

① 原作"巳"，误。

第二十四篇　记异乞

　　张乞儿，谯陵人。雍正二年，至周家口。叙乞儿里居。跛一足，身无完衣，乞于市，与则受，不与亦弗强，无乞怜态，人以"异乞"呼之。点明异乞。居常落落，不与群乞伍，夜则栖迟市西义冢之隙，掘地深尺许，坐卧其中，风雨、寒暑不暂移。或日一行乞，或数日不出，亦不饥。句句描写异乞，而造句参差历落，此为古文句法。一日，大雪深数尺，咸曰："异乞死矣！"再点异乞，生动。好事者掘雪视之，方鼾睡，由是远近争异之，争进食，不遍受，各食少许，谢去。有赠棚与衣者，曰："吾以天地为室，何以棚为？野处而衣新，适为强暴资。"辞不受。绘影绘声，神味酣足。处义冢十三年，莫知所终。

总评

　　一乞人耳，而写得如许生动，无赘笔，亦无杂字。传记题文，当以此为法。

习问

　　问传记题文以何者为贵？
　　问全篇绝不著议论而异乞跃然纸上，其诀何在？
　　问叙事与议论，孰难孰易？

第二十五篇　说全体

　　人莫不有此身，而不知身之构造，陋孰甚焉？用逆折笔入题。夫人生百体，各有专司，有坚硬如骨与齿者，有柔滑如肉与筋者，亦有流动如血类者。全身之骨，共二百余枚，方圆长短，不一其形，均有筋以连接之，而外裹肌肉，旁贯血脉，以为舒缩翕张之用，其大略如此。总叙。进而言之，则全身部分可别为三，曰"首部"，曰"干部"，曰"肢部"。分说。首部为脑之所居，而视、听、臭、味之官亦在焉。心、肝、肺、胃、大小肠、内肾之属，则均在干部。若肢部之属于上体者，手与臂所以主工作；属于下体者，胫与足所以主运动。有变换，笔法便不落呆板。即外至毛发、皮肤，亦皆有护身之益。以是知身体不可不宝贵也。虽然，以生理学言之，手、足稍不仁，犹无害于生命；若呼吸器，若消化器，若循环器，若排泄器，则一伤坏而死亡随之；至耳、目、口、鼻，为生理上最高等之器官；而脑，尤精神意识之所荟萃。是三部中，干部重于肢部，首部又重于干部。侧重首部。知乎此，则身体之功用亦瞭然矣！结束。

总评

　　文无他长，只是叙述处或总或分，或平或侧，循题布置，有条不紊。初学者知此法，方能作繁重题文字。

习问

　　问题颇繁重，何以能有条不紊？
　　问笔法变换之益？

第二十六篇　伶人传

伶人姓何，广东番禺人。佚其名，膂力绝众，幼而为伶。粤之剧有所谓小武者，恒演古豪侠剑客事。伶人在某某班为小武，以剧名动全粤。<small>叙伶人事实。</small>粤之俗，督学使初受代，必演剧使署三日夜，民间无男女皆得与观。同治间，某学使受代，以故事演某某班。演之第二日，忽不戒于火。粤俗，剧场悉以蒲葵、苇叶及时构广篷，篷左右分男女坐，剧毕毁之。火既起，烈风乘干苇，燎不可遏。内地街巷隘狭，人稍挤，辄行不得，伶人跃上女篷。篷之后故有高墙，墙外有旷地，与篷门不相属。伶人举篷中女，一一挈而掷之墙外。<small>叙演剧时情形。</small>是役也，男子死于火者数千人，灰烬狼籍，积为京观，惨不可状。妇女固细弱，又为缠足所苦，寸步倩扶，苟无伶人，一网尽矣！伶人以两刻之久，拯诸女千余人。篷中尚余数女未获救，而火势已及，伶人即以此时撒手，其功德不已伟耶？而伶人冲突烈焰中，卒并此数人出之。愿力既毕，挺然跃身墙外，火已著衣及发，不克自扑灭，竟死。<small>夹叙夹议，伶人身分甚高。</small>

总评

笔简词洁，入后夹叙夹议，以抬高伶人身分，是谓尊题之法。

习问

问夹叙夹议之法？

第二十七篇　释中国立国之古

中国立国，于地球各国为最古。直起。自皇帝画野，始分都邑，蔚成一统帝国，是为中国人立国之始，距今已五千余年矣！原国之由来。古之帝王，其国都皆在太行、恒山之间，其国土不外大河南北。至今日疆域之广什百倍于立国时，盖皆由五千年兼并而来。故国人语言之分，乃至县与县，异乡与异乡，一山一河之隔，而直如两国；其民间往来交涉之事，各随风俗而殊，不依定律，观权量、钱币之淆乱，即可知其一二。此大为国体之害者也。极言国体之紊乱由于立国之古，而以下却言古国之不足虑，是欲擒先纵法也。虽然，人类之与动植物皆有机体也，国家则以人民为机体。凡有机体之物，不能免盛衰生死。然人之寿算有限，而善养生者其寿必永，况国祚之长本非可以人寿比，保养之得宜，虽长生不坏可也。正喻夹写，与他篇之纯作譬喻者用法又不同。五千年之寿，不为不永矣！世界古国以次衰灭，而我中国巍然独存，非保养之功不至此。由今以后，去其颓唐之态，善其保养之方，则五千年犹一少年耳，何老大之可悲乎？主意。

总评

熟于操纵抑扬之法，局阵开展而义蕴亦长。

习问

问欲擒先纵之法？

问正喻夹写之法？

问全篇主意所在？

第二十八篇　旅行修学记

　　天际清寥，山光明净，白露凝雪，稻畦如云。以写景入题，得游记题作法。师告诸生曰："此旅行修学时也。南郭之外有草场，纵横数十亩，与诸子往，为赛跑戏，可乎？"点旅行之地。于是戒期三日后。至期，日光高朗，风不扬沙。晨钟报六下，诸生咸集，衣袴束约，振列如阵行，携行军乐部及球杆等诸戏具，前导者扬国旗，次则学堂旗也。履声、乐声，相应不绝。叙事处参差历落，饶有情趣。道旁观者相告曰："此某学堂学生旅行也，乃严整有序若此。"停顿。"严整有序"四字乃一篇之骨。至场，为赛跑诸戏，或掷球，或运杆，互校胜负，一人胜，众拍手贺如例，围场观者莫不赞其艺勇。停顿，以下乃生出波澜。记者曰："吾闻日本小学校，每于秋季作郊外行。其学生校且一二千人，其出也，各衣学生服，列队俨然，旗帜摇扬，鱼贯而前，昂胸挺干，步伐有章，教习杂其间督护之；其过街衢也，连曲巷五折不绝。句法亦参差历落。时则别校生之驻观者，亦纵横塞道旁。"呜呼！盛矣！顿挫。吾不知吾中国学生之旅行较之日本为可如也。归结到题。

总评

　　炼字炼句，音调铿锵，文之以整饬胜者。

习问

　　问"严整有序①"四字，何以为一篇之骨？
　　问通体纯用叙述②而文笔颇生动，其妙处何在？

---

　　①　原作"整饬有序"，据正文内容而改。
　　②　原作"叙通"，据通行写法而改。

第二十九篇　述中国之军歌

中国之有军歌，始于五代时唐庄宗。《五代史补》称庄宗为公子时，雅好音律，又能自撰词曲；其后凡用军，皆以所撰词曲授之，使扬声大唱，谓之御制；至于入阵，不论胜负，马头才转，则众声齐作，故人力战，竟忘其死云。叙述原委，乃入议论。凡作史事，题必先将原委叙清，方可下笔。声音之道，能移易人至于如此，岂不奇哉？助之于文事，则为舒畅血气；助之于军事，则为发起精神，能使临阵者哀而乐，弱而勇，死而生，军中之神圣品岂有过此耶？写正面处，用笔淡荡夷犹。西史称斯巴达与敌战，乞援于雅典，雅典则使一小学教师之跛者往焉，斯巴达人少之。及临阵，则跛者为制军乐，授三军，使咸诵习，战时和以金鼓，杂以鸾和，斯人忘其疲，遂大捷。引证西史，以申明军歌之重要。呜呼！吾观于泰西各国，其行军也，无不有乐歌，而知致强之非偶然矣！中国数千年仅此一人，而正史又阙而不载，无论其遗谱不可得闻，即事实亦在若隐若见之间，是安得不为天下弱欤？两两比较，意淡而远。

总评

淡荡夷犹，神味超逸。

习问

问作史事题，何以必先将原委叙清？
问文用何种笔法以取神味？

第三十篇　国民解

国民，非人民之谓也。有人民，则有国家。国家治人民，人民受治于国家。国自国，民自民也。国民则异是。国民者，与国家有团结不解之情；视国家之休戚荣辱，如我身之休戚荣辱；必出我之资财，助国家振兴社会；竭我之筋力，佐国家保守疆土；去我自私自利之心，以奉国家之法律。如是而后，不愧为国民。立论精警，笔亦斩绝。故人民者，国人公共之称；国民者，国人特别之称也。剖析入微。泰西各国，人民有议政权；所谓国民者，即有政权者也；其或负国作奸，则夺其政权，而为国民所不齿。中国之民无议政权，与泰西异。参引中西政体之不同，以疏文气。然岂遂无国民已①乎？非也。凡能守本国之法律，爱本国之同类，视国事如家事者，皆可谓之国民。若无国家思想，置理乱强弱于不问，甚至忘国事仇，甘为异种之奴隶者，不得谓之国民。故欲为国民，不欲为国民，在我民之自择而已，岂尽关乎国家之政法哉？鞭辟入里。凡我国民，均当猛省。

总评

名论不刊，文笔亦斩钉截铁。熟读之，不惟增长笔力，且可奉为暮鼓晨钟。

习问

问文中议论精确不磨，是否有感触？
问前后均有议论，而中权忽用平淡之笔以疏文气，其故何在？

---

① 原作"己"，误。

第三十一篇　书鸡斗

余①院中畜两鸡，其一赤羽高足，其一白羽朱冠。点明鸡之形状。每晨起争食，鼓翼怒目，蹲相向者良久。俄闻肃然有声，方丈之内，风起扬尘，腾蹴奔啄，皆血淋漓染翮距，犹不退，描写两鸡相斗情形，奕奕如有生气。然白羽气少②惫矣！余③惧其两毙也，呼僮④执之，分系于庭之槐。以题之曲折为文之停顿，是为善用法者。一日，邻鸡啄食其旁，赤羽余怒未息，乘间自断其系，与邻鸡斗疾⑤力，负重伤，损一目，创半月不愈。余命并释白羽⑥。自是赤羽遇敌即逃，而白羽竟称雄院中，食必餍所欲乃已。叙赤羽始勇后怯，潜气内转，绝无斧凿痕。异哉！赤羽一挫其威，至令弱敌增气，可为好斗者戒也。然使白羽不获邻鸡之力，则无以雄其侪。吁！求⑦胜敌者，可无助乎哉？总结，神味淡远，言尽而意未尽。

总评

描写物情，生气勃勃。须于字句外摩神，方有领悟。

习问

问篇中炼字炼句之法？
问停顿之妙何在？
问用笔虚实之法？
问何以篇末收缩处言尽而意未尽？

---

① 原作"一"，据薛福成薛福成《庸庵文编》而改。
② 原作"稍"，据薛福成薛福成《庸庵文编》而改。
③ 原作"人"，据薛福成薛福成《庸庵文编》而改。
④ 原作"童"，据薛福成薛福成《庸庵文编》而改。
⑤ 原作"甚"，据薛福成薛福成《庸庵文编》而改。
⑥ 原作"人因并释白羽"，据薛福成薛福成《庸庵文编》而改。
⑦ 原作"薪"，据薛福成薛福成《庸庵文编》而改。

第三十二篇　农学论

农者，耕地以生有用之物者也，畜牧之事亦统焉。先言农之重要，便见农学之不可不精。西国有农学一科，立为学堂，专肄习种植、畜牧之术，故地无遗利，物无弃材。引证泰西各国讲求农学之益，以反别中国不重农学之失，皆题前应有义也。吾国自古以来，敦重农业，然不立为专门之学。即有究心此道者，著书立说以广流传，而其书寥寥不数觏，且杂焉而不精。读书之士向以农为贱役，村甿又多不识字，岂知学问？故有书如无书。凡种植、畜牧之术，皆得自老农相传之旧说，知其然而不知其所以然，弃材遗利，未可以更仆数，此皆农学不精之故也。极言农学不精之害，分析四层，一气旋转。不知世间操各业之人，其数皆有限制，独农、工两业多多益善。盖农所以生物，工所以成物，物愈多则利愈薄。而制造之料，必取给于种植，是农尤为工之本。以工伴说，而仍归本于农，益见农学之不可不讲。乌得不屏除成见，讲求新法，以期农业之日盛也哉？

总评

指陈利害，语语透辟。气盛，故言之短长高下皆宜。

习问

问题前应有之义何在？
问中段分析四层，何以轻而易举？

第三十三篇　工艺论

农者，耕、牧以生物者也。工者，制农所生之物以成货者也。以棉言之，自种棉以至收获，农之事也；自纺纱以至织布，则工之事矣！以蚕言之，自育蚕以至成茧，农之事也；自缫丝以至织绸，则工之事矣！吾人日用所需之物，必藉制造而成。故利民之业，农之外惟工。以上工、农并说，分析清朗，至此乃入题。中国工艺肇兴最早，绘画、雕刻、瓷器、绸匹之类号称精美，然以乾嘉时旧物与近世新物相比例，孰良孰窳，必有能辨之者。说者谓百余年来，中国自造之货有退步而无进步，以至洋货充斥，土货滞销，非贱视工艺不至此。彼能文识字之人既耻为工匠，为工匠者率愚而蠢，什百千万之中有一二人稍灵敏，而得财稍厚，则任情挥霍，不求精进。呜呼！此中国之所以贫，而大利尽为外人夺也。极言贱视工艺之害，足以发人深省。西国小学堂内，其课程已加入手工，而专门工业之校又林立，故其为工人者无不学，以一工人而起家为厂主者比比皆是，工业之盛于斯为极。引证西国讲求工业之益，以动吾国民之观感。其用法置之题后，与《农学》篇又不同，所谓文无定法。吾国物产之盛甲于全球，若振兴工艺，可为全球工业之主人翁。凡我少年当去鄙夷工业之旧见，就性之所近者，各专一业，毋畏难，毋浅尝，以期必成。吾工业其庶有豸乎！

总评

文无定法，善用之，则操纵离合无不如志。观此文谋篇布局之法，适与《农学》篇相反而各擅胜场，三复之，自有领悟。

习问

问文无定法，试言其理？
问全篇精神动荡之处？

第三十四篇 说日

日之光明奇丽，为众星之冠。自东升以至西没，一日之内，随时改观。古人不知其理，惟求日所出入之处，故愈求而愈误。自博学家多方推测，尽辟前人之谬说，而其理始确凿无疑。欲阐明真理，必先辟开谬说，文中一定次序。博学家之言曰：日初出地，若与地毗连，实则日之离地，计有二百三十三兆三亿三千三百二十余里之远，譬一小时能行九十余里之火车，亦必三百八十九年，方能行抵日处也。此言日之远。人自远观日，如烙红之铁磨，其体似不甚大，不知日非扁形，实系浑圆，且大于地球，计一百三十万倍。此言日之大。而光能照耀地球，且有摄引之力，使地球环绕旋转，以成椭圆形。不独地球然，即距日六十二兆二亿二万二千余里之行星，日亦能照之摄之也。此言日之光力及摄引力。古人皆谓历二十四小时日绕地一周，其说殊误，盖此非日绕地，乃地绕日，而以次向背日光耳。回顾谬说，以益见真理之不刊。日能发热与光，为世间最要之物。无日，则地球昏黑，万古而严寒逼人；且河海之水，全赖日光蒸晒，而上升为汽，下降而为雨、露、霜、雪也。无日，则何以得此哉？此言日之功用。

总评

凡说理题以明白晓畅为第一义。文阐明真理，显豁沉露。读此，可药格格不吐之病。

习问

问说理题何故以明白晓畅为第一义？

第三十五篇　恒星说

恒星能自发光，与日同，有他行星为其所照，亦与日之照地球同。推阐恒星，必以日作陪，方能发明真理。读者当细思之。目所能见之恒星，约一千五百座；以远镜窥之，则不下百万座。此言恒星之多。故星象之散布于天空，自人目中观之，虽仅如细粒，而体积实更大于日。盖日之离地已甚远，而恒星距地之远又二万七千倍于日。故虽大，而不觉其大也。此言恒星之大。光之为物，流行最疾，自日至人目仅需八分时，而一秒时内可环行地球八周，岂不神速？然光自最近恒星来者，已非历三年之久不能抵人目。至今人所见之北斗星，远且十倍，则自发光以至抵地，历时已三十年矣！况此外各恒星，其距地之远，尚有十百千倍于北斗星者哉。此言恒星之光，须历许多年，方能抵地。皆举日陪说，以阐真理。古今人每谓恒星不动，实亦旋转如飞，因距地太远，故不觉其动耳。且穹苍之际广大无垠，恒星苟有移动之迹，千万年后或能见之，则断非吾辈所可得而知也。此言恒星之动。恒星之大略如此。

总评

阐明真理，新颖而亦透辟。盖浅显之笔足以达其所见也。

习问

问推阐恒星，何故必以日作陪，方有把握？
问达精深之理，必出以浅显之笔，其故何在？

《高等小学国文读本》卷二目录

---

① 原作"复戴东原书"，据陆耀《切问斋集》而改。

② 原作"说无名之英雄，据梁启超《饮冰室合集》而改。

③ 原作"记英伟人讷耳逊轶事"，据梁启超《饮冰室合集》而改。

第一篇　论地方政务

观家政者，不必观全家而后知之也。由门而入庭，屋瓦欲坠，墙墁陁落，秽杂堆积，淤泥盈寸；由庭而入堂，几案散乱，蛛①丝密布，仆役喧哗，子弟倨傲②，其家政之不修可知矣！观国政者亦然。从旁面说入。中国各地方，虽有清道局而垃圾之堆积如故，虽有保卫团而匪棍之横行如故③，街衢隘陋，房屋倾圮，行人拥挤，市廛喧闹④，坑厕林立，水道淤塞，虽编门牌而姓名剥落，虽设路灯而光仅如豆⑤，种种丑态有难以言语形容者。城市如此，乡村⑥可知；一邑如此，他邑可知，何论国政乎⑦？应"国政"。租界各地，我不自治，而他人治之，已为万国所耻笑；且所治皆主客公共之事，而工部局以彼之商董主政，我华人不得与闻，盖名为租地，实则割地；其治租界之法，即治属地之法也，治野蛮属地之法也。⑧ 我华人实身受之，而奈何不猛省耶？沈痛。最⑨可叹者，入租界则气象一新，入国门则荒芜满目⑩。此则我民自当引为深耻⑪，而不必自讳者耳。结笔，更推进一层。

总评

于地方行政之不修，言之殆尽，入后尤紧。

---

① 原作"蜘"，据杨祥麟《实用主义科外教育设施法》而改。
② 原作"子弟傲慢"，据杨祥麟《实用主义科外教育设施法》而改。
③ 原作"虽有保甲局而匪棍之横行如故"，据杨祥麟《实用主义科外教育设施法》而改。
④ 原作"闤"，据杨祥麟《实用主义科外教育设施法》而改。
⑤ 原作"虽设路灯而火光如豆"，据杨祥麟《实用主义科外教育设施法》而改。
⑥ 原作"镇"，据杨祥麟《实用主义科外教育设施法》而改。
⑦ 杨祥麟《实用主义科外教育设施法》原无"何论国政乎"。
⑧ 杨祥麟《实用主义科外教育设施法》原无"租界各地，我不自治，而他人治之，已为万国所耻笑；且所治皆主客公共之事，而工部局以彼之商董主政，我华人不得与闻，盖名为租地，实则割地；其治租界之法，即治属地之法也，治野蛮属地之法也"。
⑨ 原作"尤"，据杨祥麟《实用主义科外教育设施法》而改。
⑩ 原作"入内地则荒芜满目"，据杨祥麟《实用主义科外教育设施法》而改。
⑪ 原作"此又我华人当引为深耻"，据杨祥麟《实用主义科外教育设施法》而改。

习问

问何谓旁面？

问入后愈逼愈紧，其意何在？

第二篇　论地方警察

凡搜捕巡警之事，其职皆属于警察，所以保人民之安宁而免其危害者也。直起。愈文明之国，法律愈繁，警察亦愈密，其尤严而密者莫如地方警察，地方警察略如中国巡防之制。然一粗一精，一简一繁，一散乱一整齐，一具文一核实，相去不可以道里计也。梭巡之例，水陆并设，日夜无间，凡河渠、桥梁、衢路、民居、茶坊、酒肆、饮食、起居之禁令，主客居民屋外之一举一动，皆在警察范围之内，无乃妨人自由权乎。宕一笔，下乃接推想句法。然试思之，交通之法修而车马喧阗，不免驰突纵横之险；工艺之事盛而资财充足，不免淫酗赌博之风。危害之与福乐，恒相因而至；危害之不去，则福乐不全。自有警察，而凡一切有害社会之事，化有为无，化大为小，居民之受惠多矣！酣足。然任警察之责者，必受学校教育，敦品晓事之人而后可；不然，挟嫌索贿，好事喜功，其不反为社会之害者几希。补此一层不警察之见，可玩视。中国近日如京师、天津、上海、汉口等处，皆已仿行，而以天津为最善，其他则简陋粗率，略如巡防旧制，盖任事者之未得其人也。

总评

圆畅。

习问

问推宕笔法？
问任警察之责者必欲受学校教育，其故何在？

第三篇　书谭半城事

谭照，字儒溪。弟晓，字镜川。常熟东里人也。家世耕读，兄弟友爱。照持门户，而晓用圭顿白圭猗顿，长于治生。之术，治生殖产，财至不訾①。晓无子，病将死，其女②婿徐生阴图利之，晓不可，曰："宜为吾后者，兄之次子培也。在③外人曷与焉？"严正，识大体。晓既死，照念弟以纤啬辛勤起家，己掩而有之④，义不⑤忍；又培好少年遨嬉之习，非克家子，不欲令荡废叔父业。爱弟之笃，知子之明，尽此数语中。而培亦旋死。居顷之，适倭寇张甚，帆风一日踔数千里，直抵吾⑥邑。居民无藩篱之限，将尽歼焉。众凶惧，议筑城以御，括公帑，募私橐，仅充其⑦费十之五。邑大夫、士、民咸张目拱手，计无所出。照闻之，跃然字法。起，曰："吾财有所用之矣！"顿挫有精神。尽藉⑧其藏，得四万余金，献于官。城不三月而工毕，一邑获保障无虞，而照竟为贫人以老。至于今，照、晓兄弟之名，与崇墉相敝⑨。设使照无此举，其财亦未必能贻之三四世不竭也。晓推其财以与兄，兄用其财市义于邑，以扬其弟之名，而己亦与焉，可谓奇士也已。赞语，神淡而远。其事在嘉靖甲寅年⑩。

总评

轻财尚义，足以风示薄俗。文以明白晓畅之笔传之，而精神自跃然纸上。

---

① 原作"以致富"，据陈祖范《陈司业集》而改。
② 原无"女"，据陈祖范《陈司业集》而改。
③ 原无"在"，据陈祖范《陈司业集》而改。
④ 原作"掩己而有之"，据陈祖范《陈司业集》而改。
⑤ 原作"弗"，据陈祖范《陈司业集》而改。
⑥ 原作"常"，据陈祖范《陈司业集》而改。
⑦ 原无"其"，据陈祖范《陈司业集》而改。
⑧ 原作"籍"，据陈祖范《陈司业集》而改。
⑨ 原作"与崇墉并峙"，据陈祖范《陈司业集》而改。
⑩ 原作"事在明嘉靖甲寅年"，据陈祖范《陈司业集》而改。

习问

问文中精神动荡之处？

第四篇　记爱国之女儿

千八百七十年，德法之战争起①。巴华路_{日耳曼列邦之一}。之一分队至于梅，_{法地}。入一小村。其村人皆逃，留一小女子守田舍。巴华路之兵官拘而问之曰："二点钟以前，法兰西一联队过此，何所向而行耶？"此小女子沈沈然，_{字法}。思曰："苟余告彼以法军之②所向，则彼将追杀法军，而我法国必受其害。我，法国人也。作一事而有害于法国也者，则我不为。"_{义侠凛然}。_{着此一笔，全神俱振}。遂不答。巴华路之兵官曰："不答，将被杀。"再三问，终不答，遂受铳刑。

呜呼！法兰西岂非产生女豪杰之膏壤耶？贞德、罗兰之属皆以一弱女子之身，演惊天动地之大剧。_{从高处说入，女儿身分愈高}。虽然，是特有名之女豪杰耳。法兰西无名之女豪杰，固无数也。区区梅村之一小女子，尚知国家之义、种族之界，则法兰西二千万男子之义气堂堂可知。此德③国之所以能破巴黎，能擒拿破仑第三，而终不能亡法国也。

总评

叙事处简洁，立论处疏宕。

习问

问叙述女子数言而全神俱振之故？

问何以从高处说入，反得尊题之法？

---

① 原作"普法之战事起"，据马君武《茶余随笔》而改。

② 原无"之"，据马君武《茶余随笔》而改。

③ 原作"普"，据马君武《茶余随笔》而改。

第五篇　说教育

论国民之文明者，必据通国之人民言之，非仅举一二人言之也。而所以进全国于文明者，其惟普及教育乎！直起。普及教育者，通国之中，无一人不受教育之谓也。申明"普及"二字之意义。人之生也，与动物异，必待教育而成。苟非野蛮部落，未有无教育者，而教育之精粗、广狭则大不同。其国无普及之教育，国民之等级必多，贤不肖之相去亦未可以道里计。行一政也，知其理者一二人，茫然者千百人焉；立一法也，宜者一二人，不相宜者千百人焉。如是，则良法、善政格而不行，岂不重可惜乎？普及教育者，所以化国民不平之等级，渐底于平，以增进文明之程度者也。反正开合，无不如志。今日文明各国皆以普及教育为急务，公私各学校虽遍于国中，小学校则多由官立，最盛者为英、德、美诸国。即以日本全国论之，仅四十三县耳，而小学校之多至二万六千八百二十四所。中国二十二省一千五百余县，其可称为学校者转不及日本千分之一，岂非教育之大憾事哉？引证泰东西各国教育之盛，以显中国之陋。凡我国民不可不尽教育之职分，以使子女受合法之教育也。

总评

熟于反正开合之法，乃可与言文。读此文，最宜注意。

习问

问熟于反正开合，乃可与言文之故？

第六篇　论国家与人民之关系

聚木而成林，无林则无木；聚卒而成军，无军则无卒。国之于民，犹林之于木，军之于卒也。如曰："林悴而木茂，军败而卒胜。"其不通也孰甚？从譬喻入手，词意浅显。故文明之国民无不视国事为己事，国强则喜，国弱则忧。而吾民之无爱国心者乃不知国家为何物，闻人谈国事，则掩耳而走，曰："此国事，何与于我？一若国危而民可独安者。"吁！是何言欤？顿挫。大且远者勿论，论其小且近者。开下二层。甲午之役，赔款二百兆；庚子之役，赔款四百兆。将谓此二百兆、四百兆者乃天雨之金耶？亦取之米、盐、房租等捐，以至百物昂贵，生计艰难。此吾四万万人同受之累也。累一层。上海租界之公花园，为东西人士游观之地，独不许华人入内。租界西人车马驰突，莫敢谁何？华民偶一违章，辄为拘捕。此我四万万人同受之辱也。辱又一层，均就极浅处著笔，以为粗人说法。如是而犹泰然，将必税及吾身，刀及吾颈，而后为累耶辱耶！找一笔以伸文气。呜呼！既生中国之土，既为中国之民，当使我中国声名洋溢，当使我中国威权日振，以称雄于地球。为国家计，即为一身计耳！

总评

义蕴精深，词旨浅近。醒世文，以此为贵。

习问

问为粗人说法，何以必从极浅处着笔？

第七篇　述善变之豪杰

吉田松阴，日本维新第一伟人。初时主公、武合体之论，公指王室，武指大将军。其后乃专主尊王讨幕，非首鼠两端也。其心为一国之独立起见，苟无伤于平和而可以保独立，则无宁勿伤也；既而深察其腐败之已极，虽欲已而无可已，乃决然冲破其罗网，摧坏其基础，以更造之。其方法虽变，然其所以爱国者未尝变也。始持保守主义，而终以破坏成功，是吉田松阴之善变。加布儿，意大利统一第一伟人。初时入秘密党，倡革命下狱，其后佐撒尔尼亚王为大宰相，卒成大功，统一意①国，非反覆变节也。其心为一国之独立起见，既②主权者无可与语，不得不投身激湍以图之；既而见撒王之可与为善，而乘时借势以行其所志③，为同胞造无量之福，故不惜改弦以应之。其方法虽变，然其所以爱国者未尝变也。始持破坏主义，而终以保守成功，是加布儿之善变。《语》曰："君子之过也，如日月之食焉，人皆见之；及其更也，人皆仰之。"大丈夫行事磊磊落落，行吾心之所志④，必求至而后已焉。若夫其方法随时与境而变，又随吾脑识之发达而变，百变不离其宗；但有所宗，斯变而非变矣！此乃所以磊磊落落也。总归宿。

总评

探原立论，将两人心事曲曲传出，神味渊永，文有遗音。

习问

问谋篇布局之法？
问文中神味如何渊永？

---

①　原作"帝"，据梁启超《饮冰室合集》而改。
②　原作"恨"，据梁启超《饮冰室合集》而改。
③　原作"乘时藉势得以行其所志"，据梁启超《饮冰室合集》而改。
④　原作"至"，据梁启超《饮冰室合集》而改。

第八篇 论交通之法

凡邮政、电报、铁路、马路、河渠、桥梁、舟舰、车马之用，皆所谓交通法也。点题。以道路言之，最野蛮之世，榛莽遍地，兽蹄所过，人迹所经，渐成蹊径，与今日深林中之仄径无异，往来犹未便也；厥后有土路矣，有砖石铺砌之路矣，则徒行者渐得其便；最后有马路，有铁路，而后车骤马驰，通行无阻。点题下着此一段，题中应有之义。愈富饶之国，交通之法愈备，而国愈文明。何也？转运利便，消息灵通，贸易工艺进步自速；且千里之遥旦夕可达，能使留恋乡土之人发其游览他乡之念，人烟寥落之地变为繁华富庶之乡，无业之民生计日裕，愚陋之士见闻日广；而五方杂处，往来狎习，则通国之语言、风俗渐归于一。盖交通法与社会之关系有如此者。极言交通之重要。句调整饬。西国邮政、电报之类无不日臻美善，即以铁路论之，纵横交错于国中，宛如棋局。独中国创议于三十年之前，至今告成者无几，此亦文明不进之一大原因也。于种种交通法中，提铁路一层着议，对准中国缺点，反应"文明"。呜呼！自航路便，而环游地球之士六阅月而一周；自通信便，而东西半球之民若晤对于一室。微重交通之法，何以开今日文明之世界哉？正应"文明"作结。

总评

以"文明"二字为主宰，起伏照应，动有法度。

习问

问起伏照应之法？

第九篇　勇武说

国多勇武之国民，则其国强。民文弱者，强国必弱，弱国必亡。直起。试证之往古，斯巴达尚武功，雅典尚文学，古希腊分两部，一曰"斯巴达"，一曰"雅典"。故雅典卒为斯巴达所灭。中国以战国及秦汉之际为最强，竞争亦最烈；自秦汉一统以后，渐尚文学，诗赋、清谈、释道、玄虚之学相继而起，民风日弱，故乱于五胡，败于契丹、女直，或作女真。而灭于蒙古，是文弱之结果也。援古。近日，泰东西各国之勇武，所谓文明之勇武也，尤非斯巴达及契丹、女直、蒙古之比；而我国民尚耽好词章，耻言武事，执兵器而颜羞，闻炮声而惊怯，文弱如此，而望其竞争进取不亦难乎？论今。夫习于模山范水、弄月吟风，则将才武略不足夺其逸士高人之雅尚；习于应对趋跄、风流蕴藉，则长枪大戟不足变其缓带轻裘之故态，文弱之弊极矣！确切。英吉利之强，地球所闻也。接健笔。其国民勇于赴敌，虽败而志气不衰，而国中有识之士见国人渐溺晏安，以危辞相戒。况我中国以积弱之民立于万国垂涎之土，危亡之祸近在眉睫。吾党其尚可忘疆场之警也哉？

总评

援古论今，将中西状况两两比较，词旨颇清切。

习问

问诠发题局，处处将中西状况对照，其意安在？

第十篇　学者宜兼习文武说

太平之世重文，多事之秋重武，二者迭相非笑，互有短长，不知皆非也。从文武偏重说起，作冒一句领转。试征于古，三代以前，文与武无分涂。孔门以六艺设教，礼、乐、书、数属文，射、御属武，七十子之徒，人皆精习六艺，汉时刺史多有部卒。古时文武并习。六朝以降，其流始分。数百年来，文士习章句，不知兵事；武夫娴弓马，不谙方略，甚者有目不识丁之讥。中原之弱，实基于此。六朝至今，文武之极弊。学者既灼知此弊，立志奋迅，勉为通材，应当世之用，殆非兼习文武不可！说到题目本位。泰西之制，人尽为兵，小学必习体操，中学以上更习兵式操，非特为养生之资，亦以摩动筋骨，身力渐长，设遇缓急，可以御侮，可以保身，与三代设教之意正合。泰西文武兼习，与古制合。今之文士，肩不能负重，手不能握枪，诚不免为外人所笑；而武僚流品尤杂，其行伍出身，称贵于昔时者，今亦蔺疲耽利，嗜好同深，不为齐民之所齿。东西将帅多文武全材，卒伍亦通娴武略；中国以不学之将御不教之民，偶遇战事，十战十败，殆非不幸。从中国文武之弊说到其结果。方今欲强中国，必自学堂中人兼习文武始；欲兼习文武，必自人人并习体操始。以人人习体操为归结。夫体操之法，译自西籍者綦多；而中国古书独无之，或曰："即古乐舞之遗意云。"

总评

持论不刊，足药世俗重文轻武之习。虽然，武事仍原本文学，必合为一涂，庶免偏重之弊。

此文系说十年前情形，现在学堂固已列体操为必修科矣！录此篇，藉悉前情，并觇来者。

第十一篇　原官

国政之权，必不能尽人而操之也，必择国民之可以为官者而畀以行政权。故君为行政之端绪，而官为行政之机关。断定官之重要。耳司听，目司视；耳为听之机关，目为视之机关，百官亦犹是耳。以耳目作衬笔。专制国之言曰："朝廷命官，体制不可不尊。轻百官，是轻朝廷也。"欧美国民之言曰："官受国家俸禄，代百姓治事，犹百姓之雇役也。"骤闻之，似各有说。略停顿，以下乃侧重第二说。虽然，凡在社会中者，何一非惟人之仆役哉？佣工受主人之值，以供洒扫、炊爨之役；而主人之值，亦必劳心力以得之，是主人又暗为佣工之仆役矣！复借主人作陪笔，以明官为百姓雇役之说，确当而不可易。然则以官为百姓之雇仆者，乃据实之言，非傲慢之言也；且官虽尊，亦一操政权之国民耳。今也出入必呵殿，宫庭必匍匐，以尊官之故，而遂视国民如土芥，如奴隶，是亦专制国之陋习矣！申明专制国尊官之失。章法细密。然官无大小，政权寄焉，其关系之巨与寻常职业不同，非贤而才者不能胜任，必行选举之法而后得人。此则各国之所同，未尝以为仆役而轻忽之者也。找足一层。

总评

举中外各国设官命职之意，发明其异同得失。说理明畅，用法亦精细。

习问

问陪衬之法异同若何？
问文既注重公奴仆一面，何以必更申明专制国尊官之失，于章法乃为细密？

第十二篇　原兵

竞争者，生物之理也。蜂蚁、蟋蟀皆能斗，况大者乎？动物且然，况人类乎？文明愈甚，则竞争之力亦愈大。古今中外，无数十年无战事者，不有外战，则有内战。国民自相战争为内战。甚矣其危也！极言战祸之烈、军人之重，跃然纸上。故国不可以不守，而守之必以兵。近虽有创弭兵会之议者，然必兵愈强，则人不敢犯，而后可以无战，即战亦可以速罢，故弭兵之道断在强兵。若以弛禁撤防为弭兵，是召兵祸矣！此原兵之不可不练。泰东西各国，通国皆兵，即吾中国之古法也；凡民及岁则入伍，一闻征兵之令，为农者弃其耰锄，为匠者弃其斧锯，辞别父母，束装就道，彼不爱其身哉？宕一笔。亦谓国也者，我国民身家产业之所托也。我不守之，谁当守之？一旦衅起，身家产业之不保，何一死之足惜乎？探原立论。今中国之兵皆由召募，夫召募之兵未尝不可用，然召募与雇仆无异，仆役之理家务必不如主人之自理也；且工业渐盛，生计易谋，将人人不愿应募，则必有乏兵之患，此危道也。说明募兵之弊。故欲自立于万国竞争之世，必行通国皆兵之法。归束。凡我少年，为今日之学生，安知非他年之健卒？尚勉之哉！

总评

发明中国兵制当事征兵。议论平正。

习问

问起处用何法入题？
问篇中以何处为最扼要？

第十三篇　阅报说

　　耳司听，目司视，竭耳目之力，不过数里而止。然则山海之外，民俗之繁，耳目之力遂穷乎？翻腾作势。今之时有不出户庭而周知天下者，则阅报是已。点出题目。夫中国邸报之制度最古。百年以来，泰西各国，俱刊发报章。自国家政治、地理、兵机、物产、民俗，下逮闾巷琐屑，莫不详诸报章。大如通都要埠，小至僻县下邑，莫不有报。上自君卿，下迨细民，莫不阅报。故通国之人见闻广远，识字亦多。外国人收阅报之益。中国之报，始自上海，继行各埠，无虑数十百种，除游戏无益之小报外，皆足助见闻之益者。中国报纸之益。然则阅报诚功课之一端矣！一语结束。虽然，不可不精择而约取之，日报志在射利，往往掇拾谰言，以炫一世之耳目，且有攻讦敲诈各弊，诚舍其短而采其长，则闽、粤之人可视燕、晋若户庭，东亚之士可指欧、美若衽席，岂非神妙不测，最足备吾人闻见之资者乎？示人以阅报之法，并畅论阅报之益。世人或有好读古书，戒窥新报二十年前之事，烛照靡遗，及叩以十年以内、百里以外，则瞢然如堕云雾，恺切指陈，卒疑而不信，岂非所谓不知今为陆沈者耶？结以不阅报者之蔽。

总评

　　既示阅报之益，复述不阅报之蔽，议论极为畅达。中间精择约取一段，尤示人以阅报之方法。

第十四篇　天命正误

今日之足以阻国民竞争心者，惟天命之说乎？一语破的。莫之致而至者谓之命。君子知命，则知害无可避，利无可趋，惟尽其所当为而已。故知命者所以劝立志也。先发明知命之真理，以下乃力辟谬说。岂知无志之徒，每作一事，辄徼天幸；及其无成，又诿之天。于是言贫弱，则不咎国政之不修、国民之无用，而曰："此气数，非人事也。"遇水旱，则不咎蓄洩之不时、备荒之无策，而曰："此天灾，非人事也。"疾疫之来，则曰："死生大数，防卫无益，同习一业。"人成而我败，则曰："彼命亨，我命蹇耳。"呜呼！安所得此自暴自弃之言乎？人力之不至，而归咎于天，天其任咎乎？笔锋犀利。今日之世，一大竞争之世也。竞学术，竞工艺，无一不在所当竞，非独竞土地已也。与一国竞，且与万国竞；与人竞，亦与天竞；优者胜，劣者败。稍一退让，即无以自立，危乎殆哉！极力开拓，精神动荡。有志之士，既以不能胜人为耻，即以不能胜天为耻。故讲卫生之学，则人寿之数昔短而今修；讲备荒之术，则水旱之灾昔多而今少。若夫国之盛衰、业之利钝，其全恃乎人为者，更在所勿论，安见天之必不可胜乎？而又何命之足云？回应上文，以结人言之误。

总评

笔锋锐利，章法亦完备，足以振聩发聋。

习问

问文之章法？
问笔锋锐利，其益何在？

第十五篇　忠义说

　　国多忠义之人，则其国强。食禄之臣，受君之托，保守疆土；敌兵来袭，义当效死；其有惜身躯，保妻子，闻难而奔，临战不力者，谓之不忠不义之臣，天下之大辱也。先言不忠不义之臣，第一层反接。为国民而使其国不能独立，何颜立地球之上？故既为国民，即有保国之责；无人不当执兵习武，为御敌捍患计；其有忘国事仇，甘作异种之奴隶者，谓之不忠不义之民，亦天下之大辱也。次言不忠不义之民，第二层反接。莫辱于偷生，莫荣于敢死。转正。自古慷慨捐躯之士，未有不庙食千秋、流芳百世者。我辈幼时，闻人谈忠义事，则慷慨勃发，若欲起而效之，知忠义之出于天性也。地球各国，皆多忠义之士。我中国为礼仪之邦，敌国外患如汉之匈奴、晋之五胡、宋之契丹女直，世为边祸，忠臣义士之死难者项背相望。近者欧、美东来，日本浸大，外患尤甚于前世，自道光季年至于今，为国捐躯者，盖不知几千万人矣！忠臣义士，专指外患言之。其主意在深痛种族沦亡之惨，冀以此激厉国民，力图补救也。呜呼！志士不忘在沟壑，勇士不忘丧其元。人莫不有一死，死于牖下而默默无闻，何如死于沙场而声①名赫赫？凡我少年一旦身临战阵，虽强敌在前，有死无贰；为父母者亦勿以其子之死事为忧，而以战阵无勇为辱，忠义足千古矣！

总评

　　平正通达。

习问

　　问正起反接之法若何？
　　问种族沦亡之惨若何？

---

　　①　原作"身"，误。

第十六篇 立信说

孔子曰："人而无信，不知其可也。"五伦之大义，曰"朋友有信"。朋友者，社会中人也。人生于世，不能无往来交涉之事。信，即往来交涉之大机关也。信不立，则尔诈我虞，万事瓦解，社会之精神散矣！*极言人之不可无信，以下乃描写①俗情。*吾国人习于无信，积久成风，乃至以诚实者为废物，险诈者为干才，可叹实甚！不信之尤大者，一曰"作弊"。国人拙于谋生，而工于作弊，干没中饱、假冒赝造之恶习纷然四起，恬不为怪。彼作弊之人，一旦败露，声名坠地，固不足惜。所可痛者，一人作弊，则众人见疑；一事作弊，则百事俱废，此败坏社会之甚者也。*此段抉作弊之实，以简洁胜。*一曰"背约"。规条章程之类，但饰耳目，遵行之语十无二三。买卖抵质、借贷租赁及合伙贸易等事，所立之契据大都墨未干而约已败；其立据之时，本无必行之志，任意填写，不计日后之能践言与否。故买卖房屋，已立杜绝之契，不数年而缠绕如故；借贷银钱，明言一年还清，四五年而逋欠如故。至于面订之约，则姑妄言之，姑妄听之，尤视为无足重轻。西人于宴饮、问候等事，如约而往，不爽片刻；其往来交涉各事，契据最繁，视之尤重；彼见东方人于所立契据，每不责背约之非，而反笑依约行事者之愚，无不以为怪事，岂知吾国人固相习而不之怪也？*此段抉背约之实，以酣畅胜。*吾党少年，处此险诈之世界，往来交涉之事，不能不审慎周防，万不可使失信之端自我而始。同志中当预立私约，悬作弊、背约为厉禁；有违约者，迸不与齿，使无容身之地。为维系社会计，庶有豸乎！

总评

文必分段发挥而后能作长篇文字，此种文可以为法。

---

① 原作"泻"，误。

习问

问起讫之法？

问文必能分段发挥而后能长篇文字，试言其故？

第十七篇　爱国说

国民爱国之心厚，则其国强。中国者，我四万万人父母之邦也。不爱其本国，即不爱其父母，是逆人类之天性也。*从极亲切处说入。*夫国之于我，恩义深矣！自我之鼻祖迄我之身，皆生于斯，食于斯，老于斯。即处我于斐洲荒野之土地、身热头痛之部落，犹将爱而护之。*旁挑一笔，以折入中国之可爱，便有力。*况我中国之立国开化，如是其古也；四万万同胞之助，如是其众也；其国土起北纬线十八度，尽五十三度，大半在温带之间，气候如是其清和也；长江、黄河及他江河之滨、涂泥之土，如是其膏沃也；自辽海以迄南海，其间港湾林立，可以作屯船之地者，如是其多也。*五层皆申明可爱之实，笔法变换，故不落呆板。*五谷、果蔬之甘美，丝、茶、棉之利，煤、铁等矿之富，地球各国罕有伦比。*又变换。*此皆他国所垂涎而不能得者，我辈幸生其土，尚不足以生我之爱情，将何如而生爱情也耶？*用反宕之笔，点醒题旨，不使一平笔。*无如吾国之民多无国家思想。故甲午之后，台湾割矣，而闽人之醉梦如故；庚子之役，北京危矣，而南人之酣嬉如故。且闻瓜分之议，有愿箪食壶浆以迎之者，忠君之议固亡，爱国之心何在？嗟乎！以中国礼仪之邦而生此怪物，当迸之四夷，勿使污我国土可也。

总评

善用旁挑反击之法，通体不使一平笔，故文有精彩。

习问

问旁挑反击之法若何？

第十八篇　复戴东原言理欲书①

　　来教举近儒理欲之说，而谓其以有蔽之心，发为意见，自以为得理，而所执之理实谬，可谓切中俗儒之病。赞一语，以下乃推阐言之。乃原其病之所起，则骛名之一念实为之。名字是一篇之骨。盖自宋儒言理，而历代推尊，以为直接孔孟者，程朱数大儒而已。于是，莫不以理名学。如前所讥"太极圈儿大，先生帽子高"者，其来已非一世。由理学之名，可以虚附故也②。夫理悬于虚，事征于实；虚者易冒，实者难欺。惟言理，而著之于事，证之以迹，空虚无实之谈，庶不得而妄托。西山《大学衍义》，此其宗乎！名不可骛，第一层。至于朱陆、朱王之辨，近世尤多聚讼。其所讼者，皆在毫厘影响之间。若尽举朱子之行社仓、复水利、蠲税银③，与象山之孝友于家、惠爱于民④，阳明之经济事功，彪炳史策，以为理学真儒之左契，则睊相之圃廛有存者矣！名不可骛，第二层。顾以此求之，讵易多得？推开，以下就最切近处立论。则⑤择其言之切于今者，莫如顾崑山"行己⑥有耻"、田篑山"'利'之一字蚀人最深"二语，为废疾膏肓之药石、沉迷大寐之晨钟⑦。而不贵言性言命、存天理遏人欲之虚谈⑧，庶几于风俗之盛衰、吏治之得失、民生之疾苦，在在与民同好恶而不私。于阁下之教，得毋近之，而不止以其名乎！收束。近日从事《文抄》一编，大指⑨如此。惟是所见不多，网罗难尽，浅人易眩，抉择未精，其中不无遗憾，是以未敢邮正。今大教谆谆，似欲匡其所不逮者，又⑩可不献其丑拙耶。人便附上一册。耀⑪再拜。

---

① 原作"复戴东原书"，据陆耀《切问斋集》而改。
② 原作"未可以虚而附也"，据陆耀《切问斋集》而改。
③ 原作"若尽举朱子之创社仓、行荒政、难进易退、知无不言"，据陆耀《切问斋集》而改。
④ 原作"与象山之孝友于家、化行于民"，据陆耀《切问斋集》而改。
⑤ 原作"而"，据陆耀《切问斋集》而改。
⑥ 原作"已"，陆耀《切问斋集》亦作"已"，均误。
⑦ 原作"为废疾膏肓之药石"，据陆耀《切问斋集》而改。
⑧ 原作"能用力于此"，据陆耀《切问斋集》而改。
⑨ 原作"旨"，据陆耀《切问斋集》而改。
⑩ 原作"犹"，据陆耀《切问斋集》而改。
⑪ 原作"某"，据陆耀《切问斋集》而改。

总评

精到。

习问

问篇中鞭辟入里之处何在？

第十九篇 述美利坚立国之祖

北亚美利加洲，有一族之人民焉。距今二百七十余年前，其族之先百有一人，苦英苛政，相率辞本国，去而自窜于北美洲蓬艾、藜蒿之地，栉风沐雨，历遍艰辛，自立之端绪稍萌芽焉。濡染大笔，略作停顿。其初至之地，曰"菩利摩士"，遗迹至今犹有存者。尔后有志之士接踵而来，避秦而觅桃源者所在皆是。积百有余年，户口渐繁，财政渐增。至千七百七十五年，既弥漫于十三州之地，遂建义旗，脱英羁轭。八年苦战，幸获胜利，卒为地球上一大独立国，伏后华盛顿。即今美国是也。点美国。回忆此百有一之先人，于千六百二十年十二月二十二日冽风阴雪中，舍舟登陆，茧足而立大西洋岸石上之时，其胸中无限块垒抑塞，其身体无限自由自在，其襟怀无限光明俊伟，殆所谓"本来无一物"者，而其一片独立之精神，遂以胚胎孕育今日之新世界。夹叙夹议，声大而闳，造句亦奇警。天下事固有种因在千百年以前，而结果在千百年以后者。今之人有欲顶礼华盛顿者乎？吾愿率之以膜拜此百有一人也！

总评

笔力闳伟，而神味飘逸。纪叙题文，此为神品。

习问

问题事亦平淡，何以一经叙述，便俊伟乃尔？
问遣词造句之法？

第二十篇　富强原于学问说

古来善治国者，莫不反贫为富，转弱为强。探其富强之原，非有奇谋秘计，盖必自学问始。总冒照出"学问"二字。夫学问非一端也，论其大者有五：士学、农学、商学、工学、兵学。次提出五项。士学之要，内而修身、齐家，外而治国、平天下；大经大法之繁，一物一名之细，皆宜深思而博考；其道最尊，其效亦最广。叙士学，示以托体独尊之意。农学之要，首在五谷，次及林木、果实；一切种植、畜牧、养鱼，皆农属也；生齿繁，百物贵，仅树五谷，利薄不足为养；故昔之农患惰，今之农患拙，拙则地有遗利，欲尽地利，必自讲化学始。次叙农学。农学既精，农产自富，而工与商亦得所藉手矣！盖无论一物一货之微，农以生之，工以成之，商以行之，近则通流一国，远则输转全球。泰西富国之策，莫不由此。工、商两项，提挈而过，不加铺叙，作一小结束。民既富足，国乃殷实，而保卫之策又不可不亟讲焉，则兵学其要矣！从农、工、商三项折到兵学。夫兵之学，吾国古时亦有之，然旧法不足以御新敌。泰西诸国，聚国人而日夕训练；杀人之器，惟恐不利；探索险要，侦刺敌情，各有专术。苟以无学之兵，尝试外寇，不待交锋，而胜负之数可预决矣！故农、工、商学皆精，而不讲兵学，则吾之富足殷实，适以召侮而资之粮。极言兵之不可无学。盖惟士有学，而后可以开农、工、商之智识；惟兵有学，而后可以卫士、农、商之身家。士学、兵学，着重分提，结束全篇。自古以来，未有五者之学既备，而不反贫为富、转弱为强者！与篇首相应。

总评

篇法以五项立论而分叙五项，或详或略，有侧串处，有分提处，篇法最为灵活。若呆板五项并叙，则成笨伯矣！

第二十一篇　论独立

　　独立者何？不藉他力之扶助，而屹然自立于世界者也。警醒。国而不能独立，时曰"附庸"，于公法上不认为公国；人而不能独立，时曰"奴隶"，于公法上不认为公民。一辅一正。嗟乎！独立之不可以已如是夫。《易》曰："君子以独立不惧。"孟子曰："若夫豪杰之士，虽无文王犹兴。"又曰："彼丈夫也，我丈夫也，吾何畏彼哉？"人苟不自居君子而自居细人，不自命豪杰而自命凡民，不自为丈夫而甘为妾妇，则亦已矣！紧接引证，语作跌笔。苟其不然，必自养独立之性，有断然者。呜呼！吾一言及此，不禁太息痛恨我华人无独立性而有奴隶根性者之多也。起好。试一思之，吾中国四万万人，其不仰庇于他人者几何哉？人人皆有其所仰庇者，所仰庇之人又有其所仰庇者，层积而上之，至于不可纪极，而求其真能超然独立与世界直接者殆几绝也。公法，凡国之仰庇于他国者，则其国应享之权利尽归于所仰庇国之内，而世界上不啻无此国。申明公法，即以回应上文。然则人之仰庇于他人者，亦不啻世界上无此人明矣！而今吾中国四万万皆受庇于他人之人，是名虽四万万，而实则无一人也。以全国之大，而至于无一人，天下可痛之事，孰有过此哉？结笔沈痛。

总评

　　阐明理蕴，思笔俱锐，入后尤沈痛。

习问

　　问篇中章法绵密之实？
　　问入后何故更沈痛？

第二十二篇　无名之英雄①

今日中国之所以不振，患在无英雄，此义人人能知之、能言之。而所以无英雄之故，患在无无名之英雄，此义则能知之、能言之者盖②寡矣！折入深际。夫我中国今日果有英雄乎，无英雄乎？吾不得而断之。借使有一二之英雄焉，有三数之英雄焉，而全国之人能许其卒成英雄与否，非吾之所敢言也。无无名之英雄，则有名之英雄亦未必能成，确不可易，以下乃畅言之。譬之一军于此③，其能成大功者系乎将帅；然使将帅能成大功者，又系乎兵卒。虽以拿破仑、惠灵吞之能，而使之率中国之绿营防勇④，吾知其必无能为役也。一军如是，一国亦何莫不然？国也者，非一二人之国，千万人之国也；国事也者，非一二人之事，千万人之事也。以一国之人治一国之事，事罔不治；若欲以一二人而治一国之事，其余千万人皆委之而去，或从而掎龁之，虽圣贤未有能治者也。曲折旋转，理足而词明。世有望治者乎？转。愿勿望诸一二人而望诸千万人！质而言之，即勿望诸人而望诸自⑤己云尔。勿曰我不能为英雄，我虽不能为有名之英雄，未必不能为无名之英雄。天下人人皆为无名之英雄，则有名之英雄必于是出焉矣！望全国人人为无名之英雄，而以有名之英雄于是出作结，有照应。

总评

申明人人当为无名之英雄，一气旋折，文境颇高，而词意却浅显。

---

① 原作"说无名之英雄"，据梁启超《饮冰室合集》而改。
② 原无"盖"，据梁启超《饮冰室合集》而改。
③ 原作"譬之一军"，据梁启超《饮冰室合集》而改。
④ 原作"而使中国之绿营防勇"，据梁启超《饮冰室合集》而改。
⑤ 原无"自"，据梁启超《饮冰室合集》而改。

习问

问曲折旋转、一气呵成之难？

问国必多无名之英雄，而后有名之英雄于是出，其故何在？

第二十三篇　核舟记

明有奇巧人曰王叔远，能以径寸之木，为宫室、器皿、人物，以至鸟兽、木石，罔不因势象形，各具情态。尝贻余①核舟一，盖大苏泛赤壁云。点核舟。舟首尾长约八分有奇，高可二黍许。中轩敞者为舱，箬篷覆之。旁开小窗，左右各四，共八扇。启窗而②观，雕栏相望焉③。闭之，则右刻"山高月小，水落石出"，左刻"清风徐来，水波不兴"，石青糁之。记船面现象。船头坐三人，中峨冠而多髯者为东坡，佛印居右，鲁直居左。苏、黄共阅一手卷。东坡右手执卷端，左手抚鲁直背。鲁直左④手执卷末，右⑤手指卷，如有所语。东坡现右足，鲁直现左足，⑥各微侧，其两膝相比者，各⑦隐卷底衣褶中。佛印绝类弥勒，袒胸露乳，矫首昂视，神情与苏、黄不属。卧右膝，诎右臂支船，而竖其左膝，左臂挂念珠倚之⑧，珠可历历数也。记船头现象。舟尾横卧一楫。楫左右舟子各一人。居右者椎髻仰面，左手倚一横木，右手攀右趾，若啸呼状。居左者右手执蒲葵扇，左手抚炉，炉上有壶，其人视端容寂，若听茶声然。记船尾现象。船背稍夷，题名其上，文曰"天启壬戌⑨秋日，虞山王毅叔远甫刻"，细若蚊足，钩画了了，其色墨。又用篆章一，文曰"初平山人"，其色丹。记船背现象。通计一舟，为人五；为窗八；为箬篷，为楫，为炉，为壶，为手卷，为念珠，各一；对联、题名并篆文，为字共三十有四。而计其长，曾不盈寸。盖简桃核修狭者为之。总束。魏子详瞩既毕，诧曰：嘻！技亦灵怪矣哉！《庄》《列》所载，称惊犹鬼神者良多，然谁有游削于不寸之质而须麇了然者？假有人焉，举我言以复于我，亦必疑其诳。今乃亲睹之。由斯以观，棘刺之端

---

① 原作"镌"，据魏学洢《茅檐集》而改。
② 原作"以"，据魏学洢《茅檐集》而改。
③ 原无"焉"，据魏学洢《茅檐集》而改。
④ 原作"右"，据魏学洢《茅檐集》而改。
⑤ 原作"左"，据魏学洢《茅檐集》而改。
⑥ 原上有"身"，据魏学洢《茅檐集》而改。
⑦ 原无"各"，据魏学洢《茅檐集》而改。
⑧ 原作"左臂挂念珠"，据魏学洢《茅檐集》而改。
⑨ 原作"戌"，据魏学洢《茅檐集》而改。

未必不可为母猴也。① 嘻！技亦灵怪矣②哉！

总评

　　美术学雕刻一科，东西各国均视之甚重。然似此精妙入微者，能有几何？文竭力摩写，具绘影绘神手段，急录之以诏初学。

习问

　　问叙述之法？

---

　　① 原无"魏子详瞩既毕，诧曰：嘻！技亦灵怪矣哉！《庄》《列》所载，称惊犹鬼神者良多，然谁有游削于不寸之质，而须麋了然者？假有人焉，举我言以复于我，亦必疑其诳。今乃亲睹之。由斯以观，棘刺之端未必不可为母猴也"，据魏学洢《茅檐集》而改。
　　② 原作"也"，据魏学洢《茅檐集》而改。

第二十四篇　伟人讷耳逊轶事①

人苟无名誉心则已，苟有名誉心，则虽有千百难事横于前途，以遮断其进路，而鼓舞勇气，终必能排除之。"名誉"二字为一篇之骨，由议论入叙事，另开记事题一法门。英之伟人讷耳逊者，五洲所共闻也。幼时与兄同在一学校，当冬季休暇②终而归校之时，与兄并辔适校，途中风雪大作，寒彻骨不可支，其兄乃约讷耳逊同归家。见其父，父曰："归校与否，吾听汝等之自由。虽然，凡发念欲做一事，必成之而后已，此大丈夫之举动而荣誉之事也；半途而废，面目扫地之事也。汝等试两者比较而择所从。"义方之教，不严而厉。讷耳逊闻言，即促兄更上归校之途；兄犹有难色，讷耳③逊厉声曰："阿兄忘荣誉之一言乎？"卒相俱以去。呜呼！讷公其后造赫赫之伟业，轰风云于大地，虽其器量胆略超轶寻常，抑岂不以此名誉心旁薄而宣泄矣乎？④

饮冰子曰⑤：讷耳逊者何人乎？其人栖息于海上者三十五年，中间⑥经大小百二十四回之战斗，而赫然为世界历史之一大人物者也⑦。当十八世纪之末，以威如雷霆、猛如虎豹之拿坡仑蹂躏马蹄于欧洲全土，各国帝王将相膝行莫敢仰视之时，而有鬼神之算、铁石之胆、电光之手腕讷耳逊其人者，率英国舰队屡决死战于海上，卒剿灭法国及其同盟国之海军。使不得再立⑧，而地中海之海权遂全归英人之手。至今欧洲有井水饮处，莫不知其名焉。呜呼荣矣！酣畅。人人知其荣，而抑知其冒险犯难，遇败受挫，百折不回，万死一生，而以易之者乎？百川学海而至于海，或直行，或曲行，或显流，或伏流，遇有山陵之障，则绕而避之；遇有沙石之

---

① 原作"记英伟人讷耳逊轶事"，据梁启超《饮冰室合集》而改。

② 原作"假"，据梁启超《饮冰室合集》而改。

③ 原作"尔"，据梁启超《饮冰室合集》而改。

④ 原无"呜呼讷公！其后造赫赫之伟业，轰风云于大地，虽其器量胆略超轶寻常，抑岂不以此名誉心旁薄而宣泄矣乎"，据梁启超《饮冰室合集》而改。

⑤ 原作"论曰"，据梁启超《饮冰室合集》而改。

⑥ 原无"间"，据梁启超《饮冰室合集》而改。

⑦ 原作"赫而然为世界历史之一大人物者也"，据梁启超《饮冰室合集》而改。

⑧ 原作"逞"，据梁启超《饮冰室合集》而改。

阻，则挟而赴之。要之，必奔流到海而后已。任事者可以鉴矣！① 归结到题。

总评

叙事警动，论赞别开生面，而仍归束于"名誉"二字，章法完备。

习问

问篇中叙述讷公父庭训数言为全篇精神所属，然否？

问论赞体裁可于记事外别开生面，试思其理？

---

① 原作"人人知其荣，而岂知讷公造赫赫之伟业，轰风云于大地。虽器量胆略超轶寻常，抑亦此名誉心旁薄而宣泄矣乎"，据梁启超《饮冰室合集》而改。

第二十五篇 论通商之益

天产之物与制造之物，必不能万国如一辙也。起便见商之不可不通。即以中国论，苏松人所饮之茶、所食之糖与盐皆非本境之产。设彼产茶、产盐、产糖之地禁不许贸易，其能一日安乎？一国如是，万国皆然。政府若重严海禁，则新金山之石炭、美国之石脑、英国之印花布绒布等皆不能来，必有大不便者矣！尽力反掉。今日东西半球，商埠林立，迭相授受。而或见出口货多，则色然喜；进口货多，则皇然忧，是谓大愚。转入正面，扫陈陈相因之说，乃能鞭辟入里。论商务者，当视其所出所进者为何等货。如所进者为羊毛，所出者为羊毛所织之绒布，一为原料，一为制造物，制造物之获利必倍于原料，绒布一匹之价必数倍于所用羊毛之价。出口虽少，而所余者即不售于外国，亦必售之本国，以增其物产，安得谓之折阅乎？议论通畅。中国所以未受通商之利者，其大病有二，而进出口之多寡不与焉。说明病根。一出国货多原料物。丝、棉之类皆是。通商口岸之民，身不衣洋布者百无一二，洋布则取吾棉花以织成者也。若夫鸦片之进口，其害人更不待言矣！大病之可忧者一。一公司之法尚未推行。商人学识浅薄，彼以货物来，我不以货物往。近如日本，航路已阔，远者无论矣！内地商人情势散漫，倾轧观望，游移失利。此由我国商人学识之未进，而岂通商之咎也哉？大病之可忧者二。通商之大利，尤在交易智慧，互长学识，以开文明之世界。中国若仍如前五十年之闭关绝约，则理化、博物等最新之学问，虽至今梦梦可也。即轮船、铁路、电报、邮政之所以进我于文明者，亦将何自来耶？曲终奏雅。

总评

论通商之利害者，不过在进出口货着想。文扫却陈言，独标真谛。读此可知识力高、思想锐，乃不蹈人云亦云窠臼。

习问

问后半指陈利弊，切中肯要，试按时以申明之？

第二十六篇　上直督袁宫保禀①

　　窃维②民心巩固者，国必强；众③力团结者，事易举。此国民教育之说所由来也。前蒙宫保颁发《国民必读》一书，各堂学生晨夕诵览。复经各堂职员苦口演讲，发明国民与国家之关系，又为解说公债票之利益，学生等感奋兴起，爱国之忱不能自已。公禀起法。金谓：报国之事不止一端，莫急于清还④外债以纾国力。说入国债。我国应交各国偿款多至四百五十兆两，结至光绪六十年，并利息计算，数且倍之，于库储支绌之余，增此巨债，国家度支有制，何以堪此⑤？中国人数约四百余兆，以之分担国债，不过人约一金。果皆踊跃，则赔款克日立清⑥，即子利之漏巵可塞。而一切新政⑦，举⑧不至有财匮之患。以上泛论。现⑨今各堂学生，虽学业各有深浅⑩，而皆以具有国民资格自相期许。查天津府中学堂职员、学生已集有成数，各堂学生亦皆彼此劝诏⑪，广集⑫缗钱，以为清偿国债之用。述捐输。董等学务董事。伏思学生具此热诚，虽杯水车薪，不足当涓埃之助，然由学界而推诸商界、工

---

　　①　此文节选自《天津中学堂学生公同集资备偿国债恳请立案上袁宫保禀》（《山东官报》，1905 年，第 59 期），篇名为顾倬所改。

　　②　原作"惟"，据《天津中学堂学生公同集资备偿国债恳请立案上袁宫保禀》而改。

　　③　原无"众"，据《天津中学堂学生公同集资备偿国债恳请立案上袁宫保禀》而改。

　　④　原作"偿"，据《天津中学堂学生公同集资备偿国债恳请立案上袁宫保禀》而改。

　　⑤　原作"其何堪者"，据《天津中学堂学生公同集资备偿国债恳请立案上袁宫保禀》而改。

　　⑥　原作"而赔款克日清偿"，据《天津中学堂学生公同集资备偿国债恳请立案上袁宫保禀》而改。

　　⑦　原作"凡举行一切新政"，据《天津中学堂学生公同集资备偿国债恳请立案上袁宫保禀》而改。

　　⑧　原作"均"，据《天津中学堂学生公同集资备偿国债恳请立案上袁宫保禀》而改。

　　⑨　原无"现"，据《天津中学堂学生公同集资备偿国债恳请立案上袁宫保禀》而改。

　　⑩　原作"虽学业各有深浅"，据《天津中学堂学生公同集资备偿国债恳请立案上袁宫保禀》而改。

　　⑪　原作"各堂学生亦彼此劝告"，据《天津中学堂学生公同集资备偿国债恳请立案上袁宫保禀》而改。

　　⑫　原作"积"，据《天津中学堂学生公同集资备偿国债恳请立案上袁宫保禀》而改。

界，由直省而推诸各行省，安知国民负担之债不能早日清偿①？昔法败于普，割地不已，更偿兵费七百兆佛郎。法金币名。法国之民各出私②财以纾国难，不二年而赔款毕偿，仍为欧西之③强国。引证西事。中国之民忠义素著，果能一倡百和，万众同心，何遽不如泰西民族？董等不揣冒昧，谨将各学堂学生公同集资备偿国债各缘由，具禀陈明，伏希核鉴。至如何缴纳汇齐之处，应请饬官银号或由学务处妥议办法。俾学生爱国之忱得以发见表露④，冀仰酬两宫爱民养士之恩⑤，且无负宫保兴学育⑥才之意，实于国民教育不无裨补⑦。应请俯赐批示施行，实为公便。公禀收法。

总评

恺切详明。

习问

问公牍以恺切详明为贵，其故何在？

---

① 原作"安知国债不能早日清偿"，据《天津中学堂学生公同集资备偿国债恳请立案上袁宫保禀》而改。

② 原作"资"，据《天津中学堂学生公同集资备偿国债恳请立案上袁宫保禀》而改。

③ 原无"之"，据《天津中学堂学生公同集资备偿国债恳请立案上袁宫保禀》而改。

④ 原作"俾学生爱国之忱得以发见"，据《天津中学堂学生公同集资备偿国债恳请立案上袁宫保禀》而改。

⑤ 原作"冀仰酬朝廷爱民养士之恩"，据《天津中学堂学生公同集资备偿国债恳请立案上袁宫保禀》而改。

⑥ 原作"培"，据《天津中学堂学生公同集资备偿国债恳请立案上袁宫保禀》而改。

⑦ 原作"于国民教育不无裨益"，据《天津中学堂学生公同集资备偿国债恳请立案上袁宫保禀》而改。

第二十七篇　书美洲批茶女士事

当十九世纪，美洲有名女子，以一枝纤弱之笔，拔无数沈沦苦海之黑奴，使复返于人类。至今欧美人啧啧称之为女圣者，则批茶女士是也。点女士。女士生于千八百十二年，其父为博士。女士有姊，曾设一学校。女士年十五，即肄业其中。至年二十一，复肄业于有名之某学校，喜研仁慈学，读耶稣救世经，益发慈悲，慨然有普渡众生之志。叙女士就学情形，略加停顿，即以引起下文。其时美洲黑奴问题，无人道及。女士独居深念，若有所触，以为此乃人间之至苦者，必思所以救之。既又思眇然一弱女子，岂易挽百余年来大政治家、大哲学家所未及经营之事而引为己任，隐物色人材于风尘中？校中教师名嘉鲁伊恩者，女士平日听其讲耶稣救世之学者也。谓斯人是余同志，即以身许之。完婚后，语其夫曰："余悯黑奴，是以适汝。"其夫允之，乃益反覆痛陈其义侠之苦衷。叙女士拯救黑奴心事，历历如绘，每于虚字传神。寻即变售家产，与其夫别，携资斧，独处深山中，著书一卷，发明世界公理，无富贵贫贱皆平等，断无可侪人类于马牛之理。其书出，美人始恍然役使黑奴之非，犹拨数十重阴翳之云雾而复见天日焉。书之名曰《五月花》，取幼时在校中得闻此事于某年五月而心花由此怒发之意也。叙女士著述。先是女士未成书时，美京有杂志，论黑奴事，其文词不足观，并不能发人一视同仁之念。衬一笔。女士书出，诸大文学家群称为千古不刊之作，译成九国文字，遍布各处，未一年销流至百余万部，欧美大剧场靡不奉为脚本以演之，卒弛黑奴之禁。女士之功，其大如是。欧美人所以赞之为女圣也。回应起处作结。其后女士游英伦，英人欢迎备至。著①《漫游记》，复蒐集诸报黑奴余论，编为续集。又著②《家庭教育学》《女子社会学》《家政学》等书，皆其晚年作也。并及女士晚年箸述，详细无遗。女士者，诚女子中之人杰也哉！

总评

神味酣足，述女士心事处尤胜。

---

①　原作"箸"，据通行写法而改。
②　原作"箸"，据通行写法而改。

习问

问中段多于虚字传神，试言其实？

第二十八篇　丐者传

　　丐者，姓张，山东人。少孤，数岁即为乞儿。或日得数十钱，而丐者惟以两钱市粗馒自养。通篇以自奉甚约为经，以长跪恳求为纬。积数岁，得余钱数千。邑有富家某，颇自好。丐者踵门，长跪求见。长跪一。阍人挥之不去，予以钱，不受。主人畏其丐也，避不见，丐者长跪六日夜。长跪二。主人见之，则长跪请曰：长跪三。"丐者有求于贵人，贵人必许我，我乃言。"富者曰："若欲乞钱耶？"丐者曰："我非就贵人取钱，乃有钱六千，将藏之贵人家，而取其息，息视常加重，欲将有所为也。贵人其许诸？"主人应之曰："诺！"丐者拜而去。此后所乞盈一千，辄持往富人家，如是者十年。子母相权，几及百千。丐者曰："乃今可以少行吾志矣！"顿挫。邑故陋，就学者鲜。丐者僦古庙为学堂，招窭人子学焉。聘邑之学士主讲授，奉修脯有加；或鄙不就，丐者辄长跪不起，长跪四。必得请乃已。释菜日，治盛馔飨教师，请邑绅之有望于乡里者陪宴焉；或却不往，又长跪不起，长跪五。必得请乃已。而丐者日以两钱市粗馒，自养如故。再点自奉之约，精神动荡。邑之人莫不笑之，然皆审其愿，怜其愚，所与颇优于他日。停顿。丐者悉寄富家，权子母，每三岁而足一学堂之用。乞食至八十岁，成学堂三十余。其聘教师，宴缙绅，皆以跪得之。朔望辄省视学堂，察教师勤者，辄跪拜谢之；有惰者，则长跪垂泪不起。长跪六。以故教师莫不畏之，靡敢惰者。行之数十年，校中子弟，掇高第、成通儒者不可胜数。肄业诸生环丐者长跪哭拜。诸生亦以长跪报之，长跪七。乞无自苦，而丐者日以两钱市粗馒，自养如故。三点自养之约，用复笔结，奕奕如有生气。

总评

　　奇人奇事。世之厚拥资财而坐任学界之败坏者对此能无愧死？文刻意摹写，传神阿堵，丐者不朽矣！

习问

　　问传记题做法与论说题异同若何？
　　问传记题有经有纬，便不至散漫无头绪，试言其义？
　　问篇中屡用复笔于行文，有何妙处？

第二十九篇　李斯谏逐客论

强国可用客卿，弱国不可用客卿。先下断语，斩关直入。何也？弱国之人用于强国，无非图一己之富贵，以恢张强国之势力；强国之人用于弱国，则必逞其机智，肆其阴谋，至夺人之主权而后止。疏证首二语。余读《始皇本纪》，推求其所以得天下之故，人皆谓李斯谏逐客之功。诚哉斯言！入题赞一语。夫张仪，魏籍也，今日相魏，明日即引秦师以伐魏，卒覆其国。韩非，韩之公子也，秦王用其计以攻韩。由此观之，秦之得天下，客卿之力居多矣！证实秦用客卿之功。然考当时秦之国势，强大莫与京，山东诸侯无一能抵抗之者。故客卿之入秦，各出其才智，输其国情，以博取功名富贵。客卿之益由秦为强国。向使秦处孱弱之势，而六国骏雄之士徒步入关，进身殿陛，能忠于秦而谋六国乎？抑投间抵隙以伺之也。设辞翻腾，见客卿之可危。且强国之人不受弱国之约束，即廉得其情，能尽律以治之乎？惩之不能，摈之不得，如疽附骨，不至于毙不已。故弱国而用客卿，适足以亡其国而已。世有处积弱之势，不能自振作，而专欲借材异国，吾恐效未收而主权尽落矣！噬脐之悔，其可及乎？当事者慎毋狃于秦得客卿之益，而以任用外人为得计也。指陈恺切，闻者足戒。

总评

按切时事，借古抒今，"不受约束"一段言之尤为痛切。

第三十篇　霍光废昌邑王论

　　霍光废昌邑王，论者推其安汉之功，又或惜其无知人之识。浅哉！耳食之谈也。夫光者，盖莽、卓之俦，藉废立以擅权者耳。*直下断语，定霍光罪案。*曰："昌邑王之淫纵无节，不当废耶？"*设为诘问，以引起下一段主论。*曰："权臣之废君，未有不诬之以罪者也。昭帝崩，广陵王胥次当立，光以其失道，舍之而迎昌邑王，然则昌邑王之未尝失道可知也。平日未尝失道，而即位之后仅二十七日，乃肆行无道至一千一百二十七事耶？吾意王之为人，非特不至失道而已，必将奋发有为者也。彼在藩邸，稔知霍氏尊盛日久，威福自专，心不能善，故一旦即位，遂与亲信之臣谋削夺其权。机事不密，适为光所侦知，于是废立之祸作矣！"*揣测昌邑心事，以见致祸之由。*或曰："子之言亦有征乎？"曰："有一征之《昌邑王传》。宣帝即位，心忌贺，赐张敞玺书，密令警察。夫果如光等承明殿之奏，尚何所虑而忌之？此光以淫纵诬王之明证也。再征之《霍光传》，光诛杀昌邑群臣二百余人，出死，号呼市中曰：'当断不断，反受其乱。'夫但坐以无辅导之谊，何至于死？即罪当死，何至举二百余人而尽诛之？且所谓断者何也？此昌邑王与其臣图光之明证也。"*证据确当。*呜呼！自古权臣当国，爪牙心腹布满朝列；不忍忿忿之心，轻率图之，往往反受其害，如高贵乡公唐文宗之事，盖不可胜道。昌邑王之仅致见废，犹其幸焉者矣！*高贵唐文最好陪客。曲一句，文气尤胜。*然而，光以鄙夫患失之心，为先发制人之计，恃太后之可挟，假杀人以立威，托名放桐，置君如奕，后世权奸之衣钵实传于此。而天下服其义，史册称其忠，其何以警夫人臣之擅废立主者乎？惟当时侍御史严延年一奏，则懔懔乎千古之定案云！*历陈霍光罪状，史笔谨严，千秋定狱。*

总评

　　翻案文字，须得确据。篇中证引、驳议皆持之有故，言之成理。斯为胆、识兼到之作，不同乡原一派文字。

第三十一篇　论理科与社会学之关系①

抑②理科之势力于群治中，具最大之关系者，社会学也。_{直起。}往昔人士尝迷想上古时代为黄金炫耀、珠玉灿烂之世界，而压抑今人③，以为文明之程度断非今世所可力追者；因之执古今人不相及之说，崇拜古人，而压抑今人，进取之精神既荡焉澌灭，奴隶之根性自日即深固，而社会遂有日趋堕落之势。_{社会之堕落，由于理科智识之未发明。从题前立论。}自十九世纪伟著达尔文氏之《进化论》出版于世，欧美一般之政治家、学问家于是始知宇宙间之万类④，大至地球，小至一草一木之生长、一虫一鱼之繁殖⑤，莫不由简趋烦，由劣等进于⑥高等，循进化之公理，而日赴于文明。_{述《进化论》于人间社会有绝大之关系。}达氏又谓，生物变迁之原因皆缘于生存竞争、优胜劣败之公理；推而至于人间社会，太初时代，毛茹血饮，各保其部落，不相倾轧，其后各部落中生齿日繁，地面所产不足供人生日用之需，于是强者、优者遂攘夺弱者、劣者之所有，驱逐之，残杀之，而自立于最适⑦之地位；经数千百年之后，递推递嬗，久之又久之⑧，人⑨智愈启，即竞争愈烈，乃至国与国相并吞，种与种相残杀，弱者、劣者既绝迹于世，而强者、优者又复自相吞噬，更不知伊于胡底。盖自此理发明以后，人与人之交际，国与国之并⑩立，几莫不认此主义为一成不变之目的，谋所以自立而不为天演所淘汰，是即今世帝国主义所由来也。_{更进一层，其关系尤大。}庸讵知达氏此说之由来，即基于捕集昆虫、解剖卉木，

---

① 此文节选自王本祥《论理科与群治之关系》（《科学世界》，1903 年，第 7 期），篇目为顾倬所改。

② 原无"抑"，据王本祥《论理科与群治之关系》而改。

③ 原无"而压抑今人"，据王本祥《论理科与群治之关系》而改。

④ 原作"欧美一般之政治家、学问家始知宇宙间之万类"，据王本祥《论理科与群治之关系》而改。

⑤ 原作"植"，据王本祥《论理科与群治之关系》而改。

⑥ 原无"于"，据王本祥《论理科与群治之关系》而改。

⑦ 原作"要"，据王本祥《论理科与群治之关系》而改。

⑧ 原无"之"，据王本祥《论理科与群治之关系》而改。

⑨ 原无"人"，据王本祥《论理科与群治之关系》而改。

⑩ 原作"进"，据王本祥《论理科与群治之关系》而改。

探奇履险，披砂拣砾，研究博物学之时乎？归重理科。理科之关系于社会学，又①何如也？

总评

含咀《进化论》精意，以诠发题局，全从理科与社会学交关处咬出汁浆，故极精警。

习问

问何谓题前题后？

问文从理科与社会学交关处着笔，故极精警，试言其义？

---

① 原无"又"，据王本祥《论理科与群治之关系》而改。

第三十二篇　论毅力

　　天下古今成败之林，若是其莽然不一途也。要其何以成，何以败？曰："有毅力者成，反是者败。"挺拔。盖人生历程，大抵逆境居十六七，顺境居十三四，而顺逆两境又常相间以迭乘。无论事之大小，必有数次乃至十数次①之阻力，其阻力虽或大或小，而要之必无可逃避者也。断一笔。其在志力薄弱之士，始固曰"吾欲云云，吾欲云云"，其意以为天下事固易易也，及骤尝焉而阻力猝来，颓然丧矣；其次弱者，乘一时之客气，透过此第一关，遇再挫而退；稍强者②，遇三四挫而退；更稍强者，遇五六挫而退；其事愈大者，其遇挫愈多，其不退也愈难，非至强之人，未有能善于其终者也。以上极言毅力之难。夫苟其挫而不退矣，则小逆之后，必有小顺；大逆之后，必有大顺。盘根错节之既破，而③遂有应刃而解之一日。旁观者徒艳羡其功之成，以为是殆幸运儿④，而天有以宠彼也，又以为我塞于遭逢，故所就不彼若也。庸讵知所谓塞焉、幸焉者，彼皆与我之⑤所同，而其能征服此塞焉，利用此幸焉与否，即彼成我败所由判也。照应"有毅力者成，反是者败"二句。更⑥譬诸操舟，如以兼旬之期行千里之地者⑦，其间风潮之或顺或逆，常相参伍；彼以坚苦忍耐之力，冒其逆而突过之，而后得从容以容⑧度其顺；我则或一日而返焉，或二三日而返焉，或五六日而返焉，故彼岸终不可达也。设喻以明之。孔子曰："譬如为山，未成一篑，止吾止也；譬如平地，虽覆一篑，进吾往也。"孟子曰："有为者，譬若掘井，掘井九仞而不及泉，犹为弃井也。"更用引证以实其言。成败之数，视此而已。结成败。

---

①　原作"数十次"，据梁启超《饮冰室合集》而改。
②　原无"稍强者"，据梁启超《饮冰室合集》而改。
③　原无"而"，据梁启超《饮冰室合集》而改。
④　原无"儿"，据梁启超《饮冰室合集》而改。
⑤　原无"之"，据梁启超《饮冰室合集》而改。
⑥　原无"更"，据梁启超《饮冰室合集》而改。
⑦　原无"者"，据梁启超《饮冰室合集》而改。
⑧　原作"徐"，据梁启超《饮冰室合集》而改。

总评

识伟而气尤盛，故淋漓挥洒，有长江、黄河一泻千里之概。

习问

问气盛则言宜，试申其义？

问篇中用法细密若何？

第三十三篇　波兰灭亡纪略

波兰者，欧洲千年之名国也。郑重。当十七世纪初叶，波政治衰，瑞典王废波王，别立新王。未几，而前王以俄援复立，惴息于俄皇势力之下。国中复分为两大党派，其一仰普法之庇荫，其一藉俄为后援，于政治上，于宗教上，讧争不息。叙波兰引狼入室，为自取灭亡之由。俄人，利其有辞也。于是貌为热诚博爱，以甘言狡计结其欢心，且煽其党争，使日益剧烈。用笼络手段，是俄灭波兰第一关。遂藉词扶助公义，屯兵四万于波兰境上，以为声援。俄兵既集，乃使人胁从所庇之党以二事，一曰对波王绝君臣之分，二曰许俄皇以干涉内政之权。所庇党既陷术中，欲脱不得。俄军乃于贵族议院前筑一炮台，使数兵卒立炮侧，爇火以待，迫全院议员画诺。此后，俄公使遂握废置波王生杀波民之权者，凡数十年。用胁制手段，是俄灭波兰第二关。尔后，土耳其、普鲁士、奥大利诸国展转效尤，国内之争亦嚣嚣未已。而俄人始终挟波王以令波民，不遽废其位也；迨国民同盟党到处蜂起，仍藉王室以压制之，一切义士指为叛民，杀戮窜流，无所不至；挟波王以制波民，使自相屠戮，是俄灭波兰第三关。量其国民之气不可复振，乃从而豆剖瓜分之。至千七百七十二年，而波兰之名遂绝于地图矣！收束。世有以争党派，联外国，为自保禄位之计者乎？吾愿与一鉴波兰之覆辙也！言外慨然。

总评

波兰不战而亡之故，一气叙述，跃然纸上。

习问

问斯文言外之意何在？

第三十四篇　印度灭亡纪略

印度之灭亡，可谓千古亡国之奇闻。自古闻有以国灭人国者，未闻有以无国灭人国者。古者民族迁徙略踞土地者，虽未成为国，然全体团结，已有国之形式。若本国人民起而独立，又非灭国也。故印度之例，实古今所无。至于近世之印度，举其百八十万英方里之土地，二百九十兆之人民，以置于英皇维多利亚之治下者谁乎？则区区七万磅小资本之东印度公司而已。点印度公司。英人经略印度之起点在千六百三十九年，于东岸得纵一英里、横一英里之地；阅二十七年，始得孟买，而每岁纳十磅于英王，以重主权；由不满方三里之地而衍至百八十万方里，由十磅之岁入而增至五六千万磅。英人之所以成就此伟业者，果由何道乎？略顿，以入议论。以常理论之，其必暴露莫大之军队，耗竭无量之军费，乃始及此，开推。而岂知有大谬不然者？疾转。英人之灭印度，非以英国之力灭之，而以印度之力灭之也。昔法人焦白礼之欲吞印度也，曾思得新法两端，一曰募印度之士人，教以欧洲之兵律，而欧人为将帅，以指挥之；二曰欲握印度之主权，当以其本国之君侯、酋长为傀儡，使率其民以服从命令。呜呼！后英人之所以蚕食全印者，皆实行此魔术而已。灭印度之法若是。用顿挫笔，叙清源委。以如此惊天动地之大业，而英廷未尝为之派一兵，遗一矢，课一钱之税租，募一铢之国债。盖当千七百七十三年，征略之事既已大定，实东印度公司全盛时代，而在印之英兵不过九千人，皆公司所养兵也。其余皆土兵也。至千八百五十七年，所养印兵多至二十三万五千人。盖其侵略之始，攻印度者，印度人也；当其戡定之后，监印度者，印度人也。而自始至终，凡养战兵、防兵之费，所有金谷、缯帛，一丝一黍，无非出自印度人也。今者世界之上，赫赫然有五印度大后帝之名矣！而大后帝之下，其号称君侯、酋长，各君其国、各子其民者，尚以万计焉。彼服从于此万数酋长肘下之群，其谓己国为已灭乎，谓为未灭乎？是非吾所能知也。若此者，岂惟印度？英之所以待南洋群岛，法之所以待安南，皆用此术焉矣！感慨淋漓，文气亦极浩瀚。呜呼！彼世之媚异种、残同种而自以为功者，其亦一游印度之遗墟也耶！

总评

纪印度灭亡事实，议论警动，与《波兰》篇纯用叙述者用法不同而工力悉敌。

此种文最耐玩味。

习问

问篇中最精神动荡之处？
问末一笔亦有无限感喟，其用意何在？

第三十五篇　非律宾灭亡纪略

呜呼！非律宾为我同洲同种之国民，两度与白种战争，百折而不挠。吾人所当南望顶礼而五体投地者也。然非律宾卒不免于灭亡。一起，有无限感喟。西班牙之力，不足以灭非律宾，兹不具论。吾今者论美与非交涉事。当美、班之交战也，非国犹受压于班之轭，美之兵舰欲捣非岛以牵班力，而自惧其力之不逮也，乃引非国阿君鸦度将军以自重。阿将军前以革命未成，韬迹香港，新加坡之美领事密约相会，有所订议，以电报往复于华盛顿政府及海军提督杜威，卒以美兵舰护送阿将军返故国。叙美国阴谋一。阿将军之归也，为彼全岛同胞之权利、义务也，非为美国之嗾犬而代之驱除也。断一笔，表明阿将军心事，呜咽淋漓。美国政府已弃其门罗主义而易为帝国侵略政策，欲求一商业兵事之根据地于东洋久矣！于是包藏祸心以待非人，宣言兵舰之来将以助非岛之独立，脱西班牙之羁轭。非人以为美国文明义侠之称久著于天下，坦然信之，表亲爱焉。叙美国阴谋二。至千八百九十八年，非国独立军既奏成功，民主政府既已建设，其时非政府所辖者有十六万七千八百四十五方里班里。之地，所统治者有九百三十九万五千余之民；而美军所掠有者，地不过百四十三方里，人不过三十万余耳。非未尝借美之兵力以复国权，美却藉非之声援以杀班力，两国之关系如是而已。断两国关系，以表明美无反戈之理。岂意美人挟大国之势，藉战胜之威，一旦反戈相向？非人虽血战三年，死伤、疫疠之所以惩创美人者不为不剧，而卒至刀缺矢绝，大将被俘，百战山河，又易新主。天道无知，惟有强权。古今同慨，岂独非律宾也哉？仍以感喟作结，必尔乃与题称。

总评

非律宾亡国史，与波兰、印度判若天渊。篇中述美廷阴谋及非人战略，且叙且断，均以感喟之笔出之，绝调也。

三篇皆名世大文。熟读之，不惟增长笔力，且足以刺激初学神经而启发其国家思想。幸勿河汉斯言！

习问

问篇中用意用笔之法与上两篇异同若何？

问读斯文而非岛志士跃跃纸上，其故何在？

《高等小学国文读本》卷三目录

---

① 原作"缺名"，据陈廷敬《午亭文编》而改。

② 原作"缺名"，据深山虎太郎《草茅危言》而改。

③ 原作"同上"，据深山虎太郎《草茅危言》而改。

④ 原作"同上"，据深山虎太郎《草茅危言》而改。

⑤ 原作"景"，据陈祖范《陈司业集》而改。

---

①　原作"日本物产志序"，据黄遵宪《日本国志》而改。

②　原作"日本礼俗志序"，据黄遵宪《日本国志》而改。

③　原作"自由释义　缺名"，据梁启超《饮冰室合集》而改。

④　原作"答曹尚书书"，据吴定《紫石泉山房文集》而改。

第一篇　西洋诸国导民生财说

西洋富而中国贫，以中国患人满也。然余考欧洲诸国，通计合算，每十方里（每英方里合中国十方里）居九十四人，中国每十方里居四十八人，里数均照中制。是欧洲人满，实倍于中国矣！而其地之膏腴，又多不逮中国。以逊于中国之地，养倍于中国之人，非但不至如中国之民穷财尽，而英、法诸国多有饶富景象者。何也？为能浚其生财之源①也。出题。盖西人于艺植之法、畜牧之方、农田水利之益，讲求至精，厥产已颇胜于膏腴之地；其人多研矿学，审矿苗，兴矿利，金、银、铜、铁、锡、铅、煤之属日出不穷，是不但挈之地上，又铲之地下矣！一层。工艺之兴，新奇日著，又能切于民生日用，质良价廉，为遐迩所必需，是不但不遗地力，又善用人力矣！二层。商务为上下所注意，风气既开，经营尽善，五洲万国，无货不流，各挟巨赀以逐什一之利，是不但鸠之境内，又辇自境外矣！三层。凡诸要端，国家皆设官以经理之，又立法以鼓舞之。夫然则以欧洲之人②，用欧洲之地③，而其导民生财之道，殆不啻有三四欧洲也。总束一笔。且其人又善寻新地，天涯海角，无阻不通，无荒不垦，其民远适异域，视为乐土者，无岁无之。更推开一笔。噫！彼以此法治民，虽人满，何尝不富也？而况其能使不满也！若中国之矿务、商务、工务，无一振兴，坐视民之困穷而不为之所，虽人不满，奚能不贫④也？而况乎日形其满也！双结宾主。

总评

清析。

---

① 原作"原"，据薛福成《庸盦海外文编》而改。
② 原作"地"，据薛福成《庸盦海外文编》而改。
③ 原作"人"，据薛福成《庸盦海外文编》而改。
④ 原作"病"，据薛福成《庸盦海外文编》而改。

第二篇 复彭丽生书

　　前承惠书，存唁不孝。时文正方丁母艰。顷又蒙手书，所以期勖故人，甚笃且勤。国藩积愆崇慝，无实行而盗虚声，为神明所不容，乃不陨灭我躬，而延祸于吾母，椎心悔憾。盖不得自比于人数，其又何经济之足言？顾如足下所称，今日不可救药之端，惟在人心陷溺、绝无廉耻云云，则国藩之私见实与贤者相吻合。窃尝以为，无兵不足深忧，无饷不足痛哭，独举目斯世，求一攘利不先、赴义恐后、忠愤耿耿者不可亟得；或仅得之，而又屈居卑下，往往抑郁不伸，以挫以去以死。而贪饕退缩者，果骧首而上腾，而富贵而名誉而老健不死，此其可为浩叹者也。一气数转，大笔淋漓。足下与某公书，言之至为深痛，积年痒疥，为君一搔，忧患余生，得少快慰。国藩来此，盖以鄂中失守，恐其回窜，不得不出，以自别于畏死者之徒。至于求有补济，则肮脏之性将以方枘周旋于圆凿之中，亦知其龃龉而鲜当矣！刻下所志，惟在练兵、除暴二事。练兵，则犹七年之病，求三年之艾；除暴，则借一方之良，锄一方之莠。故急访各州县公正绅耆，佐我不逮，先与以一书，然后剀切示谕之。年来饱更世故，又经忧患，齿发稍侵，精神颓败。幸故人一来顾我，相对叙论，收召散亡之魂魄，袚濯如山之尘垢。庶①生新机而还旧识，即拯时艰于万一，亦未可知。郭筠仙、刘霞仙、罗罗山及平日交旧都来此间。尚望足下惠然命驾，无任伫企！

总评

　　中数语沈痛，前后叙述亦有法。

---

　　① 原下有"几"，据曾国藩《曾文正公诗文集》而改。

第三篇　使才与将相并重说

昔汉武帝诏举茂才异等，可为将相及使绝国者，使才与将相并重久矣！孔子亟称子产，其相郑以润色辞命为功。管仲天下才，而平戎之役，文辞彬雅①，为周天子所宾敬。引证古事。秦、汉而后，中国疆宇广矣！即令日拓日远，不能无与并立之国。有并立之国，不外战、守、和三事。战资乎将，守资乎相，和资乎使，殆有交相为用而不可阙者。且相臣主内政，使臣主外务，绥外则内方可治，外与内相表里也。将臣尚武力，使臣尚文辩，辩胜则力可勿用，辩与力相补救也。申说"交相为用"意。是故有百年安边之计，定于三寸舌者，富弼之使契丹是也；有一介行李之驰，贤于十万兵者，陆贾之使南粤是也。再引证古事。近数十年以来，火轮舟车无阻不通，瀛环诸国互为比邻，实开宇宙之奇局。说入现今。英、法、俄、德、美数大国，各挟胜势以相陵相伺。彼与我通商、定界、立约，应之稍一不审，往往贻患无穷，而使臣之责乃益重。吾观西洋诸国，或以宰相及外部大臣出为全权公使，或以大将军及兵部大臣出为全权公使，其视将相与使臣无纤毫轩轾焉。更引证泰西。大抵使臣宣国威，觇敌势，恤民瘼，宜与庙堂谋议，翕然相通。至于造船、制炮之法，练兵、储才之要，或考其新式，或侦其密计，以告我将帅而为之备，翳惟使臣是赖。仍就使臣与将相交开处，诠发并重，而笔法又变换。是故无贤相之识与度，不可以为使臣；无贤将之胆与智，亦不可以为使臣。复乎艰哉！中国可膺此选者尚寡，安能应变而不受人侮？然非士大夫之才力不如西人也，亦在有权力者之开其风气而已矣②！

总评

就使臣与将相交关处，诠发并重，议论警切，而局阵却又宽畅。

---

① 原无"文辞彬雅"，据薛福成《庸盦海外文编》而改。
② 原作"亦在有权力者之培储使才而已"，据薛福成《庸盦海外文编》而改。

习问

问何以诠发使才与将相并重,当就交关处着笔,乃见警切?

第四篇　游说

　　古之时，所谓游之说者二焉：有孔、孟之游，有战国之士之游。分析两层，泾渭了了①。孔之周游，孟之游齐梁诸国，曰以行道也，以救民也。然则如孔、孟之人，则②有孔、孟之游。苟非孔、孟之人，将不得为孔、孟之游乎？则又不然。析入常人。孔子虽生知之圣，然必如周观礼，自卫反鲁，然后乐正。《孟子》七篇，大③都成于游齐、梁之时，其论"士"曰：有一乡之士，有一国是士，有天下之士。而《大学》之教，自诚意正心，以至家、国、天下。是故苟自命士矣，则天下之理皆我所当知，天下之事皆我所当为。生民之故，郡国之利病，虽尝得之于简策④，而苟非目稽口询，确然有得于其中，则他日或当其任，将遂有嗛然不足之患，此其道固非游不可。名论，以上中申明士之出游当宗孔、孟。虽然，今世之所谓游，则战国之士之游而已⑤。自天下兼并，民无常产，百姓交驰横骛，若鸟兽散。上之人不得问焉，而其尤不肖者则莫甚于士。学校之员既增，一县之数无虑数百，天子之科目既无以容⑥，又其人大都游手空食，更不能自为生计，则皆从事于游。昌黎所谓"奔走于形势之途，伺候于公卿之门，足将进而趦趄，口将言而嗫嚅"⑦者，其视战国之士抵掌捭阖，且以为豪杰之士不可多得⑧。写俗士浮荡情形，言之可慨。盖游之途日广，而游之事愈下，于是好修之士每讳言游。珊少有志四方，既长，读古人之书，虽尝博览遍考，时患抑郁无以发。每念"独学而无友"，则"孤陋而寡闻"，为之憛然以惧思，遂决然舍去，以从己之所志。虽然，于⑨前之说，则有不得不游之

---

　　①　原作"丁丁"，误。
　　②　原作"乃"，据张海珊《小安乐窝文集》而改。
　　③　原下有"亦"，据张海珊《小安乐窝文集》而改。
　　④　原作"册"，据张海珊《小安乐窝文集》而改。
　　⑤　原下有"矣"，据张海珊《小安乐窝文集》而改。
　　⑥　原作"国家之科目既无以容"，据张海珊《小安乐窝文集》而改。
　　⑦　原作"伺候于公卿之门，奔走于形势之途，足将进而趦趄，口将言而嗫嚅"，据魏仲举《五百家注韩昌黎集》而改。
　　⑧　原作"且以为豪杰不可多得"，据张海珊《小安乐窝文集》而改。
　　⑨　原作"由"，据张海珊《小安乐窝文集》而改。

道；于①后之说，则又恐涉于今世之士之迹。于是作《游说》，以商之同人。② 双绾作结。

总评

分析是非，文气清朗。初学读此，可知所法戒矣！

习问

问双绾前后二说以作结，其法若何？

---

① 原作"由"，据张海珊《小安乐窝文集》而改。
② 原作"将以商之同人，作《游说》"，据张海珊《小安乐窝文集》而改。

第五篇　变化气质论示弟

士不学，不足为士；学不变化气质，不足为学。张子曰："有气质之性，善反之，则天地之性存。"周子《通书》于气质分刚柔，更于刚柔中分善恶。凡属气质，即宜变化。而吾谓变化之在阳刚者为尤急。何则？一事也，为天理所不容，为人情所未有，从旁观者莫不愤然攘臂思争，而其焰方张，卒莫敢撄。阴柔者有退议于私已耳。阳刚者必起而大声疾呼，庭辱之以为快；且激于靡靡者之退议于私也，愈必大声疾呼，庭辱之以为快。苟不有以变化之，势将为狂，为颠，为使酒骂坐，为游侠①，亦②卒以是致杀身之祸。极言意气用事之害。设以圣人处此，必不若是。然而，当日快之，笔之于书；今日快之，诵之于口。苟非圣人之道，其孰从而折之，使之屈首抑志，以肆力于变化哉？说入变化。圣人之道，莫若使之自见其心。诚于激而有发后，清夜自思，得见其所谓已甚者而变化之；得见其所谓小不忍者而变化之，见所谓小不忍而并得见其变化之尚非所安，以求其安。而安者得，而心之本体乃见。盖其不思不见者，平日认气为心而习弗察也。其一思必见者，蔽止在气，未汩于世故而心自灵也。由是周旋乎礼乐之文，含咀乎诗书之味，从容于朋友相观之善，优游于仁义中正之域，以涵养其心，时时见所谓未安者，而庶几其可无大过也。发明变化气质方法，辞意显明。嗟乎！以今日之气习风尚，安得有阳刚？暴耳，戾耳，忿争焉耳。甚者饰为矫然之节，以阴行其容悦，以欺人自欺，直阳刚之贼耳。着此数语，见意气用事之人并不得为阳刚，义更周匝。变化焉而客气退，正气伸，自不患其举之不能胜，而于以配道义，塞天地③。嗟乎！士必有一变至道之基，而后有百折不回之气。微斯人，吾谁与语此！如此方不愧阳刚。

总评

极言意气用事之害，不可不力求变化以归中正，少年人清凉散也。

---

① 原无"为游侠"，据赵青藜《变化气质论示弟》而改。
② 原无"亦"，据赵青藜《变化气质论示弟》而改。
③ 原下有"亦属无难"，据赵青藜《变化气质论示弟》而改。

习问

问阳刚之实何在？

第六篇　友说

自天子以①至于庶人，莫不有友。友者，人伦之一，与君臣、父子、兄弟、夫妇并重②，所谓五达道者也。虽然，有势利之友，有声气之友，有文章道义之友。势利之友，吾何论焉？声气之友，名流或不免；然务外徇人，君子戒之。惟文章道义之友，以学问相切劘，以德行相劝勉，为得友道之正。孔子论益友，曰"直""谅""多闻"，又曰"以文会友，以友辅仁"，皆此志也。注重道义交。然其蔽③亦有三：转。泥长幼之节，则友以年阂；辨贵贱之等，则友以分阂；挟畛域之见，则友以地阂。夫尔汝忘年，车笠相揖，世犹有其人。独至两国，人才敦槃相见，辄有凌竞不相下之意，务自扬诩以为国荣，其于析疑求益之义往往阙如。是虽缡绁联交，亦所谓面朋者耳。文章道义之友固如是耶！更侧注"友以地阂"一面。昔子贡问仁，孔子告之曰："居是邦也，事其大夫之贤者，友其士之仁者。"郯子来朝，孔子问官焉。古④圣人虚衷集益，不以地之遐迩而有同异之见也。孟子曰："一乡之善士，斯友一乡之善士；一国之善士，斯友一国之善士；天下之善士，斯友天下之善士。"善士云者，其非骛声气之谓，其谓文章道义可共砥砺切磋，相观以善者也。顾使有几微凌竞不相下之意，则一乡、一国之见囿之，安能极其量于天下？然则欲为孟子所称天下士者，固必取法乎虚衷集益之圣人，而尽化流俗畛域之见，盖断断无疑也。一笔收尽。文栋居日本三年，知交满东海，而与丽泽社诸子最亲。今将归国省母，与朱子一尊言别，不能无惓惓于怀。夫思事亲不可以不知人，不顺乎亲者不信于⑤友，事亲之道与交友相资焉。子路去鲁，谓颜渊曰："何以赠我？"颜渊亦曰："何以处我？"予窃取此义，作《友说》以贻诸子，诸子其必有以益我矣！

---

① 原无"以"，据姚文栋《友说》而改。
② 原作"与父子、兄弟、君臣、夫妇并重"，据姚文栋《友说》而改。
③ 原作"弊"，据姚文栋《友说》而改。
④ 原无"古"，据姚文栋《友说》而改。
⑤ 原作"乎"，据姚文栋《友说》而改。

总评

理法双清。

第七篇　西洋诸国为民理财说

英吉利三岛及法、德等国，皆不过中国两行省地耳。然其岁出岁入之款，大都在白金四五万万两以外，不啻六七倍于中国。盖诸国之取诸民也，百余倍于中国矣！其在民家，畜一狗马也有税，置一器具也有税，佩一环钏也有税，而田产、房屋更①无论焉；于商，则既税之于货物，又税之于市廛，又税之于契票，而舟车之过关津者更②无论焉。关税有值百取四十、取六十者，甚有值百取百、取二百者。征敛若此，民必不堪命矣，曲一笔以振势。而民不甚以为病者。何也？以其取之于民，而仍用之于民也。为民理财，兼取与用言之。以上专言"取"，至此乃说入"用之于民"一边。古者中国制用之经，每③量入以为出。今之外国，则按年豫计国用之大者，而量出以为入。其入焉者无不旋出焉者也；其出焉者，又无不旋入焉者也。提起，绝妙过渡。余观诸国出款，以水陆兵费为最巨，实皆自养本国之民。他如养老济贫之费，贫民子弟入学堂之费，岁支不下一二千万两；水陆兵丁赡老恤伤之费，文武官致仕后半俸之费，岁支亦不下一二千万两，用意可谓至厚。其或造一炮台也，制一铁甲船也，动费千百万金，而金工、木工、石工、开矿之工、熔炼之工，无不获利矣！筑一铁路也，通一电线④也，动费千百万金，而巧者、朴者、富者、贫者、学通格致者无不仰食矣！至如造一桥梁，辟一园林，而日收众人之费，无不有所取偿焉；起一师旅，兴一水利，而责敌以酬兵费，劝民以增田赋，无不有所取偿焉。且彼取诸贫民者，较富民为轻，所以养护贫民者则甚备。平时谋国精神，专在藏富于商，其爱之也若子，其汲之也若水。盖其绸缪商政，所以体恤而扶植之者，无微不至，宜其厚输而无怨也。回应"不以为病"句，用法细。大抵天地生财，欲其川流不息，苟有壅之而勿流者，造物恶之。如隋文帝之积粟于仓，明神宗之积金于库，将有觊而思攘之者矣！衬托。若西洋诸国之为民理财，虽有重敛之实，而无厉民之迹者，无他，以其能聚亦能散也。以聚散代取用作结。

---

① 原无"更"，据薛福成《庸盦海外文编》而改。
② 原无"更"，据薛福成《庸盦海外文编》而改。
③ 原无"每"，据薛福成《庸盦海外文编》而改。
④ 原作"钱"，据薛福成《庸盦海外文编》而改。

总评

为民理财，取之虽重，而民自不以为病。前半专指"取"一边说，后半多就"用"一边说。古者一笔于交关处，提振精神，最为警目。

习问

问古者一笔何以最为警目？
问章法细密之实？

第八篇 南洋诸岛致富强说

南洋诸大岛，星罗棋置，固有千余年前入贡中国、自齿外藩、迄今转式微者，亦有亘古荒秽、广莫无垠、人迹不到者。自西人相继南来，占踞诸岛，仅阅一二百年而疆理恢辟，民物蕃昌，无不有蒸蒸日上之势。先叙西人南来而各岛富强，以下乃畅发"致"字。将谓恃西人之经理乎？则离其本国数万里，究竟来者不甚多也。谓藉土人之奋兴乎？则狉獉之俗，囿于方隅，风气未大开，智慧未尽牖也。两层夹华民。然则其所以渐树富强之基者，不外招致华民以为之质干而已矣①！出华民。大抵古今谋国之经，强由于富，富生于庶。提起。故昔人有生聚教训之说。然谋庶富而欲自生之，自教之，已觉其迂矣！析入深际。今彼乘中国之患人满，而鸠我闲民，辟彼旷土，数十万人，无难骤集也，不特此也。中国之人，秀者、良者、精敏者、勤苦耐劳者无不有之，稍以西法部勒之，而成效自著矣②，非若土人之颛蒙难教也。西人所留意经营者，惟聚之之法而已矣。泰西诸国用此术者，独英人为最精，自香港、新加坡，以及北艐岛、澳大利亚，皆能骤变荒岛为巨埠。荷兰、西班牙，亦知华民之可用，始则勉招之，继则虐待之，甚有羁禁之使为奴，诱胁之使入籍者，而其功效乃终逊于英远甚。然所以能自立于南洋者，莫非藉华民力也。历叙西人奴华民以致富强，言之沈通。余尝考越南、暹罗、柬埔寨等国，虽往往多受西人约束，而贸易、开矿诸利权，华人操之者六七，西人操之者二三，土人则阒然无与焉。至若吕宋、噶罗巴、婆罗洲、苏门答腊、澳大利亚等处，商矿、种植之利，华人约占其大半。惜乎受人统辖，中国又无领事官以保护之，以至失势被侮。若使中国仿西人之法，早为设官保护，则南洋诸岛之利权，未尝不隐分之。无如失机者数十年，一旦觉悟，已多牵制。惟英之属岛已允我设领事官，而当事者犹以费绌为辞，不愿多设。是中国有可富可强之机而不知用也，亦终于贫弱而已矣！谓之何哉？更沈痛。

---

① 原无"矣"，据薛福成《庸盦海外文编》而改。
② 原无"矣"，据薛福成《庸盦海外文编》而改。

总评

萃数十万华民，开辟南洋，为西人致富强。思之可痛，入后更有为言之。盖叔耘先生奉使海外，以全力向英政府争设南洋各岛领事，而总署力尼之。此文乃发泄其胸中块垒处也。

第九篇　原才

风俗之厚薄奚自乎？自乎一二人之心之所向而已。<small>一起，已挈全篇。</small>民之生，庸弱者戢戢皆是也。有一二贤且智者，则众人君<small>实字虚用。</small>之而受命焉；尤智者①，所②君尤众焉。此一二人者之心向义，则众人与之赴义；一二人者之心向利，则众人与之赴利。众人所趋，势之所归，虽有大力，莫之敢逆。故曰："挠万物者，莫疾乎风。"风俗之于人心，始乎微而终乎不可御者也。<small>概论君德与民心之关系。</small>先王之治天下，使贤者皆当路在势，其风民也③皆以义，故道一而俗同。<small>侧重"向义"一边，以上指一二人得位而有关风俗者言之。</small>世教既衰，所谓一二人者不尽在位，彼其心之所向势不能不腾为口说而播为声气，而众人者势不能不听命而蒸为习尚，于是乎徒党蔚起而一时之人才出焉。有以仁义倡者，其徒党亦死仁义而不顾；有以功利倡者，其徒党亦死功利而不返。水流湿，火就燥，无往不雠，所从来久矣！<small>亦分义、利二层，指一二人不得位而有关于风俗者言之。</small>今之君子之在势者，<small>一二人得位。</small>辄曰天下无才，彼自尸于高明之地，不克以己之所向，转移习俗，而陶铸一世之人，而翻谢曰："无才。"谓之不诬可乎？否也。十室之邑，有好义之士，<small>一二人不得位。</small>其智足以移十人者，必能拔十人中之尤者而材<small>虚字实用。</small>之；其智足以移百人者，必能拔百人中之尤者而材之，然则转移习俗，而陶铸一世之人，非特处高明之地者然也。凡一命以上，皆与有责焉者也。君国家者得吾说而存之，则将慎择与共天位之人；士大夫得吾说而存之，则将惴惴乎谨其心之所向，恐一不当，以坏风俗而贼人才。循是为之，数十年之后，万一有收其效者乎？非所逆睹已。

总评

陶铸人才，一命以上，皆与有责。读者能无悚然？此有关世道之文，章法细密，犹其余事。

<small>①　原无"者"，据曾国藩《曾文正公诗文集》而改。</small>
<small>②　原无"所"，据曾国藩《曾文正公诗文集》而改。</small>
<small>③　原无"也"，据曾国藩《曾文正公诗文集》而改。</small>

第十篇　乡愿论

乡愿最恶者狂狷。有问于乡愿者，曰："是人也，可杀与?"曰："可。""可举而用之与?"曰："可。"问于狂狷，狂狷不然，可可否否，无所隐避。于是乡愿好其与己①同，恶其与己②异。故曰："乡愿最恶者狂狷也。"立按。夫人至于可杀，恨之至也；至于可举而用之，爱之至也。使其不顾人之可杀与否，因其恨而杀之，则所杀者或为君子；不顾其人之可举用与否，因其好而举而用之，则所举用者或为小人。乡愿之心阴私险巧，惟知趋利避害，不察事之可否、理之是非，阉然自媚于世，佯为无所甚好、无所甚恶，而阴以行其所好所恶之心。故天下之好恶，莫有甚于乡愿者也。孔子以为德之贼，不信然与?断狱，以下乃推阐言之。夫使天下无狂狷，则是君子可杀而小人可举用也。突起，应起处。幸而有一狂者、狷者，乃③不幸而④为乡愿之所恶，则是乡愿之祸不至尽杀天下之君子，不尽举用天下之小人不止。始于一人之好恶，而流毒于天下国家。自古以还，天下之事坏于小人者十二三，坏于乡愿者十常八九。乡愿者，小人之渠魁也，而其祸自恶狂狷始。痛论乡愿之害，笔锋斩绝。有⑤天下国家者，当亟诛⑥乡愿。乡愿诛⑦，则狂狷兴矣⑧！狂狷兴，则天下之为君子、小人者各得其理矣⑨！《易》曰："君子道长，小人道消。"《书》曰："惇德允元，而难壬人。""何畏乎巧言令色孔壬?"此之谓也！引证成语，以明其言之不易。然则何以辨之?《书》不云乎："有言逆于女⑩心，必求诸道；有言孙于女⑪志，必求诸非道。"求诸道者，所以辨狂狷也；求诸非道者，所以辨乡愿也。昔楚文王

---

① 陈廷敬《午亭文编》作"已"，误。
② 陈廷敬《午亭文编》作"已"，误。
③ 原下有"又"，据陈廷敬《午亭文编》而改。
④ 原无"而"，据陈廷敬《午亭文编》而改。
⑤ 原作"治"，据陈廷敬《午亭文编》而改。
⑥ 原作"黜"，据陈廷敬《午亭文编》而改。
⑦ 原作"黜"，据陈廷敬《午亭文编》而改。
⑧ 原无"矣"，据陈廷敬《午亭文编》而改。
⑨ 原无"矣"，据陈廷敬《午亭文编》而改。
⑩ 原作"汝"，据陈廷敬《午亭文编》而改。
⑪ 原作"汝"，据陈廷敬《午亭文编》而改。

有疾，告大夫曰："筦饶，犯我以义，违我以礼，与处不安，不见不思，然吾有得焉，必以吾时爵之；申侯伯，吾所欲者劝我为之，吾所乐者先我行之，与处则安，不见则思，然吾有丧焉，必以吾时遣之。"观楚文王之御二臣者①，是又辨乡愿、狂狷之大端也。辨之，则乡愿之好恶，岂至毒天下哉？*此更进言辨析乡愿、狂狷之法。*

总评

天下事多坏于乡愿，名论自不可易。前半痛陈乡愿之害，后半反覆证引以陈明辨析乡愿、狂狷之法，警世文也。

习问

问题系论乡愿，而通体举狂狷以发挥之，其故何在？

---

① 原无"者"，据陈廷敬《午亭文编》而改。

第十一篇　学算笔谈①自序

　　孟子言仁、义、礼、知②有四端，吾谓算亦有端。算之端者何？计较之心也。儿童分果，必争其大；农夫行路，必趋捷径，计较之显然者无论矣！他若衣服之工，补短截长，奇衺合度，则有面积之意焉；烹饪之工，味咸而和以水，味淡而剂以盐，则有比例之意焉。此皆能算之端，具于生初者也。此层言算术为人人所能。是故有是端而不知扩充之，则囿于一艺一能之末；有是端而知所以扩充之，则统乎万事万物之纲。故凡天文之高远、地域之广轮，居家而布帛粟菽，在官而兵河盐漕，以至儒者读书，考证经史，商贾持筹，权衡子母，莫不待治于算。此又算之切于日用，斯须不可离者也。此层言算术为人人所不可不知。夫以算之切于日用者既如此，具于生初者又如彼，宜乎夫人而知之，夫人而能之矣！结上起下。而③世之学者④辄诧为绝业而苦其难明者，何哉？窃尝论之，上古之算本简捷而易明也，自后世事物日变，人心智虑日出，于是设题愈难，布算愈繁；而精其业者各以心得著书，又好为隐互杂糅，穷极微奥，不屑以浅近示人，甚或秘匿其根源以炫异，变易其名目以托古。此盖今古畴人之积习、作者之恒情，算学之境因是而益深，而学算之人宜其望洋而兴叹也。咸、同以来，风气稍开，四方向学者渐众，津逮初学之书亦渐出，顾或力求简易，语焉不详；或稗⑤贩成书，无足观览；或硁硁然随问演草，因题立术，亦云曲尽能事矣！然无论说以疏达之，贯澈之，学者病其烦琐，读不终篇，辄倦而思卧耳。历陈津逮初学之书，苦无善本，均为己⑥自古身分。余有鉴于此，而⑦重惜人人具有扩充之力，而未得其用力之途也。思有以诱掖而引进之，因举学算次第之大旨并胸中所欲言者，一一达之笔而著于篇，演为算式以习其数，设为问答以穷其趣，法由浅而入深，语虽繁而易晓，聊以扩充其能算之端云尔。至于辞句之俚俗、体例之参差，见哂高明，所不计也。刻既成，因书其缘起于简端，以质海

----

①　原作"学笔算谈"，误。
②　原作"智"，据华蘅芳《学算笔谈》而改。
③　原作"乃"，据华蘅芳《学算笔谈》而改。
④　原作"子"，据华蘅芳《学算笔谈》而改。
⑤　原作"裨"，据华蘅芳《学算笔谈》而改。
⑥　原作"巳"，据华蘅芳《学算笔谈》而改。
⑦　原无"而"，据华蘅芳《学算笔谈》而改。

内游艺之君子。光绪壬午日躔降娄之次，华蘅芳自序。①

总评

言浅而该，津逮初学，一片婆心于此略见。

习问

问结上起下之法重要若何？

第十二篇　答友人书

七月二十六日，福成白：① 辱惠书，见规以古谊，甚盛甚盛②。仆自谦之称。与英廷磋磨滇缅界务，颖秃唇焦，筋疲力尽，仅能蒇事。此与"名利"二字渺不相涉，亦以既受此任，不能不为边境筹数十年之安；外以折强敌，上以对朝廷，庶不负此高官厚禄与数万里之远行耳。笔阵开展。承示益励忠贞之志，疆场之事度德量力，勿徒饰观听之美，而期获旦夕之名，教我不为不挚。略顿。然高明所以测我者，实与鄙怀大相刺谬。转。自古竭诚谋国，奋身筹边，如唐之裴度、李德裕，宋之韩琦、富弼，当时忌者皆有违言，或以好名斥之，或以贪功疑之。执此二说以挠君子，天下乃无一事可为，只有引身退耳。笔提得起，故文势甚振。仆于古人，不敢希望万一，权位亦更非其伦。若果处优自便，以不忠为忠，见疆事之败坏，袖手推诿，处樽俎折冲之任，缄默不言，敷衍塞责，如世之庸庸者之所为，转可免悔吝而消谗忌，安行并进，未尝不弋高官而养后福。尽力反跌。然如此以得后福，不如无厚福之愈也。转有力。足下若责仆以訏谟未周，争论不力，安边御侮之效未符初志，则仆知惧矣；若劝仆以软美巧滑，玩敌误国，则非不才之所敢闻。痛驳，笔锋锐甚。方今时势，正如贾子所云："夫抱火厝之积薪之下而寝其上，火未及燃，因谓之安。"③仆驰驱海外，熟睹情势，辄思殚棉力以补救一二。平日明义理④，而又深知我如足下，乃亦不能相谅若此，岂惑于嗛我者之言邪⑤？抑泪于时俗之见也。万寿庆典，皇太后六旬万寿。百方罗掘，得款不过数百万金，并无四千万之多。鄙意亦谓连年水灾，可稍节省以备赈济。如有引其端者，必蒙两宫嘉纳。惟进言之责，当在执政与谏垣或部臣而已；此外为疆臣，为将臣，为使臣者，皆非所宜言。仆今虽列班台职，实受出使之任，未宜冒昧进言。此中精义，揆之不可不审也。匆匆率复，惟为道珍重不宣。

---

① 原无"七月二十六日，福成白"，据薛福成《庸盦海外文编》而改。
② 原作"甚感甚感"，据薛福成《庸盦海外文编》而改。
③ 原作"厝火积薪之下而寝其上，尚惘然自以为安"，据班固《汉书·贾谊传》而改。
④ 原作"平日明理义"，据班固《汉书·贾谊传》而改。
⑤ 原作"耶"，据班固《汉书·贾谊传》而改。

总评

　　风骨凛然，词锋亦甚锐。当甲午以前，上下酣嬉，视为升平世界；而叔耘先生奉使海外，乃所言如此，益服先见之明。

第十三篇　治术、学术在专精说

中国上古之世，贤者与民并耕而食，饔飧而治。孟子讥其以大人、小人之事并而为一。盖鸿荒朴略之时，文明尚未启也。厥后耕、织、陶、冶之事，不能不分；分之愈多，术乃愈精。是故以禹之圣而专作司空，皋陶之圣而专作士，稷、契之圣而专作司农、司徒，甚至终其身不改一官，此唐、虞之所以盛也。管子称天下才，其所以教民之法，不外士之子恒为士，农之子恒为农，工之子恒为工，商之子恒为商，此齐国之所以霸也。专精之故。宋、明以来，渐失此意。自取士专用时文、试帖、小楷，若谓工于艺者，即无所不能；究其极，乃一无所能。仕于京者，忽户部，忽刑部，忽兵部，迄无定职。仕于外者，忽齐、鲁，忽吴、楚，忽蜀、粤，迄无定居；忽治河，忽督粮，忽运盐，亦迄无定官。夫以古之圣人所经营数十年而不敢自谓有成效者，乃以今之常人于岁月之间而望尽其职守，岂不难哉？论断笔力道劲。泰西诸国，颇异于此。出使一途，由随员而领事，而参赞，而公使，洊升为全权公使或外部大臣，数十年不改其用焉。军政一途，由百总而千总，而都司，而副将，洊升为水陆军提督或兵部大臣，数十年不变其术焉。职官均沿用中名，以便记忆。他如或娴工程，或精会计，或谙法律，或究牧矿，皆倚厥专长，各尽所用，不相挽也，不相挠也。士之所研，则有算学、化学、电学、光学、声学、天学、地学，及一切格致之学①。而一学之中，又往往分为数十百种，至累世莫殚其业焉。工之所习，则有攻金、攻木、攻石、攻皮、攻骨角、攻毛羽及设色、搏埴。而一艺之中，又往往分为数十百种。即如造炮，攻金之一事也，而炮膛、炮门、炮弹、炮架，所析不下数十件，各有专业而不相混焉；造船，攻木之一事也，而船板、船桅、船轮、船机，所分不下数十事，各有专家而不相侵焉。各举一，以例其余。所以近年订购船、炮②，每由承办之一③厂，向诸厂分购各料，汇集成器，而其器乃愈精。余谓西人不过略师④管子之意而推广之，回顾管子。治术如是，学术亦如是，宜其骤

---

① 原作"及一切有用之学"，据薛福成《庸盦海外文编》而改。
② 原作"故近年订购船、炮"，据薛福成《庸盦海外文编》而改。
③ 原无"一"，据薛福成《庸盦海外文编》而改。
④ 原作"合"，据薛福成《庸盦海外文编》而改。

致富强也①。中国承宋、明以来之积弊，日趋贫弱；贫弱之极，恐致衰微。必也筹振兴之善策，求自治之要图；亦惟详考唐、虞以后，宋、明以前之良法，又回顾唐、虞、宋、明。而渐扩充之，而稍变通之，斯可矣！

总评

上下古今，反覆证引，以诠发题扃，文气极清。

---

① 原无"也"，据薛福成《庸盦海外文编》而改。

第十四篇　用机器殖财养民说

凡人用物，蕲其质良价廉，此情之所必趋，势之所必至，非峻法严刑之所能禁也，非令名美誉之所能劝也，非善政温辞之所能导也。西洋各国工艺日精，制造日宏，引证西国。其术在使人获质良价廉之益，而自享货流财聚之效，彼此交便①，理无不顺。所以能致此者，恃机器为之用也。出"机器"，有力。有机器，则人力不能造者，机器能造之；十人、百人之力所仅能造者，一人之力能造之。夫以一人兼百人之工，则所成之物必多矣！然以一人所为百人之工，减作十人之工之价，则四方必争购之矣！再减作二三人之工之价，则四方尤争购之矣！曲而达。然则论所成之物，一人可兼十百；论所获之价，一人可兼二三；加以四方争购其物，视如减十、减百之便利，而谓商务有不殷盛，民生有不富厚，国势有不勃兴者哉？此段从正面着手，以见用机器之益。中国人民之众，十倍西洋诸国，议者谓广用机器，不啻夺贫民生计，俾不能自食其力。西洋以善用机器为养民之法，中国以屏除机器为养民之法。波澜。然使行是说也，折。必有人所能造之物而我不能造者。且以一人所为之工，必收一人之工之价，则其物之为人所争购，必不能与西人之物相抗也明矣！自是中国之货非但不能售于各国，并不能售于本国；自是中国之民非但不能自食其力，且知用力之无益，亦遂不自用其力；自是中国之民非但不能成货，以与西人争利，且争购彼货以自供其用，而厚殖西人之利。承接用三排笔，局阵甚紧。然则商务有不衰歇，民生有不凋敝，国势有不陵替者哉？此段从反面着笔，以见不用机器之失。是故守不用机器调济贫民之说者，皆饥寒斯民、困厄斯民者也。此从前闭关独治之说，非所施于今日也。极力反逼。必也研精机器以集西人之长，兼尽人力以收中国之用，转正。斟酌变通，务使物质益良，物价益廉，如近年日本之夺西人利者，则以中国之大，何图不济？余观西洋用机器之各厂，皆能养贫民数千人或数万人。复引西洋作证。盖用机器以造物，则利归富商；不用机器以造物，则利归西人。利归富商，则利犹在中国，尚可分其余润以养我贫民；利归西人，则如水渐涸而禾自萎，如膏渐销而火自灭，后患有不可言者矣！一气舒卷。

---

① 原作"通"，据薛福成《庸盦海外文编》而改。

总评

于反、正二面，均用长排以发挥之，畅达极矣！入后一气舒捲，议论尤警切。

习问

问全篇格局？

第十五篇　孟子大义述自序

有一国之士焉，有一时之士焉，有天下之士焉，有古今①之士焉。所谓一国、一时之士者，其聪明、才力皆域于一国，其他弗知也，吴起、商鞅之流是也。所谓天下、古今之士者，其聪明、才力皆专于为民，其他弗知也，孟子是也。出孟子。《孟子》一书以民为体，以井田、学校为用，斯二义而已。后世不知其故，弃其体而言其用，于是言学校则成为愚民之具②，言井田则成为乱天下之具，是《孟子》为无益之书也。虽尊之千年，立于学官，等于六经，徒具文耳，是固可惜也。写世人不知《孟子》大义，使见此书之所煞有关系。今夫孟子位不过客卿，其尊显非敌于吴、商诸人也；其书不过七篇，当时之勋名非敌于约与国、战必克之事业也。而吴、商诸人，生则荣焉，没则已焉。孟子，至今有识者尊而重之；西士译是③书，亦敬服焉。何也？盖为民、不为民故也。此一时与古今、一国与天下所由判也。以吴、商伴说，发明孟子之所以不朽。而下文又飏开，绝不肯使一平笔。三代圣王尚矣，而孔子独尊尧舜者。何也？为其官天下而为民也。泰西贤君众矣，而今人独称华盛顿者。何也？为其变民主而为民也。吾故谓英、俄、德、奥之强，而④必不敌美、法、瑞士之国。何也？为民也。克虏伯炮之⑤厂，富与国敌，而⑥必不敌布德氏之善堂。何也？为民也。战舰之坚、陆师之强，而⑦必不敌十字会、弭兵会之善士。何也？为民也。故由今以前，君之世非民之世也，一国之世非天下之世也，吴起、商鞅所以⑧诩诩焉称为一国之士、一世之士所由来也。自今以后，民之世非君之世也，天下之世非一国之世也，孟子所以⑨卓然为天下之士、古今之士所由来也。拍合到题，却仍以吴、商伴说，回应起处，章法甚密。斯义弗明，或有不察，目为异论，则请学《孟

---

① 原下有"不朽"，据徐勤《孟子大义述自序》而改。
② 原作"其"，据徐勤《孟子大义述自序》而改。
③ 原作"其"，据徐勤《孟子大义述自序》而改。
④ 原无"而"，据徐勤《孟子大义述自序》而改。
⑤ 原无"之"，据徐勤《孟子大义述自序》而改。
⑥ 原无"而"，据徐勤《孟子大义述自序》而改。
⑦ 原无"而"，据徐勤《孟子大义述自序》而改。
⑧ 原无"所以"，据徐勤《孟子大义述自序》而改。
⑨ 原无"所以"，据徐勤《孟子大义述自序》而改。

子》，请诵"与民同之"之言耶。非《孟子》之学不敢言，非《孟子》重民、仁天下之言不敢言，则《孟子》为异学耶，为异言耶。

总评

　　《孟子》一书以民为体，学校、井田均为教民、富民之具，其目光全注在民。文诠发此旨，议论甚畅，可作读《孟子》门径书看。

第十六篇　伊尹五就桀解

　　余读《孟子》书，尝疑伊尹五就桀之说。及观柳子所为赞，以为是伊尹之大，心乎生民而欲速其功。盖知尹之深者，莫柳子若也。*欲抑先扬法。*既思而疑之，以为尹苟如是，则无以处汤。汤一见尹之贤，必举之为相，而与共夫禄位，岂肯令其栖栖皇皇，为是席不暇暖者耶？尹于桀为五就，于汤必有五去。谓汤不知其去耶？不足以为明。谓汤知其去而不留，乌在其为任贤也？*辟开。*然则孟子之说，为果无其事软？曰："非也。*折入深际。*尹之去，盖汤使之①为之，而冀桀之终能一用耳。一荐之不已，而至于再；再荐之不已，而至于三；三荐之不已，而至于四、五。汤于是知命之不可易，尹于是知事之不可为，遂决然舍桀就汤而无疑。是尹之于汤也未尝去，而其于桀也则疑若五就焉。*破的语。*尹之明，非不知桀之终不可为，而必往复焉，回翔焉，若有所恋而不忍去者，汤爱桀之深，望桀之切，以为一旦能听尹之说而用其身，则天下可不至于亡，己亦无乐乎放伐之事。汤之心，即文王三分有二以服事之心；而其荐尹于桀者，亦文王荐胶鬲于殷之意。古圣人忠于所事，而不利天下之人才以私己也。*推勘汤与尹心事，愈折愈深。*汉末有荀彧者，曹操辟之，以比张子房。司马昭寿春之役，亦引钟会为谋主，而寄以腹心之任。向使操与昭有汤、文之志，则当引二子而立于汉、魏之朝。献、髦之恶，不若桀、纣；操、昭之柄，重于汤、文；天下虽危，未必无救于败也。*引证操、昭以明尹之就桀，断非后人能藉口。*惟后人不能心圣人之心，以无负其所事；为之佐者，亦乐居于俊杰识时务者之名，而以尹之去汤就桀为藉口；则安知不以心乎生民欲速其功之说，移而用之于其主，岂非柳子之言阶之厉耶？"*回顾。*然则孟子何以不言汤使之？曰："孟子之意，将以明尹之自任。言汤，则尹之自任者不见，且于辞亦不应尔也。否则，伊尹亦管氏之流矣！"*更传出孟子用意，即以作结。*

总评

　　实能道出古人心事，用意深折。

　　作史论题有数难，非于事实源委，朗若列眉，不能下手，一难也；事实虽明

---

　　① 原无"之"，据龙启瑞《经德堂文集》而改。

晰，而议论出于武断，是谓强词夺理，二难也；议论公允，而所言皆陈陈相因，思想不能超脱，便落平庸，三难。然当今时尚颇重史论，故三、四两卷各录史论文数篇，以备一格。

第十七篇　名实说

孰难辨？曰："名难辨。"名者，士之所争趋而易惑。天下有乡曲之行，有大人之行。乡曲、大人，其名也；考之以其行，而察①其有用与否，其实也。分析清明。世之称者，曰"谨厚"，曰"廉静"，曰"退让"。三者，名之至美者也；而不知此乡曲之行，非所谓大人者也。一笔抹到。大人之职，在于经国家，安社稷；有刚毅大节，为人主畏惮；有深谋远识，为天下长计；合则留，不合以义去。身之便安，不暇计也；世之指摘，不敢逃也。正论。今也不然，曰："吾为天下长计，则天下之衅必集于我；吾为人主畏惮，则不能久于其位。与上文针锋相对。不如谨厚、廉静、退让，此三者可以安坐无患，而其名又至美。"夫无其患而可久于其位，又有天下美名，士何惮而不争趋于此？故近世所号为公卿之贤者，此三者为多。当其峨冠襜裙，从容步趋于庙廊之间，上之人不疑，而非议不加，其深沈不可测也。一旦遇大利害，抢攘无措，钳口挢舌而莫敢言，而所谓谨厚、廉静、退让，至此举无可用。于是始思向之为人主畏惮而有深谋远识者，不可得矣！无一笔松泛，文如锁钥然，键封甚固。且谨厚、廉静、退让，三者非果无用也，亦各以时耳。古有负盖世之功，而思持其后，挟震主之威，而唯②恐不终，未尝不斤斤于此。有非常之功与名，而斤斤于此，故可以蒙荣誉，镇薄俗，保晚节。推进一层说，必明哲者藉以保身，方可斤斤于此。则盗名之耻，不问可知。后世无其才而冒其位，安其乐而避其患，假于名之至美，憪然自以为足，是藏身之固，莫便于此三者，孔子之所谓鄙夫也。其究乡原也，是张禹、胡广、赵戒之类也。甚矣！可耻也。且吾闻大木有尺寸之朽而不弃，骏马有奔踶之患而可驭。世之贪者、矫③者、肆者，往往其才可用。反拓。今人貌为不贪、不矫④、不肆而讫无用，其名是，其实非也。故曰："难辨也。"乡曲无讥矣！然岂无草茅坐诵而忧天下其人者乎？而士之在高位者伈伈睍睍，曾乡曲之不若。何也？是故君子慎其名，乡曲而有大人之行者荣，大人而为乡曲之行者辱。单以名字作结，用意更深远。

---

① 原作"惑"，据朱琦《怡志堂文集》而改。

② 原作"惟"，据朱琦《怡志堂文集》而改。

③ 原作"骄"，据朱琦《怡志堂文集》而改。

④ 原作"骄"，据朱琦《怡志堂文集》而改。

总评

　　谨厚、廉静、退让，未尝非私德。然士大夫别无所表见，而乃以此藏身，于世何补？文殆有为言之。

习问

　　问篇中布置极密，承接极紧，试言其实？
　　问结处何以用意更深？

第十八篇　民权篇

　　民受生于天，天赋之以能力，使之博硕丰大，以遂厥生，于是有民权焉。直起。抉民之有权始于受生时，便见此权不可侵犯。民权者，君不能夺之①臣，父不能夺之②子，兄不能夺之③弟，夫不能夺之④妇，是犹水之于鱼，养气之于鸟兽，土壤之于草木。譬喻确当。故其在一人⑤，保斯权而不失，是为全⑥天；其⑦在国家，重斯权而不侵，是为顺天。勿⑧能保，于天则为弃⑨；疾视而侵之，于天则为背⑩。全顺者受其福⑪，而背弃者集其殃⑫。"天"字是主宰，故郑重言之。何者⑬？民与权俱起⑭，其源在乎政府以前⑮。彼宪法云，律令云⑯，特所以维持之，使无失坠，非有宪法、律令而后有民权也。故国人皆曰政府可设，而后政府设⑰；国人皆曰政府可废，而后政府废⑱；国人皆曰宪法、律令可行，而后宪法、律令行⑲；国人皆曰

---

① 原无"之"，据深山虎太郎《草茅危言》而改。
② 原无"之"，据深山虎太郎《草茅危言》而改。
③ 原无"之"，据深山虎太郎《草茅危言》而改。
④ 原无"之"，据深山虎太郎《草茅危言》而改。
⑤ 原作"在个人"，据深山虎太郎《草茅危言》而改。
⑥ 原作"敬"，据深山虎太郎《草茅危言》而改。
⑦ 原无"其"，据深山虎太郎《草茅危言》而改。
⑧ 原作"不"，据深山虎太郎《草茅危言》而改。
⑨ 原作"则背天也"，据深山虎太郎《草茅危言》而改。
⑩ 原作"则逆天也"，据深山虎太郎《草茅危言》而改。
⑪ 原作"敬且顺者受其福"，据深山虎太郎《草茅危言》而改。
⑫ 原作"背且逆者集其殃"，据深山虎太郎《草茅危言》而改。
⑬ 原作"则"，据深山虎太郎《草茅危言》而改。
⑭ 原作"有民即有权"，据深山虎太郎《草茅危言》而改。
⑮ 原作"其原在未有政府以前"，据深山虎太郎《草茅危言》而改。
⑯ 原下有"者"，据深山虎太郎《草茅危言》而改。
⑰ 原作"则设之"，据深山虎太郎《草茅危言》而改。
⑱ 原作"则废之"，据深山虎太郎《草茅危言》而改。
⑲ 原作"则行之"，据深山虎太郎《草茅危言》而改。

宪法、律令可革，而后宪法、律令革①。国家大事措施得失②，阖③四境之民平议而行其权，盛矣！唯人心之不同④，利害交错，莫能画一，且各有生产作业⑤，不能亲政⑥，为古今通患⑦。于是立贤者以为之王⑧，以为之辅相，借之以柄⑨，以齐整天下⑩。故⑪君相之权，固假之万民⑫，非自有其权也⑬。议论极精确，章法亦极细密。柳宗元曰："凡吏于土者，若知其职乎？盖民之役，非以役民而已也。"⑭西人之谚曰："官吏者，天下之公仆也。"若以民之役役民，以奴仆鞭棰其主人，则不伦孰大于是！余窃观中国古圣贤创业垂训，具合于泰西民权之宗旨⑮，盖公理无东西而大道无古今。凡有血气，其积思所至均也。⑯尧、舜官天下，求贤禅让，何与美利坚合众国⑰公举总统之制类也！汤、武顺天应人⑱，以⑲放伐独夫，代膺大⑳位，何与欧洲列国之民迫其政府更革政治类也㉑！孔子对哀公曰："百姓足，君孰㉒与不足？"孟轲以"民为贵，君为轻"㉓发明民权，岂有彰明较著于此者哉？繁徵博引，以沟通中西圣哲，郑重民权之公理，立论颇扑不破。意者孔、孟之时距三代不远，

---

① 原作"则革之"，据深山虎太郎《草茅危言》而改。
② 原无"措施得失"，据深山虎太郎《草茅危言》而改。
③ 原作"萃"，据深山虎太郎《草茅危言》而改。
④ 原作"特以人心不同"，据深山虎太郎《草茅危言》而改。
⑤ 原作"且各有生产职业"，据深山虎太郎《草茅危言》而改。
⑥ 原作"以羁其身"，据深山虎太郎《草茅危言》而改。
⑦ 原无"古今通患"，据深山虎太郎《草茅危言》而改。
⑧ 原作"乃不得不立贤者以为之君"，据深山虎太郎《草茅危言》而改。
⑨ 原作"假以柄"，据深山虎太郎《草茅危言》而改。
⑩ 原作"而使之治平天下"，据深山虎太郎《草茅危言》而改。
⑪ 原作"是"，据深山虎太郎《草茅危言》而改。
⑫ 原作"民与之"，据深山虎太郎《草茅危言》而改。
⑬ 原作"非君若相所固有也"，据深山虎太郎《草茅危言》而改。
⑭ 原作"吏于上者，民之役而非以役民"，深山虎太郎《草茅危言》作"吏于上者，民之役而非以役民而已"，据柳宗元《柳宗元集》而改。
⑮ 原作"具合西国尊重民权之旨"，据深山虎太郎《草茅危言》而改。
⑯ 原无"盖公理无东西，而大道无古今。凡有血气，其积思所至均也"，据深山虎太郎《草茅危言》而改。
⑰ 原无"合众国"，据深山虎太郎《草茅危言》而改。
⑱ 原作"汤、武应天顺人"，据深山虎太郎《草茅危言》而改。
⑲ 原无"以"，据深山虎太郎《草茅危言》而改。
⑳ 原作"天"，据深山虎太郎《草茅危言》而改。
㉑ 原作"何与欧洲列国之小民迫政府改革政治类也"，据深山虎太郎《草茅危言》而改。
㉒ 原作"谁"，据杨伯峻《论语译注》而改。
㉓ 原作"君为轻，民为贵"，据杨伯峻《孟子译注》而改。

尧、舜之道布在方策。令夫一圣一贤，得志于当时，其所成就，盖有难测者矣！①惜乎后世昧于圣哲本旨②，不能扩充阐明以成太平③，至于大道晦冥④，冠履倒置。自秦、汉以降，沦胥至今，风气之不开，纪纲之不肃，国本之不固，宫闱之不清，民力之不厚，士气之不振，是由上有背天之政府而无顺天之君，下有弃天之人而无敬天之民。⑤今欲举秦、汉以来积敝⑥，摧陷而⑦廓清之，以举自强维新之政⑧，则必自恢复民权始。

总评

郑重民权，本为世界公理。文推本天受，并历引中西圣哲大义微言以推阐之，故其声光不可磨灭。

习问

问郑重民权，历引中西圣哲大义微言以推阐之，立论乃颠扑不破，试言其理？

---

① 原无"令夫一圣一贤，得志于当时，其所成就，盖有难测者矣"，据深山虎太郎《草茅危言》而改。

② 原作"惜后之人昧圣哲本旨"，据深山虎太郎《草茅危言》而改。

③ 原作"不能扩充以阐明之"，据深山虎太郎《草茅危言》而改。

④ 原作"骎至大道晦冥"，据深山虎太郎《草茅危言》而改。

⑤ 原作"自秦、汉以降，沦胥至今，风气之不开，纪纲之不肃，国本之不固，种种颓败因之以起，盖由上有逆天之君而不知顺天，先有背天之民而不知敬天故也"，据深山虎太郎《草茅危言》而改。

⑥ 原作"弊"，据深山虎太郎《草茅危言》而改。

⑦ 原无"而"，据深山虎太郎《草茅危言》而改。

⑧ 原作"以图自强"，据深山虎太郎《草茅危言》而改。

第十九篇　共治篇

古今东西，一治一乱，盛衰之变①，不能②百年。今③欧美诸邦日跻富强隆治之域，国运蒸蒸乎不知其艾期④，是⑤其故何也？不治民而与民共治也⑥。_{总叙治乱}盛衰之故，由乎政体之得失。曷言乎治民也⑦？专制为治，独裁为政之谓也。⑧有贤明之君在上，则国富兵强；有暗愚之君在上⑨，则国贫兵弱。所谓"其人存，则其政举；其人亡，则其政息"，盛衰兴亡之几系在⑩一人，自古贤⑪君少而暗⑫主多，此所以东洋诸国常不振也⑬。_{独治其国之失。}曷言乎与民共治之也⑭？公议为治，集思为政，举国中之良选而委以政焉。⑮故虽有幽、厉不能行其暴，虽有管、蔡不能逞其奸，盛衰兴亡与一国人心相表里⑯，此所以泰西诸国近大振也⑰。_{与民共治之得。}夫人情靡弗好强而恶弱，爱治而忌乱焉；而东洋诸国之遂不免夫乱与贫者，独

---

① 原作"一盛一衰"，据深山虎太郎《草茅危言》而改。

② 原作"逮"，据深山虎太郎《草茅危言》而改。

③ 原上有"而"，据深山虎太郎《草茅危言》而改。

④ 原作"国运蒸蒸乎无尽期，中国乃积弱如斯者"，据深山虎太郎《草茅危言》而改。

⑤ 原无"是"，据深山虎太郎《草茅危言》而改。

⑥ 原作"一人君独治其国而一与民共治其国也"，据深山虎太郎《草茅危言》而改。

⑦ 原作"曷言乎君之独治其国也"，据深山虎太郎《草茅危言》而改。

⑧ 原作"专制以为治，独裁以为政"，据深山虎太郎《草茅危言》而改。

⑨ 原作"有昏暗之君在上"，据深山虎太郎《草茅危言》而改。

⑩ 原作"乎"，据深山虎太郎《草茅危言》而改。

⑪ 原作"英"，据深山虎太郎《草茅危言》而改。

⑫ 原作"庸"，据深山虎太郎《草茅危言》而改。

⑬ 原作"此东洋诸国所以不振也"，据深山虎太郎《草茅危言》而改。

⑭ 原作"曷言乎与民共治其国也"，据深山虎太郎《草茅危言》而改。

⑮ 原作"公议以为治，集思以为政，举国中之良选而委以事权"，据深山虎太郎《草茅危言》而改。

⑯ 原作"兴亡治忽与一国人心相关系"，据深山虎太郎《草茅危言》而改。

⑰ 原作"此泰西诸国所以日盛也"，据深山虎太郎《草茅危言》而改。

有尚古薄今之弊，根底人心牢乎不拔也。① 侧注东洋诸国。中国儒者开口辄言"许身稷、契""致君尧、舜"②。呜呼③！周、汉以来④，论治道者畴不以尧、舜、禹、汤为指归哉⑤？而唐、虞、三代之隆治竟不可得者，非特民心日浇、风气日薄故也⑥。彼唯貌似圣人而忽圣人本旨⑦，故汲汲然揭⑧三代以为旗帜，而⑨三代之治愈远也。更侧入中国，议论精确，篇中最警动处也。余尝读史，⑩ 汉以下历朝帝王不下数百人，而求其聪明睿知为天下真主者百中仅得⑪一二耳，中材之君则百五六⑫，庸劣之主则百九十矣⑬！故天下百年而无十年之治⑭，天灾人祸接踵而至，生灵鱼肉⑮，肝脑涂地⑯，宗社亦随而⑰亡。历朝相袭⑱，如环之无端。天下搢绅章甫之士独不能鉴于前辙，沈溺二典，歌颂三代，以待圣人之出，其愚岂止待河清之比哉?⑲ 极言中国政体紊乱之由，淋漓酣畅。若有人于此，其力能摆脱三千年宿弊，变专制独裁之治，作众思公议之政，中国之天下不足治也。⑳

---

① 原作"夫人情靡不好治而恶乱，好盛而恶衰；然东洋诸国常不免乱与衰者，尚古薄今之弊，根抵人心牢乎不可拔"，据深山虎太郎《草茅危言》而改。

② 原作"中国儒者开口辄言'许身稷、契''致君尧、舜'"，深山虎太郎《草茅危言》而改。

③ 原无"呜呼"，据深山虎太郎《草茅危言》而改。

④ 原作"中国自周、汉以来"，据深山虎太郎《草茅危言》而改。

⑤ 原无"哉"，据深山虎太郎《草茅危言》而改。

⑥ 原作"非特民俗日浇、世风日薄故也"，据深山虎太郎《草茅危言》而改。

⑦ 原作"彼惟求貌似圣人而忽圣人之本旨"，据深山虎太郎《草茅危言》而改。

⑧ 原下有"唐、虞"，据深山虎太郎《草茅危言》而改。

⑨ 原下有"唐、虞"，据深山虎太郎《草茅危言》而改。

⑩ 原上有"见"，据深山虎太郎《草茅危言》而改。

⑪ 原无"得"，据深山虎太郎《草茅危言》而改。

⑫ 原作"中材者百五六"，据深山虎太郎《草茅危言》而改。

⑬ 原作"庸劣者百九十"，据深山虎太郎《草茅危言》而改。

⑭ 原作"故天下百年中每无十年之治"，据深山虎太郎《草茅危言》而改。

⑮ 原无"生灵鱼肉"，据深山虎太郎《草茅危言》而改。

⑯ 原作"生灵之肝脑涂地"，据深山虎太郎《草茅危言》而改。

⑰ 原作"以"，据深山虎太郎《草茅危言》而改。

⑱ 原作"累代相沿"，据深山虎太郎《草茅危言》而改。

⑲ 原作"搢绅章甫之士犹且沈溺二典，歌颂三代，以待圣人之出，其愚岂止俟河清之比也哉"，据深山虎太郎《草茅危言》而改。

⑳ 原作"若有人于此，摆脱三千年宿弊，变专制独裁之法，作众议集思之政，中国不足治也"，据深山虎太郎《草茅危言》而改。

总评

抉中西政体之得失，以诠发题扃，识力超卓，故议论俊伟。

习问

问篇中多洞本达源之论，其得力何在？

第二十篇　君权篇

或难余说曰：民权说颇善，然似不与君权相容，为之何如①？曰：君依民为重，民依君为重，上下一德②，君臣一体③，无相侵之理，是为共治之要道。用问答法入题。今世界诸国重民权者莫英国若焉④，国中四民皆仰英王如父母，君臣之间无纤芥之嫌。去⑤年政府举⑥女王即前王维多利亚。即位五十年庆节⑦，举国欢腾，皆祈王之万年以至神明⑧，忠爱之忱沦浃于民心，未闻民权之侵害主⑨权也。尊重民权而君权益巩固，其现象如此。世界诸国崇君权者莫突厥若焉⑩，箕敛头会以贪⑪民利，箝口结舌以禁谤言，国民视王如仇雠，寇乱数起，上⑫下解体。彼以君权为维持尊严之具，而不知启民心涣散之渐⑬。今以英国比突厥⑭，其王室之崇卑相距以⑮为何如乎？沮抑民权而君权亦损失，其现象如此。自古一国之主，亲裁万机，权不旁落，名实两副为天子者⑯，唯⑰创业垂统之君为然。至⑱乎中材以下，则皆

---

① 原作"为之奈何"，据深山虎太郎《草茅危言》而改。
② 原无"上下一德"，据深山虎太郎《草茅危言》而改。
③ 原作"君臣一体"，据深山虎太郎《草茅危言》而改。
④ 原无"焉"，据深山虎太郎《草茅危言》而改。
⑤ 原作"往"，据深山虎太郎《草茅危言》而改。
⑥ 原作"行"，据深山虎太郎《草茅危言》而改。
⑦ 原作"典"，据深山虎太郎《草茅危言》而改。
⑧ 原作"以祷祝之"，据深山虎太郎《草茅危言》而改。
⑨ 原作"君"，据深山虎太郎《草茅危言》而改。
⑩ 原作"崇君权者莫突厥若"，据深山虎太郎《草茅危言》而改。
⑪ 原作"夺"，据深山虎太郎《草茅危言》而改。
⑫ 原作"土"，据深山虎太郎《草茅危言》而改。
⑬ 原作"而不知适启民涣散之端"，据深山虎太郎《草茅危言》而改。
⑭ 原作"举英国比突厥"，据深山虎太郎《草茅危言》而改。
⑮ 原无"以"，据深山虎太郎《草茅危言》而改。
⑯ 原作"名实兼符者"，据深山虎太郎《草茅危言》而改。
⑰ 原作"惟"，据深山虎太郎《草茅危言》而改。
⑱ 原作"洎"，据深山虎太郎《草茅危言》而改。

以政柄委其臣下①，有君权之名而无君权之实，况于②庸劣之主乎？故权不归宰辅而③归外戚，不归外戚而④归宦寺，不归宦寺而⑤归藩镇，君唯垂拱拥虚器耳⑥。数千年专重君权之国，其历史均包括此数行中伟论也。令宰辅为伊、周⑦，外戚为霍光、窦武，宦寺为张承业、张永，藩镇为郭子仪、田弘正，犹有专权之嫌；跌一笔。若令⑧宰辅为莽、操、卓、懿，外戚为贾充、武三思，宦寺为仇士良、魏忠贤，藩镇为李师道、朱全忠，其为⑨祸将不胜言矣！故其末⑩造有绕柱而走者，有饮鸩投缳者，有⑪比山雀者，有以世世不生天家为祷者，以⑫万乘之贵求为匹夫而不可得也。英国儒士弥儿⑬曰："独裁专制之国⑭，无爱国之人，有一人乃其君是耳。"夫独裁专制之君，以天下为家⑮，宜爱其国；既爱其国⑯，宜举其国之贤者委以政事⑰。今顾偏信左右，听于佞幸，以至丧其宗祀者。⑱何也？则明有所不见而聪有所不闻也⑲。昔唐德宗谓李泌曰："人皆以卢杞为奸，而朕遂不知杞之为奸也⑳。"德宗非下材之主，犹有此言。难哉，人主知人之智㉑乎！反覆证引而归本知人之难，益见欲保君权，非尊重民权不可。若能以所听于左右者听于国中，以所选于寡者选于众，以所分于宰辅、外戚、宦寺、藩镇者分于亿兆，与之共治天下，何患其不治也。㉒

---

①　原无"下"，据深山虎太郎《草茅危言》而改。

②　原无"于"，据深山虎太郎《草茅危言》而改。

③　原作"则"，据深山虎太郎《草茅危言》而改。

④　原作"则"，据深山虎太郎《草茅危言》而改。

⑤　原作"则"，据深山虎太郎《草茅危言》而改。

⑥　原作"君惟垂拱虚器焉耳"，据深山虎太郎《草茅危言》而改。

⑦　原作"故令宰辅为伊尹、周公"，据深山虎太郎《草茅危言》而改。

⑧　原无"令"，据深山虎太郎《草茅危言》而改。

⑨　原无"为"，据深山虎太郎《草茅危言》而改。

⑩　原作"未"，据深山虎太郎《草茅危言》而改。

⑪　原下有"自"，据深山虎太郎《草茅危言》而改。

⑫　原作"是"，据深山虎太郎《草茅危言》而改。

⑬　原下有"之言"，据深山虎太郎《草茅危言》而改。

⑭　原作"独裁国"，据深山虎太郎《草茅危言》而改。

⑮　原作"以国为家"，据深山虎太郎《草茅危言》而改。

⑯　原无"既爱其国"，据深山虎太郎《草茅危言》而改。

⑰　原作"宜举国之贤者委以政事"，据深山虎太郎《草茅危言》而改。

⑱　原作"今顾偏信左右佞幸之人，至丧其宗祀者"，据深山虎太郎《草茅危言》而改。

⑲　原作"明有所不见而聪有所不闻"，据深山虎太郎《草茅危言》而改。

⑳　原作"朕独不知之"，据深山虎太郎《草茅危言》而改。

㉑　原作"识"，据深山虎太郎《草茅危言》而改。

㉒　原作"若能不为左右佞幸所惑，而以权之分于宰辅、外戚、宦寺、藩镇者，归之亿兆人，以与共治其国家，不患天下之不治也"，据深山虎太郎《草茅危言》而改。

夫从众君德也，虽专制独裁之主，其初非得众心，则无以取大位，况于发愤自强与欧美争雄者乎，何以削君权为介介哉①？回应起笔。

总评

议论精确，入后反覆征引，以见民权、君权必相须为用。非史事烂熟胸中而又精熟泰西硕儒政治学说者，不能道只字。

习问

问专重君权，必致大权旁落，其故何在？

---

① 原作"而何必以削君权为介介哉"，据深山虎太郎《草茅危言》而改。

第二十一篇　明太祖待解缙、方孝孺论

异哉！高帝之用人也①。识方孝孺为异人，而曰："吾不能用，留为子孙辅太平。"仅除汉中教授。擢解缙为御史，及缙讦袁泰之奸，又虑其少涵养将为众所倾，遣归，谕曰："大器晚成，其益进于学，行大用尔。"以上综叙事实，以下著议论。夫贤者之于世，患其不生；生之，患求而未得；未有得之矣，又姑留之为异日用也。总驳太祖之谬。观缙所上封事，指帝之阙失，可谓切中，非学既有成者不能道也。驳"益进于学"语。监察御史以纠恶击邪为职，诸御史欲纠袁泰，无敢执笔，缙独奋然为之，可谓能举其职矣，乌得为②少涵养耶？驳"虑其少涵养"语。且贤者必忤于不贤，所赖君上保持之耳，何众倾之足虑？若逆③虑其为众倾也，而先罢去之，是贾生不待谮于绛、灌，而长沙之谪，乃汉文帝之所以厚贾生而玉成之也，岂不谬哉？幸而数年之间，缙未死而复用于文皇耳。倘不幸早死，则奈之何？相文皇未几，忤高煦④，斥交趾，继又以赵王之谮，下狱以死，是信乎其为众所倾矣！驳"为众所倾"语。夫不为众倾，其人必不贤；为众倾，又咎其少涵养。然则所谓涵养者，必周容而诡随者也。窥帝之意，岂真虑其为众倾哉？诚恐置之于朝，屡发其敢言之气，批吾逆鳞，则旋就诛戮耳。是以急遣去之，使吾无杀贤士之失。帝亦可谓巧于藏拙者也！诛心之论。以上论太祖待解缙之非。孝孺之学，正大纯粹又进于缙，而欲留为子孙辅太平。帝若曰："乃翁以马上治天下，安事诗书？待太平之世而用汝耳！"今观高帝之手，武臣宿将，诛夷殆尽；所任者大抵贪鄙嗜利之人，可以笞箠而驱使之；他如宋濂、王祎，不过备文学制⑤述之末而已。有能杰出于其间而讲二帝三王之道者，宜乎其不能屈己而用之也。若谓留贤以贻子孙，所以爱其子孙，孰与夫用贤人以教育人才，而致人才于不可胜用之为尤爱其子孙也？正论不刊。以上论太祖待方孝孺之非。呜呼！以高帝⑥之英明果毅，使能虚己纳聪，而倚任一二大贤，一代

---

① 原作"太祖之用人也"，据陈祖范《陈司业集》而改。

② 原作"谓"，据陈祖范《陈司业集》而改。

③ 原无"逆"，据陈祖范《陈司业集》而改。

④ 原作"照"，据陈祖范《陈司业集》而改。

⑤ 原作"著"，据陈祖范《陈司业集》而改。

⑥ 原作"太祖"，据陈祖范《陈司业集》而改。

之治虽轶①汉、唐而几三代不难焉；何至身甫殁而燕难发，同室操戈，而天下之士②被其毒哉！

总评

前半层层辨驳，后以正论责太祖。识卓，故词精。

---

① 原作"较"，据陈祖范《陈司业集》而改。
② 原无"士"，据陈祖范《陈司业集》而改。

第二十二篇　日本国志物产志序①

外史氏曰：物产之盛衰，国民之勤惰系焉，田野之芜治系焉；而国家之贫富强弱，无不系乎此。说得郑重。宇内万国，自古迄今，昭然若揭矣！今海外各国，汲汲求富，君臣上下并力一心，期所以繁殖物产者，若伊尹、吕尚之谋，若孙、吴之用兵，若商鞅之行法。其竭智尽力，与邻国争竞，则有甲驰乙张、此起彼仆者。其微析于秋毫，其末甚于锥刀；其相倾②相轧之甚，间不能以容发③。故其在国中也，则日讨国人朝夕申儆，教以务财、力农、蓄工。于己所有者，设法以护之，加意以精之；于己所无者，移种以植之，如法以效之。广开农、商、工诸学校以教人，有异种奇植、新器妙术，则摹④其形，绘其图，译其法，而广传之。凡丝、茶、棉、糖之类，必萃其类，区其品，开博览共进之会，以争奇竞美，褒其精纯，禁其饰匿，而进而劝之。繁殖⑤物产之法，分析四层，句调参差。而犹虑他国之产侵入我国，吾之力微不能拒也，则重征进口货税，使人物腾贵无相侵夺，而吾乃得徐起而收其效，于是乎⑥有保护之法。进一层。而犹虑己国之产不售于人国，吾之利薄不能盛也，则分设领事，遍遣委员，使察其风尚之所趋、人情之所习，而依仿其式，以投其好⑦，于是乎⑧有模造之法。又进一层。又其甚者，商务不竞，继以兵战；一遇开衅，辄以偏师毁其商船，使彼国疲敝不能复振，而吾乃得垄断以图其利。如英之于荷兰，则尤争斗之甚者矣！更进一层。泰西百余年来，累世讲求，上自王公贵人，下至佣贩妇女，皆心知其意；上以是为保富之方，下以是为报国之务。泰西人有恒言："疆场之役，十战九败，不足虑也。若物力虚耗，国产微薄，则一国之大命倾焉，元气削焉。"彼盖筹之精而虑之熟矣！譬之一豪农之家，环四邻而居者，以所居近市，各出其瓜瓟果蓏之美，以图朝夕升斗之利；而为之主人

---

① 　原作"日本物产志序"，据黄遵宪《日本国志》而改。
② 　黄遵宪《日本国志》作"顷"，误。
③ 　原作"间不容发"，据黄遵宪《日本国志》而改。
④ 　黄遵宪《日本国志》作"摸"，误。
⑤ 　原作"植"，据黄遵宪《日本国志》而改。
⑥ 　原无"乎"，据黄遵宪《日本国志》而改。
⑦ 　原无"以投其好"，据黄遵宪《日本国志》而改。
⑧ 　原无"乎"，据黄遵宪《日本国志》而改。

者，一听其贱佣下婢栽培、灌溉，曾不一问，欲以是争利，不亦难乎？不亦难乎？醋足。日本维新以来，亦兢兢以殖产为亟务。如丝之售于英、法，茶之售于美，海产之售于中国，则尤其所竭精敝①神以求之者，可不谓知所先务与？管子曰："本富为上，末富次之。"②太史公曰："善者因之，其次利导之，其次整齐之，其次教诲之。"有国家者，能勿念诸？作《物产志》。

总评

于地球列国珍重物产之意，发挥透辟，文气亦清。

---

① 原作"疲"，据黄遵宪《日本国志》而改。
② 此句应非出自管子之言，而当出自司马迁《史记·货殖列传》，疑为黄遵宪所误记。

第二十三篇　日本国志礼俗志序①

外史氏曰：五帝不袭礼，三王不沿乐，此因时而异者也；百里不同风，千里不同俗，此因地而异者也。况海外之国，服食不同，梯航远隔者乎！原万国礼俗之所以异。骤而观人之国，见其习俗风气，为耳目所未经，则惊骇叹咤，或归而告诸友朋，以为笑谑。人之观吾国也亦然。彼此易观，则彼此相笑。而问其是非、美恶，各祖己国。虽聚天下万国之圣贤于一堂，恐亦不能断斯狱矣！一相见礼也，或拱手为敬，或垂手为敬，或握手为敬，或合掌为敬。一拜礼也，或稽首为礼，或顿首为礼②，或俯首为礼，或鞠躬为礼，或拍手为礼。究其本原之所在，则天之生人也，耳、目、口、鼻同，即心同、理同，用礼之节文以行吾敬，行吾爱，亦无不同。吾以为异者，礼之末；同者，礼之本；其同异有不必论者。由异返同，有本有末，其用笔曲折纡徐，引人入胜。虽然，天下万国之人、之心、之理既已无不同，而稽其节文，乃南辕北辙，乖隔歧异，不可合并，至于如此，盖各因其所习以为之故也。此句是一篇之主。礼也者，非从天降，非从地出，因人情而为之者也。人情者何？习惯是也。光③岳分区，风气间阻，此因其所习，彼亦因其所习，日增月益，各行其道，习惯之久至于一成而不可易，而礼与俗皆出于其中。是故先王之治国、化民，亦慎其所习而已矣！略说。嗟夫！风俗之端，始于至微，搏之而无物，察之而无形，听之而无声。然一二人倡之，千百人和之，人与人相接，人与人相续，又踵而行之。及其既成，虽其极陋甚弊者，举国之人习以为然，上智所不能察，大力所不能挽，严刑峻法所不能变。夫事有是有非、有美有恶，回应。旁观者或一览而知之，而彼国称之为礼，沿之为俗，乃至举国之人展④转沈锢于其中而莫能少越，则习之囿人也⑤大矣！古先哲王知其然也，故于习之善者导之，其可者因之，有弊者严禁以防之，败坏者设法以救之。秉国钧者其念之哉！详说。作《礼俗志》，为类十有四：曰"朝会"，曰"祭祀"，曰"婚娶"，曰"丧葬"，曰"服饰"，曰"饮食"，曰

---

① 原作"日本礼俗志序"，据黄遵宪《日本国志》而改。
② 原无"或顿首为礼"，据黄遵宪《日本国志》而改。
③ 原作"山"，据黄遵宪《日本国志》而改。
④ 原作"辗"，据黄遵宪《日本国志》而改。
⑤ 原无"也"，据黄遵宪《日本国志》而改。

"居处"，曰"岁时"，曰"乐舞"，曰"游宴"，曰"神道"，曰"佛教"，曰"氏族"，曰"社会"。

总评

拈"习"字作骨，推究地球列国礼俗之异同，议论最通畅。

习问

问诠发"习"字，分略说、详说之故？

第二十四篇　问说

　　君子之学必好问。问与学，相辅而行者也；非学无以致疑，非问无以广识。好学而不勤问，非真能好学者也。理明矣，而或不达于事；识其大矣，而或不知其细。舍问，其奚决焉？贤于己者，问焉以破其疑，所谓"就有道而正"也。不如己者，问焉以求一得，所谓"以能问于①不能，以多问于寡"也。等于己者，问焉以资切磋，所谓"交相问难，审问而明辨之"也。《书》不云乎："好问则裕。"孟子论"求放心"，而并称曰"学问之道"，学即继以问也。子思言"尊德性"，而归于"道问学"，问且先于学也。古之人虚中乐善，不择事而问焉，不择人而问焉，取其有益于身而已。_{为下段伏根。}是故狂夫之言，圣人择之；刍荛之微，先民询之。舜以天子而询于匹夫，以大知而察及迩言，非苟为谦，诚取善之弘②也。_{以上反覆证引，发明为学之当好问。}三代而下，有学而无问。_{转入不好问一边。}朋友之交，至于劝善规过足矣！其以义理相咨访，孜孜焉唯进修是急，未之多见也，况流俗乎？是己而非人，俗之同病。学有未达，强以为知；理有未安，妄以臆度。如是，则终身几无可问之事。_{对准"不择事"。}贤于己者，忌之而不愿问焉；不如己者，轻之而不屑问焉；等于己者，狎之而不甘问焉。如是，则天下几无可问之人。_{对准"不择人"。}人不足服矣，事无可疑矣！此唯③师心自用耳。_{紧接。}夫自用，其小④者也。自知其陋而谨护其失，宁使学终不进，不欲虚以下人，此为害于心术者大，而蹈之者常十之八九。不然，则所问非所学焉。询天下之异文⑤鄙事，以快言论；甚且心之所已⑥明者，问之人以试其能；事之至难解者，问之人以穷其短。而非是者，虽有切于身心性命之事，可以收取善之益，求一屈己焉而不可得也。_{切中今人病痛，对准"有益于身"语。}嗟乎！学之所以不能几于古者，非此之由乎？且夫不好问者，由心不能虚也⑦；心之不虚，由好学之不诚也。_{更抉出所以不好问之故由于不虚心，对准古人虚中乐}

---

① 原无"于"，据刘开《孟涂文集》而改。
② 原作"宏"，据刘开《孟涂文集》而改。
③ 原作"惟"，据刘开《孟涂文集》而改。
④ 原下有"焉"，据刘开《孟涂文集》而改。
⑤ 原作"闻"，据刘开《孟涂文集》而改。
⑥ 原作"己"，据刘开《孟涂文集》而改。
⑦ 原无"也"，据刘开《孟涂文集》而改。

善语。亦非不潜心专力之故①，其学非古人之学，其好亦非古人之好也②。不能问，宜也。智者千虑，必有一失。圣人所不知，未必不为愚人之所知也；愚人之所能，未必非圣人之所不能也。理无专在，而学无止境也，然则问可少耶③？《周礼》，外朝以询万民。国之政事，尚问及庶人。是故贵可以问贱，贤可以问不肖，而老可以问幼，唯道之所成而已矣④！孔文子不耻下问，夫子贤之。古人以问为美德，而并不见其有可耻也⑤，后之君子反争⑥以问为耻。然则古人所深耻者⑦，后世且行之而不以为耻者多矣⑧！悲夫！

总评

思清笔净，说理甚明畅。

习问

问结笔处掉题外，何以悠然神远？

---

① 原作"非谓不潜心之故"，据刘开《孟涂文集》而改。
② 原作"而好非古人之好也"，据刘开《孟涂文集》而改。
③ 原无"然则问可少耶"，据刘开《孟涂文集》而改。
④ 惟道之所成而已，据刘开《孟涂文集》而改。
⑤ 原无"而并不见其有可耻也"，据刘开《孟涂文集》而改。
⑥ 原无"反争"，据刘开《孟涂文集》而改。
⑦ 原无"者"，据刘开《孟涂文集》而改。
⑧ 原作"而后世且行之不以为耻者多矣"，据刘开《孟涂文集》而改。

第二十五篇　耻躬堂文集序

　　昔阅《魏叔子文集》，有"易堂九子"，彭躬庵先生其一也。未得见其书，知为胜国遗老而已。_{开下。}咸丰元年，曾亮主讲梅花书院。其七世孙云墀都转过扬，以文集赠，并诗十六卷，属为序，乃稍得其生平。_{顿。}盖先生少席丰厚，性豪迈，尽散金帛以交恢奇伟异之士，至筑屋数十楹以居过客，周旋于黄公道周、史公可法、杨公廷麟数君子之间，欲有所自见于世。而迄不得行其意，遂筑室于宁都金精之峰，与三魏相依，务欲韬匿声采，无所闻问于世。而又不得安其居，为土寇所扰，展转迁徙。及海宇安乂，稍可休息，则困于饥寒道路之奔走。其文采行谊，又为当途士大夫所引重，卒不得安于所谓金精峰者。_{以上综叙事实。}夫先生于明季，固一诸生也。_{开一笔发议。}当搜访胜国遗老之日，而超然以布衣终，其节固已高矣！而今读其诗，抑塞拂郁，若有所负咎于世。盖志①义之士，其崎岖犯难百折而不悔者，非以为人也，求自全其心而已！苟其心之无憾也，虽人言而不恤。惟其心之不如是而遂已也，则虽求之名节而无可疵；质之天下后世，亦无能求备于是；而耿耿不自释者，终不以后行之所成，自恕其始意之所独至。此其志②义所以尤不可及与！_{表明躬庵先生心事，议论深入。}先生之诗，兀傲有似山谷者；激烈之气，则近放翁。然尝自言："吾文不欲学古人。"则诗又岂规规于古人哉？特其迈俗慷慨之气，有与古人同者，固宜诗之有时而合也。然是犹不足以尽先生，惟知其有高世名而耿耿不自释于心，可以知先生之诗矣！

总评

　　周自庵云："透骨镌心，彭先生不死矣！"

---

①　原作"忠"，据梅曾亮《柏枧山房文集》而改。
②　原作"忠"，据梅曾亮《柏枧山房文集》而改。

第二十六篇　与左仲甫书

仲甫执事①：前者奉书，适苦头痛，言辞草猝，怀不能尽。凡今天下之患，在事至而无人任之。无人任之者，非无人为之也，为之而不足以胜之也。凡为其事者，未有不欲人任之也。非其人而任之事，非以此人为果足以胜之也；知其不足以胜之，而无胜之者之可以代之，故不得已而听其事之不胜也。夫用人之道，若良贾之息物然，陆而资舟，水而资车，故时用物而不匮。事之至也，而求胜之焉者，此其所以无人也。识足以察之，权足以致之，是之谓豫事。凡今之有其权者，皆不足以言此者也；或可与之言，则又不足以察此者也。一路从远处说入，愈逼愈紧。州县官之于权，可谓微矣！虽然，事之至而所欲求者，其与有其权者有以异乎？无以异也！仲甫之于此，有其责矣！其亦知之矣！而识又足以察之。然则有其权者，不足与言；可与言者，非仲甫而谁哉？层层照应上段，以申明向仲甫进言之故。文气甚遒劲。仲甫之官，不足以奔走天下之士；仲甫之财，不足以延揽天下之士。然而，望之于仲甫者，以仲甫之自有可用之权也。州县官虽无权，而正自有权。设想妙。知县者，民之父母也。未有一家之人，旷不相接，而可以为父母者也；未有子孙之才智、仆隶之技力漫不相悉，而可以为父母者也。昔者宓子宰单父，有兄事者，有父事者，有师事者。今之县与古之邑，大小殊矣！民人户口，不啻十倍，而曰无其人者，悗不然欤？今仲甫之于所治，搢绅之士，草野之族，下及吏胥之役，亦尝得其可任者欤？其有之，则吾于仲甫无以复言也；如其求之而未得也，其未尝求之也，则仲甫之责，方今之务，未有要于此者也。望仲甫得人。夫鸿毛虽众，不若一翮；诺诺盈侧，不当一士。仲甫左右，悗有周②舍其人者乎？其未有也，其未尝求也。则仲甫虽尽相识者而泛爱之，人人有得于仲甫，其无益于仲甫之事可知也。方今人才，诚不易得，仲甫气夷而见远，当有以辨之。大要不汲汲于世俗，而近于迂阔者，乃为才耳。更望仲甫得非常人。朋侪中如丁道久③者，庶几可以成就。惜其奔走衣食，恐

---

① 原无"仲甫执事"，据张惠言《茗柯文编》而改。

② 原作"用"，据张惠言《茗柯文编》而改。周舍，春秋时期晋国人。侍奉赵简子，立赵简子之门三天三夜。赵简子使人问之曰："子何以教我？"周舍曰："愿为谔谔之臣。墨笔操牍，随君之后，伺君之过而书之。"

③ 原作"父"，据张惠言《茗柯文编》而改。

遂役于尘俗；不然，则亦可任之一人也。惠言于天下事无一能晓，不量其愚鄙，辄欲以狂言闻于执事。执事其亦察之，幸甚！

总评

侃侃而谈，思笔俱清锐。

习问

问文以不汲汲世俗而近迂阔者为才，其说是否？

第二十七篇　与蒋瀛海书

瀛海足下：莒洲自书院归，言足下近与诸友龃龉，忽逞怒气；悔悟之余，欲得吾一言以相警。可见足下悔过之速，且有喜闻过之诚，幸甚幸甚！余意昨日之事，大约非一朝一夕之故。不平之意，久蓄于中，偶尔触动，遂一发而不可禁。不知吾人持身涉世，亦惟求己之不是而已，不必计人之不是也。开下。求己之不是者，日用酬酢，必自立于无过之地。一言未①法，不啻芒刺之在背；一行未善，不啻嘉石之自陈。忧惧惕厉，以保无咎，自检点之不暇，何暇检点他人？申说"求己不是"一边。若惟以计人之不是为心，此心只见人之不是，不知人亦有是矣！此心惟欲攻人之不是，不知此攻人不是之一心，先已自蹈于不是矣！始犹欲以己之是，责人之不是，继则浑忘己之不是，而惟索人之不是。始则犹以人之不是为不是，责其必出于是②，继则直以人之是为不是，以掩覆乎己之不是。是与不是，遂颠倒于吾之一心，而不可以复辨。申说"计人不是"一边，层层勘入，笔力遒劲。操是术，以往处乡邻，则结怨于乡邻；处朋友，则结怨于朋友；甚至于父兄、师长之前，亦将絮长论短，负气不肯相下；小则招尤，大则取祸，皆由此见人不是之心，以至于此极耳。极言"计人不是"之害。夫人之所以充乎一身者，气也；能宰制此气者，理也。以下更推论所以"计人不是"之故，由乎血气用事，望瀛海以理制之。人之于气，惟时以理御之，则可成为德义之勇，足以胜天下之大任。否则为客气、为暴气、为戾气，如无羁之马、无楅③之牛，奔放触斗，而不可以复制。天壤间以气坏事者最多，匪气为之害，由无义理制之故也。足下天资强健，英气勃勃，充其才力，似亦可以有为。伏惟平时读书穷理，以义理浇灌心胸，取古人严以律己、宽以待人之道，鞭策己之身心④，以调和其血气。临时又痛自省察之，剪落之。人是矣，而我不是；不是在我，于人何尤？我是矣，而人不是；不是在人，于人何校？顺乎道理，抑其躁戾，庶心平气和，行事不至有失。且刚大自养，足以配道义而无馁矣！余少时好逞气，不惟行事多错，至今胸胁间尝有肝气作痛，足下自当以我为戒。宿雨初收，天气清和，此际

---

① 原作"非"，据罗泽南《罗忠节公遗集》而改。
② 原无"责其必出于是"，据罗泽南《罗忠节公遗集》而改。
③ 原作"辐"，据罗泽南《罗忠节公遗集》而改。
④ 原作"鞭策自己身心"，据罗泽南《罗忠节公遗集》而改。

正好平心读书，以观义理之所在，慎勿以区区微嫌，芥蒂于胸中也。惟足下绎①之！

总评

气无理以制之，故时见人之不是而不自知己之非。诠发处推勘入微。

---

① 原作"释"，据罗泽南《罗忠节公遗集》而改。

第二十八篇　答王子寿比部书

去冬，获手教，寄来江陵画像一轴，云于祠中摹得，朱服修髯，神采甚英异。琦少时读《明史》，尝怪江陵以彼其才，辅少主，明赏峻罚，鞭笞海内，有安天下社稷之大功，何以论者不稍恕若是？既而读其遗集，然后知江陵所处之难；则其用心，固宜非流俗所识。而琦窃妄为窥见一二，而恨不一见其人也！及得足下所遗画像，瞻拜久之；又读所为《闵忠赋》，掩卷长叹，以为知江陵莫如吾子寿之深！则虽举天下后世疑且谤，而固不害其为江陵也。<small>叙述清析，以下乃畅发议论。</small>夫江陵之才大矣！后世岂无为江陵者？而卒不敢望江陵，非其才之绌也，遇也；亦非其遇之绌也，有其才与遇而忠不足也。夫为宰相者，不可无才；有其才矣，不可无遇，而尤不可无忠以济之。彼朝夕谋谟于帷幄之中者，恩宠非不隆也，倚任非不专也，进退天下士，非不与闻也。然出入唯唯，但伺人主意指，民日困，财日匮，远夷内侵，盗贼并起，则曰时为之也，我无如何也。是非有其遇而无其才者乎？<small>有其遇、无其才者不能为江陵。</small>幸而有其才矣，有其才而用之矣！然一言不合，则遽夺之宠；一事不臧，则旋罹于祸。施者未及尺寸，丛咎已若邱山。则虽有人焉，蒙伊、吕之术，挟管、葛之智，而非破成格，举一国任之，犹讫不得施也，况下此者乎？而谓无其遇者，其可行乎？<small>有其才、无其遇者不能为江陵。</small>幸而又有其遇矣！有其遇，宜可以有为矣！顾天下事利害参半，有害重利轻，有利巨害细；有关一时一事利害者，有关异时利害而忧并及其身者。利于公而不害于身，人固为之；利于公而害于身，智者或辍不为。就令为之，亦必曰："吾受其害，犹冀人之予我以名，而不我谤也。"至于不予我名而又我谤，此至不平之事也。然智者犹曰："谤者一二，吾犹为之。"谤者千万，虽贲、育之勇，亦必为之夺气而辍不为矣！<small>有其才与遇而忠不足者又不能为江陵。</small>若江陵，则不然。<small>转。</small>江陵，愚忠者也。盖明知其害于身而为之者也；明知害于身而利于国，又负天下后世之谤而勇为之者也。呜呼！是真所谓愚忠者乎？是故无江陵之才与遇[1]，不可为江陵；有江陵之才与遇而无其忠，亦不可为江陵。<small>收来。</small>然则江陵其遂无訾尔乎？江陵之过，在于功成而不知止，又不能荐达贤相以为之后。虽然，此不可以责之江陵也。有江陵之功名而能知止，又能树贤以为国家长久计，其几于纯臣哉！<small>有分寸，尚论古人必尔，乃持平。</small>画像谨装成轴，并如

---

① 原下有"者"，据朱琦《怡志堂文集》而改。

来教，书《闵忠赋》于后。琦非知江陵者，聊感足下之意而附论之。

总评

持平之论，以清快之笔达之，可谓江陵知己。

第二十九篇　楚昭王论

　　楚昭王奔随，蓝尹亹有舟不与。及复国求见，王欲执之，令尹子西请听其辞，卒见之而复其位。叙事。世或以昭王能忘旧怨为善。自君子观之，昭王盖甚失矣！断。今夫臣之于君，岂若常人相与，谓挟私仇、修旧恨为可羞，而以坦然能忘为大度哉？夫亦曰正其赏罚焉尔①。"正其赏罚"四字是一篇主意。蓝尹之于昭王也，分则君臣，而始也睹其一战而败，遂至靳一舟而不与；继又不知愧耻，而辨言以求复位。以行言则不忠，以识言则不智。不忠不智而侥幸以希富贵，虽立杀而肆诸市朝，以为人臣之戒，天下孰得议王之褊心，而讥其过甚？而必于复国之初，示含宏之量，则赦其身，于亹已幸，尚何取乎其人而复使之治民而临政也哉？正论。当是时，王迫甚，其犹得以奔随者，特幸耳！设其徘徊成曰之津，而子胥、夫概之徒，率练甲而戒之立尽。外无宗族托于强邻，内则以班处宫，诛屠已尽。虽有包胥、锺建诸臣，将谁辅以复国？楚之宗祀，其由是斩矣！嗟乎！齐桓置射钩而相管仲，晋文置斩袪而见勃鞮，彼其先分非君臣，彼其恨亦止于一己。蓝尹之罪，贼及其君，几使先君累世之灵，斩血食而为不祀之鬼。赦而用之，是失政刑也。事有相同而实异者，其桓、文与楚昭之谓也耶？推勘蓝尹之罪不可赦，不得以管仲、勃鞮为例。且夫世之小人，其言行反覆变诈，何常②之有！彼其初，既目睹其君之穷蹙而不顾；则苟非挟有强辨，亦安敢贸贸然再至其前，投要领而尝斧钺？要其言何足问哉？而子西于亹，顾请听其辞；听其辞，顾曰使复其位以无忘前败，何其昧于大体耶？夫苟君臣不忘仇雠，则必明饬政刑以肃纪纲，安有纵释罪人而可以为治者？传曰："刑罚不中，则民无所措手足。"使楚之臣民，亲见包胥、锺建之徒，以忠获赏；亹以不忠而复位，必谓忠奸同受其利。设不幸吴师再至，则相率而去，俟乱定然后徐步而归耳！其尚可以为治也与③？此段更反覆推论，以明赏罚不正之失。尝④考昭王失国，始于囊瓦之不仁，成于强吴之侵逼，非素失德昏乱，以底灭亡。比及乎复国，其善政又多可纪。然而，不能复霸者，意其赏罚类是者多耶！收赏罚。彼子西者，不知

---

① 原作"耳"，据管同《因寄轩文集》而改。
② 原作"尝"，据管同《因寄轩文集》而改。
③ 原作"欤"，据管同《因寄轩文集》而改。
④ 原无"尝"，据管同《因寄轩文集》而改。

裁以大义，乃教其君以小道，其暗于事势固甚矣！卒召白公以致乱也固宜！并结子西。

总评

王益吾云："文气宽博，无不尽之情，是异之胜处。"

第三十篇　论自由①

　　自由之界说曰："人人自由，而以不侵人之自由为界。"夫既不许侵人自由，则其不自由亦甚矣！而顾谓此为自由之极则者，何也？一转入深际。自由云者，团体之自由，非个人之自由也。野蛮时代，个人之自由胜，而团体之自由亡；文明时代，团体之自由强，而个人之自由减。斯二者盖有一定之比例，而分毫不容忒者焉。② 使其以个人之自由为自由也，则天下享自由之福者，宜莫今日之中国人若也。跌笔。绅士武断于乡曲，受鱼肉者莫能抗也；驵商逋债而不偿，受欺骗者莫能责也。夫人人皆可以③为绅士，人人皆可以④为驵商，则人人之自由亦甚矣！不宁惟是，首善之区，而男妇以官道为圊溷，何其自由也！市邑之间，而老稚以鸦片为菽粟，何其自由也！若在文明⑤国，轻则罚锾，重则输城旦矣！诸类此者，若悉数之，则更十仆而不能尽。⑥ 写极野蛮自由之实。由是言之，中国人自由乎，他国人自由乎？顾识者褐橥⑦自由之国，不于此而于彼者，何也？再勘进一层。野蛮自由，正文明自由之蟊贼也。文明自由者，自由于法律之下，其一举一动如机器之节腠，其一进一退如军队之步武。自野蛮人视之，则以为天下之不自由莫此甚也。跌笔。夫其所以必若是者，何也？更勘进一层。天下未有内不自整而能与外为竞者。外界之竞争无已时，则内界之所以团其竞争之具者亦无已时。使滥用其自由，而侵他人之自由焉，而侵团体之自由焉，则其群固已不克自立，而将为他群之奴隶，夫复何自由之能几也？故真自由者必能服从。服从者何？服法律也。法律者，我所制定之，以保⑧护我自由，而亦以钳束我自由者也。彼英人是已。天下民族中，最富于服从性质者莫如英人，其最享自由幸福者亦莫如英人。夫安知乎服从之即为自由母

---

① 原作"自由释义"，据梁启超《饮冰室合集》而改。
② 原作"斯二者有一定之比例焉"，据梁启超《饮冰室合集》而改。
③ 原无"以"，据梁启超《饮冰室合集》而改。
④ 原无"以"，据梁启超《饮冰室合集》而改。
⑤ 原下有"之"，据梁启超《饮冰室合集》而改。
⑥ 原作"类此者，更仆而不能悉数"，据梁启超《饮冰室合集》而改。
⑦ 原无"橥"，据梁启超《饮冰室合集》而改。
⑧ 原无"保"，据梁启超《饮冰室合集》而改。

也。文笔屈曲盘绕，识力尤闳伟。嗟夫①！今世少年，莫不嚣嚣言自由矣！其言之者，固自谓有文明思想矣！曾不审夫泰西之所谓自由者②，在前此之诸大问题③，无一役④非为团体公益计，而决非一私人之放恣桀骜者所可托以藏身也。今不用之向上以求宪法，不用之排外以伸国权，而徒耳食一二学说之半面，取便私图，破坏公德，自返于野蛮之野蛮，有规语之者，犹敢腼然抗说曰：“吾自由，吾自由。”⑤吾甚惧乎“自由”二字，不徒为专制党之口实，而实为中国前途之公敌也！为藉口自由者痛下针砭，青年子弟宜奉为座右箴！

总评

辟谬阐幽，以发明自由真髓。文笔屈曲盘绕，愈勘愈深。名世大文，其声光不可磨灭。

习问

问篇中用笔屈曲盘绕，愈勘愈深之实？

---

①　原作“乎”，据梁启超《饮冰室合集》而改。

②　原作“曾不审西人之所谓自由者”，据梁启超《饮冰室合集》而改。

③　原无“在前此之诸大问题”，据梁启超《饮冰室合集》而改。

④　原无“役”，据梁启超《饮冰室合集》而改。

⑤　原作“今惟取便私图，破坏公德，自返于野蛮之野蛮，而犹腼颜抗辩曰：‘吾自由，吾自由。’”，据梁启超《饮冰室合集》而改。

第三十一篇　紫石泉山房记

予家旧居歙西岩镇之南山。先大父既老，乃筑室岩镇上游，徙居之。门滨溪水，种竹数十竿。入门，折而西，有书室两楹。逾书室而南，则圃也。圃多植桃、李、梅、桂之属，竹间之，与门前之竹中外掩映，故大父自题其圃曰"竹圃"。圃有紫石池，泉泙虎流其上。*写景绝佳。* 豫章尚书曹公秀先东游，尝栖息于此，爱之。名其轩为"紫石泉山房"者，曹尚书也。*点"山房"名所自来。* 岩镇有万家之市，而予家独远市而居，人迹罕至，以处读书之士为宜。予生八岁，始读书轩中，幼稚不自揆，慨然思继宋贤之迹而践其庭，以与游、杨、黄、蔡诸贤伍。而是时塾师，方训迪以科举俗儒之学，而予又私爱古人之文艺诗歌，早夜讽习以分其勤，盖二十余年矣！*澹宕。* 中岁以后，始毕心力于四子之书、四圣之易，及凡六艺之文，口吟心绎，奉以为仪。于出处、进退、取与之大节，未尝敢陨越也。然而，视、听、言、动之违乎礼者不少矣！荒陋之辞，足以宣昭圣训者又无几矣！回忆入塾之初，方冀与古人颉颃千载之上。今老矣！而尺寸之获，仅终于斯；然后知读书之士爱博而业精，力分而功就，自古及今未之见也。*曲折夷犹，神味醇厚，文中最胜处也。* 曩者，栋宇初兴，黝垩①鲜浓，泉甘竹绿，童冠咸集，读书之音琅琅，不可谓非盛也。转瞬之间，游从旧侣，半皆散亡；竹既凋②残，池亦竭矣！此虽志得气扬之子，追寻旧躅，有不禁涕零者。况仆以垂老无成之人，日览斯泉，能不凄然顾影而自悼哉？*盛衰之感。* 阶下有梅二本，枯朽久矣！嘉庆二年，根旁忽产双芝。是年，予举孝廉方正于乡，子邦佐亦游乡学，里人以为此双芝之瑞应，予笑曰："区区者乌足称瑞哉？意小子衰朽之年，天或者犹成小子之幼志而为此兆欤？"呜呼！是则诚瑞也已！*结笔文气迈往。*

总评

王益吾云："其志正，故其声大而远，不徒以神韵胜。"

---

① 原作"散"，据吴定《紫石泉山房文集》而改。
② 原作"雕"，据吴定《紫石泉山房文集》而改。

习问

问文境甚高，庶言其实？

第三十二篇　报曹尚书书①

舅氏程君自京师奉命典试福建，予告还乡，具述明公德意，谕定宜来京师应举求官。闻命之余，感激泣下。念先人弃养八年，明公不忘旧好，施及于孤。古人之交，再见今日。定虽颛蒙，敢不奔命如归，以报②大贤重勤之德。顾定于此，窃不获享德于明公者，愿明公宥其罪，俾定献其愚。开下。定生十有六年，即违离先妣膝下。丧未除，先考旋婴末疾，手足拘缀，不良于行。盖自先妣之亡，以逮终先考之丧，凡十有七年，定之荒学甚矣！昔司马子长谓圣人之经，"当年不能极其变，终身不能究其业"，杨雄非之。以今考之，岁逾二千，贤历什伯，参伍推阐，无能尽明，其间细者无论矣！大义之湮郁未宣，舛讹未正者，殆不可偻指以终，然后知子长之言至也！由此观之，岂失时废学者所能闻教万一也邪③？子夏曰："学而优则仕。"以壮大之岁而学之未殖④如此，明公不知也；明公知之，必谓小子宜假今日之闲，弥缝畴昔之阙明矣！跌笔妙。定乌敢不以实闻而遽扬扬奔命哉？以上惓惓于失时废学，以自表其不仕之故。昔孔子论孝，始于事亲，中于事君，终于立身，末复引《诗》"聿修厥德"之辞结之。则知身不立，不可以事亲、事君也。定父母已亡，虽欲孝，焉可得哉？惟有求言行之则于圣人，冀此身保任父母之贻，毋蒙诟不肖，以此卒事亲之职而已。此更言立身为重，不宜汲汲利禄。若夫人爵之荣，有命也。学之而成，而承⑤明公之宠携，俾得陪辅末僚，薄著劳勋，明公与有光焉；学未成，而或陨坠国家之政，以失⑥我先人，为明公忧，毋乃大乎？窃谓小子暗就明公，而光⑦昭大惠者，或不在此而在彼也；荷明⑧公骨肉之爱，而不获闻命，无任惭惶，

---

① 原作"答曹尚书书"，据吴定《紫石泉山房文集》而改。
② 原作"拜"，据吴定《紫石泉山房文集》而改。
③ 原作"耶"，据吴定《紫石泉山房文集》而改。
④ 原作"植"，据吴定《紫石泉山房文集》而改。
⑤ 原作"勤"，据吴定《紫石泉山房文集》而改。
⑥ 原作"玷"，据吴定《紫石泉山房文集》而改。
⑦ 原作"先"，据吴定《紫石泉山房文集》而改。
⑧ 原作"门"，据吴定《紫石泉山房文集》而改。

故敢尽布腹心以告。明公学优之君子也，倘①矜小子愿学之愚，赐之训辞，以裨益畎亩见闻之不逮，则明公终继旧好以贶我小子者至矣！敢不拜教？

总评

以学问为重，以仕宦为轻。立品高人数等，文辞亦和婉，韵味俱胜。

习问

问韵味胜，则文辞浓厚，试申其义？

① 原作"侻"，据吴定《紫石泉山房文集》而改。

第三十三篇　黄香石诗序

嗟乎！自古豪杰之士成名于天下后世者，岂必其生平之所自命哉！_{笼罩全篇。}夫人之一身，有子臣弟友之责、天地民物之事，至没世后，举无一称，而独称其文章，末矣！文章之大者，或发明道义，陈列事情，动关乎人心风俗之盛衰，乃又无一称，而徒称其诗，抑又末矣！_{极力便抑，乃见诗之所以传，正自有在。}然而，李、杜、白、陆竟以诗人震耀今古，称名之伟如日月江河者？何也？则不惟其诗，惟其人也。此三四公者，方谓天地间所①责于吾身甚众且巨，将汲汲焉求以任之，不得已而以诗名，岂彼之所自命为豪杰者乎？惟自命不在此，而卒迫之不得不出于此，然后以其胸中之所磅礴郁积者，一托于诗，以鸣其意。其蓄之也厚，故发之也无穷；其念之也深，故言之也愈切。诵之渊然，而声出金石满天地；即之奕然，而光烛千丈辟万夫；思之愀然，聆②之骇然，而泣鬼神，动风雨。夫非其声音文字之工也，是其忠义之气、仁孝之怀、坚贞之操、幽苦怨愤郁结而不可伸之志，所存者然也。惟然故观其诗，可得其人；其人虽亡，其名以立。_{立论独见其大。}今世之士，徒取其声音文字而揣摹之，辄鸣于人曰："吾以诗名。"其与古人之自命不亦远哉？宋、元以来，工诗者奚啻千百，而赫然见称于世无几人也，亦可以思矣！本朝诸公，自阮亭标举神韵，归愚讲求格律，后学奉之如规矩准绳，可谓盛矣！然皆以诗言诗。吾以为学其诗，不可不师其人，得其所以为诗者，然后诗工，而人以不废。否则，诗虽工，犹粪壤也。无怪其徒具形声，而所③自命者不存也。_{再说自命以诗，言诗者当猛悟。}粤中言诗，近日后起者三人，曰谭康侯、张南山、黄香石。康侯，吾尝读其诗，爱其人，而未之见；南山，则谆笃自好，方力于治经，余尝序其诗矣！香石，与二子齐名。嘉庆十六年，余在学使程公署，见所著论《诗话》《罗浮小志》《云泉随札》，心识之。越二年，乃相识于白云山中，见访以世务之大。夫香石平生所自命，虽不知较古人若何，_{归结自命。}要其讲求世务，隐然有人心世教之忧，不可谓非有心之士。余行矣！留此说以质香石，无亦有窈④然深思、穆然高望者乎？

---

① 原无"所"，据姚莹《东溟外集》而改。
② 原作"聆"，据姚莹《东溟外集》而改。
③ 原无"所"，据姚莹《东溟外集》而改。
④ 原作"窃"，据姚莹《东溟外集》而改。

总评

论诗道之传，独见其大。读此文，乃可与言诗。

习问

问论诗道之大，其识若何？

第三十四篇　季弟遗集序

余少与季怀以问学相切劘。季怀好攻古文辞，潭思不辍。余诘以时变方殷，士无论遇不遇，当蕲以有用之学表见于时，胡为矻矻于文艺之末。季怀曰："不然。夫文之至者通乎道，古文于文体最尊，且自古夷艰泽世之伟人无文不行。如贾谊之疏，董仲舒之策，诸葛武侯出师表，陆宣公奉天改元大赦制，其所以斡旋世运、鼓动伦类者，独非文章之力邪？而贱之也。"文之足重在此。余乃稍稍致力古文辞，季怀亦渐讲经世学，凡余所观之书无不观。略顿。其后，余佐曾文正公幕府，携季怀同往，闻公论文之旨，以谓圣门四教冠以文。文者，道德之钥，而经济之舆也。故其尚论古今，与求贤之法，一以文为之的。而幕府之得人独盛，与前段对照。凡魁闳瑰伟能文之士，辐凑并进。余与季怀颇得广所未闻，讲明途径，而为之益劬。季怀旋往山东，从今尚书、前山东巡抚朝邑阎公文介公敬铭。游，饫闻束躬宰物切实之论。复参今尚书平远丁公文诚公实精。幕事，丁公巡抚山东，总督四川，倚季怀如左右手，用其策辄效。季怀阅事久，识益精，文亦日益进。历叙季怀得力处。顾其神蕴超迈，不多为文，偶有撰述，必与余互视数千里外。余每叹其高复幽澹沉寥之境，非可强几也。然至掎摭利病，考核古义，苟有所疑，只字片语，必雠勿贷。季怀之于余文也亦然。余与季怀有闻辄改，虽四五易稿不厌也。用力、学问，均当如是。岁辛巳，秋七月，余在天津，忽闻季怀噩耗，惊恸不可为怀。亟贻书诸弟，哀集季怀遗稿，仅得古文三十八首，厘为二卷，古今体诗一卷。悲夫！士固有负绝人之资，或困于无师友与时地之凭依，不获昌其学而竟其施。若数者既兼之矣，上之宜可奋迹天衢，泽被甿庶；次之亦当摅所心得，箸书成家，垂之无穷。吁嗟吾弟，其才未及大用，其所韫①之发于文者百不逮一，而天骤夺之年，施于时者未遑，即传于后者亦尚未可必。此余所以不能无疑于天道，而益忧吾道之孤，不仅骨肉之私悲也。述季怀遇而不遇，呜咽不忍卒读。今付之剞劂，特序其大指如此。芒乎芴乎，四顾寂寥，安得复起吾弟一与论文乎？呜呼！追思畴昔风雨一灯，群聚讲习之乐，何可得也？回顾作结，语更沈痛。

---

①　原作"蕴"，据薛福成《庸盦文编》而改。

总评

　　叔耘先生昆季中，与季怀相聚最久，知之亦最深。故是作沈郁苍凉，不惟文工，抑更情挚。

习问

　　问篇中述文之作重及用力求工处，其说若何？

第三十五篇　庸庵文编序

余既叙吾友叔耘薛君《浙东筹防录》，越四月，其《庸庵文编》亦踵成。叔耘歉不自足，复以书抵余东瀛，邮致样本，属为勘定。庶昌受而读之，卒业三反，乃引其端曰：古之君子，无所谓文辞之学，所习者经世要务而已。_{"经世要务"四字总契全篇，入手即提醒。}后儒一切废弃不讲，颛并此心与力于文辞，取涂已陋，而其所习又非古人立言之谓，举天下大事，芒昧乎莫赞其一辞①。道光末年，风气薾然颓放②极矣！_{疏宕。}湘乡曾文正公_{国藩}始起而正之，以躬行为天下先，以讲求有用之学为僚友劝。士从而与之游，稍稍得闻往圣昔③贤修己、治人、平天下之大旨。而其幕府辟召，皆极一时英俊，朝夕论思，久之窥见本末，推阐智虑，各自发摅，风气至为一变。故其成就，上者经纶大业、翊赞中兴，次则谟谋帷幄，下亦不失为圭璧自饬、谨身寡过之士。_{咸、同人才大半为曾公所陶铸，归美文正，叙述得体。}叔耘之从公游，_{入叔耘。}在同治四年北征剿捻时，视余略后，而相从独久，先后入幕府者八年。文正既没，复参今傅相合肥李公_{文忠公鸿章}幕府，又逾十年。天下不第以高叔耘，而益叹颂曾、李两相国之贤，事同一家。士之居其幕，如客得归，自适其适，为前古所未有也。叔耘既佐治久，闻见出于人人，纪述论著亦且独多，不屑为无本之学。是编所载，如策治平者六，筹海防者十，叙练兵者一④，论治河者一⑤，议铁路者一⑥，议援越南者四⑦，论传教者一⑧，论援朝鲜者一，论海防总司者一，书僧忠亲王_{僧格林沁}、曾文正、胡文忠_{文翼}、程忠烈_{学启}遗事者十。虽其言或用或否，其所述或亲见或传闻，而中括机宜，皆所谓经世要务，当代掌故得失之林也。_{照应。}尤拳拳于曾文正公之德、之业，反覆称述，乐道不厌。盖自公没已十七年，

---

① 原作"芒昧乎莫赞一辞"，据薛福成《庸庵文编》而改。
② 原作"败"，据薛福成《庸庵文编》而改。
③ 原作"先"，据薛福成《庸庵文编》而改。
④ 原无"叙练兵者一"，据薛福成《庸庵文编》而改。
⑤ 原无"论治河者一"，据薛福成《庸庵文编》而改。
⑥ 原无"议铁路者一"，据薛福成《庸庵文编》而改。
⑦ 原无"议援越南者四"，据薛福成《庸庵文编》而改。
⑧ 原无"论传教者一"，据薛福成《庸庵文编》而改。

乡之同事诸贤存世无几，流风余韵渐就湮没①，几无复有能言者。得是编而轶事遗闻网罗无阙，其义比于陈寿之定诸葛氏故事，此尤今日跫然足音。庶昌所为心契叔耘，愈久而弥敬者也。叔耘辞笔醇雅有法度，不规规于桐城论文，而气息与子固、颖滨为近。读是编者当自得之，姑不备论云。叙文脉②，谨此数语，见《庸庵文编》之足传不仅在文辞之工也。光绪十四年七月，遵义黎庶昌叙于日本东京使署。③

总评

文气醇厚和平，无丝毫渣滓，故神味俱足。

---

①　原作"渐灭"，据薛福成《庸庵文编》而改。
②　原作"派"，误。
③　原无"光绪十四年（1888）七月，遵义黎庶昌叙于日本东京使署"，据薛福成《庸庵文编》而改。

《高等小学国文读本》卷四目录

---

① 原作"序"，据苏辙《栾城集》而改。

② 原作"序"，据苏轼《苏轼文集》而改。

③ 原下有"后"，据曾巩《曾巩集》而改。

① 原作"上高宗封事"，据胡铨《胡澹庵先生文集》而改。

② 原作"答睿亲王书"，据史可法《史忠正公集》而改。

第一篇　苏氏族谱引

苏氏之①《谱》，谱苏氏之族也。苏氏出于高阳，而蔓延于天下。唐神龙②初，长史味③道刺眉州，卒于官，一子留于眉。眉之有苏氏，自是④始。而谱不及焉者，亲尽也。亲尽，则曷为不及？谱为亲作也。凡子得书而孙不得书者，何也？以著代也。自吾之父以及⑤吾之高祖，仕不仕、娶某氏、享年几、某日卒，皆书；而他不书者，何也？详吾之所自出也。自吾之父以至吾之高祖，皆曰讳某，而他则遂名之，何也？尊吾之所自出也。谱为苏氏作，而独吾之所自出得详与尊，何也？《谱》，吾作也。以上叙作谱⑥之例。呜呼！观吾之《谱》者，孝弟之心可以油然而生矣！情见于亲，亲见于服。服始于衰，而至于缌麻，而至于无服。无服，则亲尽；亲尽，则情尽；情尽，则喜不庆，忧不吊；喜不庆，忧不吊，则涂人也。吾之所以相视如涂人者⑦，其初兄弟也。兄弟，其初一人之身也。悲夫！一人之身，分而至于涂人，此吾《谱》之所以作也。其意曰：分而至于涂人者，势也。势，吾无如之何也已⑧。幸其未至于涂人也，使其无至于忽忘焉可也。归来。呜呼！观吾之《谱》者，孝弟之心可以油然而生矣！复笔神来。

系之以诗曰：吾父之子，今为吾兄。吾疾在身，兄呻不宁。数世之后，不知何人。彼死而生，不为戚欣。兄弟之情，如足于⑨手，其能几何？彼不相能，彼独何心！

---

① 原作"族"，据曾枣庄、金成礼《嘉佑集笺注》而改。
② 原作"尧"，据曾枣庄、金成礼《嘉佑集笺注》而改。
③ 原作"昧"，据曾枣庄、金成礼《嘉佑集笺注》而改。
④ 原作"此"，据曾枣庄、金成礼《嘉佑集笺注》而改。
⑤ 原作"至"，据曾枣庄、金成礼《嘉佑集笺注》而改。
⑥ 原作"传"，误。
⑦ 原作"吾所与相视如途人者"，据曾枣庄、金成礼《嘉佑集笺注》而改。
⑧ 原无"已"，据曾枣庄、金成礼《嘉佑集笺注》而改。
⑨ 原作"与"，据曾枣庄、金成礼《嘉佑集笺注》而改。

总评

沈归愚云:"从极亲到极疏,则孝弟亦有时而穷;惟其有时而穷,所以当及时而尽也。情辞双到,恻恻动人。"

第二篇　贺陈丞相书

　　恭闻制书延拜，进秉国均，凡在陶镕，孰不欣赖？伏惟明公以大忠壮节早负天下之望，自知政事赞襄密勿，凡所论执皆系安危。至其甚者，辄以身之去就争之，虽未即从，而天子之信公也①益笃，天下之望公也②益深，懔懔然惟惧其一旦必去而不可留也③。夫④明公所以得此于上下者，岂徒然哉？扬。今也进而位乎天子之宰，中外之望莫不欣然，咸曰："陈公前日之言，天下之言也。争之不得，危于去矣！而今乃为相，则是天子有味乎陈公之言而将卒从之也。陈公其必以是要说上前，而决辞受之几矣！且天下之事，其大且急者又不特此，陈公果不得谢而立乎其位，必且次第为上言之、为上行之，其不默然而受、兀然而居也明矣！"熹虽至愚，亦有是说。⑤然⑥今也听于下风亦既余月，政令之出、黜陟⑦之施未有卓然大异于前日，则是明公盖未尝以中外之望于公者自任，而苟焉以就其位矣！抑。熹受知之深，窃所愧叹，未知明公且将何以善其后也。请得少效其愚，而明公择焉。冒头，以下乃进言。盖闻古之君子居大臣之位者，其于天下之事知之不惑，任之有余，则汲汲乎及其时而勇为之；知有所未明，力有所不足，则咨访讲求以进其知，扳援汲引以求其助，如救火追亡，尤不敢以少缓。上不敢愚其君，以为不足与言仁义；下不敢鄙其民，以为不足以兴教化；中不敢薄其士大夫，以为不足共成事功。一日立乎其位，则一日业乎其官；一日不得乎其官，则不敢一日立乎其位。有所爱而不肯为者，私也；有所畏而不敢为者，亦私也。屹然中立，无一毫私情之累，而惟知为

---

① 原无"也"，据朱熹《晦庵先生朱文公文集》而改。

② 原无"也"，据朱熹《晦庵先生朱文公文集》而改。

③ 原无"懔懔然惟惧其一旦必去而不可留也"，据朱熹《晦庵先生朱文公文集》而改。

④ 原无"夫"，据朱熹《晦庵先生朱文公文集》而改。

⑤ 原无"今也进而位乎天子之宰，中外之望莫不欣然，咸曰："陈公前日之言，天下之言也。争之不得，危于去矣！而今乃为相，则是天子有味乎陈公之言而将卒从之也。陈公其必以是要说上前，而决辞受之几矣！且天下之事，其大且急者又不特此，陈公果不得谢而立乎其位，必且次第为上言之、为上行之，其不默然而受、兀然而居也明矣！"熹虽至愚，亦有是说"，据朱熹《晦庵先生朱文公文集》而改。

⑥ 原无"然"，据朱熹《晦庵先生朱文公文集》而改。

⑦ 原作"陟"，据朱熹《晦庵先生朱文公文集》而改。

其职之所当为者。夫如是，是以志足以行道，道足以济时，而于大臣之责可以无愧。_{绝大经济。}不审明公图所以善其后者，其有合于此乎？其有近于此乎①？无乃复有进于此者，而熹之愚不足以知之乎？愿亟图之，庶乎犹足以终慰天下之望，_{回缴"天下之望"。}毋使前日之欣然者更为今日之悒然也。抑熹又有请焉。盖熹尝辱明公赐之书矣！其言有曰："前辈为大臣，不过持循法度，主张公道，知无不言，复君以德，公行赏罚，进贤退不肖而已。今日事有至难，风俗败坏，官吏苟且，强敌在前，边备未立，如之何其可为也？"熹愚不肖，深有所疑。盖凡明公之所易者，皆古人之所难；而明公所难者，乃古人之所易也。反复思虑，不得其说，将以质之左右而未暇也。今者敢因修庆而冒以为请，伏惟明公试反诸心而以事理之轻重本末权之。诚知夫真难易之所在而有以用其心焉，则亦无难之不易矣！《诗》曰："伐柯伐柯，其则不远。"②愿明公留意，则天下幸甚！

总评

陈名俊卿，为朱子至交。作相月余，朱子以此勖之。劝恳真挚，而所见极高，古人朋友之义如此。

习问

问中段诠发臣道，其识力若何？

---

① 原无"其有近于此乎"，据朱熹《晦庵先生朱文公文集》而改。

② 原无"毋使前日之欣然者更为今日之悒然也。抑熹又有请焉。盖熹尝辱明公赐之书矣！其言有曰：'前辈为大臣，不过持循法度，主张公道，知无不言，复君以德，公行赏罚，进贤退不肖而已。今日事有至难，风俗败坏，官吏苟且，强敌在前，边备未立，如之何其可为也？'熹愚不肖，深有所疑。盖凡明公之所易者，皆古人之所难；而明公所难者，乃古人之所易也。反复思虑，不得其说，将以质之左右而未暇也。今者敢因修庆而冒以为请，伏惟明公试反诸心而以事理之轻重本末权之。诚知夫真难易之所在而有以用其心焉，则亦无难之不易矣！《诗》曰：'伐柯伐柯，其则不远。'"，据朱熹《晦庵先生朱文公文集》而改。

第三篇　师说

古之学者必有师。师者，所以传道受业解惑也。叫破。人非生而知之者，孰能无惑？惑而不从师，其为惑也，终不解矣！申"解惑"。生乎吾前，其闻道也固先乎吾，吾从而师之；生乎吾后，其闻道也亦先乎吾，吾从而师之。申"传道"。吾师道也，夫庸知其年之先后生于吾乎？是故无贵无贱，无长无少，伏后。道之所存，师之所存也。就"道"字结。嗟乎！师道之不传也久矣！欲人之无惑也难矣！古之圣人，其出人也远矣，犹且从师而问焉。以古圣人形今众人。今之众人，其下圣人也亦远矣，而耻学于师。是故圣益圣，愚益愚。圣人之所以为圣，愚人之所以为愚，其皆出于此乎？爱其子，择师而教之；陡起，又以童子相形。于其身也，则耻师焉，惑矣！彼童子之师，授之书而习其句读者，非吾所谓传其道、解其惑者也。回应一笔。句读之不知，惑之不解，或师焉，或不焉，小学而大遗，吾未见其明也。巫医、乐师、百工之人，不耻相师。陡起，又以巫医诸人相形。士大夫之族，曰师曰弟子云者，则群聚而笑之。问之，则曰："彼与彼年相若也，道相似也。位卑则足羞，官盛则近谀。"应前。呜呼！师道之不复可知矣！巫医、乐师、百工之人，君子不齿，今其智乃反不能及，其可怪也欤！圣人无常师。孔子师郯子、苌弘、师襄、老聃。郯子之徒，其贤不及孔子。孔子曰："三人行，则必有我师。"以孔子作证。是故弟子不必不如师，师不必贤于弟子，闻道有先后，术业有专攻，如是而已。归宿。李氏子蟠，年十七，好古文，六艺经传，皆通习之，不拘于时，学于余。余嘉其能行古道，作《师说》以贻之。

总评

储同人云："题易迁，就浅近处指点，乃无一点迁气。曾、王理学文，似未解此。①　〇有起有束，中间比类相形，议论明切。"

---

① 原无"曾、王理学文，似未解此"，据储欣《唐宋八大家类选》而改。

习问

问比类相形之法？

问接笔陡起，何以不嫌其突？

第四篇　古今家诫叙①

老子曰："慈故能勇，俭故能广。"陪。或曰："慈则安能勇？"曰："父母之于子也，爱之深，故其为之虑事也精。以深爱而行精虑，故其为之避害也速而就利也果。此慈之所以能勇也。疏解透辟。非父母之贤于人，势有所必至矣！"辙少而读书，见父母之戒其子者，谆谆乎惟恐其不尽也，恻恻乎惟恐其不入也。曰："呜呼！此父母之心也哉！"师之于弟子也，为之规矩以授之，贤者引之，不贤者不强也。君之于臣也，为之号令以戒之，能者予之，不能者不取也。臣之于君也，可则谏，否则去。以师弟、君臣引起父母。子之于父也，以几谏不敢显，又以子之于父，引起父母之于子。皆有礼存焉。来。父母则不然，子虽不肖，岂有弃子者哉？是以尽其有以告之，无憾而后止。透入肺腑语。《诗》曰："泂酌彼行潦，挹彼注兹，可以餴饎。岂弟君子，民之父母。"夫虽行潦之陋而无所弃，犹父母之无弃子也。故父母之于子，人伦之极也。虽其不贤，及其为子言也必忠且尽，而况其贤者乎？曲折。太常少卿长沙孙公景修，少孤而教于母。母贤，能就其业。既老而念母之心不忘，为《贤母录》，以致其意。既又集《古今家诫》，得四十九人以示辙，曰："古有为是书者，而其文不完。吾病焉，是以为此，合众父母之心，以遗天下之人，庶几有益乎？"辙读之而叹曰："虽有悍子，忿斗于市，莫之能止也；闻父之声，则敛手而退；市人之过之者，亦莫不泣也。慈孝之心，人皆有之，特患无以发之耳。今是书也，要将以发之欤？虽广之天下可也。"自周公以来至于今，父戒四十五，母戒四。公又将益广之，未止也。元丰二年四月三日，眉阳苏辙叙。②

总评

沈归愚云："景修念母，故作《家诫》。文中写父母爱子之心，无所不至。盖③

---

① 原作"序"，据苏辙《栾城集》而改。
② 原无"元丰二年（1079）四月三日，眉阳苏辙叙"，据苏辙《栾城集》而改。
③ 原无"盖"，据沈德潜《点注唐宋八家文读本》而改。

极言慈而孝之当尽，益可知也。"

习问

问着墨不多而情辞悱恻，其故何在？

第五篇　送徐无党南归序

　　草木、鸟兽之为物，众人之为人，其为生虽异，而为死则同，一归于腐坏、渐尽、泯灭而已。而众人之中，有圣贤者，固亦生且死于其间，而独异于草木、鸟兽、众人者，虽死而不朽，逾远而弥存也。其所以为圣贤者，修之于身，施之于事，见之于言，是三者所以能不朽而存也。<small>平提。</small>修于身者，无所不获；施于事者，有得有不得焉；其见于言者，则又有能有不能也。施于事矣①，不见于言，可也。自《诗》《书》《史记》所传，其人岂必皆能言之士哉？修于身矣，而不施于事、不见于言，亦可也。<small>大加轩轾。</small>孔子弟子，有能政事者矣，有能言语者矣！若颜回者，在陋巷，曲肱饥卧而已；其群居，则默然终日如愚人。然自当时群弟子皆推尊之，以为不敢望而及；而后世更百千岁，亦未有能及之者。<small>引征颜子，以为修身之证。</small>其不②朽而存者，固不待施于事，况于言乎？<small>侧出言为最轻。</small>予读班固《艺文志》、唐《四库书目》，见其所列，自三代、秦、汉以来，著书之士多者至百余篇，少者犹三四十篇，其人不可胜数，而散亡磨灭百不一二存焉。<small>痛扫言之不足恃。</small>予窃悲其人，文章丽矣，言语工矣，无异草木荣华之飘风、鸟兽好音之过耳也。方其用心与力之劳，亦何异众人之汲汲营营？而忽焉以死者，虽有迟有速，而卒与三者同归于泯灭。<small>均回应起处。</small>夫言之不可恃也盖如此。<small>一句勒醒。</small>今之学者，莫不慕古圣贤之不朽，而勤一世以尽心于文字间者，皆可悲也！东阳徐生，少从予学为文章，稍稍见称于人。既去，而与群士试于礼部，得高第，由是知名。其文辞日进，如水涌而山出。予欲摧其盛气而勉其思也，故于其归告以是言。然予③固亦喜为文辞者，亦因以自警焉。

总评

　　沈归愚云："先以三不朽并提，后说言事为轻、修身独重，后更说言为尤轻，直向文章家下一针砭。文情感喟歔欷，最足动人。"

---

①　原作"者"，据欧阳修《欧阳文忠公集》而改。
②　原下有"待"，据欧阳修《欧阳文忠公集》而改。
③　原作"余"，据欧阳修《欧阳文忠公集》而改。

习问

问平提、侧注之法若何？

第六篇　捕蛇者说

永州之野产异蛇，黑质而白章，触草木尽死；以啮人，无御之者。然得而腊之以为饵，可以已大风、挛踠、瘘疠，去死肌，杀三虫。其始太医以王命聚之，岁赋其二，募有能捕之者，当其租入，永之人争奔走焉。有蒋氏者，专其利三世矣！问之，则曰："吾祖死于是，吾父死于是，今吾嗣为之十二年，几死者数矣！"言之，貌若甚戚者。余悲之，且曰："若毒之乎？余将告于莅事者，更若役，复若赋，则何如？"蒋氏大戚，汪然出涕曰："君将哀而生之乎？则吾斯役之不幸，未若复吾赋不幸之甚也。立说本旨。向吾不为斯役，则久已病矣！顿。自吾氏三世居是乡，积于今六十岁矣！而乡邻之生日蹙，殚其地之出，竭其庐之入，号呼而转徙，饥渴而顿踣，触风雨，犯寒暑，呼嘘毒疠，往往而死者相藉也。曩与吾祖居者，今其室十无一焉；与吾父居者，今其室十无二三焉；与吾居十二年者，今其室十无四五焉，赋之不幸若此。非死则徙尔①，而吾以捕蛇独存。一句截住，申说"不为斯役"二句，意甚畅。悍吏之来吾乡，叫嚣乎东西，隳突乎南北，哗然而骇者，虽鸡狗不得宁焉。吾恂恂而起，善于形容。视其缶，而吾蛇尚存，则弛然而卧。前极言捕蛇之苦，而此处反形其乐，正以衬赋之益毒也。学者明此，必为能平。谨食之，时而献焉。退而甘食其土之有，以尽吾齿。盖一岁之犯死者二焉，其余则熙熙而乐，岂若吾乡邻之旦旦有是哉？此段申"独存"。今虽死乎此，比吾乡邻之死，则已后矣，又安敢毒耶？"余闻而愈悲，应"悲"字。孔子曰："苛政猛于虎也！"吾尝疑乎是，今以蒋氏观之，犹信。呜呼！孰知赋敛之毒，有甚是蛇者乎？故为之说，以俟夫观人风者得焉。

总评

储同人云："仁人之言②。余按唐赋法本轻于宋、元，永州又非财赋③地，为

---

① 原作"耳"，据柳宗元《柳宗元集》而改。
② 原无"仁人之言"，据储欣《唐宋八大家类选》而改。
③ 原作"富"，据储欣《唐宋八大家类选》而改。

国家所取①给，然其困如此，况以近世之赋，处财赋②之邦，酷毒当何如耶？读此能不黯然？"

习问

问篇中陡起之笔何在？

---

① 原作"仰"，据储欣《唐宋八大家类选》而改。
② 原作"富"，据储欣《唐宋八大家类选》而改。

第七篇　上枢密韩太尉书

太尉执事：辙生好为文，思之至深，以为文者气之所形，然文不可以学而能，气可以养而致。"养气"二字，一篇之主。孟子曰："吾善养吾浩然之气。"今观其文章，宽厚宏博，充乎天地之间，称其气之小大。太史公行天下，周览四海名山大川，与燕、赵间豪俊交游，故其文疏荡，颇有奇气。此二子者，岂尝执笔学为如此之文哉？其气充乎其中而溢乎其貌，动乎其言而见乎其文，而不自知也。辙生十有九年矣！其居家所与游者，不过其邻里乡党之人；所见不过数百里之间，无高山大野可登览以自广；百氏之书，虽无所不读，然皆古人之陈迹，不足以激发其志气。恐遂汩没，故决然舍去，求天下奇闻壮观，以知天地之广大。虚势领起，以下皆所以养其气者。过秦、汉之故都，恣观终南、嵩、华之高，北顾黄河之奔流，慨然想见古之豪杰。至京师，仰观天子宫阙之壮与仓廪、府库、城池、苑囿之富且大也，而后知天下之巨丽。见翰林欧阳公，听其议论之宏辩，观其容貌之秀伟，与其门人贤士大夫游，而后知天下之文章聚乎此也。逐渐而来，一层逼进一层。太尉以才略冠天下，天下之所恃以无忧，四夷之所惮以不敢发，入则周公、召公，出则方叔、召①虎。而辙也未之见焉。且夫人之学也，不志其大，虽多而何为？辙之来也，于山见终南、嵩、华之高，于水见黄河之大且深，于人见欧阳公，而犹以为未见太尉也。故愿得观贤人之光耀，闻一言以自壮，然后可以尽天下之大观而无憾者②矣！总束上文，折入欲见太尉，此大海回风象也。辙年少，未能通习吏事。向之来，非有取于斗升之禄③。偶然得之，非其所乐。然幸得赐归待选，便得优游数年之间，将归益治其文，且学为政。明应为文虽不缴归养气，而如上所云气之浩然可知。太尉苟以为可教而辱教之，又幸矣！

---

① 原作"石"，误。

② 原无"者"，据苏辙《栾城集》而改。

③ 原作"非有取于升斗之禄"，据苏辙《栾城集》而改。

总评

文气俊伟，少年人熟读之，自有蓬勃峥嵘气象。

第八篇　原毁

古之君子，其责己也重以周，其待人也轻以约。以古相形。重以周，故不怠；轻以约，故人乐为善。闻古之人有舜者，其为人也，仁义人也。求其所以为舜者，责于己曰："彼，人也；予，人也。彼能是，而我乃不能是!"早夜以思，去其不如舜者，就其如舜者。闻古之人有周公者，其为人也，多才与艺人也。求其所以为周公者，责于己曰："彼，人也；予，人也。彼能是，而我乃不能是!"早夜以思，去其不如周公者，就其如周公者。舜，大圣人也，后世无及焉；周公，大圣人也，后世无及焉。是人也，乃曰："不如舜，不如周公，吾之病也。"是不亦责于身者重以周乎？承说"责己之重以周"。其于人也，曰："彼人也，能有是，是足为良人矣；能善是，是足为艺人矣!"取其一，不责其二；即其新，不究其旧，恐恐然惟惧其人之不得为善之利。一善易修也，一艺易能也，其于人也，乃曰："能有是，是亦足矣!"曰："能善是，是亦足矣!"不亦待于人者轻以约乎？承说"待人之轻以约"。今之君子则不然。其责人也详，其待己也廉。详，故人难于为善；廉，故自取也少。己未有善，曰："我善是，是亦足矣!"己未有能，曰："我能是，是亦足矣!"外以欺于人，内以欺于心，未少有得而止矣，不亦待其身者已廉乎？承说"待己廉"。其于人也，曰："彼虽能是，其人不足称也；彼虽善是，其用不足称也。"举其一，不计其十；究其旧，不图其新，恐恐然惟惧其人之有闻也。是不亦责于人者已详乎？承说"责人详"。夫是之谓不以众人待其身而以圣人望于人，吾未见其尊己也。总束，局阵紧。虽然，为是者有本有原，怠与忌之谓也。怠者不能修，而忌者畏人修。前说毁，此则原所以毁人之根。吾尝试之矣，生波澜。尝试语于众曰："某良士，某良士。"其应者，必其人之与也；不然，则其所疏远不与同其利者也；不然，则其畏也。不若是，强者必怒于言，懦者必怒于色矣！又尝语于众曰："某非良士，某非良士。"其不应者，只增一字。必其人之与也；不然，则其所疏远不与同其利者也①；不然，则其畏也。不若是，强者必说②于言，懦者必说③于色矣！只易一字。是故事修而谤兴，德高而毁来。呜呼！士之处此世，而望名誉之光、道德之行，难已！悲至。

---

① 原作"则其所疏远同其利者也"，据屈守元、常思春《韩愈全集校注》而改。

② 原作"悦"，据屈守元、常思春《韩愈全集校注》而改。

③ 原作"悦"，据屈守元、常思春《韩愈全集校注》而改。

将有作于上者，得吾说而存之，其国家可几而理欤！

总评

文笔清快，最便初学。于韩文中为降格，而宾主开合自有法度可观。

习问

问题系"原毁"，何以前半古今两面均人己并说，试申其义？

第九篇　报刘一丈书

数千里外，得长者时赐一书，以慰长想，即亦甚幸矣！何至更辱馈遗，则不才益将何以报焉？书中情意甚殷，即长者之不忘老父，知老父之念长者深也。至以"上下相孚，才德称位"语不才，则不才有深感焉。夫才德不称，固自知之矣！撇过。至於不孚之病，则尤不才为甚。伏后案。且今之所谓孚者，何哉？波澜。日夕策马，候权者之门。门者故不入，则甘言媚词，作妇人状，袖金以私之。即门者持刺入，而主者①又不即出见；立厩中仆马之间，恶气袭衣袖，即饥寒毒热不可忍，不去也。抵暮，则前所受赠金者，出报客曰："相公倦，谢客矣！客请明日来！"即明日，又不敢不来。夜披衣坐，闻鸡鸣即起盥栉，走马抵门。门者怒曰："为谁？"则曰："昨日之客来。"则又怒曰："何客之勤也？岂有相公此时出见客乎？"客心耻之，强忍而与言曰："亡奈何矣！姑容我入！"门者又得所赠金，则起而入之。又立向所立厩中。幸主者出，南面召见，则惊走匍匐阶下。主者曰："进！"则再拜，故迟不起，起则上所上寿金。主者故不受，则固请；主者故固不受，则又固请；叠句妙。然后命吏纳之。则又再拜，又故迟不起，起则五六揖始出。历叙丑态如画。出揖门者曰："官人幸顾我，他日来，幸亡阻我也！"门者答揖。大喜奔出，马上遇所交识，即扬鞭语曰："适自相公家来，相公厚我，厚我！"且虚言状。神清酷肖。即所交识，亦心畏相公厚之矣！相公又稍稍语人曰："某也贤！某也贤！"闻者亦心计交赞之。此世所谓上下相孚也，以冷语作结。长者谓仆能之乎？前所谓权门者，自岁时伏腊，一刺之外，即经年不往也。间道经其门，则亦掩耳闭目，跃马疾走过之，若有所追逐者，斯则仆之褊哉②，以此常③不见悦于长吏，仆则愈益不顾也。每大言曰："人生有命，吾惟有命④，吾惟守分尔矣⑤！"长者闻此⑥，得无厌其为迂乎？乡园多故，不能不动客子之愁。至于长者之抱才而困，则又令我怆然有感。天之与

---

① 原作"人"，据宗臣《宗子相集》而改。
② 原作"夷"，据宗臣《宗子相集》而改。
③ 原作"长"，据宗臣《宗子相集》而改。
④ 原无"吾惟有命"，据宗臣《宗子相集》而改。
⑤ 原作"吾惟守分而已"，据宗臣《宗子相集》而改。
⑥ 原作"之"，据宗臣《宗子相集》而改。

先生者甚厚，亡论长者不欲轻弃之，即天意亦不欲长者之轻弃之也，幸宁心哉！①

总评

将官场恶态描写殆尽，全于字句间摩神，一结尤见众醉独醒之概。盖其时严介溪揽权，所接触者俱暮夜乞哀、白昼骄人一辈，固不觉感喟若是也。

习问

问描写官场恶态，全于字句间摩神，试言其实？

---

① 原无"乡园多故，不能不动客子之愁。至于长者之抱才而困，则又令我怆然有感。天之与先生者甚厚，亡论长者不欲轻弃之，即天意亦不欲长者之轻弃之也，幸宁心哉"，据宗臣《宗子相集》而改。

第十篇　李氏山房藏书记

象犀珠玉怪珍之物，有悦于人之耳目，而不适于用。金石草木丝麻五谷六材，有适于用，而用之则弊，取之则竭。悦于人之耳目而适于用，用之而不弊，取之而不竭；贤不肖之所得，各因其才；仁智之所见，各随其分；才分不同，而求无不获者，惟书乎！一气滚下，十数句只如一句。自孔子圣人，其学必始于观书。当是时，惟周之柱下史老聃为多书。韩宣子适鲁，然后见《易》《象》与《鲁春秋》。季札聘于上国，然后得闻《诗》之风、雅、颂。而楚独有左史倚相，能读《三坟》《五典》《八索》《九丘》。士之生于是时，得见《六经》者盖无几，其学可谓难矣！而皆习于礼乐，深于道德，非后世君子所及。见得书之难，而有得于书，即能自成其才。自秦、汉以来，作者益众，纸与字画日趋于简便，而书益多，士①莫不有，然学者益以苟简，何哉？余犹及见老儒先生，自言其少时，欲求《史记》《汉书》而不可得，幸而得之，皆手自书，日夜诵读，惟恐不及。近岁市人转相摹刻诸子百家之书，日传万纸；学者之于书，多且②易致如此，其文词学术，当倍蓰于昔人；而后生科举之士皆束书不观，游谈无根，此又何也？见得书之易，而人材转入于苟简，两段紧相对照。余友李公择，少时读书于庐山五老峰下白石庵之僧舍。公择既去，而山中之人思之，指其所居为李氏山房。藏书凡九千余卷。公择既已涉其流，探其源③，采剥其华实，而咀嚼其膏味，以为己有，发于文词，见于行事，以闻名于当世矣！而书固自如也，未尝少损。将以遗来者，供其无穷之求，而各足其才分之所当得。是以不藏于家，而藏于其故所居之僧舍④，此仁者之心也。历代藏书家甚多，谁能用心及此。余既衰且病，无所用于世，惟得数年之闲⑤，尽读其所未见之书，而庐山固所愿游而不得者，盖将老焉。尽发公择之藏，拾其余弃⑥以自补，庶有益乎！而公择求余文以为记，乃为一言，使来者知昔之君子见书之难，而今之学者有书而不读为可惜

---

① 原作"世"，据苏轼《苏轼文集》而改。
② 原作"而"，据苏轼《苏轼文集》而改。
③ 原作"原"，据苏轼《苏轼文集》而改。
④ 原作"而藏于其所故居之僧舍"，据苏轼《苏轼文集》而改。
⑤ 原作"间"，据苏轼《苏轼文集》而改。
⑥ 原作"粟"，据苏轼《苏轼文集》而改。

也。收尽通篇。

总评

沈归愚云："藏书以遗来者，固①仁者之用心。东坡特拈出此旨以警学者，亦仁人之心也②。文律关键紧③严，又④其余事。"

---

① 原作"为"，据沈德潜《点注唐宋八家文读本》而改。
② 原无"亦仁人之心也"，据沈德潜《点注唐宋八家文读本》而改。
③ 原作"谨"，据沈德潜《点注唐宋八家文读本》而改。
④ 原作"犹"，据沈德潜《点注唐宋八家文读本》而改。

第十一篇　上田正言书

正言执事：某五月还家，八月抵官。每欲介西北之邮，布一书，道区区之怀，辄以事废。扬，东南之吭也，舟舆至自汴者，日十百数。因得闻汴事，与执事息耗甚详，其间荐绅道执事，介然立朝，无所跛倚，甚盛，甚盛！顾犹有疑执事者，虽某亦然。某之学也，执事诲之；进也，执事奖之。执事知某不为浅矣！有疑焉不以闻，何以偿执事之知哉？初，执事坐殿庑下，对方正策，指斥天下利害，奋不讳忌，且曰："愿陛下行之，无使天下谓制科为进取一涂耳！"执定对策作把柄，以下攻击无遗。方此时，窥执事意，岂若今所谓举方正者猎取名位而已哉？盖曰："行其志云尔！"今联谏官，朝夕耳目天子行事。即一切是非，无不可言者。欲行其志，宜莫若此时。国之疵、民之病亦多矣！执事亦抵职之日久矣！向之所谓疵者，今或痤然小肿为痤。若不可治矣；向之所谓病者，今或痼然若不可起矣！曾未闻执事建一言寤主上也，何向者指斥之切而今之疏也？岂向之利于言而今之言不利邪①？岂不免若今之所谓举方正者猎取名位而已邪②？人之疑执事者以此。应转，入手疑字。为执事解者，或曰③："造辟而言，诡辞而出，疏贱之人奚遽知其微哉？"波。是不然矣！传所谓"造辟而言"者，乃其言则不可得而闻也。其言之效，则天下斯见之矣！今国之疵、民之病，有滋而无损焉，乌所谓言之效邪④？驳得倒。复有为执事解者曰："盖造辟而言之矣，如不用何？"又一波。是又不然。臣之事君，三谏不从则去之，礼也。执事对策时，常用是著于篇。今言之而不从，亦当不翅三矣！虽惓惓之义，未能自去。孟子不云⑤乎："有言责者，不得其言则去。"盍亦辞其言责邪⑥？执事不能自免于疑也必矣！虽坚强之辩，不能为执事解也。又驳倒。乃如某之愚，则愿执事不矜宠利，不惮诛责，一为天下昌言，以寤主上，起民之病，治国之疵，蹇蹇一心，如对策时，则人之疑不解自判矣！惟执事念之！收尽全篇。如其

---

① 原作"耶"，据王安石《临川先生文集》而改。
② 原作"耶"，据王安石《临川先生文集》而改。
③ 原无"曰"，据王安石《临川先生文集》而改。
④ 原作"耶"，据王安石《临川先生文集》而改。
⑤ 原作"言"，据王安石《临川先生文集》而改。
⑥ 原作"耶"，据王安石《临川先生文集》而改。

不然，愿赐教答！不宣。某顿首①。

总评

储同人云："本对方正策以责正言。文事②倍有精彩，有骨力，绝不蹈袭韩、欧，故能于欧阳之外，独成一军。至其丰稜峻洁，王似胜欧，可谓③知者道耳。"

习问

问篇中词锋锐厉，笔力斩截，试申其实？

---

① 原无"某顿首"，据王安石《临川先生文集》而改。
② 原作"字"，据储欣《唐宋八大家类选》而改。
③ 原作"为"，据储欣《唐宋八大家类选》而改。

第十二篇　答韶州张殿臣书

某启：伏蒙再赐书，示及先君韶州之政，为吏民称诵，至今不绝。伤今之士大夫不尽知，又恐史官不能记载，以次前世良吏之后。伏后文。此皆不肖之孤言行不足信于天下，不能推扬先人之功绪余烈，使人人得闻知之。所以夙夜愁痛、疚心疾首而不敢息者，以此也。躬自引答。先人之存，某尚少，不得备闻为政之迹。然尝侍左右，尚能记诵教诲之余。盖先君所存，尝欲大润泽于天下，一物枯槁，以为身羞。抬高先人。大者既不得试，已试乃其小者耳，小者又将泯没而无传，则不肖之孤罪大衅厚矣，尚何以自立于天地之间耶？阁下勤勤恻恻，以不传为念，非夫仁人君子乐道人之善，安能以及此？归美殿丞。自三代之时，国各有史；而当时之史，多世其家，往往以身死职，不负其意。盖其所传，皆可考据。后既无诸侯之史，无考究，一难。而近世非尊爵盛位，虽雄奇俊烈、道德满衍，不幸不为朝廷所称①，辄不得见于史。名位不显，又一难。而执笔者又杂出一时之贵人，执事非其人，又一难。观其在廷论议之时，人人得讲其然不，尚或以忠为邪，以异为同，诛当前而不栗，讪在后而不羞，苟以餍其忿好之心而止耳。而况阴挟翰墨，以裁前人之善恶，疑可以贷褒，似可以附毁，往者不能讼当否，生者不能论曲直，赏罚谤誉又不施其间，以彼其私，独安能无欺于冥昧之间邪②？善既不尽传，而传者又不可尽信如此，二语双锁上文。唯③能言之君子，有大公至正之道，名实足以信后世者，耳目所遇一以言载之，则遂以不朽于无穷耳。伏惟阁下，于先人非有一日之雅，余论所及，无党私之嫌，苟以发潜德为己事，务推所闻，告世之能言而足信者，使得论次以传焉，则先君之不得列于史官，岂有恨哉？

总评

储同人云："论史事确不可刊，读王文，如对执法御史，冰心铁面，凛然有难犯之色，而此书尤其较著者。"

---

①　原作"不幸不为朝廷称说"，据王安石《临川先生文集》而改。
②　原作"耶"，据王安石《临川先生文集》而改。
③　原作"惟"，据王安石《临川先生文集》而改。

习问

问论史事所见极大，盍申其义？

第十三篇　周公论

甚哉，荀卿之好妄也！载周公之言曰："吾所执贽而见者十人，还贽而相见者三十人，貌执者百有余人，欲言而请毕事千有余人。"是诚周公之所为，则何周公之小也！夫圣人为政于天下也，初若无为于天下，而天下卒以无所不治者，其法诚修也。故三代之制，立庠于党，立序于遂，立学于国，而尽其道，以为养贤教士之法。是士之贤虽未及用，而固无不见尊养者矣！此则周公待士之道也。诚若荀卿之言，则春申、孟尝之行，乱世之事也，岂足为周公乎？言周公待士之道，有案有断。且圣世之士，各有其业，讲道习艺，患日之不足，岂暇游公卿之门哉？彼游公卿之门、求公卿之礼者，皆战国之奸民，而毛遂、侯嬴之徒也。荀卿生于乱世，不能考论先王之法，著之天下，而惑于乱世之俗，遂以为圣世之士①亦若是而已，亦已过也。此段更就士之自待，言亦有案有断。且周公之所礼者大贤与②，则周公岂唯③执贽见之而已，固当荐之天子而共天位也；如其不贤，不足与共天位，则周公如何其与之为礼也？提起，详辨。子产听郑国之政，以其乘舆济人于溱、洧，孟子曰："惠而不知为政。"盖君子之为政，立善法于天下，则天下治；立善法于一国，则一国治。如其不能立法，而欲人人悦之，则日亦不足矣！上攻击尽矣！此则回波游衍，以申前意。使周公知为政，则宜立学校之法于天下矣；不知立学校，而徒能劳身以待天下之士，则不唯④力有所不足，而势亦有所不得也。败来。或曰："仰禄之士犹可骄，正身之士不可骄也。"亦荀子引周公之言，举之以作波澜。夫君子之不骄，虽暗室不敢自慢，岂为其人之仰禄而可以骄乎？呜呼！所谓⑤君子者，贵其能不易乎世也。荀卿生于乱世，而遂以乱世之事量圣人。后世之士尊荀卿以为大儒而继孟子者，吾不信矣！结荀卿。

---

① 原作"事"，据王安石《临川先生文集》而改。
② 原作"欤"，据王安石《临川先生文集》而改。
③ 原作"惟"，据王安石《临川先生文集》而改。
④ 原作"惟"，据王安石《临川先生文集》而改。
⑤ 原作"为"，据王安石《临川先生文集》而改。

总评

储同人云：“说荀卿好妄，即搜其所以妄说之根，以战国之事量圣人，可谓片言折狱。”

第十四篇　五人墓碑记

　　五人者，盖当蓼洲周公之被逮，急①于义而死焉者也。叙五人来历。至于今郡之贤士大夫请于当道，即除魏阉废祠之址以葬之；且立石于其②墓之门，以旌其所为。叙立碑。呜呼！亦盛矣哉！夫五人之死，去今之墓而葬焉，其为时止十有一月尔③。夫④十有一月之中，凡富贵之子、慷慨得志之徒，其疾病而死、死而湮没不足道者，亦已众矣；况草野之无闻者欤？独五人之皦皦，何也？顿挫。予犹记周公之被逮，在丁卯三月之望。吾社之行为士先者⑤，为之声义，敛赀财以送其行，哭声震动天地。缇骑按剑而前，问："谁为哀者？"众不能堪，抶而仆之。是时以大中丞抚吴者毛一鹭，为魏之私人，周公之逮所由使也；吴之民方痛心焉，于是乘其厉声以呵，则噪而相逐。中丞匿于溷藩以免。一时义勇如见。既而以吴民之乱请于朝，按诛五人，曰颜佩韦、杨念如、马杰、沈扬⑥、周文元，即今之傫然在墓者也。点五人姓名。然五人之当刑也⑦，意气阳阳⑧，呼中丞之名而詈之，谈笑以死。断头置城上，颜色不少变。有贤士大夫发五十金，买五人之脰⑨而函之，卒与尸合。故今之墓中全乎为五人也。嗟乎！大阉之乱，缙绅而能不易其志者，四海之大，有几人欤？发议论。而五人生于编伍之间，素不闻《诗》《书》之训，激昂大义，蹈死不顾，亦曷故哉？且矫诏纷出，钩党之捕遍于天下，卒以吾郡之发愤一击，不敢复有株治。大阉亦逡巡畏义，非常之谋难于猝发，待圣人之出而投缳道路，不可谓非五人之力也。极力推重。由是观之，则今之高爵显位，一旦抵罪，或脱身以逃，不能容于远近；而又有剪发杜门、佯狂不知所之者，其辱人贱行，视五人之死，轻重固何如哉？旁衬。是以蓼洲周公忠义暴于朝廷，赠谥美显，荣于身后；而五人亦得以

　①　原作"激"，据张溥《七录斋合集》而改。
　②　原无"其"，据张溥《七录斋合集》而改。
　③　原作"耳"，据张溥《七录斋合集》而改。
　④　原无"夫"，据张溥《七录斋合集》而改。
　⑤　原作"吾社之志士"，据张溥《七录斋合集》而改。
　⑥　原作"扬"，据张溥《七录斋合集》而改。
　⑦　原作"当五人之就刑也"，据张溥《七录斋合集》而改。
　⑧　原作"意气扬扬"，据张溥《七录斋合集》而改。
　⑨　原作"头"，据张溥《七录斋合集》而改。

加其土封，列其姓名于大堤之上。凡四方之士无不有过而拜且泣者，斯固百世之遇也。不然，令五人者保其首领，以老于户牖之下，则尽其天年，人皆得以隶使之，安能屈豪杰之流扼腕墓道、发其志士之悲哉？**又用反掉笔，以振文势。**故余①与同社诸君子，哀斯墓之徒有其石也，而为之记，亦以明死生之大、匹夫之有重于社稷也。**作记本意。**贤士大夫者，冏②卿因之吴公、太史文起文公、孟长姚公也。

总评

传五人，淋漓慷慨。此文可以风世。

---

① 原作"予"，据张溥《七录斋合集》而改。
② 原作"间"，据张溥《七录斋合集》而改。

第十五篇 贾谊论

非才之难，所以自用者实难。惜乎！贾生，王者之佐，而不能自用其才也。一层断制。夫君子之所取者远，则必有所待；所就者大，则必有所忍。立柱。古之贤人，皆有可致之才，而卒不能行其万一者，未必皆其时君之罪，或者其自取也。愚观贾生之论，如其所言，虽三代何以远过？得君如汉文，犹且以不用死。然则是天下无尧、舜，终不可以有所为耶？仲尼圣人，历试于天下，苟非大无道之国，皆欲勉强扶持，庶几一日得行其道。将之荆，先之以子夏，申之以冉有。君子之欲得其君，如此其勤也。孟子去齐，三宿而后出昼，犹曰："王其庶几召我。"君子之不忍弃其君，如此其厚也。有所待。公孙丑问曰："夫子何为不豫？"孟子曰："方今天下，舍我其谁哉？而吾何为不豫？"君子之爱其身，如此其至也。有所忍。夫如此而不用，然后知天下之果不足与有为，而可以无憾矣！若贾生者，非汉文之不能用生，生之不能用汉文也。二层断制。夫绛侯亲握天子玺而授之文帝，灌婴连兵数十万，以决刘、吕之雌雄，又皆高帝之旧将。此其君臣相得之分，岂特父子骨肉手足哉？贾生，洛阳之少年。欲使其一朝之间，尽弃其旧而谋其新，亦已难矣！为贾生者，上得其君，下得其大臣，如绛、灌之属，优游浸渍而深交之，使天子不疑，大臣不忌，然后举天下而唯①吾之所欲为，不过十年，可以得志。安有立谈之间，而遽为人痛哭哉？不能有所待。观其过湘，为赋以吊屈原，纡②郁愤闷，趯然有远举之志。其后卒以自伤哭泣，至于夭绝。是亦不善处穷者也。夫谋之一不见用，则③安知终不复用也？不知默默以待其变，而自残至此。不能有所忍。呜呼！贾生志大而量小，才有余而识不足也。三层断制。古之人有高世之才，必有遗俗之累。是故非聪明睿智不惑之主，则不能全其用。古今称苻坚得王猛于草茅之中，一朝尽斥去其旧臣，而与之谋。彼其匹夫略有天下之半，其④以此哉！愚深悲生之志，故备论之。亦使人君得如贾生之臣，则知其有狷介之操，一不见用，则忧伤病沮，不能复

---

① 原作"惟"，据苏轼《苏轼文集》而改。
② 原作"悲"，据苏轼《苏轼文集》而改。
③ 原无"则"，据苏轼《苏轼文集》而改。
④ 原无"其"，据苏轼《苏轼文集》而改。

振。而为贾生者，亦谨①其所发哉！

总评

寓惋惜于责备中，篇中引证孔、孟以压倒贾生，此论自不可易。

习问

问引证之重要若何？

---

① 原作"慎"，据苏轼《苏轼文集》而改。

第十六篇　范文正公文集叙①

　　庆历三年，轼始总角入乡校，士有自京师来者，以鲁人石守道所作《庆历圣德诗》示乡先生。轼从旁窃观，则能诵习其词，问先生以所颂十一人者何人也？先生曰："童子何用知之？"轼曰："此天人也耶，则不敢知；若亦人耳，何为其不可！"_{吐语磊落。}先生奇轼言，尽以告之，且曰："韩、范、富、欧阳，此四人者，人杰也。"_{就十人中抽出四人。}时虽未尽了，则已私识之矣！嘉祐二年，始举进士，至京师，则范公殁②。_{四人中缺其一，从此生出文情。}既葬，而墓碑出，读之至流涕，曰："吾得其为人。"盖十有五年而不一见其面，岂非命也欤？是岁登第，始见知于欧阳公，因公以识韩、富，皆以国士待轼，曰："恨子不识范文正公。"其后三年，过许，始识公之仲子今丞相尧夫。_{纯仁。}又六年，始见其叔彝叟京师。又十一年，遂与其季德孺_{纯粹}。同僚于徐，皆一见如旧，且以公遗稿见属为叙③。又十三年，乃克为之。呜呼！公之功德，盖不待文而显，其文亦不待叙④而传。然不敢辞者，自以八岁知敬爱公，_{与总角入乡学一段照应。}今四十七年矣！彼三杰者，皆得从之游，_{与始见知于欧阳公一段照应。}而公独不识，以为平生之恨。若获挂名其文字中，以自托于门下士之末，岂非畴昔之愿也哉？古之君子，_{陡起议论。}如伊尹、太公、管仲、乐毅之流，其王霸⑤之略，皆素⑥定于畎亩中，非仕而后学者也。淮阴侯见高帝于汉中，论刘、项短长，画取三秦，如指诸掌，及佐帝定天下，汉中之言，无一不酬者。诸葛孔明卧草庐中，与先主策曹操、孙权，规取刘璋，因蜀之资，以争天下，终身不易其言。此岂口传耳受尝试为之而侥幸其或成者哉？公在天圣中，居太夫人忧，则已有忧天下致太平之意，故为万言书以遗宰相，天下传诵。至用为将，擢为执政，考其平生所为，无出此书者。今其集二十卷，为诗赋二百六十八，为文一百六十五。其于仁义礼乐、忠信孝弟，盖如饥渴之于饮食，欲须臾忘而不可得；如火

---

①　原作"序"，据苏轼《苏轼文集》而改。
②　原作"没"，据苏轼《苏轼文集》而改。
③　原作"序"，据苏轼《苏轼文集》而改。
④　原作"序"，据苏轼《苏轼文集》而改。
⑤　原作"伯"，据苏轼《苏轼文集》而改。
⑥　原无"素"，据苏轼《苏轼文集》而改。

之热，如水之湿，盖其天性有不得不然者。虽弄翰戏语，率然而作，必归于此。故天下信其诚，争师尊之。孔子曰："有德者必有言。"非有言也，德之发于口者也。又曰："我战则克，祭则受福。"非能战也，德之见于怒者也。元祐四年四月十一日。双收严整。

总评

文情绵渺，而出以圆美。后半序范公之文，归本"诚"字，此即修辞立其诚意。

第十七篇　答李翊书

六月二十六日，愈白李生足下：生之书辞甚高，而其问何下而恭也？能如是，谁不欲告生以其道？道德之归也有日矣，况其外之文乎？抑愈所谓望孔子之门墙而不入于其宫者，焉足以知是且非邪①？虽然，不可不为生言之。生所谓立言者是也。生所为者与所期者，甚似而几矣！抑不知生之志，蕲胜于人而取于人邪②？将蕲至于古之立言者邪③？蕲胜于人而取于人，则固胜于人而可取于人矣！将蕲至于古之立言者，则无望其速成，无诱于势利。养其根而俟④其实，加其膏而希其光。_{立言根本。}根之茂者其实遂，膏之沃者其光晔。仁义之人，其言蔼如也。抑又有难者，_{折一句以引下文。}愈之所为，不自知其至犹未也。虽然，学之二十余年矣！始者，非三代两汉之书不敢观，非圣人之志不敢存。处若忘，行若遗，俨乎其若思，茫乎其若迷。当其取于心而注于手也，惟陈言之务去，戛戛乎其难哉！其观于人，不知其非笑之为非笑也。如是者亦有年，_{用功第一级。}犹不改。_{三字括上起下。}然后识古书之正伪，与虽正而不至焉者，昭昭然白黑分矣！而务去之，乃徐有得也。当其取于心而注于手也，汩汩然来矣！其观于人也，笑之则以为喜，誉之则以为忧，以其犹有人之说者存。如是者亦有年，_{用功第二级。}然后浩乎其沛然矣！吾又⑤惧其杂也，迎而距之，平心而察之，其皆醇也，然后肆焉。_{用功第三级。}虽然，不可以不养也，行之乎仁义之途，游之乎《诗》《书》之源，_{一生所有倾囊而出。}无迷其途，无绝其源，终吾身而已矣！_{用功第四级。}气，水也；言，浮物也。水大而物之浮者大小毕浮。气之与言犹是也，气盛，则言之短长与声之高下者皆宜。虽如是，其敢自谓几于成乎？虽几于成，其用于人也奚取焉？_{感喟。}虽然，待用于人者，其肖于器邪⑥？用与舍属诸人。君子则不然，处心有道，行己有方，用则施诸人，舍则传诸其徒，垂诸文而为后世法。如是者，其亦足乐乎？其无足乐也！有志乎古者

---

① 原作"耶"，据屈守元、常思春《韩愈全集校注》而改。
② 原作"耶"，据屈守元、常思春《韩愈全集校注》而改。
③ 原作"耶"，据屈守元、常思春《韩愈全集校注》而改。
④ 原作"埃"，据屈守元、常思春《韩愈全集校注》而改。
⑤ 原作"犹"，据屈守元、常思春《韩愈全集校注》而改。
⑥ 原作"耶"，据屈守元、常思春《韩愈全集校注》而改。

希矣，志乎古必遗乎今。吾诚乐而悲之。亟称其人，所以劝之，非敢褒其可褒而贬其可贬也。问于愈者多矣，念生之言不志乎利，聊相为言之。愈白①。

总评

沈归愚云："以古之立言为期，自道甘苦，而终之以养气，究之所以养气者，行乎仁义之途，游乎《诗》《书》之源，与孟子所云'养气'异而未尝不同也。后苏明允《上欧阳公书》末段全学此处，而生平得力又自各别。②"

习问

问是书为诏示后学用功门径，其确当若何？

---

① 原无"愈白"，据屈守元、常思春《韩愈全集校注》而改。

② 原无"后苏明允《上欧阳公书》末段全学此处，而生平得力又自各别"，据屈守元、常思春《韩愈全集校注》而改。

第十八篇　圬者王承福传

　　圬之为技，贱且劳者也。有业之其色若自得者，听其言，约而尽。问之，王其姓，承福其名。世为京兆长安农夫。天宝之乱，发人为兵。持弓矢十三年，有官勋，弃之来归。丧其土田，手镘衣食，余三十年。舍于市之主人，而归其屋食之当焉。视时屋食之贵贱，而上下其圬之佣以偿之；有余，则以与道路之废疾饿者焉。又曰："粟，稼而生者也；开。若布与帛，必蚕绩而后成者也；其他所以养生之具，皆待人力而后完也，吾皆赖之。然人不可遍为，宜乎各致其能以相生也。故君者，理我所以生者也；而百官者，承君之化者也。任有大小，惟其所能，若器皿焉。食焉而怠其事，必有天殃，故吾不敢一日舍镘以嬉。合。夫镘易能可力焉，又诚有功，取其直，虽劳无愧，吾心安焉。夫力易强而有功也，心难强而有智也，用力者使于人，用心者使人，亦其宜也。吾特择其易为无愧者取焉。束。嘻①！吾操镘以入贵富之家有年矣！就操镘上触发波澜。有一至者焉，又往过之，则为墟矣；有再至三至者焉，而往过之，则为墟矣！问之其邻，或曰：'噫！刑戮也。'或曰：'身既死，而其子孙不能有也。'或曰：'死而归之官也。'吾以是观之，非所谓食焉怠其事，而得天殃者邪②？非强心以智而不足，不择其才之称否而冒之者邪③？非多行可愧，知其不可而强为之者邪④？三句应前。将贵富难守⑤，薄功而厚飨之者邪⑥？抑丰悴有时，一去一来而不可常者邪⑦？又推开一步。吾之心悯焉，是故择其力之可能者行焉。乐富贵而悲贫贱，我岂异于人哉？"又曰："功大者，其所以自奉也博。妻与子，皆养于我者也。吾能薄而功小，不有之可也。又吾所谓劳力者，若立吾家而力不足，则心又劳也。一身而二任焉，虽圣者不可能也。"此段为下论断张本。愈始闻而惑之，又从而思之，盖贤者也，盖所谓"独善其身"者也。扬。然吾有讥

---

　①　原作"噫"，据屈守元、常思春《韩愈全集校注》而改。

　②　原作"耶"，据屈守元、常思春《韩愈全集校注》而改。

　③　原作"耶"，据屈守元、常思春《韩愈全集校注》而改。

　④　原作"耶"，据屈守元、常思春《韩愈全集校注》而改。

　⑤　原作"耶"，据屈守元、常思春《韩愈全集校注》而改。

　⑥　原作"将富贵难守"，据屈守元、常思春《韩愈全集校注》而改。

　⑦　原作"耶"，据屈守元、常思春《韩愈全集校注》而改。

焉，谓其自为也过多，其为人也过少，柳。其学杨、朱之道者邪①？杨、朱之道，不肯拔一毛而利天下。而夫人以有家为劳心，不肯一动其心以蓄其妻子，其肯劳其心以为人乎哉？虽然，其贤于世之患不得之而患失之者，以济其生之欲、贪邪而亡道以丧其身者，其亦远矣！作传本意在此。又其言有可以警余者，故余为之传而自鉴焉。

总评

储同人云："人有以言传者，王承福是也。详尽流利，熟之，最利举业。○议论本《孟子》，借圬者口中发出便奇。②"

习问

问全篇主意何在？

---

① 原作"耶"，据屈守元、常思春《韩愈全集校注》而改。
② 原作"详尽流利"，据屈守元、常思春《韩愈全集校注》而改。

第十九篇　驳复仇议

臣伏见天后时，有同州下邽人徐元庆者，父爽为县尉赵师韫所杀，卒能手刃父仇，束身归罪。当时谏臣陈子昂建议诛之而旌其闾，且请编之于令，永为国典。叙事。臣窃独过之。臣闻礼之大本，以防乱也，若曰无为贼虐，凡为子者杀无赦；刑之大本，亦以防乱也，若曰无为贼虐，凡为理①者杀无赦。案"礼""刑"二字是一篇主脑。其本则合，其用则异，旌与诛莫得而并焉。诛其可旌，兹谓滥，黩刑甚矣；旌其可诛，兹谓僭，坏礼甚矣！断。此处概说。果以是示于天下，传于后代，趋义者不知所以②向，违害者不知所以③立，以是为典，可乎？盖圣人之制，穷理以定赏罚，本情以正褒贬，统于一而已矣！圣人必不旌诛并用，承上转下。向使刺讞其诚伪，考正其曲直，原始而求其端，则刑、礼之用判然离矣！再挽刑礼一句，以下详说旌诛之不应并用。何者？若元庆之父，不陷于公罪，师韫之诛，独以其私怨，奋其吏气，虐于非辜，州牧不知罪，刑官不知问，上下蒙冒，吁号不闻；而元庆能以戴天为大耻，枕戈为得礼，处心积虑，以冲仇人之胸，介然自克，即死无憾，是守礼而行义也。深于经义之言锋锷廉利。执事者宜有惭色，将谢之不暇，而又何诛焉？其或元庆之父，不免于罪，师韫之诛，不愆于法，是非死于吏也，是死于法也。法其可仇乎？仇天子之法，而戕奉法之吏，是悖骜而凌上也。执而诛之，所以正邦典，而又何旌焉？申旌其可诛一层。且其议曰："人必有子，子必有亲，亲亲相仇，其乱谁救④？"是惑于礼也甚矣！显驳陈议，以下更畅言之。礼之所谓仇者，盖其冤抑沉痛而号无告也；非谓抵罪触法，陷于大戮。而曰"彼杀之，我乃杀之"，不议曲直，暴寡胁弱而已。其非经背圣，不亦甚哉？《周礼》："调人掌司万人之仇。凡杀人而义者，令勿仇，仇之则死。""有反杀者，邦国交仇之。"又安得亲亲相仇也？《春秋公羊传》曰："父不受诛，子复仇可也。父受诛，子复仇，此推刃之道。复仇不除害。"意谓仍许其复仇，则害无已时。今若取此以断两下相杀，则合于礼矣。以上平说，

---

① 原作"治"，据柳宗元《柳宗元集》而改。
② 原无"以"，据柳宗元《柳宗元集》而改。
③ 原无"以"，据柳宗元《柳宗元集》而改。
④ 原作"究"，据柳宗元《柳宗元集》而改。

以下结案处偏重不宜诛。且夫不忘仇，孝也；不爱死，义也。元庆能①不越于礼，服孝死义，是必达理而闻道者也。夫达理闻道之人，岂其以王法为敌仇者哉？议者反以为戮，黩刑坏礼，其不可以为典，明矣！回应。请下臣议，附于令，有断斯狱者，不宜以前议从事。谨议。

总评

唐介轩云："拈'礼''刑'二字作骨，见旌诛不并用，笔力斩截，铁案如山。"

习问

问篇中多不刊之论，其根柢何在？

---

① 原作"既"，据柳宗元《柳宗元集》而改。

第二十篇　留侯论

古之所谓豪杰之士者，必有过人之节。人情有所不能忍者，匹夫见辱，拔剑而起，挺身而斗，此不足为勇也。天下有大勇者，卒然临之而不惊，无故加之而不怒，此其所挟持者甚大而其志甚远也。<small>冒头。</small>夫子房受书于圯上之老人也，其事甚怪，然亦安知其非秦之世有隐君子者出而试之？观其所以微见其意者，皆圣贤相与警戒之义；而世不察，以为鬼物，亦已过矣！<small>太史公含意未申处为公一眼窥破。</small>且其意不在书。<small>撇开一笔，主出议论。</small>当韩之亡，秦之方盛也，以刀锯鼎镬待天下之士，其平居无罪夷灭者，不可胜数。虽有贲、育，无所复①施。夫持法太急者，其锋不可犯，而其势未可乘。<small>就秦事推论当忍。</small>子房不忍忿忿之心，以匹夫之力而逞于一击之间。<small>不能忍。</small>当此之时，子房之不死者，其间不能容发，盖亦已危矣！千金之子，不死于盗贼。何者？其身之可爱，而盗贼之不足以死也。子房以盖世之才，不为伊尹、太公之谋，而特出于荆轲、聂政之计，以侥幸于不死，此固②圯上之老人所为深惜者也。<small>就子房身上推论当忍。</small>是故倨傲鲜腆而深折之。<small>略说。</small>彼其能有所忍也，然后可以就大事，故曰："孺子可教也。"楚庄王伐郑，郑伯肉袒牵羊以逆③。庄王曰："其君能下人，必能信用其民矣！"遂舍之。勾践之困于会稽而归，臣妾于吴者，三年而不倦。<small>连用两征引，是急来缓受法。</small>且夫有报人之志，而不能下人者，是匹夫之刚也。夫老人者，以为子房才有余，而忧其度量之不足，故深折其少年刚锐之气，使之忍小忿而就大谋。何则？非有平生之素，卒然相遇于草野之间，而命以仆妾之役，油然而不怪者，<small>畅说。</small>此固秦皇之所不能惊，<small>结上。</small>而项籍之所不能怒也。<small>引下。</small>观夫高祖④之所以胜，而项籍之所以败者，在能忍与不能忍之间而已矣！项籍唯⑤不能忍，是以百战百胜而轻用其锋；高祖忍之，养其全锋而待其弊，此子房教之也。当淮阴破齐而欲自王，高祖发怒，见于词⑥色。<small>引证。</small>由此观之，犹有

---

① 原作"获"，据苏轼《苏轼文集》而改。
② 原无"固"，据苏轼《苏轼文集》而改。
③ 原作"迎"，据苏轼《苏轼文集》而改。
④ 原作"帝"，据苏轼《苏轼文集》而改。
⑤ 原作"惟"，据苏轼《苏轼文集》而改。
⑥ 原作"辞"，据苏轼《苏轼文集》而改。

刚强不①忍之气，非子房其谁全之？太史公疑子房以为魁梧奇伟，而其状貌乃如妇人女子，不称其志气。余波妙。呜呼！此其所以为子房欤！

总评

储同人云："击秦纳履，串两事如贯珠。"○子房不能忍，老人教之能忍，子房又教高祖能忍。文至此，真如独②茧抽丝。

习问

问篇中识力最高之处何在？

---

① 原下有"能"，据苏轼《苏轼文集》而改。
② 原无"独"，据储欣《苏轼文集》而改。

第二十一篇　书魏郑公传^①

　　余观太宗常屈己以从群臣之议，而魏郑公之徒，喜遭其时，感知己之遇，事之大小，无不谏诤，虽其忠诚所^②自至，亦得君以^③然也。则思唐之所以治，太宗之所以称贤主，而前世之君不及者，其渊源皆出于此也。能知其有此者，以其书存也。二句是一篇之主。及观郑公以谏诤事付史官，而太宗怒之，薄其恩礼，失终始之义，则未尝不反覆嗟惜，恨其不思，而益知郑公之贤焉。夫君之使臣与臣之^④事君者何？大公至正之道而已矣！大公至正之道，非灭人言以掩己过，取小亮以私其君，此其不可者也。又有甚不可者，夫以谏诤为当掩，是以谏诤为非美也，则后世谁复当谏诤乎？况前代之君有纳谏之美，而后世不见，则非惟失一时之公，又将使后世之君谓前代无谏诤之事，是启其怠且忌矣！逐层透入。太宗末年，群下既知此意而不言，渐不知天下之得失。至于辽东之败，而始恨郑公不在世，未尝知其悔之萌芽出于此也。夫伊尹、周公何如人也？伊尹、周公之谏切其君者^⑤，其言至深，而其事至迫也^⑥。存之于书，未尝掩焉。至今称太甲、成王为贤君，而伊尹、周公为良相者，以其书可见也。应上，唤起削稿之非。令当时削而弃之，成区区之小让，则后世何所据依而谏，又何以知其贤且良与？桀、纣、幽、厉、始皇之亡，则其臣之谏词无见焉，非其史之遗，乃天下不敢言而然也。则谏诤之无传，乃此数君之所以益暴其恶于后世而已矣！或曰："《春秋》之法，为尊亲贤者讳，与此其戾也^⑦。"夫《春秋》之所^⑧讳者，恶也，纳谏诤岂恶乎？"然则焚稿者非欤？"曰：焚稿者谁欤？非伊尹、周公为之也，近世取区区之小亮者为之耳，其事又未是也。何则？以焚其稿为掩君之过，而使后世传之，则是使后世不见稿之是非，而必其过常在于

---

①　原下有"后"，据曾巩《曾巩集》而改。

②　原无"所"，据曾巩《曾巩集》而改。

③　原作"而"，据曾巩《曾巩集》而改。

④　原下有"所以"，据曾巩《曾巩集》而改。

⑤　原作"伊尹、周公之切谏其君者"，据曾巩《曾巩集》而改。

⑥　原无"也"，据曾巩《曾巩集》而改。

⑦　原作"矣"，据曾巩《曾巩集》而改。

⑧　原下有"以"，据曾巩《曾巩集》而改。

君，美常在于己①也，岂爱其君之谓欤？此更说得透。孔光之去其稿之所言，其在正邪，未可知也，其②焚之而惑后世，庸讵知非谋己之奸计乎？或曰："造辟而言，诡辞而出，异乎此③。"曰：此非圣人之所曾言也。令④万一有是理，亦谓君臣之间，议论之际，不欲漏其言于一时之人耳，岂杜其告万世也。补此一层，义更周匝。噫！以诚信持⑤己而事其君，而不欺乎万世者，郑公也。益知其贤云，岂非然哉？岂非然哉？

总评

沈归愚云："贤郑公，以破焚稿者之谬，此借题立论法。其博辨英伟，又曾文中之变者。"

习问

问借题立论为论中要诀，学者能三复之否？

---

① 原作"巳"，据曾巩《曾巩集》而改。
② 原作"而"，据曾巩《曾巩集》而改。
③ 原下有"耶"，据曾巩《曾巩集》而改。
④ 原作"今"，据曾巩《曾巩集》而改。
⑤ 原作"待"，据曾巩《曾巩集》而改。

第二十二篇　前出师表

先帝创业未半而中道崩殂，今天下三分，益州疲敝，此诚危急存亡之秋也。然侍卫之臣不懈于内，忠志之士忘身于外者，盖追先帝之殊遇，欲报之于陛下也。诚宜开张圣听，以光先帝遗德，恢弘志士之气，不宜妄自菲薄，引喻失义，以塞忠谏之路也。总冒。宫中府中，俱为一体，陟罚臧否，不宜异同。若有作奸犯科及为忠善者，宜付有司论其刑赏，以昭陛下平明之治，不宜偏私，使内外异法也。此段告以刑赏宜平。侍中、侍郎郭攸之、费祎、董允等，此皆良实，志虑忠纯，是以先帝简拔以遗陛下。愚以为宫中之事，事无大小，悉以咨之，然后施行，必能裨补阙漏，有所广益也①。宫中。将军向宠，性行淑均，晓畅军事，试用于昔日，先帝称之曰能，是以众议举宠以②为督。愚以为营中之事，事无大小③，悉以咨之，必能使行阵和穆，优劣得所也④。营中。以下不直接提侍中、尚书，而重提亲远贤臣之关系，生气勃勃。亲贤臣，远小人，此先汉所以兴隆也；亲小人，远贤臣，此后汉所以倾颓也。先帝在时，每与臣论此事，未尝不叹息痛恨于桓、灵也。侍中、尚书、陈震。长史、张裔。参军，蒋琬。此悉贞亮死节之臣，愿陛下亲之信之，则汉室之隆，可计日而待也。于攸之诸人之外，更及数人。此段告以当亲信贤臣。臣本布衣，躬耕南阳，苟全性命于乱世，不求闻达于诸侯。先帝不以臣卑鄙，猥自枉屈，三顾臣于草庐之中，谘臣以当世之事，由是感激，遂许先帝以驰驱⑤。后值倾覆，受任于败军之际，奉命于危难之间，迩⑥来二十有一年矣！先帝知臣谨慎，故临崩寄臣以大事也。受命以来，夙夜忧惧⑦，常⑧恐付托不效，以伤先帝之明，故五月渡泸⑨，深

---

① 原无"也"，据赵承恩《武侯全书》而改。
② 原无"以"，据赵承恩《武侯全书》而改。
③ 原无"事无大小"，据赵承恩《武侯全书》而改。
④ 原无"也"，据赵承恩《武侯全书》而改。
⑤ 原作"遂许先帝以驱驰"，据赵承恩《武侯全书》而改。
⑥ 原作"尔"，据赵承恩《武侯全书》而改。
⑦ 原作"叹"，据赵承恩《武侯全书》而改。
⑧ 原无"常"，据赵承恩《武侯全书》而改。
⑨ 原作"庐"，据赵承恩《武侯全书》而改。

入不毛。今南方已定，兵甲已足，当奖率三军①，北定中原，庶竭驽钝，攘除奸凶，兴复汉室，还于旧都。此臣所以报先帝而忠陛下之职分也。至于斟酌损益，进尽忠言，则攸之、祎、允之任也。此段历叙己出处本末及目下出师之意，而段末回顾宫中，以见己与攸之等各专责任。愿陛下托臣以讨贼兴复之效，不效，则治臣之罪，以告先帝之灵。若无兴德之言，则戮允等②，以章③其慢；陛下亦宜自谋，以谘诹善道，察纳雅言，深追先帝遗诏④，回应。篇中十三引先帝，而终以遗诏作结，何等郑重！臣不胜受恩感激。今当远离，临表涕泣，不知所云。总结。

总评

勤恳真挚，惓惓忠爱之忱溢于言表。文辞朴茂，西京之遗。

习问

问惓惓忠爱之忱溢于言表，试举其实？

---

① 原作"当将帅三军"，据赵承恩《武侯全书》而改。
② 原作"则责攸之、祎、允等之咎"，据赵承恩《武侯全书》而改。
③ 原作"彰"，据赵承恩《武侯全书》而改。
④ 原作"深追先帝遗诏"，据赵承恩《武侯全书》而改。

第二十三篇　与韩愈论史官书

　　正月二十一日，某顿首十八丈退之侍者前：获书言史事，云具《与刘秀才书》，及今乃见书稿，私心甚不喜，与退之往年言史事甚大谬。若书中言，退之不宜一日在馆下，安有探宰相意，以为苟以史荣一韩退之耶？若果尔，退之岂宜虚受宰相荣己，而冒居馆下，近密地，食奉养，役使掌故，掌护之利。利纸笔为私书，取以供子弟费？古之志于道者，不①若是。责退之失职，一句截止，以下逐节辨去。且退之以为纪录者有刑祸，避不肯就，尤非也。史以名为褒贬，犹且恐惧不敢为②；设使退之为御史中丞大夫，其褒贬成败人愈益显，其宜恐惧尤大也，则又③扬扬入台府，美食安坐，行呼唱于朝廷而已耶？在御史犹尔，文如贯珠。设使退之为宰相，生杀出入升黜天下士，其敌益众，则又将扬扬入政事堂，美食安坐，行呼唱于内庭外衢而已耶？两波严峻。何以异不为史而荣其号、利其禄者也？收法，以上专驳人祸之说。又言"不有人祸，则有天刑"。若以罪夫前古之为史者，然亦甚惑。凡居其位，思直其道。道苟直，虽死不可回也。如回之，莫若亟去其位。孔子之困于鲁、卫、陈、宋、蔡、齐、楚者④，其时暗，诸侯不能行⑤也。其不遇而死，不以作《春秋》故也。当其时，虽不作《春秋》，孔子犹不遇而死也。若周公、史佚，虽纪言书事，犹遇且显也。又不得以《春秋》为孔子累。范晔悖乱，虽不为史，其宗族亦赤。司马迁触天子喜怒，班固不检下，崔浩沽其直以斗暴虏，皆非中道。左丘明以疾盲，出于不幸。子夏不为史亦盲，不可以是为戒。其余皆不出此。以上兼驳人祸、天刑之惑。是退之宜守中道，不忘其直，无以他事自恐。退之之恐，唯⑥在不直，不得中道，刑祸非所恐也。应法，收法。凡言二百年文武士⑦多有诚如此者。今退之曰："我一人也，何能明？"则同职者又所云若是，后来继今者又所云若是，人人皆曰"我一人"，则卒谁能纪传之耶？驳其推诿同列。如退之但以所闻知孜孜不敢怠，同

---

　①　原下有"宜"，据柳宗元《柳宗元集》而改。
　②　原无"为"，据柳宗元《柳宗元集》而改。
　③　原下有"将"，据柳宗元《柳宗元集》而改。
　④　原作"孔子之困于鲁、卫、陈、蔡、宋、齐、楚者"，据柳宗元《柳宗元集》而改。
　⑤　原作"以"，据柳宗元《柳宗元集》而改。
　⑥　原作"惟"，据柳宗元《柳宗元集》而改。
　⑦　原作"事"，据柳宗元《柳宗元集》而改。

职者、后来继今者亦各以所闻知孜孜不敢怠，则庶几不坠，使卒有明也。不然，徒信人口语，每每异辞，日以滋久，则所云"磊磊轩天地"者决必沉没，且乱杂无可考，非有志者所忍恋也。果有志，岂当待人督责迫蹙然后为官守耶？看大家往复开合法。又凡鬼神事，渺芒荒惑无可准，明者所不道。退之之智而犹惧于此。驳其惑于鬼神。今学如退之，辞如退之，好议①论如退之，慷慨自谓②正直行行焉如退之，犹所云若是，则唐之史述其卒无可托乎？明天子、贤宰相得史才如此，而又不果，甚可痛哉！咏叹以激之。退之宜更思，可为速为；果卒以为恐惧不敢，则一日可引去，又何以云"行且谋"也？今人③当为而不为，又诱馆中他人及后生者，此大惑已。不勉己而欲勉人，难矣哉！

总评

孙执升云："篇中一起，总驳韩书之非，以下分段备细痛责，皆是④疾风骤雨之文，劈头劈脸而来，令人不可躲闪。古人相知，遇事直言，无所避忌，于此犹⑤见其概。"

习问

问是书文辞以俊悍胜，退之亦文豪而竟为柳州屈，以此故否？
问大家往复开合之法若何？

---

① 原作"言"，据柳宗元《柳宗元集》而改。
② 原作"为"，据柳宗元《柳宗元集》而改。
③ 原下"人"，据柳宗元《柳宗元集》而改。
④ 原下"是"，据孙琮《山晓阁选古文全集》而改。
⑤ 原作"尤"，据孙琮《山晓阁选古文全集》而改。

第二十四篇　上范司谏书

　　月日，具官谨斋沐拜书司谏学士执事。① 前月中得进奏吏报，云自陈州召至阙拜司谏，即欲为一书以贺，多事，匆②卒未能也。司谏，七品官尔③，于执事得之不为喜，而独区区欲一贺者，<small>就势翻入。</small>诚以谏官者，天下之得失、一时之公议④系焉。<small>提。</small>今世之官，自九卿、百执事外，至一郡县吏，非无贵官大职可以行其道也。然县越其封，郡逾其境，虽贤守长不得行，以其有守也。吏部之官不得理兵部，鸿胪之卿不得理光禄，以其有司也。若天下之失得⑤，生民之利害，社稷之大计，惟所见闻而不系职司者，独宰相可行之，<small>客。</small>谏官可言之尔。<small>主。</small>故士学古怀道者仕于时，不得为宰相，必为谏官。谏官虽卑，与宰相等。天子曰不可，宰相曰可；天子曰然，宰相曰不然。坐乎庙堂之上，与天子相可否者，宰相也。天子曰是，谏官曰非；天子曰必行，谏官曰必不可行。立殿陛之前，与天子争是非者，谏官也。<small>申说。</small>宰相尊，行其道；谏官卑，行其言。言行，道亦行也。<small>断制。</small>九卿、百司、郡县之吏守一职者，任一职之责；宰相、谏官系天下之事，亦任天下之责。<small>与宰相等意发挥酣足。</small>然宰相、九卿而下失职者，受责于有司；谏官之失职也，取讥于君子。<small>又转一层。</small>有司之法，行乎一时；君子之讥，著之简册而昭明，垂之百世而不泯，甚可惧也！夫七品之官，任天下之责，惧百世之讥，岂不重邪⑥！<small>遥应起处，总束上文。</small>非材且贤者，不能为也。近执事始被召于陈州，洛之士大夫相与语曰："我识范君，知其材也。其来，不为御史，必为谏官。"及命下，果然，则又相与语曰："我识范君，知其贤也。他日闻有立天子陛下，直辞正色面争廷论者⑦，非他人，必范君也。"拜命以来，翘首企足，伫乎有闻，而卒未也。窃惑之。岂洛之士大夫能料于前而不能料于后也，将执事有待而为也？<small>"有待"二字生出下段。</small>昔韩退之作《争臣论》，以讥阳城不能极谏，卒以谏显。人皆谓城之不谏盖有待而然，

---

　①　原无"月日，具官谨斋沐拜书司谏学士执事"，据欧阳修《欧阳文忠公集》而改。
　②　原作"卒"，据欧阳修《欧阳文忠公集》而改。
　③　原作"耳"，据欧阳修《欧阳文忠公集》而改。
　④　原作"论"，据欧阳修《欧阳文忠公集》而改。
　⑤　原作"若天下之得失"，据欧阳修《欧阳文忠公集》而改。
　⑥　原作"耶"，据欧阳修《欧阳文忠公集》而改。
　⑦　原作"直辞正说面争廷论者"，据欧阳修《欧阳文忠公集》而改。

退之不识其意而妄讥，修独以谓①不然。当退之作论时，城为谏②议大夫已五年，后又二年始庭③论陆贽，及沮裴延龄作相，欲裂其麻，才两事尔④。当德宗时，可谓多事矣，授受失宜，叛将强臣罗列天下，又多猜忌，进任小人。于此之时，岂无一事可言，而须七年耶？当时之事，岂无急于沮延龄、论陆贽两事也⑤？谓宜朝拜官而夕奏疏也。幸而城为谏官七年，适遇延龄、陆贽事，一谏而罢，以塞其责。向使止五年六年而遂迁司业，是终无一言而去也，何所取哉！今之居官者，率三岁而一迁，或一二岁，甚者半岁而迁也⑥，此又非一⑦可以待乎七年也。以上力破"有待"之谬。今天子躬亲庶政，化理清明，虽为无事，然自千里诏执事而拜是官者，岂不欲闻正议而乐谠言乎？然⑧今未闻有所言说，使天下知朝廷有正士，而彰吾君有纳谏之明也。夫布衣韦带之士，穷居草茅，坐诵书史，常恨不见用。及用也，又曰彼非我职，不敢言；或曰我位犹卑，不得言矣；又曰我有待。是终无一人言也，可不惜哉！伏惟执事思天子所以见用之意，惧君子百世之讥，一陈昌言，以塞重望，且解洛士大夫之惑，则幸甚幸甚！

总评

沈归愚云："非范公竟不能谏，遇贤者，自责之备也。文之往复曲折⑨，步步相生，节节相引，老泉所谓纡余委备⑩、无急言竭论者耶。"

习问

问此书宛转陈述，恻恻动人，与柳州致退之书截然不同，初学于此能否悟大家派别？

---

① 原作"为"，据欧阳修《欧阳文忠公集》而改。
② 原作"司"，据欧阳修《欧阳文忠公集》而改。
③ 原作"廷"，据欧阳修《欧阳文忠公集》而改。
④ 原作"耳"，据欧阳修《欧阳文忠公集》而改。
⑤ 原作"耶"，据欧阳修《欧阳文忠公集》而改。
⑥ 原无"也"，据欧阳修《欧阳文忠公集》而改。
⑦ 原无"一"，据欧阳修《欧阳文忠公集》而改。
⑧ 原无"然"，据欧阳修《欧阳文忠公集》而改。
⑨ 原作"文之曲折往复"，据沈德潜《点注唐宋八家文读本》而改。
⑩ 原作"行徐美备"，据沈德潜《点注唐宋八家文读本》而改。

第二十五篇　抚州颜鲁公祠堂记

　　赠司徒鲁郡颜公，讳真卿，事唐为太子太师，与其从父兄杲卿，皆有大节以死。至今虽小夫妇人，皆知公之为烈也。初，公以忤杨国忠斥为平原太守，<small>以一"斥"字引起。</small>策安禄山必反，为之备。禄山既举兵，与常山太守杲卿伐其后，贼之不能直窥潼关，以公与杲卿挠其势也。在肃宗时，数正言，宰相不悦，斥去之。又为御史唐旻所构，连辄斥。李辅国迁太上皇居西宫，公首率百官请问起居，又辄斥。代宗时，与元载争论是非，载欲有所壅蔽，公极论之，又辄斥。杨彦、卢杞既相德宗，益恶公所为，连斥之，犹不满意。李希烈陷汝州，杞即以公使希烈，希烈初惭其言，后卒缢公以死。<small>以上历叙公之被斥。</small>是时公年七十有七矣。<small>束。</small>天宝之际，久不见兵，<small>提起发论。</small>禄山既反，天下莫不震动，公独以区区平原，遂折其锋。四方闻之，争奋而起，唐卒以振者，公为之倡也。当公之开土门，同日归公者十七郡，得兵二十余万。由此观之，苟顺且诚，天下从之矣！自此至公殁，垂三十年，小人继续任政，天下日入于弊，大盗继起，天子辄出避之。唐之在朝臣，多畏怯观望。能居其间，一忤于世，失所而不自悔者寡矣！至于再三忤于世，失所而不自悔者，盖未有也！若至于起且仆，以至于七八，遂死而不自悔者，则天下一人而已，若公是也！公之学问文章，往往杂于神仙、浮屠之说，不皆合于①理，分寸古人，不肯一概许可。及其奋然自立，能至于此者，盖天性然也。故公之能处其死，不足以观公之大。<small>折入深处洗发。</small>何则？及至于势穷，义有不得不死，虽中人可勉焉，况公之自信也与②。维③历忤大奸，颠跌撼顿，至于七八而终不以死生祸福为秋毫顾虑，非笃于道者不能如此，此足以观公之大也。<small>顿挫淋漓。</small>夫世之治乱不同，而士之去就亦异。<small>再开宕。</small>若伯夷之清，伊尹之任，孔子之时，彼各有义。夫既自比于古之任者矣，乃欲睎顾回隐，以市于世，其可乎？故孔子恶鄙夫不可以事君，而多杀身以成仁者。若公，非孔子所谓仁者与④？<small>断得定，以下记作祠。</small>今天子至和三年，尚书都官郎中知抚州聂君厚载，尚书屯田员外郎通判抚州林君憪，相与慕公之烈，

以公之尝为此邦也，遂为堂而祠之。既成，二君过予之家而告之曰："愿有述。"夫公之赫赫不可尽①者，固不系于祠之有无，盖人之向往之不足者，非祠则无以致其至也。闻其烈足以感人，况拜其祠而亲炙之者钦！今州县之政，非法令所及者，世不复议。二君独能追公之节，尊而祠②之，以风示当世，为法令之所不及，是可谓有志者也。

总评

储同人云："从屡斥不变上，表鲁公之忠，此不易之论。"

习问

问文于鲁公，不概许可，而鲁公身分自高之故？

---

① 原作"盖"，据曾巩《曾巩集》而改。
② 原作"事"，据曾巩《曾巩集》而改。

第二十六篇　先大夫集后序

公所为书，号《仙凫羽翼》者三十卷，《西陲要纪》者十卷，《清边前要》五十卷，《广中台志》八十卷，《为臣要纪》三卷，《四声韵》五卷，总一百七十八卷，皆刊行于世。今类次诗赋书奏一百二十三篇，又自为十卷，藏于家。以上序集。方五代之际，儒学既摈焉，后生小子，治术业于闾巷，文多浅近。是时公虽少，所学已皆知治乱得失兴坏之理。其为文闳深隽美，而长于讽谕，论文只此数语。今类次乐府已下是也。宋既平天下，公始出仕。当此之时，太祖、太宗已纲纪大法矣！公于是勇言当世之得失。"勇言"是通篇骨子。其在朝廷，疾当事者不忠，故凡言天下之要，必本天子忧①怜百姓、劳心万事之意；而推大臣从官执事之人，观望怀奸，不称天子属任之心，故治久未洽；至其难言，则人有所不敢言者，虽屡不合而出，其②所言益切，不以利害祸福动其意也。此段虚写，统括大意。始公尤见奇于太宗。自光禄寺丞、越州监酒税召见，以为直史③馆，遂为两浙转运使。未久而真宗即位，益以材见知。初试以知制诰，及西兵起，又以为自陕以西经略判官。而公尝切论大臣④，当时皆不悦，故不果用。然真宗终感其言，故为泉州，未尽一岁，拜苏州，五日，又为扬州。将复召之也，而公于是时又上书，语斥大臣尤切，故卒以龃龉终。束。此段总叙一生知遇。公之言，其大者，以自唐之衰，民穷久矣，海内既集，天子方修法度，而用事者尚多烦碎，治财利之臣又益急，公独以谓宜遵简易、罢筦榷，以与民休息，塞天下望。祥符初，四方争言符应，天子因之，遂用事泰⑤山，祠汾阴；而道家之说亦滋甚，自京师至四方，皆大治宫观。公益诤，以谓天命不可专任，宜绌⑥奸臣，修人事，反复⑦至数百千言。呜呼！公之尽忠，天子之受尽言，何必古人？此非传之所谓主圣臣直者乎？何其盛也！何其盛也！顿挫。此段举一二端，以指"勇言"之实，有识有体。公在两浙，奏罢苛税二百三十余条。在京西，又与

---

① 原作"爱"，据曾巩《曾巩集》而改。

② 原作"而"，据曾巩《曾巩集》而改。

③ 原作"使"，据曾巩《曾巩集》而改。

④ 原作"公常激切论大臣"，据曾巩《曾巩集》而改。

⑤ 原作"太"，据曾巩《曾巩集》而改。

⑥ 原作"黜"，据曾巩《曾巩集》而改。

⑦ 原作"覆"，据曾巩《曾巩集》而改。

三司争论，免民租，释逋负之在民者。_{带叙事迹。}盖公之所试如此。所试者大，其庶几矣！公所尝言甚众，其在上前及书亡者，盖不得而集。其或从或否，而后常可思者，与历官行事，庐陵欧阳修公已铭公之碑特详焉，此故不论，论其不尽载者。公卒以龃龉终，_{遥接。}其功行或不得在史氏记；藉令记之，当时好公者少，史其果可信欤？后有君子欲推而考之，读公之碑与其①书，及余②小子之序其意者，具见其表里，其于虚实之论可核矣！公卒，乃赠谏议大夫。姓曾氏，讳某，南丰人。序其书者，公之孙巩也。至和元年十二月二日谨序③。

总评

沈归愚云："惟勇言得失，故遭逢明盛，极知遇之隆，而卒以龃龉，终见直道之难行于时也。阐扬先人，使读者忠孝之心油然兴起。"

习问

问遥接与回应之别？

---

① 原无"其"，据曾巩《曾巩集》而改。
② 原作"予"，据曾巩《曾巩集》而改。
③ 原无"至和元年十二月二日谨序"，据曾巩《曾巩集》而改。

第二十七篇　战国策目录序

　　刘向所定《战国策》三十三篇，《崇文总目》称第十一篇者阙，臣访之士大夫家，始尽得其书，正其误谬而疑其不可考者，然后《战国策》三十三篇复完。叙曰：向叙此书，言周之先，明教化，修法度，所以大治；及其后，谋诈用，而仁义之路塞，所以大乱。其说既美矣！卒以谓此书战国之谋士度时君之所能行，不得不然。则可谓惑于流俗，而不笃于自信者也。驳摘子政之谬。夫孔、孟之时，提孔、孟，作主。去周之初已数百岁①，其旧法已亡，旧俗已熄久矣！二子乃独明先王之道②，以谓不可改者，岂将强天下之主以后世之所③不可为哉？亦将因其所遇之时、所遭之变而为当世之法，使不失乎先王之意而已。二帝三王之治，其变固殊，其法固异，而其为国家天下之意，本末先后，未尝不同也。绝大议论。二子之道，如是而已。盖法者所以适变也，不必尽同；道者所以立本也，不可不一，此理之不易者也。名论不刊。古人论作文须有一段精彩处，此数语是也。故二子者守此，岂好为异论哉？能勿苟而已矣，可谓不惑于流俗而笃于自信者也。应前，一来。战国之游士则不然，开下。不知道之可信，而乐于说之易合。其设心注意，偷为一切之计而已。故论诈之便而讳其败，言战之善而蔽其患，其相率而为之者，莫不有利焉，而不胜其害也；有得焉，而不胜其失也。指陈游士积习，字字透切。卒至苏秦、商鞅、孙膑、吴起、李斯之徒以亡其身，而诸侯及秦用之者亦灭其国，其为世之大祸明矣，而俗犹莫之寤也。惟先王之道，因时适变，为法不同，而考之无疵，用之无弊。故古之圣贤，未有以此而易彼也。一笔叫转先王，孔、孟收归，何等章法。或曰："邪说之害正也，宜放而绝之，则④此书之不泯其可乎？"复作问答，以发明此书所以得存之故。对曰："君子之禁邪说也，固将明其说于天下，使当世之人皆知其说之不可从，然后以禁，则齐；使后世之人皆知其说之不可为，然后以戒，则明。岂必灭其籍哉？放而绝之，莫善于是。是以孟子之书，有为神农之言者，有为墨子之言者，皆著而非

---

　　①　原作"载"，据曾巩《曾巩集》而改。
　　②　原作"二子乃独明先王"，据曾巩《曾巩集》而改。
　　③　原无"所"，据曾巩《曾巩集》而改。
　　④　原无"则"，据曾巩《曾巩集》而改。

之。妙证。至于此书之作，则上继春秋，下至楚①、汉之起，二百四五十年之间，载其行事，固不可得而废也。"此书有高诱注者二十一篇，或曰三②十二篇，《崇文总目》存者八篇，今存者十篇云③。

总评

储同人云："攻《新序》之瑕，而发为粹然至正之论，可以羽翼经传矣④！"

习问

问文中崇尚先王，指斥游士，其声光又不可磨灭，盍据理以申明之？
问论《国策》之所以传，是否精确？

---

① 原作"秦"，据曾巩《曾巩集》而改。
② 原作"二"，据曾巩《曾巩集》而改。
③ 原无"云"，据曾巩《曾巩集》而改。
④ 原无"矣"，据储欣《唐宋八大家类选》而改。

第二十八篇　列女传目录序

　　刘向所叙《列女传》，凡八篇，事具《汉书》向列传。而《隋书》及《崇文总目》皆称向《列女传》十五篇，曹大家注。以《颂义》考之，盖大家所注，离其七篇为十四，与《颂义》凡十五篇，而益以陈婴母及东汉以来凡十六事，非向书本然也。盖向旧书之亡久矣！嘉祐中，集贤校理苏颂始以《颂义》为篇次，复定其书为八篇，与十五篇者并藏于馆阁。而《隋书》以《颂义》为刘歆作，与向列传不合。今验《颂义》之文，盖向之自叙。又《艺文志》有向《列女传颂图》，明非歆作也。自唐之乱，古书之在者少矣，而《唐志》录《列女传》凡十六家，至大家注十五篇者，亦无录，然其书今在。则古书之或有录而亡，或无录而在者，亦众矣，非可惜哉？今校雠其八篇及其十五篇者已定，可缮写。以上见具考订之详。初，汉承秦之敝，风俗已大坏矣，而成帝后宫赵、卫之属尤自放。向以谓王政必自内始，故列古女善恶所以致兴亡者以戒天子，此向述作之大意也。揭出子政作传本旨。其言大①任之娠文王也，目不视恶色，耳不听淫声，口不出敖言。又以谓古之人胎教者皆如此。夫能正其视听言动者，皆大人之事，而有道者之所畏也。顾令天下之女子能之，何其盛也！以臣所闻，盖为之师傅保姆之助，《诗》《书》图史之戒，珩璜琚瑀之节，威仪动作之度，其教之者虽有此具，然古之君子，未尝不以身化也。归到修身探原之论。故《家人》之义归于反身，《二南》之业本于文王，夫岂自外至哉？世皆知文王之所以兴，能得内助，而不知②所以然者，盖本于文王之躬化，故内则后妃有《关雎》之行，外则群臣有《二南》之美，与之相成。其推而及远，则商辛之昏俗，江汉之小国，兔罝③之野人，莫不好善而不自知，此所谓身修故家国天下治者也。后世自学问之士多徇于外物而不安其守，其室家既不见可法，故竞于邪侈，岂独无相成之道哉？士之苟于自恕④，顾利冒耻而不知反己⑤者，往往以家自累故也。故曰"身不行道，不行于妻子"，信哉！如此人者，非素处显也，然去《二南》之风亦已远矣，况于南

---

①　原作"太"，据曾巩《曾巩集》而改。
②　原下有"其"，据曾巩《曾巩集》而改。
③　原作"置"，据曾巩《曾巩集》而改。
④　原作"怒"，据曾巩《曾巩集》而改。
⑤　原作"巳"，据曾巩《曾巩集》而改。

乡天下之主哉！向之所述，劝戒之意可谓笃矣！然向号博极群书①，而此传称《诗·茉苢》《柏舟》《大车》之类，与今序《诗》者之说尤乖异，盖不可考。至于《式微》之一篇，又以谓二人之作。岂其所取者博，故不能无失欤？其言②象计谋杀舜及舜所以自脱者，颇合于《孟子》。然此传或有之，而《孟子》所不道者，盖亦不足道也。凡后世诸儒之言经传者，固多如此，览者采其有补，而择其是非可也。故为之叙③论，以发其端云。

总评

储同人云："直本齐家必先修身之理，归化④于人君，得六艺之髓，蔚蔚乎有光，宋儒恐未有此经术。"

习问

问诠发子政述作之意，其精湛若何？
问曾文最朴茂渊懿，试指其实？

---

① 原作"诗"，据曾巩《曾巩集》而改。
② 原作"曰"，据曾巩《曾巩集》而改。
③ 原作"序"，据曾巩《曾巩集》而改。
④ 原无"化"，据储欣《唐宋八大家类选》而改。

第二十九篇　论佛骨表

臣某言：伏以佛者，夷狄之一法耳。自后汉时流入中国，上古未尝有也。昔者黄帝在位百年，年百一十岁；少昊在位八十年，年百岁；颛顼在位七十九年，年九十八岁；帝喾在位七十年，年百五岁；帝尧在位九十八年，年百一十八岁；帝舜及禹，年皆百岁。此时天下太平，百姓安乐寿考，然而中国未有佛也。一段话分两层顿挫，此文章节奏法。本汉入。其后殷汤亦年百岁，汤孙太戊在位七十五年，武丁在位五十九年，书史不言其年寿所极①，推其年数，盖亦俱不减百岁。周文王年九十七岁，武王年九十三岁，穆王在位百年。此时佛法亦未入中国，非因事佛而致然也。汉明帝时，始有佛法。明帝在位，才十八年耳。其后乱亡相继，运祚不长。宋、齐、梁、陈、元魏已②下，事佛渐谨，年代尤促。惟梁武帝在位四十八年，前后三度舍身施佛；宗庙之祭，不用牲牢；昼日一食，止于菜果；其后竟为侯景所逼，饿死台城，国亦寻灭。事佛求福，乃更得祸。由此观之，佛不足事亦可知矣！结。高祖始受隋禅，则议除之。当时群臣材识不远，不能深知先王之道、古今之宜，推阐圣明，以救斯弊。其事遂止，臣常恨焉。伏惟睿圣文武皇帝陛下，神圣英武，数千百年已来，未有伦比。即位之初，即不许度人为僧尼道士，又不许创立寺观。臣常以为高祖之志，必行于陛下之手。今纵未能即行，岂可恣之转令盛也？入题婉切。今闻陛下令群僧迎佛骨于凤翔，御楼以观，舁入大内，又令诸寺递迎供养。臣虽至愚，必知陛下不惑于佛，作此崇奉，以祈福祥也。直以年丰人乐，徇人之心，为京都士庶设诡异之观、戏玩之具耳。安有圣明若此，而肯信此等事哉？于立言为回护，于行文为反跌，而势愈激。然百姓愚冥③，易惑难晓，苟见陛下如此，将谓真心事佛，皆云："天子大圣，犹一心敬信；百姓何人，岂合更惜身命？"焚顶烧指，百十为群，解衣散钱，自朝至暮，转相仿效，惟恐后时；老少奔波，弃其业次。若不即加禁遏，更历诸寺，必有断臂脔身以为供养者。伤风败俗，传笑四方，非细事也。结。夫佛本夷狄之人，与中国言语不通，衣服殊制，口不言先王之法言，身不服先王之法服，不知君臣之义、父子之情。又起前统论事佛，此下两波指斥佛骨倍严。假如

---

① 原作"及"，据屈守元、常思春《韩愈全集校注》而改。
② 原作"以"，据屈守元、常思春《韩愈全集校注》而改。
③ 原作"顽"，据屈守元、常思春《韩愈全集校注》而改。

其身至今尚在，奉其国命，来朝京师，_{一波}。陛下容而接之，不过宣政_{殿名}。一见，礼宾一设，赐衣一袭，卫而出之于境，不令惑众也。况其身死已久，枯朽之骨，凶秽之余，岂宜令入宫禁？孔子曰："敬鬼神而远之。"古之诸侯行吊于其国，尚令巫祝先以桃茢袚除不祥，然后进吊。_{又一波}。今无故取朽秽之物，亲临观之，巫祝不先，桃茢不用，群臣不言其非，御史不举其失，臣实耻之。乞以此骨付之有司，投诸水火，永绝根本，_{处置佛骨之法}。断天下之疑，绝后代之惑。使天下之人知大圣人之所作为出于寻常万万也，岂不盛哉？岂不快哉？佛如有灵，能作祸祟，凡有殃咎，宜加臣身。上天鉴临，臣不怨悔。无任感激恳悃之至，谨奉表以闻。臣某诚惶诚恐①！

总评

储同人云："所争关国家大体，贾生而后，此表可与日月争光。○文之古质，是西汉诸公谏疏；而法度齐整，殆于②过之。"

习问

问奏议体裁以恺切为尚，此文若何？

---

① 原无"臣某诚惶诚恐"，据屈守元、常思春《韩愈全集校注》而改。
② 原无"于"，据储欣《唐宋八大家类选》而改。

第三十篇　臣事策一

臣闻①天下有权臣，有重臣，二者其迹相近而难明。开门见山。天下之人知恶夫权臣之为，而世之重臣亦遂不容于其间。夫权臣者，天下不可一日而有；而重臣者，天下不可一日而无也。天下徒见其外，而不察其中，见其皆侵天子之权，而不察其所为之不类，是以举皆嫉之而无所喜。此亦已太过也。今夫权臣之所为者，重臣之所切齿；而重臣之所取者，权臣之所不顾也。实言所为不类。将为权臣耶，必将内悦其君之心，委曲听顺，而无所违戾；外窃其生杀予夺之柄，黜陟天下，以见己之权，而没其君之威惠。内能使其君欢爱悦怿，无所不顺，而安为之上；外能使其公卿大夫、百官庶吏无所②归命，而争为之腹心。内外字作两层写，曲极。上爱下顺，合而为一，然后权臣之势遂成而不可拔。至于重臣则不然。君有所为，不可以必争；争之不能，而其事有所必不可听，则专行而不顾。待其成败之迹著，则上之心将释然而自解。其在朝廷之中，天子为之踧然而有所畏，士大夫不敢安肆怠惰于其侧。爵禄庆赏，己③得以议其可否，而不求以为己之私惠；刀锯斧钺，己④得以参其轻重，而不求以为己之私势。要以使天子有所不可必为，而群下有所震惧，而己⑤不与其利。何者？为重臣者，不待天下之归己⑥；而为权臣者，亦无所事天子之畏己⑦也。故各因其行事而观其意之所在，则天下谁可欺者？臣故曰：为天下安可一日而无重臣也？专归重臣。且今使天下而无重臣，则朝廷之事，惟天子之所为而无所可否。虽使天子有纳谏之明，而百官畏惧战栗，无平昔尊重之势，谁肯触忌讳，冒罪戾，而为天下言者？惟其小小得失之际，乃敢上章欢哗而无所惮，至于国之大事、安危存亡之所系，则将卷舌而去，谁敢发而受其祸？此人主之所大患也。悲夫！后世之君徒见天下之权臣出入唯唯，以其有礼，而不知此乃所以潜溃其国；徒见天下之重臣，刚毅果敢，喜逆其意，则以为不逊，而不知其有社稷之虑。二者

① 原无"臣闻"，据苏辙《栾城集》而改。
② 原下有"不"，据苏辙《栾城集》而改。
③ 原作"已"，苏辙《栾城集》亦作"已"，均误。
④ 原作"已"，据苏辙《栾城集》而改。
⑤ 原作"已"，据苏辙《栾城集》而改。
⑥ 原作"已"，据苏辙《栾城集》而改。
⑦ 原作"已"，据苏辙《栾城集》而改。

淆乱于心而不能辨其邪正，是以丧乱相仍而不悟，何足伤也？此段紧承上文，从后面形容，更醒豁。昔者卫太子聚兵以诛江充，武帝震怒，发兵而攻之京师，至使丞相、太子相与交战，不胜而走，又使天下极其所往，而翦灭其迹。无重臣之证。当此之时，苟有重臣，出身而当之，拥护太子，以待上意之少解，徐发其所蔽而开其所怒，则其父子之际尚可得而全也。确论。惟无重臣，故天下皆能①知之而不敢言。臣愚以为，凡为天下，宜有以养其重臣之威，使天下百官有所畏忌，而缓急之间，能有所坚忍持重而不可夺者。窃观方今四海无变，非常之事宜其息而不作，然及今日而虑之，则可以无异日之患。不然者，谁能知其果无有也，而不为之计哉？抑臣闻之，今世之弊，弊②在于法禁太密，一举足不如律令，法吏且以为言，而不问其意之所属。是以虽天子之大臣，亦安敢有所为于法律之外以安天下之大事？故为天子之计，莫若少宽其法，使大臣得有所守，而不为法之所夺。昔申屠嘉为丞相，至召天子之幸臣邓通，立之堂下而诘责其过。是时通几至于死而不救，天子知之，亦不③为怪。而申屠嘉亦卒非汉之权臣。由此观之，重臣何损于天下哉？透过一笔，回抱笔法，绝高。

总评

储同人云："治天下在养重臣，养重臣在宽其法。当时如韩、富数④公，可谓重臣矣！子由生其时，目睹其效，故言之亲切有味如此。○大意从《远虑》篇化出，却将权臣与重臣反覆相形，寻出辨端，锋铓四起，文字不辨不醒。⑤"

---

① 原无"能"，据苏辙《栾城集》而改。
② 原无"弊"，据苏辙《栾城集》而改。
③ 原下有"以"，据苏辙《栾城集》而改。
④ 原作"诸"，据储欣《唐宋八大家类选》而改。
⑤ 原无"○大意从《远虑》篇化出，却将权臣与重臣反覆相形，寻出辨端，锋铓四起，文字不辨不醒"，据储欣《唐宋八大家类选》而改。

第三十一篇　戊午上高宗封事①

绍兴八年十一月日，右通直郎枢密院编修官臣胡铨谨斋沐裁书，昧死百拜，献于皇帝陛下。② 臣③谨按：王伦伦使金还，首倡和议。本一狎邪小人，市井无赖，顷缘宰相无识，遂举以使虏，专④务诈诞，欺罔天听，骤得美官，天下之人切齿唾骂。今者无故诱致虏使，以"诏谕江南"为名，是欲臣妾我也，是欲刘豫我也！锐利。刘豫臣事丑虏，南面称王，自以为子孙帝王、万世不拔之业，一旦豺狼改虑，捽而缚之，父子为虏。商监⑤不远，而伦又欲陛下效之。夫天下者，祖宗之天下也；陛下所居之位，祖宗之位也。提。奈何以祖宗之天下为犬戎之天下，以祖宗之位为犬戎藩臣之位？陛下一屈膝，则祖宗庙社之灵尽污夷狄，祖宗数百年之赤子尽为左衽，朝廷宰执尽为陪臣，天下之士大夫皆当裂冠⑥毁冕，变为胡服。异时豺狼无厌之求，安知不加我以无礼如刘豫也哉？缴刘豫痛切。夫三尺童子至无知也，指犬豕而使之拜，则怫然怒。今丑虏，则犬豕也。堂堂天朝，相率而拜犬豕，曾童稚⑦之所羞，而陛下忍为之耶？以童子作衬，义更沈痛。伦之议乃曰："我一屈膝，则梓宫宗。可还，太后徽宗后。可复，渊圣钦宗。可归，中原可得。"呜呼！自变故以来，主和议者，谁不以此说啖⑧陛下哉？而卒无一验，是⑨虏之情伪已可知矣！而陛下尚不觉悟，竭民膏血而不恤，忘国大仇而不报，含垢忍耻，举天下而臣之甘心焉。就令虏决可和，尽如伦议，天下后世谓陛下何如主？跌一笔。况丑虏变诈百出，而伦又以奸邪济之，梓宫决不可还，太后决不可复，渊圣决不可归，中原决不可得。而此膝一屈，不可复伸；国势陵夷，不可复振，可为痛哭流涕长太息也。折王

---

① 原作"上高宗封事"，据胡铨《胡澹庵先生文集》而改。

② 原无"绍兴八年十一月日，右通直郎枢密院编修官臣胡铨，谨斋沐裁书，昧死百拜，献于皇帝陛下"，据胡铨《胡澹庵先生文集》而改。

③ 原无"臣"，据胡铨《胡澹庵先生文集》而改。

④ 原作"专"，据胡铨《胡澹庵先生文集》而改。

⑤ 原作"鉴"，据胡铨《胡澹庵先生文集》而改。

⑥ 胡铨《胡澹庵先生文集》作"官"，当作"冠"。

⑦ 原作"孺"，据胡铨《胡澹庵先生文集》而改。

⑧ 原作"陷"，据胡铨《胡澹庵先生文集》而改。

⑨ 原作"则"，据胡铨《胡澹庵先生文集》而改。

伦邪说，声涕俱下。向者陛下间关海道，危如累卵，当时尚不肯北面臣虏，况今国势稍张，诸将尽①锐，士卒思奋。只如顷者丑虏梁，伪豫入寇，固尝败之于襄阳，败之于淮上，败之于涡口，败之于淮阴，较之前日蹈海之危，已万万矣！倘不得已而遂②至于用兵，则我岂遽出虏人下哉？今无故而反臣之，欲屈万乘之尊，下穹庐之拜，三军之士不战而气已③索。此鲁仲连所以义不帝秦，非惜夫帝秦之虚名，惜夫天下大势有所不可也！就当日时势论之，又无庸臣虏，议论恺切极矣！今内而百官，外而军民，万口一谈，皆欲食伦之肉。谤议汹汹，陛下不闻，正恐一旦变作，祸且不测。臣窃谓不斩王伦，国之存亡未可知也。虽然，伦不足道也。秦桧以腹心大臣④，而亦为之。撇开王伦，说入秦桧。陛下有尧、舜之资，桧不能致陛下如唐、虞，而欲导陛下为石晋。近者礼部侍郎曾开等引古谊以折之，桧乃厉声⑤曰："侍郎知故事，我⑥独不知！"则桧之遂非狠⑦愎，已自可见。而乃建白，令台谏从⑧臣佥议可否，是明畏天下议己，而令台谏从⑨臣共分谤耳。有识之士皆以为朝廷无人。吁，可惜哉！孔子曰："微管仲，吾其被发左衽矣！"夫管仲，霸者之佐耳，尚能变左衽之区，为衣冠之会。秦桧，大国之相也，反驱⑩衣冠之俗，归左衽之乡。则桧也，不惟陛下之罪人，实管仲之罪人矣！此段劾秦桧。孙近附会桧议，遂得参知政事。天下望治有如饥渴，而近伴食中书，漫不⑪可否事。桧曰"虏可⑫和"，近亦曰"可和"；桧曰"天子当拜"，近亦曰"当拜"。臣尝至政事堂，三发问而近不答，但曰："已令台谏侍从议矣！"呜呼！参赞大政徒取充位如此，有如虏骑长驱，尚能折冲御侮耶？臣窃谓秦桧、孙近亦可斩也！并劾孙近。臣备员枢属，义不与桧等共戴天。区区之心，愿断三人头，竿之藁街。然后羁留虏⑬使，责以无礼，徐兴问罪之师，则三军之士不战而气自倍。不然，臣有赴东海而死耳，宁能处小朝廷求活耶？

---

① 原作"盛"，据胡铨《胡澹庵先生文集》而改。
② 原无"遂"，据胡铨《胡澹庵先生文集》而改。
③ 原作"亦"，据胡铨《胡澹庵先生文集》而改。
④ 原作"秦桧以心腹大臣"，据胡铨《胡澹庵先生文集》而改。
⑤ 原下有"责"，据胡铨《胡澹庵先生文集》而改。
⑥ 原作"桧"，据胡铨《胡澹庵先生文集》而改。
⑦ 原作"恨"，胡铨《胡澹庵先生文集》作"狼"，当作"狠"。
⑧ 原作"侍"，据胡铨《胡澹庵先生文集》而改。
⑨ 原作"侍"，据胡铨《胡澹庵先生文集》而改。
⑩ 原作"躯"，据胡铨《胡澹庵先生文集》而改。
⑪ 原下有"敢"，据胡铨《胡澹庵先生文集》而改。
⑫ 原下有"讲"，据胡铨《胡澹庵先生文集》而改。
⑬ 原作"贡"，据胡铨《胡澹庵先生文集》而改。

小臣狂妄，冒渎天威，甘俟斧钺，不胜陨越之至！①

总评

　　宋谢叠山云："肝胆忠义，心术明白，思虑深长。读其文，想见其人，真三代以上人物②，朱文公谓'可与日月争光'③。中兴奏议，此为第一。"

习问

　　问读此文，令人忠义之心勃发而不可遏，其故何在？

---

　　① 原无"小臣狂妄，冒渎天威，甘俟斧钺，不胜陨越之至"，据胡铨《胡澹庵先生文集》而改。
　　② 原无"真三代以上人物"，据谢枋得《文章轨范》而改。
　　③ 原无"朱文公谓'可与日月争光'"，据谢枋得《文章轨范》而改。

第三十二篇　复摄政睿亲王书①

南中向接好音，法随遣使问讯吴大将军，即三桂。未敢遽通左右。非委隆谊于草莽也，答原书前致衷绪一节。诚以大夫无私交，春秋之义。今倥偬之际，忽捧琬琰之章，真不啻从天而降也。循读再三，殷殷至意。若以逆贼尚稽天讨，烦贵国忧，法且感且愧。惧左右不察，谓南中臣民偷安江左，竟忘君父之怨，敬为贵国一详陈之，综括原书用意，作答书，冒头。我大行皇帝庄烈帝。敬天法祖，勤政爱民，真尧、舜之主也。以庸臣误国，致有三月十九日之事。法待罪南枢，救援无及。师次淮上，凶问②遂来，地坼③天崩，山枯海泣。嗟乎！人孰无君，虽肆法于市朝，以为泄泄者之戒，亦奚足谢先皇帝于地下哉！着自责，语警动。尔时南中臣民，哀恸如丧考妣，无不抚膺切齿，欲悉东南之甲，立翦凶仇。斡旋。而二三老臣，谓国破君亡，宗社为重，相与迎立今上，以系中外之心。今上非他，神宗之孙、光宗犹子，而大行皇帝之兄也。郑重，有精神。名正言顺，天与人归。五月朔日，驾临南都。万姓夹道欢呼，声闻数里。群臣劝④进，今上悲不自胜，让再让三，仅允监国。迨臣民伏阙屡请，始以十五日正位南都。从前凤集河清，瑞应非一，即若告庙之日，紫云如盖，祝文升宵，万目共瞻，欣传盛事。大江涌出楠梓数十万章，助修宫殿，岂非天意也哉？⑤越数日，遂命法视师江北，刻日西征。以上申明重宗社而仍未尝忘君父之仇。忽传我大将军吴三桂，借兵贵国，破走逆成⑥，为我先皇帝后发丧成礼。扫清宫阙，抚辑群黎，且罢剃发之令，示不忘本朝。此等举动，振古铄今。凡为大明臣子，无不长跽北向，顶礼加额，岂但如明谕所云，感恩图报已⑦乎？谨于八月薄治筐篚，遣使犒师。兼欲请命鸿裁，连兵西讨。是以王师既发，复次江、淮。语

---

① 原作"答睿亲王书"，据史可法《史忠正公集》而改。
② 原作"闻"，据史可法《史忠正公集》而改。
③ 原作"柝"，据史可法《史忠正公集》而改。
④ 原作"欢"，据史可法《史忠正公集》而改。
⑤ 原无"从前凤集河清，瑞应非一，即若告庙之日，紫云如盖，祝文升宵，万目共瞻，欣传盛事。大江涌出楠梓数十万章，助修宫殿，岂非天意也哉"，据史可法《史忠正公集》而改。
⑥ 原作"贼"，据史可法《史忠正公集》而改。
⑦ 原作"巳"，据史可法《史忠正公集》而改。

善斡旋。乃辱明诲，引《春秋》大义，来相诘责。善哉乎推言之！然此文①为列国君薨，世子应立，有贼未讨，不忍死其君者立说耳。若夫天下共主，身殉社稷，青宫王②子，惨变非常，而犹拘牵不即位之文，坐昧大一统之义，中原鼎沸，仓猝③出师，将何以维系人心，号召忠义！紫阳《纲目》踵事《春秋》，其间特书：如莽移汉鼎，光武中兴；丕废山阳，昭烈践阼④；怀愍亡国，晋元嗣基；徽、钦蒙尘，宋高缵统；是皆于国仇未靖之日，亟正位号，《纲目》未尝斥为自立，率以正统与之。甚至如玄⑤宗幸蜀，太子即位灵武，议者疵之，亦未尝不许以行权，幸其光复旧物也。以上辩驳原书所引《春秋》大义。本朝传世十六，正统相承。自治冠带之族，继绝存亡，仁恩遐被。贵国昔在先朝，凤膺封号，载在盟府，宁不闻乎？今痛心本朝之难，驱除乱逆，可谓大义复著于《春秋》矣！历引《春秋》，以矛刺盾。昔契丹和宋，止岁⑥输以金缯，回纥助唐，原不利其土地，况贵国笃念世好，兵以义动，万代瞻仰，在此一举。若乃乘我蒙难，弃好崇仇，规此幅员，为德不卒，是以义始而以利终，为贼人所窃笑也。贵国岂其然？往⑦先帝轸念溃池，不忍尽戮，剿抚互用，贻误⑧至今。今上天纵英明，刻刻以复仇为念。庙堂之上，和衷体国。介胄之士，饮泣枕戈。忠义民兵，愿为国死。窃以为天亡逆闯，当⑨不越于斯时矣！《语》曰："树德务滋，除恶务尽。"今逆成未服天诛⑩，谍知卷土西秦，方图报复。此不独本朝不共戴天之恨，抑亦贵国除恶未尽之忧。伏乞坚同仇之谊，全始终之德。合师进讨，问罪秦中，共枭逆贼之头，以泄敷天之愤。则贵国义问⑪，照耀千秋。本朝图报，惟力是视。从此两国世通盟好，传之无穷，不亦休乎？至于牛耳之盟，则本朝使臣久矣⑫在道，不日抵燕，奉盘盂从事矣！委婉曲折，既责以义，复感以诚。法北望陵庙，无涕可挥，身蹈大戮，罪应万死。所以不即从先帝者，实惟⑬社稷之故。《传》曰："竭股肱之力，继之以忠贞。"法处今日，鞠躬致命，克尽臣节，所以报

---

① 原作"乃"，据史可法《史忠正公集》而改。
② 原作"皇"，据史可法《史忠正公集》而改。
③ 原作"卒"，据史可法《史忠正公集》而改。
④ 原作"祚"，据史可法《史忠正公集》而改。
⑤ 史可法《史忠正公集》作"元"，因避讳。
⑥ 原作"之岁"，据史可法《史忠正公集》而改。
⑦ 原无"往"，据史可法《史忠正公集》而改。
⑧ 原作"祸"，据史可法《史忠正公集》而改。
⑨ 原无"当"，据史可法《史忠正公集》而改。
⑩ 原无"逆贼未伏天诛"，据史可法《史忠正公集》而改。
⑪ 原作"闻"，据史可法《史忠正公集》而改。
⑫ 原作"已"，据史可法《史忠正公集》而改。
⑬ 原作"为"，据史可法《史忠正公集》而改。

也。惟殿下实昭鉴之！终以耿耿忠诚，至死不二，谢绝容王之招致，即作收束。

总评

处处与原书针锋相对，义正词严，非惟耿耿精忠照耀万世，即词令亦可称无上妙品。此国粹也奕世而下。纯庙特物色是书，刊入《通鉴辑览》，并于公之孤忠叹悼不止。不朽大文，诚动圣主如是如是！

习问

问史公精忠耿耿，情挚而文愈工，试举其词令之妙，一一解析之？

第三十三篇　祭十二郎文

　　年月日，季父愈闻汝丧之七日，乃能衔哀致诚，使建中远具时羞之奠，告汝十二郎之灵。呜呼！吾少孤，及长，不省所怙，惟兄嫂是依。中年，兄殁南方，吾与汝俱幼，从嫂归葬河阳。既又与汝就食江南，零丁孤苦，未尝一日相离也。吾上有三兄，皆不幸早世。承先人后者，在孙惟汝，在子惟吾；两世一身，形单影只。嫂常①抚汝指吾而言曰："韩氏两世，惟此而已！"汝时尤小，当不复记忆；吾时虽能记忆，亦未知其言之悲也！吾年十九，始来京城。其后四年，而归视汝。又四年，吾往河阳省坟墓，遇汝从嫂丧来葬。又二年，吾佐董丞相于汴州，汝来省吾。止一岁，请归取其孥。明年，丞相薨，吾去汴州，汝不果来。是年，吾佐戎徐州，使取汝者始行，吾又罢去，汝又不果来。吾念汝从于东，东亦客也，不可以久；图久远者，莫如西归，将成家而致汝。呜呼！孰谓汝遽去吾而殁②乎？吾与汝俱少年，以为虽暂相别，终当久相与处。故舍汝而旅食京师，以求斗斛之禄。诚知其如此，虽万乘之公相，吾不以一日辍汝而就也。_{第一段，历叙孤苦相。}去年，孟东野往，吾书与汝曰："吾年未四十，而视茫茫，而发苍苍，而齿牙动摇。_{就己引入。}念诸父与诸兄，皆康强而早世。如吾之衰者，其能久存乎？吾不可去，汝不肯来，恐旦暮死，而汝抱无涯之戚也！"孰谓少者殁而长者存，强者夭而病者全乎？呜呼！其信然邪？其梦邪？其传之非其真邪？信也，吾兄之盛德而夭其嗣乎？汝之纯明而不克蒙其泽乎？少者、强者而夭殁，长者、衰者而存全乎？未可以为信也。梦也，传之非其真也，东野之书、耿兰之报何为而在吾侧也？呜呼！其信然矣！_{一语断肠。}吾兄之盛德而夭其嗣矣！汝之纯明宜业其家者不克蒙其泽矣！所谓天者诚难测，而神者诚难明矣！所谓理者不可推，而寿者不可知矣！_{以下两转，尤不忍读。}虽然，吾自今年来，苍苍者或化而为白矣，动摇者或脱而落矣！毛血日益衰，志气日益微，几何不从汝而死也？死而有知，其几何离？其无知，悲不几时，而不悲者无穷期矣！_{呜咽。}汝之子始十岁，吾之子始五岁，少而强者不可保，如此孩提者，又可冀其成立邪③？_{倍呜咽。}呜呼哀哉！呜呼哀哉！_{第二段，叙闻讣情景。}汝去年书云："比得软脚

---

①　原作"当"，据屈守元、常思春《韩愈全集校注》而改。

②　原作"没"，据屈守元、常思春《韩愈全集校注》而改。

③　原作"耶"，据屈守元、常思春《韩愈全集校注》而改。

病，往往而剧。"吾曰："是疾也，江南之人常常有之。"未始以为忧也。呜呼！其竟以此而殒①其生乎？抑别有疾而至斯乎？汝之书，六月十七日也。东野云汝殁以六月二日，耿兰之报无月日。盖东野之使者不知问家人以月日，如耿兰之报不知当言月日。东野与吾书，乃问使者，使者妄称以应之耳。其然乎？其不然乎？第三段，详及痛卒时日。今吾使建中祭汝，吊汝之孤与汝之乳母。彼有食可守以待终丧，则待终丧而取以来；如不能守以终丧，则遂取以来。其余奴婢，并令守汝丧。吾力能改葬，终葬汝于先人之兆，然后惟其所愿。呜呼！汝病吾不知时，汝殁吾不知日，生不能相养以共居，殁不得抚汝以尽哀，敛不凭其棺，窆不临其穴。吾行负神明而使汝夭，不孝不慈，而不能与汝相养以生，相守以死。一在天之涯，一在地之角，生而影不与吾形相依，死而魂不与吾梦相接。吾实为之，其又何尤？苍者天，曷其有极？至此直放声长号。自今已②往，吾其无意于人世矣！当求数顷之田于伊颍之上，以待余年。教吾子与汝子，幸其成；长吾女与汝女，待其嫁，如此而已。第四段，总结。呜呼！言有穷而情不可终，汝其知也邪③？其不知也邪④？呜呼哀哉！尚飨！

总评

沈归愚云："直举胸臆，情至文生，是祭文变体⑤，亦是祭文绝调。○祭文诔辞，六朝以来，无不用韵者，此以散体行之，故曰变体。⑥"

习问

问退之作此文，想见其振笔绝书，而沉痛不忍卒读，试言其故？

---

① 原作"陨"，据屈守元、常思春《韩愈全集校注》而改。
② 原作"以"，据屈守元、常思春《韩愈全集校注》而改。
③ 原作"耶"，据屈守元、常思春《韩愈全集校注》而改。
④ 原作"耶"，据屈守元、常思春《韩愈全集校注》而改。
⑤ 原作"格"，据沈德潜《点注唐宋八家文读本》而改。
⑥ 原无"○祭文诔辞，六朝以来，无不用韵者，此以散体行之，故曰变体"，据沈德潜《点注唐宋八家文读本》而改。

第三十四篇　柳子厚墓志铭

　　子厚，讳宗元。七世祖庆，为拓跋魏侍中，封济阴公①。曾伯祖奭，为唐宰相，与褚遂良、韩瑗俱得罪武后，死高宗朝。皇考讳镇，以事母，弃太常博士，求为县令江南。其后以不能媚权贵，失御史。权贵人死，乃复拜侍御史。号为刚直。所与游，皆当世名人。子厚少精敏，无不通达。逮其父时，虽少年，已自成人，能取进士第，崭然见头角，众谓②柳氏有子矣！其后以博学宏词，授集贤殿正字。俊杰廉悍，议论证据今古，出入经史百子，踔厉风发，率常屈其座人。名声大振，一时皆慕与之交，诸公要人争欲令出我门下，交口荐誉之。祸根。贞元十九年，由蓝田尉拜监察御史。顺宗即位，拜礼部员外郎。遇用事者得罪，例出为刺史。未至，又例贬永州司马。居闲③，益自刻苦，务记览，为词章泛滥停蓄，为深博无涯涘，而自肆于山水间。元和中，尝例召至京师，又偕出为刺史，而子厚得柳州。既至，叹曰："是岂不足为政邪？"因其土俗，为设教禁，州人顺赖。虚括。其俗以男女质钱，约不时赎，子本相侔，则没为奴婢。子厚与设方计，悉令赎归。其尤贫力不能者，令书其佣，足相当，则使归其质。实指一事。观察使下其法于他州，比一岁，免而归者且千人。衡湘以南为进士者，皆以子厚为师，其经承子厚口讲指画为文词者，悉有法度可观。其召至京师而复为刺史也，接卸法。中山刘梦得禹锡亦在遣中，当诣播州。子厚泣曰："播州非人所居，而梦得亲在堂，吾不忍梦得之穷，无辞以白其大人，且万无母子俱往理。"请于朝，将拜疏，愿以柳易播，虽重得罪死不恨。遇有以梦得事白上者，梦得于是改刺连州。呜呼！士穷乃见节义。今夫平④居里巷相慕悦，酒食游戏相征逐，诩诩强笑语以相取下，握手出肺肝相示，指天日涕泣，誓生死不相背负，真若可信；一旦临小利害，仅如毛发比，反眼若不相识；落陷穽，不一引手救，反挤之，又下石焉者，皆是也。此宜禽兽夷狄所不忍为，而其人自视以为得计。闻子厚之风，亦可以少愧矣！此就一事感慨赞叹。子厚前时少年，勇于为人，以下总论生平。不自贵重顾籍，顾惜、蕴藉，二字并。谓功业可立就，故坐废

退。既退，又无相知有气力得位者推挽，故卒死于穷裔。材不为世用，道不行于时也。使子厚在台省时，自持其身，已能如司马、刺史时，亦自不斥。斥时有人力能举之，且必复用不穷。翻腾处，字字确评。然子厚斥不久，穷不极，虽有出于人，其文学辞章，必不能自力，以致必传于后如今无疑也。又抱上作转，归重文章。虽使子厚得所愿，为将相于一时，以彼易此，孰得孰失，必有能辨之者。子厚以元和十四年十一月八日卒，年四十七。以十五年七月十日，归葬万年先人墓侧。子厚有子男二人：长曰周六，始四岁；季曰周七，子厚卒乃生。女子二人，皆幼。其得归葬也，费皆出观察使河东裴君行立。行立有节概，立①然诺，与子厚结交，子厚亦为之尽，竟赖其力。葬子厚于万年之墓者，舅弟卢遵。遵，涿人，性谨慎，学问不厌，自子厚之斥，遵从而家焉，逮其死不去。既往葬子厚，又将经纪其家，庶几有始终者。重子厚，故一人牵连得书。铭曰："是惟子厚之室，既固既安，以利其嗣人。"

总评

沈归愚云："子厚之失足于叔文，躁进则有之，阿党则非也。昌黎不没其事，感慨惋惜，在隐跃间先表其好学，次许②其政绩，次述其交谊，而归结于文章之必传。噫郁苍凉，墓志中千秋绝调。"

习问

问以韩志柳而高尚情操溢于言外之故？

---

① 原作"重"，据屈守元、常思春《韩愈全集校注》而改。
② 原作"详"，据沈德潜《点注唐宋八家文读本》而改。

第三十五篇　泷冈阡表

呜呼！惟我皇考崇公卜吉于泷冈之六十年，其子修始克表于其阡。非敢缓也，盖有待也。"待"字，全篇之骨。修不幸，生四岁而孤。太夫人守节自誓，居穷①，自力于衣食，以长以教，俾至于成人。太夫人告之曰：作法。"汝父为吏廉，而好施与，喜宾客；其俸禄虽薄，常不使有余。曰：'毋以是为我累。'故其亡也，无一瓦之覆，一垄之植，以庇而为生，吾何恃而能自守邪②？吾于汝父，知其一二，以有待于汝也。自吾为汝家妇，不及事吾姑，然知汝父之能养也。汝孤而幼，吾不能知汝之必有立；然知汝父之必将有后也。"能养""有后"，双提。吾之始归也，汝父免于母丧方逾年，岁时祭祀，则必涕泣，曰：'祭而丰，不如养之薄也。'间御酒食，则又涕泣，曰：'昔常不足，而今有余，其何及也！'血泪语。吾始一二见之，以为新免于丧适然耳。既而其后常然，至其终身，未尝不然。吾虽不及事姑，而以此知汝父之能养也。申说"能养"。汝父为吏，常夜烛治官书，屡废而叹。吾问之，则曰：'此死狱也，我求其生不得尔。'吾曰：'生可求乎？'曰：'求其生而不得，则死者与我皆无恨也；矧求而有得邪③，以其有得，则知不求而死者有恨也。夫常求其生，犹失之死，而世常求其死也。'连下数折，写出仁人之心、仁人之言。回顾乳者剑④汝而立于旁，接笔神来。治狱下忽乳者抱子及术者等言，字字悲怆。因指而叹，曰：'术者谓我岁行在戌将死，使其言然，吾不及见儿之立也，后当以我语告之。'其平居教他子弟，常用此语，吾耳熟焉，故能详也。其施于外事，吾不能知；补笔得体。其居于家，无所矜饰，而所为如此，是真发于中者邪！呜呼！其心厚于仁者邪！此吾知汝父之必将有后也。申说"有后"。汝其勉之！夫养不必丰，要于孝；利虽不得博于物，要其心之厚于仁。吾不能教汝，此汝父之志也。"修泣而志之，不敢忘。结且为不辱其亲作案。先公少孤力⑤学，咸平三年进士及第，为道州判官，泗、绵二州推官，又为泰州判官。享年五十有九，葬沙溪之泷冈。太夫人姓郑氏，考讳德仪，世

---

① 原作"贫"，据欧阳修《欧阳文忠公集》而改。
② 原作"耶"，据欧阳修《欧阳文忠公集》而改。
③ 原作"耶"，据欧阳修《欧阳文忠公集》而改。
④ 原作"抱"，据欧阳修《欧阳文忠公集》而改。
⑤ 原作"方"，据欧阳修《欧阳文忠公集》而改。

为江南名族。太夫人恭俭仁爱而有礼,初封福昌县太君,进封乐安、安康、彭城三郡太君。自其家少微时,治其家以俭约,其后常不使过之,曰:"吾儿不能苟合于世,俭薄所以居患难也。"其后修贬夷陵,太夫人言笑自若,曰:"汝家故贫贱也,吾处之有素矣①! 汝能安之,吾亦安矣!"只志一事,而太夫人亦已作传。自先公之亡二十年,修始得禄而养。又十有二年,列官于朝,始得赠封其亲。又十年,修为龙图阁直学士、尚书吏部郎中,留守南京,太夫人以疾终于官舍,享年七十有二。又八年,修以非才入副枢密,遂参政事,又七年而罢。自登二府,天子推恩,褒其三世,盖自嘉祐以来,逢国大庆,必加宠锡。皇曾祖府君累赠金紫光禄大夫、太师、中书令,曾祖妣累封楚国太夫人。皇祖府君累赠金紫光禄大夫、太师、中书令兼尚书令,祖妣累封吴国太夫人。皇考崇公累赠金紫光禄大夫、太师、中书令兼尚书令。皇妣累封越国太夫人。今上初郊,皇考赐爵为崇国公,太夫人进号魏国。于是小子修泣而言曰:"呜呼! 为善无不报,而迟速有时,此理之常也。惟我祖考,积善成德,宜享其隆,虽不克有于其躬,而赐爵受封,显荣褒大,实有三朝之锡命,是足以表见于后世,而庇赖其子孙矣!"乃列其世谱,具刻于碑,既又载我皇考崇公之遗训,太夫人之所以教,而有待于修者,并揭于阡。俾知夫小子修之德薄能鲜,遭时窃位,而幸全大节,不辱其先者,其来有自。明缴"有待"意,归功祖考,字字得体。熙宁三年,岁次庚戌,四月辛酉朔,十有五日乙亥,男推诚、保德、崇仁、翊戴功臣,观文殿学士,特进,行兵部尚书,知青州军州事,兼管内劝农使,充京东路安抚使,上柱国,乐安郡开国公,食邑四千三百户,食实封一千二百户,修表。②

总评

沈归愚云:"不特不铺陈己③之显扬,并不实陈崇公行事,只从太夫人语中传述一二,而崇公之为孝子、仁人,足以庇赖其子孙者,千载如见。此至文也。若出近代巨公,必扬其先人为周孔矣! ○按表,崇公之年,长于太夫人二十九年,古人配偶不论年齿如此。○相传龙王欲读公此文,遣龙攫之而去,旋为公立于墓所,故碑旁有爪角痕不磨灭也。此诞妄之语,断不可信!④"

---

① 原作"吾处之有素矣",据欧阳修《欧阳文忠公集》而改。

② 原作"熙宁三年,岁次庚戌,四月辛酉朔,十有五日乙亥,男修表",据欧阳修《欧阳文忠公集》而改。

③ 原作"已",据沈德潜《点注唐宋八家文读本》而改。

④ 原无"若出近代巨公,必扬其先人为周孔矣! ○按表,崇公之年,长于太夫人二十九年,古人配偶不论年齿如此。○相传龙王欲读公此文,遣龙攫之而去,旋为公立于墓所,故碑旁有爪角痕不磨灭也。此诞妄之语,断不可信",据沈德潜《点注唐宋八家文读本》而改。

习问

问情语真挚，读此文，令人动《蓼莪》之痛，试申其义？

问一句一折，神味渊永，为欧文擅长，试指实以申明之？

通俗教育谈

《通俗教育谈》①编辑大意

一国之中，所以重赖乎教育者，在养成人格。人格者何？无论男女老幼，无论贵贱上下，既已为人，必具此一定之资格者是也。人生于世，一身之外，所接触者，曰"家族"，曰"社会"，曰"国家"。对此四者，而道德或有所亏损，即不得为合格之完人。吾国今日风俗人心，降而日下，旧道德将亡，新道德未入，统全国之人民，具人格者曾有几何？隐忧之大，莫过于此。

是书所录，本平素之阅历，而参考先哲遗规及东西人士之美德，以汇为一编，分处己、治家、明伦、正俗、涉世、爱国六纲。凡陋习所沿而不可不变革者，借镜他山而不可不效法者，毕见于斯，以期为养成人格之一助。大雅君子幸辱教之！

---

① 顾倬：《通俗教育谈》，沈恩孚校订，中国图书公司光绪三十三年(1907)版。

目　次

交朋友

敬祖先

正俗

庆祝

婚嫁

丧葬

戒①词讼

禁赌博

遏色欲

禁缠足

禁烟酒

破迷信

涉世

公益

公约

公众卫生

慈善事业

书信秘密

借偿

买卖

接引外人

道路

客寓

学校

公园

交际场

宴会场

剧场

饮食店

妓院

公共游戏场

---

① 原作"止"，据正文篇名而改。

轮车轮舟中

爱国
　爱戴君主
　关心时事
　服从法律
　纳赋税
　当兵役
　担任公债

处　己

自治

自治者何？谓不烦人之督责，而秩然自有条理之谓也。能自治者，凡一生所志之事业，若何而始，若何而终，皆自定之。一日中所行之事务，某时操职业，某时接宾客，某时食，某时寝，某时游散，皆自定之。故时不废，身不劳，而事易举。

古来之能成大事业者，其自治力必胜于人。试观胡文忠在军，每日必读《通鉴》十叶；曾文正在军，每日必填日记数条，读书数叶，围棋一局；李文忠在军，每日晨起必临《兰亭》百字，终身以为常。此虽小事，然其制之有节，行之有恒，实为人生第一难事。曾、胡、李三公所以为一时之人杰者，盖以其自治之力坚定也。

泰西通例，每日八时始作事，十二时而稍息；一时复治事，四五时而毕息。朝野上下，无一人不然。作则举国皆作，息则举国皆息，盖人人富有自治力者也。人人有自治力，故家正而国治矣！

吾国则不然，办事无定时，休息无定时，起居无定时。其劳者终日扰攘，其逸者终日无所为，殆均无自治之规律者也。故无论一身一家，一乡一国，种种腐败因之以起。欲求振作，必由自治始。

自尊

人不可无自尊之心。自尊云者，谓高其身分，而不肯自轻自贱之谓也。凡人所应为之事，无论难易，均自以为不能而推诿之他人者，谓之自轻。其行为卑鄙陋劣，露种种贪财慕势之丑态者，谓之自贱。能自尊者不然，彼心中必有一不畏难、不苟安、不推让、不依赖于人之思想，自待既高，所成就者自大。

吾国人自尊心太薄弱，凡遇地方公事，每人人置之不问，而早存一推诿之心，故其事百废而无一举；至国家大事，则尤置之不见不闻，若于己无与者。以数千年之习惯，养成人人自轻自贱之劣根性，是可慨矣！

要之，人必自尊，而后可以成人；国必自尊，而后可以成国。伊尹之言曰："予①，天民之先觉者也；予将以斯道觉斯民也。非予觉之，而谁也？"颜渊之言曰："舜，何人也？予，何人也？有为者亦若是。"试观故人其自尊之心若何？夫同是一人，而我甘居人下。事之可耻，孰甚于斯？凡我国人，均不可不激厉其自尊心也。

自爱

世不能人人为英雄，为圣贤，为豪杰，而必求无愧乎为人。欲尽人道，必自自爱始。

虽然，吾国民自爱者少，不自爱者多。惟其不自爱，故一物无所知，甘为他人之奴隶牛马者有之；惟其不自爱，故饮食起居，不知审慎，而沾染疫病者有之；惟其不自爱，故不顾名誉，不修品行，为寡廉鲜耻之事者有之；惟其不自爱，故为盗贼，为流氓，为种种穷凶极恶之人，致杀身破家之祸者有之。此其大略也。

抑知人之所以异于禽兽者，以其有为人之资格在也。而不自爱，与禽兽何异？且一人不自爱，虽于大局无妨，一家中不自爱之人多，则害及一家；一邑中不自爱之人多，则害及一邑；一国中不自爱之人多，则害及一国。吾中国即含有大多数不自爱之人者也。故国事几无一可为，而人种日流于贫弱。循此不变，将无以生存于今世界。

是则欲求为人，不可不知自爱；欲求为国，尤不可不知自爱。自爱惟何？在保其身体之发达，修道德，及求有普通之智识、技能而已！

自立

人不可无自立之心。自立云者，谓不求依傍他人，而卓然能自树立之谓也。盖人无论智愚，必有所应为之职业。其职业之高卑不必计，要皆能自食其力，而非仰食于人。此即人人有自立之性质者也。

吾国民之性质若何？全国之妇女倚赖男子，犹可言也。乃至男子之中，其无自立之性质者，殆十居六七。故游手好闲之人日益多，而乍有业乍失业者，又不知凡几。谚有之云："只顾眼前，不顾日后。"不自立者之用心，大率如此。

萃多数不自立之人以为家，家安得而不贫？萃多数不自立之人以成国，国安得而不弱？人即不爱其国，奈何不爱其家？人即不爱其家，奈何不爱其身？不能自立，则其身且不可保，冻馁之忧，死亡之变，在在可虞。凡我国民，其深思之。

---

① 原作"余"，据杨伯峻《孟子译注》而改。

励志操

人不可无坚固之志操。王阳明云："志不立，天下无可成之事。"其言甚确！盖古今之人，凡能成大事者，必有绝大之毅力。何也？人之一生，大抵逆境居十之六七，顺境居十之三四，而顺逆两境又相间以迭来。故无论事之大小，必有数次乃至数十次之阻力。志力稍薄弱者屡遇挫折，则心灰意懒，遂至功败垂成。此事势之所必然者也。

是故人无论操何职业，第一先立志。志定而以毅力行之，夫而后事可成。试观哥伦布之开辟新世界也，被阻者不下十数次；乃至海舟中同行之人，共谋杀其身，饮其血；而哥伦布之志不少隳，卒达其目的而后已。巴律西之制磁器也，屡筑灶而屡失败；至第四度最后之大试验，乃筑灶于家，砖石筑造，皆自任之；阅七八月而灶始成，及抟土制器，涂药入灶，火候未到，坐而待旦；至数十日，复功将成而薪忽竭，于是碎其桌椅、床榻及门，举投之火；妻子以为狂，号于室，奔告其邻，而所烧之质遂融。巴律西之志操，其坚固又若何哉？

无坚固之志操，为吾国民一大缺点。无论何事，均有始而无终，盖畏难苟安已成习惯。求其能毅然为一事，必成之而后已者，实不多得。至事关公益，则或一哄而散，或渐次瓦解，大率不出此两途。往岁抵制华工禁约之举，一人唱之，百人和之，响应遍天下，民气大张，乃曾不数月而烟消火灭，置之无何有之乡，其明验也。以吾国民若是之性质，当今日若是之时局，其何能久存？药普通之病根，必人人自励其志操而后可。

整仪容

人无论家居、外出，均不可不修饰仪容。吾国人生性放荡，而在家中尤自居礼法之外。故夏则裸体跣足，冬则毡笠短衣，习以为常。散野既惯，及至出门，衣服既不整齐，容颜又多污秽。类此者，实居多数。此亦吾国人特别之现象也。

孟子不云乎："西子蒙不洁，则人皆掩鼻而过之；虽有恶人，斋戒沐浴，则可以祀①上帝。"其意盖谓人之仪容，不分妍丑，而一以修饰为贵也。仪容之不可不修饰如此。试言其要：

一、端庄。人之态度，不宜轻佻浮滑，不宜胁肩谄笑，亦不宜在人前局促不安。要贵正颜色，和辞气，以保其端庄之态度。

二、整洁。身体及衣服，均以清洁为贵。穿戴尤宜整齐。盖衣冠不求华美，而

----

① 原作"事"，据杨伯峻《孟子译注》而改。

求整洁，庶虽旧亦如新也。

三、沈静。简默寡言笑，亦宜力加注意。若在人前，故作笑声、咳嗽声及弹指声者，尤为陋劣。

慎言论

言论，所以表人之思想者也。人在交际场中，言论之得失，关系甚重，不可不特加注意。列数要件于下：

一、亲爱。言论，须表亲爱之情。若与人相对谈话，而情意落寞，或作傲慢之态度者，则其人必无休戚相关之亲友。盖难与说话之人（俗称此种人为难说话），人必远而避之。

二、谦和。同是一言，有出以谦和者，有出以粗鄙者；谦和必为人所欢迎，粗鄙必为人所厌恶，此定理也。惟谦和亦须有分寸，盖太谦则近于伪，太和则近于谄。

三、完善。言论有伦次。一席之谈，首尾不乱，应对明敏，绝无错误者，此其人不惟口才不可及，即心思之密，耳力之锐，于此亦见。一般非留意练习不可。

四、审慎。高谈阔论足以骇人，肆口妄言足以取祸，均宜痛戒。盖即有伟识卓论，非常人所能及者，亦宜出以和平。事非万分真确，不可形之口舌。若规劝亲友之过，当委婉陈词，不得过于直率，以致令人难堪。尖利酸刻之言，尤当切戒。

五、真实。对人谈话，有巧语花言、酬应周到而实则无诚意者，其始虽足以惑人，久之又久，真情必为人所窥破。惟语语由肺腑中出，自有一番朴诚忠恳之意流露于口齿间者，人人爱之敬之。

多劳动

劳动之益，足以健康身体，活泼精神。无论男女，皆不可忽视之者也。吾国人不注意于运动，故身体多流于文弱，而妇女为尤甚。大家妇女类皆粉颜缠足，纤手细腰，镇日不为一事，闲坐长睡，以了此生。全国中有此无限之废物，而又体弱多病者十居七八。隐忧之大，莫过于此。

都市中之男女，其身体必弱于乡野中之男女；富贵家之男女，其身体必弱于贫贱家之男女。何也？一劳动，而一安逸也。是可知卫生之要，实以多劳动为第一义。

起居衣食有节

起居衣食，于人身关系甚大。盖起居苟不时，衣食苟无节，则精神与身体同受莫大之害。试略言之。

日出而作，日入而息，是为正轨。睡眠时刻，当以八时为准。不可太少，太少则血质渐淡；亦不可太久，太久则精神渐减。夜间为安眠时，昼间为作事时。虽日长体倦，亦宜提起精神，从事职业，不可昼寝。恐一成习惯，其性质便流于懒惰。且起居无定，则神思慌惚，消化障碍之病每因之而起。

衣服之制，不求华美，而以清洁为尚。今之风俗日趋豪奢，妇女之装束为尤甚。头妆手饰，动费巨赀。即衣服，亦争奇斗艳，日出而靡有已。是为舍本逐末，不知衣服之材料以毛布、绵布为最宜，绫罗锦绣徒逞外观，于身体固无益也。

饮食所以养生，故饮食品以滋养力富者为最有益。若味虽美，而价甚贵，或不易消化者，均不宜常食。至过事俭啬者，则虽变味变色之物，亦在所不弃，又往往因之致病。一则自奉过奢，一则自待过薄，两者适成相反。凡此，皆不知自爱其身者也。

西人饮食、衣服所费甚巨，盖奉养之丰俭与生计之盈绌相关。吾国今日正当生计困乏之秋，自不得不崇俭约。乃流俗中亦有事事不能效法西人，而独于饮食、衣服尽力模仿者，抑亦不思之甚矣！

治　家

整理家政

　　一家之中，有种种之事务，所谓家政是也。约而言之，则家门内外，有主人之责，有主妇之责。大凡应接宾客，教养子弟，清核财用，整洁门庭，董理庖厨，保存物品，待遇佣仆，侍奉病人，以及衣服、饮食、器具、什物等之制裁，莫不有一定之法度。虽家有大小，事有繁简，而既成为家，则以上种种事务殆无不具。

　　治家有法度，则家政清明；治家无法度，则家政紊乱。一家之主要，莫如主人。然主人操职业于外，万不能日日躬亲家政。故中馈之职，实惟主妇。主妇苟不能称职，则虽有贤主人，而其家政必不能整理。是则为主妇者，万不可不研究家政学也。

　　请言其要，董理家政，一在有定时，一在有定法。何谓定时？凡一日之中，何时食，何时寝，何时作何事，无不守一定之时刻，斯人不劳而事易举。何谓定法？家人相聚，均整然有礼节，凡衣服、饮食之限制，器具、什物之整顿，亦各守定章，斯家门以内始终无紊乱之状态矣！此非难事，实人人能勉力为之。

家庭卫生

　　家庭中有一最紧要事件，注意卫生是也。盖欲保平时之健康，豫防疫气之传染，非重视卫生不可。卫生之事，不止一端。试举其要者。

　　一、房屋之建筑及清洁。房屋宜多通空气，多受日光。通空气，不外多开窗户。受日光，则以南向为最宜。至清洁之关系尤大。盖各种瘟疫悉由细菌，而细菌之由来全系不洁。故家中污秽，不可不扫除净尽。

　　二、食物之选择及烹调。炊爨，为主妇之责。故一日三餐，其所备之食物，均宜加意选择：（甲）不可用腐败之动植物为食料；（乙）须多择物品中之有滋养料者；（丙）不可逞一己之嗜好而不顾众人。至其烹调方法，又各有不同。食品中有宜少生而著消化滋养之功用者，有宜甚熟而著消化滋养之功用者，均当随时留意，而尤以洁净为第一义。

260

三、衣服之制备及洗濯。衣服之制备，亦为主妇之责。四季衣服，均宜先时布置。材料，以切用为贵。颜色，宜雅驯。大小、宽紧，宜适中。无论亵衣、外衣，均宜时加洗濯；其不能洗濯者，须时以毛刷去其污垢而收藏之。盖衣服清洁，于全家之健康，大有关系，不独外观之美已也。

四、备浴所。吾国惟上等人家多备有浴池。自八九月起，至三四月止，天时和暖，往往煮水数次，全家就浴于斯。其他无浴池者，除暑天外，类皆终年不浴。外人每谓吾国以不洁闻于世界，诚非虚语。夫沐浴于人身之益最大。故无论何等人家，均宜备有浴所。暑天，须日浴一次。寒天，亦至少每星期入浴一次。（吾国浴池之建筑，需费甚大，且不适于用。一人浴后，水已污秽。经二三人，其水已不可用。日本所用浴桶，其制有方，有圆，有长圆，以木为之，中置铁炉，费轻而便于用。浴时，皆身浸水中，俟积垢浮起，即出桶，以肥皂细擦全身，垢尽则以热水浇灌之，若觉寒冷，身再入桶中，屡出屡入，习以为常，惟在桶内绝不动手。故桶中之水，虽经多人，而常清洁。此吾国人所急宜效法者也。）

制财用

古语有云："量入以为出。"治家之道，莫要于此。盖人之所以负债者，由其制用无节，遂至日亏一日，年亏一年，而究其极，卒不免破家荡产。故制用为保家兴业之基。今试采列二说于下：

陆梭山之言曰："凡田畴所收，除租税及种溉粪治之外，所有若干，以十分均之。留三分为水旱不测之备，一分为祭祀之用，余六分为十二月之用。取一月应用之数，约为三十分，日用其一。可余而不可尽用，至七分为得中，不及五分为啬。其所余者，别置簿收管，以为伏腊裘葛、修葺墙屋、医药、宾客、吊丧、问疾、馈送之费。又有余，则以周给邻族之贫弱者、贤士之困穷者、佃人之饥寒者、过往之无聊者。"

日本古川花子之言曰："家庭当重会计。"会计如何？（一）定豫算。设豫算之法，先豫计其收入支出，而制其出纳。（二）积豫备金。于豫算项下，设豫备费一宗，以备不虞。（三）贮金。即收入款中，贮积几分，委之银行，以为生活之资料。

右二说，皆制用之要法也。吾国民可采择而行之。

款宾客

款待宾客，宜亲和诚恳，而不必过事客气，致客跼蹐不安。若众宾客齐至，须一一款应周到，不可以亲疏而分厚薄。

知己相逢，人生乐事。然清游可也，小饮可也。世俗款宾，或唤妓以侑酒，或出赌具以为消遣资，则非所宜。

对奴仆

奴仆佣工之优劣不一，故待遇之方，第一须审度其心性。如果心性无他，皆可使用。其勤者，则奖励之；其惰者，则督责之；其好事多言者，则惩戒之。若主人精明强干，明示以不可欺，奴仆亦自不敢玩法。故稍严可也，而不可刻薄；稍宽可也，而不可放纵。如于初来奴仆，见其心术不端，则万不可留以自害，宜速去之。

整肃门庭

朱柏庐先生有言云："三姑六婆，实淫盗之媒。"此言甚确！闺门整肃之家，必严禁与此等人往来。即一切杂人，亦宜概行谢绝。主人、主妇各操其固有之职业，子女惟以读书为事，奴仆惟以工作为事，自有一番兴盛气象。若任此辈匪人往来络绎，非惟家用多一漏卮，且种种淫秽腐败之事均由此起。

防患

防贼盗，慎灾害，亦属治家要事。贼盗之来，断非无因。或家人妇子出门，衣服、首饰过于华美，为人所见而思暗算之；或富而不仁，对于地方善举、穷苦小民，悭吝不肯出一钱，为人所恨而思中伤之。防贼盗之本根，当于此注意。小心门户，则其次也。若夫火警、水灾风险，吾国人往往诿之天数，实则皆人事未尽之过。诚使家中火烛，刻刻小心，何至失火？高筑堤岸，开浚地沟，天虽久雨，何至为水所淹？房屋墙垣，勤加修理，何至为风所吹折？此亦操持家政者所宜知也。

明　伦

事父母

孝为百行之原。五洲万国，无不以孝亲为第一义。故吾国古昔圣贤言之详尽，其要点有三：（一）养志，谓事事能遂父母之意志也；（二）干蛊，谓父母有过而能感格其心，使之改行为善也；（三）扬名后世以显其亲，谓为人子者，或立德，或立功，或立言，为一时不可少之人，其名传，而父母之名亦因以不朽也。事父母者当注意于斯。

人无不受父母之恩，而少孤之子，其受恩于母为尤甚。故世之不孝父母者，直不可谓之人。乃世道日非，能如上云云者，固不易得；即口腹之养，而亦多不能尽心，使老年父母为家政操劳及自食其力者比比皆是，目为不孝，夫犹何辞？

昔崇明有吴老人，生四子。壮年家贫，鬻子自给。四子咸为富家仆，及长，皆自赎身，娶妇同居，以养父母。诸媳协商，轮餐进食。逢五、逢十，四子共设食堂中，父母上坐，子孙居左，媳及孙媳居右，以次欢饮。老人室内置一橱，四子各置钱一串于其中。老人随意取钱，往市买物。钱缺，则子潜补之。历数十年如一日。四子操业虽卑，其孝如此。倘中等以上之人家而不若之，能无愧死？

对尊长

一家之中，父母外，必有尊长。幼辈之事尊长，其至诚至敬，当与父母同。男尊长中，如有不贤不才、失业家居者，幼辈对之不可丝毫失礼。女尊长中，如有性情暴戾、气量狭小者，幼辈惟宜顺受，万不可至父母翁姑前搬是弄非。若对寡居之伯叔母，尤宜事事体贴其苦情，而顺从之。今人根性浮薄，往往视尊长如路人，急宜痛戒。

待兄弟姊妹

兄弟姊妹，同胞骨肉，宜始终相亲相爱。当孩提时，无一刻不在一处；及长，而各有家室，情意遂易致乖离。不知患难猝来，虽至厚之亲朋，终不若同胞之益。至姊妹出嫁之后，如境处贫困，当时有以接济之。亲亲之谊，固应尔也。

兄弟若能同居其爨，自是绝妙。然揆度人情，兄弟之不和，往往因之而起。何也？食指之多寡不同，妇女之意见不一。家有遗产，则咸思坐食；家无遗产，则兄弟终年进项，比较必有盈绌，各房妻子愈生计较之心。故莫如以同居分爨为上。

世俗兄弟和睦者少，不和睦者多。有因争产而涉讼公庭者，不知兄弟难得，产业易得。不竭力经营生计，以自致殷实，而乃于先人遗产斤斤焉。与兄弟相争，丑莫甚焉。昔汉之薛包与弟侄分产，自取朽坏之器物、硗薄之田庐，而让其美者于弟侄，终身未尝不富足。愿我国人其共鉴诸！

夫妇之道

夫妇，为人伦之始。有夫妇，而后有家室。家道之盛衰，家风之美恶，全系乎夫妇。列夫妇之道于下：

一、亲和。夫妇一结婚，则永订终身。故自古以比翼鸟、连理枝比之。夫唱妇随，相亲相爱，理之正也。即不幸或夫或妇，有时意见乖睽，彼此宜以至诚相感格；若反目斗口，则大害平和，急宜力戒。（吾国结婚全凭媒妁，男女性行，彼此不相知，故多怨耦。西人目之为野婚。正本清源，当自结婚始。）

二、整肃。夫妇相处，易流狎亵。不知闺门之内，虽无外人，而子女、婢仆均聚于斯，自当本身作则。晋之郤缺，其夫妇相敬如宾。愿人人奉以为法！

三、以道义相勖勉。夫妇同心，则事无不成。今之妇人，见识卑浅，往往知夫之欲有所作为，而百计千方以阻之，以致其夫一事无成，久而心灰意懒，英气遂以销磨。不知妇有相夫之责，若贪安逸，顾私利，是陷夫于恶矣！夫之于妇，亦宜时时晓以大义，万不可听其任性妄为，营私忘义，以养成不良之习惯。总之，善相劝，过相规，夫妇之道亦应若是。

教子女

父母无不爱其子女。然必能教子女成人，乃为真爱。若惟以养其口腹、顺其性质为事，是非爱之，而适以害之。然今之父母，有不知此义者，中等以下之人家盖比比也。

义方之教，前人所重。录其言之尤要者。

史搢臣云："父母教子，当于稍有知识时，见生动之物，即昆虫、草木，必教勿伤，以养其仁；尊长亲朋，必教恭敬，以养其礼；然诺不爽，言笑不苟，以养其信。稍有不合，即正言厉色以谕之，不必暴戾鞭扑以伤其意。"

张杨圆云："有子不教，不独在己薄其后嗣，兼使他人之女配非其人，终身受苦；有女失教，不特自贻他日之忧，亦使他人之子娶非其偶，累及家门。"皆至言也。

子女生后六岁，必使入塾读书。即家况艰难，此数年学费，万万不可节省。女与子，当一例看视，不得存重男轻女之心。盖女他年有相夫教子之责，不可无此普通学问以为之基础。惟女年既长，当令出学，操持家政；学问虽高，而家庭生活如多隔膜，于实际亦无益也。

凡属侄男女、甥男女，当与己之子女一例看视。如彼之父母，所见不同，宜竭诚劝导；力不足，则助其学费。若孤侄、孤甥，尤宜加意培养之。

妯娌姑嫂之道

妯娌姑嫂，以异性之人，强聚一堂，其名分既非若姑媳之有尊卑，其情意又非若夫妇之相亲爱，而仆婢、子女又往往从中搬弄语言。故妯娌姑嫂和睦者十中之一，不和睦者十中之九。一家亲属，惟此为最难处置。不知妇女德性，第一要识大体，第二要有大量。朋友之交，其笃爱者，犹如水乳交融，何况同居共食、终日相聚者乎？录故事二则于下，以示妇女。

妯娌之道。苏少娣，姓崔氏。苏兄弟五人，娶妇者四矣！各听女奴语，日有争言，甚者阋墙操刃。少娣始嫁，姻族皆以为忧，少娣曰："木石鸟兽，吾无如彼何，世岂有不可与之人哉？"入门事四嫂，执礼甚恭。嫂有缺乏，少娣曰："吾有。"即以遣之。姑有役其嫂者，嫂相视不应命，少娣曰："吾后进，当劳，吾为之。"母家有果肉之馈，召诸子侄分与之。嫂不食，未尝先食。嫂各以怨言告少娣者，少娣笑而不答。少娣女奴以妯娌之言来告者，少娣笞之，寻以告嫂引罪。尝于衣锦衣时，抱其嫂小儿，儿适便溺，嫂急接之，少娣曰："无遽，恐惊儿也。"了无惜意。岁余，四嫂自相谓曰："五婶大贤，我等非人矣！奈何若大年为彼所笑。"乃相与和睦，终身无怨语。

姑嫂之道。欧阳氏，宋人。适廖忠臣，逾年而舅姑死于疫，遗一女闰娘，才数月。欧阳适生女，同乳哺之。又数月，乳不能给，乃以其女分邻妇乳，而自乳闰娘。二女长成，欧阳于闰娘，每倍厚焉。女以为言。欧阳曰："汝，我女。小姑，祖母之女也。且汝有母，小姑无母，何可相同？"因泣下。女愧悟，诸凡让姑，而自取其余。忠臣后判清河，二女及笄，富贵家多求忠臣女。欧阳曰："小姑未字，吾女何敢先？且聘吾女者，非以吾爱吾女乎？"其问诸邻人，卒以富贵家先闰娘。簪珥、衣服、器用，罄其始嫁妆奁之美者送之，送女之具不及也。终身待闰娘厚于其女。闰娘每谓人曰："吾嫂，吾母也。"欧阳殁，闰娘哭之，至呕血，病岁余。闻其哭者，莫不下泪。

睦亲族

人各有亲戚，人各有宗族，均不可漠视之者也。吾之境遇苟无余力足以顾及他人，亲族有事，亦宜推诚相助，尽吾之力以为之。吾之境遇苟丰亨，则亲族之期望于我者自甚切，而妇女为最，此时宜持均财主义，有事则馈仪从厚，无事亦宜量力借贷，万不可膜视亲族饥寒困苦，如同陌路之人。昔晏平仲一狐裘三十年，而三党之亲莫不被其禄者。范文正轻财好施，立义庄以赡族人，其规则至为美备。此皆今人所宜效法。（受亲族之补助者，须知此出自亲族之厚意，万不可视为分所当然。若因此而养成倚赖心，即非自立之道。）

交朋友

朋友，亦人伦之一。然交益友则有益，交损友则有损，不可不审慎于先。若既已订交，则宜生死不渝，患难与共。若平日往来甚密，一遇事故，即远而避之，或且陷井落石者，是诚狗彘所不食矣！

朋友当为道义交，有善相劝，有过相规是也。若此往彼来，时相征逐，是酒肉交耳。挥霍金钱，趋炎附势，是势利交耳。今之交道，酒食交、势利交为多，而道义交不可多得，可慨可慨！

交友，又贵信实。无论交情疏密，均宜谨守弗违，万不可以交情既密，遂生狎玩之心。盖信与敬实交友之要件也。

敬祖先

祠，乃祖宗神灵所附。墓，乃祖宗骸骨所藏。故朔望拈香，春秋致祭，均宜至诚至敬；即生辰死忌，亦不可忽。祭菜，必主妇躬亲备具。子孙跪拜，须整肃衣冠。祠堂、坟墓，如有损坏，急宜雇工修理。此事死如事生、事亡如事存之道也。

世俗于此均无真意，而化纸烧钱，则在所不吝，一似惟此为尽其孝思者。不知费有用之钱财，买此无谓之纸箔而焚化之，是暴殄天物也。节俭之祖先，如果有知，当深恶而痛疾之矣！

正　俗

庆祝

欧美各国之祝生日也，皆有恳恻之真心。如当主妇生日，则主人祝妻，子女祝母，均备诚虔之赠物，以祝其健康！普罗氏之某学校，有教师生日之前一日，生徒若不知之，照常上课，而隐已备祝贺物，送教师家中；明日教师见之，不知其为谁所赠也。此其用意诚恳何如！

吾国则不然，空尚虚文，不崇实际。绅商士族，凡遇寿辰，动辄开筵称庆；其来客，每有主宾素不相识而亦投刺入祝者；叩头之敬礼，以款点报偿之。主宾交际，如是如是。

寿家之陈设，大都流于豪奢。故庆寿一次，糜费动在一二百金以外，至俗尚之所尤不可解者。如先人已死，而并计其在生之年以为寿，献斋礼忏之外，往往开筵称庆。（俗称做阴寿。）不知人已死矣，寿又何来？子孙当此，正宜思先人之不获享天年而深悲痛，乃可视为欢乐事乎？

中等以上之人家，婴儿生后，凡三朝、满月、周岁，动多糜费，有备酒以款客者，外家亲族又往往以金银首饰、绫罗衣服赠之，亦似太过。语有之："当为小儿造福。"此言正耐人寻味。

婚嫁

吾国通行婚礼，耗费甚巨。嫁女娶妇，至少须各费数百金。中下等人家，有因此终身负债，不能偿清者，可谓大愚。夫使为父母者，于儿女生后，即提其他日婚嫁之费，移以用之于教育，则儿女之受益无穷。

结婚之用，糜费为多，在女家尤甚。置办妆奁，多涉豪奢；即不豪奢，所办之物亦多非要需；而习俗相沿，牢不可破。荆钗布裙之风，至今不能再见，可慨实甚！其尤不堪者，则费用不足，辄向男家索增礼金及诸杂费，媒妁往来，斤斤争论，而不以为耻，可怪甚矣！

新妇入门，贺客辄围坐洞房，恣意戏谑，新郎避匿不出，仅一伴媪旁侍，俗称闹房，其举动最恶。即礼堂交拜款待新娘之情形，亦同儿戏。百年大礼，不应秽鄙如此。

方今上流人士，心知其非，参用东西洋各国文明规则，以行结婚礼者，其费甚廉，其事甚整，凡闹房、款新等事一扫而除。结婚者当以此为法。

礼单列下：

一、行结婚礼。由男若女之绍介人，得男女之同意。（有父母主婚者，并须得父母之同意。）请一人，为证人。届期，新郎由男客伴送，新妇由女客伴送，至礼堂，北面立定。证人西南面立，读证书。新郎、新妇用印毕，交换信物，对立行鞠躬礼。证人读颂词。新郎、新妇谢证人，次谢绍介人，乃鞠躬退。

二、行见家族礼。谒尊长，次平辈，次卑幼。（或拜，或鞠躬，临时区分。）

三、行受贺礼。男女客先后依次排列，向新郎、新妇行一鞠躬礼。男女客代表人出位，鞠躬；读颂词毕，新郎、新妇鞠躬，谢众客；读答词毕，向众客行一鞠躬礼。礼毕，宴饮。

　　　《结婚书》附：
　　　结婚男子某某　　字某某，年某某岁，某省某府某县人。
　　　结婚女子某某　　字某某，年某某岁，某省某府某县人。
　　　由某某二君绍介，两愿结婚，订为夫妇（父母在者，改由父母允订为夫妇）。兹择于某年某月某日，在某处，请某君为证人，行结婚礼，永谐和好合，立证书。
　　　某年某月某日　　　　　　　　　　　　结婚男子某某
　　　　　　　　　　　　　　　　　　　　　结婚女子某某
　　　　　　　　　　　　　　　　　　　　　绍介人某某
　　　　　　　　　　　　　　　　　　　　　证人某某

结婚颂词，可随意撰制。若乡村中人，不能作颂词，随口祝颂，以从简便，亦可。

丧葬

送终，为人子第一大事。生我之父母，一朝长逝，其惨痛为何如！乃今人遭此，惨痛之意少，而铺扬之意多，其全副精神悉注意于作佛事、陈饰丧仪一面，以此为孝，误矣！

孔子之言曰："礼，与其奢也，宁俭；丧，与其易也，宁戚。"王朗川先生之言曰："人子送亲，最要紧者莫如棺木。板，以四川花板为上。造作时，必寻善做老手。两墙，不宜太弯①。其糊缝、搪里、封口，全要真正生漆，则性粘易干，方能耐久。棺外，宜多加生漆。钉，以苏木为上，熟铁次之。"又曰："殓时，举家哭踊，将棺内事务付之仆婢，失误不小。须缓尽哀痛之情，亲自铺垫：手足，要安放，勿得拗曲；衣履，要周正，勿令捲摺；四围，多用石灰纸包塞紧，久而肉化灰熔，自成一块；枕，宜低平；两耳衬贴，宜紧实，庶不致摇动。皆为人子所宜知也。"

世俗办丧，每用僧道修斋，七七中以不断为荣，甚至有放烟火，设水陆道场，以招众人之观览者兴高采烈。一至于斯，是直忘其所办者为丧事矣！

天堂、地狱之说，均为僧道诳骗人财而起。即使僧道之言果属不虚，则平生为君子，死后当登天堂；平生为小人，当入地狱，夫岂号佛诵经所能超免？吴俗又有所谓还受生者，盖为投生时所借冥款，不可不还以赎罪过，其愚陋尤为可哂！

丧礼称家之有无，丧仪尤与品位有关。今人稍有力者，每任意铺陈，不顾僭妄。抑知父母一生谨守礼法，而使身后有此悖礼非法之行为，是陷亲于罪戾也，不孝实甚！

停丧不葬，有千万禁，其故皆由于误信风水。始寻吉穴，继论山向，以致迟延，至终其身不葬亲者有之。抑知地师之说，如果可凭，则彼之祖父当得非常吉地；乃地师之后，落薄者多，其故何也？世俗又有误信地师言，而迁葬其亲以求利者，蔑理丧心至此极矣！吾国保守坟墓之旧俗，固见民德之厚。然营葬者究不宜占地太多，致碍农业及地方之公共建筑。能行族葬之制，尤为妥善。如值本国兴办铁路，或开辟马路等事，应行迁让之时，万不宜抗阻以碍公益；但妥择改葬之地，以安死者之体魄可矣！管理地方之义冢者，亦宜知此意。

戒词讼

人人各有保守权利之思想，则凡侵犯我权利者，不得不与之一争，争之不已，必至涉讼。虽然，东西列国所立之诉讼法至细至密，司法者又一秉大公，故来讼者各得其平而去。吾国法律尚未完备。听断之官，曾学习法律者，居极少之数。钱债之案，往往视为细故，不甚经心。且国家已废笞杖之刑，而各衙门沿旧时之习惯，滥用笞刑者甚多。尤不堪者，则贪污之官吏得赃而卖狱，一场诉讼足以破家，言之可痛！人惟读书明理，可以不受人欺。受欺而涉讼，固已晚矣！今读书之人，尚或未明法律，况未读书之人乎！不明法律，讼亦受欺，故吾意不如勿讼。要知投呈就质，在在需钱。无论何事，如可由亲友调处者，虽稍吃亏，较之伸诉公堂，枉费钱财，而理亦未必得直者，尚觉便宜。吾国人其共思之。至于刁恶之徒，或捏词诬

---

① 原作"湾"，误。

控，或匿名陷人，彼方自以为得计，而不知已自罹法网。盖诬告反坐，律有明条；匿名揭帖，应坐绞罪。此等奸诈之风，不独干犯法律，实已自损人格。吾国人所宜痛戒也！

禁赌博

吾国人性好赌博，上至官场，下至妇女，凡稍有身分者，以赌博为消遣计，故麻雀之风盛行宇内。若流品愈下，则所用之赌具亦愈劣。各地方城厢乡野，一至午后，或于家庭，或于娼寮，或于酒肆茶馆，开场聚赌者指不胜屈。此辈皆耗废无限之光阴，寖至失业倾家而后已。大而言之，则现今各省所举办之彩票公司亦一大赌场也。封疆大吏不加禁止，而反以此为筹款之一宗，是可慨矣！

赌博之害，足以失业倾家。而吾国人沈溺不悟者，纵欲贪财之意有以致之。夫人孰无大欲，求一时之快乐，何如求永久之安全乎？人孰不贪财，图一时之侥幸，何如图永久之饶足乎？各勤职业，以力辟生机，大欲大财悉在乎是。

遏色欲

色欲足以伤身，亦足以弱种。盖人必善自保养其身体，方能壮实，而所传之种亦强健。此其意，人人知之。乃吾国通俗主早婚，夫以少年男女身体皆未成熟，而情欲正当极盛之时，每不免放恣无度，以斫丧其元气，是害在养身；以斫丧过甚之故，而男女身体俱尪弱，则所生之子女，其孱弱更不待言，是害在传种。然此犹夫妇大伦，事之至正者也。世上狂夫荡女，为奸淫苟且之事者，实繁有徒；通商各口岸，淫风尤盛，直不知廉耻为何物？浮薄少年之以此破家，以此丧命者，又岂有穷期哉？

贪一时之欢娱，致终身之苦恼，色欲是矣！推其纵欲之因，实由于游荡。是节欲之方，以勤劳职业为第一义。至寡廉鲜耻之事，尤人人所不可为，急宜痛戒。

禁缠足

缠足之害甚大。凡妇女之中，足愈小者，其身体愈弱。何也？身体之重，两足不能载之，故步履维艰，而惮于行动。其平时既屡经苦楚，且以多坐多眠之故，而各内脏功用为之消减，身体因以多病。

妇主中馈，精力既易衰，则操持家政，每不能事事周到，于是家政遂坏于冥冥中。且母体弱，则所生之子女无不弱；弱种递传，愈降愈下，其关系之大如此。

虽然，推妇女所以缠足之原因，由于俗尚以妇女为玩物，称之为三寸，美之为双钩，恶习相沿，牢不可破。故为母者忍心害理，必戕其女之双足而后已。至今风气虽已转移，有志者日以天足为提倡，然妇女之缠足者仍居多数，亦可怪矣！（妇女妆束，如穿耳画眉、涂脂抹粉，以为种种妖态，均极恶劣，皆宜力革除之。）

吾望世之妇女及早回头，凡未缠者切勿再缠，已缠者从速放成天足，以破除此恶习，乃今日之幸事也。列放足法于下：

一、放宽鞋袜。鞋袜，照平时放长一寸或半寸。如鞋头太宽，则内衬软棉。足渐大，棉渐少，至不衬棉花为止。以后迭次更放，致足趾舒放，并不拘挛，足心直舒为度。

二、除去布带。缠足人血脉，久缚骤放，下行太暴，往往肿痛。初时，宜留一二尺布于足，略围绕之，留作徐徐舒放。

三、直舒足趾与足心之法。放足，须令足趾与足心舒直。其法于临睡前半时，温和筋络，用黄花士令药膏，搽足之凹处。（黄花士令，外国药油，药房中多有之。）而以软棉贴之，用布拦住，以免骤痛。

四、治皮肤裂痛及鸡头肉之法。女人年大者，足已缠紧，血行缓，则皮肤枯，放之大都患痛；更有生鸡头肉者（俗谓之鸡眼），按之辄痛。治法，照前条温洗搽绕之法行之，则自然滋润不痛。如黄花士令，不便取买，用生羊骨油搽之。如皮肤破裂，用硼砂煎汤熏洗甚效。

五、去高底屐之法。中国妇女，有用高底屐者，骤去之，自觉不惯，可用厚纸做成高底屐一般。著久，则纸渐实，底渐薄。以后再做，视既薄之底为之，不过二三次，便已去尽高底屐，而行止自如矣！

禁烟酒

烟、酒二物均为嗜好品。食之者，足以取快一时，而实则隐受其大害。试略举之，如左：

酒类中皆含有酒精。少饮之，则能奋起精神，排解郁闷，故人多嗜酒。然实则酒精入腹，而脑受蒙蔽，由是先失理解力，继失感觉力，而运动力反增加；既而酒力达于皮肤，皮肤之神经悉成麻木，则运动力亦失，甚有因之而成终身不治之废人，或因以醉死者。且酒之害，非独在一身，并害及后嗣。何也？醉酒中所生之子，其身体、精神有疾病者居多。

烟草有兴奋神经之用。且吸烟时，嗅蒸气之香，观嘘出之烟，足以慰目与鼻之嗜好，故人多喜食之。不知烟草中亦含有毒质，多食则有害身体之健康。

鸦片亦烟中之一，流毒遍海内。鸦片初食时，其性能助血中之铁质，增其行动之力，故觉精神倍足。及日久，则铁质失其功用，必待鸦片相助而后行，遂成烟瘾。瘾至则呵欠流涕，头痛身冷，而毛发悚然。若不能自持者，其害遂不可胜言，神经及各内脏之功用悉为所坏，精髓销亡，资财耗竭，卒促其天年而后已。方今烟禁甚严，定期戒绝。凡黑籍中人，当知自悟；若再不回头，是真不可救药矣！

破迷信

世俗所迷信者甚多，其尤大者：（一）风水；（二）鬼神；（三）佛。佞佛之心最坚，耗费亦最巨。试一一言之。

风水之说深中于人心。无论吉凶、建筑等事，必占风水，一一惟地师之言是听。有力者迷信更甚，择一地，定一方向，选一日期，恐一地师之言不足凭信，乃广邀诸地师，择之又择，评之又评，妄用之费至不可计，长年累月，劳精疲神，其所失亦至大矣！

虽然，原地师之所以能蛊惑①人心者，盖世之愚夫愚妇，惟知以做官、发财、多子孙为人生绝大快乐，而又不尽人力，但求天幸，故地师之言得以乘虚而入。夫做官、发财、多子孙之希望，其为卑陋庸劣，固不待言。即令做官、发财、多子孙诚为人生绝大快乐，亦岂地师所能预料？庸庸扰扰，果何为哉？

世俗愚夫愚妇，平时无恶不作，不畏清议，不畏王法，而惟畏鬼神，此亦吾中国之一大怪现象也。

畏鬼祟，求神佑，此心不约而自同。故一有疾病，则不问医药，且问鬼神。占星问卜，算命延巫，扰攘不已，财尽而人亦死者，比比皆是，而卒不知悟，何哉？

佛教盛行于吾国，然今人之迷信佛教者实尽失其真。愚夫愚妇之心，只知有消灾求福，遂不惮废光阴、耗钱财以谋之，而僧尼乃得操其术以骗人。禅院佛堂，香火极盛，男女杂沓，丑秽之事，时有所闻。统计吾国人之财力，耗费于佞佛者，一岁中不知凡几。力果有余，犹可言也。乃世之愚夫愚妇，虽典衣借债以为之，亦所不顾，可慨也矣！

---

① 原作"感"，误。

涉　世

公益

凡事有关于地方之公益者，人人有应尽之责任。欧美之人，无论男女，皆富有公共心，如立学校、设图书馆、辟公园、建医院等，其集资甚易。非惟富家翁不惜捐巨金，以为慈善之事业；即在平民，亦咸能设法取资，以达其目的为乐事，其力顾公益为何如哉？

吾国人知有私益，不知有公益。平时问舍求田，日不暇给，甘为儿孙作马牛；而至地方公举，则视出一钱如失性命然。不宁惟是，烧香佞佛之费，在所不吝，为求福利计也；演戏赛会之费，在所不吝，为悦耳目计也。独至于各地方公益之举，则群以不拔一毛为主义；即有肯稍输钱者，方且人人笑其愚，诋其戆，目其为好名。萃全国大多数之国民，而咸置公益于度外，欲各地方有自治之基础也难矣！

是则在今日各地方百废待举之时，凡我国民当咸知公益之重要，去其悭吝之恶根性而力为之，庶几有当。

公约

世间交涉往来之事，彼此订立约规，以执为公同遵守之具者，谓之公约。原订立公约之故，盖惟恐空言无补，故特载之楮墨，以相为维系。无如人心浮薄，空言固不足据，公约亦不足凭，订约在先而悔约在后者指不胜屈。若商人中之尤无信实者，往往与同事订立合夥议单，而暗中作弊，赢余则利归之己，亏折则害归之人。同业中订定议规，划一价值，而阳奉阴违，以期自私自利，全不顾大局之有关，此则尤为无耻者矣！

公约不足恃，故人心极涣散，财力极薄弱，公共之事业无一能成，充其极不必有外患内忧，而可亡吾国。不知吾国人何日能知此义，而力以公约为重也。

公众卫生

欧美各国，最注意于公众卫生。故到处铺设地沟，且装置自来水管，以除其污秽。操行政权者整理道路，检查病疫，严禁销售腐败之食物，凡所以为保公众之健康计也。吾国各家庭中无注意卫生者，关于公众则尤甚。试言其要。

一、饮水。水之所以不洁，由沿河居民，无论若何秽物，均于河中涤之；且河道不深，易于淤塞，故其水甚浊。

二、食物。凡腐败之食物，业此者每廉价发卖；吾国人多贪小利，不计大害，故争购食之。

三、地沟。各处街道两旁，多无地沟；即有之，亦多淤塞，故秽水充积。

四、茅厕。街巷中茅厕甚多，且皆奇秽。

凡此数类，皆酿成疫疠之绝大原因。故传染病之发生，时有所闻。发生以后，又不知消毒避疫之方，蔓延所及，死亡无数，是可悲矣！

虽然，公众卫生果非易事，犹可言也。若居处饮食，欲其无害于生命，人尽能之，奈何不注意卫生，害人而且以自害也。

慈善事业

恻隐之心，人皆有之。故吾国人于慈善事业，如赈荒、济贫、养老、恤孤之类，未尝不注意。试观往岁天灾流行，淮、徐二府受灾甚重，海内人士于淮、徐赈捐，亦实尽心力以为之，至今未已。每届年终，殷富之家，施衣、发米以周济贫人者，各地方亦时有所闻，不可谓无恻隐之心也。

虽然，凡病必求其源，而后可下药。荒，病象也；而所以致荒之故，则病源也。贫，病象也；而所以致贫之故，则病源也。救荒不如备荒。使各地方之慈善家平时于浚河筑堤非常注意，而出其所有之资财，以补小民之不足，使无水旱之虞，斯为上策；于大荒之后，以工代赈，驱遣灾民而从事于斯，为亡羊补牢之计，斯为中策；若仅仅按户发米，计口放钱，以救灾民于一时，乃下策耳。民之贫由于失业，与其以衣食周济贫人，莫如出其货财，广设工艺局，而教以谋生之资料。年老者，固宜养之，然亦可予以能为之职业；若矜恤贫儿、孤儿，则惟有注意教育，或设学校以造就之，或资以学费，令之就学，庶几有当！吾愿我国之慈善家注意焉！

书信秘密

亲友托带书信，虽受信者为我最亲切之人，亦不可窃视。如属家书，尤宜谨守秘密。吾国人脱略之性，已成习惯。如发信人与受信人，彼此皆我亲友，直视其书为我可公共参观之物，此虽达人正士恐在所不免。尤不堪者，则直举人之家书而亦窃视之，此等行径与窃贼何异？急宜悬为戒例。

不独书信然，即亲友密谈，亦宜谨守秘密。若亲友有要事与我筹商，而我露泄之，是亲友之事为我所败坏，负罪实甚！故无论其言之若何，耳可得而闻，口不可得而言也。

借偿

人不能无匮乏之时，即不能无借贷之时，经商者尤贵流通。然借款、偿款，必以信义为重。吾国人每不知信义为何物，如借一款，明订还期，至期而仍逋欠者甚多。关于一人之失信用，其害尤小；人人习为固然，而市面为之震动，其害尤大。甚至保火险者，资本亏蚀，则阴放火以阳求偿，用心险诈。至于如此，皆于世道人心大有关系者也。

买卖

买卖亦以信义为重。吾国各店肆中，其货价不以物品之优劣而定，任意涨落，时有变更，明言童叟无欺，而实则欺人最甚。即通商口岸，各洋行中所用之华人，其不知信义亦如是。此直吾国人普通之劣性也。吾国土产，以丝、茶为大宗。然业丝茧者则掺杂劣茧断丝，业茶者则掺杂伪叶，蒙混以求售，驯至不见信于人，而货价日益低落，通盘筹算年逊一年，自取之咎不为不甚，而尤不知悔悟，愚亦甚矣！

接引外人

对异乡人、异国人，应尽接引之责。昔有留学日本之某君，尝访一友人，迷失道，问信于日人某，某为之引导至友人寓前，呼其房主出，告之而去。复闻日人之在北美合众国者，有一人偶于某所乘轮车，时坐席已充满无余地，同车一美人见其为异邦人也，起立而以坐位让之。其厚意可感类如此。

吾国人则不惟对异国来者，无此热诚；即对异乡人，亦不能力尽接引之责任。故远适异乡，种种困难因之而起。此亦吾国民无公德之一征也。

道路

道路之整洁与否，为一国文野之现象。故泰东西列强每视路政为一绝大之事业。上而政府，下而地方行政官，莫不尽力经营之，修理扫除，无时或辍。虽至穷村僻邑，亦道路整洁，不因雨水泥泞而有所不便；至大都会之道路，又以极坚固之木材、土石敷设之，其表面不留泥土。故妇人之下衣，虽曳地而行，亦不沾一尘，其整洁如此。

往来道路间者，中央为车马道，左右两旁为人道，境界划然。往者由左，来者由右，不相冲突。且人人知保护道路之清洁，不妄吐痰。无论何时，决无于道旁大小便者。道旁僻处，设公共便所，皆清洁异常，绝无一点污迹，固由扫除之勤，然亦各国人注意清洁之征验也。

大都会中，虽人马杂沓，而皆顺受警察之指挥，无敢忤者。故纷纭争斗之事，为理所必无，亦无妄取公共物者。

吾国则反是。四乡道路，每高低凹凸，不便行人。域市之中，虽铺以砖石，然废坏者亦不勤加修理，天雨则满地泥泞，其两旁倾弃垃圾秽物，所在皆然。

域市中街道本狭窄，卖菜果什物者又罗列于两旁。故往来行人必肩背相摩而过，因其喧嚣嘈杂而相殴相詈之事，乃时有所闻。两旁居民，虽秽亵之衣，亦往往悬晒路中，绝不知道路为何地也。

道路上行走之人络绎往来，或左或右，迄无一定。愈杂乱，故愈拥挤。劫财抢物之事，时有所闻。盖实因行人无一定之规则，而宵小乃得以混迹其间。况道路之上，到处可以便遗。至茅厕所在之地，尤非常污秽。沟道淤塞，秽水积于路旁，天热则臭气薰蒸。遂致酿成疫疠、喉痧、霍乱等症，蔓延传染，悉由于此。

路政之重要为研究地方自治者所宜急行办理，然居民亦各宜守清洁、整齐之公责。昔袁了凡之言曰："从前种种，譬如昨日死；从后种种，譬如今日生。"①我全国国民之对于此道路也，亦当如是。

客寓

客寓，所以便行人。故各地方有之者甚多，而水陆要道为尤盛。然客寓中亦有当更改旧习者二事，一属寓主，一属客人。

属于寓主者何？则清洁问题是也。今之客寓，饮食不洁，房屋不洁，器具什物无一不污秽者，固由客人不好清洁，然寓主不能督率役人各勤厥职，亦所在皆然。盖寓主惟藉此为赚钱计，而其他固不知也。

属于客人者何？则肃静问题是也。同寓之客，多则数百人，少亦一二十人，其中若有一二人高谈大笑，则妨碍全寓之安宁。夜静更深，尤宜沈默。若冶游归寓，任意喧哗，以扰人清梦，其背弃公德为尤甚。今之过客，大率犯是。

---

① 原作"今"，据袁黄《了凡四训》而改。

日本之各旅馆(日本称客寓为旅馆),其房屋清净无纤尘,食物、器具皆至洁。馆中下女(日本旅馆中多用婢女),洒扫维勤,虽便所亦时加洗涤。且馆中必备有盥洗室,以供客人之沐浴。室中之客,亦终日闭门,虽亲朋来访,其谈话声仅彼此得相闻而止,无高声达于室外者。凡吾国之寓主、客人,皆当以此为法。

学校

学校为培植人才之所,最宜肃静无哗。无论何人,入内观览,均宜严守参观规则。乃内地风气未开,少见多怪。城乡男女,有以学校为游观地者,或环列窗外,或擅入课堂,露种种不规则之状态,此大不可。学校中上课时,闲人均不得入。凡来观者,须经校内人之引导,方得入室,仍宜恭立无哗,且不宜久留一处,致起教师、学生之烦厌。

学校中往往有恳亲会,招学生之家属入校,以为联络情谊之举,不得托故不赴会,亦不可不按照所定时刻到会,终事而散,不可延迟。入校时,衣冠必整肃。盖学校教师为各家属造就儿童,当亲爱,亦当尊敬也。

公园

公园为人人公共之行乐场,故人人有保护公园之责。欧美有名之国,各地方皆有公园。即日本亦注意于斯,园中所有树木、花卉、桌椅、几席之属,来游者皆珍护爱惜,而不敢污损之,故陈设井然,虽无看守人、扫除人,而自然雅洁。盖损公园之一物者,人无不视之为大损公德,而致公众于不快,故无人敢误犯之也。

吾国人知有私物,不知有公物。至今,未闻有以地方公共之财力开辟公园者。然即有大姓花园,任人游览,而入其中者拈草弄花,惊鱼逐鸟,直习为固然,鲜有肯谨守戒例、不损害园中之一物者。园中名胜之所,凡自名为风雅之人,往往题诗壁上,任意涂抹,而绝无顾忌。不改此恶习惯,即开辟公园,恐不终日而践踏尽矣!损伤公物之举,吾国人其痛戒之。

交际场

人不可以独居,故必与人交际。交际场中,所当注意者甚多。

一、不宜于大众前高谈阔论,有旁若无人之概。

二、不宜道人私事,评论人物尤宜审慎。

三、当众人聚谈之时,不可张目四顾,或取书观览,露其傲慢之状。

四、众行则行,众止则止,不宜独先独后。

五、坐立时，须有端整之仪容；若任情放肆，有粗野之行径，必贻笑于人。

六、举止须极大方，不宜过事矜持，有踟蹰不安之状态。

七、室内如人满无坐地，不可急寻坐位，然亦不得立碍人行路之处。

八、言论须不卑不亢，庶自尊其身分，亦不致开罪于人。

其他种种，一时不能尽述。总之，以谦恭谨慎为准而已。

宴会场

宴会之事，各邑所常有。然集会无定时，通知单上，标明上午设宴开会，或至下午；标明下午设宴开会，或至夜间；是虽小事，然一则不知信实为何物，一则不知宝贵光阴。其会场喧哗嘈杂，又所在皆然，一望而知为无纪律之地也。

西国无论公会、私会，集会之时刻有一定，来会者皆按时而至。盖人人以为我若不按时，将使多数之人不便；夫以一己之故，而使多数人不便，乃违背公德之甚大者。人人知此，故皆不误时期。

不独大会然，即亲族朋友之小集会，亦皆有一定时刻，事毕则分散。

集会之时，皆有秩序，绝无混杂扰乱之象。如遇饮食，尤为谨慎，无乱饮妄食者，亦无强人饮酒食物者，其整肃如此。

以中西人之习惯，两相比较，孰是孰非，不待言喻。吾国人当知所效法矣！

剧场

西国之剧场至整肃。入其场者，皆无可厌之举动；有名之剧场中，观者常数千人，凡既入座者，如见有淑女、名士来，即侧身让之；当开场演技之时，观客皆肃静无哗，出入之人侧身行走，恐妨害他人之观听；且优人之品位甚高，学问甚深，技艺甚精巧，故无卑鄙下流之概。吾国则不然。人之视优人也贱，优人之自视也亦甚贱；所演之戏剧无非海盗海淫，大有害于人心风俗；剧场之杂乱亦甚，荡女之妖艳，浪子之嘻谑，流氓小窃之混乱，与夫台上之丑态秽情，同时俱作，此种情景实属不堪。更改戏剧，固不得不望之优人。若观客之谨守礼法，不喧哗，不放荡，则人人当自勉之。

饮食店

欧美各国之人，凡入饮食店饮食者，无论人数若干，虽至各室已无空席，要皆寂静不喧哗，无大声以惊四邻者；同伴谈话，声音甚低，仅使同伴者能闻声而已；饮食时，不闻咀嚼之声；座中或有一人稍不检点，则众人齐注目视之，笑其为无教育，故无一人敢犯此戒，以蹈无耻之讥者。华人好养其口腹，或入点心店，或入酒馆饮食者甚多，放言高论习惯自然，渣滓骨屑唾遗满地，甚至有怒骂店使、抛掷碗盏者，野蛮行径，可耻实甚，不得不痛除之。

妓院

文明各国，妓院皆甚多。盖饮食男女，大欲所存。妓院于商场、工党均有极大之关系，故为法律所不禁。然验毒、防害之制则甚严，宿妓院者可无他虑。吾国官吏则绝不注意于斯，娼妓之有毒者，十居八九。故自好之士当以不入妓院为第一义。若一朝失足，便不免自害其身，而传及全家人。虽至愚，亦何苦贪一时之快乐，而以身家性命为儿戏乎？即令所狎之妓幸而无毒，既入此迷魂阵中，亦必至荡产倾家而后已。世之青年子弟糜烂于此者，盖不知凡几，何可不惊心？

若夫狂夫荡客拖欠嫖账、筵资，及无赖小民以敲诈娼妓为得计者，直谓之非人类可矣！

公共游戏场

公共游戏场，亦人人公共行乐之地也。吾国通都大邑中，每遇四时佳节，必有公共游戏场，其中卖卜者、演戏法者、卖游戏品者、卖零星食物者，诸色人等，均聚于斯。故来游玩者甚多，行人杂沓，虽遇老幼妇女，各不相让，且有以年轻妇女在前，故意拥挤者，风俗之坏至此已极。

日本游戏场中，道路行人此往彼来，络绎不绝，然皆鱼贯前行，人数虽多，无拥挤者；壮者遇老幼，男子遇妇女，尤以礼让为重，其与吾国情形何不相类也。

吾国之游戏场中，尤以西洋影片为最伤坏风化。盖影片中往往夹杂淫秽画张，以引诱青年子弟，使早开情欲之门。此最可恨！维持地方风化者，不可不严禁之。

轮车轮舟中

西国铁路遍国中，轮车四达。乘客既多，停车场中老幼男女咸集，然皆前后相让。买票者依所到之先后为序，卖票处办事人亦非常敏捷。

乘客入车中，多向先来之客行礼，先来之客亦各以相当之礼答之。入座时，无论地位如何有余，断无一人占二人以上之坐席者。安置行李，各有专所。无恣意饮酒食物，以致他人之烦厌者。更无妄吐痰沫①，及为无礼之谈话举动者。

---

① 原作"沫"，误。

乘客所带行李，决无遗失。曾有日本人某，在英国时，偶乘轮车，于停车场卖票处，遗忘一盛银之囊，急告同车之某英人，至停车时，英人为之告站长，站长以电信问其事，回电云："银囊具在。"及下次轮车来时，竟带银囊来。其德义之高如此。

右所云云，不惟西国然，即日本亦无不然，航海之轮舟中，亦整洁有条理。

试观吾国，其轮车轮舟中之杂乱情形，适与各国相反。习惯所在，不觉其非。国民程度之低，盖于此见之。

爱 国

爱戴君主

家有主，国亦有主。一家之主，其家人皆当爱戴之；一国之主，其国人皆当爱戴之。此定理也。

世界各国，若英、若德、若日本，皆系君主，而今日头等之雄国也。观三国小民之爱戴其君主，至深且切，君主如有命令，无不踊跃争先，祝君主之生日，则同声称庆。君民一体，此其所以强盛也。俄亦为君主国，其国民爱戴君主之心不深，虚无党横行于境内，故国虽大而卒挫于日本，爱戴君主之心不可少也如此。

盖君主为一国之元首。国家之所以团聚，以人人群奉一尊，而精神思想悉有所专属故；以人人视君主之休戚为己之休戚，君主之安危为己之安危，而有固结不可解之情故。使人民视君主若天日之高远，若吴越之不相关，而绝无丝毫爱戴之心，是必非此国之民而后可也。愿人人即此义三思之！

关心时事

世界文明各大国，其国民殆皆视国事为己事，国强则喜，国弱则忧。虽妇人孺子，亦莫不有是心。日本之与俄人开战，日人之献纳军资者实繁有徒，虽至乳臭小儿，亦献其私积于当局而不少顾惜。及日、俄战役既终，有留学于日本之某君，戏与下婢言："俄人处心积虑以图报复者。"下婢闻之，戚戚然有忧色。观乎此而全体可知。且人人意中，莫不有政治思想。昔日本人之留学于德意志者，曾言其在德时，与一客店之老妪谈话，老妪能详道日、德两国海岸线比较之长短，及军舰比较之多少，历历如数家珍，其洞明世界之大势乃如此。

吾国古时，其人民亦多关心国事，故《传》有之云："鳌不恤其纬，而忧宗周之陨。"是固未尝无爱国心也。乃至近今，不惟妇人孺子全不知国事为何，即士大夫亦视之淡然，故庚子之变，八国联军直破北京。两宫出狩，而南人之酣嬉仍如故，是虽谓之丧心病狂可也。聚多数丧心病狂之人以成国，国安得不危？

虽然，国危矣，而家仍安，犹可言也。覆巢之下，讵有完卵？万一不幸，而如台湾之沦于异域，其惨痛宁有穷期？谨告我国民，当人人以国事之休戚为己之休戚也！

服从法律

为一国之人民，即当守一国之法律。原法律之由来，盖以欲保全国之治安，必先顾各团队之生活，则非立一定之条规，使人人咸有所遵守，不能禁止各人之暴力，破除不平等之患害，俾人人各得其所，于是民、刑、诉讼诸法因之而立。法既立矣，司法者必秉公办理，此各国所皆然也。

法律既已公布，则全国之人民当咸有所畏惮。平时，各安其居，各乐其业，懔懔乎不敢干犯法律，以保其名誉；如于法律有所干犯，则宜谨听问官之判断，而受其惩处。此义为人人所当知。盖服从法律者，谓之良民；不服从法律者，谓之刁民。

一国之法律，所以维系一国之人民。有一人不服从，是即有一人破坏大局。国家犹大厦然，人人仰庇其下者也。人人既受仰庇，则对此大厦，当望其永久长存。法律之不可不服从，其义亦犹是。

纳赋税

一国之国民，对于其国，有纳赋税之义务，不独国家法度之所系。盖赋税所以供国家之用，由官吏征收，上输国库，而还以用之于民。（设官、兴学、养兵、办警察等费用，论其实际，无非为民计。）为民者苟赋税不早完，国家之费用必多匮乏，而国事亦因以不振。此其理，当人人知之。

虽然，今之国民以拖欠钱粮为得计。若按年按期一律清完者，殆不多见，而大姓为尤甚，以致连累里长，按卯追比，是诚何心？故论今日情形，在地方官注意催科，浮收抬价，以求多得平余，诚不顾小民生计；而小民心中，无不思短少应完纳之赋税，亦实不知大体。总之，皆无爱国心而已。

朱柏庐先生有言云："国课早完，即囊橐无余，自有至乐。"此言意味甚长，愿吾国人其熟思之！

当兵役

人民之对于国家，应尽保卫之责；且身家产业悉在于斯，保国即所以保家。故无论内忧外患，均为全体人民之公事，非政府之私事也。事平，则人民享其利；变起，则人民受其害。故当兵役为国民应尽之义务。

文明各国之通例，凡及岁之男子，除因病成废人或准其迟延者外，均须充兵役数年。退伍后各安其职业，然有事征调，则闻命即行。盖人人以有军人之资格、得尽军人之义务为荣。

吾国之习惯，则以当兵役为耻。故谚有"好人不做兵"之言。近日，沿江沿海各省，虽稍开通而粗知大义，然南省举办征兵，应征者实仍游民无赖居其多数，非惟不能就及岁之人按户挑选，且即广为劝导而良民之应召者仍寥寥，名为征兵，实仍募兵之变相而已。

是则吾国民于人人应尽之义务，尚无所知，徒空谈军国民主义，而其实际乃如此，吾国殆终为东方之病夫矣！真爱国者其思之。

担任公债

人民之对于国家，应有担任公债之义务。何也？世无论操何职业之人民，既为国家中之一人，即有一人之责。国家欲办一事，兴一政，而国帑不足，则不得不募公债以应之。公债，有内国债、外国债之分。外国债日益多，其利权必操于外人之手，而国势遂以不振；内国债则反是，人人能各出其所有之资财，借贷于政府，以兴办国家要政，则上下之情固，而国势乃益强。

是故人人当知国势不振、利权外落之害。而国家如有要需，政府之力所不逮者，即人人各出其所有以担任之，其事虽重而若轻，虽大而易举；若人人各保其私囊，而不顾公义，一任政府之独为其难，内债无所得，势必募外债，而究其归宿，则债愈多而国愈穷，终必增税加捐以补国用，仍惟小民实受其害焉。

不宁惟是，各地方公共团体中，如欲兴办一事业，任事者因款项不足而招募公债，又人人当踊跃输将，以谋公益。此亦吾国人对其乡土应尽之义务也。

吾闻之泰东西列强，其政府及地方自治会之豫算财政也，均量出以为入；如有不足，则一经公决，或加某项捐输，或招公债，其款均即时筹集。此亦可见各国人民实富有急公好义之心。吾国民所宜效法者也。

小学各科教授法

《小学各科教授法》①编辑大意

本书精神全注于国民教育，以期促吾国教育界之进步。

教授有不可易之通则，吾国教育家每多忽略。本书掇东籍之菁华，及往昔就学日本棚桥源太郎、佐佐木吉三郎二氏之心得以核定之。

欲实行国民教育，各学科均有特性。本书即平时教授上之经验，探讨特性所在，粗有发明。

教授属实施，非属理论。故必切合现今程度，及洞瞩将来大势所趋，乃有效果。本书深致意于斯。

本书于普通各科，尚缺商业、农业二门。补葺完备，姑俟异日。

---

① 顾倬：《小学各科教授法》，中国图书公司光绪三十三年丁未(1907)初版，中国图书公司宣统三年辛亥(1911)三版。另外，还有山东单级教授养成所抄本、山东单级教员养成所抄本、山东师范讲习所抄本等。

《小学各科教授法》目次

泛　论

第一章　教授之性质

国民教育之要旨，在培养全国儿童身心完全之发达而使具有人格者也。论其设施，共分教授、训练、管理、养护四大部。而传达知识、技能，则属于教授。

虽然，教授之任务，若空言知识、技能而不审小学之程度者固非，不揆各学科之缓急轻重而稍有偏倚者亦非，必也即国民实际上所必需而又熟察小学期儿童领受力之若何，以定其教授之方针，夫而后无愧乎国民教育。故施教授于儿童，应以两条件为准：

一、适合教育之目的

吾国今日之教育，其进步所以迟迟者，无他。学部虽定教育之宗旨，以颁①之通国，而教师不足以实践之，故其效果无足观。夫所贵乎教授者，在适应小学教育之主义，而分配之各学年。凡某学期之某周，则授与儿童之知识、技能，达某阶级，统全国之小学校而不相悬殊，斯国民具有同等之程度，而教育之目的乃实见施行。

二、定最正当之方案

方案云者，谓取教授上不易之方法，而定教授案之谓也。盖欲将知识、技能实行传达于儿童之身心而使得日就月将之益，则为教师者必不能无准备也，明矣！夫各科教授之沿革至繁且夥，经列国教育家之实验，其于各种方案亦品评不一，必在在度量而比较之，采取其最正当者，按切吾国现今之状况，以定其指归，斯得之矣！

教授为实行教育之一端。欲达教育之目的，当研究教授之内容。盖儿童本无思想，自无而至有，积少而成多，全赖教师之授与，是谓实质之陶冶。儿童之意志最无定，习于善则善，习于恶则恶，必锻炼②之，使咸以道德为依归，是谓形式之陶冶。

---

① 原作"须"，误。
② 原作"练"，误。

第二章　教授之区别

欲实收教授之效果，则教授之方法非可以一概施。试言其区别于下：

一、初步教授

小学校之教育，其最早而最要者为初学年，实国民教育之基础也。基础既固，然后可冀完成之结果。虽然，萃无数智慧未开之儿童，脱离父母之保育，而就学于一堂，是教师直儿童之公父母也。善于授者，必于始业之一二周重施训练，以镇静儿童之身心，而后能循循乎法度。至其教授主义，不外直观。无论属何学科，苟非儿童视而见、听而闻者，材料虽善，方法虽心，终无当于实际。然即利用直观主义，而犹宜出以简单。何也？初入塾之儿童，其脑力至为薄弱；教授一新事项，当准备最浅近而最精要之训辞，循环往复以灌注之；取义无求广，发言无事多，而惟在适合全级儿童之领受力。不宁惟是，初学年之儿童最易遗忘，故必再三复习，冀儿童烂熟于胸中而后已。

二、普通教授

自初等小学之次学年至高等小学之终学年，其程度浅深虽不同，而要当循序施教则无不同，故可统称为普通教授。论普通教授之原则，无论何项学科，均当由已知入未知，而尤以引起儿童之兴味为最要。何也？儿童之兴味足时，所教授者虽义蕴稍深，事实稍繁，而不觉其难；兴味乏时，则反是。故善教授者要在收全级儿童之心思耳目，悉注于听受之一途，而使有无穷兴味。如名优奏技，观者举为之出神，则其效果之大可采左券以卜之。且儿童性质，偏胜者多，完美者少，此有所长，或不免彼有所短。然至国民教育，则凡必备之知识、技能，万不容稍留缺憾。故教授者尤贵各按儿童之个性，而于其所短，鼓舞其兴味以补救之。此亦良教师所宜注意者也。

三、劣等生之教授

一校之中，每不免厕有劣等生，为教育上之憾事。虽然，儿童之所以入于劣等，其原因之复杂；其救之法，法亦非一端，别有专书以讨论之。兹不备述，而略言其关乎教授上者。教授劣等生，以忍耐、恳挚为第一义。盖无论属何原因，教授之困难必倍蓰于普通儿童，非教师有不厌不倦之精神以贯注之，终不能达其希望。故必于授课时间特加注意。而又于课余常唤劣等生至前，为种种之补习；迨至劣等生久受教师之薰陶，而感激奋兴，自知努力，则教师之责务自轻。

四、单级教授

教授以单级为至难，而亦以单级为至要。何也？教师之精力不能兼贯注全级儿童，则教授之方法紊乱而无准绳，故其成绩大率劣多优少。然以兴学之困难，城乡学龄儿童之有限，不研究单级教授法，教育终难普及。窃尝思之，欲单级教授之得其宜，惟有酌合各学科之性质、各学年之程度，精密配置，以豫定各班教授之时间表；而又于每日授课之前，准备每时所教授各班之事项，或不至茫无所措。然而，逐日逐时教授之方针，则固宜转换变化，不涉呆板，以隐防各种弊端，而振全级儿童之兴味。单级教授之教师本此意以求之，虽不中，不远矣！

五、校外教授

学校中所授之各学科，有时利用校外教授，以为补助之资料者。盖教授儿童，以直观为主要。故欲扩张儿童之见闻，以收启发知识、陶冶性情之用，则或于休业后，或于星期，挈儿童出游校外，观察自然界、人事界之实际，而一一诏示之，亦法之至要者也。

第三章　教授之材料

欲达教育之目的，选择材料最宜慎重。盖无论何项学科，均广博而无涯涘，必求其确合教授上之用者，然后可采取之。故以适应儿童之阶级为第一义，以适切于道德之陶冶及国民之陶冶为第二义，以日常生计所必需为第三义。标准既定，乃生效用。

教材之种类，大别为二：一属知识，一属技能。修身、历史、地理、理科、国文、算术，知识之学科也。图画、手工、唱歌、体操①，技能之学科也。然论其实际知识之学科，欲发表思想，则不离技能；技能之学科，欲推阐理蕴，则必资知识。且苟求便利儿童记忆、思想之作用，不得不按各学科前后之关系及相互之关系，联络教材，以施统合之教授。

教材之排列，其方法不一端，而要以参用圆周、顺进二法为最善。惟须即各科教材固有之性质，按儿童发达之程度及各学年教授时间，均匀支配，以求得其宜。故教授之实施当准备者，约分种种：

一、定学科

学科有必修、随意二种，审度各科之价值及土地之情况以定之。必修科为国民教育主要点，不容稍缺；随意科之关系稍轻，故得任各学校量为加减。就吾国现今经济上之情形、各地方之状况及教师之资格推之，初等小学可断以修身、国文、算术、体操为必修科，高等小学可断以修身、国文、算术、历史、地理、理科、图画、体操为必修科。

按随意科者，任各学校地方情形，加入一二学科之谓，非视为可有可无也。就日本小学校通例论之，都会之地多加入商业科，乡村之地多加入农业科；而手工、唱歌二者，尤全国视为至要。不过教育法令所未指为必修科者，各校可或缺之耳。吾国之教育家须知此意。

二、立课程表

统核儿童各学年程度，定教授之大纲及各科时间之分配。其于知识、技能，均

---

① 原无"操"，误。

为同等之进行，自平易而渐进于复杂者也。论国民教育之宗旨，以全国小学校统一课程为最要。故小学课程之通则断宜由学部颁行，而各省遵守之。

三、编教授细目

遵课程表分年程度，而担任学科之教师各计算本科全年教授时刻，详细分析其事项，以支配之各星期，是谓教授细目。编教授细目时，宜审各事项之性质与儿童能力，以区分各节教授时刻之短长，又宜配置复习及休假期于其间，夫而后可施之实用。

四、订时间表

以每星期各学科教授时间支配之各日者，谓之时间表。小学校授课时间有定准，订时间表时，应审学级之编制。若系单级合级，则每时中各班学科之配合务求其轻重得宜，而教师之力乃可以兼顾；若系多级，则应顾各学科之难易与夫儿童生理上之关系，以分配之。是故多用脑力及陶冶品性之学科，以第一时为最宜；午膳前后一时以内，不宜为剧烈之运动；脑力疲乏之时，则宜继以活动筋骸、快乐心情之学科，恢复其疲劳，尤教授上之至要者也。

五、定教授案

即各科之新事项而豫计其教授之方法者，谓之草案。定草案时，宜挈领提纲，而不必过求详备。盖过详则施之实用，往往不能实行，徒纷乱儿童之脑力。故通用之教授案，不外各案段阶，豫录其要点；而引申敷畅之用，则俟临时相机以施之。

第四章　教授之作用

无论何项学科，欲儿童通贯，则教授阶段，不可不求其明备自来言教授者，辄宗五段。然按学科之性质，反多拘泥，故近人多并之为三段。窃取此旨，于知识教材，分之为豫备、教授、应用三者；于技能教材，分之为豫备、示范、练习三者。

豫备者何？欲唤起儿童之领受心，故必整理其旧知识，以启导其新知识；其旨非重视教者之善于发端，而在重望学者之实能自动，若是者谓之豫备。

教授者何？以新材料授儿童，而期其类化，故必神明分解、总合之作用；举五段阶中所谓提示、比较、总括三项，融洽为一端，以收灵活变通之效果，若是者谓之教授。

应用者何？儿童所领受之新知识与旧知识相融贯，成完全之感情思想，而能自发表于言语文章，斯达教授之目的，故不得不用种种方法以试验之，若是者谓之应用。

示范者何？教授种种技能之时，举其实例，演习于儿童目前，而说明其方法，使有所则效者是也。

练习者何？即教师所示之模范，使儿童反覆练习，以求其纯熟者是也。

教授儿童，以善用启发法者为最优，而以徒事注入法①者最劣。何也？儿童之灵明，在在能引其自动，则教授事项自易于融化；且儿童之实能通贯与否，教师必知其底蕴。反是而不审儿童之真相，徒以新知识灌输之，讲解虽善，于儿童之领受心终嫌隔膜。小学校之教师其熟思之。

温故知新，为教授上之要点。欲授儿童以新事项，必先保存其旧事项。故小学校之良教师无有不注意于复习者。惟器械的复习，易生厌倦。善教者要在即儿童已领受之事项，观察其种种方面，转换变化，以引诱其兴味，庶几得当。

考察儿童之成绩，不徒于升班卒业，所关至重；即教师自验其教授之效果，亦必以考查法为最要。何也？所教授之各学科，苟历一二月，而多数儿童无进步，是教师之不善教授也可知。既令全班之中，有一二学生，其成绩渐入于劣等，亦可特加注意，以弥其缺憾。此又教师所宜注意者也。

---

① 原作"的"，误。

各　论

第一章　修身科

第一节　教授要旨

修身一科所以为小学校主要之学科者，盖小学教育之旨趣在造成人格，而修身之特质则于各科中独能涵养儿童之德性以指导道德之实践者也。人不可无知识，尤不可无道德。无知识，则末由生活，其害在一身一家；无道德，则荡检逾闲，流毒于一乡一国。吾国旧习，无知识而有道德者也。故语有之："自古皆有死，民无信不立。"又曰："饿死事小，失节事大。"吾国民无竞争心而类皆束身以自爱者，此两言实其代表。近今数十年，知识虽稍进，而道德乃日退。各社会中，遂屡演不可思议之恶剧，前途危险，正何待言？欲挽救之，以造就多数之新国民，则惟修身是赖。

修身为实践之学科。欲陶冶儿童品性而使有正确之行为，必先启发儿童知识而使有善良之思想，故不得不资乎讲习。虽然，居吾国而言修身，当以儒教为道德之标准，而采择欧美各国，与夫日本国民优美①之德行以辅之。故教授修身之要旨，有二条件：

一、保守固有之私德

总核吾国数千年之特质，凡属于私德方面者，圣贤儒者之所发明，家庭教育之所遵守，其言论、行为皆兢兢焉注意于斯，上视为立国之基，下视为立身之本，于养成个人之私德，不为不备；务宜于修身教科中，发挥而光大之，以保守我固有之国粹，而不得任旧道德之销亡。此一义也。

二、灌输欧美国民之公德

公德者何？对社会、国家应具之德性也。人人独善其身，谓之私德；人人兼善其群，谓之公德，两者合而人格乃完成。公德为我国民所最缺乏，无论何人，其言论、行事之为一社会、一国家谋者，必不敌其为己谋；人人持爱己主义而无爱他主

---

①　原作"民"，误。

义，故悉置公利公益于不顾。彼欧美先进国之国民则不然，视社会、国家之事如己事，故其国势团结而不散涣。以彼衡此，得失昭然。当今日生存竞争之时局，急宜采择此完美之新道德，以补吾国民之缺憾。养正之基，必始于童蒙。故修身教材不得不注重公德。此又一义也。

修身者，又含有一国之特性者也。身之当修，其为道则一，其方法则不能尽同。何也？一国国民之特性，本乎遗传，渐染乎风俗。吾国地大物博，南北之民俗既殊，男女之个性又异。故教授修身，必审察我国民之缺点，授以公共之知识，而又与现今进化之程度相密接，庶几有当。

第二节　材料

修身之要旨既明，则用何材料以达此要旨，亦实一重要问题。论教授修身之顺序，于初等小学校，宜先授以孝弟、敬信、勤俭、义勇之易实践者，渐进及对社会、国家所应尽之责务，以坚其品性，固其志操，崇尚公德，而启发其忠君爱国之思想；于高等小学校，则本此主义而扩充之，力加陶冶之功，以求其精进。此材料之所以不可不选择也。

修身之材料，有属于知识方面者，有属于技能方面者。属于知识方面者何？例话与训辞是也。属于技能方面者何？礼法是也。例话为具体的事例，凡取材于童话、寓言、历史上忠良贤哲之事迹者皆属之。训辞为抽象的格律，凡取材于俗谚、诗歌、格言者皆属之。

采用寓言、童话，以为初学年儿童之修身教材者，海尔巴脱派实主唱之。反对是说者，谓使儿童之精神陷于空想，为道德上不纯粹之教训。日本现行之国定修身书亦舍其俗尚所趋，而专列道德条目，以说明其要旨。虽然，修身为最沈闷最干燥之学科。按儿童之心理，首在引起其兴味。六七龄之儿童，固非可责以严正之礼法、高尚之情操与理解复杂之事实也。寓言、童话，领会易而趣味多，以此为引进之资，不可谓非教育上切当之方法。吾国教育尚当幼稚时代，按家庭、社会之情形，固有适用寓言、童话时矣！

儿童之年龄稍长，以历史上之事例为最适当之教材。特非常之事，虽一时能刺激儿童之感情，难收永久之效果。故其所选举之事例，必期有补于儿童之将来，而尤在切近儿童之境遇，乃易发儿童之同情。约而言之，有宜注意者五事：

一、年齿相若

按儿童以故事，而选其年齿相若者，以为启迪之资，则兴味深而效法易。何也？儿童之对儿童，有模仿心，有争胜心，利用此二心，较之以成人之道语儿童者，事半而功倍。

二、职业相近

儿童他日之生涯，习儒业入仕途者，千万中之一二人，其余皆退就各种职业者也。修身材料，非为少数之国民计，而当为多数之国民计。故其所采择者，身分、职业及一切情事须兼为操各种职业之人设法，俾儿童类化于一时而终身受其利益，斯得之矣！

三、注意男女之别

授男儿者，宜用男子之例话；授女儿者，宜用女子之例话。实行之道德，既属于同类，自易发其同情。惟欲分别教材，须先究男女同学之得失。计吾国现今经济之困难，初等小学校之编制，有不得不男女同教室者，则修身教材宜双方并顾也明甚。

四、取材本国

道德之行为，与风土人情有密切之关系。异域之例话，实有不能仿为之者，日见闻所及大相悬殊，非儿童所能领会。是选用例话，其事实当取之本国无疑。惟吾国数千年之历史于公德方面多所缺憾，则不得不采异域之例话，切中吾国之缺点者以补之。

五、取材近代

时代愈近，其效法也愈易。何也？今昔情形几经迁变，必泥古人之言行而责之今人，其不通也实甚。是故以不切时势之道德教授儿童，非徒无益，而又害之，是大失修身教授之本旨矣！

训辞者何？道德上之教训是也。具体的例话中，含道德之概念，而以抽象的训辞标出之，于教授上最为有效。凡脍炙人口之诗歌、流布民间之俗谚，皆国民精神之所在。至古今圣哲之格言，又往往含至理于其间，影响于国民之道德者甚大。故训辞与例话实相附而行者也。

其他材料之选择，又有宜注意者，则法制上之教材与偶发之事项是也。考国民教育之目的，修身科教材中当含有法制上之事项。如宪法、行政法、民法及经济等大体之观念，均不可不使儿童知之。若夫偶发之事项，则于儿童日常之经验、学校内外之事故、新闻杂志等之记载，凡可以为儿童惩劝之资料者，皆特别之教材也。盖目前之事实最足以动儿童观感，故其效果为至神。

修身之精神，在乎道德；修身之形式，在乎礼仪。故礼法为修身之要项。言语、动作，诚能谨守礼仪，不惟对他人表恭敬之真诚，并实为品性成立之基础。教授修身，又不可不注意于技能方面者以此。

修身材料，有积极、消极二方面。积极主义主劝善，消极主义主惩恶。考儿童之个性，与夫外界之影响，两者正不容偏废。然教授修身之本旨，在诱学者入道德之域，而非以防恶为能事。故宜以积极材料为之主，消极材料为之辅。

教材之排列，以圆周为最善。何也？由易入难，由简入繁，由已知而进昧知，既按合儿童心理；以同一直德目，循环往复，教授儿童，俾前后互相联络，则道德之知识自永贯于儿童脑中。

第三节　方法

教授修身之特质，不仅在知识，而重在行为。教授者能使儿童得明确之理解，犹无当也；必实能触动其心情，而后有无穷之效果。若令当教授时，但即固有之材料喃喃解说，而不能于例话、训辞发明高尚优美之旨趣，使儿童咸有渴慕仰望、步趋恐后之热诚，庸有益乎？夫道义的感情本天性中所固有，而启道之方法不能适当，亦未易发达也。

教授修身，又须与儿童现今生活有密切之关系。故于家庭之情形、社会之交际，均不可不加考察。即材料之性质与儿童之程度，比附目前事物，迎其机以利导之，俾融化调和，以期收实践躬行之效果。若不注意于斯，则虽口讲指画，不惮烦劳，不过为外部之讲谈，而于内部心性绝无影响。是于修身教授之要旨，名是而实非矣！

修身一科，与他科异。教授他学科，其成效惟在教师之学术而已；修身则不仅视教师之学术，而尤在教师之行为。教师平日若素令学生爱而怀之、畏而敬之，其言论自有非常信用。反是则教师推阐例话、训辞，虽谆谆告诫，学生每不免耳闻之而腹诽之。故教授修身之教师不得不以身作则。

教授修身，由历史上之事实、教师之理想、儿童之观察、学校及村落之种种杂事始，而即此事例之中，指示含道德概念之训辞及格言者，是用归纳法者也；先授以道德上之事实、言论、诗歌、俗谚等，而后引用种种事例以证明此格律者，是用演绎法者也。由前之说，适当于儿童精神之发达；由后之说，应用于儿童知识之经验。修身教授之通则，每兼用之。

教授例：

一、豫备

（甲）指示目的。无论授以例话、训辞，均先指示其目的之所在。

（乙）唤起旧观念。旧观念有与新观念相接近、相类似者，旧观念有为具体的而新观念为抽象的者，非先唤起其旧观念，使与新观念相结合，不能得同化之作用。修身材料，此例甚多。

二、教授

（甲）讲演事例。先略说全体，次分之为数节；讲一节毕，使儿童复讲一节；讲全体毕，使儿童复讲全体，是先总合而后分解也。先解释各节，然后括全体之要旨，再为简单复述，是先分解而后总合也。使儿童覆讲时，当先及劣等生，而复及优等生。凡儿童所不解及误解之处，不可不细加订正。示以绘画等物，或为说明，或用问答，当相其宜以行之。

（乙）比较事例。举或类似或反对于当时所授之事例，为儿童所已知者以相比较，使得正确之理解。

（丙）总括要旨。括比较所得之要点，令构成概念，以期同化。

按此二条，即纳比较、总括二段于教授中也。教授时有无庸此者，可从省略。

（丁）授与格律。格言之语句，宜择其普通而适当、简短而易记忆者。如不得确当之格言，代以平易、精确、简洁之训戒，亦无不可。

三、应用

（甲）注重实践。凡所授之例话、训辞，均比附儿童本身，清切指点，冀其融会贯通，而收实践躬行之效果。

（乙）联络各学科。教授国文时，以修身所授之事项为文题；或于历史、唱歌等科，用修身所授之事项以判断之。

修身之事项，必期深印于儿童之心情。无论如何教授，欲以一回之领受而永远不忘也至难。故进授新事项时，必以既得之印象，使之反覆练习而后可。惟是复习之方，厥有种种：一为有定之复习，授次课之前，必先复习前课；一为无定之复习，授以新事项时，与已授之旧事项如有相关联者，必连类以复习之；一为总复习，每日、每学期、每学年之终，当总括前此所授之各课而复习之。惟复习时宜灵活而忌呆板。

按复习方法，各科学相同，下不赘。

欲验修身之效力，必检查儿童平素之操行。故修身教科，实为训练之豫备。德育之要，资乎训练。若仅仅以教授修身当之，而望其操行之完美，犹未可必。此亦教育者所宜知也。

第四节　教授上之注意

一、书格言于黑板，加以再三之丁宁。
二、用绘画以唤起感情，须选择适合于儿童想像力者。
三、修身科教授用具，所应备者如左：

（甲）关于人物、地方实况之写真及图画。

（乙）诗歌、格言、书简等。

（丙）儿童学业成绩品及其他参考品。

（丁）说明公私德时应用之材料。

四、设特别之修身教室（可借用讲堂及唱歌教室），室内应备英雄、豪杰、伟人、学者、实业家、发明家等之肖像及其他一般之美术品。

五、远足旅行时，如遇名人古迹，及猝①见偶发之事项，亦当随宜指示道德之行为。

---

① 原作"粹"，误。

第二章　国文科

第一节　教授要旨

人类为社交的动物，各有思想，各有感情。而为此交通之媒介者，言语也。虽然，言语之用，固足以发表其思想、感情。惟欲以一人之意旨晓喻众人，此地之情形通知彼地，则言语之用穷，而不得不有赖乎文字。人类惟能言语，工文字，故交通便利。此其所以卓越于他动物也。

言语、文字，不惟为交通思想、感情之媒介，亦陶冶国民之品性、知识所断不可缺。故一国之中，必有一国之语言、文字，表国民之精神，呈国民之特性。对于国内，则用同一之语言、同一之文字；对于国外，则其语言、文字含有特异之性质者也。如以外国语、外国文为教育之主点，国民之品性必崇拜外国，而淡漠其亲爱本国之心。文字、语言之重要如此。

文字、语言，又为各科学之源。讲解必用语言，述作必资文字。故语言不练习，文字不通贯，则各学科亦未由精进。且文字、语言，为日常生活所必需。强迫期限不过数年，而欲于此期限中使儿童获有言、文上之技能，终身为之受益。则国文科之教授，其担荷为至巨矣！

虽然，吾国今日国文之教授，厥有二难①：

一、语言不同一

合二十二行省、蒙古、青海、西藏等属地以立国，地大而交通难，人多而种类杂，故其言语至为繁复。今使有两人于此，甲操闽粤之土音，乙操齐晋之方言，则终日不能通一语。不宁惟是，即一省之中，而南北之土音大不同（如苏省之宁属苏属是）。其为文明进化之阻力也甚大。何以故？语言不同，则彼此无感情，而思想亦非一致。教育事业遂各因其风土而殊，欲全国教育之统一也难矣！教授国文，急宜注意此点。日本前此忧国民言语之不同一，而务以读本为同一言语之要点，故其小学校之教科书悉以东京语为标准。欲吾国言语之同一，亦必于教授时悉以京语为

---

①　原作"南"，误。

标准而后可。

按吾国今日欲同一言语，宜设国语调查会，调查各地之方言，而以京语为标准，编辑国语汇案，颁行海内，乃通饬全国小学校教员授课时悉以标准语讲解，庶可渐冀其同一。学部现辑之小学教科书，其教授法既为谈话体，尤宜一律不用文言，而用京语。

二、文辞深奥

欧美各国用二十六字母以成文，日本用四十八假名间汉字以成文，独我中国习用之字多至数千，字或一义或数义，文辞之装置又无定法，故教授困难倍蓰于他国。欧美各国文字与语言一致，日本文法、语法相去不甚悬殊，独吾国言、文之歧最于各国，不惟字有文、俗之殊，即文法、语法亦相差异，有语简而文繁者，有语繁而文简者，有语次与文次绝不相伴者。虽然，故言、文总不能合一，夫以强迫期限之至短促。在各国所表见之国文成绩亦不过能为通俗文字而已，吾国则以言、文相歧之故，愈通俗而愈艰难，以至浅之文言达通常之俗事，能大之士视之为畏途，而欲于十龄内外之童子造就之，盖綦难矣！

虽然，国文科之要旨，既在使儿童知普通之言语，习普通之文辞，以养其正确之思想，兼启发其知识。苟教授之成效无可凭，即教授之责务有未尽。是教授国文者何可不加意研求？

国文教授之重要：（一）在理会人之思想感情；（二）在发表己之思想感情。属于前，则由言语上理会之者为听法，由文字上理会之者为读法；属于后，则由言语上发表之者为话法，由文字上发表之者为作法、写法。兹姑分之为三：（一）读法，以听法附之；（二）作法，以话法附之；（三）写法。

第二节　读法

读法之目的，在理会人之思想感情，斯固然矣！论教育之作用，厥又有二：（一）在养学生之同情；（二）在振国民之精神。

何谓养学生之同情？教授读法时，其听讲也，则人人默坐；其诵读也，则人人发声。作则同作，止则同止。音调之高低、疾徐、轻重，无一不贵齐同。且公共之中又有秩序，或范读，或合读，或两人对读，均须听教员之指挥，而不得丝毫任意。养同情之妙用，无过于此。何谓振国民之精神？文字之移人最深，读优美之文则令人快，读悲壮之文则令人哀，其感动神经、驱遣情绪有出于不自觉者。是故选择古今作者可歌可泣之文辞，以授程度较深知儿童，则足以令人感奋，而起其高尚之精神，忠爱之心自油然生矣！

然则读法教授，果选何材料、用何方法之为得乎？试述之于下：

一、材料

国文材料，有实质、形式二方面。

（甲）实质方面。国文之内容，必取材于各学科，合儿童心意发达之程度而富有兴趣者。在初等小学，则国文中包历史、地理、理科三学科，其材料之选择及排列宜顾各分科固有之性质；在高等小学，则各分科皆特立，而国文中所取之材料乃宜与修身、历史、地理、理科等相关联、相表里，其于国家思想、道德思想、实业思想尤宜反覆致意以发明之。

（乙）形式方面。小学校所授之国文，其通例应由口语体而进于文语体。吾国语言与文字相隔绝，则国文之形式，其最初即只可从至浅之文言入手。故读本之第一阶级，宜注意于选字。寻常通行之字殆不过三四千，宜检笔画简单而意义又浅显之字若干，相连成语，俾讲、读、写三者无不易，然后可冀儿童之运用。第二阶级，宜注意于造句。句法有上下句相对者，有上下句相反者，有上下句相生者；连缀数句，有回环往复者（如第三句意义承第一句，第四句意义第二句者是），有一气贯注者。教授儿童，于句法之变化，必一一说明之。第三阶级，宜注意于文体。文辞有传记体，有论说体，有书翰体，务须按合各学年程度，均可配置，以为儿童作文之模范。

读本之文辞，以平易浅近为尚，辞句须显明而去其难解者，意义须单纯而避其复杂者。吾国文辞雅尚高古，故散文中亦往往杂考据、辞章之辞藻，施之初学，是为大忌。虽然，文辞宜浅而不宜俗，文辞宜精而不宜空。于积字成句、积句成文之法，读本中尤宜注意。

二、方法

教授之法，初等科与高等科异。初等科当先思想而后文辞，故必即书中之意义，一一语儿童，而后教以诵读，乃能引起儿童之兴味；高等科当先文辞而后思想，教读本时，必先令诵读二三周，然后举书中紧要之事实问之，以启发其领受心，乃从事于讲解。盖初等科之儿童知识甚薄弱，故必处于被动；高等科之儿童知识渐开明，故在引其自动。此浅近先后一定之次序也。

听法，于教授上非常重要。盖教员之讲论，儿童能领会与否，悉视乎听法。教授各学科，均宜注意儿童听讲情形，而于国文为尤要。何也？国文之材料，含实质、形式两方面。无一字可不经心，若诲者谆谆，听者藐藐，则终如冰炭之不相投。不善听者必不知话法，而作法更无论矣！方今各科教授，以国文为最困难。故教授国文，必宜以客观的精神，研究儿童听法，其专心致志者必有沈静之态度，其不专心致志者必有浮滑之态度；宜于教授时，辅以训练，且勤加发问，而于洞晓事理者特奖励之，是用儿童之竞争心以激励其耳力也。

读时一字一字读者为机械的，能理会其意义者为理论的，能知作文者之精神、发挥抑扬顿挫之美音者为审美的，其次第则与年俱进。初学年之儿童，而即责以审美，其势有所不能。

教授例：

(1)豫备

(甲)指示目的。即本课之内容，抉其意旨所在。

(乙)整理旧观念。凡授与新教材，必先理会之事实，或已于读本中见之，或已于他项学科中见之，可为本课豫备之材料者；容易事项，为儿童所经验，不必于教授段说明者，均于豫备段整理之。

(2)教授

(甲)摘录新字句。举文中新字句之读法、意义及书法，一一诏示儿童，俾全体文辞易于理解。

(乙)诵读。有范读、单读、合读之分。范读之法，或教师自行诵读全文，以为全级学生之模范；(教初年生)或指令优等生诵读，而教师矫正其声音、句调之失宜者及其合节，乃令接读二三回，以为全级学生之模范。单读之法，或令全班儿童轮读一二周，(教初年生)或特指劣等生令读之；盖全堂合诵，则即有一二误读者，亦不能辨别，故为此各个之教授也。合读之法，或分儿童为二班，一班读而一班听之；或令全班合读；教师此时宜详密观察，以防儿童之怠情，又宜调和其声音之高下，齐一其句调之疾徐。

(丙)讲解。有解词、解意之分。讲解词句者，依文字之次第，逐字逐句，剖解详明；讲解意义者，不拘泥文字之次第，专发明其意义。

(丁)覆讲及默写。覆讲时，诏数学童各讲一节，或诏一学童讲全文。默写时，或摘数句令之默写，或令默写全文，均可随意施行。然大约在初年生宜简单，程度较深之儿童，乃可求完备。

(戊)文法。文辞之意义，儿童既已了解，宜即指示文法。于各种品词之性质，与夫造句、运笔、布局之法，均不可玩忽视之。

(3)应用

(甲)实质上之应用。凡国文之内容，属于实质方面者，宜力求儿童之融化。

(乙)形式上之应用。(一)默记语句、文调之可为模范者；(二)领解难字句运用之方法；(三)融会各种品词之性质；(四)变化习熟之语句，作为新文辞；(五)用已授之事项，为练习作文之题目。

三、教授上之注意

(甲)文中之难字句，必标示黑板，详言其意义及写法。

(乙)在实质上，应用之图画、实物必须备具；在形式上，教员应自备文典，以供参考。

(丙)注意儿童之姿势，正读本与目之距离。

(丁)教授读法，须在在与作法、写法相关联。

第三节　作法

作法，于国文科中，居至重要之地位。盖以己之思想感情，发表于文字，而使人人理会之，其大则达之远①方、传至后世，其小亦为日用所必需。故作法之要务，一在使各学科所得之事项及日常经验之知识，同化于胸中；一在使即记述之事项，练习思考之作用，以养成文章之美感者也。

作法，于思想方面，与读法有密接之关系；于技能方面，与写法有密接之关系。何以故？读法之要旨，在吸收他人之知识，以为己有；写法之要旨，在熟习新字句，以冀不忘；而作法则运用之，是读法、写法之效果实于作法见之也。虽然，读本为作法之源泉，故熟读及默写之功不可不注重。

作法，不惟于读法、写法有密接之关系也，与话法之关系为尤大。盖话法为②作法之豫备。儿童之思想感情必能以言语达之，然后能发表于文字，文字之功用不过修饰纯粹之言语而已。言语清析者，其文字必通顺；言语不清析者，其文字必不通顺。是故作法教授之初步，当注意于话法。凡儿童之覆讲各学科及平时应对言词之清朗简洁与否，教师均当奖许之而矫正之，以练习言语为练习文字之基，斯得之矣！

虽然，作法教授最困难，动有不能达其目的之憾，故非于教材、教法尽力研究之不可。

一、材料

作法之教材，亦分实质、形式二方面。儿童所有之知识，所习之技能，与程度、年龄相称；教授者必按合其心理，而迎机以利导之，庶循序而可以渐进。吾国文字最深，而教授作文又最为无法。凡课作文时，教师于命题之外无他事，文题之内容与成文之结构，悉置之不问，而惟令儿童于暗中摸索之；及其批评、改削，虽圈点涂抹淋漓满纸，然于儿童之能领会与否，与其实质、形式之若何，又在所不计也。夫如是乌得而不困难乎③？以盲导盲，以哑语哑，作文教授大率类是。

普通之文章，有纪叙体，有论说体，有书翰体。儿童心目中浑浑焉无所分也。

---

① 原作"达"，误。

② 原作"与"，误。

③ 原作"字"，误。

欲知此体裁之区分，不得不依赖乎读本。凡作文时，所用之文体，必读本中屡屡见之者也。苟读本中之文体与作文时所应用者格格而不相投，则儿童即无所依据。故自其形式方面言之，必时时于读本中，晓以各种应用之文体及造句、运笔、布局①种种之方法；而课作文时，亦必示以径途，使有所遵守。

以言内容，则诏儿童所记述之事项，必为儿童固有之知识。言其大要：（一）见之读本中及他学科中者；（二）儿童于家庭、学校及出游时所经验者；（三）生计上、社会中偶发之事项为儿童共见而共闻者。苟所定题在此三者外，而儿童文字之劣，其咎实教师任之。

二、方法

作文之材料，不可不早研求，斯固然矣！虽然，不审儿童之年龄及其程度，以分练习作文之阶级，则虽有材料，亦未必能运用也。试细列其方法于下：

（甲）默写。儿童入学之初，其所习之新字，必能书写而后能运用。故教授儿童，其始可诏以默写单字，次诏以默写读本中之语句，次则将儿童所已习之语句纵横颠倒，化为新语句，而诏以默写。夫儿童而能默写新语句，是以开运用新字之渐矣！此为教授作文第一阶级。

（乙）联缀。儿童既能默写新语句，斯教授者可于儿童已认识之新字中，拾其意义通贯而最易运用者数字，书之黑板，诏以自行装置；进而书单字于黑板，空其相联之字，或属上或属下者，以圈为识，令儿童填补；再进而教师自撰语句，空其中界，限稍宽之字，令儿童填补；更进而列不相连属之字于黑板，令儿童添入新字，由单句而渐增为多句；更进则以现成之文言，空其中紧要虚字，或接续词，令儿童填补，依次渐进，正自无难。此为教授作文第二阶级。

（丙）变换。儿童能连缀数句，而意义通贯，斯其所造固已可观。惟是作法之初步，必期其转换变化均能通贯，然后可以应用。故儿童之能力至能连缀成文，教授者即当于变换语句之方法力加指导。其法奈何？（一）授以单独之语句，诏儿童纵横颠倒，添入新字，化成多句；（二）教师先自作成长语句，书之黑板，令儿童淘汰其闲文冗字，以缩短之；（三）教师先自作成短语句，令儿童引伸其所含蓄之意义，以衍长之。儿童于此，若均能措置裕如，则其所造又进一步矣！此为教授作文第三阶级。

（丁）译述。儿童虽有自动之机能，然其思想感情尚薄弱，非授以内容，则不能为完全之文字。故此时教授之所宜加意者，又有二端：（一）授以白话，令其改为文话，授以韵文，令其改为散文，俾文中应用材料均不待他求，不过变换面目，

---

① 原作"句"，误。

而文自成；（二）无论为纪叙体、论说体之文字，均能教师授意，而令儿童笔述之。行此二法，于积成文之用，关系甚大。此为教授作文第四阶级。

（戊）示范。儿童虽能自成文，然其始必无法度。故教授作文，当命题之始，必先注意范文，或举读本中文辞之可为儿童模范者；或教师先择同类之题，特作平易浅近之文辞，以为儿童模范，夫而后儿童所作之文字自有所依据，而一切枯寂杂乱之病可以免矣！此为教授作文第五阶级。

（己）指导。儿童作文之程度，苟能无所依据而自经营之，已非易易。虽然，思想之大体、文章之格句，岂即遽能适当？必有赖乎教师之指导也无疑。指导之方亦有二：（一）为普通之指导，于命题之后，举内容上所必备之要旨，形式上所必需之轨辙，豫告儿童以辅助之；（二）为特别之指导，儿童作文时，或认题既真而苦于无意，或有意而笔不能达之，或笔能以达之而词句中缺少适当之字面，教师均当殷殷指导，以补救其所不足。此为教授作文第六阶级。

按作文阶级虽分为六，然教授时前项与后项可互相出入，勿涉呆板。

由是而后，则儿童之程度已高，乃可任其自作，而教师特加意于改正、批评。

教授例：

作法之教授，兼及知识、技能，故其段阶有不可不变通者。兹分为豫备、教授、练习三段，而述之于下：

（1）豫备

（甲）指示目的。无论用何方法，均指示其目的之所在。

（乙）整理旧观念。即文中所需之内容，先整理儿童已有之思想，以言语发表之。

（2）教授

（甲）讲解命题。凡教授作法时，所命题必详细讲解之，使儿童明瞭其意义之所在。

（乙）指示新字句。凡文中所应用之新字句，必书之黑板，并详言其性质，以备儿童运用。

（丙）述文法。儿童作文时需用之文法，必就其所已习者，提醒之而豫告之。

（3）练习

（甲）起草。令儿童出稿本，各自起草，教师巡行其间，以补助之。

（乙）修正及膳清。起草既毕，诏儿童自读二三周，订正其缺点，而膳清稿。

（丙）处理成绩。择一儿童所作之文字，书之黑板，加以批评、订正，诏示全级之儿童，是为板上添削法。教师于课余修正儿童所作之文字，或唤作者至前，随改正随批评；或改正既毕，于下周上课，择文之尤优尤劣者，朗读其所作之文字，对大众批评之，是为纸上添削法。

三、教授上之注意

（甲）教授时所选用之方法，以适合于儿童程度为断，不得强其所难。

（乙）文以达意为主，批评、订正不宜过事苛求。

第四节　写法

写法之目的，非欲使儿童为纯美之书家也。写法介读法、作法之间，其旨在使儿童认识真书写，速施之实用而无亥豕鲁鱼之误。虽然，欲儿童所写之字迅速而能明瞭、精确而无错误，亦非易易。此教授写法之所以与读法、作法并重也。

一、材料

习字之教材，当与读本中之教材相联络。所习之字即所读之字，斯不至浪费时间，而于实际无所补。故最初之儿童，读书、写字可不分科，即于读书时内练习生字之写法及默写熟字，以归统一。凡能诵读之字，无一非能书写之字，即无一非能运用之字，乃教授写法之性质所宜然。今之小学教师多不注意于是，故读书与写字判为两途。夫使能诵读之字而不能书写，欲其运用，何可得耶？

学年既进，则写字一科不得不于读书中抽出，另定时间以教授之。何也？儿童既知笔画之装置，进而欲求其形体之平直、行列之均匀，非勤加练习不可。虽然，儿童学习之范本，其字仍宜于读本中选录之，庶几有补。

字有正、草、行三体。儿童习字，其始宜专楷书，其终宜兼习行书。盖为日常应用上之便利，不可不兼此二体。至字之大小，切于普通应用者，则为小字；而练习写法，小字又在所不宜，故以寸方大字为最合度。

二、方法

习字与默书异，默书主迅速，习字主整齐。故教授习字时，凡字之大小，及笔画之平正、间架之疏密，均不可不加注意。初入学之儿童，于笔画之纵横上下，茫乎未有所知，遑论其他。故教者既书新字于黑板，即宜将其字之起笔、落笔详细与儿童说明，且于黑板上豫写种种不规则之字，批评其谬误之所在，令儿童以审之，以正其趋向。此教授习字时最要之法也。儿童初习字时，宜用石板、石笔：（一）则石板上写寸方大字，用力不能不均匀；（二）则笔画如有错误，便于更改；（三）则石笔不整理，即不能运用。故教者须即儿童所用之石板，划成方格，令儿童按格书之，必俟一学期后，儿童之手腕稍有定准，乃可用毛笔。今之小学教师每于儿童初习字时，即用毛笔，但见习字之纸，任意涂抹，墨沈淋漓，渍手染桌，污及颜面而已。

儿童习字之初，旧法相沿，类用描红影写。其意盖为儿童初习字时，于执笔运腕之法茫然未解，不得不由此入手。抑知描红影写能使教者、学者漫不经心，以阻儿童习字之进步。诚令即读本中所列之字，选其笔画少而形体相近者，依类比附，以资练习；教授时于用笔之法又细加指示，诏以自动，夫有何难？

习字时儿童之姿势，最宜注意。非独字形之平正与否系之，且影响于身体者甚大。是故椅之与桌宜减距离，两膝著地，成直角形，肩平身直，而头少前倾，左手之拇指按桌上，其他四指按纸上，右手之前臂离桌面，提腕直笔，以书写之。练习既惯，遂成自然。此亦养正之一端也。

教授例：

写法为技能学科，故其教授段阶与知识学科异。

（1）豫备

（甲）整理用具。如磨削石笔，拂拭石板，与夫调和笔墨，宜一一指示，务使注水之多寡、磨墨之轻重、蘸笔之浓淡皆适如其意。

（乙）指示目的。凡所教授之字，均指示其目的之所在。

（2）示范

（甲）示结构。教师划九宫格于黑板上（宜用颜色笔，否则划虚线），将所教授之字书其中，以说明字体之结构。

（乙）示运笔法。分解字之各部分，一一详言其提顿、转折等方法，随书黑板以示准则。

（丙）比较优劣。故书种种劣字于黑板，令儿童指示其缺点。

（3）练习

（甲）临摹。诏儿童对准黑板上所书之字，或习字帖临摹。（教初习字之儿童，教师于黑板上写一笔，令儿童亦仿写一笔，至儿童能自分笔画之先后而止。）

（乙）巡视。儿童习字时，教师宜巡行室内，见儿童之笔法有不合者，则至其桌旁纠正之。（儿童如不能写，教师宜执手授以笔法。）

（丙）处理成绩。儿童习字既毕，评定其优劣而加订正。

（丁）清书。凡程度较深之儿童，于所授新字，练习已熟，必使为一回清书（不用习字帖）。但下批评，不加涂改，以考察儿童之进步。

三、教授上之注意

（甲）字之形体，或难写，或易写，教授儿童宜适合其程度及练习写法之自然秩序。

（乙）习字时，全班儿童所用纸、墨、笔，宜划一整齐，以期适用。

（丙）涵养笔锋，净拭墨渖，须示儿童以一定之准则。

第三章　算术科

第一节　教授要旨

算术于小学中所以为重要之学科者，有实质、形式二方面。于实际生活上得有用之知识，知国计及地方政务之大要，且与各学科相互联络，而为记数之补助者，实质方面也。由种种问题之解释及数之处置，涵养其心意，精密其思考者，形式方面也。实质之陶冶为主，形式之陶冶为辅。算术科教授上之要旨，厥有二端：

一、养成高尚之思想

儿童之习算术，非欲其人人为算学家也，而在使人人备有国民之智识。社会愈进步，国家愈多事，则财政上之关系愈复杂；而国民之谋生计也，亦愈困难。然凡关于财政上、生计上之状况及国势强弱之原，往往可以数求之。计其数，而实际之消长盈虚乃瞭如指掌，故高尚之思想每起于无形。此算术科独有之性质也。

二、熟练计算之方法

算术，又日用上所必备之技能。欲以数年之练习而收及乎终身，则不可不求其纯熟。夫知乙数对甲数之结果，与所以测其结果之法未可云熟练也。即于相似之问题演算无讹，而一旦施之实用，犹不免意乱心慌，致有错误者，亦终无补。故必于所含之理、所用之法洞悉无遗，且运算纯熟，至速至精，夫而后可以应用，是舍多事练习外无他术矣！

凡此二端，皆算术科重要之旨趣也。虽然，今之小学教师注意于形式方面者犹有之，注意于实质方面者非惟无此绵密之思想、博通之学识，并无可依据之算术书以施教授。故国民教育之要旨，终不可得而达。试进言教材、教法。

第二节　材料

欲达教授之要旨，则选材之方为最重要。算术材料，分实质、形式二方面。

一、实质方面

算术于练习儿童记忆力、思考力之用甚大。故可利用算术问题，以振起国民之思想及人人所备有之智识、技能。总其大要，可分为六：

（甲）取家庭、学校之事实为儿童所经验者。家人、同学辈终日相聚，故可即儿童嬉戏情形广设问题。初步教授，此其大要。

（乙）取关于人类之生计，可使儿童知物力之艰难，得实用上所必需之知识者。（如米盐、布帛等之价值，月计、岁计之大要，人口多生治生盈绌之关系，进而及本国与外国之度量衡、货币、历①法，以至贸易、借贷、租税、卖买种种之状，皆一一指示儿童，取以为题，俾之练习运用，儿童受益已非浅鲜。）

（丙）取农、工、商各业之现象，可引起儿童实业之思想者。（如述牛、羊、鸡、鸭等之利，可以见畜牧之益；述桑、麻、谷、果等之利，可以见种植之益；比较原料及制造物之价值，可以见工业之益；讨论现今商战情形，可以知商场之关系。积微知小，积小知著，发问易而可收无穷之效。）

（丁）适切土地之情形，俾儿童知地方行政之大略。（如假设一地方有户口若干，则教育之费用应若干，工程之费用应若干，警察之费用应若干，卫生局、医院之费用应若干等，均一一分解、总合，诏示儿童，以养成公民之资格。）

（戊）甄录国计之大要、世界之大势，以激厉儿童之爱国心。（如述海关输出品、输入品之税则，而比较历年之消长盛衰；述历次中外议和所赔偿之款项，而并及各省分摊之数；述历次割弃地及租借地之面积，而并其户口、物产之数；述各行省所筑之铁路、所开之矿产，比较其面积之长短纵横，而并及资本之所自出。凡类此者，不胜枚举。苟以之演为问题，则国权之不振、国耻之当雪，与夫全国生计之所关，均瞭如指掌。如举东西列强军舰、兵额、学费、工商各业之统计等相比较，而并与吾国现今之状况相权衡，则生存竞争优胜劣败之实深印于儿童脑髓，国家思想自勃发而不可遏矣！）

（己）联络各学科，以补助儿童之知识，而巩固其记忆。（如国文、历史、地理、理科等各学科有须与算术相关联者，有于算术中取他学科材料演为问题，而大有补于他学科记忆之作用者，亦宜连类及之。）

凡此六端，苟依次排列，一面审教材之性质，一面顾儿童之心力，繁简得宜，难易合度，以引而进之，则其效果之大何待烦言？

按戊项设数较繁，宜即一部分命题，勿涉全体，且宜施之程度较深之儿童。

---

①　原作"秝"，误。

二、形式方面

习算之次第，不容少紊。故其通例，于初等小学校，始授十以下数范围内之数法、写法及加减乘除，渐扩其范围及百以下数，更进而授通常之加减乘除并小数之读法、写法及简易之加减，渐授以本国度量衡、货币及时制之大要；于高等小学校，始扩充初等小学所已授之事项，使之练习，渐进授简易之小数、分数及比例，更进授复比例及成分算，又授以简易之求积及日用簿记之大要。此自然之次第也。

算法至精密，而其应用又至纤悉。故每授一数，必经多方之练习。且各学科中，其统系之最严者莫如算术，跋于前者，后无不蹇。是故每易一法，进一阶，非广设问题，错综变化，百试之而无一误，未可恃也。切用之算术，不在深而在熟。排比教材，不得不注意形式方面者又如此。

第三节　方法

教授算术，有暗算、笔算、珠算三方法。试各言其性质于下：

一、暗算

暗算为算术之基础。暗算纯熟，虽遇复杂之数，亦不觉其繁。故暗算之益，浅言之，则切于实用。凡数之简者，计算迅速，无须举笔运珠，而自无错误；深言之，则可为笔算、珠算之补助。例如，算术中应用之方法及度量衡、货币等计算之差别，均一一烂熟胸中，则举笔运珠之时，其受益为无穷矣！

二、笔算

笔算于算术中之用甚大。练习笔算，必合教授上之要目。为适当之分节，更自分节上定若干之方式，课以模范、演习、应用之各问题，务使十分纯熟而后已，宜简易而忌繁复，宜敏捷而忌迟钝。

三、珠算

珠算之用，所以辅笔算者也。其法较笔算为繁，且有错误，而无从查检。虽然，练习纯熟，则其用较便于笔算，故商业上多利用之。小学中所以于笔算之外，兼习珠算者，其旨趣亦正在是。

要而言之，教初步之儿童，宜用最简单暗算，且宜以实物、图画鼓励其兴趣，渐进而及乎笔算。至初等小学之终学年，乃辅之以珠算。然于课笔算、珠算时，有仍不得不伴以暗算者，或于每时之始若终，特留五分时或十分时以练习之；或抽出一二时专习暗算，并熟诵计数之方法，均无不可。

教授例：

一、豫备

（甲）指示目的。提出运算问题或应用问题，指示其目的之所在。

（乙）分解问题。凡后问题之同于前问题，而为教授所已及者，则令儿童分解之。

（丙）复习旧事项。凡授新事项时，必须复习旧事项，以连接算术之系统。

二、教授

（甲）理会新教材。依暗算及直观之用利，务使儿童体会新教材之真义。

（乙）记忆条件。新教材之已理解者，其应条件务使儿童为精确之记忆。

三、应用

（甲）演数。应用之目的，在乎纯熟。故必多列同法之问题，反复练习，以养成一种器械的技能。

（乙）说理。凡问题之属何类者，当用何法以驭之。此其理蕴非洞析无遗，不能无误，故必令儿童为恳切之说明。

第四节　教授上之注意

一、教授算术时，凡计数应用之器具，必须全备。

二、凡算术上各种符号之用具，均须再三诏示，俾儿童牢记之而无遗忘。

三、当令儿童练习阿剌伯数字之写法。

四、一时间所教授者，不宜过多，致耗损儿童脑力。

五、练习问题，非儿童纯熟者，过全级之大半，不宜为进步之教授。

六、儿童如有所间断，及天资绌，而致陷于劣等之地位者，当另定补习时间，为特别之教授。

第四章　历史科

第一节　教授要旨

历史一科，其旨趣在以累代之事变为今人之明镜者也。故小学校中教授历史之效果，影响于国民者甚大。综其要领，厥有三端：

一、知国体之大要

今日之儿童，即他日之国民也。一国之治乱变迁，凡属国民，均当洞明其大概。吾国开国四千余年，君主之易姓已屡屡矣！其间同种族相残杀，异种族相吞并，自秦以降，直乱多而治少。夫其所以成此脓血之历史者，正自有故。教授者当抉其窥要，以晓儿童，务使事变之原因、结果均瞭如指掌，必以此立此其基本，庶儿童他日悉心研究，可渐成洞达治体之新国民。此教授历史之第一要点也。

二、养国民之志操

吾国开化最早，人才又最多。故其末流之弊所影响于人心者，每事事举古代之文明以压今人，而绝不知振奋。自信愈笃，则自慢愈深。社会中遂露种种颓败之现象，而非一朝一夕所能救药。近岁强邻四逼，屡受大①创。于是朝野上下平时自是自大之积习又变为自轻自贱，是我国民固全无志操者也。夫欲造就儿童，使一反今人之积习而卓然为有志操之国民，则不得不注重于国史。盖吾国历朝事变甚多，外人之为患于吾国者亦不少。于是有爱国之志士出，苦于焦思，百折不回，以建非常之事业。此其人皆屏除利己主义，而一以公忠体国之心，见之于行动者。举此以授儿童，则儿童自至危急存亡之秋，必学伟人之念起矣！吾国历朝均有燦然极盛之时，发明其文治武功，与现今之状况相对照，以感触儿童之神经，则儿童知今昔盛衰之异，而挽救颓败之心自发于不自知。此教授历史之第二要点也。

---

① 原作"文"，误。

三、略明社会及国家进化之公理

历史者以过去之进化，道未来之进化者也。进化之公理，生长发达，靡有穷期。故文明之极点不在从前，不在今日，而必在将来。且所谓进化者，非属于一人，非属于一姓，而必以群社会、国家为断。其国民德行日进，智识日进，思想日进，技能日进，朝政虽不竞，无损于进化也；其国民无德行，无知识，无思想，无技能，朝局虽少安，无补于退化也。持此义以窥吾国史，则可以两言断之曰："由秦以前，为进化之时代；由秦以后，为退化之时代。"夫其所以能进化、所以致退化者，为因为果，虽非一端，要其得失，不仅系乎四千余年累代之大君，而四千余年人心之趋向实为之。纵儿童之年龄、知识未能洞澈其理由，然教授者务须勘微抉隐，讨论其所以然，而即社会、国家进化退化之现象，长言咏叹，以发明之，俾儿童凛凛乎优劣存亡之故，则于吾社会、吾国家之前途，必共有奋厉无前之思想。此教授历史之第三要点也。

教授历史之要点既在此，则小学校中凡历史之事实，孰宜详，孰宜略，孰宜明析叙次，孰宜加以论断，皆可本此三要点以求之。

第二节　材料

要旨既得，厥重选材。选材之条件：（一）宜重本国史。盖历史之价值在涵养儿童之爱国心，故必使知本国历史之变迁、因革、治乱、盛衰及其国民之特质。若夫东西列国，则取其与本国交涉大略及通商、传教之有影响于吾国者，连类以叙及之，斯已可矣。（二）①宜重近代史。方今社会、国家之文化制度多与近世史相关联，教授历史者又务在使生徒体会近代之情形，以期切于实用。故年代愈近，其研究当愈精。（三）②宜重开化史。西国儒者有言曰："真正之历史，风俗、法律、技艺及人心进步之历史也。"故教授历史之目的，凡于实际上无价值者，均可省略；而独至社会、国家之发达，文化之进步与否，不可不言其大要。凡此皆小学教授之所以宜注意者也。

选材既审，其排次之法又分种种，有顺进法，有逆进法，有传记法，有记事本末法，有汇类法，有联合法，有圆周法，其得失姑不具论。论其适宜于初步之儿童者，似莫如参用顺进、圆周二法，依历史进步之次第；于高等小学之一二学年，则宜先取历朝之大事变或匡时济世之伟人为系统，依次叙述，以激励其志操；于高等小学之三四学年，则宜抉历朝治乱、兴亡之状况，且述政治、制度、风俗、学术、

---

①　原作"（一）"，据通行写法而改。
②　原作"（一）"，据通行写法而改。

民情等之概略，斯儿童于国体之大要、进化之公理均粗有所知矣！

第三节　方法

即历史教材之所选择者，授之儿童，以求其效果，则又有赖乎方法。何也？选材得矣，而教授者不足以振起儿童之精神，亦有何补？是故教授历史，必示以图画、写真、模型、古人之手迹、当日之形势等，务使儿童如置身古代，亲见历代伟人忠勇勃发之状况及当时时局之变更，或欢欣鼓舞以表其同情，或太息咨嗟以志其愤慨，夫而后历史上之事实深印于儿童脑髓中，而爱国强种之心自勃发而不可遏。

历史者，前事之鉴，后事之师，非古自今而今自古也。综历史上之事实，有酿恶因于千百年以前，而收恶果于千百年以后者；有适丁宇宙之大变，虽圣贤豪杰，不能不因时而趋势者。教授者必竟委穷源，以探其要。初步儿童程度甚浅，即不能知抽象之理由，不可不使知具体之现象。诚令举数千年盛衰、强弱之故，上下古今，回环往复，以刺激儿童。儿童有知，其当动若何之思想乎？

历史与修身两学科，同以道德教育及国民教育为目的，故其相联络、相辅助之处甚多。历史与地理两学科，明国家治乱之原，述种族竞争之概，实立乎同等之地位，故授历史者以地理为必须之准备，授地理者仗历史以指示其大纲，教授之性质宜联合而不宜分析。国文一科本无不包，故最初之教授宜并历史于国文中，及国文之程度既已渐进，则历史科推理之作用又莫善于举其事项，命为文题，令儿童发挥其义蕴以阐明之。是修身、地理、国文三科与历史有最重要之关系，教授者所不可不求其统合者也。（地理、理科两项，初步教授宜并入国文中，及其推理作用可命为文题，以令儿童发挥其义蕴者，均与历史同，下不赘。）

教授例：

一、豫备

（甲）指示目的。凡新授之事项，均指示其目的之所在。

（乙）整理旧观念。凡儿童旧观念之有关乎新材料者，务须使之复现，以为新知识之津梁。

二、教授

（甲）区分章节。先注意于分解之作用，以全体教材分为数节，使之条例详明。授以节终，必令儿童覆讲。授各节终，乃括以简单之语言，综合全体。教授各节时，随意指示图画、模型等，以收直观之益。讲解既毕，必批判人物，并推究其事实之原因、结果。

（乙）联络比较。有与本科为前后之联络者，如以后事后人与前事前人相对照，以古昔时局与现今状况相对照者是也；有与他学科为交互之联络者，如与修身、地理、国文等所叙述之事项相连接者是也。

（丙）总括要旨。即现今所授之事项与他事项相合，而抽其共同之点，以期洞晓大体。

按比较、总括两段，于历史科效用甚大。特非各问题，均需之，故仍纳入教授段中。（地理、理科同。）

三、应　用

（甲）问答。凡所授之新事项，利用问答，以启发儿童之感情思想而判断之。

（乙）记述。以种种方面之练习，或命题以令儿童作文，或令为记录表解等而订正之。

第四节　教授上之注意

一、凡教授历史时，所应用之沿革地图、统计年表、历代为人之遗像，均需备具。

二、凡关于时代、方域、政绩、民俗等种种之观念，须引导儿童强记。

三、教授大事变时，于权奸之行为、外人之侵略、乱民之蠢动等，须表有感慨痛恨之心。

四、教授历史，须洞晓历朝时势，不宜妄下批评，致流于武断。

第五章　地理科

第一节　教授要旨

述今世界竞争生活之状况者，其性质属乎地理。是地理一科激厉其国民爱国强种之心，以求自立者也。吾国民无地理上之知识，故全国之军港、商场、铁路、矿产，其利权日落于外人之手，而默然视之不为怪；物产之瘠薄，工商实业之不竞，百物昂贵，生计艰难，而纯任自然，绝无改进正争存之思想。夫萃此大多数不自爱其国土、不善开其地利之国民，而与今日眈眈逐逐之列强相处，其何以自存？

小学校之教授地理，其通则有二：（一）使儿童知本国国势之大要；（二）①使儿童知世界之大势及人类生活之状态。是故教授地理，必述其本国之位置、境域、形势、土质、气候等者，所以明天然要素为吾国独有，而人人当宝贵之、利用之也；必述其本国之都市、交通、风俗、人情、政体、兵备、教育等者，所以表人事上之状况，为国势强弱之原，而人人于自治之团体、社会国家之组织均有应尽之责任也；必述其本国之矿藏、物产及农、工、商实业之状况者，所以见地利、人工交相为用，良窳优劣，实国家与人民存亡生死之攸关，而人人当惊心以努力也；必述各大洲之地势、气候、区划、交通、民族、生物等及政治上、经济上之现象者，所以志本国与外国重要之关系，而天演竞争界中人人当奋发其保卫之精神、进取之思想也。约而言之，无非以爱国强种之主义为之质干而已。

虽然，施地理教授于吾国之小学校中，又有一特别之要点焉。要点何在？在明国耻。何也？以吾国今日之国势与全盛时之国势相权衡，其有异乎？其无异乎？五十余年中，与列强交兵立约，事事归于失败，遂使膏腴之全省、重要之军港、大好之商场先后落于外人之手。至今日北而满、蒙，南而滇、桂，其种种丧失利权也，又如是内而铁道建筑权、矿山开掘权、航路通行权、领事裁判权，孰非吾国莫大之患害、莫大之羞辱乎？教授者当一一对儿童咨嗟太息以言之，惩后惩前，以坚其敌忾同仇之志，悉赖乎此后生。而教授地理之良教师，不得不引为己责矣！

---

① 原作"（一）"，据通行写法而改。

第二节　材料

欲达此教授之目的，厥重选材。地理科之范围，既关天然，又涉人事；既重本国，又及全球。其内容之繁博，非他学科所能比，必一一举而教之，是大耗儿童之脑力，而仍不足为国民之教育之引导线也。是故选择材料，厥要有四：

一、简要

统吾国之境内，无论本部，无论属地，凡山川之高下、都邑之大小、郡县之损益与属夫地理上之沿革，无当于教授儿童之要素者，虽省略之可也。其所当注意者，在自然方面，则形势、气候、天产物等；在人事方面，则教育、兵防、风俗、人情、交通、实业等，以及乎自然界与人事界相互之关系，而海疆、边地之区别，尤宜明确。若夫世界地理，则以列强领土之与我壤地相错，及通商、传教之有影响于吾国者为最要，以华侨所至开辟草莱，经营商业，而受治他人之宇下者为次要，详其与吾国最有关者，略其无甚相关者，斯得之矣！

二、切近

历史为前世界之现象，地理为今世界之现象，其性质各有不同。是故地理科所选择之材料，必取最近之调查，必适合现今之生计，必洞瞩将来大势之所趋，夫而后切于实用。惟事关国耻，则不得不穷源竟委，以刺激儿童之神经。

三、审程度

儿童之脑力，必十龄以下，方能任繁重之学科。故本国地理及世界地理，非至高等小学中，不得施专科之教授。循地理科之本性，宜由乡土而推之全国，由本国而推之世界，其次第不容少紊。故初等小学之后二年，可授以故乡地理，始由本邑，次及全省，以爱乡心为爱国心之基础；至本国及世界之大势，则撮其为国民所不可不知者，散见于国文书中可矣！

四、富兴味

地理科最费记忆力，故于儿童领受之兴味每易减损，教授者不可不有以鼓舞之。惟举自然、人事之与吾人生计有关系者，反覆为之陈说，儿童之兴味自浓；至摹写湖山优美之风景，尤足以振起儿童重爱国土之感情，而增其无穷之兴味。此亦教授者所宜知也。

地理教材之排次，有总合法、分解法、圆周法、联合法及分解总合并用法之别。论其便利于儿童之领受，似以分解总合并用法为宜。吾国地大物博，本国地理即提要钩玄①，其材料亦已不少。故乡土地理，断宜于初等小学中卒事；及高等小学之一二学年，乃授以本国地理，由总论全国大势而分及各直省、各藩属，并述地球之大略；至高等小学之第三学年，则以世界地理授之，首述地球全体，继述本洲环绕吾四境之列强及其领土之大略，与夫一二弱国若存若亡之概，继述西欧、北美头二等雄国之大略，其余各国及非洲与南美洲之状况则总括而连叙之，继述海洋洲之大略，而于各国领土中凡我华侨之数与其受治他人之状况，断宜详备；高等小学之第四学年，则联结自然、人事二方面，总述本国之山脉、河流、海岸、气候、生物，与夫政体、军备、教育、实业、交通等之状况，而时以列强为比较，庶儿童日就月将，爱国强种之心自与之俱进。

第三节　方法

教授地理之方法，亦有不可不注重者。何也？得适当之材料，必赖适当之方法以行之。盖教授地理，利用直观，利用推想，利用比较。

利用直观者何？吾人于目击之事物，其映像长存心中，非一时所能消灭。即消灭矣，一经感触，而映像每为之复现，此即直观之效果也。授地理而不注意直观，则扣盘扪烛之谈终无当于实际。是故地属乡土，当于远足旅行时，即校中所教授者，亲临实地以指示之；若夫授本国地理与世界地理时，不得为直接之直观，即当为间接之直观，以据地图，而辅以地球仪、绘画、写真、模型等。凡自然界、人事界之现象，悉为当前指点，俾学者如身入境中，则记忆、想像之作用自此生矣！

利用推想者何？儿童之读地理，不可无记忆力也，斯固然矣！虽然，记忆力固强，而思想不能开发，是徒读死书也。地理科之重要，在能于自然、人事两界相互之关系，知之深，思之熟，而即现今之情实，以揣测将来，俾地理之现象均为有机的联络，洞见其原因、结果，夫而后得地理科之效力。故教授者当用启发法，以引诱儿童自动。

利用比较者何？凡自然界、人事界之现象，仅就一方面言之，闻者每视同泛泛；以彼地与此地相权衡，彼国与此国相比例，则盈虚、消长之实瞭然，震惊惕厉之心有出于不自觉者；即就本科性质言之，亦宜使前者为后者之准备，后者与前者相呼应，联环锁结，以融化新旧知识于一炉。

地理与历史相关联，前既言之矣！历史外，又与理科相联络。盖数理、地理及地文、地质之学，均错入理科范围。而理科之构成，多由自然物与自然现象，其本又在乎地理。故此三科教授之事项，不可不求其联合也。

教授例：

---

① 原作"元"，因避讳，今改为"玄"。

一、豫备

(甲)指示目的。指示教授时意旨之所在。

(乙)整理旧观念。凡旅行时之经验，及前此所已授之事项，与新教材有关系者，必先整理之，以为新教材之基础。

二、教授

(甲)按图施教。地图为教授时之要具。教师宜绘图黑板，举课本中文字，按图而说明之。教授之事项，其材料如有须推理者，可不拘记述之次第，而以顺应儿童之心理为断。

(乙)联合比较。以后授之事项与前授之事项相比较，有须辅以算术、佐以绘图者，联络各部分，使成一体。

(丙)总括要旨。以比较所得之种概念，总括之为类概念。

三、应用

(甲)问答。将所教授者反覆诘问，以验儿童能否融贯。

(乙)图绘。令儿童即当时所教授者，绘意想之地图。

(丙)记述。令儿童作文或作表解，而订正之。

第四节　教授上之注意

一、凡教授地理时，所用之地图，宜选明瞭而真确者；其他应用之具，亦须全备。

二、教师平日宜练习黑板绘图，以应教授时之用。

三、凡外国之地名，宜取译音之最准者，先后须画一，以免抵触。

四、地理上紧要之事项，及此地与彼地相比较之实状，须诏儿童强记。

第六章　理科

第一节　教授要旨

合博物、物理、化学之大要，而名之曰理科。是明明以自然界之统一知识为达其教授之目的也。盖动、植、矿为自然物，重、热、声、光、电为自然力，宇宙间万汇杂陈，皆自然物与自然力相接合而生种种自然现象。不宁惟是，即自然物亦各有回环之作用。是故小学中之教授，论其大体，固先动、植、矿物，后理化，而因及生理卫生，实则主连合而不主分析。（如言稻而因及稻之害虫，言目而因及光之反射屈折，言耳而因及音之反响传达者是。）盖统一自然界之知识，以诏示儿童，则兴味无穷，而领受之也自易。

理科知识，浅言之，则为吾人日常生活所必需。何也？人之居处、衣食，无一不与自然物及自然现象相密接。欲保身家之健康，非一一熟审其真际而用舍趋避各得所宜，不能达人生之幸福。盖物质的日益开化，即属于治家与摄生者，亦不得株守故常。试以食料与病状论之，往往今之所食者为昔所无，今之所病者亦为昔所无，故烹调、保卫之法不可不益加注意。是理科知识，统全国之男女皆宜实力研求者也。

精言之，则国之所以分贫富、强弱者，在物质的开化、不开化而已。物质的文明之进步，悉视理科知识之发达为准。以东洋各国与西洋各国相比较，则物质的开化，西洋发达，而东洋迟缓，故西洋富而东洋贫，西洋强而东洋弱。日本自步武西国注重理科以来，进步之速非常可惊。而吾国土壤肥沃、气候温和、天产饶富，地球之上罕有伦比，乃以物质的不开花，故所输出者均为原料，其得利也微。西洋各国用吾国之原料成为制造品，以重输入于吾国，获利倍蓰。是用吾国之物产而括吾国之资财以去，可为痛心！天生美产，己不能用，则人争取之，此自然之势也。理科知识关系吾国之前途，其重要又若是。

是故小学校之教授理科，（一）在使儿童理解自然界之统一知识，（二）①在使儿童粗知人类之开化事业，以达其国民教育之旨趣而已。

---

① 原作"（一）"，据通行写法而改。

虽然，理科之研习于修养心意亦殊有效。盖即人间万物之现象而求其原因、结果，观察精确则经验之兴味生，思考锐敏则推究之兴味生；充此嗜爱自然之心，其情绪必高尚而纯洁。此亦教授理科之效果也。

第二节　材料

教授理科之旨趣既如前述，则其材料必适与旨趣合，乃为得当。虽然，理科之种类甚多，若一一考察之，断非幼小儿童所能领会。故理科之教材必取其切于实用者。如属夫工业、农业、水产、卫生上之事项，殆无不与吾人生计有密切之关系，则其功用、毒害，与夫简要之构造，均不可不使儿童知之。

必取其直观所能及者。吾国地大物博，天产之品南北不同、东西各异。教授儿童宜以普通而重要之物产为标准，尤莫善于各即乡土之范围及在儿童经验内者取其材料以教授之，则长养感情，增生计上之知识，其效甚大。（吾国全部水陆、气候、物产、俗尚各有不同，故教授理科，若以一种课本通行全国，必不切于实用。）

必取其能引诱儿童之兴味者。凡自然物之种种状态，及自然物现象之种种变化，皆举其美异之观，一一试验之而说明之，则儿童之兴味自足。

若夫排次之法：（一）自然物之考察，宜自乡土而推及他方；（二）宜先动、植、矿物，而后理化与生理卫生；（三）关于动植物之教材，宜配合时令。故高等级之第一二学年，可授儿童以植物、动物、矿物上之知识及自然现象；第三学年，则授以通常物理、化学上之现象、元素及化合物、简易器械之构造作用，与夫人身生理卫生之大要；第四学年，则继续上年教授事项，而更加以动、植、矿相互之作用及对于人生之关系。虽然，分年教授不过按合儿童进步之阶级。各分科固有之系统，取其要项为统合之中心；而各科相互之联络，仍不容玩忽视之也。

第三节　方法

教授理科之方法与他科异，非仅恃口讲指画所能急收其功效也。故综其大要，约分三步：

第一步为观察。凡自然界之知识，可观察者，必领儿童观察之；其不能观察者，则资乎实验。惟教授理科以实验为最要。盖自然现象甚错综，往往不能适合教授之用，实验则简单。其不能实验者如动、植、矿物之类，当示儿童以实物。自然现象、实验、实物三者，为观察之三要目。

第二步为归结。观察之后，则必举其原因、法则，详言之而论定之，俾儿童悉心推究而能自动，教师乃更进以发明。推究用问答法，自动用开发法，发明用讲解法，务有以牖启儿童思考之能力，而振起无穷兴味，庶所领受之事项，一一能默记心融。

第三步为练习。小学校中，无论何学科，均当注意于练习，而理科为尤甚。盖理科之内容，非真能洞析无遗，恐无补于实用。故应用问题，固当诏儿童按时复习；而有关乎实验者，尤非练习不为功。

理科与图画亦有重要之关系，盖理科之研究倚赖乎图画者最多。其要旨列之图画教法中，兹不赘。

教授例：

一、豫备

（甲）指示目的。指示教授时意旨之所在。

（乙）整理旧观念。无论自然物、自然现象上之知识，均整理其已了解者，启儿童固有之观念，俾与新观念相结合。

二、教授

（甲）观念及讲解。即儿童观察所得者设为问答，以订正之，而批评之。施行实验之际，凡器械之装置、实验之结果，均一一向儿童说明，俾瞭然于胸中。讲解全文，宜善施综合、分解之法，以启发儿童推理之作用。

（乙）联络比较。举新授之事项，与儿童已知之事项及观察之所得者互相比较，而以归纳法分析其部类，推取其理由。

（丙）总括要旨。即比较所得之要点，以精确之言语表出之，俾儿童构成概念。

三、应用

（甲）融化意义。诏儿童或口答，或作文，或绘画，以验其能否融贯。

（乙）实际运用。以教授之事项，验儿童实际生活上之能否运用。

（丙）自动机能。令儿童于观察自然物时，采集标本或探求实验之方法。

第四节　教授上之注意

一、教授理科时，所应用之器械、标本、图画、模型，必须全备。

二、校内宜有隙地，栽种植物，备实地之观察。

三、教授理科，如须实验，教授务先期准备，以免遗误于临时。

四、教授时，如须实物，宜先期采集。

五、试验危险物及有毒气体时，宜注意防卫之方法。

六、儿童采集动植物，宜激厉其爱物心。

第七章　图画科

第一节　教授要旨

图画为技能之一，于实际上之功用甚大。试述其大要：

图画之影响，于工业为最著。盖精细之工业，无一不取资于图画。故图画不发达，工业永无进步。如陶器、织物、漆器等，均发始于吾国；而今则所出品物远逊西洋，且骎骎不如日本，坐是之故。资财外溢，而靡有已。吾国气候、土宜均占优势，故其原料胜于他国之所产者为多；乃以人事不修，工业遂无起色，此实吾国贫弱之一大原因也。欲工艺之发达，必先求图画之进步而后可。

图画又有涵养性情、精密思考力之作用。盖自然界之现象，无巨无细，无粗无精；凡可得而感触、而想像、而推求者，悉托诸物质以宣泄之。言语、文章、音乐之力所不能施，惟图画能达其真相。故三尺之童，即无不爱图画者，以图画之移人为至深也。观图画者，即如身入其境，而壹志凝神，体会其中天趣。则习图画者，其记忆、构思之力又当如何？是故家庭中利用图画，可以养儿童之美感情；学校中利用图画，可以增儿童兴趣；社会中利用图画，可以改良风俗。摹湖山美景，则爱国之心油然而生；写沙场战状，则尚武精神为之一振。是吾国今日诚实行国民教育，图画科必占重要之位置，断可言也。不宁惟是，无论何学科，无不赖图画之补助。故各种课本中，文字外必辅之以插画，盖以是为启发儿童知识之良导线也。至其所以列图画于学科中而令儿童练习之者，无他；计他日之利用厚生，必有图画上之技能，方臻愉快。而在今日欲洞晓各科学理，图画之功用亦几与文字同。算术、理科、地理三者，非练习绘图，不能贯通融会，其尤著者矣。图画之技能必于小学启其端，职是之故。

图画又能养清洁、绵密之习惯。盖图画之纸张，不容纤尘、污秽，亦不可丝毫错误，故裨益于手、眼、心、意之作用者不少。

第二节　材料

教授图画之旨趣既如前述，欲达此目的，不可不注意教材。图画之大部分有二，自在画及几何画是也。自在画，依手指自由之运动，以绘各种形体；几何画，依器械之补助，以绘各种形体。前者易，而后者难。然欲求画法之精密，适合于工业上之用者，则几何画其至要矣！

虽然，图画进步之阶级与年龄相准，故选材排次之法不容少紊。考形势之顺序，宜由以直线、曲线绘成单形为始，而渐进于复杂；考实质之顺序，宜由儿童平素所目击之实物为始，而渐及诸般形体。

几何画固为重要，然小学校中必至高等之末学年始及此者，（一）则按儿童心力之发达，非一蹴所能几；（二）①则小学校之教授图画，不过诏以必备之技能，为达吾国民教育之目的。若优美之图画，固当俟专门学校养成之，而不在小学范围之内。故教授次第，可备列于下：

一、随意画。初等一年生未知绘事，故不限以为一定之画，而使任意画其能者。

二、临画。仿照样本临摹，全级儿童均教授之。

三、写生画。示儿童以实物，使描摹其形体。物之位置，须自经营，较临画稍难。更进则示以实物而速去之，以磨②练其想像力，谓之看取，较之对实物而摹绘者又稍难。初等三年级以上教授之。

四、口授画。教师口语所画之事项，而令儿童如法以绘之者也。初等三年级以上教授之。

五、记忆画。举前此所已习者，使之凭空复习，以试验其记忆力者是也。初等三年级以上教授之。

六、工夫画。诏儿童描形看色，刻意经营。

七、创造画。或示以一定之约束，或并无一定之约束，而均令凭空结撰。

八、几何画。几何学理，用器械描出之，以期适于应用。

小学校之教授图画，以临画、写生画为最多。若工夫创造之类，必程度已高之儿童，方能为此。几何画，则虽高等之第四学年生，亦只可授以简易者而已。

自在画有用铅笔、毛笔之分。毛笔画，东洋本甚发达；铅笔画，则来自西洋。由今观之，铅笔易而毛笔难，且有用较为便利。故教授图画时，宜并诏儿童以铅笔、毛笔之用法，将铅笔属稿，而以毛笔画成之。

第三节　方法

图画为最有兴味之学科。然欲增进儿童兴味，必使无困难时而后可，则教授之

---

① 原作"（一）"，据通行写法而改。

② 原作"摩"，误。

法尚矣！大率教授儿童，使先取画帖实物，举其形体，一一为之剖解，某部为何式，某处用何器，与夫布局、设色深浅浓淡之度，均令儿童洞晓胸中；然后诏以下笔之方法，或左或右，或前或后，或正向或横向或斜向，随时随地，移变无方，务笔画而口讲之，教者之精神跃跃于儿童前，则儿童兴味浓、思想足，而其成绩必有可观矣！

儿童属稿时，宜令用铅笔轻绘痕迹于纸上，订正其错误，然后从而绘成之。此际若习临画，可用透明方格之薄纸覆诸画谱上面，又衬格纸于属稿之纸下，以求其位置之所在。教师如绘图黑板，以为准则，亦宜用颜色笔画成方格，以区分其位置。

教授写生画时，宜以所绘之物，令儿童详细观察，而用问答法研究其正、反、斜、侧各面之姿势，务使有明瞭之观念，乃可落笔。且所绘实物，务求其相肖。故宜审儿童之能力，取其简易者，而避其复杂者。工夫画及创造画，又必审度儿童之能力以命题，庶几有当。

教授例：

一、豫备

（甲）整理用具。习图画时应用之器具，务使儿童先行整理。

（乙）指示目的。无论授以临本、写生等类，均指示其目的之所在。

（丙）启发旧观念。凡教授图画时，儿童所已有之知识，必提醒之。授记忆画、考按画时为尤要。

二、示范

（甲）指示形体。即实物、模型、临本，设为问答，先与以形体上之概念。

（乙）指示笔法。绘模范画于黑板，随下笔，随说明，诏儿童以运笔之方法。

三、练习

（甲）摹绘。说明形体、笔法之后，诏儿童用心摹绘。

（乙）巡视。注意儿童姿势，巡视其桌旁，以矫正之。

（丙）处理成绩。儿童所画之成绩，教员为批评而订正之，而留存其尤优者为成绩品。

第四节　教授上之注意

一、教授图画，在诏儿童以普通之技能，不得视为专家之学。

二、儿童性质，有与图画远者，宜鼓其兴味而引进之。

三、教授图画时，所习之事项宜与他科相联合。

四、教授图画时，应用之普通器具，必诏儿童准备。

第八章　手工科

第一节　教授要旨

手工于国民教育之关系甚大。何也？手工科之效果，使儿童有制造物品之技能，发现其性质之所近，以为他日择业之豫备，而又养其勤劳之习惯者也。原普及教育之旨，既为全体国民力谋生计上之便利。而苟于手工一科稍留缺憾，则儿童他日应用之器具什物，虽极简单之造作、极轻易之修缮，事事必仰给于工人，其生计上之不便利也甚矣！且人生于勤劳，而死于怠惰。家政之兴衰，可以个人之勤惰为左券。勤劳之习惯，必于少小时养成之。故以练习手工为最要。

吾国民普遍之劣性有二：一则好逸而恶劳，一则重文词而轻工艺。惟好逸而恶劳，故儿童今日受家庭之遗传，染社会之习俗，成一饱衣暖食不亲琐事之人，家庭、学校中所应尽之职务，无一不仰诸仆役。惟重文词而轻工艺，故其影响之及儿童者，专心壹志，以期文字、图画各科之擅长者则有之，若实用之器物，殆无留意其造作及修缮之方法者。故以今日之学风，而欲养成习劳任重、备有普通能力之国民，相去未可以道里计。是药吾国民普遍之劣性，不得不注意于手工。

盖手工之练习，无论抟土、铄金、截竹、锯木之类，必目视而指拨之。其材料不合，不合，即不能为适当之制作。故能修练锐敏之目光、纯熟之手指，而断非有丝毫偷安好惰之意者所能成。使由此而志在工艺，则视觉、触觉之用既已发达，固能受专门之教育而胜任裕如。即无论操何职业，于手工之大略粗有所知能，其受益亦非浅鲜。

吾国今日之妇女无普通之知识，其前途固大可忧。然使教育大兴以后，人人具有普通之知识，而无技能以佐之，其可忧也益甚。何也？知识愈进，费用必愈繁，而不能博微利以助家庭生计，则其为男子累也愈重。曾是民穷财尽之时，而前途可出此乎？是故为女子计，急宜广设职业学校，导以谋生之路。职业学校既未能一时兴办，当于小学校中注重教授女子之手工，俾得娴熟一技，以为他日谋生之助。学部所颁《奏定女子小学堂章程》颇注重女红，洵当今之急务也。

第二节　材料

选择手工之材料，宜宽而不宜狭。盖论普通教育之宗旨，与其使儿童熟练一二种①之手工，不若使儿童粗知各种之手工。至教授之次第，宜由简而入繁，由易而入难也，殆与各科无异。

小学校之教授手工，非若幼稚园之专习玩具也。其适固在接幼稚园之课程，而为稍繁复之玩具；其继则宜趋重实际，举手工中之或有补于学理或为实用所必需者，以授程度较深之儿童。若夫高等小学之生徒，则其所习之手工，尤不外为简易之器具什物，以期磨练目力及指力，而略得普通日用上之技能明矣！是故综其大要，曰"排板"，曰"豆细工"，曰"折纸"，曰"捻纸"，曰"结纽"，曰"黏土细工"，曰"制本"，曰"切纸细工"，曰"厚纸细工"，曰"竹细工"，曰"木工"，曰"金工"，曰"铸物"。由"排板"至"结纽"，宜施于初等；竹、木、金、铸之工作，宜施于高等；而统初等、高等之儿童皆可实习者为"黏土"，其他则初等之末学年、高等之始学年可错杂为之。

至其所以教女子者，当初等之一二学年，手工之教授可与男子同科。厥后男女之所用者异，则教授之事项亦不得不分。故所当注重者，在初等小学，宜授以简易之缝衽，练习其手指，使熟谙运针之法，渐进授以简易衣类之缝法、通常衣类之缮法；在高等小学，则进授以通常衣类之缝法、裁法、善法，兼授编织、组丝、囊盒、刺绣、造花等各项手艺，或审度地方情形，酌授一二项，以期有所专长而适当于将来生计。

手工教授之排次：（一）宜考察儿童心身发达之阶级；（二）②宜顾制作之次第。故莫如参用圆周、顺进二法，其始也制法易而用器少，则以圆周引诱其兴味；其继也制法难而用器繁，则以顺进区分其类别。神而明之，是在良教师。

第三节　方法

即手工科之材料而实施教授，必先示以固有之标本，继示以教师模范之制作，然后令儿童仿效之。故凡材料之品类、性质，及夫工具之使用法、保存法，均当为恳挚之说明，务使儿童洞析无遗，乃可以得心而应手。

虽然，欲养儿童自动之机能，教授方法又分种种。于所未习者，指示标本而即使之仿作；于所已习者，不复指示标本而即使之复习，是练其记忆之作用也。本所

---

① 原作"年"，误。
② 原作"（一）"，据通行写法而改。

学而稍有变更，推所能而使为别种，或任其意匠经营而为自由之制作，是练其想像之作用也。教授程度较深之儿童，不可不知此。

教授手工，有可用普通教室者，有必用特别教室者。关于形体及图案之教授，用普通教室可也。然欲便教室之整理，宜置于一日中最后之时间。若教授木工、金工等类，其所需之工具既多，且又忌喧噪之纷心，则不得不开特别教室矣！

手工科之教授，其与他科相联络者莫要于图画，教授时亦宜注意。

教授例：

一、豫备

（甲）整理用具。习手工时所用之器具，务先令儿童准备。

（乙）指示目的。凡教授手工时目的之所在，必先指示及之。

二、示范

（甲）陈列标本。示儿童以固有之标本，使详细观察之，而发问以补助其知识之不逮者。

（乙）注重范作。教师即所有之材料，作模范之器物，以示儿童而说明其全体之制法。

三、练习

（甲）巡视及指导。儿童实习手工时，教师宜周围巡视以指导之；有不当者，则说明其错误之所在而加矫正。

（乙）处理成绩。儿童所制作之器物，教师为批评之而订正之，留存其尤美者为成绩品，以鼓励儿童兴趣。

第四节　教授上之注意

一、教授手工，不得误解旨趣，视为专门之学。

二、手工科造作之器物及实物、模型，必为直观所能及者。

三、教授女子之手工，必审度各地方俗尚，以期行销便利。

四、工具之属个人用者，宜诏儿童设备，及告以保存之法；工具之属公共用者，须由校中设备。

五、教授手工，宜养成儿童忍耐、节约及好清洁之习惯。

第九章　唱歌科

第一节　教授要旨

列唱歌于小学校中，非欲使儿童为音乐家也，亦非以唱歌为快心悦耳之具也。其于国民教育占重要之关系者有三，试言其大要：

一、关于心意上者

唱歌之效力，足以涵养性情，而增无穷之美感。何也？音乐之移人最深。儿童之心意，时以音乐调之，则矜躁狂妄之概自无油而作。且多人相聚，和声以歌，尤能合众人文心为一心，以强其共乐同忧之情绪。故其为用，能融洽儿童热、郁、冷、浮四种之性质而归于一致。若自然之美，如山水、花木之类，取其情景，编入歌谣，以引起儿童宝爱之心，则游踪所至自不肯损伤公物；人间之美，如忠臣、孝子之类，采其事实，编入歌谣，以引起儿童敬慕之心，则观感奋发之诚自出于不觉，其修练心意之作用既如此。

二、关于身体上者

唱歌之益，又能练习听觉及发声机。何也？凡音乐之高低、强弱，及其断续、疾徐，非听觉锐敏、发声机清利者，不能应弦而合节。故从事唱歌，斯耳与咽喉之机能自随之而进，且呼吸大则肺受空气多，能变换新鲜血液，以增肺脏之健康。过用脑力而心意不舒，以唱歌继续之，则脑髓为之灵活。凡此皆无形之效果也。其发达身体之作用既如此。

三、关于社会上者

语有之："移风易俗，莫善于乐。"吾国音乐之传，久归湮灭；而里巷之歌谣、优伶之曲谱，与夫弹词小调种种淫俚之声，乃流播四方，以为风俗人心之大害。儿童何知所渐染、所习惯者既深且久，则化导之术俱穷，故今日儿童之可造就者殆仅仅在至少数之上流社会。欲挽救吾国之风俗，惟有于强迫教育之中利用唱歌，以直接化导各学校之儿童，间接化导各家庭之子弟，一二十年以后庶几改观。其变化社

338

会之作用又如此。

第二节　材料

　　欲达教授之目的，则歌曲、歌词均不可不加注意。歌曲之繁简、难易，宜与儿童发达程度相称。故教初步之儿童，必取其平易而简单者，音阶之高下、节拍之长短自始至终配合均宜相近，及程度渐高，然后可渐臻活泼。且前后数时不宜长用同一之曲调，使儿童生厌；亦不宜过用差异之曲调，使儿童畏难，此选择歌曲之宜慎者也。歌词之运用，以能养儿童之心情而引诱其兴味者为准，忌古雅，又忌粗野。何也？古雅之文辞，非儿童所能领会；而粗野者，又大悖国民教育之本旨，惟清新浅显、言文一致者为最宜。此选择歌词之宜慎者也。

　　唱歌为各学科之良导线。故歌词之材料，宜选择各学科中重要事项，错综排列，以兴各学科相连结，而收其效果。何以故？儿童于唱歌时，既知歌中之事实，则兴味愈浓。其对他学科也，又即藉歌词以复习，再三唱和，而记忆力之作用自坚。教授上之妙用，莫过于此。

　　唱歌时间之配置，可列于重要学科之后，盖重要学科之耗损脑力也实甚。儿童当至沈闷至疲倦之时，而以歌唱恢复之，是为天然要剂。且宜与体操科相关联，习游戏体操时，以唱歌为伴则可寓整肃于活泼中。若夫远足旅行及举行运动会时，调以军乐，和以军歌，则尚武精神又动荡而不能自已。是唱歌科固学校中之神圣品也。

　　唱歌之排次，又宜按合时令。何也？良辰美景，最足以振起儿童之精神，苟排置不得其宜，即夫自然之妙用至礼式上所特用之歌，亦不得不预习之。

第三节　方法

　　教授唱歌之时，必先举歌词之意义，诏示儿童，以引其兴味；然后注意于歌曲，其教歌曲也，先后次第不容少紊。试略述之：

一、发音之练习

　　欲唱科必先练音，音以明瞭而高低、强弱、长短适合于风琴声者为善。故练音之始，宜诏儿童直立，胸平身正，俾肺脏宽舒；然后行数次深长之呼吸，乃进以练习七音。

二、曲调之练习

　　练习之后，则授以曲调。此时教师宜为数周之范唱，继而手按琴，口奏曲，以调和其音阶之高下，而令儿童静听之。如是者复数周，乃选择优级生数人，或独唱，或合唱，以为全级儿童之模范，而卒令全级儿童唱之。

三、节拍之练习

曲调既审，宜知节拍。盖曲谱中最要者为拍子，所以表各节相间之定序者也。故教者宜将各节之拍子详语儿童，使或为足踏，或为手拍，以齐其音声，而洞晓歌中拍子之性质焉。

教授例：

一、豫备

（甲）指示目的。即歌中之内容，指示其目的之所在。

（乙）调和音律。练习音阶，及复习既授之歌曲，以调儿童之发音，而为新教授之基础。

二、示范

（甲）讲解意义。歌词之意义，详细讲解，务使儿童明瞭。

（乙）教授歌曲。即歌中曲调为逐节之范唱，而加以说明，前后不同之点尤宜详析。

（丙）使用风琴。有歌无乐，不足以鼓动精神。教师为范唱时，必和以风琴，俾儿童静听琴韵、歌声之合一，以引进步。

三、练习

（甲）独唱。诏以儿童独唱，令全级儿童听之。

（乙）齐唱。诏全级儿童齐唱，务作使以扬抑其歌音，使与琴声相合。

（丙）合唱。教授手按琴，口唱歌，以与众儿童相和。

（丁）巡视。诏儿童独唱时，教师务离坐至儿童立次，或为踏节，或为拍节，以矫正之。

第四节　教授上之注意

一、唱歌时耗费空气最多，故其教室须常保空气之新鲜，而扫除又宜清洁，以期无害于卫生。

二、正唱歌时儿童之姿势，使之立唱。

三、声音之高下，当以儿童之年龄为制限。

四、唱歌之目的在养成美感，故宜为反覆之练习，务求其纯熟，乃以新者授之。

五、唱歌时当诏儿童以调和呼吸之方，遇歌词之逗顿处，则取小呼吸；遇曲中之休止处，则取大呼吸。

六、男女儿之发声相异，故在高等小学中，教授务求适当，男儿可多授快壮之曲调，女子则以优美高尚者为宜。

第十章　体操科

第一节　教授要旨

国民教育之要旨，以发达儿童身体为第一义。何也？人必身体健康，而后精神、才力方可以应用。人民强，斯国家强；人民弱，斯国家弱。故各国之言教育者，咸视此为最重要之责务。吾国文弱之弊已达于极点，欲救药之，其法非一端，而莫急于小学校中注意儿童身体，以养成他日强毅之国民，断断然矣！然而，体育之实施，则体操科教授者实肩之，其责任岂不重哉？

虽然，小学校之教授体操，但略与儿童以尚武之观念，非即欲养成军人之资格也。故练习体操，若误会主义而漫施严重之教授，反有害儿童身体。吾国今日内地小学校之缺少体操科者，恐在所不免。否则，其教授主义或在壮形式上之外观，而非真求精神上、身体上之效果，以求有补于儿童。是故教式、教程凌乱错杂，不审年龄，不分程度，而惟以同一定之教材授之。此体操科教授之大概也。

抑知教授体操，不能违①生理学、心理学之原则。即生理上言之，人之身体由各种机关组织而成。故欲身体之发达，必运动适宜，而后各部之机关灵活，其发育乃均齐；若各部之中，有一部分运用未周，即一部分不能发育。夫所贵乎体操者，其要点固在锻炼身体之各部，使四肢灵敏、血液新鲜、筋力伸缩自由，以增进其康健者也。故各种之运动，孰系全身，孰系局部，教授者必神明之而活用之，以发育儿童身体。即心理上言之，由简而繁，由易而难，由已知而入未知，教授之公例也，体操一科亦无以外。是故必各按儿童之程度、年龄，施适当之教授，然后能活泼精神，强固意志，而有忍耐、果敢、勇敢之能力。身体、精神之两方面均发达于无形，则教授体操之责任尽矣！

儿童在学校中，又以守规约、尚协同为至要；而能养成此习惯者，厥惟体操。盖教授体操时，动作进退悉依口令，起止②休息悉表同情，无丝毫可任其自由。故全级儿童莫不整齐严肃，循循于规则中。是欲增儿童形式上之价值，而节省其管理

---

① 原作"卫"，
② 原作"至"，误。

训练之力者，体操之功用尤甚大，亦教授者所宜知也。

第二节 材料

体操科之教材，大别为游戏、普通、兵式三种。

游戏之兴味最多，而可自由活动。儿童幼时，实藉是以发育其身心者也。有单独之游戏，有公共之游戏。公共之兴味胜于单独，学校中利用之，可以完全儿童之发育。故不惟初等之始学年以教授游戏为通则，凡小学期中均宜继续行之。

普通之体操，由游戏而进于规律者也。必俟儿童之心身略能驯服乎规则之后，乃可授之。故游戏为普通之豫备。得第一学年豫备之练习，而第二学年参以普通，庶几有当。普通体操，又别为各个、连续二种；前者均徒手，后者有徒手、哑铃、球竿、棍棒、木环、豆囊之六种，各个与连续各依次序相间以行之。

兵式之体操，由普通而更进于严肃之规律者也。故必高等小学之儿童，每星期始可间授之。然推其旨趣，非即为训练军人，而仍在发达儿童身体，凡以养成刚毅之气象及守规律、尚协同之习惯而已。

体操之种类既分，体操之程式，尤不可不注意。吾国所沿用者，非德国式体操，即日本式体操，其式大同而小异。然以现今全球教育者之公论，断推瑞典式体操为最善，通行于欧美各邦，德国近来亦盛行之，而日本且于往年（即明治三十九年）举全国之学校体操咸改为瑞典式矣！无他，瑞典式体操于人身体上、精神上之效果尤大而速也。教授体操者知之。

第三节 方法

无论授何项之教程，均有适当之限制，而不宜过度。故教授者务以客观的精神，研究儿童生理。凡一运动之自始至终，其用力之疾徐强弱与休息时间之短长，均宜即教程性质，按合儿童之领受力以为准。

教授体操，宜寓活泼于整肃中。不活泼，则无快乐之心情，即无益于儿童身体；不整肃，则无严壮之气概，即无以振起儿童精神。善教者于体操之时，能使儿童步武举动态度自如，而秩然不乱；于游戏场中，能使儿童欢呼奔走、兴会淋漓，而命令一下，全队肃然，斯诚体育之乐事矣！夫是之谓良教师。

教授体操时，对初等之儿童，示以动作可矣；对高等之儿童，则必举某动作之有益，于生理上某部分者，一一与儿童说明，以助其兴味。儿童既知功效之所在，则平时之练习，不烦督责而自为之，于教授上亦隐收无形之效果。

虽然，教授体操，必前习之事项温理纯熟，而后可为进步之教授。惟是温习时，须为种种之变换，使不至倦而生厌。自旧教程移至新教程时，亦不宜全换新教材，宜以前项最熟之运动移至下项同类之运动；既入新教程后，仍宜时①顾旧教程，温故知新，务在收联络、融洽之妙用，斯得之矣！

教授例：

一、豫备

(甲)准备运动。令儿童排队报数、左右视转等，以为运动之准备。

(乙)指示目的。指示本日为如何之游戏及如何之体操，使儿童知其功用。

二、示范

(甲)诏示动作。教师自行动作，以为儿童模范。

(乙)说明新教材。以运动之方法，逐节向儿童说明，使儿童会悟其要领。

三、练习

(甲)分解之练习。教授一部分后，令儿童即一部分练习之。

(乙)总合之练习。于教授终时，令儿童连结各部分而练习之。

(丙)复习。复习前授之事项，或教师发令而诏儿童演习之，或教师只言其运动之种类而令一儿童作为模范以演习之。

第四节　教授上之注意

一、教授新运动时，宜矫正儿童恶癖。

二、教授游戏时，宜辅以训练，禁止儿童陋劣之举动及过度之嬉笑。

三、教授体操，宜留意卫生上急治之方法。

四、尘埃充满及酷暑时烈日之中，断宜慎避。

五、校中应备室内体操场，俾教授体操之时间不以风雨中止。

六、体操场及各种器械之设备，均宜注意。

七、体操时若因事中辍，可使儿童为自由运动，或体育上之谈话以代之。

八、审男女之异点而酌用体操教材，以求其适当。

---

① 原作"是"，误。

简明单级教授法

《简明单级教授法》^①编辑大意

单级教授法，于普及教育关系重大。本书言简意明，以便单级教员实地应用。

单级小学校以编制为最要，编制得宜，方有端绪。本书根据吾国现行学制，作表列说以发明之，读者最宜注意。

本书指陈方法及单级教授之特性，皆按合吾国现今学界程度以立言，大半本之心得，而其采自日本朝仓政行所著之《实验单级教授法》者亦十之二三。

各学科通则及特性，备载拙编《小学各科教授法》中，故本书概不及之。

---

① 顾倬：《简明单级教授法》，中国图书公司宣统元年（1909）初版，中国图书公司宣统三年（1911）再版。

《简明单级教授法》目次

小学校编设单级之要旨

小学校者，所以造就全国之男女儿童，使具有必备之道德、知识、技能者也。初等小学，在强迫期限中，尤无一儿童可出于教育范围之外。然设立一小学校，凡为多级之编制者，必经济余裕，房舍充足，且儿童来学之数又多而后可。或财政不敷，或校地有限，或乡村之间户口寂寥，一学区中占地大而学堂少，则不便儿童通学；占地小而学堂多，则儿童之数又不适于多分学级。是惟因地制宜，合全校之儿童，组织为单级，乃足以济其穷。

吾国今日朝野上下，咸希望教育之普及。然即其情势论之，国帑空虚，民力凋敝，兴学之资茫然无措，各省所同。诚使设立一两等小学校，动需岁费三四千金；设立一高等或一初等小学校，动需岁费一二千金。是日言普及而永无普及之一日也。且东南各省，人烟稠密，苟力行强迫之制，就学儿童固不忧其少；西北各省，地旷人稀，即强迫之制已行，而使一校中必萃数百儿童，编制四五级以上，恐亦非力所能为。是吾国今日非统海内之教育家研究单级教授法，以期单级学校之编制广行于各府厅州县，请勿言普及。

何也？单级学校，以一教员而任全校之教科，以数十年龄不齐、程度不等之儿童而编为一级，种种设备均甚简单，则一岁之所费甚廉，而学校乃可以广设。文明各国，入学儿童与学龄儿童之比例，每百人中所以能至九十余人者，实因有单级之编制，而后能臻此盛也。

单级小学校教员之快乐

单级小学校，以一正教员而总理全校之事务，多不过加一副教员而已。人少则事权一，断不至意见纷歧，致教授管理之方针漫无准定，以阴阻教育之进步。且校内学童率为土著，亦鲜有半途退学或转移他校之事故。是明明以一人而独掌一方之教育权，造就儿童，使具有完全之人格，其快乐为何如哉？

单级小学校教员之困难

虽然，单级教员之快乐固胜于多级，单级教员之困难亦甚于多级。何也？多级，则一人之精力，每时只及一班；单级，则一人之精力，每时须兼及各班。故非熟习教授法者不能无顾此失彼之虞。且课前之准备，课余之整理，亦不胜其劳，终日间几无暇晷可经营他事。苟教授不得其宜，则单级学校之成绩必逊于多级。家庭之责言，社会之评论，又交迫而来。凡此皆单级教员之困难也。

单级小学校之编制

欲免困难，全视编制。录编制之法于下：

分班

单级小学校，以全校儿童编制为一学级，斯固然矣！谨按《奏定初等小学堂章程》，有云："全堂儿童，其功夫深浅同等，教授同班，编为一学级之学堂，名为单级小学堂。"（学科程度及编制章第二十二节）又云："初等小学堂，若合数学年长幼不一之儿童，视其功夫深浅同一学级，应共编为一班者，则不拘各学生之年岁，但依同一之程度教之。"（同第八节，《高等小学堂章程》学科程度及编制章第七节同）是知单级教授至为困难，不得不变通成法，以兼顾教师之精力也明矣！虽然，各学科之性质不同，儿童之程度、年龄又难强合，使以初入学者而与将卒业之儿童授同一之课程，其无当于实际又何待言？是宜兼即主观、客观两方面，熟虑深思，以力求教授上之便利，而又不阻碍儿童进步，庶几有当。今试列表于下而说明之：

五学年单级初等小学各学科分班教授表一　科目本　奏定章程初等小学简易科

学年＼学科	第一学年	第二学年	第三学年	第四学年	第五学年
修身读经	合 班				
中国文字	丁 班	丙 班	乙 班		甲 班
算 术	丁 班	丙 班	乙 班		甲 班
体 操	合 班				
历史地理格致			乙 班		甲 班

右表合修身、读经为一班，盖修身旨在躬行，读经则在明先圣先贤浅近之义理，其书为片段的，故五学年可合为一班。初等小学所教授之体操，以游戏为主，而辅之以普通，故亦可合为一班。（教授修身、体操，仍宜兼顾各班之领受力，其教授法见后。）中国文字与算术，其阶级循序而进，初学年（谓一小学中程度浅之学

生)固不容施躐等之教材，高学年(谓一小学中程度高之学生，非高等小学生徒也)亦不得阻止其进步，万难以同一之程度教授之，故分甲、乙、丙、丁四班。历史、地理、格致科，则断非第一二学年之儿童所能融会，当始自第三学年，而其进步亦自有统系，万难合三学年而混同教授，故分为甲、乙二班。

五学年单级初等小学各学科分班教授表二　同上

学年＼学科	第一学年	第二学年	第三学年	第四学年	第五学年
修身读经	合　班				
中国文字	丙　班	乙　班		甲　班	
算　术	丁　班	丙　班	乙　班	甲　班	
体　操	合　班				
历史地理格致				合　班	

右表与上表稍有不同，中国文字及历史、地理、格致科，均减一班，教授上较省力；然于儿童之受益，则固不若上表也。

四学年单级女子初等小学各学科分班教授表三　科目本学部　奏定女子小学堂章程

学年＼学科	第一学年	第二学年	第三学年	第四学年
修身读经	合　班			
国　文	丙　班	乙　班	甲班	
算　术	丙　班	乙　班	甲　班	
体　操	合　班			
图　画		乙　班	甲　班	
女　工			甲　班　二	甲　班　一
音　乐	合　班			

右表以国文、算术分甲、乙、丙三班。图画，则自第二学年始，分为甲、乙二班。音乐，亦自第二学年始，然可合三学年为一班。盖图画与音乐之性质各有不同也。女工，自第三学年始，同为甲班，而第三学年与第四学年，其浅深自有次第，故又以甲班二、甲班一区别之。

四学年单级高等小学各学科分班教授表四　科目本　奏定学堂章程而参加学部改
订高等小学堂章程草案所增入之学科

学科　　　　学年	第一学年	第二学年	第三学年	第四学年
修身读经	合　班			
讲　读　经	合　班			
中国文字	丁丙两班合		乙甲两班合	
算　　术	丁　班	丙　班	乙　班	甲　班
历　　史	丁　班	丙　班	乙　班	甲　班
地　　理	丁　班	丙　班	乙　班	甲　班
格　　致	丁　班	丙　班	乙　班	甲　班
图　　画	丁丙两班合		乙甲两班合	
体　　操	合　班			
手　　工	丁丙两班合		乙甲两班合	
乐　　歌	合　班			
官　　话	合　班			

　　右表合修身、讲读经、体操、乐歌、官话为一班。国文、图画、手工为二班。
算术、历史、地理、格致，四学年仍各自成班。求教授上之便利，而又顾各学科之
特性，故与初等小学稍异。

各学年各学科教材之配当

《修身》科

　　取同一之教材，以浅近之语言，说明其要旨，冀初学年儿童之了解，复推阐其
义蕴，旁通曲畅，以引起高学年儿童之兴味。斯各学年均收其效果，读经亦然。
　　按修身一科，可合各学年为一班。吾国之教育者亦屡言之。然执现今通用之课
本，以施之单级学校中，则每苦圆枘方凿之不相合。何也？通用之修身课本，皆施
之多级者也；若以移之单级，则其浅且简者不适于高学年，其深且繁者不适于初学
年。故宜另辑一种单级用之修身课本，区为四编，其文辞之浅深，义蕴之繁简，皆
斟酌而得其中；其德目则回环往复，不惟一卷中当互相呼应，即此卷与彼卷亦宜联

络教材，以便交互循环之用。

单级初等小学校修身课本使用表　　以四学年为度　　高等小学校同

甲　年		乙　年		丙　年		丁　年	
一编	第一学年 第二学年 第三学年 第四学年	二编	第一学年 第二学年 第三学年 第四学年	三编	第一学年 第二学年 第三学年 第四学年	四编	第一学年 第二学年 第三学年 第四学年

国文科

国文一科，性质与修身科大异。当儿童之初就傅时，教授国文，其形式、内容，均宜力主简单，而后能领受，厥后乃按年以进。故如置一四学年单级初等小学于斯，则第一学年所施教者，不得逾识字、正音、联字之常，授以课文，其事实宜甚单纯，而文辞则以二三十字为限；第二学年可稍进矣，然仍只可授以浅易简短之课文，而作文则以造句、联句为限；至第三学年，儿童之思想乃稍开，才力亦稍进，于是教授上之材料可进一阶。故论其常，则教授国文，只得以各学年各自为一班，必不得已而言合并，亦惟第三四学年可授以同一之教材，而第一二学年则不得不各称其程度、年龄以求适当。若夫高等小学，则教授国文，可合一二学年为一班，合三四学年为一班，而各施以相当之材料。

按国文一科，今日之通行课本，亦宜于多级，而不宜于单级。初等小学一二学年之所使用者，姑置不论；三四学年既合班教授，则教材须斟酌两学年之程度，而求其适中。如使第三学年用通行课本之第五册、第七册，第四学年用通行课本之第六册、第八册，程度固稍近矣！然课本中时令之配合，事实之排次，往往颠倒错乱，而不适于实用。故宜另辑一种初等小学单级用之课本，按合学年，区分卷数。于第一二学年，则异其形式，而同其内容主要之部分。（如第一学年第一课授以一人字，第二学年之第一课授以人之形状、性质，则教授时可省教师之精力，而一二两学年又各得相当之益。特编此课本，非深明教育原理者不能，恐吾国今日尚无其人；即在日本，亦但于朝仓政行之《实验单级教授法》中，见其有此理论而已。）于第三四学年，则形式、内容各取相当之程度。（如以第三四学年之课本，分为前、后二册。前册之首课，与后册之首课，其程度相当；前册之末课，与后册之末课，其程度相当。则三四两学年同一课本，而三年生可以仰企，四年生亦不妨俯就。）高等小学，则分一二两编，每编二卷。以一编为一二学年之用，以二编为三四学年之用。一编之上下二卷，其程度相当；二编之上下二卷，其程度相当，庶为适用。

单级初等小学校国文课本使用表一

甲　年	乙　年	丙　年	丁　年
一编　第一学年 二编　第二学年 三编 { 第三学年 第四学年	一编　第一学年 二编　第二学年 四编 { 第三学年 第四学年	一编　第一学年 二编　第二学年 三编 { 第三学年 第四学年	一编　第一学年 二编　第二学年 四编 { 第三学年 第四学年

单级初等小学校国文课本使用表二

甲　年	乙　年	丙　年	丁　年
一编上 { 第一学年 第二学年 二编上 { 第三学年 第四学年	一编下 { 第一学年 第二学年 二编下 { 第三学年 第四学年	一编上 { 第一学年 第二学年 二编上 { 第三学年 第四学年	一编下 { 第一学年 第二学年 二编下 { 第三学年 第四学年

算术科

算术之性质，复异于国文，其进步之阶级，丝毫不容假借，故各学年不各依其程度。然于一时之间，教授者须兼顾各班，使俱得相当之材料，而口讲指画，游刃有余，则必豫拟各班算题，使为同类之性质，均一望而即知其得数之正误焉方可。今试即一星期中之一时，悬拟教授初等小学四班算术之一例于下：

第一学年，授左之减法：

$$9-4$$
$$8-4$$
$$7-3$$
$$6-3$$
$$5-2$$
$$4-2$$

第二学年，授左之减法：

$$94-42$$
$$85-42$$
$$76-33$$
$$67-33$$

58-24

49-24

第三学年，授左之减法：

945-422

854-422

767-333

676-333

589-244

498-244

第四学年，授左之减法：

945-(854-432)

854-(945-523)

767-(676-343)

676-(767-434)

589-(498-251)

498-(589-345)

如右例，第一学年，逆书4、5、6、7、8、9为被减数，逆书2、2、3、3、4、4为减数；第二学年，即于第一学年之被减数之右更顺书4、5、6、7、8、9为被减数，减数之右更顺书2、2、3、3、4、4为减数；第三学年，即于第二学年之被减数之右更书5、4、7、6、9、8为被减数，减数之右更书2、2、3、3、4、4为减数。

第四学年之被减数、减数，即第三学年之被减数、减数而变其形，其答数仍与第三学年之答数相同。

四班算题，若此配合，则授算时教者于各题之答数，均不假思索，而即瞭如指掌，师逸功倍，其便利甚矣！

按算术一科，今日之通行课本，亦无适用于单级者。何也？多级，以儿童为本位；材料、方法，专顾儿童之领受力可矣！单级，则宜兼顾教师之精力、授课之时间；材料虽合，方法虽善，而教师之精力不能胜任之，时间亦忧其不足，终无当也。故宜另辑一种单级用之算术教本。按合各学年之程度，而分配每星期每时间适当之教材，其庶几乎！

图画科

图画之性质，差等于国文。初等小学之第一二学年，不可不各与以相当之材料；初等之三四年，高等之一二年、三四年，均可合两年为一班，而所授材料则酌中以定之。

体操科

体操，虽可于一时中统教各班，然有时所取教材，不得不与程度、年龄相称，则万难将各班合并，而宜各用特殊之教授。

手工科

自初等小学第三学年始，可合两年为一班。而于儿童初学手工时，必特别教授之。

乐歌科

乐歌虽可全班统教，然初等小学之第一学年，万难与各班合并，而不妨缺略，自第二学年始可也。(惟第一学年虽不能施教授，而莫善于教授他班乐歌时，令第一学年生旁听之。)

历史科、地理科、格致科

三科性质差相等，其先后、浅深自有次第，颠倒用之则失其宜。故各学年应用之教材，万难强合。(惟用之初等小学者，其课本如系片段主义而无统绪，则或可连合两班，以施回环之教授。)

儿童之排置

教室内各学年儿童之排置，于教授上不无关系。试列图于下：

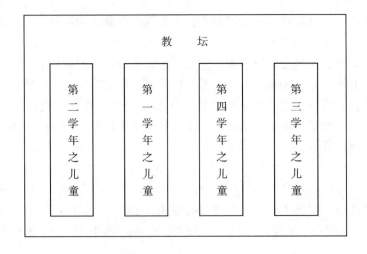

如图，第一学年之儿童，与第四学年之儿童相接近，则年龄最小、知识最浅者习见第四学年生谙练勤习之状态而阴受其熏陶，得益殊非浅鲜；第一学年生与第二学年生相接近，第三学年生与第四学年生相接近，则于教授上又收种种之便利。至坐次先后，固以身材之修短排次为宜，亦有时当变通成例，使优劣相间，以收观摩之益。

同时同科目、同时异科目之关系

施单级之教授，究以同时同科目为宜乎？抑以同时异科目为宜乎？此亦一大问题。即此方面言之，似于一时之间，各学年同科目，则教者、学者之心均专一；各学年异科目，则教者、学者之心易纷歧。即彼方面言之，则各学科或属德育，或属智育，或属体育，其性质略分轻重，必限以同一科目，往往于此则历一时而有余，于彼则历一时而不足。窃谓科目之异同，无烦拘泥，其可为统一之教授者则同之，其不可为统一之教授者则以自动与受动相排次，俾儿童不虚度光阴，而教员亦不过劳精力，斯得之矣！愿与言单级教授者一研究之！

教授时间表及说明

单级教授，以订时间表为最难，而亦以订时间表为最要。盖每时教授之得当与否，全视时间表之配置以为准。兹特根据《奏定小学堂章程》《学部奏定女子小学堂章程》《学部改订小学堂章程集议而未颁行之草案》，拟时间配当表九种于下：

五学年单级初等小学每星期各学科时间配当表一

日＼时	第一时		第二时		第三时		第四时		第五时	
休沐一	修身读经	各班合	国文	甲读乙讲丙丁作文	国文	甲讲乙读	算术	甲乙教授	体操	各班合
					算术	丙丁练习	国文	丙丁习字		
休沐二	算术	甲乙练习	国文	甲习字乙作文丙丁读	国文	甲作文乙习字	历史地理格致	甲教授乙复习		
	国文	丙丁讲			算术	丙丁教授				

续表

日＼时	第一时		第二时	第三时		第四时		第五时
休沐三	算术	丙丁练习	国文 甲读乙讲丙丁习字	算术	甲乙教授	体操	各班合	
	国文	甲讲乙读		国文	丙丁习字			
休沐四	修身读经	各班合	算术 甲乙练习	国文 甲作文乙习字丙丁读		算术	丙丁教授	
			国文 丙丁讲			国文	甲习字乙作文	
休沐五	算术	甲乙教授	国文 甲读乙讲丙丁作文	算术	丙丁练习	体操	各班合	
	国文	丙丁习字		国文	甲讲乙读			
休沐六	算术	甲乙练习	国文 甲习字乙作文丙丁读	国文	甲作文乙习字	历史地理格致	甲复习乙教授	
	国文	丙丁讲		算术	丙丁教授			

（甲乙授课二十五时　　丙丁授课二十二时）

右表据《奏定学堂章程》所颁布之初等小学校学年及简易科之课目，均匀配置，冀学生力能胜任；而每时配合之学科，又轻重得宜，俾教员指授各班，不患时刻之迫促、才力之竭蹶。其编制以甲为第五学年生，乙为第三四学年生，丙为第二学年生，丁为第一学年生。盖第一二学年程度甚浅，不得不分班教授，各与以相当之材料；第五学年生，又以年龄、知识之关系，不得不另列一班；惟三四学年生，可为同等之教授，既化五班为四班，而修身、体操两学科仍可各班合教，历史、地理、格致则惟甲乙班加之。是四班所等重要者，惟国文、算术两学科耳，如此表，又隐分甲、乙为一组，丙、丁为一组。每时之配当，此组重则彼组轻，此组轻则彼组重，配合既均，准备自易。如以教授上之关系，不得不有所变通，可本此意以易之。

五学年单级初等小学之编制，亦可分甲、乙、丙三班。其国文科，则以第一学年生为丙班，合第二三学年生为乙班，合第四五学年生为甲班。历史、地理、格致，则于甲班加入。惟算术一科，与年俱进。绅绎《奏定章程》，定初等小学之第二年为百以下之算术书法、记数法、加减乘除，第三年为通常之加减乘除，第四五年则更加小数及珠算。是二三两学年万难合并，四五两学年或可俯就仰企，则算术科至少仍须分四班，以五学年编制三班之法，不另列表，参观第三表可也。

五学年单级初等小学每星期各学科时间配当表二

日＼时	第一时	第二时	第三时	第四时	第五时
休沐一	国文 甲读 乙讲 丙作文 丁习字	国文 甲讲 乙读 丙习字 丁作文	修身 各班合	算术 甲乙练习 丙丁教授	历史 甲乙合
休沐二	国文 甲乙作文 丙丁讲	算术 甲乙教授／国文 丙丁读	国文 甲乙习字／图画 丙丁△	体操 各班合	讲读经 甲乙合
休沐三	国文 甲读 乙讲 丙作文 丁习字	国文 甲讲 乙读 丙作文 丁习字	手工 甲乙△／算术 丙丁练习	体操 各班合	地理 甲乙合
休沐四	国文 甲作文 乙习字 丙丁讲	国文 甲习字 乙作文 丙丁读	修身 各班合	算术 甲乙练习 丙丁教授	乐歌 甲乙丙△
休沐五	国文 甲读 乙讲 丙作文 丁习字	国文 甲讲 乙读 丙习字 丁作文	图画 甲乙△／算术 丙丁练习	体操 各班合	算术 甲乙教授
休沐六	国文 甲作文 乙习字 丙丁讲	国文 甲习字 乙作文 丙丁读	算术 甲乙练习／手工 丙丁△	算术 丙丁练习 讲读经 甲乙合	理科 甲乙合

（甲乙授课三十时　　丙授课二十五时　　丁授课二十四时　　△随意科）

右表据《奏定学堂章程》完全科课目，又参核《学部集议而未颁行之草案》，加入图画、手工、乐歌三学科。至各科教授时间，则参核两章程以取其适中而为此表。学科完备，则配合均匀亦愈难。故较之前表，不能不能稍变通，然其轻重适宜，则固与前表同也。

四学年单级初等小学每星期各学科时间配当表三

日＼时	第一时		第二时		第三时		第四时		第五时	
休沐一	修身	各班合	国文	甲讲 乙习字 丙作文	国文	甲读	算术	甲练习	讲读经	甲
					图画	乙丙	国文	乙作文 丙习字		
休沐二	算术	甲教授 乙丙练习	国文	甲习字 乙丙讲	国文	甲作文 乙丙读	体操	各班合	乐歌	甲乙合△
休沐三	算术	甲练习 乙丙教授	国文	甲讲 乙作文 丙习字	国文	甲读	手工	甲	讲读经	甲
					手工	乙丙	国文	乙习字 丙温课		
休沐四	修身	各班合	国文	甲习字 乙丙讲	国文	甲作文 乙丙读	图画	甲	算术	甲教授
							算术	乙丙练习		
休沐五	算术	甲练习 乙丙教授	国文	甲讲 乙习字 丙作文	国文	甲读 乙作文 丙习字	体操	各班合		
休沐六	算术	甲教授 乙丙练习	国文	甲习字 乙丙讲	国文	甲作文 乙丙读	体操	各班合		

（甲授课二十八时　　乙授课二十五时　　丙授课二十四时　　△随意科）

右表据《学部改订小学堂章程》集议而未颁行之草案》①。（按此草案虽未颁行，而各省业已传布，且各地方以经济之困难，本有仿照日本小学校制度，编制为四学

---

① 原作"右表据《学部改订小学堂章程集议而未颁行之草案》"，据正文内容而改。

年者，故沿用此草案者已多。)核其学科时间，均匀配置。其编制以甲为第三四学年生，乙为第二学年生，丙为第一学年生。一二学年之程度，万难合一，故分为两班。三四学年之程度，可以仰企俯就，故合为一班。而修身、体操两学科，则各班统教。讲读经，照章于第三学年加入。乐歌，本为随意科，今以其能鼓儿童兴味，于二年生加入之，而合两班以施教。其他各科，则分甲为一组，乙丙为一组。此主教授，则彼主自动，以期配合之维均。

凡单级学校中，如有一二三学年生，而缺四年生，亦用此表。盖二年生与三年生，课目时间均有不同，势难合并也。

四学年单级初等小学每星期各学科时间配当表四

日＼时	第一时		第二时	第三时		第四时		第五时	
休沐一	修身	各班合	国文：甲讲 乙习字 丙作文	国文	甲读	算术	甲练习	讲读经	甲
				图画	乙丙	国文	乙作文 丙习字		
休沐二	算术	甲教授 乙丙练习	国文：甲习字 乙丙讲	国文	甲作文 乙丙读	体操	各班合	地理	甲○
休沐三	算术	甲练习 乙丙教授	国文：甲讲 乙作文 丙习字	国文	甲读	手工	甲	历史	甲○
				手工	乙丙	国文	乙习字 丙温课		
休沐四	修身	各班合	国文：甲习字 乙丙讲	国文	甲作文 乙丙读	图画	甲	乐歌	甲乙合○
						算术	乙丙练习		
休沐五	算术	甲教授	国文：甲讲 乙作文 丙习字	国文	甲读	体操	各班合	讲读经	甲
	国文	乙习字 丙作文		算术	乙丙教授				
休沐六	算术	甲教授 乙丙练习	国文：甲习字 乙丙讲	国文	甲作文 乙丙读	体操	各班合	理科	甲○

（甲授课三十时　　乙授课二十五时　　丙授课二十四时　　△随意科　　○加设科）

　　右表亦据《学部改订小学堂章程集议而未颁行之草案》。更于第三四学年，添入地理、历史、理科各一时，而减去算术一时，此为初等小学最完美之课程。然其授课时间，与每时课程之轻重，则五雀六燕，仍得其平，教员、学生无忧精力之不足胜任也。

四学年单级初等小学每星期各学科时间配当表五

日＼时	第一时		第二时		第三时		第四时		第五时	
休沐一	算术	甲教授 乙练习	国文	甲讲 乙习字	国文	甲读 乙作文	乐歌	各班合△	体操	各班合
休沐二	算术	甲练习 乙教授	国文	甲习字 乙讲	国文	甲作文 乙读	体操	各班合	讲读经	甲
休沐三	修身	各班合	国文	甲讲 乙习字	国文	甲读 乙作文	图画／算术	甲／乙练习	算术	甲教授
休沐四	算术	甲练习 乙教授	国文／手工	甲习字／乙	国文	甲作文 乙讲	手工／国文	甲／乙读		
休沐五	算术	甲教授 乙练习	国文	甲讲 乙习字	国文	甲读 乙作文	体操	各班合	讲读经	甲
休沐六	修身	各班合	国文	甲习字 乙讲	国文	甲作文 乙读	算术／图画	甲练习／乙		

　　（甲授课二十八时　　乙授课二十五时　　△随意科）

　　右表亦据《学部改订小学堂章程集议而未颁行之草案》。如单级学校中，缺一年生，而只有第二三四学年生，则其编制可将三四两学年合班为甲，二学年独班为乙，化三班为二班，而均匀配置，以取教授上之便利，则其效果当不下于多级也。

四学年单级初等小学每星期各学科时间配当表六

日　　　时	第一时		第二时		第三时		第四时		第五时	
休沐一	算术	甲教授 乙练习	国文	甲讲 乙习字	国文	甲读	讲读经	甲乙合		
						乙作文				
休沐二	算术	甲练习 乙教授	国文	甲习字 乙讲	国文	甲作文	图画	甲	体操	各班合
					图画	乙	国文	乙读		
休沐三	修身	各班合	国文	甲讲 乙习字	国文	甲读 乙作文	算术	甲教授 乙练习	乐歌	甲乙合△
休沐四	算术	甲练习 乙教授	国文	甲习字 乙讲	手工	甲	国文	甲作文	体操	各班合
					国文	乙读	手工	乙		
休沐五	算术	甲教授 乙练习	国文	甲讲 乙习字	国文	甲读 乙作文	讲读经	甲乙合		
休沐六	修身	各班合	国文	甲习字 乙讲	国文	甲作文 乙读	算术	甲练习 乙教授	体操	各班合

（甲授课二十八时　　乙同上　　△随意科）

　　右表亦据《学部改订小学堂章程集议而未颁行之草案》。如单级学校中有第三四两学年合级者，则其编制可以四年生为甲班，三年生为乙班，而合级教授较并第二第三第四三学年为一级者尤易为力。如照此表行之，于教授上之便利，差与编一学年为一级者同矣！

四学年单级女子初等小学每星期各学科时间配当表七

日＼时	第一时		第二时		第三时		第四时		第五时	
休沐一	修身	各班合	国文	甲讲 乙作文 丙习字	国文	甲读 乙习字 丙作文	算术	甲教授 乙丙练习	女红甲	四年生讲授 三年生练习
休沐二	算术	甲练习 乙丙教授	国文	甲习字 乙丙讲	国文	甲作文 乙丙读	体操	各班合	国文	甲
休沐三	算术	甲教授 乙丙练习	国文	甲讲 乙作文 丙习字	国文	甲读 丙温课	体操	各班合	图画	甲△
			图画		乙△				国文	乙习字
休沐四	修身	各班合	国文	甲习字 乙丙讲	国文	甲作文 乙丙读	算术	甲练习 乙丙教授	女红甲	四年生练习 三年生讲授
休沐五	算术	甲教授 乙丙练习	国文	甲讲 乙作文 丙习字	国文	甲读 乙习字 丙作文	体操	各班合	国文	甲
休沐六	算术	甲练习 乙丙教授	国文	甲习字 乙丙讲	国文	甲作文 乙丙读	体操	各班合	乐歌	甲乙合△

（甲授课三十时　　乙授课二十六时　　丙授课二十四时　　△随意科）

右表据《学部奏定女子初等小学堂章程》所订之学科时间，均匀配置。其编制以甲为第三四学年生，乙为第二学年生，丙为第一学年生。因女校课目与教授男子者微有不同，故复拟此表，盖适用于一校中而含有四个学年者。如只有三个学年或二个学年之合级，可参观第五表、第六表以更定之。

单级高等小学每星期各学科时间配当表八

日＼时	第一时		第二时		第三时		第四时		第五时		第六时	
休沐一	算术	甲乙练习	手工	甲乙合教授	历史	甲练习乙教授	官话	各班合	国文	甲乙合习字	体操	各班合
	国文	丙丁合讲	手工	丙丁合教授	国文	丙丁合读	官话	各班合	历史	丙教授丁练习	体操	各班合
休沐二	国文	甲乙合讲	图画	丙丁合练习	地理	甲练习乙教授	讲读经	各班合	国文	甲乙合读		
	算术	丙丁练习	算术	甲乙教授	国文	丙丁合作文	讲读经	各班合	地理	丙教授丁练习		
休沐三	修身	各班合	国文	丙丁合习字	讲读经	各班合	国文	甲乙合作文	国文	甲乙合作文	体操	各班合
	修身	各班合	理科	甲教授乙练习	讲读经	各班合	算术	丙丁教授	理科	丙练习丁教授	体操	各班合
休沐四	算术	甲乙练习	乐歌	各班合	国文	甲乙合习字	图画	甲乙合教授	国文	丙丁合读	官话	各班合
	国文	丙丁合讲	乐歌	各班合	历史	丙练习丁教授	图画	丙丁合教授	历史	甲教授乙练习	官话	各班合
休沐五	国文	甲乙合讲	手工	丙丁合练习	国文	甲乙合读	讲读经	各班合	地理	甲教授乙练习	体操	各班合
	算术	丙丁练习	算术	甲乙教授	地理	丙练习丁教授	讲读经	各班合	国文	丙丁合习字	体操	各班合
休沐六	修身	各班合	手工	甲乙合练习	国文	丙丁合作文	讲读经	各班合	图画	甲乙合练习		
	修身	各班合	算术	丙丁教授	理科	甲练习乙教授	讲读经	各班合	理科	丙教授丁练习		

（每班各授课三十四时　　随意科未列入）

右表亦据《学部改订小学堂章程集议而未颁行之草案》。其科目最完备，编制亦甚难。盖高等小学之各学科，如修身、读经、体操、乐歌、官话五科目，可合四班以教授；国文、手工、图画三科目，可并为两班(以第一二学年生编一班，以第三四学年生编一班)；算术、历史、地理、格致四学科，则与年俱进，万难合并，不得不仍分为四班。夫以一人之才力，而兼授各学科，欲措置得宜，使各班同时受益，诚未易言。此表斟酌配置，几费经营，任单级高等小学校之教务者可熟审之。

《奏定学堂章程》所列之高等小学必修科，计共九目，较为简单，故不复列表。凡单级高等小学校之恪遵《奏定章程》者，参观此表，以酌易之可也。

单级女子高等小学每星期各学科时间配当表九

时\日	第一时		第二时		第三时		第四时		第五时		第六时
休沐一	国文	甲乙合讲	历史	甲乙教授	国文	甲乙合习字	女红	甲乙合教授丙丁合练习	体操	各班合	
	算术	丙丁练习	国文	丙丁合习字	历史	丙教授丁练习					
休沐二	算术	甲乙练习	地理	甲练习乙教授	国文	甲乙合读	图画	甲乙合丙丁合	女红	甲乙合练习丙丁合教授	
	国文	丙丁合讲	国文	丙丁合读	地理	丙教授丁练习					
休沐三	修身	各班合	国文	甲乙合习字	国文	丙丁合习字	国文	丙丁合作文	女红	甲乙合教授丙丁合练习	
			理科	丙练习丁教授	理科	甲练习乙教授	算术	甲乙教授			
休沐四	算术	甲乙练习	国文	甲乙合作文	国文	甲乙合作文	女红	甲乙合练习丙丁合教授	体操	各班合	
	国文	丙丁合讲	历史	丙练习丁教授	算术	丙丁教授					
休沐五	国文	甲乙合讲	国文	甲乙合习字	国文	丙丁合作文	国文	丙丁合读	女红	甲乙合教授丙丁合练习	
	算术	丙丁练习	地理	丙练习丁教授	地理	甲教授乙练习	算术	甲乙教授			

日＼时	第一时		第二时		第三时		第四时		第五时		第六时
休沐六	修身	各班合	国文	丙丁合习字	国文	甲乙合读	女红	甲乙合练习	体操	各班合	
			理科	甲教授乙练习	理科	丙教授丁练习	算术	丙丁教授			

（每班各授课三十时　　随意科未列入）

右表据《学部奏定女子高等小学堂章程》所订之学科时间，均匀配置。盖女校科目与教授男子者稍殊，其时间亦稍有出入，故复拟此表，以备单级女子高等小学校教师之采择焉。

以上九表，其配当各有不同，然每时中以各班之自动与受动相排次则一。故班数虽多，而既分轻重，则教师之精力自能应付。吾国今日小学校之编制，绝少单级，即为合级之编制者，亦大率教授此班，则放任彼班，不惟管理上增无穷之事故，且各班儿童名为终日授课，实则不逮半日而已。师劳而功半，职是之故。然则单级学校中教授时间之配当，固不容玩忽视之也。

单级教授之方法

单级小学校之教授，凡各学科之旨趣、材料，悉与多级同。（参观拙编《小学各科教授法》）惟于方法，则大致同而有不得不小异者。何也？班数既多，时刻有限。多级可详悉教授，单级则教师之精力用于此班者多，即用于彼班者少。故不得拘泥各学科教授之段阶，而以灵敏为要义。今试述其大要于下：

教授前之准备

为小学之教师者，当豫编教授草案，庶不致临时慌乱。矧在单级，以一时而兼数班，更不得不将教授之大纲，豫为措置。是宜将每时授课之五十分，析为若干节，每节中豫定教授各班之事项。兹试按时间配当第三表第一日之第二时，设为一例，而列表于下：

时＼班	甲　班	乙　班	丙　班
5	授以课文中生字	研墨及整理纸笔	整理石板石笔及誊清本
5	默观课本全文	指示笔法	熟审黑板上标示字义
5	择要发问并说明本课要旨		告以将黑板标示之字相联缀
5	讲解课文	临摹	联缀字句
5			
5			
5	默讲默读研究文法	处理成绩择其优者示全班	订正错误
5	设问或摘要令覆讲	批评其劣者而加订正	誊抄清本

（全级教授国文　　甲讲书　　乙习字　　丙作文）

如右表，析五十分为十节，各节中每班儿童均处以相当之事项，则其教授方针自秩然有序。初等小学，每日约授课五时，宜于未授课前，将各时教授事项，按照课程表豫定简明草案。

教授时之注意

　　单级教授，宜多使用黑板。习字、绘画之范形，作文、演算之命题，宜豫书之黑板，固无论矣！即开发为教授上最要之主义，普通教授本宜临机发问而令儿童口答之，单级则不得不变通：其于初学年，则择要设问，务主简明，或代以默书可也；其于高学年，则可将主要问题标示于黑板，而令儿童各以笔答之。何也？仗此班儿童之自动，以腾出教授他班之时间，法之至善者也。

　　单级教授，宜五官并用，而以耳目手足辅口舌之不逮，庶足以应付。故非聪明灵警，不足以为单级教师。而尤贵鼓励优等生，使为己助。盖答问之是非（凡普通应用之问题，优等生之所答，其是者十居八九），算草之正误（优等生演草必速，而误者较少），与夫识字、正音及授课时种种之整理，均付之优等生可也（授课忙时，可指优等生相助）。能如是，则教授时不致过劳，而事无不治。

教授后之整理

　　每日间教授既终，当即豫定之草案，核以实地之教程，以求其教授上之有无失误。盖自定之草案，自加批评，自施订正。教授之手续由己一人研究之，则任事之初，纵慌乱无定准，习之既久，而自能有条不紊，忘单级教授之困难矣！

　　施单级教授时，处理学生之成绩，能于每时末了之者为最善；如势必待之课余，万不可以教授之劳而搁置之。盖学生成绩，一日不整理，则一日积压；积压愈多，整理亦愈难。单级之教师，非若多级之有暇时，及有他教员分其劳也，故宜每时区别成绩之优劣。而于须诏学生至前而加订正者，则另置之。至末时课业将终，乃豫饬该生留校，为之讲解、批评，以示其正误。其他亦悉加订正而后已。大约每日所耗费者，平均不过一二时，而案无积压之成绩矣！此亦单级教员所宜勉也。

单级教授各学科之特性

施单级之教授，须先审各学科之特性。各学科之中，其先后自成系统，必不能为合并之教授；其先后均为片段者，不妨合并，然犹随儿童之年龄、程度而分。惟是强迫教育，以初等小学为限，则欲教育之普及，亦惟初等小学中单级之教授，尤宜及早研求，而广布其方法者也。

初等小学，以修身、国文、算术、体操为主要学科。盖使此四科中而缺其一，则国民教育之旨趣不能达。而其余各项学科，则教员苟无人，经济苟困难，可或缺之者也。故今复将此四科可假借、可联关之特性，重言以申明之。

修身

教授修身之要旨，在涵养儿童德性，而使循循于礼法。其材料为片段而无统系，故不妨以同一之例话、训辞统授各班。惟是儿童之程度、年龄既已不同，则其所见之浅深亦因而大异。教授时，当先以普通之讲解，使各班均能领受；而继以特别之推阐，专启迪高学年之儿童。其发问也亦然，务使例话、训辞，虽为同一，而各班儿童实俱得适当之新知，斯可矣！

教授修身，非仅以理论为主，而尤重作法。各班既授同一之事项，是宜诏高学年儿童躬行实践，以为初学年儿童之模型。斯高学年儿童言语、动作，既以争胜心、自重心之相督励，而鲜蹈愆尤；初学年儿童，又得观摩之益，是亦陶冶品性之良法也。

复习之方法，初学年与高学年不同。对于初学年，即本课之事项，口问而令口答之可也，背诵默写亦可也。对于高学年，则可即本课与他课相关联者连络比较，以试其能否贯通；即日常之言动行为，留意考察，以验其能否实习，而应用上之方针始达。盖在初学年宜用直观主义，而在高学年宜用抽象主义也。（国文读法之复习同，下不赘。）

国文

国文一科，读书、写字二者，自初等三年生始，可行合并之教授，初等一二年生则难。独至作文，固有可连合各班，以省教授之精力者。例如，以"菜花"二字为题，令一年生嵌字，二年生联句，三四年生为短篇之记述可也；以"犬"字为题，令一年生联字而口道犬之性质、功用，令二年生以白话述之，三四年生以文话述之可也。诚使配合时间表，而于各班之作文，不得不同时教授，则固可用此法以济其穷。

不宁惟是，作文之教材，各学年可共通，亦可个别。何也？儿童之作文，有精神、形式两方面，则其难易浅深本不尽属于教材。盖单级小学中之作文教授，其方法有五：

（一）一二学年同教材，三四学年同教材。

（二）一二学年同教材，三四学年异教材。

（三）一二学年异教材，三四学年同教材。

（四）各学年同教材，而文体迥异。

（五）各学年异教材，而文体相类。

要之教授作文时，所宜注意者，犹不在教材之异同，而在适合各班之能力。若惟求己之避劳就逸，而于儿童之能领会、能抒写与否，悉置之不问，则贻误后生之罪非浅鲜矣！

算术

算术于各学科中，其程度最严密，故各学年不得不各别其教材。惟是算术一科，最重练习。每授一法，非广设式题、问题，错综变化，百试之而无一误，未可为进步之教授。而单级小学中，乃得利用此机括，分各班为二组，以一组为教授时，一组为练习时，交互回环，冀教者、学者各收其便益。

教授算术，又有无碍儿童之进步，而可节省教师之精力者，以上下二级行同类之教授是也。同类教授之方有二：

（甲）属于式题者

（一）上级视下级不变法而变数，例如（以三四学年为准，同下）：

下级

（1）387+222

（2）651−222

（3）2472×7

（4）2723÷7

上级

（1）165+444

(2)873-444

(3)1236×14

(4)5446÷14

(二)①上级视下级不变数而变法，例如：

下级

(1)987+549

(2)987-261

(3)2456×22

(4)9284÷22

上级

(1)(987+549)×22

(2)(987-261)÷22

(3)(2456×22)+549

(4)(9284÷22)-584

如右例，即加减乘除，各列一式题以为法，下级较易，上级较难；而在教师视之，则知上级之得数，即知下级之得数矣！何也？以式题虽繁简，而其性质实纯同也。由是而加变化，则上级视下级，或递加位数，或递加项数，其性质虽不纯同，而亦相近。教授时稍有所假借，则于教师之精力与授课之时间，均不无裨益。

(乙)属于问题者

(一)上级视下级用相同之算法，例如：

下级

(1)某人原有钱三百四十五文，今又得八百七十二文，问共有钱几文？

(2)某人原有钱七百五十四文，今用去三百五十八文，问尚余钱几文？

(3)某人每日积钱二千五百六十五文，问历四星期共积钱几文？

(4)某人于六星期中共用钱三千二百三十四文，问平均每日用钱几文？

上级

(1)甲有钱三百文，乙有钱五百四十五文，丙有钱三百七十二文，问甲、乙、丙共有钱几文？

(2)甲有钱九百五十四文，分给乙钱二百三十文，分给丙钱三百二十八文，问甲尚余钱几文？

(3)甲每日得钱一千二百五十文，乙每日得钱一千三百十五文，问积四星期甲、乙共得钱几文？

① 原作"(一)"，据通行写法而改。

(4)甲欠人钱二千三十四文，乙欠人钱一千二百文，六星期共偿毕，问每日甲、乙共偿钱几文？

(二)①上级视下级用相异之算法，例如：

下级

(1)甲物价钱五百七十二文，乙物价钱三百九十四文，问甲、乙二物共价几何？

(2)甲物价钱七百五十二文，乙物价钱二百七十五文，问甲、乙二物价相差几何？

(3)甲物价钱一千七百五十四文，乙物之价为其十五倍，问乙物价几何？

(4)甲物价钱九千八百九十三文，乙物之价为其十三分之一，问乙物价几何？

上级

(1)甲有钱五百七十二文，乙有钱三百九十四文，共用十四日而尽，问甲、乙二人每日用钱几何？

(2)甲每日得钱七百五十二文，乙每日得钱二百七十五文，以三星期计之，问甲、乙所得相差几何？

(3)甲物十五个，每个价钱一千七百五十四文，给价时共减钱五百四十二文，问甲物价几何？

(4)甲物十三个，共值钱九千八百九十三文，又每个加钱二百十七文，问每个价钱几何？

如右例，其性质亦相同。

初等小学之第四学年，于笔算之外，兼授珠算，则可以下级笔算之教材为上级珠算之教材，联络各班，以图教授上之便利。

体操

教授体操之要旨，在强健儿童身体。初等小学，则以游戏为主位，而辅之以普通，自不妨联合各学年以施教。惟是初学年之儿童，其始也茫不知操场规则，而容体步伐亦全无纪律。故最初之数周中，不得不另列为一班。凡游戏、普通之教材，其不合于初学年之程度、年龄者，则亦宜将初学年与高学年分划，而各授以相当之教材。是则教授体操，或分或合，要在相机审势②以定之。

---

① 原作"（一）"，据通行写法而改。
② 原作"劳"，误。

教授上必要之设备

单级小学校经费支绌，设备必甚简单，然于教授上之关系，有万不可不备置者，则不宜缺略。试择要言之。

图书

单级小学教员所使用之课本、教授本外，其属于参考用者：

(一)各学科切要之书籍。

(二)本国地图、世界地图、乡土地图，择其最新而适用者。

(三)生理、动、植、矿、天地现象等之挂图。

(四)各学科应用及关于实业等之画轴。

(五)国内名胜及种种纪念品之影片。

(六)教育心理、教授法、管理法等切要之新著。

以上种种，凡单级小学校中，均不容缺少，择要购置，亦所费无几。建设时准备图书费一二百金，而以后按年列入二三十金添置图书之豫算，则虽经费至短绌之学校，当亦可勉力也。

器械

次于图书者为器械。器械之不容不备，如黑板、桌椅、时计旋钟(上课、下课时，教员用为命令)之外，其所尤要者：

(一)算术用之器械。

(二)手工用之器械。

(三)理化器械。

(四)体操游戏器械。

凡此之类，可即教授时所必需者，选择购备。大约初等小学，所用器械甚为简约，高等小学较繁。而四者中尤以理化器械需资稍巨，即教授时万不可少者备之可矣！虽然，保存器械之方，亦不容不注意也。

标本

次于器械者为标本。标本之种类，大别之可分为三：

（一）博物标本。

（二）人体模型。

（三）庶物标本。

博物标本、人体模型等，需费甚昂，而保存又不易。如既有各种图谱，暂缓购置可也。庶物标本，则于教授上殊为重要，而初等小学尤急需之。虽然，庶物标本，求其完美则甚难。若切于教授上之应用，实易为力，但需教员随时留意以搜集之而已。

其他属于管理上所需之簿籍器具，以不在本编范围之内，故不赘。

余　论

如上所述，单级教授之方法，已略具一斑。惟是为教员计，犹有不可不注意者，兹述之于下：

教员身体健康之关系

单级小学之教员，职务至为重大，非身体健康，必不能胜任。教员如偶缺课，则儿童受业之时期为之中辍，非若多级小学校，犹可请他教员摄代也。是故教员平日，凡职务以外之事，皆可置之不问，以休养其身心。即日课之繁简、轻重，苟不背定章，不阻碍儿童进步，亦不妨小有出入，以自顾其精力，务使一岁之中其身体足以耐劳任重而永无缺课之时，则儿童之受惠无穷矣！

使用小黑板

单级小学校，宜制厚三分、阔二尺之小黑板数方。备每日授课之前，豫书每时教授各班之紧要事项，按时取一方悬之大黑板旁，既自分口舌之劳，而各班学生又得所准则，或并可对此以自行练习，其益莫大焉。紧要事项，约分为三：

(一)前日课业之问题。
(二)当日教授之要节。
(三)诏示自行练习之事项。

记载小黑板之事项，宜简单，又宜明瞭。试悬拟一例于下：

某时	(丙)读书(乙)作文(甲)练习算术
丙班	默前课(限若干时)识本课生字(限若干时)某某范读(几遍)全班合读(几遍)
乙班	文题　标示文题之内容及形式　悬拟文中应用之难字豫书以省质问(限约若干字数)(限约若干时完毕)
甲班	问题(若干)或式题(若干)(限若干时完毕)

注意训练

训练本与教授并行，矧单级小学校中，尤宜以训练辅教授之不逮。何也？单级教授，此班受动，则彼班自动。苟自动者之耳目心思不能专一，或驰骛他班之课程，或乘间以为种种不规则之举动，斯不惟本人成绩必居于劣等，且小则妨害邻坐之儿童，大则全堂为之骚乱，其为教授上之障碍甚矣！故单级小学校之教师，必于儿童就学之初，重加训练，务使人人知师训之不可违，且并能服从班长（或值日生）及优等生之命令；夫而后或听讲，或自修，若网在纲，有条不紊，斯课堂中严肃整齐，成绩优美，无异于多级，且或胜于多级矣！

鼓励儿童自动之课业

多级小学校之儿童，受动之时多，而自动之时少；即当儿童自动时，教员亦必巡行其间，督察而指示之，故无从懈惰。单级，则不然。当此班儿童之自动时，教员正教授他班，不得不置自动者于不问，儿童之普通性质又每喜受动而惮于自动。故单级小学中，责儿童为自动之课业，恐徒销耗时刻而无补于实际，甚可虑也。虽然，行单级之编制，则自动课业于教授上之分配，关系至为重要；如处理不得其宜，斯单级之教授末由施，而教员即不胜其任。是则为单级之教员者，不得不鼓励儿童，使乐为自动之课业。法惟有将儿童自动之成绩，详悉批评订正，与以相当之惩劝，其成绩优美者，奖励有加；其成绩庸劣者，亦重施责罚不稍贷，俾儿童既感其德，又畏其威，斯不敢心存玩忽，而自动之机能遂日臻发达。

遴选模范生

每班之中，必有一二优等生，可为多数儿童之模范者，教员宜宝贵视之。盖多级学校中，班数少而时刻有余裕，一一为诚恳之教授可也；单级则势有所不能，惟优等生天资敏而学业勤，可时指为全班之模范，且儿童之对儿童也，有模仿心，有争胜心，得同班之颖异者以为之先导，或矫正其失误，当无不既愧且感，而争思自奋，是优等生固大有造于同学者也。然则单级教员要当注意遴选每班之模范生，或一时难得其人，亦必举其稍异于常儿者，特加造就，俾得为己之辅助，为单级教师者志之。

幼儿保育法

《幼儿保育法》^①序

中国今日之教育，尚在萌芽时代。至溯教育之原，所施于幼稚之儿童者，则萌芽犹未发生。欲求萌芽，先播种子。虽然，播种子而不审其土性之所宜，是终无萌芽也。教育之道亦然。懔懔焉默守故常，于教育之原理不加研究，无当也。究其理矣，而依据之方法，非现今社会之所能凡，亦无当也。其他不具论，试以保育幼儿言之。保育幼儿，在风俗习惯，有密切之关系；而其要点，本于父母知识之浅深者为尤甚。今之男子，营营于职业，何暇保育幼儿？即知其理，明其法，而亦无所补。今之妇女，能研求保育之方者由几何？使非为适宜之引导，则保育幼儿，终不得正当之方法也明矣！

是编所录，共分六章，皆举保育上最紧要者，以切于实用为主宰，俾贤知之父母得据是以躬行之，而愚鲁者亦可以则效。故理务取其显明，法务取其简易，且以最浅之文言达之。从事保育者，其以此书为大辂之椎轮可也。编辑既竟，爰志数语于简端。

编辑本书时，所用之参考书列左：

《男女育儿新法》，日本中井龙之助著。

《幼稚园保育法》，日本东基吉著。

《教育的心理学》，日本小泉又一著。

《家庭教育法》，日本利根川与作著。

《我子之养生》，日本关以雄著。

《卫生新书》，德意志卫生院编，日本中滨东一郎译。

《家庭卫生书》，华阳曾科进著。

《生理学粹》，奉化孙海环著。

---

① 顾倬：《幼儿教育法》，沈恩孚校订，商务印书馆，1920年版。

《幼儿保育法》目次

第一章　总论

第一节　发端

教育儿童，以家庭为最要。家庭教育，可分两节：第一节自儿童初生后至未入学校前，第二节自已入学校后至成人是也。然儿童既入学校，则教育之责，教师任之；家庭教育，不过补助学校教育之不及而已。父母之职任，实稍轻减。若初生至入塾时，直一刻不能离人扶助而保育之者，实在家庭。虽时至今日，远若欧美各邦，近若日本，言教育者，每以世之父母，不皆有保育幼儿之才能；有才能矣，又或以迫于生计，从事职业而无其时，用特设立幼稚园，代各家庭养育其幼儿者甚多，风声所布，亦稍有影响于吾国。惟是幼稚园之设立，其法虽美，而总不能招无限之儿童尽入于此园也，亦势所必然。故欲望教育之进步，必为父母者，人人能保育其幼儿而后可。

第二节　保育之意义

世之言教育者，约分三大纲：（一）德育，谓造就儿童之德性也；（二）智育，谓启导儿童之知识也；（三）体育，谓发达儿童之身体也。独于幼儿，不称之为教育，而称之为保育者。盖抚幼小之儿童，以保其身体之健康为要务，纯乎以体育为宗。若关于德育方面者，不过导儿童之性情，使归于良善；关于智育方面者，不过如教以语言，及使能认别身体周围之事物而已。

第三节　保育之重要

种之不强，国何以立？欲强其种，必造成多数身体健康之人；欲造成多数身体健康之人，必自幼儿始。虽然，幼儿体质，其本于先天者，得之父母之遗传，非一时所能改变；其属于后天者，则全视保育之适宜与否，而康健与孱弱由是分。世之父母，往往视保育为易事，习惯自然，牢不可破。是以幼儿被服失宜，饮食无节，而种患病之根者有之；以玩弄幼儿，妨碍其自然之动作，而伤脆弱之身躯者有之；

以过事溺爱，而成幼儿娇养之习惯者有之；以不能体察幼儿之疾病，医药误投，而死于非命者有之，惟为父母者不研求保育之方。故幼儿之身体，不能完全发达，种亦遂永不得而强。

不宁惟是，吾国幼儿，或以父母之曲顺，事事餍其所欲，而逞纵恣之性；或以父母之威严，动辄怒骂恐吓，而成惊怯之症；且有因所见所闻，渐染家庭习惯，以养成其恶德者，性质不善良，则人格之亏损，始基已坏于襁褓中。保育之无方，其害又如是。

若夫智识之发达，亦至不平均，或年至六七龄，尚任其一物无所知；或儿童甫能学语，即强授以文字上之知识。由前之说，是阻塞其神经之作用；由后之说，是摧折其神经之作用。总之，皆不知保育之原理者也。

保育不得其当，故吾国鲜身体、精神共同发育之儿童。在家庭中，受其害者仍归之父母。且聚多数发育不完备之儿童于一方，及其入塾，而施以同等之教育，种种窒碍因之而起，是其影响又及于学校也，关系之大如此。家庭中尚可不注意于保育乎？

第四节　保育幼儿须守同一之意旨

保育幼儿之责任，父母共之。然父母之于幼儿，虽同具此爱情，而其保育之实际，或偏于刚，或偏于柔；或偏于严，或偏于慈，意旨每不能同一。甚至寒暖、饥饱，两亲之所见，有各随其性质而相异者。若父母之上，有祖父母，则祖父母之爱其孙，用心更挚，平时惟恐子妇之不善抚育幼儿，饮食、衣服，操劳不辍者，比比皆是。夫以祖父母之经验深而无火气，保育幼儿固甚相宜。然幼儿之纵恣性，由于祖父母养成者亦多。至兄弟、姊妹之关系，则兄与姊能补助父母，代之保育其弟妹者，姊之责同于母，兄之责同于父，而其意旨未必尽与父母同。

意旨不同，于保育上遂生种种之差异。非惟营养失宜，大有妨于卫生。且幼儿往往任性妄为，养成不良之习惯。是则保育幼儿，应有定准，有保育之责者其共守之。

第五节　保育幼儿不宜假手仆婢

中等以上之家庭，往往雇佣仆婢，而以幼儿付托之。此甚非也！仆婢之贤者，千万中不得一二人。儿童接近仆婢之时多，则语言、举动与之俱化，其性质固已不堪。且仆婢携幼儿时，与诸仆婢相合成群，往往放荡恣肆，致陷小儿于危险；置幼儿于地，而终日不顾者亦有之。于是幼儿起居衣食，尽失其宜，两便横流，污垢盈面，其形状可憎，而身体之受伤尤甚。是为父母者贪一时之便利，贻害乃至无穷，不可不注意也。

第二章　养护身体

第一节　饮食

幼儿所食之物，先宜注意其物之性质，及所食之分量，与其进食之时间。盖食物中含有造成吾人身体之原质者，则为补养之要需。人身之组织，合十四原质（碳①、氧②、氢③、氮④、氯⑤、硫⑥、磷、铬、钾、钠、氟⑦、钙、镁、铁）而成。故补养品之要质，首氮气，次碳气、氢气、氧气，而次及其他，分之为蛋白质（蛋白质者，谓其如鸡蛋之白，为一种浓厚之溶液也。蛋白质，合碳、氧、氢、氮、磷、硫诸原质而成，其大部分为氮气），为淀粉（如以米麦之类磨成细粉，入水，面粉沉水底，故曰"淀粉"。淀粉，合碳、氧、氢三原质而成），为糖类（糖类，原质与淀粉同），为脂肪（俗称"脂油"，亦碳、氧、氢三原质化合物，然其组织与淀粉、糖类异），为水（水为氢、氧二气相化合。人身之水，占体重之大部分。水量外泄，以饮料补之），为食盐（食盐为钠，与氯气相化合于人身，功用甚大）。最良之补养法，在于食物中。即此类之性质，以适当之分量，供给身体之要求。

消化食物之力，因人之年岁而异。故给食物于幼儿，急宜注意其年岁。设有养料极足之食物，其性质及烹调方法，与幼儿之年岁不适当，在食之者，不惟无益，而反有害。大抵幼时消化力尚微，与以食物，当择其易消化者。故自生后至齿牙未发生以前，则母乳最适于补养，其次为牛乳。（二种乳质中俱有蛋白质、脂肪质及糖质，为身体发育之要需。）及过九月，可与以易于消化之物，若半熟之鸡卵是。（鸡卵含蛋白质甚多，半熟者易消化。）周岁后，可渐与以谷、食肉汁、豆腐等。（谷类多含淀粉，亦含蛋白质。肉类富有蛋白质及脂肪质，惟肉难消化，故幼儿宜食肉汁。豆类含蛋白质甚多，然不

---

① 原作"炭"，据通用写法而改，下同。
② 原作"养"，据通用写法而改，下同。
③ 原作"轻"，据通用写法而改，下同。
④ 原作"淡"，据通用写法而改，下同。
⑤ 原作"绿"，据通用写法而改，下同。
⑥ 原作"硫黄"，据通用写法而改，下同。
⑦ 原作"弗"，据通用写法而改，下同。

易消化；制成豆腐，则消化易，而滋养之效亦著。菜类、果类水多而滋养料少，幼儿宜少食。)至四五岁时，其食物始可与成人同。然凡含各种之养料者，宜混合用之；苟偏于一种，则其功用有过与不及之患。食物中之含有刺激性者，若酒、茶、烟草、胡椒、葱、辣等，足以引起肠胃病及神经过敏之病，均宜禁忌。

食物之分量，即人之身体及消化力而分多少。身体发达，而消化食物之力强，则食物之分量须多。特幼儿身体虽极发达，其消化力终微弱，不能多容食物。故授乳之初，昼可历二时一次，夜可历四时一次；半岁后至二岁，无论授乳及授食物，可每历三时一次。守一定之规则，正以遂消化之作用，养成习惯，而发育其身体也。

幼儿饮食，又有宜注意者，如左：

（一）勿令幼儿与大人同食。幼儿不知审慎，目所见之物，皆欲食之；索而不与，则必啼泣；欲止其泣而以不消化之物与之，大有害于身体；且争食之习惯，不可不早加禁止。故以不与同食为宜。

（二）食时宜令多咀嚼。幼儿胃肠薄弱，所食之物，均宜缓咽细嚼，庶易消化。

（三）勿以茶汤及汁液淘饭。以茶汤及汁液淘饭者，不须咀嚼，即可咽下，囫囵食物，入胃肠后，消化甚难，故宜禁之。

（四）勿以嚼烂食物与幼儿。世俗育儿者，必将食物嚼烂，然后移入幼儿之口，其意盖谓必如是庶幼儿无不消化之患也，不知大人口内之毒气，尽拌于食物中，以入幼儿软弱之肠胃，其害甚大。

第二节　睡眠

睡眠之益，能使身体、精神同归休息，因以恢复其疲劳，生新鲜纯粹之血液，以为再活动之豫备者也。故幼儿睡眠时，务宜肃静，令其安稳睡卧。年愈幼者，睡时愈宜足，列表如左：

一岁至二岁	十六时至十八时
三岁至四岁	十四时至十六时
四岁至六岁	十三时至十五时
六岁至九岁	十时至十三时
九岁至十三岁	八时至十时

幼儿睡时，头部宜稍高，衣服不可紧束，致手足不能自由；衾褥宜轻软，而不宜过温暖。食乳者，尤不可含乳熟睡，为幼儿母者急宜注意。

幼儿本易睡，然有时以身体不安，及神经过受刺激，而不能熟睡。伴儿眠者，万不宜手拍儿背，或置之摇篮中乱加摇动，或大声呵斥，甚至加以扑责，以强求其眠，盖行此法有害于儿童身体。诚能息心静气，低唱歌谣，或对之随意谈话，俾儿童心安神定，两目自渐合，而入于睡乡矣！

第三节　被服

衣服所以御寒暑，而幼儿则冷暖厚薄，均不自知，全赖父母之调护，亦有保育之责者所宜研究也。

幼儿之头部，不必甚温暖，故于室内可不戴帽。即至户外之时，若无风暖日，亦可不用。所用之帽，宜以软而韧之料为之。

幼儿之衣服，宜选软而洁者，且勤防其湿污。若常穿湿污衣服，幼儿之皮肤易致疾病。衣服宜稍宽，苟紧束于身，逼压胸腹，能阻碍气之呼吸、血之流行。惯穿厚衣服者，皮肤亦不免薄弱，不可不知。

第四节　运动及休息

幼儿性质，最喜运动。婴儿生后二三月，其手足即无定时。至四五岁，运动之性质，尤为剧烈。运动之益，能强壮人之身体。故幼儿不思运动，即为疾病之征。虽然，过于运动，则身体之新鲜血液使用过多，其结果致陷于疲劳，亦为有害。是运动与休息，不可不更代行之。幼儿之运动，所宜注意者：

（一）因天时之适宜，使于房屋外运动。

（二）运动之时间宜适当。

（三）使四肢为平均之运动。

（四）各种运动中有涉危险者，当严禁之。

幼儿运动时，每不肯休息。世之父母，禁止其幼儿之运动者，往往用威吓之语言，继以鞭扑，至幼儿啼哭而后已。此甚非宜。今试设三法于下：

（一）以他事物移其运动之嗜欲。

（二）与以玩物，使之静止。

（三）携幼儿手，或行或坐，且对之谈话。

保育者如行此法，幼儿自不运动而休息矣！

第五节　居处

吾人所居之房屋，宜通风而向日。盖吸新鲜之空气，方能造新鲜之血液也。幼儿脏腑嫩弱，其所吸之空气，尤不可令有毒气、尘埃、烟煤等之混入。故其居室必择空气流通之所，且日必开放窗户，以换室中之气，乃为有益。吾国富贵之家，其妇女每以育儿为苦，而付幼儿于仆婢，仆婢室中窗小如窦且关闭时多，空气为之污浊；贫贱之家，房屋隘而多子女者，室中空气亦至为混浊。不知有毒之气，充塞于幼儿腹中，遂为致病之一大原因。夫保育幼儿之不宜假手仆婢，前既言之，无庸赘述。若房屋狭隘，则务宜多开窗户。且为父母者，可日挈幼儿出行旷野一二次，以吸新鲜空气。

第六节　清洁

幼儿之被服、饮食，及其睡眠、居处之所，均宜清洁，不待言矣！幼儿发育极盛，故垢腻极多，尤宜勤加沐浴，以保皮肤之清洁；否则毛孔中垢腻充塞，能阻发汗之作用，亦致病之一原因也。

幼儿浴身，宜用温水，其热度在摄氏寒暖计三十七度至四十五度之间。初生后日浴一二次（或一次不浴全身，仅浴腰部以下亦可），渐减至七日中二次。入浴之时，不宜过久，以六七分钟为度，至迟不得过二十分钟，过久则有害。浴后最易感冒，宜急缠以干燥之衣服。幼儿临卧时入浴，则常安眠。即天气严寒，恐触冷气，可于临卧时以布渍热水，周拭全身。惟幼儿有病，则不宜入浴。

第七节　看护疾病

幼儿身体软弱，即养护得宜，亦难保其无病。不能自言其痛苦，故因病而死者之数甚多，生后一二年中为尤甚。保育者不可不注意于看护法也。

（一）疾病前之诊察。幼儿之疾病，虽猝发于不觉，然实可诊察而得之，是在保育幼儿者平时留意。列各要件于下：（甲）哺乳之形状何如？（乙）起居行走之模样何如？（丙）舌苔何如？（丁）面色何如？（戊）大小便何如（大便呈卵黄色，溺如清水状者，无病）？（己）身体之温度何如（置验温针于腋下，约十五分钟时取出，无病者之温度以摄氏三十七度为平均数）？若有异征，即为病状，宜急请医生诊视。

（二）疾病时之调护。幼儿之病，变动极速，故医治亦须敏捷。服药多少，须一遵医生命令，不可任意增减。饮食尤宜审慎。排泄物宜蓄置之，以供医生检阅。更细记病中状态，一一诸医生。

（三）疾病后之审慎。幼儿疾病虽愈，然宜防其反覆。凡饮食、行走、沐浴等，均宜注意。幼儿好食又好动，尝见溺爱之父母，往往于儿童病后，百般依顺，致病体缠绵，久而不能康复，且养成任性之习惯者多矣！何可不审慎？

第三章　授与知识

第一节　练习语言

小儿生后数月，喉间有发语声。周岁后则学语。学语之初，声音必重叠，如呼饭曰"饭饭"，呼汤曰"汤汤"，呼钱曰"钱钱"是也。能言之后，每见人必呀呀发语，然其语言总不能完全。此时保育者不可急望其为完全语言，而对之谈话，则正宜以完全之单语导之。至二三岁时，口齿若不明瞭，而语言仍不完全，则宜时加矫正。惟教授语言当极简单，先以完全之单语，练习多次；迨小儿能自言之，乃进至三四语、六七语，不可再多。语言须干净，须清楚，而又以能发表与人亲爱之情为要。粗卤之言，则痛戒之。如是勤加练习，及四五岁时，其语言必甚明瞭矣！

第二节　记忆

儿童之记忆，自能认物始。其初虽不完全，然与年俱进，至十四五岁，而记忆力最强。惟儿童于所见之事物，不知审择，概施以记忆之作用。故各种事物之映于儿童脑髓中者，复杂而不纯粹，则儿童之知识、行为安得不出入于善恶两途，而无定准。修练之方，要在于幼儿期内，凡所接触之事物，即分别其当记忆、不当记忆两方面。当记忆者，时时提醒；不当记忆者，于彼初次流露时，即为严厉之禁戒。久之又久，一自牢记，一自淡忘。故练习记忆之要件，有所当注意者，如左：

（一）记忆之事，必令得当。

（二）记忆之事，必令了解。

（三）记忆之事，必使反覆练习。

虽然，记忆之作用，应乎年龄，耗费多则有害于身体。故于幼儿期内，教以文字，令多用记忆力者，直与戕害幼儿无异。若幼儿记忆力过强，是犯神经早熟之症。历来早慧之人多不永年，殊为可惧。保育之者宜善为调养，以减轻其记忆之作用。若其痴愚蒙昧，而全不能记忆者，是又神经迟钝之病，其源本于先天脑力之缺乏。保育者亦宜善引导之。

第三节　想像

　　想像之作用，较记忆为难。然儿童至三四岁时，想像力即发生。例如，女儿每以物为人形，作小儿状态，而己为之母，以保抱之；男儿每以竹竿为马，木片为剑，令他小儿为兵，而己为大将。是盖日常之见闻，印入脑中，而生此正当之想像，以见之于实际也。又有作种种不可思议之想像者。例如，或欲登天，或欲入水。是盖无实地之经验，而生此妄诞之想像，以流露于语言也。善保育者，宜即其想像之发生时，为之剖解，其是者则利导之，其非者则讲明谬误之所在而改正其趋向。至平时之所宜注意者：

　　(一)择居。欲使接触于儿童之周围者，语言、动作悉归于正，非择居不可。

　　(二)择伴侣及适当之玩具。儿童伴侣，最宜审慎。善恶之分，悉基于此。玩具，亦足以启发知识。

　　(三)择有益之童话及小说。童话、小说，儿童最乐听之，其影响甚大。吾国旧有童话皆荒诞不经，小说又无非神仙鬼怪、诲盗诲淫之谈，而妇女、仆僮每乐向幼儿言之。故幼儿思想、智识均极不堪，遂各露种种恶劣之形状。欲正其想像，不可不选择新出之童话、新编之小说，以语幼儿。

　　凡此皆幼儿想像之资料也。幼儿所见所闻，无一不善，则新思想之发生，自无谬误。

第四章　陶冶性情

第一节　爱情

情之作用，发于不自知。凡两情之相投者，往往见其人则喜悦，背其人则怀思，自有一种固结不可解之情，所谓爱情是也。爱情之生，自婴儿始。生后二三月之婴儿，对其母即知欢笑，食乳既足，手足齐动，眉目传情，自露其非常之快乐。及稍有知识，而爱情更随以进，一旦母不在前，则必万种悲啼，虽与以最爱之食物、玩具而不能止，追跃入母怀，笑容又满面矣！对慈爱之父，及其他亲属，爱情之笃亦无不然。保育者能充养此赤子之心，而使守之弗失。至于壮岁，性情无有不笃厚者。惟是爱情之用，宜归于正。世固有误用其爱情，而为所不当为者，如幼儿或爱不正当之游戏，或爱不善良之伴侣，则保育者又不可不禁止之。

第二节　同情

以他人之苦乐为己之苦乐者，此之谓同情。同情亦本于天性，如幼儿见母之笑而亦笑，闻兄之啼而亦啼。此虽无意识之举动，而同情之萌芽实已发见于斯。虽然，幼儿利己心多，而爱人心少。当两儿相聚异常欢乐之时，以一薄物细故，即反颜相争，不少顾惜，故同情之发达为至难。善保育者，务于儿童之兄弟、伴侣间，时令分食、让座，以练习同情之基础。若家畜、家禽，亦当导之喂养，以使推情于爱物。保育者于不知不识之中时加注意而不能培养儿童同情之美德者，吾不信也。

第三节　审美心

幼儿审美之心，自周岁始。盖甫有知识，即能分物之美恶，如穿一新衣，戴一新帽，每啧啧自赏，渐进而知有玩具之美矣，再进而知有声音、颜色之美矣！惟幼儿性质甚活动，故即知其美，爱其美；而一转瞬间，心已他移，始以为宝贵者，继乃手撕之，足踏之。无他，幼儿脑力薄弱，不能久注意于一事物故也。保育者宜即幼儿之所好，随时指示，以涵养其审美之心，使知物之美者，当保守而爱惜之。少而习焉，长而安焉，则高尚之感情基于此矣！

第四节　好洁心

文明之国民，无不好洁。吾国素以不洁见称于世界，而幼儿为尤甚。盖幼儿本不知自洁其身，而又处于不洁之家庭中，故污秽者十居七八。欲革除不洁之恶习，必自幼儿始。保育者务勤为之沐浴，勤易其衣服，且严禁幼儿以袖拭涕泪，及饮食、运动时油腻、尘灰辄渍累其衣服之习惯，行之既久，幼儿好洁之心自生。

第五章　保育事项

第一节　游戏

　　幼儿无不好游戏者。盖游戏之性，生而即具。故虽在怀抱中，即知游戏。及离母怀，其日常游戏，自种种变换，不待教而能。惟是纯任自然，则无知小儿不免有恶劣危险之举动。此固保育者所宜注意也。

　　游戏大有益于幼儿。其见之身体上者，则身体之发达系乎运动，前章既言之矣！然在幼儿期内，断不能习确守规律之体操。惟游戏为自然活动，最适当于幼儿身体，此其一也。其见之精神上者，养成公德，以注意游戏为第一义。盖游戏时，若集群儿为之，万不能独行其意，且不得不守一定之规则。故无公共心者，不能从事于游戏；无服从心者，亦不能从事于游戏。而况儿童性质，每于游戏时见其真。于此而利导之，实足以助精神之发达，此其二也。

　　游戏之种类，大别为二：

　　（一）单独之游戏。任一小儿为之，如奔走、跳跃、拍球、踢毽等是。

　　（二）公共之游戏。集群小儿为之，如摸盲、拟战等是。

　　为单独之游戏时，保育者宜防其危险，并戒其有伤生之举动；为公共之游戏时，保育者宜化其忿争心、欺慢心，而勉以服从规则。

第二节　唱歌

　　婴儿生后，即喜闻歌声。故世之妇女，伴儿眠时，每咿唔不辍。此即歌谣之初步也。幼儿能言以后，保育者往往教以诗歌。惟是授以古诗，则失之太深；授以俗曲，其猥鄙又不堪入耳，均不合宜。必按合幼儿心理，而即其宗旨正兴味足者，编为歌词，庶几有益。故教授唱歌，有所当注意者数则：

　　（一）声音之范围宜狭。由三四音连续而成，其高低之变化不可过甚。

　　（二）多用同一之音律。用同一之音律，反覆同一之语言以为之。

　　（三）歌词宜简短浅显。幼儿知识甚浅薄，故以简短浅显者为宜。

　　（四）慎选题目。歌词内容，须取目前事物。

虽然，家庭保育，与幼稚园又有不同。幼稚园之保姆，皆娴音乐；家庭之父母，娴音乐者曾有几人。似唱歌教授，难行于家庭。不知妇女眠儿时，低声细唱，其音调亦至铿锵。苟即现行之唱歌书中，择其宜于幼儿者，勤加练习而教授之，虽于音节稍有出入，固无妨也。

唱歌之益，能练习幼儿之耳力、喉音，且和平其情性，而止其剧烈之运动。保育者勿玩忽视之。

第三节　谈话

幼儿话最多。甫学语时，即终日喃喃不止。稍有知识，又喜听人谈话。此刻之儿童，心无所主，入耳之言常固结于其中，关系实为至大。故凡一切不正当之谈话，断不可使幼儿闻之，而宜择足以涵养幼儿之德性，启发幼儿之知识者，对之谈话，以引其注意。谈话之材料，大别如左：

（一）童话。假托一儿童之动作、语言，以寓其一切之想像力。如日本童话中，桃太郎之类是也。（幼儿性质，喜勇武，喜新奇，喜名誉，故授以童话，当即其所好，随意指点。吾国旧有童话无合用者，保育者可临时编撰之。）

（二）寓言。假托一物之动作、语言，以寄道德思想于其中。如龟兔竞走、猿蟹合战等是也。（吾国子书中多寓言，惟其义太深奥，不适于教授儿童之用，是在保育者善择之。）

（三）先人之行事。祖父之行事，有可法者，当令幼儿知之。（吾国贤母之教子，得力于此者甚多。）

（四）英雄谈。以古来英雄之事迹，告之幼儿，而开发其思想。如举关壮缪、岳武穆之逸事等是也。

（五）历史上之事实谈。以历史上之事实，为谈话之资料。如举发捻之乱、中日之战等是也。

谈话之功用，能振起儿童之想像力，及养成种种美善行为之基础。诚举其有兴味者，再三反覆，以期深入幼儿之脑筋，保育之善法也。

第四节　手技

人之手技，亦本于天生。试观聪慧幼儿，能自以种种之材料，作种种之模型。例如堆箸为桥形、织纸为猴形等皆是也。幼儿习手技时，应用之器具，谓之恩物。吾国仅有七巧板一种，而运用之者尚少。是以天生有手技能力之幼儿，使归无用，殊可慨惜。不知手技之益，能练习手与目之作用，且使儿童观察庶物时，细加注意，而想像力日益满足者也。恩物之种类，及其使用之方法，在他国人研求有素，而举以告吾国人，则非有保育之责者，所尽能了解。兹特择其浅易者列下：

（一）积木。以各种立方形、长方形、正方形、三角形、方柱等，种种之木片为材料。

（二）豆。以染色豌豆为材料，附以竹丝。

（三）麦秆①。以细净麦秆②为材料。

（四）纸。以各种纸类，或可织，或可剪，或可叠者为材料。

凡此各类，皆可作种种自然物、人造物之模型。保育者教授之方法，亦自易易。惟所当注意者，在适应儿童之心力，由易入难。且练习手技，亦不宜过久，致生其厌倦心。

第五节　玩具

幼儿最喜玩具，故给玩具于幼儿，亦宜注意。日本利根川与作曰："儿童家庭学问之材料，以玩具为最适当、最有益。"此言甚是。盖若动、植、矿物之小标本，汽车、汽船、马车等之小模型，及其他种种形状之玩具，可以增长其知识，活动其心意。古代伟人及历史上战争之图画，可以发扬其志气。球与纸鸢之类，又有益于身体之运动。其利益之大如此。

然而，吾国人每视玩具为甚轻，一任无知无识之人制之以牟利，故所出玩具日益粗陋。若通行之泥人、花纸，有荒诞不经者，有描摩恶态者，其贻害不堪设想。今日诚能更改泥人以为庶物之模型，更改花纸以绘画种种有关系之事实，而皆弃其秽恶者，于吾国前途影响甚大。虽然，此非可责之家庭也。家庭之所宜注意者，在购置幼儿玩具时，当细加选择而已。（通行玩具中之秽恶者，宜一概摈除。）

第六节　庶物示教

教授幼儿莫善于指示庶物。庶物环绕幼儿之周围，保育者教授材料，不待求而自至。幼儿知识初开，又最喜发问，随所见所问而指示之。如对蝇而告以蝇，对日而晓以日，则幼儿自有领受之兴味。诚使教授得宜，日积月累，自能言以后至入塾时，练习数年，则所有之知识已足，于学校中各项教科不觉其困难，而进步自速矣！

惟是教授庶物时，宜活泼而有兴味，只及目前现象，而不得索隐钩深，又保育者所不可不知也。

---

① 原作"杆"，误。

② 原作"杆"，误。

第六章 结论

　　要而论之，当今之世，欲强其国，先强其种；欲强其种，必自研求幼儿保育法始。何也？保育得宜，斯儿童之身体、精神悉臻发达；保育不得宜，斯儿童他日即得受良教师之训导，而其基已坏，于教育上之效力不无减色。夫今日之幼儿，即他日之国民。保育者莫不望儿童将来无愧国民之资格，则抚幼小之儿童，当力尽保育之责任也，又何待言？

　　惟是吾国今日，女学未大兴，为幼儿母者，其不能人人知保育法也明甚。虽然，如保赤子，心诚求之，则即不学无识之妇女，未始不可得美善之方法。诚使有保育之责者不任其自然，不默守故老相沿之旧习，而特于育儿新法加以专精之研究，其为益岂浅显哉？

江苏高校"青蓝工程"资助出版

顾倬教育文集

（下册）

顾倬　著

施仲贞　张琰　整理

WUHAN UNIVERSITY PRESS
武汉大学出版社

中卷

《万国教育通考》序①

张子竞良著《万国教育通考》毕，倬受而读之曰：国非教育不立，人非教育不生；教育者，其新民之管钥哉！方今地球万国，无不以教育争胜于天演界。而我中国开化已四千余年，教育之盛反远出欧美下，可耻孰甚？自环球大通，欧美文化骎骎输入，海内忧时之士君子毅然知教育之不可不兴，而以设立学校为先务也，亦已有年。然而，求其效果，国民思想卒荡焉无存者。何以故？曰："有形式而无精神故。"呜呼！此非吾国教育之通病也乎？夫一国之国民，必各有其特性，钟于地理之现象，胎于历史之遗传，深根固柢而不可拔；矧此数千年中列代圣贤豪杰之微言大义，与夫法制规模之历久不能易者，当一一保而守之，扩而充之，是为国粹。今日地球教育之主动力，操之欧西；凡哲理之精微、科学之发达，多吾国所未备，而实为人人当共知共能之学问，如布、帛、菽、粟之不可一日离，是为欧化。故居今日而言教育，必研究国粹、欧化之两大问题，列孔、墨、老、庄、苏、柏、亚，及近代之廓美纽司、陆克、庐骚、康德、海尔巴脱、斯宾塞诸人于庭，度量其方法，比较其意见之孰是孰非，孰得孰失；更按以吾国民之特性与今世界通行之教育目的，当孰从而孰违，孰因而孰革，如衡之平，如鉴之空，不爽累黍，以定今日教育国民最大最新之一主义。又必上下古今考求吾国教育之何以古盛而今衰，欧美教育之何以古衰而今盛，其进化、退化之程度适成一反比例。东方诸国，若印度、波斯、埃及、犹太之属；西方诸国，若希腊、罗马之属，何以国运之绝续存亡与教育之消长盈虚有密切之关系。日本以区区三岛之地，当幕府专政时代，全国教育托之僧侣，何以步武欧美，学制学风日益进步，而国遂勃焉以兴。综是为借鉴资，博取约守，以定今日教育国民最中最正之方针，庶可养成全体伟大之国民，自成一独立不羁之性质，使今日得生存于竞争场中，他日得啸傲乎绝顶奇峰之上。私窃欲于近著《教育通论》中，发挥斯旨，以正当世知言君子，而卒卒多事，未易告成。张子此编，撮录万国教育之概要，上自古代，下迄近今，择精而语详，意深而思远。读是者，得据以考古今中外教育之旨而取法之，实先得我心者也。欧美列强，无国无教育史，日本亦仿而效之。凡文学士之从事于斯者，日出而靡有已，盖非此不能知累代之沿革、列邦之优劣，以定教育界之要点。独怪吾国数千年来，无荟萃教育大

---

① 张竞良：《新编万国教育通考》，上海明权社光绪二十九年(1903)版。

家之主义、方针，纂录成书，以晓示后人者。戋戋小儒遂各守流传之谬种，贻误诸青年，其课程不失之艰深，即失之陋劣；其主宰不流于专制，即流于放任。求一完全无缺实能造就国民之资格者，而渺乎不可得。呜呼！教育不改良，如木之无本根，如屋之无基础，尚有何言，尚有何言？近岁译界中，虽间有一二种教育之历史流入吾祖国，然其书率详欧西而略亚东，于今日先河之导，犹未尽当。张子乃慨焉忧之，留学之暇，著为是书，以饷遗海内诸君子。其有置身教育界中，而欲得国粹、欧化之要点者，请于是书求之。爰濡笔而为之序。金匮顾倬。

校长开会辞[①]

(宣统三年)七月二十五日，为本校开校之第一日。先由校中移文各县，招考新生，两次甄录正备取四十八人，开校之前一日，大率到校。是日十时，行开校礼毕，由顾监督述开会辞，云：

今日为本校开幕之第一日。窃念凡百事业，均渊源于教育，而以师范为基本。是必能洞烛世界之大势，与夫今日社会家庭之情状，而确定一正本清源、救危图强之主义之方针，俾师范生他日毕业以后，实能造就儿童，使有国民资格，教育之成效乃见，而任事者庶可以告无罪。

鄙人自愧体孱才短，坚辞数四，不获官绅允许，勉策驽骀。数月以来，已觉万分竭蹶，暂肩此任，实为栗栗危惧。所幸今日宪委钱先生、邑尊孙何两公祖及诸位高贤在座，务望切实赐教，俾鄙人及各职教员得有所遵循，而在诸生可奉为师法。此则万分欣幸，亦万分颂祷者也。

---

① 《校内记事》，《江苏省立第三师范学校校友会杂志》，1912 年，第 1 期。此文是根据顾悼开会辞记述而成的。篇名据正文内容而加。

校 长 勉 辞①

继宪委钱冠瀛先生，代述学司训辞，谆谆以循名核实勖勉诸生；继无锡县孙花楼大令述勉辞；继本校顾监督述勉辞，云：

诸君须知今日国势不振，实我国民之责。展念前途，日益危险；即我国民之担负，亦日益艰巨。非人人改变思想，提振精神，无以救国之阽②危；然人人改变思想，提振精神，必自教育始，而师范教育尤为根本中之根本。是则诸君今日，既投身师范，即为今日中国至重要之人。宜如何惕励精勤，以冀他日学成以后，能自尽其天职，就鄙人目光所及，吾辈今日所当注意者，其大纲有三：

一、淡荣利

功名利禄之思想，牢固于人心而不可拔，实为吾国积弱之大原因。盖虚灵不昧之天良，一为功名利禄所薰染，便自忘其天职。大势所趋，成为习俗。于是，全国中卓然能自振拔之人遂如麟角凤毛之不可多得。人心如此，不亡何日？诸君今日就学师范，深恐视师范学堂为士子进身之阶，可由是而得奖励，则宗旨大误。不宁惟是，师范生毕业之后，出而为教员，是实师范生应尽之天职。若专视为一个人仰事③俯畜计者，其宗旨亦不为不谬。总之，"己欲立而立人，己欲达而达人"，孔子两言，实师范生所当奉为座右箴。今日之所学者在是，他日之所教者亦在是。然则功名利禄之心，不得不蠲除净尽。即一概浮名虚誉，亦师范生所宜屏绝者也。

二④、耐劳苦

孟子不云乎："生于忧患，死于安乐。"吾国今日外患日迫，天灾流行，可谓忧患时矣！然而，全国大多数之人民咸醉生梦死，前途危险，匪可言喻。惟欲人人改

---

① 《校内记事》，《江苏省立第三师范学校校友会杂志》，1912年，第1期。此文是根据顾倬勉辞记述而成的。篇名据正文内容而加。

② 原作"佔"，误。

③ 原作"视"，误。

④ 原作"一"，据通行写法而改。

变性质，而耐苦服劳，痛自刻励，以振今日之颓风，必自学校始。盖儿童少习长安，学校教育诚有以警惰逸而勉勤劳，则学风为之改变，影响所及，转移习俗，自是无难。师范为小学之母，故尤以耐苦服劳为要义。诸君今日到此就学，房屋一新，器具粗备，较家庭情景一切改观，须知此乃官立学校，关系国家体制，不得不有此规模。若夫吾辈今日正当卧薪尝胆之秋，万不可视为为学生者，起居衣食，应快意而逞情。故本校规定试行规章，注重训练，一切课堂、宿舍洒扫整理咸为诸君专责；即降至浴室、厕所等洒扫洗涤，虽归校役，而在诸君亦负检查之责，其详俟通试行规章时言之。要之，鄙见窃觉诸君今日立身为学之方，他日正己化人之实，其精神固有在各科学外者。是则愿与诸君共勉者也。

三①、守纪律

人无论至何时，在何地，均有应守之纪律。对于国家，即为服从国法；对于学校，即为谨守校章。吾国今日人心，实不知纪律为何物，而惟知自利自私。循此不变，宪政前途危险万状。教育为宪政之源。欲拯救之，亦必自师范教育始。诸君须知纪律所以限制吾身之自由，亦即保护吾身之自由。是故在纪律中者，事事可畅所欲为；在纪律外者，则一步不容妄行，一言不容妄语。体认既真，勉自刻励。数年以后，品性坚定，庶可以为人师。

凡此三端，均关重要。其他鄙人意中所欲言者，当随时与诸君言之。今日高贤满座，必有崇论伟议以教诲吾职员、学生者，望诸君悉心静领。

---

① 原作"一"，据通行写法而改。

校 长 训 词①

四月一日，上午九时，行始业式，礼毕，由顾校长述训词，云：

今日为民国成立后本校开学之第一日，诸君须知国体大变，我全国人民所应尽之责任，所应具之资格，尤非昔比。鄙人往岁曾谓，非人人改变思想，提振精神，无以救旧国之阽危；今日当谓，非人人改变思想，提振精神，无以救新国之成立。盖光复大业，自表面言之，已庆告成；自内蕴言之，正惟其告成之甚易，而前途之危险乃益甚。何也？时至今日，我全国人民之道德、智识、技能必与世界强国相争胜，而又人人知谨守法纪，方可以求自立。若革面而不革心，则腐败之习未除，而放恣之祸愈烈，亡国灭种之惨正在来兹。欲挽救之，厥惟教育。

由是言之，诸君可知民国初立，其成其败，均视教育之进步与否以为断。然欲使受教育者人人具有共和国民之资格，而又必收巨效于此一二十年之中，则其责任之重、担负之艰不烦言喻。诸君今日投身师范学校，即从事教育之始基；他日毕业以后，出而为小学教员，即为国民之母。世界各国无不以国势之强弱，定小学教员之功罪。是则由今而后，我全国人民果能有共和国民之资格，即小学教员之功；反是，即小学教员之罪。斯诸君今日固已具有振兴新国之责矣！言念及此，不寒而栗。

故使诸君由今日始，兢兢于各种科学，务求其通贯；与夫往岁始业时鄙人所标示之淡荣利、耐劳苦、守纪律三大纲，能身体而力行之，固无愧为自爱之士矣！然国体既变，师资愈严，傥能若是，于共和国民教员之资格，犹嫌其未足。盖欲改变全国人民之思想，以扩而大之，而狭隘卑陋之见在我先未能尽去，则我之思想尚未能改变，遑论其他；欲提振全国人民之精神，以引而进之，而坚忍卓绝之操在我已不能自矢，则我之精神尚未能提振，遑论其他。即就诸君今日就学时言之，必于师长之训诲、朋友之切磋，与夫一乡中父老兄弟之督责，均能容受，而后可以有成；必勉力前修，始终不懈，而后可以有成。此非鄙人之私见也。曾子不云乎："士不可以不弘毅，任重而道远。"旨哉此言！鄙人窃本此绪，特题"弘毅"二字以为校训。

---

① 《校内记事》，《江苏省立第三师范学校校友会杂志》，1912 年，第 1 期。此文是根据顾倬训词记述而成的。篇名据正文内容而加。

诚使诸君五年在校，时悬此"弘毅"二字于心目中，而拳拳弗失，则幼学壮行，任重道远，自可卜之异日。鄙人自愧荏苒至今，有志未遂，然一息尚存，不容自弃。窃愿与诸君共勖勉之！

校 长 训 诫 ^①

九月十一日，校长训诫，云：

自下学期开学以来，诸君颇能谨守校规，勤勉学问，至为快慰！惟当求学时代，以养成善良品性为至要，而宿舍中实为养成善良品性之制造场。故诸君今日不可不注意者，约有四种：（一）阅书；（二）游戏；（三）谈话；（四）作事。

书籍，有正当与不正当之别。正当之书籍，足以增进知识，陶养品性，诸君所不可不读者也；不正当之书籍，足以淆惑本性，损害道德，诸君所不可不戒者也。虽然，即正当之书籍，亦宜在自习室悉心研究，万不可在寝室任意看书，以妨害秩序。

游戏，有教育的游戏，有非教育的游戏。非教育的游戏之害，诸君谅皆洞悉。至教育的游戏，则运动场备有各种器械，均可自由选择，所以引起兴味，活泼精神，获益非浅。苟在寝室之中，偶事游戏，即失教育游戏之本意，诸君不可不慎！

谈话，所以交换知识，研究学问。课余无论何处，均可自由谈论。惟就寝以后，则断宜寂静无声，万不可以为偶尔讲谈，无碍于寝室之秩序，而玩忽之。

至于作事一项，则如整理器物，拂拭洒扫，均有关于卫生及寝室之秩序，诸君万不可稍有懈怠；其余不宜在寝室作者，则总以离寝室为是。

大凡一校之中，教室与运动场之整齐严肃，秩然有序，其主动犹在职员，惟宿舍则纯属诸君自动。而善良品性，无不由自动时养成。故欲养成善良品性，非注意于宿舍不可。

暑假后诸君到校，已逾旬日。鄙人对于诸君一举一动，均非常注意，其中多数视暑假前确有进步，而亦间有一二同学略有不检之行为，流露于无心者。自此而后，愿诸君悉取法善良之同学；同学中若偶有不正当之行为，亦望他同学随时规正之。盖诸君每日所共处者，不外师长、同学。但良师之有益于吾人者，不过居十中

---

① 汪光文：《校长训话》，《江苏省立第三师范学校校友会杂志》，1912 年，第 1 期。此文是汪光文根据顾倬训诫记述而成的。篇名据正文内容而加。

之三；益友之有益于吾人者，乃居十中之七。故鄙人深望诸君交相亲爱，交相规劝，以底于成。无论何时何地，一举一动，皆遵正轨，则品性自然循良，而学业自然进步无穷矣！

校 长 训 诫①

九月二十六日，校长训诫，云：

前日在吾省教育行政会，悉各县教育情形，大抵以推广小学、注重师范为主。盖师范为教育之母。师范不发达，即无良教师；无良教师，即无由推广小学。今之注重师范，即因各县师资缺乏故耳。

虽然，良好之师范生，须智、德、体三者平均发达。诸君今日欲求学识充足、身体强健，尚为易事；惟品性之求也至远，实本于遗传、家教、社会、习惯而成。欲在学校数年之中，改去种种之恶习惯，养成高洁之品性，实为最难。况当此民国初兴，大局未定，为前途计，必使一般国民均有进一步之人格。欲使国民均有进一步之人格，非造就一般国民之师范生，先有高洁之品性不可。

吾校近数日间，又有一二同学偶为不正当之举动，其根源实由于习惯。然不随时矫正，即日坏一日而不自知，甚且妨害全体。吾国先哲，力主谨小慎微；欧西学者，于人己之界，分别最严。吾人今日敦品立学，宜奉为座右箴。然促励进行，全在诸君自治。

犹忆前此考察日本学校时，知各校室长每随时集会，禀承校长、舍监训育之方针，商榷一切进行事务。吾望吾校各室长亦均注意同室生之举动，如有意见，先行商酌，一致进行，以求进步，企予望之！

---

① 汪光文：《校长训话》，《江苏省立第三师范学校校友会杂志》，1912 年，第 1 期。此文是汪光文根据顾倬训诫记述而成的。篇名据正文内容而加。

校 长 训 辞①

本校遵本省暂行学制，以九月一号为第二学期开校之始。同学率先一日到校，是日下午一时，行始业式，职员、学生毕集礼堂，先由校长述训辞，云：

今日为暑假后本校开校之第一日，鄙人复得与诸君重聚一堂。窃念平时见闻所及，于国内优良学校，多所取法，以为办理本校之资。自去秋开校以来，觉吾校虽无过人之处，而自问亦尚可以对人。乃自六月十日，偕体操教员陆啸荼先生赴日本考察学校，计时虽仅六周，而浏览所及，乃愧愤为之交集。返国后，详询舍监章先生，知鄙人行后，诸君勤学守规，不改常度，足见诸君自治能力渐能发展。然以日本各师范学校之学生衡之，则在诸君实有望尘而不可及者。今试述所见闻，以告诸君，俾资取法。

鄙人每至一校，动辄终日。时于休息余暇，微窥各校生徒之行动，窃觉教室、宿舍清洁整齐，犹为常事，可置勿论；而于同学之亲和，师弟之爱挚，待遇外人之礼节，教生实习小学时对幼小儿童之和蔼诚恳，均略见一般。诚于中，斯行于外，即此可知其品性之善良。间以询之各校职员，乃知学生自治能力至为发达。校长、舍监训育方针，不事干涉，但事指导。级长、室长倡之，同级、同室和之，自动精神悉合于正轨。宜其积学五年，而不愧为国民之母也。诸君所宜效法者一也。

吾校饭食、蔬菜，向以清洁朴素为主。然与日本师范学校相衡，则疏忽甚矣！鄙人所至之处，每逢午膳时，必考察其食堂之情景。彼所食者，不过蔬菜一盂，或加萝卜数片而已。于某校曾见其一周中每日三餐之菜单，大率为豆腐、番薯、萝卜、青菜等品，然必经炊事委员先期呈请校医检验，认为有益卫生，乃始服行，其精细刻苦类如此。若夫注意运动，勤习作业，始终无间。观感所及，乃至高等小学之男儿，裸足习体操于夏日炎炎碎砂磷磷之操场；以寻常小学之女儿，胼手胝足从事于学校园之种植，是其锻炼身体又何如者。诸君所宜效法者二也。

夫日本席战胜之余威，为地球头等强国，而教育之精神猛厉无前犹如此。吾国今日虽已易专制为共和，而国基未定，生死存亡间不容发，非吾辈急起直追，力事

---

① 唐湛声：《校内纪事》，《江苏省立第三师范学校校友会杂志》，1912年，第2期。此文是唐湛声根据顾倬训辞记述而成的。篇名据正文内容而加。

进行，其何以立国？虽然，教育事业无由躐进。彼已奔轶绝驰，我犹新基甫创。故谓诸君今日能步日本学生之后尘，是厚颜无耻者之所云也。然使诸君勉益加勉，陶冶品性，锻炼体魄，人人决心不肯让日本师范生之独步于亚东，以诸君之聪明俊伟，而谓其终不能若人，又吾之所不信也。鄙人自经此次考察，深知办学者非合群策群力，共事前驱，不能应世界之潮流，而日求进步。吾校重要职教员当继续东游，从事考察，以期教授、训育之日新月异，俾有益于诸君，而答吾省伯叔、兄弟之属望。鄙人心中所欲言、所欲为者，姑留以有待。惟细察日本各师范学校中，率有校友会，以联络情谊，促励进行，关系于学业、校风者至巨，则吾校急宜摹仿。务望诸君其共勉之！

校 长 演 说①

(九月)十七号，为本校开校后第一周年②纪念日，遵章停课。下午三时，开全体职员、学生谈话会，先由校长演说，云：

吾校于前清宣统三年七月二十五日开校，以阳历计之，为九月十七号，至今适届一周年③。窃思吾校于前清时代，经吾省官府、法团几费经营，始定地点于斯。而建设，而招生，而开校，本非易易。乃历一月而武汉起义，警报频来，人心皇皇。军事既兴，金融闭塞，竟以款项不支而至停课。当其时债台高筑，大局安危，未可逆料。鄙人虽强自镇摄，然未尝不引为大忧。乃当路者于财政耗竭之时，拨给巨款，俾偿夙负，至可钦感！未几而革命告成，南北统一。本校奉都督通令，重行开校，以至今日，幸何如之！故今日诚我师生最可宝爱亦最可欢庆之一日也。

虽然，何可遽言欢庆？天下事成之惟艰，毁之甚易。吾校今日，譬之树木，粗有萌芽，根本未固，枝叶未丰，灌溉栽培，偶一不慎，即归凋败。且今日之教育，不独与一国争，并当与世界争；必世界各国公认吾之教育，许于世界中占一席，而后可以自立。吾校形式、精神均未完备，以形式言之，虽属办事人之专责，然亦非一朝夕之功、一二人之力，可冀其圆满；以精神言之，则引导者为全体职教员，竞进者为全体同学，无一人之稍懈，无一日之稍懈，积日累月，积月累年，至五稔十稔之后，乃可以巩固。诸君诸君，其各提振精力，改变思想，行谊学业，兼营并进，俾美德永传，蒸为校风，蔚为世礼，此预祝者一。方今世界，决不容孱弱病夫、颓唐老国苟活而偷安。诸君诸君，其各锻炼身心，刻苦奋发，养成健全坚毅之精神，为后来同学之先导、新社会之母资，此预祝者二。

且夫学校之纪念，与学校之进行为正比例。经一番纪念，增一番进步。良以纪念愈多，则经验与反省者亦愈多，故其学校之进行亦愈力。由是言之，五稔十稔以后，校内之职员、学生，其道德、知能远胜于吾辈。然而，吾辈实为披荆斩棘之

---

① 唐湛声：《校内纪事》，《江苏省立第三师范学校校友会杂志》，1912年，第2期。此文是唐湛声根据顾倬演说记述而成的。篇名据正文内容而加。

② 原无"年"，据正文内容而改。

③ 原无"年"，据正文内容而改。

人。我江苏之人民各出其脂膏以供吾辈。是吾辈对己对人，对后之来此校者，当若何痛自刻励，以求不误始基？此尤吾辈所当勉焉孜孜者也。凡我同学当表同情。

校 长 演 说^①

(十月)七号，为孔子圣诞，校中停课一日。上午八时，职员、学生咸集礼堂，行三鞠躬礼，礼毕，校长先起演说，略云：

尊崇孔子，可分二派：一形式上之尊崇，一精神上之尊崇。自汉以来，至于前清之季，圣庙之高广，典礼之丰盛，可谓极尊敬之至矣！然皆形式的，而非精神的。其真有尊孔之精神者，数千年来实不多见。精神之尊崇若何？则当洞明孔子之历史与其微言大义，而效法之，光大之。今夫孔子生春秋之世，抱救世之主义，见夫王室不振、日风日下，一车两马，周流列国，冀行道以救民，至老不少衰；洎乎希望已绝，乃退而著书立说，以垂教万世。我国数千年来，学术道德赖以不坠，孔子诚吾国历史中最重要之人也。吾人尊敬孔子，当法孔子之行为，亦出其救世热心，以天下为己任，方可以对孔子。此所谓精神上之尊崇也。若徒事圣庙之高广、典礼之丰盛，而言动行为大背乎圣教，孔子有知，当鄙夷而唾弃之矣！

且夫孔子又为吾国最大之教育家，其诲人也，循循善诱，谆谆不倦；立身，则温、良、恭、俭、让、忠、恕；修学，则温故知新、发愤忘食、乐以忘忧。凡此种种，尤为我师范学校之职员、学生所当则效。昔人有云："读圣贤书，所学何事？"愿与诸同学三复此言矣！

---

① 唐湛声：《校内纪事》，《江苏省立第三师范学校校友会杂志》，1912 年，第 2 期。此文是唐湛声根据顾倬演说记述而成的。篇名据正文内容而加。

校 长 训 诫①

十月十二日，校长训诫，云：

吾校自暑假后开校以来，此四十余日中，诸君学识、体魄均有增进，品性独无增进。盖因授与知能，锻炼身体，每日均有定课；陶冶品性，则在无形。故关系至重，而效果至难。然因诸君品性不能齐一，而宿舍风纪遂不能圆满。夫人既无自治能力，即不得不受治于师长、同学。

前次室长会议决，室长各备手本一册，记载本室同学特异之言行，以为惩劝，用意至善。然务望各室长之切实奉行。各室长为同学模范，尤宜谨小慎微；反省己之行为，而亦勤记载。积一学期，交之舍监，俾为舍监品评同学品性之参考资。

夫吾国中小学校均有记功、记过之例。鄙见独不以为然，盖以其屏弃学生之自治能力故也。本校既注重自治，故不以记功、记过为惩劝，而时望诸君之自加检察。然诸君平日言行，舍监及级主任教员无不详细记载。积满一学年，品行入劣等者，决令退学。将来诸君毕业，亦须道德、知能、体格三者兼备，乃授以毕业证书。若品性不能粹美，即使学业优胜，体力坚强，亦只给学科修了证书，断不任谬种流传，贻祸学子也。诸君其志之！

---

① 周永嘉、汪光文：《校长训话》，《江苏省立第三师范学校校友会杂志》，1912 年，第 2 期。此文是周永嘉、汪光文根据顾倬训诫记述而成的。篇名据正文内容而加。

校 长 训 诫①

十二月二十九号，校长训诫，云：

近数日中，我同学于整洁方面，稍有进步。自鄙人调查宿舍，表示劝惩后，寝室、休憩室中，颇能注意，但仍有不能满足者，如购置食物，原备止饥，偏多闲物。同学互相谈笑，虽不必拘，亦不当狎。吾校尽力管理，而其缺憾犹若是。从可悟陶冶品性，实为办学之第一难关。

本校处交通地点，参观者渐多，偶一不慎，即贻讥大雅。然以吾所闻，多半谀词，名过其实，为之滋惧。顾我师生均以是警惕于心，益加勉励。舍监章先生已离东京，再半月当能返校，将来自有一番改革。

至此数十日中，职员耳目益促，即同学之宜注意自治为尤要，务望人人谨小慎微。而各室长尤当以身作则，为同学模范。对于行谊之不善者，婉导微规，为无形之感化。是以此数十日，为我同学修身之实地试验期可也。

且夫同学所居地位非师范生乎？顾名思义，实当为国民师表。然吾辈必能正己，而后可以正人。三育之中，惟德最难。吾愿同学今日以民国之模范学生自待，他日以民国之良好教师自勉，则校风将播而为学风，以正人心，以培民德，庶得教育之效果。"风雨如晦，鸡鸣不已。"愿同学常悬此的于胸中，励而行之，则哓音瘏口，所不辞焉！

---

① 周永嘉、汪光文：《校长训话》，《江苏省立第三师范学校校友会杂志》，1912年，第2期。此文是周永嘉、汪光文根据顾倬训诫记述而成的。篇名据正文内容而加。

儿童训育法①

一②、训育要旨

人类以品性为最要。故陶冶儿童，亦以养成善良之品性为第一义。儿童品性，禀于遗传，根于家教。入校之初，以数十不相闻问之儿童，虽家庭生活，而为学校生活，其性质实属万殊。以万殊之儿童，而全赖此数年之义务教育，使归于一致，以养成善良之习惯，而异日得成人格完备之国民。此其责任之重为何如者？现今地球各国小学教师，其训育之最善者，能使儿童渐移默化，自入于为善之一途；其次焉者，标示训育之主义、方针，全校职员以同一之意旨，日夕对儿童耳提面命，使儿童懔懔于规则范围之中，以隐收不怒而威、不恶而严之效果；其下焉者，于积极方面则时时以身示范，监视之而奖励之，于消极方面则时时为先事之防范，后事之诰诫，冀儿童迁善去恶，以终能自治。苟不尔焉，是谓无训育。无训育，则虽知识充足、身体健全，而教育之主旨失矣！

二③、训育要目

小学校之训育，在以学校生活养成儿童将来处世所必须之习惯：对己则勤勉任事，对人则亲切相待。其主义要在不干涉、不放任，而以指导为至当。无指导之实心，即为放任；指导过于细微，致灭儿童自动之能力，即与干涉无以异。善训育者，务引诱儿童自动；且按年递进，使儿童不觉其困难焉。日本小学校中，咸注意于训育，东京高等师范学校之附属小学校尤为全国模范；且豫定训练要旨，以养儿童正姿势、清洁整理、质素、敢为忍耐、重规律、尚礼义、宝爱公物、爱护幼弱、勿妨害他人等种种之习惯；而其实施之案，则本此要目，与年俱进。故参观所至，留意各级行动，窃觉每进一级，其向学守规之情形亦进一级，讵非训育之效果欤？

---

① 顾倬：《儿童训育法》，《无锡教育杂志》，1913年，第1期。
② 原作"（一）"，据通行写法而改。
③ 原作"（二）"，据通行写法而改。

三①、讲堂训话

谋训育之统一，则讲堂训话为至要。盖小学儿童为数至众，所分之学级亦多，一校长之精神不能兼顾各学级。由是每学级置主任教员，专任一级之教授训练。然各学级之训练，既责之各主任教员，各教员之性情、学识、方法等决不能尽同。故必行讲堂训话之法，而后各学级之训练均有一定之方针。由是可以全校一致之精神，陶冶儿童完善之品性。

讲堂训话之法，约历一二星期，择特别时间，集全校儿童于一堂，职员全体入座，然后由校长登坛讲话，此为通例。日本奈良女子高等师范学校之附属小学校，每晨上课之前，行朝会，儿童咸集一堂，主事述训育方针，费时约十五分毕，儿童乃分入教室中；每日修业之终，行终礼，各级主任本主事所定之方针，再加训话。高师教授桑野君面告，谓奈良风俗不善，校内儿童不无沾染，自附属高等女学及附属小学举行此法，成效大著云。

四②、儿童服务

学校之中，必使儿童实行服务，其要旨有二：（一）欲养成其自治之习性也。学校中养成自治习性，为今日国民教育之要务。盖吾人一生敦品笃行，勉尽职守，非在少小时候养成之不可。故学校中选任级长，设置值日生，使儿童轮当职务，不特于学校生活有直接关系，即对于未来时代亦至切要。惟是教师必郑重管理，凡各种普通职务，均宜随时督励，方足以收训练之效。（二）欲养成其不惮勤劳之习性也。好佚惰而恶勤劳，实中国人民之通病。非去此卑劣根株，国家、社会永无振兴之一日。然习惯为吾人第二天性。欲养成善良习惯，以改造高尚性质，舍学校其谁属？故学校中，以良习惯陶冶儿童，使服从各种职业，正所以养成独立有为之人格，乃教师所亟宜注意者也。

日本各小学校之儿童勤务，校中均另订详章，其方法大同小异。兹录广岛县师范学校附属小学校儿童勤务规则以示例：

（甲）学长（原名校友长）。

第一条，全校儿童，设学长一名。于上级儿童中，选身体健全、操行良善、学力优等、勤勉超众者任之。

第二条，学长任期一年。于学年之始，由主事（即办事员）选任。

第三条，学长之职务，如左：

1. 学长为全校儿童模范，当恳切以维持校风。

---

① 原作"（三）"，据通行写法而改。
② 原作"（四）"，据通行写法而改。

2. 掌每朝会集之际之号令。

3. 掌对于训词、答词及迎送职员或教生交代时之礼节。

4. 掌教师、儿童有疾病或不幸时之慰吊。

第四条，学长缺席或有他故，由上级之级长代理其职务。

(乙)级长、副级长。

第五条，初等科第二学年以上，每学级设级长、副级长各一名。

第六条，级长、副级长均一月一任。前月副级长者，后月升正级长。

第七条，级长职务，如左：

1. 闻始业钟，即率同级儿童至指定处所整列。

2. 教室出入之际，依规定方法而统导儿童。

3. 传达教师命令于同级儿童。

4. 同级中有特别事，随时报告于级任教师。

5. 每日调查同级儿童之到席、缺席，及迟到、早退，而报告于值日教员。

6. 填记本级之学级日志(高等科第一年以上)。

7. 每日课毕后，定翌日之值日生，并给与值日徽章。

8. 同级中有新入学儿童，恳为接待，并详细指示校中之规则、惯例等。

第八条，级长、副级长均始业前二十分时到校。

第九条，副级长助级长之不逮，级长缺席或有他故时，代理其职务。

第十条，凡选任级长、副级长，必会集全校儿童，当众宣布，并通知其家庭。

(丙)值日生。

第十一条，值日生每学级六名至八名，除级长、副级长外，依次豫定。每日应行之职务，如左：

1. 值日生每日始业前二十分时到校。

2. 每朝拂拭本级教室内之桌椅，并正其排列。

3. 每朝及每时间之终，拂拭黑板。

4. 检视水盂及墨汁壶，缺则加入。

5. 拂拭窗户之尘垢。

6. 注意通气，开闭窗户。

7. 配集成绩物及器具、账簿等。

8. 每时间前后，依教师命令，而准备及收拾教授用之挂图、标本、实物、小黑板等。

9. 午餐时分配汤水。

10. 终业后扫除教室，并整理扫除用具。

第十二条，当休憩时间，值日生宜速完其职务而至运动场。

第十三条，值日生于本日之职务既毕，即将值日徽章缴还级长。

（丁）部长。

第十四条，为管理儿童校外风纪，并谋同学亲睦、长幼有序起见，就儿童住家方位而分通学区域为若干部（十部以内）。

第十五条，各部区别男女，每部置部长一人、副部长一人或二人，择部中之年长体健、品学兼优者任之。

第十六条，部长、副部长均一学期一任，由监督、训导遴选任用。

第十七条，部长之职务，如左：

1. 在校外照料本部儿童。

2. 监督本部儿童沿途之行动。

3. 留意本部各儿之伴侣，并调查缺席、迟到之事由，报告于级任教员。

4. 本部儿童有迁移等事，报告于监督、训导。

第十八条，副部长补助部长之不逮，或代理其职务。

第十九条，各部监督、训导应注意之事件，如左：

1. 管理部内儿童之风纪。

2. 部内儿童于学校往复之际，使服从部长之指挥。

3. 注意缺席儿童，调查其理由。

第二十条，各部监督、训导各备部内儿童姓名簿，儿童住居有迁移，则添削之。

五①、赏罚

小学教师，以不事赏罚，而能使儿童勤学守规，养成优美之品性者为正轨。然神化之训育，未可以望之吾国之教师。则行赏以昭激励，行罚以示儆戒，亦实际所不能免。惟是赏之所当注意者：（一）宜察行为之动机；（二）宜分别天才与努力；（三）宜使知赏品为勤奋之结果，而不倾心于物品之价值；（四）不可赏一时侥幸之成绩；（五）宜检查是否经他人之助力；（六）宜应儿童之性质及行为。罚之所当注意者：（一）宜合儿童之感受性，锐敏者宜轻，迟钝者宜重，又宜辨刚性、柔性，并因年龄、程度而异；（二）宜当于其罪，并使知犯罪自然之结果；（三）罚不可轻施，宜于训戒乏术时用之；（四）罚之目的，在除去儿童之恶性质而助长其善；（五）罚之时宜感以真情，不可出以冷淡无情之态度。此赏罚之要点也。

六②、道路之观察

儿童朝夕行走于道路中，与社会相接触，社会之风俗习惯感化力至为伟大，其

---

① 原作"（五）"，据通行写法而改。
② 原作"（六）"，据通行写法而改。

善者有益于儿童，其恶者亦有损于儿童。然改良社会非小学教师所能为力，而又不应任儿童浸淫滋长于恶社会之中，则道路观察之方尚焉。日本东京市内之浅草区，风俗最为浮靡。区中有一小学校，人数甚众，班级亦多。各级教员惧儿童之沾染恶习也，乃于授课之前、毕课之后，轮流巡行街道，以观察儿童之行动，而实施惩劝之方，其恳切如此。吾国现今风俗日入于浮靡，教师之精神如只注意于学校内部而于外略之影响绝不顾及，则其教育必无良好之结果，可断言也。夫至儿童陷于邪僻之一途，姑息则足以败坏校风；若从而弃绝之，儿童之父兄即不我责，我能无愧矣乎？

七①、运动会

学校中举行运动会，所以振作精神，鼓励勇气。故东西各国视为学校确定之事业，实训育上最好之机会也。其目的：（一）在锻炼儿童身体，故选定运动种类，无论其为体操，为游戏，为竞争运动，总以能锻炼身体者为要；（二）②在修养儿童之人格，故运动场中务须注意秩序，使儿童各保品位，以完具其独立不羁之精神。而其所尤要者，则须知运动之性质，系总合平时各学级实际所课之体操、游戏而成；若以开运动会之故，而专备特别技能，以博人之欢笑，则与教育宗旨大相矛盾。至运动方法，与其个人，不若团体，一则免个人过度争胜之心，一则养大众同袍之志。此亦小学校中所宜注意者也。

八③、学艺会

学校中举行学艺会，使儿童将平素所习之学艺表演于公众之前，与运动会之表演平时体育，其旨趣实无以异。故学艺会所演种类必以通常所教授者为限。若专为开会而特别豫备，是失学艺会之本旨矣！尤宜养成儿童敬守秩序、临事从容之习惯，且取普通主义，轮及多数之儿童，其宗旨乃为得当。

学校中又有将所留存儿童平时成绩陈列以供公众之观览者，既重率真，又重普遍，方足以取信于社会、家庭。凡儿童平时成绩，如悉令汇订收存，一旦有事，调取而陈列之，以资比较，其益尤大。

九④、远足旅行

远足旅行，最足以锻炼儿童之身体。盖儿童身体，欲其发育完全，饮食起居之

---

① 原作"（七）"，据通行写法而改。
② 原作"（一）"，据通行写法而改。
③ 原作"（八）"，据通行写法而改。
④ 原作"（九）"，据通行写法而改。

外，以运动为最要。然体操游戏，为人为之运动；远足旅行，为天然之运动。人在旷野之间，空气清新，胸襟开朗，何况同伴追随，益增快乐。故不知不觉，历二三十里之行程，而忘疲倦，此其锻炼之效果为何如哉？且远足旅行，又足以增进儿童之知识。盖道途之中所接触者，苟足供教授之资料，则教师可选定观察事项，豫为布告，使儿童有所准备，或遇偶发事件，教师可向学生为当前之指点，是在在足以扩儿童之经验也。不宁惟是，儿童之个性每发见于无形。故在道途中之态度、容仪，及师弟之谊、朋友之情所流露于外者，皆时时与小学教师以训育之标准，是诚研究训育者所最难得之机会矣！惟是儿童年龄幼稚，远游之举较便于旅行，小学教师斟酌行之可耳。

十[①]、家庭联络

欲振兴学校教育，必与家庭相联络，而后得收其效果。吾国兴学有年，而学校之功效不足以取信于社会。虽由社会之风气不开，而学校、家庭之不相联络，实一大原因。诚使儿童家庭深知教师课其子弟之勤劳、恳挚，则尊敬、亲爱之心自生。教师视儿童与己之子弟无异，儿童视教师亦若与己之父兄无异。教师为儿童所深信，并为儿童之父兄所深信，学校教育日益兴盛固其所宜。且教育儿童，学校教师不可不求家庭之助力。故必时以学校中之情状传播于家庭，俾家庭教育日益改良，则尤非善与家庭联络不为功。试述其方法，如下：

（甲）恳谈会。

开恳谈会时，宜引诱父兄兴味，俾乐于到会；且使父兄参观该学校之实地授业及校内种种设备，教员为之切实说明；并宜请父兄述儿童在家庭之情状，其有不便在公众前说明者，可引至别室密谈。

（乙）展览会。

开展览会时，可将各学年成绩品分室陈列；选列成绩，宜求普遍；设备招待，亦宜周至。

（丙）通信簿。

学校、家庭之教育儿童，欲求一致进行，则通信至为重要。凡儿童在校时之情状及家庭所宜注意之事件，学校教员宜以时报告家庭；儿童在家时之情状，家庭父兄亦宜以时报告学校。

（丁）家庭访问。

各级主任教员有适宜之时机，可访问儿童之家庭。凡视察所得，宜记载于访问簿中，以保存之。

（戊）成绩品回览。

---

① 原作"（十）"，据通行写法而改。

欲使家庭知儿童成绩之实际，可以全级儿童成绩汇订成册，交儿童带回家庭，以资巡回流览。

（己）邀请参观仪式。

校中举行仪式，如入学式、毕业式、运动会、学艺会等，必柬邀家庭父兄到校参观，到时须恳切招待。平时授课，父兄有来参观者，亦然。

十一①、性行考查法

性行考查最为困难，而于训育所关实至重要。盖小学教师必注意儿童言行，以训诫之、指导之、奖励之，累月经年，与时俱进，夫而后训育主义可期其贯澈。惟是教师观察儿童性行，必先静气平心，绝无成见；又有适当之方法，试可以渐得其真。吾国小学教育，于性行考查未尝注意，实无确定之标准。兹特就日本各小学校性行考查之方法，择要甄录，如左：

例一（奈良县师范学校附属小学校）

（甲）品位。

关于外貌之风采者，表以"威重……中庸……轻浮""高尚……中庸……卑野"等之评语。

（乙）性质。

关于心性行为者，表以"温顺……中庸……傲慢""刚毅……中庸……懦柔""硬直……中庸……便佞""敏捷……中庸……鲁钝"等之评语。

（丙）勤勉。

关于业务者，表以"耐久……中庸……薄志""勉励……中庸……怠惰"等之评语。

（丁）学友关系。

关于交际者，表以"圆滑……中庸……憎恶""尊重……中庸……轻侮"等之评语。

例二（京都师范学校附属小学校）

（一）考查操行成绩，分心性、行为两大纲。由教师随时观察，记其要领于生徒调查簿。

凡行为每小期末（日本约以六星为一小期）核记一次，心性每学期末核记一次。每学期末，更总核其结果，而填记于操行考查表。

（二）考查心性，分类如左：

（甲）智性。

---

① 原作"（十一）"，据通行写法而改。

感觉之锐钝，观察之精粗，记忆之强弱，想像之丰否及适否，思虑判断之精粗、适否，理解之精粗、迟速，其他特异之偏向。

（乙）心情。

高尚或卑劣，猛烈或温和，冷热、浓淡之度，同情之丰否，爱情之偏向，有恒或无恒，恐怖之偏向，忿怒之偏向，嫉妒怨恨之偏向，其他特异之偏向。

（丙）意志。

注意及思虑等之久暂、精粗，决意之迟速、正否及强弱，改过及变心，利欲之偏向，克己及自省之度，奋励努勉之度，其他与智性、心情相关联者记入气质项。

（丁）气质。

度量之广狭，刚强或懦弱，柔顺或放逸，坚忍或执拗，忠实或残忍，诚实、性急或轻忽，进取或因循之倾向，其他特异之偏向。

（三）考查行为，分类如左：

（甲）容仪。

端正或杂乱，清洁或污秽，其他关于身体整理外部之事项。

（乙）动作。

快活或沈郁，敏捷或缓慢，着实或轻率，谨慎或放纵，温雅或粗暴，静肃或喧噪，高尚或卑野，正气或奸曲，整齐或不整，勇往活泼或懦弱，其他特异之偏向。

（丙）言语。

明瞭或含糊，温雅或卑野，爽快或讷辩，声音之高低，率急或缓慢，多辩或多寡默，方言之多少，其他特异之偏向。

（丁）勤惰。

缺席之多少，勤奋或怠惰。

（四）考查心性，宜参酌学业成绩；考查行为，宜参酌身体成绩。

（五）操行考查表，每学期由级任教员填就后，经教务部干事而呈报于主事。

例三（日本宫成县师范学校附属小学校）

（一）操行分性质、行状二项，参考心力、言语、才智、艺能、体质，更回顾年龄、遗传、境遇等而详定之。

（二）级任教员每学年终，详定儿童操行，宜参酌赏罚录。

（三）操行之记录法，如左：

（甲）性质之部。

记关于气质者，即正直、慈爱、沈着、勤勉、温厚、朴实、从顺、诚实、宽宏、活泼、刚毅、谦恭、慎密、硬直、机敏等，及嫉妒、复仇、争斗、阴险、执拗、诡谲、疏漏、浮薄、轻躁、野鄙、懦弱、傲慢、顽固、狡猾、迟钝等。

(乙)行状之部。

记载最善良、善良、稍善良、通常、稍不良、不良、最不良等之区别。

(丙)心力之部。

记观察、注意、想像、推理、判断、概括等各能力之锐钝。

(丁)言语之部。

记明亮、明、不明、爽快、讷急、高声、低声、涩浊等之区别。

(戊)才智之部。

记应用、机智、世才、迂阔、干练、谐谑等应付之能力之多少。

(己)艺能之部。

记读法、缀法、写法、语法、体操、唱歌、图画等诸艺术之巧拙长短。

(庚)体质之部。

记强壮、强、通常、多病、肥大、瘦身、五官四肢之欠缺等身体之强弱及特异之点。

(辛)以上各部,均记其特征,不记通常。又一语不足者,可连记数语。

(四)操行录所以供教育上之参考,不示校外人。

十二①、学校园

地球各国咸视学校园为必不可少之具,渐次推行,以普及于各小学校。盖以学校园论之,不惟教授学科时,可以供观察试验之资料,于训育上又有重要之作用。何也?学校园中各种实物均足以引起吾人审美之感情,使有无穷之兴味。故儿童无不乐操作于其间,而种种效果即由是起。至学校园之规画,能于校舍运动场之外别有位置,固为最善。若校地狭隘,则不妨分画数区,庭中、屋畔均适宜焉。

十三②、校友会

社会中之青年男女,曾在小学毕业者,校中应设校友会以联络之。盖学校教师对于已毕业之生徒,实有密切之关系。故不可不用种种方法,间接或直接以监督之。否则,生徒毕业于初高等小学校时,年龄尚幼,知识初开,为善为恶,转移最易。家境艰困者,类改就他种职业,小学校中所受教育,相隔数年,不免淡忘,则其结果与未入学者殆等。是诚教育上之大虑也。以故小学教师法当维系本校已卒业

---

① 原作"(十二)",据通行写法而改。
② 原作"(十三)",据通行写法而改。

之生徒，使不流于放逸，不陷于卑鄙。则于本校之中，时开校友会，而督促已卒业生徒之出席，实必不可少之举也。

十四①、学校与社会之关系

学校与社会，关系至为密切。盖学校之效果在于将来，而社会固有之习惯往往与学校相背驰。小学教师注意管理儿童之一言一行，谆谆然垂为训戒；及出而与社会相接，不良之行为耳濡目染，儿童之心性即变坏于无形。且社会之势力大，学校之势力小，学校数时之训练不敌社会中一朝一夕之感化明甚。故小学教师欲求收完美之效果，必留意于社会状况，而后可对儿童施适当之教育焉。试举其大凡，如左：

（甲）风俗习惯。

风俗之入人者最深，非渐染数十年，未易改变。日本教育大兴，普及全国，而民间迷信之深，往昔野蛮之俗尚有存者。况我中国数百年来，日趋污下，欲改变之，夫岂易易？惟是风俗习惯，其感化力至为伟大。故社会中旧染恶习，万不可任其相沿而莫之或改。虽此等重大事业必非小学教师之力所能有济，然对于儿童为切实之防范，施切实之诰诫，夫固力之所能为。倘能合多数小学教师，联络进行，以从事于通俗教育，则势力至为巩固，种种陋劣之风俗固不难渐次革除。

（乙）行乐地。

社会行乐之事，如演剧、说书、弹唱及其他各种游艺，人人视为惟一之快乐。故演艺之人能以种种手段，引起观听者之兴味，则其感化之力至为伟大。使利用此等人才，隐寓教化主义，藉以改良社会，收效之速不难预卜。惟今日之操演剧、说书等业者，品格、思想至为陋恶，故所演所说种种不堪，遂为种种恶俗之导线。是在身任教育者，一方面当持消极主义，警戒儿童，不为所诱惑；一方面当持积极主义，或因势利导。授操是业者以适当之资料，而冀其改良，或另以高尚娱乐，移常人之嗜好，而广其见闻，实当今之要务也。

（丙）印刷品。

欲人人开发知识，改变情意，则新闻、杂志、小说、绘画等均有绝大之势力。故各国教育家多注意于此。吾国现行之各种小说、歌谣及其他各种绘画，不适于家庭儿女之阅读者至夥，而青年往往潜购读之，影响甚大。是则小学教师与家庭父兄当共同一致，为严密之检查，投以可阅读者，而去其不可阅读者，斯得之矣！

---

①　原作"（十四）"，据通行写法而改。

校 长 训 话①

(六月)十一日，朝会毕，校长训话，略云：

暑假期近，各科学将举行试验。他校学期考试，颇行注重。本校考试一层，并未十分注重，故只有临时试验一种。其不能尽废者，不过借为检查成绩之具耳。然而，其弊亦不可不防。

微闻各级考试，略有弊窦。此后考试时，讲义、教本一律交出，听讲笔记亦不能带，并禁发问，并宜专心自己答案，不可窥视邻座②，以图剽窃，俾呈成绩之真相。但此种考试，纯系消极作用。欲求学问之精进，不可不用积极主义。故吾校教授研会决议注重平时时间，尤注意于程度较低之同学。务望诸君注意！

---

① 《训话记录》，《江苏省立第三师范学校校友会杂志》，1913 年，第 1 卷，第 8 期。此文是根据顾倬训话记述而成的。篇名据正文内容而加。

② 原作"坐"，误。

校 长 训 话①

十月二日，朝会毕，校长训话，略云：

自本学期起，添设园艺部。近来布置粗有头绪，拟即日实行。本校定章将来添设商科，及农业之一部。故今后组织，拟分全校同学为农、商二部。商业之练习，则贩卖部成立已久，规模略备，成绩亦佳。诸同学均有服务，藉资练习。园艺部组织伊始，自不能十分完全，一俟经济稍裕，必竭力扩充。诸同学须提振精神，以趋向于实利方面，深知实利之要重，而不以为不屑为，则吾校成绩更进一步，而教育亦庶几改良矣！

---

① 《训话记录》，《江苏省立第三师范学校校友会杂志》，1913 年，第 1 卷，第 8 期。此文是根据顾悼训话记述而成的。篇名据正文内容而加。

校 长 训 话①

(十月)十四日，朝操毕，校长训话，略云：

本学期开学以来，颇闻诸君以校中服务繁重、修学不及为苦。吾校服务，鄙人亦深知甚重，然按之训练原理，有不得不然者；本校现状尚未臻完备，此后服务非特不能减轻，且必有加无已。至修学方面，大抵未得自修之法，是以劳而无功。此二点，鄙人欲言之者久矣！诚恐不能详尽，特笔之于篇以示诸君，幸注意焉！兹录示同学，文如下：

吾校自暑期既终，重行授课，经费支绌。故裁职员，裁校役，以种种事务悉加增于诸君②。顷更有校友会添开园艺部之举，从事实习者又数十人。虽然，此非减政主义也。吾校教育方针，得此良好之机会，而因以激进焉。

日本某教育家谓向炳峰先生言曰："贵国学校异常奢华，校中一切服务均使校役为之。敝国则不然，校中一切服务皆生徒任之，以养成学生勤勉之习惯。贵校将来整顿教育，亦宜自勤勉入手。"余闻之而绝痛。近二月来，机会既至，力促进行，以求整顿。论其表面，固无废弛；论其底蕴，则彼由志愿，我由强迫，其实际正属不同。余因以痛吾国之真不可为，而又知诸君之未能洞晓此义也，是不可以无言。

吾国今日，非财尽民困，仰给外债之日乎？论其近因，固由于光复以来，财政紊乱。无论何机关，类皆搜括脂膏，从事挥霍，吞匿款额，藉便私图。故不迨二年，图穷匕见。论其远因，自前清洪杨乱后，元气未复。而教育不良，科举时代固无论矣，同光以来，昌言兴学，迹其所造就，不为官吏，即为游民。儿童一入学校，知识未见增高，而家庭劳苦之事乃一切委弃；父兄熟视而不加责，即责之，亦未必听；学级愈进，德性愈漓，身体愈多，乃愈远于生计，而豪奢纵恣转因以加增。故一家之中，子弟之就学者愈多，则其家之中落愈速。此学校之所以为世诟病也。夫至一国之中，生财者日见其少，而食之者日见其多，讵能免水涸膏竭之一日？是则医今日之病国，其标虽在政治之改良，而其本必在教育之激进，断断然

---

① 《训话记录》，《江苏省立第三师范学校校友会杂志》，1913 年，第 1 卷，第 8 期。此文是根据顾倬训话记述而成的。篇名据正文内容而加。

② 原作"以种种事务悉加于增诸君"，误。

矣！今后之教育，必使一般儿童咸与生计相接近，毕业以后出就职业，为社会所欢迎；退处家庭，能赞助父兄料理家计，整顿田园，为家庭所利赖，夫而后吾国始有生机。是则小学教员，凡校中一切服务，必使儿童习为之，而生活必须之智识、技能，尤在在皆宜注意，俾他日得以为应用之方。循是说以行之，诸君今日何可不励行服务，何可不熟习生活所必须之智识、技能，以冀养成良好之师资。此一义也。

不宁惟是，凡百事业之振兴，均渊源于财政。财政困乏至于此极。省行政机关力任其职，俾教育经费犹能继续，而诸同学不致耗费有用之光阴。是诸同学即奇苦、即至劳更甚于今兹，亦当视为幸事。万一不幸，而教育经费必不能继续，以至再行核减，则吾辈亦当求自立。鄙人宗旨，无论省费若何核减，不愿过裁抑教员之俸金，致良驹无由托足，而暗损吾校之进程；亦不愿停止校中种种之设备，俾不克完全，而致诸同学受不良之影响，则必于其他各项尽力裁节，以冀支之适合；而又不愿校中有一事之废弛。是此后诸君服务或更加重，殆未可知。以诸君可爱，故不惮瘏口以相诰勉。此又一义也。

不宁惟是，吾校近岁以来，凡百事务，多取法于日本各师范，而学生之劳苦实不逮其什一。服务，如夜警，如炊事，如搬运，如开辟操场，如食后自涤碗箸；体育，如柔术、剑术、短艇、游泳诸动作，皆彼都学生所乐为，而吾校犹未之能行者也。即校园之操作，乐器之练习，理化、博物之实验，亦以设备未周，尚未之举行，汗颜甚矣！且平心思之，以日本国势之强，而学生之劳苦犹如是。然则吾辈今日，即并担水、涤厕等事而亦自为之，固其宜耳。诸君乃已以今日之服务为劳苦乎？彼能之而我不能，可耻孰甚？此又一义也。

虽然，诸君之以服务为苦，非不肯尽服务也，为服务之足以妨碍学习耳。则更为制《起居动作表》，以示标准。

起居动作表	
六时至七时	起床。盥漱。整理床褥衣物。朝体操。早膳。遇值日，任洒扫服务。
七时至七时五十分	预习。每日所讲授之各学科，当于此时间内先浏览一二过。凡不甚了解者，可用铅笔作符号，以识之，俾听讲时愈加注意。
七时五十分至八时	准备上课。
八时至十二时	受业。
十二时至五十分	午膳。游散。阅报。招同学谈话。有时洗濯手巾件物，有时写信。
五十分至一时	准备上课。
一时至三时	受课。

续表

起居动作表		
三时至五时半	运动。阅报。洗澡。有时洗衣服。遇值日，任洒扫、贩卖、收发图书、园艺实习、书记缮写实习等服务。有时写信。课外制作，在学艺部各组者，自由研究制作。看校友会所领图书。有时应职员招致谈话。在校友会总务部者有时任写印职务。以上种种，惟运动为普遍的、永久的，其余各种服务及职员招致谈话，不过有时轮到。园艺一种，最初开辟园场时，约费实习一二周过，此则亦无甚事事。贩卖部干事长最苦，其任期乃至四周，然进货倚于日曜日料理，定期贩卖时间，写信、看书之类，何尝不可兼为之？	
五时半至六时半	晚膳。游散。招同学谈话。	
六时半至七时半	准备自习。课外制作。	
七时半至九时	自习	
九时至九时半	休息。就寝。	
日曜日	午前	访亲友。买物。出游。
	午后	遇值日，任大扫除、操场拔草等服务。
	又，本日可剃头，洗衣服，开演说、雄辩等会，采集标本。	

　　上列种种，凡诸君起居动作，一一胪列无遗。而谓种种服务必妨碍学习时间，此固鄙人所不信也。至学习方法，业经发布。修业要诀，再当与各教员悉心研究，俾教材、教法日臻合度，冀有益于诸君。

校 长 训 话①

十二月二十日，朝会毕，校长训话，略云：

本校自发生退学风潮，于兹一月余矣！初疑风潮起后，职员、同学必不能十分融洽，而今则毫无痕迹，足证诸君自新之速。故就近日现象察之，消息殊佳，务望诸君努力进行耳。

惟自暑假成绩，既经评定，得鼓励之人数发表后，颇闻有谓诸同学以望鼓励而始热心于成绩者。此虽意在诙谐，然正非所宜。须知热心成绩之制作，乃学生时代之本务，人人所应然。校中之鼓励，正不仅助热心者之兴趣，并望怠惰者之愧奋。今为此语，殊足助勤勉者之热心。且师范生之心地，最宜光明。此种语虽属诙谐，然含有疾妒之意，是大不可也。

吾校成绩批评会开幕在即，行见来宾会集，我诸同学无论在上课时，在游散时，处处宜表示其有毅力、有秩序之精神，以恢复吾校名誉。凡与来宾谈话、敬礼种种，切宜注意，而勿呈懈怠之态度，其庶几乎！

---

① 《训话记录》，《江苏省立第三师范学校校友会杂志》，1913 年，第 1 卷，第 8 期。此文是根据顾倬训话记述而成的。篇名据正文内容而加。

校 长 训 词①

(七月)十三日，上午八时，行暑假休业式，由校长述训词，云：

今日为民国二年暑假休业之第一日。本学期于各方面细加考察，自个人论，不慊之处甚多；自全体观之，则身体与知识，与夫办事之勤劳，无一非较胜于去年者也。但有此成绩，实由舍监及各教员训练合法、指导得宜所致。在诸君乃受治之进步，而非自治之进步。近顷发表地理、博物、图画、手工四科宿题，观诸君若何准备，即可以验诸君之有无自治能力矣！品性方面，虽有少数人甚粹美，然尚能不出规则范围。假期中当与家庭通信，审察诸君在家庭中去年与今年之比较。苟旧日不良之习惯不致复作，则在校时之循规蹈矩确由勉强而渐进于自然。不然，尚不足言自动力也。

社交为人生第一要事。诸君在校中对师长、同学，固能彬彬有礼。但诸君在校中，实处于被监察之地位，所行礼节未可全信。暑假中与社会交际，均当时时注意。况小学教员有振兴社会教育之责，社会情况尤当洞悉。暑假乃师范生练习社交之好机会，岂可置之不察耶？

日前润生先生自日本来函，谓我校同学自动自奋之精神不及日本之师范生，洵为确论。民国前途危险已极，然一线生机实在教育，故诸君决不可一日自放其心。即如此次宿题，原不过免假期中荒疏学业，以补授课之不逮耳，然实有百数十同学之竞争。诸君归家以后，饮食、起居、修业、服务虽各不同，而精神上之优劣确可于开校后所缴之暑期成绩得之。

新同学到校方一学期，而成绩颇有可观，未始非旧同学与以良好模范之功效。本届豫科招考，报名者人数至多。倘录取预科，新同学品学胜于诸君，则诸君当又深虑后来之居上矣！暑假七周，黾勉不怠，与时俱进，其庶几乎！

吾校最惜时，开课、授课，均照定期，不稍更变。假满后诸君务当依期到校，勿致延误。假期中留三同学在校，预备与诸君通信，及整理校友会器物、图书、贩

---

① 汪光文：《校内纪事》，《江苏省立第三师范学校校友会杂志》，1913 年，第 1 卷，第 8 期。此文是汪光文根据顾倬训词记述而成的。篇名据正文内容而加。

卖部物品等种种事宜。凡各地社会风俗、家乡情景，鄙人均所乐闻。诸君苟能时与校中通信，练习应用文字，获益良多。寄来函件文辞格式，当为摘出，开校后指示诸君也。

校　长　训　词①

（九月）二日，午后二时，行始业式，校长首起述训词，云：

忽忽五十日，暑期已满，而吾校复行开课。回念此五十日中，乱事骤起。吾省不幸，实当其冲。无论上海、吴淞、镇江、南京等处，遭兵祸者，糜烂已甚；即各县之未经兵祸者，种种损害亦难数计。此皆我职员、同学目击身经，无庸鄙人之赘言者也。吾校当乱作时，债亏工款为数至巨。鄙人筹思乏策者旬日，辗转谋画者又旬日，而困难乃渐渐疏解。至今日复得萃同学于一堂，从事讲贯，实为始念所不及。虽然，惟经此极大事变，而益以见吾国民性之污劣。即吾校教育之方针犹当改进，请与诸君一研究之。

今日教育之大原，所当急急注意者，莫砥砺廉耻若。读吾国历史，风俗、人心之坏，莫甚于五季，而今日乃犹过之。寡廉耻之事，殆日日有所见闻。全国大多数之人民，类应社会政治之恶潮，而日趋于历劫不可救药之地狱。苟利于我，仇雠可奉为父母，盗跖可称为圣贤；苟不利于我，父母可视为仇雠，圣贤可诋为盗跖。无所谓人格，无所谓天职也。五季之乱，以劣种自相吞噬，一旦有枭雄出，尚可以剔括爬疏，渐臻治理。今日之乱，苟不为根本上医疗，以劣种而介于良种之间，必淘汰而归于尽。民乱天灾，特其前驱焉耳。欲挽救之，必自砥砺廉耻始，必自吾师范学校砥砺廉耻始。

砥砺廉耻之道奈何？诸君今日身在校中，人己之物，最宜分明。无论在何处，为何物，凡非己所有者，丝毫不容妄取。种种衣服、图书、用具，均须各自认其标识，而不容少有混淆。即零星什物，为人人所共有者，苟所置地位在疑似之间，与其归之于己，毋宁让之于人。进而言之，为学生者有应尽之服务，即有应享之权利。然对于服务，当争先一步；对于权利，当退后一步，此廉之说也。品性不若人，当自知其羞；学业不若人，当自知其羞；品性、学业至有缺点，而受师长之训诫、同学之规劝者，又当引为大羞，以自重自尊之志，矢自奋自励之诚，此耻之说也。我同学能自知此义，能尽此心，积学数年，庶不致为寡廉鲜耻之事，而能正己

---

① 汪光文：《校内纪事》，《江苏省立第三师范学校校友会杂志》，1913年，第1卷，第8期。此文是汪光文根据顾倬训词记述而成的。篇名据正文内容而加。

以正人乎！

其次，当通晓事理。今日政治社会，纷纭扰攘，各逞其臆①说以相号召，无实真正之是非，遂为风俗、人心之大害。诸君暑期来信，凡平素喜阅某种报章者，其持论每偏于某种，由是可知诸君关心国故，而亦尚无判断是非之特②识。今日大局之坏，实坏于不通晓事理者之多。诸君平日读书、阅报，须事事衡以吾之良知，意有所疑，即就正于师长、同学，而求其适当。否则纯白之心，不免为人言所颠倒。害小则杂吾之思想，害大则乱吾之方针，而其事变遂未可逆料，此亦诸君之所短。自本期始，尤当加勉者也。鄙人而言之，为学生者，又因各方面之感触，自本期始，拟注重种种之实习。盖吾国民之根性，好大言，好浮动，无论何事，悉以儿戏出之，其失败宜矣！推厥原因，实由于前清数百年，士大夫类习为无用之学，议论家多而实行家少，末流所趋，怠惰滋甚，人人不事事。故未经困难，又何有经验？不幸革命覆满，可以口舌成功，而嚣张恣肆之习乃弥甚。举世扰扰，不知死所，此固非屈子沈沦、贾生痛哭所能警醒吾国民者也。窃愿于学校之中，事事注意实习，使诸君贮苦倚辛，经营掺作，俾知成事之艰难，众擎之必要。今日习之，异日行之，或者我国民建设思想油然以生，而不复以破坏为能事乎！

今日兵祸未息，哭象又成，天祸吾国正未有已。诸君来校就学，学校之负担，家庭之负担，均至艰困。诸君非万不得已，不宜妄用一钱。至学业、品性，更宜猛进，以求其早成。吾校教员，尚有家处围城，至今未知其究竟者。且江湖满地多荆棘，各教员其能无室家之略，而专心教育与否，正未可逆料。要之，诸君则无论何时，当专心努力，从事前修。日本明治三十七年与强俄争战，全国激昂，而教员事业不惟保常，且更奋进。所愿与诸君共效法之。

---

①　原作"忆"，误。
②　原作"持"，误。

校 长 演 说①

（九月）十七日，为本校开校后第二周年②纪念日。照章本当停课，因时事日非，诸同学之光阴愈可宝贵。故仍照常上课，惟夜间停止自修。午后开纪念会，首由校长演说，云：

吾校开校以来，今日为第二周年③纪念。此二周年④中两经绝大变故，吾校即两经绝大恐慌，是吾校固应劫运而生者也。吾校建筑、设备尚未完全，由今而后，时局之能否安宁，吾校之能否不再遭恐慌，均在不可知之数。惟既应劫运而生，即当尽吾百折不回之心力以与之抗，屡抗屡胜，则吾校当可以滋长而发荣；不幸而终陷没于旋涡，吾辈亦可以告无罪。此则愿与诸职员、同学共相策勉者也。

回想此一年中吾校之状况，固进行而非停顿，我各职员热诚教育，我各同学学识、品性受良教师之化导而都有进步。此次暑期成绩颇属可观。开校以来，校中减职员，减校役，以其职务悉加之同学之身。而两周年⑤以来，未露废弛状态，固至可嘉许。虽然，今何时？吾校今日处何等危险之地位，而固可以嘉许懈同学之心乎？诸同学而只欲为一良好之学生，则今日固已差强人意；若欲冀后日为吾校增异样之光彩，而个人方面亦咸为今日国家、社会所不可少之人乎？则现今常态，因始基而犹未耳。论共和民国之人民，本人人当断绝倚赖性。矧吾国今日种种事变，无一非警告我人民以政府民党之均不可倚赖。观南京之痛事，其明征矣！诸同学本年中之得有此良好成绩，实倚赖吾校之得有良好教师耳。虽然，有良教师而后又良成绩，诸同学固犹是一凡民耳。天下惟凡民为最危险。故深望诸同学自本年后，人人能断绝倚赖性，而发展其独立自奋之能力。无论品性、学识，与夫体魄之增强，时时能自加策励，自加研究，俾管理员无为而治，诸教员不劳而获，则我诸同学之精

---

① 汪光文：《校内纪事》，《江苏省立第三师范学校校友会杂志》，1913 年，第 1 卷，第 8 期。此文是汪光文根据顾倬演说记述而成的。篇名据正文内容而加。
② 原无"年"，据正文内容而改。
③ 原无"年"，据正文内容而改。
④ 原无"年"，据正文内容而改。
⑤ 原无"年"，据正文内容而改。

神尤进一步矣！

　　抑更又有言者，吾校校友会虽已成立，而会务必力求奋进。惟是愈奋进，则需费愈多。在今日固不能不收公家之补助，而及其究竟，则其所需经费必我同学能自生之，能自经营之，庶可以冀其发达。此亦鄙人与诸同学能否独立自奋之一证也，当于本年实验之。

校 长 演 说①

(民国三年元月)五日,九时,开全体谈话会于东膳厅,首由校长演说,云:

今日开全体谈话会,因近数日来所受激刺甚多,于吾校进行方面关系亦大。请与诸同学分别言之。

一、国家政治之变迁

乱事未起以前,中央权力异常薄弱,固不足以立国。乱事既平以后,中央盛唱集权之议,亦实有变本加厉者。盖国会、省会既已推翻,顷又得内务部命令,各省地内方自治机关一律改为名誉职,恐各县及各市乡议会与董事②会,亦均处于不能成立之地位。由是观之,直变为一纯粹之官治已耳。然近察吾省各县知事政声卓著者,寥寥如麟③角凤毛,前事固可知矣!若夫破坏党,则荟萃于日本之东京,而机关分布遍于吾国。各省著著进行,不稍顾惜。大局危险至于如此,国事前途尚可问哉?

二④、本省教育之前途

黄教育司长以全力规画师范、中学、实业等各校,多至三十余处,魄力绝大。但教育愈发达,消费愈增加。行政机关中人,非和衷共济,以为之后盾,则壮志终不得而达。顷以办事困难,提出辞职书,省长虽尽力挽留,终归无效。前日至上海,详阅省公署情形,又与黄司长晤叙,知万无转圜之希望。主持教育者,既不得人,则各省之学校校长能否维持大局,实不敢言。吾校财政尚未极端之困难,闻他校不能按月领取常费者甚多。加以审计分处,现已成立。省立各学校概算自三月份起,决算自一月份起,均须经审计分处承认,方可照发照销。则省立各校以财政之

---

① 汪光文:《校内纪事》,《江苏省立第三师范学校校友会杂志》,1913 年,第 1 卷,第 8 期。此文是汪光文根据顾倬演说记述而成的。篇名据正文内容而加。
② 原作"市",误。
③ 原作"鳞",误。
④ 原作"一",据通行写法而改。

多牵掣，而与官厅争执之端，恐在所不免。其结果将仍积极进行乎？抑渐即瓦解乎？非所逆料矣！

三①、本校未来之进行

吾校建筑、设备，均未完全，需费甚多，必不能如从前之应手。日昨黄司长面嘱鄙人，以无论如何为不可去职相勖勉。窃思身体能否支持，财政能否因应，均为未可推测，要惟有尽心力以为之。至于本期进行方针，有不得不与诸同学详细商确者，对外交际惟鄙人一身自任，内部精神端藉职员、同学协力同心，竭诚匡助；一为服务上之进行，一为教科上之进行，均须提振精神，力求改良、促进，以冀日臻完美。使吾校果能成绩卓著，为社会所称颂，则无论官吏之心理如何，吾校必立于不败之地位。苟办事棘手，不能达此目的，则亦惟有去而已矣！

寒假以前，校事悉仍其旧；寒假后，则变更颇多。讲习科将减轻服务，而注重研究教授、管理，但其余同学必不可误会此旨。盖各级离离，离毕业期长短不同，而讲习科则甚近。总之，造就一同学品性、学力、干才，无一非教。惟对于各级，不能不稍有分配耳。去年主张指导主义，今年则颇希望同学自治。校内组织，不外舍务、教务、会务三大端。舍务、教务，主动当在职员；会务，则颇希望诸同学之自动。但鄙人尚不敢从此放手，惟视同学之自动至如何地步，即放至如何地步耳。日来更当命题谘询同学，征集意见，以资商确，而备寒假后之实行焉。

---

① 　原作"一"，据通行写法而改。

校长始业辞①

(九月)二日，八时，行始业式，校长述始业辞，略云：

今日为三年度始业之日，新增讲习科、预科各一级。校中同学日多，事务亦日繁。种种设备虽未能十分完备，然已大致就绪。今吾辈所当知者，即国家所以兴办学校之宗旨，及诸君所以求学之故是矣！学校之种类不一，而负最重之责者，厥维师范。良以吾人品性、学业，无不从幼时做起，二者完备，方能成人。此虽非幼年所能了，然幼年为一生之始基，故小学教育为最重要。而欲担负此小学教育，必造就一般品学完美堪充小学教员之人，故不得不重师范教育。此就国家兴办学校方面之言也。

世界人类，职业有种种，而小学教员为最要。诸君既入师范，即有养成小学教员之资格，其责任甚重，其职业亦最高。而他种学校，求学时或可稍从松懈；而师范学校，则丝毫不容松懈。此就吾人求学方面言之也。

世界大势之趋向，莫不以教育为改良社会之事业，而其效亦确实可凭。试观今日欧洲极大之战争，其原因、结果姑置不论，各国战况亦有强弱之不同，而最宜注意者，无论何国人民，莫不一致对外，虽蹈火赴汤而有所不顾。此非教育之功效乎？世界大势既如此，则知弱国弱种之不能生存于今日之世界明矣！

上月二十五日，全省省立学校校长开会于上海，省教育会教育科长卢绍刘先生出席，凡所发表，其精神悉注于师范教育。然而，现今学校所造就之师范生，其果能为社会上需要之人与否，果能适用于小学与否，实不敢言。故鄙人对于吾校三年度办事方针，亦须稍有变更，觉从前种种，实犹多不良之感，须与职员、同学共相讨论者也。

吾校最危险者，即外间颇负浮名，而内部实无精神。凡参观本校及附属小学者，多揄扬而少指摘，此实吾校至不幸之事。盖浮名盛，则职员、学生不免有夜郎自大之心。否则，时时可取人言以自惕厉，而谋促进改良之法。本校校训为"弘毅"二字，其用意旧同学固知之稔矣！今略与新同学言之。吾人所以不能任事，殆

---

① 唐湛声：《校内记事》，《江苏省立第三师范学校校友会杂志》，1914年，第3卷，第1期。此文是唐湛声根据顾倬始业辞记述而成的。篇名据正文内容而加。

出于不弘不毅。师范学校，对于社会负重大之责任。社会中有不良之习惯，吾人当变化改革之；社会中有良好之性质，吾人当发挥光大之。此岂薄志弱行之徒所能胜任？吾人不可不以之自勉也。

校 长 演 说①

（九月）十四日，为本校开校后第三周年②纪念日。午后二时，开纪念会，校长演说，云：

今日为为本校第三周年③开校纪念日。以本年情形，较之上二年，觉形式方面固较增进，而精神方面则事变殊多；其尤所痛心者，则二年级同学周君生初之逝世是也。吾校开校以来，同学之退学、逝世者非乏其人，而于周君则实深痛惜。盖以周君在校敦行好学，迥异恒流。吾校目的，在培植师资。有良好师资如周君，早经摧折，岂不可痛？虽然，今日为纪念日，自应作乐观主义，顷所言者似近悲观矣！夫一校之组织，譬之人身；校舍设备，犹人之躯壳耳。人寿之长，则在精神之充满，学校亦然。苟吾校职员、学生之精神充满，必能达永久之地位。吾校种种方面，尚在幼稚时代。暑假开校以来，新旧同学间之现象，虽尚不恶，惟欲达精神充满之目的，须有再注意者两端：

一④、师生之感情须融洽

学校犹家庭也。职员之于学生，犹父兄之于子弟。父兄子弟和睦，一家兴旺之兆也。吾校旧同学中，殆可分为三部：其一，与职员亲爱，而彼此能相见以心者；其二，种种方面，但知责难于人者；其三，则优游卒岁，无一定之成见者。至新同学之对职员，则此际殆仅仅有畏惮心，而无亲爱心。如是而欲精神充满难矣！以后望诸同学对职员之感情，须非常融洽；职员有见不到处，同学尽可开诚布公以进言。吾校之各职员，固皆深信其虚心而能爱人言者也。

---

① 唐湛声：《校内记事》，《江苏省立第三师范学校校友会杂志》，1914 年，第 3 卷，第 1 期。此文是唐湛声根据顾倬演说记述而成的。篇名据正文内容而加。

② 原无"年"，据正文内容而改。

③ 原无"年"，据正文内容而改。

④ 原作"（一）"，据通行写法而改。

二①、同学间之意志须融洽

自表面观之，吾校诸同学固从无忿争匿怨之举。然此不过形式上之亲睦，非意志上之融洽也。余望诸同学更宜力促进行，以期达水乳交融地位。惟可虑者，品学兼优而具有干才之同学，身体每多虚弱，此实为吾校前途之大障。是则学校卫生与个人卫生，均亟宜注意者也。

纪念纪念，其有兴味与否，全在人为。吾校内容，至为幼稚。目下三年度方开始，吾人能积极进行，则五年十年之后，学校自逐年发达，而纪念日之兴味亦必逐年增加。以后吾校毕业同学出而任事，能为社会上有价值之人物，则回顾今日之纪念，必倍增兴趣焉。余近受公私之激刺，不克多言，谨将此意勉我同学。

---

① 原作"（二）"，据通行写法而改。

校 长 演 说①

(九月)二十七日，午后二时，开全体谈话会于东膳厅，校长演说，云：

暑假开校，忽已一月。旧同学中抱病者与迟到者甚多，故种种不过维持现状。今布置日渐完备，急宜商榷进行之方针。此一月中，就表面言之，各级上课、服务，仅不逾越规范而已，无所谓精神也。夫修学砥行，最忌停顿。盖不进则退，安能持久？际此国势危殆之秋，吾辈犹能安然求学，已属大幸。将来如何，实难预料，惟尽我责可耳。今日开此全体谈话会，其旨趣恐新同学犹有未解者，试述其一二。平时开会，常多职员之训话，而少同学发表思想之机会。惟此会则师生如有意见，均可畅谈，其益甚大。

鄙人就教务方面，所欲与诸君言者，约有两端：

一、教室之整理

吾校教室，昔散漫而今整齐。故整洁一事，亦昔难而今易。今教室中之地板、窗棂等业已一律漆油，墙角之四周并加附墙板，整洁较易于昔，稍不注意，亦秽形立见。今观诸君之值日，不能十分周到，殆以与人比较之心，横梗胸中，因而养成懒惰心，故有外洁内污之弊。鄙人以为，欲地板等十分整洁，宜用水拭；窗棂、玻璃之较难者，则于大扫除时行之；他如桌椅等，均宜常加揩拭，而整理之；至洒扫器具，置之教室中，尤不雅观，宜移置教具室内；他若特别教室，共有四处，须由各级级长互商，各室均派定值日生整理为要。惟特别教室之整理，较之普通教室为难，需时亦较多。诸君能以多尽义务为荣，而不存比较之心，斯善矣！

二、教科方面之讨论

本学期中，本校科任教员力谋教授之改进。如普通各科之注重笔记，国文科之教授读法，务祈有益于诸君，而诸君亦可依此标准行之。所虑者，各级中聪颖同学，与各科性质相近者，正以教员教授之愈合法，而愈闲暇。故除预习、复习规定

---

① 唐湛声：《校内记事》，《江苏省立第三师范学校校友会杂志》，1914 年，第 3 卷，第 1 期。此文是唐湛声根据顾倬演说记述而成的。篇名据正文内容而加。

时间外，直无所事事，惟须知科学上之研究无限，研究得宜，方收事半功倍之效。是则此余暇之时间，一面增进体育，一面正可补修各种有用之课程，及制作课外成绩。天资较逊者，亦可于此余暇时间，补习缺短之学科。诸君其注意之。前日发给自修标准表，亦请诸君留意。设自修不得其法，则失其精神。惟复习与预习性质不同。复习者，将日间所讲授各科，详加研究，务求其彻底了解；而预习之主要点，则在将本日所授之课程，预观一二过，而于其不了解者，暗加标识，俾听讲时倍加注意斯可矣！鄙人授课时，诸君质问，中肯颇多。惟既注意预习，则于讲授时提出问题，较之讲授后提出问题，其获益尤多，且时间亦可减省也。

校 长 演 说①

继校长演说，云：

暑假开学以后，鄙人以事务至繁，对于诸同学平时琐屑行动，未克十分注意。就观察所及，不能满意之处之多。顷涤楼先生言之甚详，鄙人请再申其说。人生日常行动，能处处合于规范，夫岂易事？默察同学品行，虽无大过，而细微之事，往往不能注意；谨小慎微之旨，尚未切实力行。顷涤楼先生所举谈话之随意，即其一端。夫随意云者，至不规律之词也。一事而可以随意，即事事可出于规律之外，此岂细故？我同学可深思之！就鄙人所见，尚有一端须与诸君言者，则涕唾之不注意是也。涕唾一事，校中本极注意。故痰盂之设置，至为周密。今所云不能注意者，并非谓室内或走廊中有痰唾痕也，然每发现于庭中空处。夫随意唾痰，本中国人之恶习；而表里不能一致，又我中国人最劣之根性也。诸君毋以为庭隙空处为人所忽，而即可随意唾之。此种劣点，不能破除，所谓自治即无从说起。且师范生毕业以后，即出而任事，是则现在校中必实有自治之素养，异日始能无愧正己正人之旨。故鄙人深望各同学之能完全自治也。若如今日，则各同学之真能自治者曾有几人？夫以此少数同学，寝室、自习室编制一处，则此一室之风纪固能满意，然校中编制，势不能常聚此少数能自治者于一室。故欲觅一圆满之自习室或寝室，直等于麟角凤毛。自治之希望，既不能达，不得已而求其次，则惟有共治之一法。故鄙人今有一事提出，诸君务详慎讨论之。鄙人以为舍务、会务各部均已组织完全，此后急宜组织风纪一部。风纪部中，设风纪员若干，或即以现在之舍长、室长、级长、各干事长充之，或另行选举。组织方法，可由舍长在室长会议提出讨论之，以谋共治之道。

学级日志，自习室、寝室日②志，本学期均经修改，修改方针实采同学之意见。以前记载之责，由级长及室长任之，此后则由本级本室同学轮流记之。今日装订未竣，不能实行。待发出后，务于精神方面求实在乃可。

---

② 原作"目"，误。

　　再同学对于礼仪一端，颇形式欠缺。鄙人近常宿家中，晨间到校，早会往往不及，而同学见面失利者至多。鄙人固非计较此区区者，惟对于鄙人如是，则对于他职员可知，对于来宾更可知。鄙人深知同学之能自治，故不愿以命令干涉同学，此亦可由舍长在室长会中提议之。不宁惟是，以吾校同学论，勤朴之风有余，而交际方面殊形短拙，此则我校一大缺点。往往于学生应接室中，见宾主席次或至互易，又不进茶。夫礼仪之疏阔，实属社会、学校隔膜之一大原因。此后诸君对于来宾，不论尊卑亲疏，应对礼节，务宜十分注意，此其故关于将来处世之用实大。上学期吾校讲习科同学出外参观，亦以交际为最缺陷。据附属小学主事唐先生报告，每至一校，同学颇形局促不安之状，世故人情几于漠然不解，此皆平时不注意之故耳。其余关于舍务、会务诸事宜，诸君如有所见，请从速言之。

予之教授观[①]

今日教授之难，莫中等教育若矣！何也？青年之来学者，或出自私塾，或出自学校。出自学校矣，或由初小入高小，或由私塾入高小，而卒业，而未卒业。卒业矣，而以程度之轩轾、学科之完备与否、教授之合宜与否，名为同等，而其生徒学业之等差乃万有不齐。以故入学试验，但举二三主要学科以命题，而此二三科成绩各在及格以上者殊不易得，二三科平均成绩在及格以上者已属难能。于是甄录者不得不降格复降格，勉搜落卷，以充下乘，而又遑论乎普通各科。其种子之庞杂已如此。

各科通行课本，类出自书肆，其旨趣为营业的而非教育的。编辑各员即各具一二科之专长，而于教育上学识、经验未必皆充足。以故各科教材为世界之大同，而编辑时可据东西文教科书以为蓝本者，其内容较完备。然以青年程度之不相应，及国情、物产等之种种不同，已不能适用，是其书虽备而不精。富国家之特性，而于国民教育为尤重要者，则全失所依据；即东扯西拉，勉强成章，断然其为不可用，是其书绝无而仅有。科任教员苦预备之困难，每喜自编讲义，然其旨趣求一己之便利者殆占多数。若真热诚教育，以青年为本位，主在改良课本，而冀收美好之效果者，直如麟角凤毛之不易得。其教材之缺乏又如此。

不宁惟是，一校之中，科任教员未必皆上选，其学识、经验不足为生徒之师表者，姑置不论；即学识、经验两者兼备，而又具教授之热诚，则为今日教育界中之上驷无疑矣！然而，以教育的眼光观察之，大率为个人多年所用之习惯法，而未必应世界进化之潮流。与同人虚心商榷，勉力研究，以臻此日进无疆之域也，与其谓之人力，毋宁谓之天才。是故一校之中，有一二教员，其天才足以吸收学子之灵魂，使偏向于此一二科，则此一二科之成绩必胜于他科。而聪颖子弟尤以教授之不遵常轨，躐等而驰，一时之效验益益惊人。然其进程实由助长，而非出于自然，进锐退速，势所不免。且以升级毕业，各科合格，惟取平均。故生徒苟有二三特异之学科得充满之分数，则他科虽劣，于其前程绝无阻碍。以故生徒心理益益偏重。凡此皆天才教育之结果也。就片面的言之，似发展特长，亦教育上所宜有；就系统的

---

① 顾伟：《予之教授观》，《江苏省立第三师范学校校友会杂志》，1914 年，第 3 卷，第 1 期。

言之，学校中有此现象，乃教育前途绝大之危险矣！

夫以学制论之，各国均有不同。吾国学制，多取法日本。然而日本现今之教育家固亦主张中学校宜仿德制，以文实学分科为便矣！是则中等教育科目及时间之分配，其为适度与否，诚大宜研究之问题。惟以现制言，则师范教育纯乎为造就师资而设；中学教育一方面为高等教育之预备，一方面仍系造就师资。是则各种学教，其旨趣均属于应用，可断言也。为应用计，则各科有主辅之分，而无轻重之别。师范学校以教育国文、算术为主科，而其余为辅；中学校以国文、算术、英文为主科，而其余为辅。各科之中，苟有所短绌，则于应用方面即不无缺憾。予现主师范，就师范论，则窃谓普通各科，于生徒将来应用，均有直接之关系；而教育理法，苟未明瞭；国文、算术，程度低浅，尤断断不可为人师。今若以教授上之势力，生徒心理显分轻重，或以二三辅科成绩优美，骎骎乎侵占主科之席，则其归宿将使小学本科绝少良好之教员，而教授上永无良好之结果，危险诚不可思议也。

由是言之，普通各科以合度为主归。科任教员当互相携手，以求进行；当力顾本科之成绩，而又权衡每时间所教授之分际，使不至以本科之故妨碍他科，以灭损他科之成绩。一级中天禀之颖异及特性之所近者，不患其不能成。而正惟此少数之劣等生，为可怜悯。科任教员当特加注意，与以补习之机宜，庶几俯就仰企，而一级中无过差者。予因是有左之主张：

一①、各科进程须预定

各科教材，因分量之有多寡、讲授之有迟速，故其程度每不能与学年适应，实教授上一大病。此编辑教授细目之所以为不可少也。然于吾国今日，实际决不能做到。何也？编辑教授细目，非科任教员学识富、经验足，选用一适当之课本，于一校之中，始终任此学科至四五年之久，而各级程度又悉与学年相称，俾教授上无迁就假借之虞，则所编细目必不能历试屡试而归于有效。是无论科任教员，身任一科，而不绝为系统的研究者殊少其人，即真有之，亦不过向壁虚造而已。惟是细目虽困难，而教授之进程则不可不预定。科任教员宜根据学制，预定每学期中各分科教授之时间及其事项，以分配之于各周至一学期之终，复就各科预定实施，编制教授进程表，以相对照，则每学期教授之程序不至漫无准的。质言之，教授进程表，即教授细目之草案也。一科然，各科皆然。而程度与学年，其庶几相称也夫。

二②、各科进程时为系统的协商

各科教授之程序，不惟当预定已也。各科固有之性质，固不容紊乱；相互之关

---

① 原作"（一）"，据通行写法而改。
② 原作"（二）"，据通行写法而改。

系，则正宜研求。故窃谓一学期中，宜每月集各科教员，以各级本月教程之实施及来月教程之预定，与夫生徒对于本科之进步及兴味，一一提出，为诚恳之协商；则不惟各科均得适当之教程，且正以协商之故，而各科进行之多寡、疾徐又得相助相让之妙用，各科教授庶几融洽为一炉而有系统的精神；而今日之程度参差，不相照顾，教者、学者因以生种种之困难，吾知免矣！

三①、各科教式均取开发主义

文明先进各国，教育之新思潮，各教多取自学主义，教授者不过居于客位以辅导之而已，其效果非常伟大。然施之吾国，以程度之不齐、教材之不能适当，青年每深以为苦，而其效果转不良。良矣，则必以其精力专注于此科，而他科预备复习之功悉为之暗夺，是又普通教育之所大忌。若夫注入主义，则复不问教材之多寡深浅、青年之了解与否，一味为多量之灌输。教者、学者平时均我行我素，不相接触，而其成绩惟乞灵于定期之考试。以故一级之中，除少数颖敏者外，类程度愈高，学业愈逊。教者、学者均百计敷衍，以冀年限之届期，欺人欺己，莫此为甚。予于教授，绝对的排斥注入主义，而又不敢遽行自学辅导主义，谨折其衷，而深取开发主义。何也？行开发主义，则教者、学者两无所苦，而以教授时之问答反覆，不厌精详，其名理、象数之印入于青年之脑髓者较深，故发表之于外，而成绩亦较优。诚使科任教员同此方针，进行不息，较之现今，必有起色。

四②、各科均注意劣等生之救济法③

以万有不齐之学业，而编制为一级，教授上决无良好之效果。热心教育者乃提倡各科分编各级，使学级与学年离而为二，以济其穷。然实行此法，则教员、教室均不得不增多，经济上既有所为难；且平时教授方面，虽易于为力，而届毕业之期，各科程度恐仍不能统一而均齐，终未敢信为正则。窃谓各种学科，其性质固不同，青年兴味亦有所偏属；然使小学教授果能合法，则受中等教育时，此科与彼科程度决不致大相悬殊。是则就各科论，凡青年短绌之学科，其属于青年性质、兴味之不相近者殆不过十之二三，而属于小学中教授之不良者乃居十之六七。惟然而救济之法，可由是研究焉。今日通行学制，师范学校有预科，其科目至为简单，中学则无预科。然窃谓此两种学校之第一年级均宜专重主科，其短绌者，尤宜与以适当之补习，而齐不齐者以使之齐；此后各学年，则科任教员于授课时，精力当注重程度低浅之生徒，课外则随时查考，加以指导，务使生徒见教员之热心而对于此短绌

---

① 原作"（三）"，据通行写法而改。
② 原作"（四）"，据通行写法而改。
③ 原作"注"，误。

之学科，为之黾勉，则其结果当不至过劣。"一夫不获，时予之辜"，教育者固当具此热诚也。

五①、各科均注意生徒笔记

无论何科，凡教员讲授时，生徒领受之情形，笔记勤而有条理者为上，笔记勤而无条理者次，笔记不勤或并无笔记者为下。笔记诚学业上消化器之良导剂也。窃谓生徒笔记：其一，当眉目清朗；其二，当分析一时间教员讲授之概略，取其精神，而去其渣滓；其三，当时将新旧知识比较综合，而期其同化；其四，凡讲授时学理上之未明瞭者，或为课外之质问，或读参考书，而随时以其所得加入笔记簿中。能如是，则复习之功至易为力，且决无日知月忘之虑，而所得乃深。若夫今日，教者之所谓教，学者之所谓学，则经过而已矣！一年复一年，经过复经过，而毕业。而实则前所业者，随时经过，即随时置之九霄云外；及至毕业，固已云散天空，不留形影也久矣！科任教员倘能尽力指示生徒以笔记之方，而复随时抽查以善其后，则胜于临时或定期之考试者千万，胜于平时之启发复习者亦什百焉，一为被动，一则自动故也。

右列各条，虽未敢信以为是，然窃愿与热心诸君子共事研究。而揣度吾校现今情状，或已试行，或尚未试行。要之，似尚非强所不能，其他如课外制作，吾校亦加意提倡。惟近因制作成绩之评点，如入总评判中，闻生徒间有亏他同学之成绩以为己成绩者，是利见而弊亦见。则予之主意所在，又不可不急急标明。盖一以现今小学应用之图表、标品、器械，须自作者殊多。故利用在校时间，由科任教员之指导，俾为先事之准备。一以校中课程，凡各级之优等生预习、复习之时间甚少，即余暇之时甚多，课外制作实为一良好之作业。换言之，在普通学科之外，再求专长，而决非妨碍普通学科，使有所偏向。是故鼓励规程，以普通各科评判优良而课外制作复有专长者，得优等之奖励；课外制作之各门如悉未得研究之资格者，则不以课外成绩而减削其各科之平均。深望诸生善体此意，而尤望各科任教员注意指导、考核，以求有利无弊。暑尽秋初，炎威稍敛，家人多病，离校以事看护，身心寂静，思虑所及，乃草此文，就正有道。吾国之教育家倘进而教之，幸甚幸甚！惟本篇所及，均属各科通性；至属于一科特性教授上之应研究者，当于他篇论之。

是文属稿于暑期中，顷检出以实吾校友会杂志，末段对于课外制作所发抒之意见。近今考察诸生成绩之优良者，身体每多薄弱，颇拟再加研究，以求身体、精神两者之平均发达。俟研究有得，当再以文辞发抒之。俾附注。

---

① 原作"（五）"，据通行写法而改。

答徐达之、徐寄岩、郭禹伦书①

达之、寄岩、禹伦仁弟均鉴：

得弟等书一周矣！时思作覆，而校务教科有如猬集，用是迟迟。兹得一刻之闲，谨以函覆。

来书详述同里教育现状及味知②先生之热诚，而归本于所任课务，不得不益加注意，所见甚当。兄每谓今日人心、风俗之坏，全由于无教育。而所以无教育之总因，则在人人以一肩重任责之于人，而决不肯担之于己。人人无责任心，无研究心，此所以日言教育而其败坏不可救药之至此极也。三数年来，怀抱不以责人、惟以责己之旨，兢兢与同学相勖勉。然使卒业于此校者，出而任事，不能以兄之志为志，而见之实行，则吾校种种之言论、举动亦尽属空谈而已。兄又窃思方今各处小学类不免敝帚自珍，然于教育前途，决不足为大忧。特使一邑之中，而竟无一二有心人尽力于教育，或即有心而其能力实不足以胜任，此则可为大忧者也。盖一邑中苟真有一良好之学校，其成绩实有可称，则影响于社会者至巨。一般小学教员决无久而不变之理，苟不变焉，终归于淘汰而已。若夫今日之所以不能有此效果者，良以各处所谓良好之学校均未必名实相符。以彼浮名，核之实际，至多不过五六成，而决不能十分圆满。吾师范，吾小学，其代表也。惟然，故不足以自立而立人。

弟等既承味知先生之招，同任一校事务，望勿多讨论同里各小学之现状，而专心一意以研究丽则女学教授方面之若何进行。为己为人，实判于是。吾校杂志行将续出，决拟添入"毕业生报告书"一门。弟等所有心得，望随时见寄。兄事虽冗，然颇思赴吾校毕业诸同学任事各处，一参观教育情状；年来或至同里一行，未可知也。味知先生，请代为致意道候！专覆，即颂近安！

兄倬　谨启

九月二十三日

---

① 顾倬：《答徐达之徐寄岩郭禹伦书》，《江苏省立第三师范学校校友会杂志》，1914 年，第 3 卷，第 1 期。

② 味知，即任味知，江苏同里人。他创办丽则女校，把家产退思园当作校舍，捐赠家藏 5 万多册书籍来开设图书馆，并修建了自然实验室、音乐室、小工场等众多配套设施。

小学教师之修养①

一、教师资格

教师资格，至为重要。试举其大凡，如左：

（一）志愿

教师亦一职业，自应得相当之劳俸。然使重权利，而轻天职；或生徒稍有进步，便沾沾自以为能，教育界之罪人也。专心教育者，当知小学教员务在造就一般儿童俱有完全之人格，"一夫不获，时予之辜"，斯其志愿大；国体变更，民俗腐败，振兴宗国有如枘凿，务竭我之精神，以改变儿童思想，俾异日得无愧为共和国之良民，斯其志愿坚；与人为善，矢以终身，富贵不淫，贫贱不移，皋比一席，视为荣于王侯，斯其志愿高。人人如此，而教育事业乃可以竞进。

（二）度量

小学教师，须有伟大之度量。凡同志之批评、家庭之责备，均当虚心顺受，以力求进步。若讳疾忌医，自误误人，厥咎甚重。吾国小学教师度量窄狭，每不肯受人之非难，人亦无肯当面非难之。故竞争之心多，而团结之力少！小学教育，欲望改观，必须小学教师先养成伟度而后可。

（三）品格

小学教师，须自尊其品格。试述其不可不备具者：

（甲）威重。语有之曰："君子不重，则不威。"况教师乎？故威重为教育之第一关键。然教师之仪表，固贵严重；而对于儿童之辞色，则主温和。何则？不严重无以为儿童师表，不温和则儿童必生畏惧之心，而师弟之间殊多隔膜，于儿童之进步妨碍甚大。内威重而外温和，斯得之矣！

（乙）勤劳。勤劳为万事之基，而小学教员为尤要。况熟审现今大势，非以勤劳锻练吾人之体魄，而促各种事业之进行，大则吾国终不能成立，小则吾身终无以生存。虽然，欲儿童之勤劳，必教师先事事以身作则。若夫教授、训育，宜时时注意，以尽职分之所当为，更不待言矣！

---

①　顾倬：《小学教师之修养》，《江苏省立第三师范学校校友会杂志》，1914年，第3卷，第2期。此文最早发表在《无锡教育杂志》1913年第1期上，内容有所增删。

（丙）诚实。诚实与权术，相反而不相容。世人往往以权术为施行教育之机枢，实系大谬。赤子之心，纯一无伪；以权术对之，而儿童受我牢笼，已大失教育之本旨。若灵警之儿童，受变则之教育，以致汩没天良，而机械变诈之心因以日肆。是教师授与儿童知识之功，不敌坑陷儿童性灵之罪。夫学校为国家、社会之模型。为教师者，当以养成国民优美之性质为己任。无论何地何时，要当推诚布公，而不施权术，俾师行弟效。儿童人人以诚实为归，则于世道人心影响甚大。

（丁）亲爱。教师之对儿童，宜如父母之于子弟。故以亲爱为第一义。然亦不可邻于放任。文明先进国家最良之教师，对于全级儿童，无一不加亲爱，从不以厉声恶色对之，而能使儿童于不知不觉之间养成善良之习惯，斯其能力已入神化，未易猝几。吾辈今日，当知西洋教育大家廓美纽司之书曰："天爱植物，日以照之，雨以润之，然亦有迅雷激电以长养之。"可知以爱为爱，所见尤浅；善爱人者，以德而不以姑息。无论何事何地，以导入于善为要旨。悦色和颜，爱也；严辞正气，亦爱也。惟对于全级生徒，均须一视同仁，智愚可判，爱憎不可分。

（戊）聪明。所贵乎教师者，能正儿童之发育，而授以必备之道德、知识也。举全级儿童之言行、学业，无一不当了然于胸中。故教师不可不灵敏。凡管理之良否，教授之巧绌，一视乎教师之耳目。教师苟耳聪目明，无论若何顽梗之儿童，必相戒而不敢为非；习之既久，则顽梗之性自渐移而默化矣！

（四）学识

小学教师，虽不必求博通，特于职务上应用之知识，则不可不备。试述之于下：

（甲）普通科学。单级小学中，各种普通学科悉归一人担任。吾国现今师范毕业生人数寥寥。故一校之中，一教员而真能兼任各项学科者，殆绝无而仅有。然将来必共趋于此途。是则小学教师于各种普通科学，不可不求其完备。不宁惟是，无论何种学科，均与他科相关联，非有普通之学力，实无一科可以胜任。若夫教授、训育之原理方法，惟习教育学者知之。是尤小学教师之所不可忽者也。

（乙）国民常识。吾国以专制一变而为共和。凡共和国民之道德、知识，断非专制国人民所可比伦，必人人知以国事为己事，而又具有爱群自治之能力，庶团结而不至散涣。若人人自便私图，则土崩瓦解之势既成，豆剖瓜分之祸立至。惟赖小学教师，于共和国民应用之常识无不备具，庶时时能取其精神，灌输儿童脑髓，以植其基。吾国前途一线生机，悉系乎是。

（丙）社会状况。小学教师，一方面当养成高尚之品格，一方面又宜求协乎人情。世固有学力充足，办事又具热诚，而所如辄阻者，是必于社会状况多隔膜之故。今日之真正良教师，不惟以造就儿童为己任，并当以改良风俗为己任；精神所注，直接及乎学校，间接及乎社会。故必研究他方俗尚，或反其所为，或投其所好，庶几近之。

（五）经验

小学教师，当读有字之书，又当读无字之书。无字之书，莫要乎经验。经验何自来？一则从事教育者积数年乃至数十年教授、训练上之心得也，一则考察参观或与同志相讨论之心得也。积此二因，而实际施之应用，乃谓经验。

（六）身体

小学教师，至为劳苦。故身体不可不健康。锻炼①身体，固贵习劳；而饮食起居，均宜注意，庶可以却病魔。专心教育，不问闲事，亦保养身体之一法也。

二②、修养方法

（一）涵养品性

纯粹之品性，未可以猝几。日本现今训育方针，务以亲爱为前提，俾生徒品性日暗趋于良善之一途。故师范学校之宿舍，设备至为完善。凡生徒之接触，所见所闻，既无一非助成纯粹之品性。校内职员，又时诏学生至前，联亲切之情谊，为亲切之谈话；其尤甚者，乃至行家族的编制，使生徒日浸淫于和风膏雨之中，而因以发荣滋长。是其涵养生徒之品性者，至深且切。种瓜得瓜，种豆得豆。有此良因，必生良果。故行踪所至，间晤彼中小学教师，凡谦和、真挚、耐烦、忍苦诸美德，时流露于颜态间。吾国今日，既无此良好之师范学校，养成良好之小学教师；我小学教师既已就职，亦未由受此良好之师范教育，惟有随时随地自涵养之而已。

（二）读书报

孔子不云乎："温故而③知新，可以为师矣④！"盖世界进化无时或息，教育事业遂月异而日新。无论我之学力，未必充足也；即使学力充足，不增新知，便为陈旧。故新书、新报，小学教师不可不随时购阅，而以教育书报为尤要。

（三）组织研究会

小学教师，以研究教育为最要。多级学校，每一周中，必联合全体教员，开研究会一次，藉以交换知识，且训练方针可归一致。单级学校，则宜联合数校，订期开会，以促进行。教育事业，既须竞争，又须团结；合此二者，非组织研究会不可。

（四）组织参观团

教育事业，其主义、方针，非可盲进；参观考察，实为要务。各省近岁参观之风气大开。即以敝校附属小学论，参观团之来者踵接。惟窃谓参观要点，有注意于

---

① 原作"练"，误。
② 原作"（二）"，据通行写法而改。
③ 原无"而"，据杨伯峻《论语译注》而改。
④ 原无"矣"，据杨伯峻《论语译注》而改。

设备者，有注意于教授与训练者。设备之优劣及能否取法，固一望而知之；教授、训练之内容，则非精密考察，不易得其真相。若每至一校，匆匆浏览，是走马看花，所得无几。与其旬日之中，奔驰数县，不如以三数日之精力，专注于一优良小学之为愈耳！

对于地方教育之管见①

教育事业，以初等小学为最重要，所谓国民教育是也。民国成立，吾省教育虽有进步，然管见所及，拟与诸君相切磋者殊多。试一一述之：

一、属于精神方面者

(一) 编制

(甲) 班级画一。各处初等小学，往往春、秋二季，均招新生，此为编制上一大障碍。要之，欲成绩之良善，首需求班级之画一。一岁之中，招生两次，班级每易于紊乱。故非万不得已，似宜郑重始业期，补习班亦宜以不开为便。

(乙) 程度整齐。各级程度务求整齐。留级、升级，宜有定准。即所收转学生徒，宁使俯就，毋令仰企。盖一经假借，家庭心理一时虽属欢迎，而究之师生均感困难。生徒程度，校中力求其整齐，犹不能如愿，若泛泛视之，则其程度之悬殊有不可告人者。

(丙) 慎选教科书。教科书宜选择善本。既已选定，则各级一律用之。风闻各处地方小学往往有此级用此局之书，彼级复用彼局之书者。是于教科书之优绌，殆未尝深加研究，而专为少数留级生徒避重读故书计也。究其失，教授方面，增种种无形之困难；而儿童读之，亦全失一贯之精神。

(二) 教授

(甲) 编简单适用之教案。授课必先编教案，固矣！但预编教案，必须简单，而必求其适用。盖不简单，则精力有所不胜；不适用，则徒劳无补。

(乙) 授课时须矫正注入之失。各处地方小学，教授时尚有用注入式者，不可不力加矫正；开发主义、自学辅导主义，自审其能力而择用之，可矣！

(丙) 授课时须注意劣等生。一级之中，必有劣等生，殆事势所不能免。然使成绩过差，致不能随班受业，则其有碍于教程之进行者甚大。故宜时时注意劣等生，而时时施以救济之方法，使不致自落于下乘。

(丁) 授课外须有练习时间。凡校内所授之课程，必令儿童勤加练习。练习时

---

① 顾倬：《对于地方教育之管见》，《江苏省立第三师范学校校友会杂志》，1914 年，第 3 卷，第 2 期。

间愈多，则其成绩亦愈优。惟是练习时须设为种种方法，以引起儿童兴味。

(三)训育

(甲)普通训话。管理一校之儿童，普通训话殆不可少。其训话之时期，可斟酌定之。

(乙)考察个性。儿童之个性各有不同，即训练之方，不得不随之迁变。故宜考察儿童个性，品性有不良者，宜时施个别之训话。

(丙)校内之操作。儿童在校中，所以有种种之服务者，其副目的为对于学校应尽之天职，其主目的则正为吾人一生立身处世之基。小学教师当勤加指导，并时时为恳切说明之。

(丁)校外之观察。儿童在校外，行止不端，最易为地方父老所指目。且即为儿童计，学校之训练，每不及道途之传染；训育之有无效果，正宜于校外验之。故小学教师宜勤加观察，以施劝惩。

(戊)考察儿童在家庭中之行为。学校中修身科之教授，及平时训话，皆勉励儿童以善良之行为。然儿童在家庭中能否见之实践，其关系甚大。是宜联络家庭，随时考察，以为劝惩之准。校中训育，始有效力。

(四)体育

(甲)酌量课程分际。儿童脑力薄弱，运用最宜有节。故一日之中，授课时间，不宜过多；一时之中，授与知识，亦不宜为多量之灌输。各科配置均匀，而一时或半时所授之一种学科，其分际又与儿童之程度、年龄相应，则儿童身体庶不致有伤。至体弱或病后之儿童，应否稍予宽假，当随时酌度之。

(乙)鼓励运动。儿童未入学校以前，日日任意运动，故其发育甚速。既入校以后，虽时为授课所拘，然好运动为其天性，校中万不可禁止之。盖吾人一日之中脑力、体力运用均匀，则精神、身体同时发展。倘劳动脑力之时多，劳动身体之时少，则身体即暗受损伤。凡体弱及有病儿童，每不喜运动，其明证也。故小学教师，对于运动，正宜设法鼓励之。

(五)研究家庭心理

(甲)延长每日儿童在校时间。儿童每日在校之时间愈少，则家庭之心理愈厌恶。且即儿童言之，脑力未足，宜减少者为教授时间，而要非受教育之时间也。今日社会、家庭多无教育，实足以碍学校之进行。是增每日留校之时间，亦教育上之要着也。

(乙)减少放假期。民国成立以来，学校中放假之日较前为多。盖既有部章厘定之假期日，又有习惯相沿之假日。论其实际，甚属不宜。是不可不减少者也。即暑期及日曜，应否全行休业，亦大可研究之问题。

(丙)节制学校用品。儿童入校，往往学费少，而校用品之费转多。盖儿童所用品物最易消耗。然而，家庭之力实有所不胜，家庭之心遂不无厌恶。小学教师不得不严加限制，一以慰家庭，一以养成儿童爱物节用之始基。

（丁）学校中之主张，须向家庭为恳切之说明。学校、家庭情意隔膜，教育必无效果。且家庭之中，苟深知教师主意之所在，当无不表同情。故凡所主张，务与家庭为恳切之说明，俾共了解。惟学校、家庭，情谊既经联络，或不无他种事故之发生。是则教师对于家庭父兄，当发表不预闻教育以外之事，亦事之至要者也。

二①、属于形式方面者

（一）校舍

地方小学之校舍，大率借用旧屋，多不合于学校之用。此则经费所限，无可如何。惟窃谓教室中当务之急，莫如采光、通气。倘所费无多，而可设法补救者，必量力以为之。

（二）运动场

地方小学之最狭窄者，或并运动场而无之。此则必须设法。惟是运动场之面积，不必正方或长方也。校内倘有较大之天井，但须去地上所铺之砖石，即可改做。倘事属万难，于校外附近觅地，亦无不可。

（三）设备

地方小学之设备，不得不力求简易。惟如桌椅之高低、黑板之多少、便厕所之位置，均须注意。其他授课及卫生所必不可少之器具，则无论经费如何困难，必须备置。外如教育书报，及挂图、参考书等，亦不得不逐年添置。

---

① 　原作"（2）"，据通行写法而改。

校 长 演 说①

（四月）十日，午后三时，开全体谈话会于东膳厅，校长演说，云：

鄙人今日欲与诸君谈者，约有数端：

一②、对于体育之意见

我国积弱已达极点，一般人民每归罪于政府之不良，而不知实由我国民之不克自强也。目前所受之刺激，不谓不深。而我国民能警省与否，未敢断言。然立国于今世界，非具有充分之武力，不足以言生存。观彼欧洲战事，实足惊心。顾我国人民，武力实无可言。即如日本积二三十年之实力，仅能横行亚洲而已。以现今欧洲之武力，移向亚洲，全洲可糜烂也。故惟中与日毕竟为辅车相依之国。乃日本不知是义，反以种种苛求加之我国，并欲干涉我军政，彼殆以为非是不足与欧洲列强相抗。则我国今日所处之地位，尚堪言耶！然而我国军政之腐败，实已无可讳言。倘此后通国皆兵之制确能实行，或可整顿。但以素习文弱之人民，欲得真正有用之军队，非为根本上之补救不可；根本上之补救，第一当增进国民之体力；欲增进国民体力，则必自小学入手。由是以观，小学教员实负最重之资。今日之师范生，即将来之小学教员。诸君之于体育，可不十分注意乎？

昨余于沪上，友人某君面告，今日学校学生最要在养成有用之武力。余实深佩其言。今后吾校当请陆师检查各同学体格之强弱、程度之高下，定一适当之进程，当可渐收良好之效果。且于规定之时间外，诸同学亦须随时练习。如至升级之期，不能达所定之标准以进行，他科成绩虽属优良，仍当留级。诸同学毋忽视之。

二③、对于课外远足之主张

本学期以经济困乏，旅行之举，不克举行，惟有提倡远足。盖远足于体力上获

---

① 薛元鹤、唐湛声：《校内纪事》，《江苏省立第三师范学校校友会杂志》，1914 年，第 3 卷，第 3 期。此文是薛元鹤、唐湛声根据顾倬演说记述而成的。篇名据正文内容而加。

② 原作"（一）"，据通行写法而改。

③ 原作"（一）"，据通行写法而改。

益非浅。自后每遇课暇，便当实行，所定地点由近而远，惟职员未必常能同行。指定地点，务期达到。即种种规则，亦宜遵守。须知本城中等学校，只吾一校。同学出外，人都认识，一切行为均须谨慎，各级级长当负完全之责任。要知远足之志趣，约有三端：一以练习体力，一以练习社交，一以养成同学之自治能力。此余对于提倡远足之意见也。

三①、对于学校园之进行

学校园于本学期内，务须实力进行。诸同学须知学校园作业与体育亦极有关系。前所派定之采集组诸人，下周亦当实行。惟园长同出与否，在所不定。组中宜即日推定组长，担任一切事务。

四②、对于娱乐室之布置

同学之入室者，自后当有普通与特别之分。如经校医检查，身体衰弱、脑力弗健者，入娱乐室之期，不加限制，否则常有一定之时刻。本月为准备之期，一俟布置清楚、规则妥定后，即当开放，惟入室者不可不遵规则以行。

五③、对于课外制作之意见

课外制作，除由教员指定特别制作外，凡普通制作，均行停止。惟暑期宿题，仍分精制与普通二种。普通制作，人人须有出品。盖一切材料，即涵于平日所肄习之教材中。故平日功课，务望诸同学格外注意。又鄙人前于沪上，闻黄韧之先生评吾校成绩，略云："史地图表制作，用意甚善。惟历史宜有统系，地理宜重本国。"盖无论何种图表，应以本国为主位也。故以后制作，首宜注重本位。苟能自出心裁，则尤善。且往年来宾周介繁先生面告，谓凡绘一图，图中之主要点，须十分显明，一望便晓。如绘一沪宁铁道图，只须将沿路附近绘出；绘一长江流域图，只须将沿江重要地点绘出，则眉目既清，制作亦易，将来应用自然便利矣！且绘一图必有一图之表解，而主位尤须认明。如制比较图，不以本国为主位，则何比较之可言？故今后图表制作，诸同学当再改进也。

此外，关于琐屑之事，如诸同学从前所组织之科学拾锦，办法甚善，今后当继续进行。涕唾之不宜随意，前屡言之，然至今仍有随意涕唾者，此后急宜注意。又本日有拾得小刀者，置之走廊揭示板，上书"来拿去"三字，亦殊轻亵，后决不可。盖对于拾遗之处置，正宜有法。上月，余参观讲习科毕业同学李君焕新所任之校，

---

① 原作"（一）"，据通行写法而改。
② 原作"（一）"，据通行写法而改。
③ 原作"（一）"，据通行写法而改。

见失物簿记载极为清晰，据云小学生极好名誉，用此簿后，失物渐少，且拾得者即行交出，此亦一良好之成绩，我同学将来任事所可取法者也。至对于目今时局，诸同学当安心静气，以待解决，决不可过于激昂，而要在努力前进，备将来之任用。我国青年苟能同心一志，如吾所言，国家前途或尚有补。愿诸同学勉之！

校 长 演 说①

（六月）十九日，午后二时，开全体谈话会于东膳厅，校长演说，云：

吾校久未开谈话会，余自参观小学回后，实增许多感触，欲与诸君一言。本届先后参观地点，为无锡、江阴、金坛、宜兴、溧阳、丹阳各处。兹就教授、管理二方面之感触，为诸君分别言之。

教授

从前之小学，大都趋重于美术，于根本科学不甚注意。今则据各小学校长之报告，及观各校之成绩，于国文一科，已逐渐注意；至美术一科，实为各县学生性质之所近，故虽不如前之注意，而成绩仍有可观。然吾对于地方教育，尚有一种恐惧之心者，则以各校明知国文为根本科学，而教国文者多尚形式，不尚实质。夫国文一科，有形式、实质两方面，在中等学校宜趋重形式，在小学则趋重实质。而各校之教授国文，大都以咬文嚼字为主，故虽注重国文，而仍未得适当之方法也。又各校于史、地、理科等科学，多为变相之国文，而不能发挥其特性。此由各校关于各科应用之图表、器械，殊多缺乏；即有之，亦多由日本输入。根本上之问题已误，有欲不为变相之国文而不得者。吾校对于制作标本图表，本甚注意；惟其用意虽善，而成绩尚不甚适当。夫制作图表，有二种目的，一为供自己之研究，一为供小学之应用，此二者皆我同学所当注意者也。即就小学之应用而言，制作以粗简为佳，而应用之材料则必十分完备。诸君平日苟能随时留意，则竹头、木屑皆有可用。夫欲改良小学之教授方法，非从此法入手不可。一校倡之，他校效之，如此而始有进步之可言。

管理

现在各小学之管理方法，大略可分二种，一为极端之干涉，一近放任。其放任者，极提倡学生自治，而理路不甚分明；甚至以当由校长发布之事项，而亦以自治

---

① 薛元鹤、唐湛声：《校内纪事》，《江苏省立第三师范学校校友会杂志》，1914 年，第 3 卷，第 3 期。此文是薛元鹤、唐湛声根据顾倬演说记述而成的。篇名据正文内容而加。

会名义出之。此则吾虽未敢轻加排斥，然亦终不敢赞同。至于极端干涉之学校，则处处皆施约束，甚至学生无休息之自由，是亦非正当之方法也。夫过放任，则学生行为将日轶出于规矩准绳之外而不自知；过干涉，则学生全失其活动之能力，其失维均。故根本上之管理方法，当养成整肃而又有活泼之精神。诸君将来任事，于此二方面不可不注意者也。乃返观之于吾校，亦殊有大可忧者，如整队出入教室时每不能整肃，教室内每不能寂静，以及会食前之整队，会食时之态度，亦往往不加注意。诸君自思为师范生之资格如此，将来抗颜为儿童师，能任任乎？抑更有言者，吾校之虚名太大，外界对于吾校期望之心甚切，则异日之责备亦必甚严。诸君诸君，不可不栗栗自危也。

各小学校对于体育，注意者不甚多。曾参观一小学校，见其学生异常拘束，始终兀坐不稍动；其平时真相固在所不知，即此一端论之，已失体育之要旨矣！国势如此，各校之对于体育又如彼，危敦甚焉！吾校今日就时势之所趋，不得不注重体育，以期诸君将来任事后，于此项能十分注意，则小学校之体育或可藉以改观。即就诸君个人方面言之，康健为诸事之母。诸君将来欲为良好之教师，则今日不得不养成强健之身体；欲养成强健之身体，则舍注重体育无他途。吾又欲与诸君言者，光阴迅速，距暑假近矣！吾校暑假后，尚须添招新同学百余人，则今日在校之同学当如何巩固团结，冀有卓然特立之精神，能吸收新同学，同化于我，而不为新同学所动摇。夫诸同学学力不足，校中可以教授引进之；体力不强，校中可以锻炼引进之；独至德性不驯，则殆非教者所易于为力，诸君不可不争自濯磨也。至于功课方面，本科三级现有国文补习会，以从事补习；预科以修业年限尚长，讲习科程度大率低浅，故未参与。惟近顷为升级关头，国文方面亦须加注意。本科四年级毕业期已近，再无补习机会；三年级修业期限亦甚短促，似不能长久补习。故补习一事，至暑假为止。第暑假前，须由各级科主任教员检查成绩。如程度过低者，暑期内务须回里从师；如不从师，亦可留校补习。预科、讲习科亦然。但补习国文，全赖自动。盖国文一科，与他科迥异，非自动难造其堂奥也。

至对于暑期制作之意见，当为诸君预言者。今岁规定方针，与往岁略有不同。往岁同学制作，有多至数科以上者，成绩之优良固不乏其人，然终不若就一科之特长而制作之，以达完善目的之为佳。今岁方针所异于往岁者，即在此。故科目特行加多，同学尽可就一科性之所近，潜心制作。尤当注意者，则在简要、适用而有系统。四年级专以小学教授所用为本位，三年级则可发展一己之特长；其他各级选择材料，亦宜及早注意。

予之训练观①

吾国忧时之士，应世界之潮流，睹邦基之杌陧，平时独居深叹，每归咎于国体之非。然鼎革以来，国体既更，而民德日堕。凡触吾人之眼帘、接吾人之耳鼓者，纷纷扰扰，几无一不属悲观。以如此之国民，无论何地何时，殆未可与言治理。是则今日之危象，不在政治之颠倒、社会之腐败，而在教育之不良。挽救之方，必自教育始。呜呼！此固教育者之责矣！

十年以前，在日本某校，亲聆某教师之绪论，谓："中国今代之国民，殆不可用。为中国计，须以造成第二代之国民为急务。"闻其言而绝痛。归国后，置身教育界以至今日，日与国民相接触，乃思其言而愈痛。即予反省己②身，此十年中所言所行，究何补于国家、社会？是则予固教育界之罪人也。且不自量，复掌师范学校中一部分之教育权，忏悔复忏悔，乃注意于训练。

教育以确立道德品性为最终目的，则训练之责务至重。虽然，当今日而言训练，其必深思吾国民性之所长及其所短，而又须知处此物竞天择之旋涡，必造成何种道德，方可以生存于今后之世界？则以鄙见揣之，有二要点：（一）铲除固有之劣根性；（二）养成自治能力。

吾国人种聪明俊伟，及竞胜进取之心，决不让于他种。惟是海禁既开，西方文化一由欧罗巴洲入地中海渡印度洋而直接达于吾国，一由亚美利加洲入太平洋经日本而间接达于吾国，两面潮流，汹涌澎湃，振憾天地。而吾国数千年之习惯不免根本动摇，既未能吸收新思想，与吾固有之旧思想相融合，以光大吾国民性。吾国民见异思迁，乃耽物质之快乐，昧精神之痛苦。举凡古昔圣贤所提倡涵濡之忠孝、弟慈、清慎、勤俭、仁义、贞淑诸美德，渐次荡尽；而懒惰、奢侈、浮滑、恣横、骄诈、刁险、庸腐、陋劣诸恶德，乃日长炎炎，不可终极，遂以成今日之人心风俗。芸芸青年亦既孕育长养于此恶社会中，则禀乎遗传，中乎习俗，大势滔滔，每况愈下，固事实上之所不能免。是其根本治疗必在吾全国教育家出其纯白无瑕之心，运其坚苦卓绝之力，以与之相抵抗。儿童之心，殆如白纸；养正之功，期以十年。则种种恶德，可冀其屏除；而种种美德，庶渐能回复。惟是劣根性既已甚深，而欲以

① 顾倬：《予之训练观》，《教育研究》，1914年，第8期。
② 原作"巳"，误。

力薄任重之教育家战胜而铲除之，是固难能而可贵者矣！

共和国之精神以道德，吾国今日固一跃而为共和国矣！然人民程度能否与国体相称，则固咸以为不足。虽然，国体之更既无异议，而人民之道德不能增进，则前途危险何可思议？吾国民数千年蜷伏于专制政体之下，自治能力由来薄弱。然而，今后正不容其薄弱也。果长此薄弱，则吾不能自治，终必受治于人。近观各省通商口岸之租界，吾国民之受治于白皙人种，固已久矣！海外侨民，可置不论。其尤痛者，吾国各地方亦竞言自治矣！争权竞势，儳焉不可终日，而诸事为之废弛。乃种种事业，出诸吾国民之手而无不隳败者。一驭以白皙人种，则俯首帖①耳，谨听指挥，而成绩亦复昭著。是固吾国民特异之性质也。昧昧思之，窃以为吾国之所以有是现象者：（一）由于素养之缺乏；（二）由于天资之聪颖。素养缺乏，故不能自动；天资聪颖，故至易受动。惟然而知学校教育不可不养成青年自治之精神。盖使青年在校，但知机械的顺从，则决不能自营生活。然而，"自治，自治"，诸青年方举为口头禅，以破坏校章，抵抗师训；而办理学校者，遂亦视为毒蛇猛蝎之不可触！予于学校，固见此自治之魔障，而不见自治之精神矣！虽然，予敢断言无训练则已。欲施训练，不得不以养成青年自治之精神为终要之目的也。

右引二端，其程功有先后，有缓急。综合言之，非去固有之劣根性，不可与言自治。故训练之实施，如次：（一）干涉；（二）指导；（三）监察；（四）自动。

训练之第一步，以干涉为主者。盖以初年级之生徒，皆来自各处，种种思想感情意志之不同，殆如其面；而入校之初，于校中情事，均所未谙，较之各级，为易驾驭。故窃谓校中风纪既有一定之准的，则对于初年级之生徒，不得不取严格主义，俾品性之良善者早与吾校校风相同化。而品性之不善者，时时加以裁抑，则必深感痛苦；经此痛苦而渐能自悟其非，从人之善，强制复强制，以渐即相安，则其劣根性虽不能铲除，而已能潜伏，以受教育者之陶熔；经此痛苦而如坐针毡，则其品性已难感化，行将自去，即不自去，而或且故犯校规，以冀斥退。窃谓今日吾国教育至为幼稚，教育者或有扶植嘉种，使之成就之能力；而感化品性不良之生徒，使之改变，则戞戞其难。害马之除，正所以保群马。人为淘汰，理所当然。教育者固非可煦煦孑孑，以遂成青年之恶，而贻吾国家、社会以无穷之隐患也。

训练之第二步，以指导为主者。盖以干涉所以防恶，为消极的；指导所以劝善，为积极的。即以防恶论，亦须使青年意志明瞭，而后恶行可冀其渐杀，非纯事干涉所能奏效。故干涉之方，可暂用而断不可惯用。若惯用之，则弱者奄奄无生气，强者乃暗中联结以逞破坏之阴谋，而良善之校风必不能确立。且活泼有为之青年大率好动恶静，而天资聪颖者为尤甚。故欲其不为恶行，必学校生涯有种种方面

---

① 原作"贴"，误。

供其能力①之发展，乃能就范，则指导之功尚矣！惟是指导之方，以训谕命令、发布宿题使之修养，不如教育者时时与青年为伴侣，共游戏，共操作，于无形之中从事指导，使之潜移默化。虽然，此非一二人之力所能胜也，必全校之教育者联合一体，以尽其先知觉后知、先觉觉后觉之天职，而后可以奏效。否则，一二人虽贤且智，精神既有所不济，能力亦有所不胜，必不克收良好之结果。嗟乎！吾国学校通病，莫坏于有教育之任务者，人人自以为无训练之责任，而悉诿其责于一二人。此一二人而不才，不负责任，校风之腐败固在所不论；才矣，负责任矣，校风良矣！而此一二人稍有变迁，则全校精神为之顿异。长此不变，吾国教育终无进步。

训练之第三步，以监察为主者。盖以凡属青年，经教育者之指导，而自知避恶趋善，则其品性已粗能成立。惟须揣测其真情，是否仅长于服从，抑已养成习惯？若仅长于服从，是适造成奴性，于教育上殆无取焉；若已养成习惯，则固有之劣根性可冀铲除，而自治能力可渐发达，固训练所必经之阶级。是故此时之教育者，宜于学校生活中，特提一二部分，不加干涉，不事指导，而一任青年之自治。惟是毛羽未丰，尚不可以高飞。若教育者遽入放任之途，恐青年以无所顾忌，遂入纵恣，而前功为之尽弃。故明示范围，加以比较，俾游行于礼法之中，而联络竞争，以求上进。则教育者非立于监察之地位，并使青年深知教育者之苦心热诚，以自努力于修养不可。

训练之第四步，断然归于自动。何也？今日学校之生徒，皆他日社会、国家所利赖。非于学校之中，养成完全自动之能力，必不能成有用有为之人才。凡品性之纯粹、学力之充足固为青年所必要，即干才亦不可少。故鄙见以为高年级之生徒，不惟自治，有当能治人；不惟学校生活种种当秩然有序，即世故社交亦随在须求谙练。近今美国颇行学校自治体之制，某学校中，由生徒协议，组织学校自治体，得校长之许可；凡关于卫生、秩序、公共之所有物，对于役员之态度等，明定规则，直行选举役员，其结果非常良好。日本近今中等以上学校之寄宿舍颇主张家族的编制，御影师范更有舍会议之组织，其极力提倡自动之精神，可谓至矣！以吾国今日学校中之泯泯汶汶，轻标自动主义，诚未易收效。惟是陶熔复陶熔，至校风既已②坚定，青年之性质既已③变化，则引而上之，以促其自动，庶几所造就者可为今后社会、国家需要之人物乎！

右之主张，予盖积多年之深思、实验，而颇自信其为不谬。然吾校开办业已④三年，此三年中，本预定之主张而从事训练，未尝少懈。盖予之主宰，不可不使青

---

① 原作"方"，误。
② 原作"巳"，误。
③ 原作"巳"，误。
④ 原作"巳"，误。

年之明晓也。且常举国势之危、世道之非，吾辈之宜加自勉。哓哓于青年之前，瘏口焦舌，累千万言，知予之一言一行均有影响于青年也。凡起居动作，举以责诸生者，无一不以自责。自问此三年中，晦明魂梦，悉可以对我青年。校中三数职员，亦尝本同一之旨趣，恳恳勤勤，以相戮力。然用心虽劳，收效实鲜。本年暑期前，在校百三十人，讲习科业经毕业，未得良好之结果；其他各级，满意之选，总数不逾十人。此外，则优于此者，或绌于彼。而品性不良之生徒，种种劣根性之流露于外者，仍数数见。窃自愧感化力之薄弱，而又惧滥竽尸位，终无以对江东父老也。进行方针，持之以恒，务期贯澈此弘毅之精神而后已①。故特尽揭予之主张，告我校新旧同学，而望全体职员匡其不逮，并以求海内教育界之批评。

---

① 原作"巳"，误。

校 长 训 话[①]

九月五日，暑假期满开校。六日，午前九时，行始业式，校长训话，云：

吾校本学期新同学增加五分之二，表面上似有突飞之进步，但学校之有进步与否，全视校员、学生之精神以为断，与学生数目之增加实无关系。鄙人所怀抱之旨趣，对旧同学已屡屡言之矣！新同学来校自今日始，不能不扼要言之。

孟子有言："生于忧患，死于安乐。"默察世界大势与中国现状，凡吾国民俱当奉此言为金科玉律而时加警省。今日中国几不国矣！欧战风云，波及亚东，损失已属无限。况战争终后，我国所处之地位何如，尚不可料。在兹漏舟之中，吾国民当如何策励？然而世俗滔滔，每况愈下，危险现象于今为极。惟是危险之象愈盛，即人民挽救之心当愈坚；而根本上之挽救，则吾教育界责无旁贷者也。

吾国之兴教育亦既数十年矣，然其始仅注重于水师、陆军、武备等学校，目光既误，收效斯异。瞻彼日本，振兴教育，亦未必远先乎吾；但其始即自师范教育入手，力谋普通教育之发达，目光远大，收效乃宏。故以蕞尔小国，一跃而居头等国之地位，非无故也。吾国人近岁始知救国根本，断在普及教育，而师范教育之当注重，尤异口同声，然已后人一步。斯我教育界何可不急起而直追之？

若吾同学既入师范，贵有自立之决心。求有自立之决心，所当知者正多，其最要者则曰能刻苦自励而已。余在校办事，种种方面，均以此四字自勉。盖此种主义，实先圣先哲之遗训，明切以教吾辈者。今日吾国民苟安逸乐，噩噩然几不知大祸之临头。故吾师范生必养成刻苦自励之良习惯，方可以造就后来之国民。余非谓吾人绝不宜提倡快乐主义也。特快乐当在轨道中，而不可出乎轨道之外耳。

---

① 王树棠、张捷：《本校纪事》，《江苏省立第三师范学校校友会杂志》，1915 年，上期。此文是王树棠、张捷根据顾倬训话而成的。篇名据正文内容而加。

校长演说①

九月十七日，为本校第四周年②开校纪念。午前九时，聚集膳堂，行纪念式，校长演说，云：

今日为本校第四周年③开校纪念日，特开此纪念会。诸同学决不可以寻常开会视之。盖举行一次纪念，即历一周年④之岁月。以全校而论，办事上应有一年之进程；即以同学个人论，品学之进退，亦可以资回想。况同学在校之期，长者不过五载，短者仅有二年，剑首一映之光阴，能经几纪念乎？此开校纪念之所以不可忽也，不可忽而慎重纪念之，惟在追怀已往。度量此一周⑤中，吾身之品学何如，思有以自进焉，斯为善矣！

至就予言之，则逢此纪念，常抱不快之感，实以校中形式日增完备，而实际乃有退步、无进步。即以职员、同学团结精神论之，回思第一年之景象何如，而今之景象何如。余之身体，自任事以来，日觉衰弱。去年病后，至今未克复元，且劳顿过甚，日有不支之势。此亦余不快之感所由生也。虽然，余一日在校，即旨趣一日不变。

诸同学其善体之，于一己之品学，益加修养，吾校前途或有望耳。抑吾校近亦有可喜之消息在，则每届招考新生，其来者人数渐增，程度亦渐胜。苟校内精神日有进步，则将来毕业生徒或有影响于社会，而可卜纪念之盛况于后日也。若夫今日新旧同学处此一堂，务望以"精神团结、修养品学"八字为重。

---

① 王树棠、张捷：《本校纪事》，《江苏省立第三师范学校校友会杂志》，1915 年，上期。此文是王树棠、张捷根据顾倬训话而成的。篇名据正文内容而加。

② 原无"年"，据正文内容而改。

③ 原无"年"，据正文内容而改。

④ 原无"年"，据正文内容而改。

⑤ 原无"年"，据正文内容而改。

校 长 训 辞①

十一月二十二日，校长顾述之先生病势较减，假期届满。午后三时，特开全体谈话会。兹记述训辞如下：

鄙人因病请假两月，假中虽间到校，并经出席谈话，惟所言每仅指一事一物。今将到校任事，试特举根本上之感想，为诸君言之。

余此次疾病，始于六月之季，至今已历四月，尚未复元。戚友家人皆谓余之病由于用脑太过。而余则自觉病之起因，由于精神不乐；病后不易全愈，亦由精神不乐。盖余志不免稍高，对于学校之希望，亦未免稍奢，故常觉有退步而无进步。在前数年，犹以学校多历一年，必能有一年之成绩以自慰。孰意荏苒至今，竟成泡影。于是，发生两种感想：一为已无办学能力，故校内精神未能充足，而徒负浮名；一为时局危险已达极点，急需有良善之国民，方可救此危局。而静测学校前途，竟无希望，悲观日甚，而病亦日深，百思无补救之方，爰决计退位让贤，向省公署坚决辞职。乃省公署既一再不准，省教育会又坚持不许，进退两难，精神益不乐。服药既已无效，休养又属无从，无可奈何，勉强料理开学。而胁下淋腺忽又肿胀，幸治疗尚速，未致为患。在此两月假中，抚心自问，意者余之精诚有所未至，故召此愆尤。今复将到校任事，而不举余怀抱之旨趣，悉以告诸君，俾与诸君心心相印，是重蹈从前之覆辙矣！不揣固陋，请次第言之：

一、余幼时所受之教育

余幼时深受家庭、学塾之良教育，实有非诸君所能及者。盖余家当洪杨乱事以前，薄有房产，后毁于匪。更以先君病肺，三年而逝，家无寸布尺粟，可资以为生。斯时余方三岁，茕茕一身，无期功之亲，而得有今日者，先母教养之力也。先母种种懿行，兹不尽述，特举教子方面略言之。余幼时性极安详，诸亲族咸尊敬先慈，亦咸爱余。先母教余所最注重者，约有数端：一不许私食食物，二不许私蓄钱，三不许与他儿冲突。四岁，先母教之识字，并口授唐诗。五岁进学塾，倘上午

① 王树棠、张捷：《本校纪事》，《江苏省立第三师范学校校友会杂志》，1915年，上期。此文是王树棠、张捷根据顾倬训辞而成的。篇名据正文内容而加。

未教生书,午膳只与以白饭,夜间必有夜课,严寒盛暑,不少宽假。时家中异常困苦,而先母富有独立性质,不肯依赖人。平时惯食粗疏,遇祖先忌日,则祭菜必甚丰,且非常诚敬。当时风俗纯厚,虽胜今日,然世态炎凉实所不免。先母神经锐敏,每受一番激刺,即向余加一番督责。余所受母教与人不同,故余能粗有成就。九岁,肄业于龚叔度师门下。师学问、道德为一时魁杰,以余幼时志向较胜他儿,且以孤子而承贤母之教,故尤钟爱之。十岁,群经读毕,接读古文辞。稍能自动,师出朱子《小学集注》《名臣言行录》《国朝先正事略》等书,置余案头,任其展读。师所交接,多品学兼备之士,又得饫闻诸名人之绪伦,融融于春风爱日之中。感化之神,殆出于不自知。及年十四,师没,余亦无力再从师,以课徒自活。至今数十年来,自觉品性、行为获免罪戾者,推原其故,实良师、贤母双方施教之结果也。于是,知基本教育,关系非常重要。诸同学中得优良之基本教育者,恐绝少某人;即有之,亦未必圆满若是。故余于诸同学,实无一人为满意之选,而亦无一人视之为不可造就者。何也?以青年之品性、学识,全视基本教育之如何以为断。倘使人人得受完全之基本教育,则即人人胜余,非难事也。

二、社会之日即堕落

余幼时同游诸儿童,成就者固不多,然与今之儿童相较,尚觉相去悬殊。近数十年中,世风之浇,习俗之坏,愈趋愈下,至民国成立而愈甚,种种怪状层见叠出。诸君生长其中,固所不觉。而余则幼受善良之训导,直觉今之社会为流氓、乞丐、盗贼、夜叉四种人类所组成。其间极大原因,试分述于下:

(一)①人民无生活能力

人民无生活能力,不自今日始。盖我国开化早而进步迟,东西各国开化迟而进步速。故当各国文化未极发达时,我国进步虽迟,而生活力尚可以保守。今也各国之进化奔轶绝尘,而我国乃自封故步,相形之下,遂日见绌。昔日人民所恃之生活力已不适于今日,而处于劣败之地位矣!以大多数无生活力之人,处万国竞争之时代,不为乞丐、盗贼、流氓、夜叉四种人类,将何所恃以为生。

(二)②无廉耻

人之无耻,殆无有过于今日者。各种报章所记载之新闻,无耻之事,殆无日无之。日前,闰生先生曾告余曰:"《锡报》中登载地方各种无耻之事,于社会前途至有关系。盍规记者慎之?"余谓:"一邑之中,舍无耻之事外,资料绝少。则欲报章之日出一纸,殆有不记载而不得者。可痛孰甚!"

---

① 原作"(1)",据通行写法而改。
② 原作"(2)",据通行写法而改。

（三）①奢侈

当今之世，政客、富商狂嫖豪赌，固不必论；即极平常之人，亦皆非常奢侈。当余幼时，凡身著呢袍褂者，已为非常讲究；今则虽属小儿，绫罗绸缎，触目皆是。奢侈日甚，安得不日贫？

上述三层，苟犯其一，已难自立，而今人则兼有之，是以种种怪奇之事层出而不穷矣！溯自与外人通商以来，欧美文明灌输于吾国者，仅得其皮毛，而奢侈之风沾染于吾国人民者，乃固结而不可解。长此茫茫，何堪设想？

三、时局之危险

余试就国家前途之危险，分别内部与外部论之。我国五千余年来之历史，互相竞争，互相残杀，其结果必成大乱。酝酿愈久，则为祸亦愈烈，事势之所必然也。至外交方面，则危险更甚。欧人所注意者，一为近东问题，一为远东问题。此次欧洲战局虽系诸大国之战争，然其原因则固发生于巴尔干之一小国也。今各国均急急于近东问题之解决，无暇顾及远东。然自青岛之战祸发生，而远东问题固已牵入于其中矣！今者国体问题发生，则更有以促成之。何也？国体问题，以内政而搆成外交。抗议者为日、俄、法、英、意五国，为之主谋者则日本也。其所以为主谋之原因，盖在去年铲除德国远东之根据地，结英国之欢心，而立并吞中国之基础。乃至本年春间，与吾国之新交涉，特提种种条款，颇妨碍英人所已得之利权，而日、英人民感情至劣。日本欲回复彼与英人旧日之感情，不得不静候时机，何幸我国国体问题发生，乃与以回复感情之良好机会。盖欧洲诸国大战方殷，鞭长莫及。日本欲结诸国之欢心，于是联合各国为共同的警告。此诚日本之幸事，而我国之大害也。且余逆料欧战终结，德国必索还青岛；即不能向日本索回，亦必向我国要索第二青岛。而第二次之绝大战祸，必发生于我国疆域中，可断言也。内患外忧，其大如是。吾人可不急求自立，以冀幸逃此劫也乎！兹姑就切身言之，在座同学毕业后出为小学教员，负陶冶国民之责任，有不可不注意者，如下列诸端是矣！

（一）②养成生活能力

方今各小学教员，多半缺乏生活能力。故师范学校各种功课，无一可以放松。诚以师范所讲授者，皆应用于小学之基本课程。倘有一二科欠缺，即生活力不全。矧教室之中，类皆理论教育、被动教育。故在诸君尤不可不极力提倡自治能力与实用主义。如课外及暑期成绩，并校友会各种事务，皆所以养成同学之自治力，务达实用主义之目的者也。

---

①　原作"（3）"，据通行写法而改。

②　原作"（1）"，据通行写法而改。

（二）①养成独立性质

欲养成独立之性质，首在意志坚强。在校时种种学业行为，不倚赖师友之督责而卓然自立，斯毕业后自不至随俗浮沈。余又忆上届讲习科同学毕业时，侯保三先生演说，以组织私立学校相勖勉。盖保三先生为富有独立性质之教育家，固能发此言也。诸君将来出就小学教育，必须力除依赖之劣根性，则其修养不得不自今日始。

（三）②刻苦自励

余幼年承先母之教，养成刻苦之习惯，故至今虽刻苦而不自觉。诸君则恐未尝习惯刻苦者也。察我国现状，非吾人急急刻苦自励，以矫淫昏、怠惰之恶习，决不能幸存。诚使习于安乐，则悬揣将来，种种苦境，必难忍受。此平日所以不可不习之有素也。

以上三者，余抱定宗旨，督责诸君。而余自揣生平，实时时以之自勉。惟其误点，则在自信余之所能行、所能受，亦皆诸君之所能行、所能受，是则不精研心理学之咎也。

虽然，诸君所最当注意者，则辨别心是矣！无论何事，必精密推考，而求其命意所在。即如校内之种种主张，在自己为有益乎？抑无益乎？其认识不可不明晰也。诸君在校，未免多数误会，以为校内之种种主张不过办事者之邀功求名耳。且此成见横在胸中，故如暑期制作、课外运动，以及其他之一切主张，皆敷衍了事，不肯实心实力趋赴之。此种大谬，在诸君实所以自误耳。须知校内之种种主张，皆所以培养诸君自立及生活之能力者也。诸君苟不欲自立，不欲生活，则亦已耳。如不然也，则可以废然反矣！余试再退一步论之，学生在校，当有爱校心。谋学校之名誉隆盛，固学生分内事也。即使校内之种种主张，皆因办事者之邀功求名而设，在诸君亦当热心以玉成之。况办事者之苦心孤诣，固在彼不在此乎！即各职教员不惮烦劳叮咛告戒之言，诸君听之未免逆耳；然而所以出此者，实望诸君有完全之人格故耳。此亦不可不辨别之。君子之爱人以德，小人之爱人以姑息。如顷所述先母之训戒余者，思之可矣！

诸君在学校中，以其有种种规定，不能若家庭之便适，而常不乐。此亦辨别不清之故。盖快乐在自己求之。青年学子能以品学之日进不已为无上之快乐，其上者也；其次，则谚有之，“少时吃苦，老来享福”，“种瓜得瓜，种豆得豆”，少时吃苦实老来享福之根。诸君今日固吃苦之年也。至若肉体之快乐，即为吾人所不能尽免，亦当求其高尚者为之。例如种种俗欲，则皆纨绔子弟之所为，适足以汩没志气，消耗精神，有种种之患害，断非责任重大之青年所可享受者也。鄙人今日所以

---

① 原作“（2）”，据通行写法而改。
② 原作“（3）”，据通行写法而改。

告诸君者，详矣尽矣！然尚有二端，为诸君所当注意者：（一）虚心，无论职员之训戒与同学之劝告，皆当感激容纳；（二）克己，时时自省，冀无背乎轨范。能虚心，又能克己，则养成自动自治之能力，不难矣！

校 长 演 说 [①]

校长复演说，云：

顷聆诸先生谈话，逾时已久！所指摘种种之缺点，同学当能一一记悉。庶来岁开运动会时有所鉴考，而不复蹈今兹之覆辙。

今兹会场秩序，尚能始终保持。所以能致尔者，一由纠察员之尽职，一由会场之布置实较去年为胜。有此二因，则会场秩序自易保持，无足奇也。而会场之布置所以较去年为完密者，则又由布置会场诸干事中有一二健者，故能措施得宜，不露破绽。然有一事颇为干事所不经意而最呈紊乱之象者，即运动器械之不整齐是已。当开会前一日，诸干事咸注意于布置方面，而于此方面未免疏漏，固有可谅。但当开会日之早晨，急应一列布置完备者，而于此项尚茫未计及。谚所谓"烧香忘却菩萨"者，此事差近之。迨至将应用时，始忽忙备集，因而纵横倒置，全无整秩之象。此本届运动会最大之缺点，甚望诸同学于第三次开会时有以矫正之者也。

顷闻陆先生言，当运动时，上节每不能与下节连续进行，致有间断之患，以致坐耗时间。此虽属司令者之过，而与操之同学亦当分任其责焉。盖运动虽小事，隐然含有军队操练之雏形。苟军队于操演时，此队与彼队首尾不能相呼应，则其军不待战而自败矣！今上节与下节之运动，犹不能相连属，以一气贯注之，是乌得为善乎？

陈先生有言少数同学未免好胜过甚，致滋无谓之争议。鄙人对于此事，颇有欲为同学告者。盖团结力不可不有，尤不可不坚。顾范围宜大，目光宜元，断不宜扭于目前运动之得失，而引起级与级之界限，以狭隘之见地与几微之睚眦，使一校之中小团体纷立，此大不可者也。夫家人和睦，则一家兴盛；家既如是，校亦宜然。彼特设之团体竞技奖品者，乃鼓励运动之作用，非标示运动之结果，其旨在使人人提振精神，锻炼身体，以日臻强固之域焉耳，舍此更无他意。今鄙人特揭所谓好胜争竞者之幕，而一倾谈之。今次两造竞争最烈者，断以本三、本三两级为主；至在他级，盖犹有鼎之轻重未敢问也之概。颇闻两极在会前，已为种种准备，届时观其

---

① 王树棠、张捷：《本校纪事》，《江苏省立第三师范学校校友会杂志》，1912 年，第 2 期。此文是王树棠、张捷根据顾倬演说记述而成的。篇名据正文内容而加。

与赛人数及所得分数，确呈势均力敌之象，只以本三得分数之人数较少，故平均分数本三较优，而团队竞技奖品遂为本三所得。由鄙人面之，得者固荣，不得者亦不为辱也，安用无谓之争议并无谓之猜疑哉？兹试预述第三届最优胜之团队竞技奖品之主旨，以告诸君。

运动会之作用，所以鼓励一周年体育上之进步者也。同学既知此意，则所谓竞争者断在平时实力之养成，而不在临时短期之兴奋。师范同学在本学期内体育之进步固为显著，然今次之出就竞技运动者，以全体观之，尚不足十之三四，安有所谓锻炼身体仅仅属此少数同学，遂足以满意乎？故明年开运动会时，竞技运动各级与赛人数须占全级人数百分之六十或七十，而全级得分数最多，才膺爵赏；否则，成绩虽佳，终不给以特奖。至运动种类，或亦将一反今岁开会之方针：重竞技而轻团体。又自今以后，除朝体操仍属强迫外，课后运动则由同学自行组织，职员仅从旁监察之，久且不加监察，而一任同学自为之。至各种运动，率由同学自由认定一二种，而由体操教员明定标准，于学期将毕时，检查其合格不合格，如是而已。

至小学方面，顷闻高、顾二先生所言，颇有一部分儿童托辞规避不愿运动者。此后断宜一律运动，切实进行。盖运动而能循序渐进，有益无害。所望高、顾二先生审度各儿童之班级、年级、身体，而确定运动之程序焉。

校 长 演 说①

(十二月)二十三日，冬节休业。午前，开全体谈话会于东膳厅，校长演说，云：

近来财政困难已达极点，省立学校之前途实难豫测。惟吾同学今日尚得安心求学，当益爱惜光阴，视一日若一来复。盖他日能否安居修业若今日，未可知也。若更悠悠卒岁，则又何堪设想？诸君今日在校，若谓不可造就，吾不敢言，诸君亦决不愿承受；若完全谓可造就，亦非吾之所敢言。而其最危险者，缺乏奋勉之精神、自动之能力是也。若成绩然，其优劣实判于职员之注意与否。苟为职员督促所不及，而有优良成绩之表示者，未之或见。今试将所欲与诸君言者，分别言之：

一、② 关于教科者

本学期各种教科，可云各级均有退步。其故殆因去岁于教科督促甚严，旋以同学体质虚弱，调济发育起见，故有停止课外制作及早晨预习之举，同学遂不无误会，致听讲、自修无往而注意者，功课安得不劣？考试时遂弊窦繁生，成绩失其真相。此后当于研究会商定之方法，力矫前弊。倘遇试验，或由职员先期告知，特为监考之举。然不得不先与诸君恳切言之，诸君此后听讲及自修时，宜力加注意，笔记本尤不可不备。摘精录要，可省自修之烦琐，又便于记忆，为益滋大。规定夜间之自修，当以昼间讲授之科学为前提，待完全瞭解，然后旁及他书。据余平日考察所及，诸君能若是者，殆不及半。教室发问时，对答亦当留意。此后考试或平时记分相平均，俾成绩真实无虚伪之弊。课外如有暇阅书，必须认定一种，专心看去，方有进境，否则一无所得。

---

① 王树棠、张捷：《本校纪事》，《江苏省立第三师范学校校友会杂志》，1915 年，上期。此文是王树棠、张捷根据顾倬演说而成的。篇名据正文内容而加。

② 原作"（一）"，据通行写法而改。

二、① 关于课外存绩者

课外制作之主意，同学尚未认清，或视为学校成绩，或为欲多得一宗分数而作，此均大误。要之，课外制作之主意，在养成诸君自动之能力，为小学之准备耳。所存成绩，于毕业时全数给还，俾资授课时之应用。校中仅每人留其一二，以为纪念品而已。余有一喻焉，学生之在校毕业，若闺女之出阁然，其成绩则即所办之嫁装也，不得不于平日制作之，准备之。小学校中各种应用物品，均须购买，实为现今一般学校之通病，余甚非之。盖小学应用之物，大率可于学校中完全制备。至属于精神方面者，尤非可以金钱购。且各种器械、模型、标本，苟所购者而非国货，则其不适于国民教育又可知，矧所购者之终不若自制之为适用也。知乎此，庶得课外制作之三昧矣！诸君均不明其精神所在，故动多谬误。以后须看题清楚，努力做去，则凡所制，自觉可观。今之制作，类系模拟仿造而成，鲜有能变化者；犹庸医然，读得几句汤头歌诀，便出问世，不论病状，类用彼数味汤头，是速人死耳。此皆由于意志薄弱，不得不加意者也。

三、② 关于运动者

课后运动，于开运动会前，同学均及时而至，甚为奋勇。开会既毕，则烟云消散，阒然无闻。先时以为诸君能自动，今乃知尚实不能自动，仍非督促不为功。今既由校中明定运动之标准，以能达与否，增减其体操分数。夫同学自己之身体，而其锻炼乃待校中以分数为督促，卑劣甚矣！而诸君中仍有踯躅不前临时退避者，岂以为届时终能及格，遂优游于平日，将近试验之时，乃竭力奔驰，以冀强达此标准乎？苟不尔焉，则所表见者当不如是。余实不能无疑。早体操，四年级到者人数寥寥，恐系误会。盖前虽因四年级当实习时，有运动作为例外之宣示，然此仅限于课后运动。若早体操，则与实习毫无妨碍，仍宜循例进行。此次在南京参观高等师范学校，校长江先生谈及彼校将以早体操定为学生终身之体操，盖因学生每于体育不加注意，毕业任事后尤甚，故以此惕励之。现彼校朝操全由自动，无职员监视，而竟无一人不至者。吾校视之，有愧色矣！此后，诸君宜分外注意。年假后早操时间，已略改后，俾得较为从容，非万不得已③，不可缺席。

---

①　原作"（二）"，据通行写法而改。
②　原作"（三）"，据通行写法而改。
③　原作"意"，误。

四、① 关于品性行为者

细察诸君品性行为，危险殊甚。盖以品行劣者，余偶加训诲，未尝不自知其过，而事过则复犯之。是面职员则善，背职员即不可恃也。最劣者，校中往往失去物件，虽一则由物主不谨慎收藏之咎，一则由取物者因误拾得，便为己有。然人我之物，其界限最宜分明，不宜有丝毫苟且之处。立身根本，即定于此。故凡拾得物品，急宜交舍监收藏，由本人认取；若视为己物，则道德心之丧失已不堪问闻。至取人之物，则又常人所最耻辱而不齿于人类者。学生处最高尚纯洁之地位，乃为之而不知耻辱，不仅无以自解，且何以对家庭，何以对社会？从前凡犯此而开除者，为顾全个人名誉计，每不明揭其过。然惩者自惩，窃者自窃。试问师范生而有此行为，其何以为人师范？惟此系一二人之行为，诸君听之，不必现不安之状，即犯者亦未尝无自新之机。务望诸君于自己物件储藏审慎，于形迹可疑者则特加注意，俾此一二人亦无由为恶，则习之既久，自迁于善。他若宿舍中之食私物，若严行取缔，固甚易易。惟以师范学校，而用种种消极方法，以处置之，是完全失却自治精神矣！且校中因顾全同学计，每日有豆腐浆之发售；余若牛奶、鸡卵等，准其自由购食，悉不之禁。对于诸君身体上之爱护，可为尽矣！然而，诸君犹有购不正当之食品，私食于宿舍中者，务望有则改之，无则加勉。余如教室中之喧哗，饭厅上之谈话，均欠整肃；敬礼之不注意，亦礼仪上之缺憾，皆在在宜注意者。

五、② 关于整洁者

自修室中殊欠整洁，痰盂周围，尤觉污秽，在值日生固宜注意。同室生平日之涕吐，亦不可疏忽。

凡上所言，均属重要，不可不急加注意。余于诸君始终以诚意相待，望深自省察，毋随听而随忘也。

---

① 原作"（四）"，据通行写法而改。
② 原作"（五）"，据通行写法而改。

覆钱子泉书①

子泉先生阁下：

奉赐书及范作三首、学校问题之讨论一篇，展诵再三，爱不忍释。以书到时，适倬方销假到校，事务猬集，且屡欲作覆，而恐无以报垂教之真诚，故迟迟至今，惶悚惶悚！

大教三端，谨答覆如下：

今日小学校之教识字，正以教儿童不识字。

尊论固畅言之，且习闻之海内教育家矣！敝附属小学之唱笔顺，沿一师附属之成规，继亦渐悟其非，于是废去一竖、一画、一折等之称，而简称为竖、画、折。凡一笔中有画、有折者，及一笔中有数折者，统称之为折，以从简便。然细思之，仍未克为当。

尊论谓宜探讨许氏书，正笔画之名，而冀识造字之本意，甚佩甚佩！惟是小学教员大率未涉猎许氏书，虽有良美之方法，终无自施行。顷正思与各级国文教员为根本之商榷，其旨趣备述下方：

师范生练习批改文字，敝校行之已两年矣！其定例自本科三年级加入，实行以来，教员、学生均无异议，惟其方法实犹未善。盖所取者大抵为初等四年级以上所作文，且经附属小学本级主任教员选出。恐今日在校时所练习者，于异日实施方面，尚未必十分密合。

师范生宜以静坐为养心。是不惟东邦冈田氏之方法可以则效，即吾国古来讲学之诸先哲亦实力提倡者也。然施之今日，则似甚难。何也？青年性质易动而难静，与其逆其性以强之，不如顺其性以导之。故敝校年来体育方针以督励运动为旨，俾诸生身体稍感疲劳，而脑力之恢复较易，色情之勃发较衰，如是而已。此则与尊旨用法相反，而用意相同者也。

至倬承乏敝校以来，积数年之经验，私衷欣欣所不能释然者约有二端，谨陈之如下：

一、学生在校绝少自奋之精神是也。昔朱子尝云："教学者如扶醉人，扶得东来西又倒。"验之敝校，而益信其言之不易。倬平日对于诸生督励训勉，亦几日夕

---

① 顾倬：《覆钱子泉书》，《江苏省立第三师范学校校友会杂志》，1915 年，上期。

言之，日夕为之，积久不少懈；且自恐衰病之躯不足为学生表率，时时自惕，以勉为身范。校内职员抱同一之旨趣，相互戮力者亦不乏其人。然数载以来，智、德、体三育从无平均发达之一日。往年诸生知识较进而身体大坏，本年诸生身体稍强而知识大退。至道德品性，以多数职员之勤加注意，仅仅免劣迹之昭著于校外，而内容之无足取，固自若也。夫使尽我之责任，竭我之心力，而实际终无成效之可言。是非倬之道德、学识不足以感化青年。即今日青年渐染于恶社会之中，非学校所易于改变。既自责，又为世痛矣！

二①、文字与科学歧而为二是也。青年时代，其所以当注重文字者，实以文字为各科学之邮。冀文字贯通，各科学能吸收亦能发表故也。而师范生为尤要。若如今日学校之中，文字是文字，科学是科学，则国文教员即日日研究讨论，终无所当。而在校学生于文字方面，则平日所读之文、所作之文，殆无一不涉空疏；于科学方面，则平时听讲，既绝不与文字为缘，及一旦试验，即最优之试卷，亦仅仅顾学理、事实之不诬，而文辞几在所不问。且即以文字论，学校中教授国文之时间为数固属无多。然究宜专读古人及今人所作之散体文与否，亦一大可研究之问题。鄙见学校之中，各科教员平时授课，当注意于笔记；试验成绩，亦不宜漠视文辞，为非己责。而在国文教员，当视国文为各科学之中心，力求联络沟通之益；至《说文》及经、史之学，亦宜择要精取，以植其基，而不仅拘拘于选读散体文。行之既久，其成绩或胜于今日。颇拟将此问题提出于敝校各同人之前，以资商榷。

阁下闳伟博通，于以上两问题，倘能示以径途，公感无似。倬年来身体至弱，意兴亦大衰，然既做一日，不敢不尽一日之责。

大教至所乐闻，惟答复不能以时，此则望高贤深谅之耳！嵩肃，即颂台安！

弟倬　谨启
一月五日

---

① 原作"一"，据通行写法而改。

本校课程问题之商榷①

师范学校课程问题，近今教育界中咸注重研究。就吾校过去之历史论，民国纪元之第二三年，学生心理较重文学。洎乎二年冬间，开博物、地理、图画、手工四科暑期成绩批评会，颇为教育界同人所称许。会国文、英文两科重要教员又先后更易，学生心理为之一变，故三年度中较重科学。及四年暑期以前，以学生身体之多衰弱，明布停止课外制作之令，而各级学生对于各科学之兴味又为之大减。是则数年以来，固从未有各种学科平均发达之一日也。

不宁惟是，吾校各级学生于已经过之四年中，从事学业当以二三两年为较勇猛，而其身体之弱亦以此两年为最；乃至一年之中，毕业及在校之同学先后病故者五人，而以肺病、脑病相继退学或停学调养历久而后至校者又有多人，不惟体育之不讲求，颇为社会、家庭所诟病，亦倬时时引为内疚者也。往年四月以来，各种运动积极进行，学生身体日有起色而知识方面为之停顿。此又吾国人之所深知，无庸多述。

虽然，使现行各种课程，按之异日诸生毕业后从事小学之使用，其分剂实属太多。则减少教材，以节省诸生之脑力，岂不甚善？然自本科四年级生试教以来，间视察其试教时之状况及退课后之讨论，则无论何人何科俱现左绌②右支之窘象。寒假休业时，张生抃、唐生湛声、汪生光文、王生遁谊、孙生士炜先后报告，殆无一不自称学力不足，深悔从前受业时之影响模糊而未得真确之知识；且明谓校内诸师所授与之课程，即尽融会贯通，仍不足今日教授小学儿童之用，其困难又若是。

倬窃思之，师范学校课程，其总数多至十六门，而每门之中又辄含数类，以区区五年之短时间，一一心领神会而无所亏短，固事势之所甚难。且异日毕业以后，无论任国民学校教员，无须此泛滥；即任高等小学校教员，亦决无以一人之力而兼任各科之理，是所学之不尽合于所用，殆无疑义。吾国各师范学校课程大率规模日本，而两国国情实不相同，教育上之程度亦异，循此不变，实非所宜。惟是部令、省章之所规定，断非一校可轻变易；且兹事体大，亦非可以卤莽。倬姑探讨吾校弊

---

① 顾倬：《本校课程问题之商榷》，《江苏省立第三师范学校校友会杂志》，1915 年，下期。

② 原作"左拙右支"，误。

病之所在，发布其补救之管见，而徐以待法令之变更。

一①、预科生徒，入学时，国文、算学程度之不齐，为教授上最大之阻力。每届招生，其始愿无不欲取此两科有同等之程度者，而终无一届能遂其希望。大致此有所长，即彼有所短，或且两短而无一长，以苟求足额之故，不得不稍从宽假，而种种困难问题殆无不由是始。本年添招新生，其于此困难问题亦未必遂能解决，则不得不急求救济之方，颇拟于预科生入学一月以后，将此二科分班教授，程度足者姑缓进行，程度不足者力加督促，俟两学期后再进行合并。至预科毕业准予升级与否，则从严格。如是则算学、国文两科，授课教员之钟点虽不免稍多，经费虽不免少有增加，其数犹不至过巨，且于部章师范学校设立预科之意亦不相刺谬，而异日本科程度当可稍齐。

二②、师范毕业生国文程度之不足用，直为社会普通之品评。是则今日各小学之国文教员犹幸有根柢素厚之老师宿儒充列其间，尚有此现象。再过数年，师范毕业生之任务小学者日益多，文学将日益坠落，可断言也。虽然，倬窃自思幼年从事文学之甘苦，自握管操觚以来，孜孜兀兀，历十数年之久，而文辞乃渐臻通顺。今日之师范生，或毕业于办理未完善之小学，或并未毕业，根柢既至浅薄；在校数年，统计国文教授之时间既已甚少，而日日纷心科学，自修时刻又不获增加，自非上智，收效之难亦固所宜。虽然，倬又窃思文学者，科学之管钥也。师范学校各种课程，除英文及算学外，殆无一不以本国文字教授之；学生听讲时、应试时，又无不以本国文字记载之、发表。是各种科学皆间接、直接增长文学上之思想与知识者也，而何以成效之不可恃若是？则请以一言断之曰："文学与科学歧而为二是矣！"何也？文辞之中，含规范、实质两方面。今则授文学者，日日以各种规范文字为多量之灌输，至作文命题则大率凭空设想，与学生平日所研习之科学杳无关系；授科学者，无论甄核学生笔记、试卷，但顾本科学理、事实之是非，而于文辞之拙劣全不加以订正，以故规范与实质两者绝不沟通。究其失，则文学固未由进步，而各种科学亦以文辞之不达，致鲜能融会贯通。此则今日中等学校普遍之弊病，而吾校亦在所不免。欲补救之，颇拟以文学为各科学之中心。各科教员于处理学生成绩时，并订正其文辞之谬误，订正后送国文教员覆核发还；国文教员则于指导规范文字外，力求与各科学相联络，俾学生得以所吸收各科学之菁华，时时发展于文学中。积以数年，庶几有效。

三③、各种科学，在教员方面，以现用之教材，配现在之时间，教授每虞其不足；在学生方面，以现用之教材，配现定之时间，精力实有所不胜。以故无论何学

---

① 原作"（一）"，据通行写法而改。
② 原作"（一）"，据通行写法而改。
③ 原作"（一）"，据通行写法而改。

科，当其教授之始，成绩尚多可观，历年愈久，而成绩优者乃愈少。何也？教者以时间不足之故而注入之教材日益增加，学者乃以精力不胜之故而领受材料之感想兴味日形薄弱，则安得不背道而驰？再也部令、省章所定之学科课程及教授时数殆无一不重理论而轻试验，证之实际，则小学教员不可无技术的才能。即无论何种学科，就学时欲求其明瞭透澈，非一一施归纳、演绎之功，经几多之制作实验，不能达圆满之目的。方今小学教育实用主义与自习主义大昌，则师范教育尤当以小学教育之主义为主义，乃能息息相通。惟然而各科学教授之情形，实不得不加迁变。吾校三数年来，各科教授由注入而趋于开发，检查成绩不拘拘于考试，而注重笔记、实验及各种命题或自由之制作，何尝不力求改进。然究其现象，则殊不足观。而种种弊病或反因之以起，是非为根本上之刷新不可。根本之刷新奈何？窃谓吾侪今日宜尽力研究小学教育，凡小学教授上之所必须，皆吾师范教授上之所当注重。然而，国民学校与高等小学校，其程度不同，即小学教员所应有之学力亦异。颇拟各科均分受动、自动两种，受动者由教员讲授，以简要为归；自动者由学生自修，而教员居于辅导之地位，以详悉为准。凡各科普通教授之课程，一律本此旨趣。减杀教材，亦即减杀三分之一之时间，为学生自修地步。而另定一种详备之课程，示以自修要目与夫研究本科必读及参考之图书，诏以制作试验所必须之器具。俾以数年之力，专研究习此一二科而求精进，则他日毕业以后，为国民学校教员，固能胜任愉快；即为高等小学校教员，亦实具有专长，不至贻羞陨越，其庶几合师范教育之本旨乎！

　　右列三端，怀想所及，欲就正于诸君子也久矣！鄙见万不敢自是，而惟觉吾校课程之不容不变更。实行之期，当定于暑期以后。而能否实行，则拟以暑期前为研究试验之时间。兹特先提出问题，以供讨论；是否有当，惟希诸君子有以教正之！

改订本校课程之旨趋①

自提出《本校课程问题之商榷》文稿，就正于各教员后，咸谓有研究价值。倬因复统计五年中各科学授课时间，编成表式。经两次开会讨论，全案可决，拟即于本年五月开始，提本科二年生一级试行之。爰更述其变更旨趣，以告我同人。

一、② 教育部公布修正师范学校授课时间表

学科目＼学年	预科	本科第一部			
		第一学年	第二学年	第三学年	第四学年
修身	二	一	一	一	一
读经	二	二	二	二	
教育			三	四	三(实习九)
国文	一〇	五	四	三	三
习字	二	二	一		
外国语	三	三	三	三	二
历史		三	二	二	
地理		二	三	二	
数学	六	四	三		二
博物		三	二		
物理化学			三	三	二
法制经济					二
图画手工	二	三	三	三	三

---

① 顾倬：《改订本校课程之旨趋》，《江苏省立第三师范学校校友会杂志》，1915 年，下期。

② 原作"（一）"，据通行写法而改。

学科目＼学年	预科	本科第一部			
		第一学年	第二学年	第三学年	第四学年
农业				三	三
乐歌	二	二	一	一	一
体操	四	四	四	四	四
总计	三三	三四	三五	三五	三五

二①、本校订定各级授课时间表

科目＼学年	预科	本科一年	本科二年	本科三年	本科四年
修身	二	一	一	一	一
读经	四	四			
教育				三(前半年) 五(后半年)	六
国文	六(甲组) 一〇(乙组)	六	四	三	三
习字	二	二	一		
外国语	三	三	三	三	二
历史		二	三(前半年) 二(后半年)	一(前半年)	
地理			二(前半年) 三(后半年)	三	
数学	八(甲组) 四(乙组)	三	三	二	二
博物		三	三		

---

① 原作"(二)"，据通行写法而改。

学年 \ 科目	预科	本科一年	本科二年	本科三年	本科四年
理化				三(前半年) 五(后半年)	三
法制经济					二
图画	二	二	二	二(前半年) 一(后半年)	一
手工		一	二	二(前半年) 一(后半年)	一
商业					三
乐歌	二	二	一	一	一
体操	四	四	三	三	三
总计	三三	三三	二八	二八	二八

准此两表，其不同之点，试分析于下：

(一)第一表，豫科国文每周十时，数学每周六时。第二表，豫科国文、算术两科分为两科组，甲组国文六时，数学八时；乙组国文十时，数学四时。

(二)第一表，读经一科分配于四学年，教育、地理、博物、物理、化学等科分配于三学年；第二表，均以两学年分配之。第一表，商业科分配于两学年；第二表，以一学年分配之。

(三)第一表，每周授课时间，预科三十三时，本科第一学年三十四时，本科第二、第三、第四学年均三十五时。第二表，预科、本科第一学年均三十三时，本科第二、第三、第四学年均二十八时。

(四)第一表，本科一年级国文每周五时；第二表，每周六时。第一表，本科一年级数学每周四时；第二表，每周三时。第一表，历史、地理两科以三学年合并计算，每周七时；第二表，每周五时有半。第一表，博物科以三学年合并计算，每周七时；第二表，每周六时。第一表，物理、化学以三学年合并计算，每周八时；第二表，每周七时有半。第一表，图画与手工对半分析，再以四学年合并计算，每周六时；第二表，每周六时有半。第一表，手工与图画对半分析，再以四学年合并计算，每周六时；第二表，每周五时有半。第一表，体操科自本科二年至本科四年，均每周四时；第二表，均每周三时。第一表，商业科以两学年合并计算，每周三时；第二表，每周一时有半。其余各科授课时间，总数均无变更。

试再述第二表之旨趣：

（一）预科国文、算术所以分甲、乙两组者，良以此两科程度之充足与否，在求学时代已直接、间接影响于各学科，在毕业以后即造福、贻祸于学子，学力、方法均须注意，故不得不于预科时代求程度之均齐。夫苟以小学教授之不良，致有所短绌，则既已增益授课时间，又加以课外之自习，必能补其缺憾。此分组教授必要之点也。

（二）以现行之课程分配于各学年，有不可不多历年所者，修身、国文、英语、算学、图画、手工、乐歌、体操等科是也；有不妨量事变通者，读经、教育、习字、历史、地理、博物、理化、商业等科是也。夫以青年有限之精力，领受此各种完备之课程，统五年计算，俾具有完备之常识可矣！若以一学年论，则与其学科具备而所教授之课目时间为之减少，不如学科稍简而所教授之课目时间为之增加。不宁惟是，本表以读经一科，四年教授之时间归束于首两学年者，良以主要目的既于此两年中注重国文之修养，而经籍中之《论语》《孟子》《左氏传》，及《礼记》中之《曲礼》《少仪》《内则》《大学》《儒行》《檀弓》等篇，皆足以厚国文之根柢故也；教育一科，三年教授之时间归束于最后两学年者，良以教育为师范学校之主科，普通知识较充足之时，研究教育之时间又较多，则其获益较大故也；商业一科，所最重者为商事要项，他若商品学则调查殊难准确，不得不从缓授，商业地理可于地理科中兼及之，商业簿记、商业算术可于数学科中兼及之，是又无庸分为两学年矣；地理并为两学年，而历史仍列三学年者，则以教授近代史、世界史时，与地理连络关联之处至多；博物与地理及化学，虽亦不乏关联之处，然较历史稍轻。为节少学科计，不得不从分割。

（三）师范生在校五年，前两年根柢浅薄，无自动之能力，故授课之时间较多；殆至后三年，则根柢稍深，故减少授课之时间，俾得有余暇于普通学科之外，专心研究兴味深、能力足之数学科，以资深造。

（四）本科一年级课程，国文科较部章每周增加一时，算术科较部章每周减少一时。则以国文一科全级程度虽已促不齐者而使之齐，然犹恐其不足。算术科则已促不齐者而使之齐，代数中无用之教材又不妨删节，似无不足之虞。图画科以四学年合并计算，每周较多半时；手工以四学年合并计算，每周较少半时；亦以比较两科，于师范生毕业后之实地使用，似图画更重于手工；且部章于两周时间合并开列，本留各校伸缩地步。体操科则以吾校深注重于课外运动，故不妨减少。至历史、地理、博物、物理、化学等科，既注重于自由研究，则以规定之时间斟配教材，固无损于普通之学识也。

试更列五年各科授课时间统计表于下：

学年＼科目	预科	本科一年	本科二年	本科三年	本科四年	总计
修身	(二)八十时	(一)四十时	(一)四十时	(一)四十时	(一)二十五时	二百二十五时
读经	(四)一百六十时	(四)一百六十时				三百二十时
教育				(四)一百六十时	(四)一百六十时	三百十时
国文	(六)二百四十时 (三)四百时	(六)二百四十时	一百六十时	(三)一百二十时	(三)七十五时	八百三十五时 九百九十五时
习字	(二)八十时	(二)八十时	(一)四十时			二百
外国语	(三)一百二十时	(三)一百二十时	(三)一百二十时	(三)一百二十时	(二)五十时	五百三十时
历史		(二)八十时	(五)(二)一百时	(一)四十时		二百二十时
地理			(五)(二)一百时	(三)一百二十时		二百二十时
数学	(八)三百二十时 (四)一百六十时	(三)一百二十时	(三)一百二十时	(二)八十时	(二)五十时	六百九十时 五百三十时
博物		(三)一百二十时	(三)一百二十时			二百四十时
理化				(四)一百六十时	(三)七十五时	二百三十五时
法制经济					(二)五十时	五十时
图画	(二)八十时	(二)八十时	(二)八十时	(五)(一)六十时	(一)二十五时	三百二十五时
手工		(一)四十时	(二)八十时	(五)(一)六十时	(一)二十五时	二百〇五时
商业					(三)七十五时	七十五时
乐歌	(二)八十时	(二)八十时	(一)四十时	(一)四十时	(一)二十五时	二百六十五时
体操	(四)一百六十时	(四)一百六十时	(三)一百二十时	(三)一百二十时	(三)七十五时	六百三十五时

右表，每年以授课四十周计，第四学年以授课二十五周计，照此标准，再除去临时休业及考试之时间，平均当可以九成实计。而自本科二年级为始，每周教授时间之排列拟两日六时、四日四时，俾每周之中得抽出四半日之精力，自由研究一二学科。理想所及，其成效当胜于现今。

虽然，照以上之规定，其旨趣非轻视普通学科也，不过于普通学科减少无用之教材，以节省学生之精力；而即腾出学生有用之精力，俾钻研有用之学科。故又深望校内诸师本此全体可决之时间表，研究教材，编制教授要目，以冀贯澈此主义精神。是又不佞所癙寐求之者也。

校长演说①

（九月）二日，九时，行始业式，新旧同学先期到校者一百七十八人。校长首先报告本学期职教员之更动，谓舍监狄荫甘及教员章伯英二先生因事退职，顾渭臣先生因病退职；添聘王绍曾先生任舍监，秦有成先生任算学，蔡有虔先生任讲习科国文，曹梦渔先生任讲习科历史，李玉彬先生任豫科级任及国文；校医华实孚先生因病告假，由顾子静先生代理；并添聘附属小学教员陈献可、乔仲亚两先生分任赴无锡、宜兴等县，司巡回讲演之责。继演说，云：

今夏假期甚长，两月中同学制作定大可观，而留校诸君亦辛勤作业，是可喜也。回念此假期中，余固大有所感，但不在校内，而在校外，试一述之。吾校成立，已五载于兹。当设校之初，锡邑不可谓非教育地，固以学校林立，而社会习尚又敦厚优善，见称于世。近者学校日增，交通愈便，论其表面，前途正未可量，孰意社会中之劣象亦与之俱长？阅《锡报》所载，离奇怪愕之事层出不穷。而自新世界开幕以后，事故尤多。今乃复闻有髦儿戏院新新世界开幕之说。其果然也，则社会之堕落正不知伊于胡底。若是则内地之无锡，与通商之上海等矣！人谓第二师范之所在非教育地，余则谓吾校之所处亦非教育地矣！诸同学异日毕业，有改良社会之天职，此其所肩负何等郑重！余今谨语诸同学，愿此后苟无要事，慎毋踯躅于马路等处，以为可乐；须知恶风，极易濡染，而又极易费我金钱，甚非学子之所宜。况我师范同学多系寒士，故尤宜注意于斯，防其渍染也。又无锡教育界夙称良善，乃近则风尚所趋，小学教员于假中纵博弄牌、饮食征逐者极多，亦已视为固然，相与安之。诸同学毕业以后，即为小学教员，不得不援为戒例者也。上届毕业同学任事乡村，有来函述不惯之感者，缘乡村与城市大相径庭，办事上不无棘手。又晤学务委员某君，述及乡民视学校不知为何物，往往以游乐地目之；每日游者接踵，教员不能公然拒绝，殊觉困难。又乡村大率无餐店饭馆，教员饮食每寄诸人家，允任代办者已万分情重，厨馔之美恶，无从论议。此乡村教员之所以苦也。然以余观之，要由学生时代先不能刻苦自励，一旦身为教员，遂益觉其苦耳。余向抱坚苦主

---

①　薛尊龄、徐鸿熙：《校内记事》，《江苏省立第三师范学校校友会杂志》，1916 年，上期。此文是薛尊龄、徐鸿熙根据顾倬演说记述而成的。篇名据正文内容而加。

义，而于吾校竟不能达其目的，言之可愧。此后，校内如有刻苦之处，深望诸同学忍受。若在校而养尊处优，则毕业同学之前车俱在，诸同学盍一思之？吾校房室清洁，随处粉饰，切望常保其新机，使之经久洁白。盖诸同学异日出而任事，要在以不整洁处而使之改为整洁。若今日整洁之地，犹不能保守，异日又安望哉？又吾校内研究各种科学，均有特殊教室，诸君切勿以为得意。毕业同学汤中君云："及伊校只房屋三间，设一教室，休息室已阙如。每日独任六七课，日无暇晷。休息时间，则教员、学生团聚一处。"言甚苦切。又某君云："校内同事对于校事专务推诿，伊一人每周授课乃至二十六七时，夜不成寐，行将抱病。"由上观之，诸同学今日在校内种种适意，正所以害诸同学耳。爰恳切为诸同学一谈，虽近琐屑，望勿以琐屑而忽之也。

校 长 演 说①

(九月)二十三日，午后三时，在东膳厅开全体谈话会，校长演说，云：

此次本校五周年②纪念开会宗旨，同学明析其意旨，固不乏人，而来宾中亦多能心知其意。忆韧之先生纪念辞云"今日之会，痛定思痛"一语，尤为深切。盖先生与余实共甘苦，余主校事，先生实推荐之，维持之，知之者深，宜乎有此言也。虽然，论"痛定思痛"一语，只谓余个人言之，诸君固无与于痛也。夫使余此次费如许之金钱，为余个人慰藉痛苦计可乎？要之，余之所以开此会而郑重将事者，视学校如孩提然，今五龄矣！五龄以前，长在家庭，有父母之保抱，兄姊之护持；五龄以后，则出就外傅，与社会相接触。诸君异日均须出校任事，均有与社会接触之一日，是以余于纪念会期，遍请各绅商来校宴聚者，亦以贡献吾校同人于社会焉耳。本省教育家颇主学校与社会之联络，余前曾致函邵刘先生，谓吾校基础未固，尚不克与社会相联络。今则毕业者已有三级，后且日增，而社会上之接触从此日繁。是吾校与社会之联络，诚汲汲不可缓矣！日前宴商界同人，余于席间，曾申明联络之意见，恳其相助者有二事：一则吾校同学如在校外有不良之行为，苟有所见，恳请报告；二则吾校同人对于商情市况，如有所调查，务希指教。当时商界诸人颇表赞同之意。至编演新剧，则其主意实在将不良教育之现象活现眼前，供男女来宾之借镜，而要非为行乐地也。余在校五载，岂至于今日而一变其素所主张乎？

此次纪念会，快意者殊多：一则聆名人之演讲，再则同学成绩亦尚可观。然学业无涯，万万不宜自满。惟愿诸君之猛进耳！韧之先生纪念词，其责效于吾校十周年③纪念时者甚切。五周年④已过，十周年⑤亦一刹那间耳。然在座诸君，则固均先后毕业出校任事矣！故十周年⑥成绩，半望诸君于社会上之施行，半望校内新同

---

①　薛尊龄、徐鸿熙：《校内记事》，《江苏省立第三师范学校校友会杂志》，1916年，上期。此文是薛尊龄、徐鸿熙根据顾倬演说记述而成的。篇名据正文内容而加。

②　原无"年"，据正文内容而改。

③　原无"年"，据正文内容而改。

④　原无"年"，据正文内容而改。

⑤　原无"年"，据正文内容而改。

⑥　原无"年"，据正文内容而改。

学之努力，此固不论。至本届陈列成绩最足引起人之兴味者，为四年级之图画。然究其所制作，是否合于小学应用，则有难言者矣！缘诸君制作时，未必以小学应用为前提，而确以美观为目的，色彩务求鲜艳，渲染务求精美，而合将来应用与否，不遑问也。吾望今后之制作，如绘史地、博物等图及各种图画，均望以小学教授上之应用为前提，此乃为真正有用之成绩矣！又二三年级所研究之各科，必能出其制作，以供献于社会，乃为成绩。一则在学业上之进行①，一则不可不联络在小学中任事之同学，求其指导。故余拟以在校同学之制作，付之小学为实地教授之使用，而加以批评订正，庶二三载后，成绩或可改观。

韧之先生又以巡回讲演事，望之吾诸同学，是又必于学校中先期练习之者。始吾校亦有雄辩会、谈话会等，后因鉴同学学识不足，渐流于空滑嬉戏之习，故遂中止。今吾校同学较昔程度渐进，举行分科研究，则同学研究之心得可藉演讲而表现于诸同学之前，法至善也，更进而可至社会演讲。日前吴稚辉先生在吾校讲演，滔滔不竭，非学识、经验两得者，必不能至此。故余主张社会教育事业，须由小学教师兼任。而演讲一端，其尤要矣！诸同学诚宜先练习之也。

体育方面，本年度当积极进行。前届毕业同学体格强健者亦复不少，而任事未达半载，身体已不堪其劳，况素所体弱者乎！故非身体康健，不足以为小学教师。然欲身体之健康，不可望之师长，而要在人人责之自己。吾校运动，素含强迫性质。夫运动而冠以"强迫"二字，运动之本意已完全消失。而同学尚思规避偷安，欲求健康得乎？健康之道，保养占十之三四，锻炼占十之六七。余向有不寐症，日中每觉疲倦，则绕行四处以振作之，益知精神能驱遣身体也。愿诸同学毋令身体役使精神，而必使精神役使身体，则身体必日强。故运动一端，诸同学不可不积极进行也。

世风日下，道德日漓。从前无锡社会之没得，今则荡焉泯焉，而日趋于骄奢淫靡之途，惟恐不及。游戏之场林立，诸君假日，与其踯躅此间，使吾晶莹洁白之意志坠于涂炭，何如寄迹湖山之为得乎！

又校友会各部组织已告成，其进行方法，各宜早日订定。暑期成绩，亦宜从速收集。此则望之各干事者。至全体同学，则须知校友会各部均有一定之程序。如图书室行将开放，所订规程，同学均宜遵守而实行之，书籍等亦宜慎重保护之。

---

① 原作"则一在学业上之进行"，误。

校 长 报 告①

(十一月六日)校长报告，云：

此次联合运动会，侥幸得团体竞技之首名，似觉于吾校颇增光彩，惟予今日所欲报告正不止此。此次赴会，余亦同往，颇有数端，实快予心。

一、秩序尚整

此次寄宿之地甚小，而师范生、小学生同居，颇觉欢洽，在会场时之秩序亦整。

会期之第二、第三两日，余任会场纠察，觉吾校秩序较胜于他校。惟第三日遇雨之时，稍觉紊乱。则不得不钦佩省立第五中学全队三四百人，站立雨中三四小时，毫无怯状；会场之军乐队，亦为彼校所任；于此大雨之中，军乐洋洋不绝；雨越大，声愈整，全队精神充足，此则吾校所望尘不及者也。

二、身体尚足以胜任

此次个人竞技中，八百八十码、四百四十码二种赛跑，他校虽占优势，而运动员之身体极呈疲乏之态；吾校此二种运动均列第二，而运动员仍觉精神抖擞，其余各同学亦均无疲乏之现象，此则平日锻炼之益也。

而余此次最满意者，莫如吾校童子军。盖童子军之一部分，露宿营帐三四夜，夫以十余龄之儿童，餐风饮露于营幕中，如是之久，日间之职务尤重，余深虑其不胜任，乃愈作而愈有精神，此吾童子军之特色，而余所最快意者也。

吾校此次在会场中颇负盛名誉。吾昨遇濮仲厚先生，极称吾校，谓种种动作均有精神，且谓吾校童子军极受军警两界之赞美，称为全场童子军之冠。凡此种种，均能满意。惟其所不足者，此次运动会第一日预赛完全失败，同学尚能处之泰然；第二日稍得分数，吾谓即此已足；而第三日无意之中，骤得优胜，同学闻此信时，几轶常轨，眉飞色舞，此则不免遇宠而有矜色耳。

---

① 薛尊龄、徐鸿熙：《校内记事》，《江苏省立第三师范学校校友会杂志》，1916年，上期。此文是薛尊龄、徐鸿熙根据顾倬演说记述而成的。篇名据正文内容而加。

校 长 演 说①

(十一月)十四日，下午四时，在东膳厅开全体谈话会，校长演说，略云：

余有无限要言，欲与诸君畅谈，但终不得适宜之时。今日时间又甚忽促，姑先以最要者言之。诸君其静听，毋忽！

一、运动

余素提倡运动，诚以体育虽有种种方面，而以运动为归。故余屡欲设法进行，而不得其机。今逢校中团体竞技获得优胜，各同学皆兴高采烈之际，实为极好机会。故吾素所积于中者，乃得前进一步，规定二月开一小运动会，藉银爵为鼓励之矢。然吾有言者，去年运动会以竞争之结果，致某某两级意见颇不融洽，今复若此，岂非不顾前辙而复蹈之乎？须知竞争在对外，而不在对内。在外云者，当为国际的，远东运动会乃可言耳。今在校中，则得之何足荣，失之何足辱？是设此爵奖之志趣，要在鼓励运动，鼓励精神焉耳。虽然，诸君又须知校中鼓励运动，非可奋不顾身，而宜持之有节，盖运动有益者也；然若操之太过，则反有害。故诸君运动，当取渐进主义，时时运动而不觉疲，然后日日无间，进寸进尺，终有达到目的之一日。吾见诸君今日太好运动，又觉不放心。何者？在扬时闻诸友人言，某校此次各个竞技虽最优胜，然实得不偿失，盖以彼运动员所缺之课为甚多故也。是则诸君近日之运动兴味太高，须知所自省矣！昨日教授研究会有议案云："运动当自然发达，严究过度运动。若运动后有心跳、头晕、气急、吐血等现象者，当停止其运动。盖运动后而若发见心跳、吐血等现象，则实为大病之原耳。"又云："餐后一时间，切不可运动。盖此时胃中方饱，宜乎休息，方能消化。若运动，是碍卫生矣！"又云："运动进行，既有鼓励，尤宜注意体格。凡运动得胜后，须检查体格。若全级体重降退，则停给奖赏。"此皆严防诸君之不顾身体而浪进也。理事公布后，诸君当牢记于心，遵守毋忽。以上言运动之进行者。然运动仅及体之外部，外部发达矣，尤当注意内部。若内脏而欲发达，则必藉深呼吸。余今知高师朝操，注重深

---

① 薛尊龄、徐鸿熙：《校内记事》，《江苏省立第三师范学校校友会杂志》，1916 年，上期。此文是薛尊龄、徐鸿熙根据顾倬演说记述而成的。篇名据正文内容而加。

呼吸，拟调查而仿效之。诚使外部既发达而内部亦强健，诸君精神日加，则体育之目的达矣！

二、学业

诸君之从事学业，可一言以蔽之曰："无恒心。"校中事务虽多，然苟能自定日课表，则处之裕如。余自扬州返校后，观诸同学之学业，有大不满意者。如校中三二年级之自由研究，当依规定时刻，悉心研究，顺序渐进，方能有益；若一暴十寒，则大不可。余观手工组中之模型制作，在规定时间内，手工教室中杳无一人；询之，入自修室矣！夫模型为有趣味之工作，于社会教育方面，大有裨益。校中特为诸君装置电灯于手工教室，今乃舍而入自修室中，微论在室中不能孜孜力作，即为之，亦有妨碍他事。长此以往，恐此事消灭于无形中矣！东文一课，系诸君自愿，其始学者甚众，曾几何时，人数渐少，几不能及半数。于是，下正式出组之令。今所余者，止五六十人矣！吴师授此课甚为热心，以四年级同学修业时间甚少也，故先教以速成法。而今则用书教授，倘能耐心求之，当无不成，或作或辍，则大不可。诸君又须知今日适当吾国教育过渡时代，本国书籍虽多，而未能切于实用；目下所可用者，仅仅书中教科书耳，大都略而不详。故欲求学业之精深，不得不藉他国之书籍，以灌输之。然欲读西文书籍，其程度良非易易。所幸日本数十年来出版之教育科学书籍颇为不少，若能融会贯通，亦殊足用。故校中添办书籍，此后拟附以东文。但同学未谙东文，安能翻阅其书？故吾意拟自本科二年级始，加入东文一科。今乃出诸君自愿，是诚绝好机会，而孰知几有半途而废之现象哉？务望努力无懈，达其目的可也。前日又见理化室中所制作之成绩多未结束，此亦应注意者。"夫为山九仞，功亏一篑。"古人其诏我矣！吾人作事，当一一了结，不可随意中止，诸君急宜注意。国文组之中印刷品，余尝一见之，往往有差误处，又或以字义不明，任意更改原句。夫读书贵乎善疑，岂可率尔若此？此种印刷品，不由职员校刊，倘流传于外，岂非笑柄乎？今日之谈话，余请再以数语结之，曰：在运动不可过分，在学业则宜规定时间，悉心研究之，而皆以顺序渐进、永无间断为至要。

校 长 演 说①

六年元旦，休业一日。八时，在东膳厅行庆贺礼，并开全体谈话会，首由校长演说，略云：

今日为中华民国六年元旦，余于庆贺方面无甚言语，顾欲为诸同学告者，孟子尝云："平旦之气。"元旦为一岁之始，当为诸同学良心发现之时，故余亦以良心上之谈话告诸同学。余自任职本校以来，与诸同学谈话夥矣！但从不轻谈余历史及其志愿，盖生平不愿自矜，且深以言行不能相符为耻。乃诸同学现几不识余为何如人，余固有不能不言者。至关于校务上之主张，固屡屡为诸同学言之，而诸同学业已淡忘，则有不能无言者。试一一述之如下：

一②、余之历史

余三岁失怙，家无斗石之储，赖先母苦节，抚孤以至成立。先母教育之良，为近今所不能觏。故余幼时，实有与常儿异者。五岁入塾，至十五岁，为受家庭及学塾教育之时。于此时期之内，在常儿则嬉戏性成，余则年九龄，先母令余就学于龚叔度先师。师为无锡德望最著之人，敬余先母，且深爱余，出所藏足以涵养德性高尚志节之书，置余案头，任其展诵。故余当十三四岁时，情窦初开，虽未尝无惝恍游移之思想，然终赖先母、先师之感化监察，言动行为未尝逾常轨。及年十五，而意志定矣！自十六至三十一岁，一方面自营生活，一方面矢志求学，时文、掌故、考据、词章，均曾加研究。洎乎中日之战，方设帐为儿童师。馆主颇明达，书斋中常得见新书、报纸。当日名之为时务，固举世不问新学时也。余玩读此类书，心怦然动。自念余向之所学，或者多陈旧不适用，思想稍稍变，然苦于不能多得书。会逢戊戌政变，我国人乃知科学之重。而余亦肄业南菁书院，旋改学校，余在校中受监督丁叔衡师之知遇，同学多高材生，复得切磋之益。旋复以地方公费，留学日本宏文学院，学习师范，是为余意志改革之时。留日诸同学实多俊杰，而余亦自问不

① 薛尊龄、徐鸿熙：《校内记事》，《江苏省立第三师范学校校友会杂志》，1916年，上期。此文是薛尊龄、徐鸿熙根据顾倬演说记述而成的。篇名据正文内容而加。
② 原作"（一）"，据通行写法而改。

弱。回忆当日求学情形，与今日诸同学判如霄壤。每日晨六时起，夜十二时寝，置闹钟于枕边以自警。初至日本，与他同志同居旅舍，饮食甚佳。余自念以赤贫之子，抛弃老母，置家计于不问，而又饱口食之欲，于心何安？因离群索居，独租日本下宿中四席之一楼面住其中，菜蔬乃可不食，而余则得月节银数元寄归，以供家用。每餐酱油汤一碗，白饭三盂，习以为常。及后为诸同学所知，遂以余留学中刻苦自励之状，传播及于里中。先母知之，暑假后托人带到瓜皮、咸菜等件，余得之，如获珍羞焉。当留学时，研究学业所积之讲义、笔记，为数甚夥。洎归任东林校务，会逢毁学之变，举凡在日本时所研究之心得，及以前历年著述，乃悉数抛弃无遗焉。自此以后，至于今日，为余置身教育时代。承乏本校，亦已六年，初意生平所受之教育及其经历，得以稍稍发舒。于是，以责己十者，责同学以二三，而诸同学精力既所不胜，意旨亦大相反，此则不胜感慨者也。

　　二①、余之志愿

　　余幼时，志在作一谨慎诚实之人耳。及游学日本，受种种之刺激，时以所见所闻，与吾国之国故民情相对照，生存竞争之感想油然而生，乃矢志归国以后，必求有补于社会。洎承乏东林小学校，殊不愿随俗浮沈。故凡事不辞劳苦，尽心力以为之。积是者七八年，受社会官厅之委托，承乏本校。此数年中，历经困苦②状况，诸职员及高级同学殆多知之。虽然，与夫经济之缺乏、外界之种种刺激，均不足动余之忧思。惟揣③度校内之情形，不能贯澈吾之意旨，则灰心短气莫此为甚。要之，余之志愿，对于在校诸同学，窃以为受家庭之属托、社会之期望，要当竭吾之力，使诸同学至毕业之日，咸能无愧乎为人。诸同学须知当今之世，非有道德、有知识、有生活能力，殆不可谓人。余之对于品学较逊之同学，所以不肯不尽心督责之者，凡为此也。对于毕业诸同学，则窃望其与本校有团结不可解之关系。故力所能及，必尽吾诚，而督察亦不肯稍懈。上年暑期以后，请小学教员陈献可、乔仲亚先生任赴各县巡回讲演员，曾托于毕业同学任事之处，时加注意。而毕业同学之就职于近处者，余亦历次亲往考察。总之，余之志愿，必欲毕业同学之精神与吾校内职员、同学之精神联结而为一体。故一方面求毕业同学之成绩，能取信于社会、家庭，一方面冀校内同人切实研究，随时有印刷品、教便物之发布，以永为吾毕业同学应用上、学识上之补助。惟然，乃出其全力以经营校友会。盖校友会乃吾校校友永永团结之机关也。校内诸同学于设立校友会之志趣，大率茫然不知。惟以余属望于校友会所办之事业者至大，故不得不先事经营校友会之资产。观之今日校友会之

---

　　①　原作"（二）"，据通行写法而改。

　　②　原作"若"，误。

　　③　原作"惴"，误。

事业，方属始基，其需费犹轻。故余既竭其才力，以增进校友会之收入，提其收入之一小部分，供现今各项之开支，而仍以其大部分经营殖产。苟不拂吾之进行，再历四五年，校友会之实力将益形雄厚。至吾校友会现今之所印行者，仅仅杂志一种，此不过为学校之机关，使吾各校友知校内之情形而已。兹二年级以上已行分科研究之制，诚使研究批评交相为用，而其结果乃能以两校同人研究所得者随时发布，以供吾校内同人及毕业诸同学之利用，则吾之志愿达，而校友会之设立为不虚矣！

本此怀抱，行之数年，至于今而有令吾愤恨欲绝者，试进言之：

（一）风纪颓坏

当本校创办之初，现在四年级为预科，三年级为补习班时，风纪最善。盖其时地方小，人数少，精神易于贯注，故颇有亲和整肃之风。嗣后风纪日落，至于今日，较之从前，判如霄壤。夫吾国人民素无规律。惟然，故任其所至，无往不出以捣乱。余于本校，素以养成有规律之青年，冀他日得为有秩序之国民自任；而其结果，乃觉数年心血悉付东流，能无愤慨？

（二）意志背驰

余富有急公心，而同学则否。盖余视学校为家庭，视同学为子弟，事事以学校为前提，求有益于诸同学，不过所期望于同学者切。故爱之以德，而不肯流于姑息。在同学则何如者？知有个人，不知有学校。即琐事言之，如会场记录，亦且迟延至数月，屡屡催促，而不缴纳。即去岁赴扬运动员回校，校内同学自行发起开迎欢会；而其记录，至今未克缴齐。即此一端，可概其余。

余主积极进行，而同学则否。盖余对于校事，时时自以为不足，无论经费之缺乏、外界之影响，在在足以阻我校之进行。然苟有一线可以进行之机，余必尽其力以图之。在同学则何如者？对于学业，既存得过且过之思；对于校事，尤抱与我何干之念；驯至职员之好意，而多数同学咸以歹意视之。

余有研究心，而同学则否。余自问临事虽不免专断，而事前事后则颇虚心；学识、才德，亦时时自觉其不能称职。在同学则何如者？如暑期宿题，由来已久，而去年所缴纳者寥寥无几。以吾所闻所见，多数同学概不缴纳。闻之议者，为不愿留存校中；质言之，是自信制作优美，无用教员之评判也。抑知校中之留存成绩，非为学校体面起见，为供诸同学研究计也。故定章，课外制作至毕业时一律发回。而诸同学之意旨乃如此，暑期制作、课外制作无论矣！今则并揭示板上所揭示之平时成绩，而亦寥寥。是诸同学之研究心之缺乏，昭然若揭。

余往者对于学校之进行，素持渐进主义，以为今岁不能，可望之来岁；此级不能，可望之彼级，固未尝有厌弃之思也。今则因种种事故，希望遂已断绝，然窃不自解其何以至此。因详细探访其原因，而得诸同学对余不信仰之心理如下：

1①. 以余为学识平常

余之学识平常，余固自知之。即如教育一科，自问以从前之经历，当可担任。乃近岁以来，校务来宾纷然并集，几无预备之时，遂至课堂以上全乏精神，其他更不待论，是固余之所极端承认者也。

2②. 以余为大专制

同学心理，若视余为专制魔王。但余自问凡同学之所陈情，虽意志不合，而理由充足者，余决不胶持成见。惟无意识之举动，不规则之言行，则虽经他职员之允许，余亦不肯放松，是当分别言之。

3③. 以余为宽严不当

余之训练旨趣，所已经布告于公众者，一铲除固有之劣根性，二养成自动能力。故论其方针，无所谓宽严也。对于品性优良之同学，则时时不加干涉，而引诱其自动；对于品性不良之同学，则主张先除其固有之劣性，然后再引其自动。同学之程度各殊，即其训迪之方法亦各殊，不惟因人而异，且因时而异。窃自谓训练方针，当以此为正轨。失人之咎，固所难辞；大公之心，则未尝变易。是则宽严不适当之言，乃余之所极端不能承认者也。

4④. 伙食关系

伙食一项，余经历之困苦，详言之，可历数时，兹试简括言之。吾校始本合食，及后舍监章秉嘉先生主张分食，经各职员议决而后定。分食以后，厨丁骤感困难，菜蔬至劣。余与章舍监力尽指导之责，菜蔬乃粗可食。及后校中经济困难，积欠伙食之资，动以千计，而厨丁不以为苦。余复加研究，知其获利颇丰，乃决计自营伙食，而以所余充校友会经费。然当自办之初，庶务既系生手，厨丁又不负责，菜蔬乃愈不可食。前岁余病中深思振顿之方，至校而经费奇困，一筹莫展。及至本年二月，乃能畅行余志，既研求制办食料之方，又剔除厨丁之弊，菜蔬乃渐渐丰，而校友会所收之利益亦不少。盖几费苦心，而后有此成绩也。诸同学不察，顾犹以为费多中饱，谣啄纷纭，浮议如此，良知安在？

余自闻此浮议，愤恨无似，决心去职，以让贤者。嗣经职员及各级同学代表前来多方解释，余姑收回去职之思，以待将来。兹请与诸君援故语以相约曰："从前种种譬如今日死，从后种种譬如今日生。"在同学，当洗割旧习。而余则自今而后，决计改变方针，立于观察地位，以半年为期。诸同学而果改观，则余决不去职，而亦莫或能令余去也；苟不然，则亦莫或能留余也。今后舍务由舍监完全负责，级务

---

① 原作"（一）"，据通行写法而改。
② 原作"（二）"，据通行写法而改。
③ 原作"（三）"，据通行写法而改。
④ 原作"（四）"，据通行写法而改。

由级任教员完全负责，会务则由总务、运动、学艺等部长完全负责。至于诸同学今后之所宜注意者：

一、现今各级至为涣散。凡各级优良分子，当急急自行团结，以增进中坚势力。

二、级长、舍长、室长、干事长等对于同学，当尽协同规劝之责；对于职员，当尽沟通报告之责。选举各长时，不宜以感情用事；既已选定，复经委任，则不可不服从。

夫使此次大风骤起，能吹散满天云雾，而照见白日青天，是学校前途之幸；苟以大风骤起，而举海滨寄泊之舟——吹入大海中，则沈没亦即在俄顷间。一任诸同学好自为之而已。

本校特派员巡回演讲概况①

本校于五年九月至六年七月之一年中，派附属小学教员陈君献可、乔君仲亚，分赴无锡、江阴、宜兴、靖江、武进五县地方小学，举行巡回讲演。先由倬与五县教育行政机关通函商榷进行之标准，陈君、乔君乃分道出发。每至一市乡，勾留之期，久历旬有余日，少亦一周。其次序先由讲演员赴地方小学参观，然后由各地方学务委员招集小学教员，会合一所，相共讨论；陈君、乔君又随时讲演新教育之主义、方针，间亦应地方人士之请，举行范教。统计陈君所至，为宜兴、靖江、武进三县：在宜兴参观地点，计历十区，都七十一校，实地教授者六次，开会讲演及研究者十余次；在靖江参观地点，计历六区，都四十八校，实地教授者三次，开会讲演及研究者五次；在武进参观地点，计历六区，都二十三校，开会讲演及研究者十九次，实地教授者一次。乔君所至，为无锡、江阴两县：在无锡参观地点，计历十五区，都一百三十八校，开会讲演及研究者十四次，实地教授者两次；在江阴参观地点，计历六区，都二十四校，开会研究者六次。（乔君因病中辍多日。）此其概略也。

陈、乔两君足迹所至，深受地方人士之欢迎。凡遇讲演、研究之时，地方人士均有笔记。宜兴一县，则由学务委员收集所属记录之稿，重寄本校；经陈君汰其繁芜，删其重复，付之油印，还以分赠宜兴教育界诸君子。靖江，则由本县教育会中，收集历届记录底稿，付之油印；惟未经陈君订正，故复沓、错误之处在所不能免。无锡，则为期最久，讲演、研究、谈话之资料最多，卒未克全数收集；往年曾由乔君将已集之稿加以整理，因校员事务甚冗，嘱县教育会书记高君缮写，忽忽半年，未能缴纳；窃以时日已遥，地方人士之注意力已散，拟不付印。江阴，则演讲记录见寄者仅两处。武进，则阙如焉。两君成绩之报告如此。

巡回讲演之举影响于地方小学者甚大，惟其实全视各县行政机关赞助力之如何以为断。统计此次成绩之昭著，以无锡为最，良由县署第三科主任钱君孙卿、县视学孙君仲襄出其实力实心以相助。故各市乡学务委员争先恐后以迎接乔君。一般小学教员，其精神、其视线自集注于乔君一身。历时八阅月，而未到之处，犹引为憾

---

① 顾倬：《本校特派员巡回演讲概况》，《江苏省立第三师范学校校友会杂志》，1916年，下期。

事焉。其次，则宜兴县署第三科主任潘君莘伯、县视学路君鸣谦及各市乡学务委员招待之挚、期望之诚殆与无锡同，宾至既已如归，斯相得益彰固意中事。要之，此举全为省校与地方小学联络感情，共同研究，绝无丝毫政治意味介于其间，锡、宜两邑之行政人员乃能心心相印，此则至为感佩者也。

由是思之，巡回讲演之举为促进地方小学研究教育之要图，惟其机括全操于地方人士。倘能虚衷求益，本诚意以相迎，其效果固远胜于出外参观。何也？一为往学，则凡各地优良小学殆无不经有志之士，积多年之经营惨淡而成；吾人仓卒之间必不能详究其历史，确识其人才，而就其优点强事模仿，其于吾校枘凿不相容者殊多，否亦不免取貌遗神焉耳。一为来教，则凡吾人经验界之缺憾及其特殊状况，无不可就正于人而求其指示；数日之晤谈，一二时之讲演范教，其有补于吾人之体验者殊多，是固机会之难能而可贵者也。然苟存顾忌之心，则来宾戾止，不免彰我之短，雅不愿于省县视学之外再添一省校讲演员。于是直者则表示不欢迎之态度，黠者则为无限之要求，使来宾自感困难而废然思返。以故倬于此举，认为省校之所当行，而又谓未便勉强行之者，殆以此也。

本校巡回讲演员，自六年九月起，已改为一人，以视察毕业生服务为专责，而暂行中止赴地方小学从事讲演。兹因整理杂志稿本，特记其概略如此。

参观竞志女学校国文成绩评论①

倬承保三先生之招，参观贵校诸同学成绩，因事至冗，仅得抽览各级国文成绩；而小学一部，又仅仅得览年假考试诸作，未敢云窥豹一斑也。保三先生乃殷勤以批判见嘱。自问十数年来，学殖荒落，何敢妄下批评？右之所述，殆发布倬胸中之感想而已。

一②、中小学校国文当造成何种程度？

二③、女子中小学校之国文当注意何点？

就第一点言之，中小学校国文成绩之低落，已成不可逃之势。何也？吾国文字本不易习，习矣而不易精。当世能文之士，其资格之老、功候之深无论矣！即浅陋如不才，回溯从前所孜孜而不舍者亦固有年，而不善于文犹如此。今乃以小小学生，小小时间，而欲其文字之不低落，此必无之事也。惟所当研究者，低落可也，低落而遂无意识、无思想，乃至欲通一情，欲述一事，格者而不能吐，则吾国吾种行将随之消灭，此吾人所当大惧者也。以故中小学校之学生，所读者、所作者不外乎普通文。普通文之深浅，向无界说。窃谓文之形式以清顺为始基，至畅达而造其极；文之实质，以所见、所闻、所传习者，一一能发抒之于文，如是足矣！使吾国之中小学生得有此一日，则进而可研究各种学术，退而可施之实用。由前之说，则贵校各级国文于"清顺畅达"四字实无愧色；由后之说，则可商榷者犹多。（一）思想单纯。初等各级之国文，意思、语句、结构，全级数十人大率相同，似系命题之后授与内容，则学生固有之思想纯为所限，久之而能力尽失，将惟教师是赖。此实今日各地初等小学普遍之弊病，似贵校亦在所不免。鄙意教授国文，莫要于整理学生之思想。如初年级儿童，既入学校，历半年之久，所认识者虽不能过百字，教授苟得其宜，能使儿童即此百字纵横颠倒，拼合而成无数之新语句；再儿童尽有胸中所有之字而为目所不识、手所不能书者，一经教师指示，儿童复于课本之外得无数之新字，识字愈多，思想愈富；夫而后积字成句，积句成文，句法、文法又一一随

① 顾倬：《参观竞志女学校〈国文〉成绩评论》，《江苏省立第三师范学校校友会杂志》，1916年，下期。

② 原作"（一）"，据通行写法而改。

③ 原作"（二）"，据通行写法而改。

其意之所至，整理之而排比之，则儿童能力日益发展矣！年级愈高，读书愈多，思想亦愈富。所作之文，必令与所读之书、所经历之环象相关联，使知无论古人之书、今人之书与吾人四围之环象无一非文中良好之资料，而吾之笔乃能纵横曲折，以尽达吾意之所欲言，此文之所以足贵也。贵校高等及中学各级，教师所命之题、学生所作之文，堂皇深远、博大昌明之美点尽备，而惟觉与所读之书、所经历之环象无甚关系。（述本学期校内之概况及酌议增减各科钟点以便更订课程两题，又命意在询问高三女生毕业后志升何校之一题，美则美矣，而窃有所不足，要当别论。）是仅知文之为文，而不知中小学生之所以为文。其用至为广博，则思想单纯之故也。（二）①意旨空泛。吾人胸中所有之知识、感情、意志，发之于口则为语言，出之于笔则为文字。是故读其文，即如见其人之学问、性情，此文之所以足贵也。自后世能文之士日日以文自矜，于是文与质乃离而为二，及科举盛而文愈空。举所谓以载道，以写情，以言志，以发布读书治事之心得与经验者，一一消归乌有，而文又何足称？不才常窃叹科举之毒深中于人心，至今学校中之文辞仍含有科举之余味。以故不就所读之书、所经历之环象以命题，以作文，而教者日日搜索枯肠以出空泛之文题，学者亦日日搜索枯肠以作空泛之文字。兹读贵校中小学之国文，亦不免有此感想。贵校高等二年级以上应试之卷不乏佳著，批评改削之认真，尤为佩仰。然即各级文题为不才所至佩者，静以思之，犹不觉有讨论之余地。如记本校校园之景，不若记本校校园之作业为更有精神也；述本学期校内之概况，不若本学期学业之回顾为更有精神也。夫使教者、学者对于国文时时视以为切己之学，内与各科学收一贯之益，外适于实用，则吾国文字由此有革新之望。而吾人读之，觉其清切而有味者乃不在古人高深优美之文辞，而转在今日中小学生低浅之文辞矣！此又不才之所主张，以为今后之文辞宜力矫空泛之失者也。

　　就第二点言之，吾国女子宜养成何种人才，此又至可研究者也。今后之世界竞争愈烈，需才愈殷，女子必与男子并重。吾知哲理、科学、教育之大家，此后必多女子特放异彩，矧文学为各种学业之管钥而系吾国数千年之国粹者乎？惟就现今吾国程度低下之女子而论，则断不能一蹴几。是则今日社会之所最需要，在为贤母、为良妻、为诚恳之教育者。女子之效忠于社会，吾人之深得女子赞助之益者，道在斯矣！故窃谓女子高等小学以上，所讲读之文章、所阅览之书籍，要当注意此点；言为心声，即平日所作之文，亦当注意此点。若夫精研文学，则虽为女子性质之所宜，但出于个人自由之研究固无不可；若视为普通教育之要点，则不无讨论之余地者也。

　　右所云云，自知谬妄，还请保三先生及诸君子有以教正之。

---

　　①　原作"（一）"，据通行写法而改。

说权利、义务①

权利、义务，为相对之名词，夫人而知之矣！虽然，世界人类，其上焉者，知有义务，不知有权利；其下焉者，知有权利，不知有义务；属在中材，则斤斤于义务、权利，两者均不甘放弃，此其大较也。试证之吾国往哲之言行，孔子曰："君子喻于义，小人喻于利。"又曰："见利思义。"伊尹之言曰："予天民之先觉者也，予将以斯道觉斯民也，非予觉之而谁也？"诸葛武侯之言曰："鞠躬尽瘁，死而后已。"范文正之言曰："先天下之忧而忧，后天下之乐而乐。"岳武穆之言曰："金虏未灭，何以家为？"文文山之言曰："读圣贤书，所学何事？而今而后，庶几无愧！"史阁部之言曰："上恐负朝廷，下恐愧②吾师。"曾文正之言曰："无贪无竞，省事清心。一介不苟，鬼伏神钦。"又曰："耳眼俱到，心力交瘁。困知勉行，夜以继日。"凡此皆吾国先民之名论，于义务则惟恐不能尽，而绝无权利之见夹杂于胸中者也。近今伟哲蔡松坡先生毅然以拥护共和、争持人格为己任，倡义滇南，抱病苦战；积经数月，而帝制推翻之后，各省争款争饷，时有所闻；以劳苦功高之滇军独无一言齿及饷糈，其知有义务、不知有权利又如此，讵非吾人之模范也耶？

吾尝私念今日之恶浊空气弥漫于各社会也甚矣！必得多数知有义务、不知有权利之人，起而膺社会之重任，乃足以拨云雾而见青天。又念觇国是者，率以国势之强，归功于教育。是必任教育之责者抱高尚之理想，现高尚之行为，毅然与社会相抵抗，尽先觉先知之责，以牖启后人。夫而后全国人民之志向因以转移，乃能收功于教育。吾固日日望教育界之义务心浓、权利心淡，即不能达，亦望其为得一分权利、必知尽一分义务之人。吾不敢责他人，吾以之自责，并责吾在校及毕业同学。

师范毕业生，部章、省令明定有服务年限。服务云者，非义务之谓也。苟以义务论之，犹忆本校第一届讲习科同学行毕业式时，侯君保三演说曰："诸君受社会之豢养，亦已有年。如以尽义务为言，则出任地方小学教员，必丝毫不受地方小学之权利，乃可以言报答。"此实破的之言。夫以他种学校之学生平时缴纳各种费用，辛勤求学，而毕业之后欲求一啖饭处而不得者甚夥。惟习师范者，在求学期中既受特别之待遇，而毕业之后又复到处欢迎；其成绩优良者，方且各出重俸以相罗致；

---

① 顾倬：《说权利、义务》，《江苏省立第三师范学校校友会杂志》，1916 年，下期。

② 原作"负"，据方苞《方望溪全集》而改。

政令既加督促，社团又极鼓吹，是何等幸而为师范生。独受此种种特待之权利，岂真天之骄子、中国之主人翁乎？夫亦可深思其故矣！思之思之，学校之注重师范，良以师范教育为各种教育之母。任立法、行政之责者，及各地方之热心公益者，不愿以教育事业付之不知谁何之人。故特设师范学校，以造就师资，非特厚于师范生也，亦非世界中特有此终南捷径为吾人啖饭地也。是则为师范生者，当知今日之待遇，权利也；将来之地位，亦权利也；既有特享之权利，自有当尽之义务。义务若何？自其大者言之，既为师范生，当矢志以教育终身，不游移于教育以外之事业；既为师范生，当知异日身肩教育重任，不容自误误人，则于德、智、体三育不可不尽力修养，以勉为第一流人物；既为师范生，当留意各本乡教育之状况，间接、直接以促其改良进步，凡此皆在校时之责也。自其小者言之，学生时代本宜服务，而习师范者对于校中服务尤当注重，义务则然也；学生时代本宜耐苦，而习师范者对于校中饮食起居尤当视为忍性、动心之具，义务则然也；学生时代本宜尊师亲友，而习师范者尤当感师长培植之恩，尽同学切磋之责，义务则然也；全国人民对于国家、社会有纳税、输捐之义务，学生时代实学做人，故求学时缴纳正费之外，宜纳杂费与公益捐，而习师范者对于此类费用尤当踊跃输将，义务则然也。师范生而知此义，则于学校中种种设施当无不心旷而神怡矣！

洎乎毕业以后，出任小学教员，则当知小学教员为全国最重要之人。造成有用有为之国民，振兴次代之文化，悉惟小学教员是赖。且自问以社会中特待之师范生，而复受社会之敬礼，衡以报施之道，要当如何？则其应尽之义务，固有未可轻言者。要之，不慕浮名，不贪小利，兢兢焉以实心、毅力，尽吾之所当为，不过为教育之天职。必五年、十年之后，在吾校者，无一人不得其所；出吾校者，其人格实高出于他国民。夫而后吾之学校，真能为改良社会之权舆。而吾之义务乃尽，即享受此权利而无愧色。若使任事者仅于教育界中博得一诚恳之名，而其成绩实无以表现于社会，则始基犹未固也。

持是义以衡量吾在校毕业诸同学，其能合此轨辙①者为谁？吾愿与诸同学详悉研究之！

---

① 原作"辄"，误。

对于讲演会之管见①

民国元、二两年，吾校盛开讲演雄辩②之会，旋停止雄辩③。而每遇适当时机，仍提倡学生讲演。年来讲演会集亦屡辍不开，在校年限较短之同学有入校后未与此会者。故本届国耻纪念日之讲演，或不免视为创举，循是以往，仍拟陆续进行。则余之对于此会始盛中衰而兹复恢复之原因，及吾人对于讲演时应注意之点，要不可以无言。

师范生毕业以后，出任小学教员，于口才之良否关系甚大。且以现今状况论之，任学校教员者不得不兼顾社会教育，则口才尤为重要。余固深知师范生之口才不得不于学校中练习之，则讲演雄辩④之举尚矣！虽然，讲演雄辩⑤，其表视乎口才，而其实则本于学力。学力充足而口才又能发表之，言者固精力弥满，听者亦兴会淋漓，斯双方均乐而忘倦。否则，从事讲演，登坛以后，一种嗫嚅羞缩之态既甚难堪，而讲演之内容又足以发人噱笑。从事雄辩⑥，而彼此斥斥，如村妇之相骂口，因此而会场之上既大露轻狂讪笑之风，会外更显分派别，伐异而党同，则得益微而流弊转大。元、二两年，历试屡验，觉其因果实大类是。故毅然思反，个人心志渐转移于涵养诸同学充分之学力，由活动而归于寂静，职是之故。

虽然，数年以来，社会之需讲演员也益甚，故各校咸提倡讲说竞争。而省行政机关且有特设巡回讲演团之举，则吾校亦何可守其岑寂之常？又念省立巡回讲演团，主其事者，于团员出发之前，先尽力加以训练。是则吾校从前成绩之不良固当归咎于办法之未善，而非其事之不可行。以故对于高年级生，既拟勤举小学艺会，以为学业上之讲演，而于各级复拟规复普通讲演，以辅佐之。此讲演会之所以复活也。

惟然而讲演者所当注意之点，试举之如左：

---

① 顾倬：《对于讲演会之管见》，《江苏省立第三师范学校校友会杂志》，1916 年，下期。
② 原作“辨”，误。
③ 原作“辨”，误。
④ 原作“辨”，误。
⑤ 原作“辨”，误。
⑥ 原作“辨”，误。

一、讲演前之准备

教生试教成绩之优拙，其关系虽有种种，而以教案为最要。即在最老练之教生，于上课之前，亦不能不加预备。盖非是，则课堂之上必不能裕如电。以故初实习之教员，苟非乞灵于教案，即欲为数分钟之敷衍而良难，讲演亦然。彼老于讲演者，当机一触，清辩滔滔，历数小时而不竭，其口才、其姿态能令四座宾朋如坐春风，为之俱化。此则由于根底之深厚、经验之丰富，断非吾辈所能骤几。以故欲事讲演，必先拟题。题目既已切当，则须搜求材料，又须审度听者之程度及心理，以编成演稿，牢记之而熟读之，且留临时活动地步，夫而后可以登坛讲演。至其态度、音调，亦宜预先练习。昔无锡有一演说家，其人品、学问均无足取，而演说时秩然有次，姿态、音调实令雅俗共赏，一时绅学界为之哄动，是果操何术以致此欤？闻其生平于演讲工夫，练习至为刻苦，常于一室之中，对镜演说，故音调以练习久而流利圆畅，姿态以练习久而一笑一颦均足以移人情，此亦演说之一术也。

二①、讲演时之注意

讲员登坛以后，其精神必首尾贯注。即所注意之一点，反复敷陈，分章断节，一丝不乱。音调之疾徐、轻重，随在表现其演词之脉络筋节。苟得善录者振笔书之，则洋洋洒洒，自成为一篇美满之文章，夫而后能吸收听者之精神，使之忘倦。其姿态又须或庄或谐，目送手挥，以为之助。而最要者，须揣摩听者之心理及程度，以变化其演词。听者如有怀疑之状况，则引经举典以坚其信从；听者如露厌倦之情形，则谈笑插科以振其兴味；听者如凝神思索，则发挥义蕴，陈述情实，益当力求深入，以动其真挚之性情。讲演之能力，夫固随学识、经验以俱进。然当此从事练习之时，演坛之上，固有不容不郑重视之者。诚即吾之所述而研求之，虽不中，不远矣！

三②、演讲后之反省及批评

上述两节要矣！而讲演后之反省及批评，为尤要。何也？讲演虽小道，然非专心致志以求之则不得。练习之初，预备即充足，临时即镇定，而其缺点必甚多，以故讲演之后必须反省。举凡词旨之谬误、声音之强弱，及所预备事项种种失败，与临时不能活用之处，一一自加检点，冀后此之得以改观，而又须求人之批评。盖立足于大庭广众之中，讲演时间即甚短促，而演词、演态上之缺点，为己所不及知而他人之所知者甚夥；一经人之批评，则吾之缺点尽为吾所知矣！且批评之举不惟有

---

① 原作"（二）"，据正文内容而改。
② 原作"（三）"，据通行写法而改。

益于讲演者，且有益于批评者。大凡吾人听讲之时，往往漠不关心，故过耳即忘，杳无所得。苟事后而身任批评，即听讲时不敢不注意。况讲演者之缺点，一经同人讨论，即批评者可视为借鉴之资，而异日身任讲演之时亦不犯此失矣！是间接有益于人，实直接有益于己也。兹当吾校恢复讲演会之时，吾故述其所见，以告诸同学，尽深思而试行之。

江苏省立第三师范五周年之概况①

本校成立于前清宣统三年七月二十五日，至本年九月十七日，屈指已五周年②矣！倬奉委以来，独肩斯任。即此五年已过之历史，凡百设施，其成败得失，均无旁贷。且此五年中时局迭变，本校所在地虽免兵祸，然财政艰困，几无日不在恐慌中。倬任事之初，于办理师范学校之学识、经验绝无所有，滥膺重任，又无事不在缺憾中。兹试一一披露，以就正于诸君子之前，当亦诸君子所乐闻也。

一③、校地及校舍

倬于前清宣统三年正月，奉学使樊文宗委任为本校监督。时江苏谘议局议决添办本校，开办费为五千两，经常费为一万二千两，地点定于无锡，初未尝计及校所也。吾省士绅深恐增设学校，苟不积极进行，则已定之案将归消灭，力促于暑期后开校。不得已，乃牺牲倬四年前所经营之新民小学校基地三亩九分三厘、旧屋九间，捐纳入省立学校。而即就地之四面，加以扩充，请款购地，敦聘能者以司其事。积三月之久，共得校地二十四亩二分五厘三毫六丝。倬满拟赴省内外各校参观研究，以增长建筑上之学识，而后进行。然其时已届四月，不得不搁置考察校舍之心，而建分年建筑之议。本年度则以购地之余，所有开办费悉为建筑之用，不足则挪移经常费以济之。蒙学司报可，遂以羌无学识之书生，经营新校舍之建筑。又阅三月，而第一次建筑之房舍告成，计平屋七十六间，厕所两处，四周围墙悉备，购地共支银两一千七百六两八钱有奇，建筑共支银两一万一千六百四十九两有奇。七月开校，乃不五十日而民军起义，省费无着，购地建筑之款负累至银两三千二百二十八两有奇。是为倬经营校舍第一恐慌。幸程前都督鉴其苦衷，十月中旬，于军马倥偬④之中，核准照发，而债围以解。民国元年四月，奉委为本校校长，令重行开校，添招班级。房舍不敷，复建筑平屋二十七间，室内操场一所，计支银七千二百

---

① 顾倬：《江苏省立第三师范五周年之概况》，《教育杂志》，1916 年，第 8 卷，第 11 号、第 12 号。
② 原无"年"，据正文篇名而改。
③ 原作"（一）"，据通行写法而改。
④ 原作"控揔"，误。

四十七元有奇。自本年以至翌年之夏，一岁之中，校内职员东渡日本考察教育者四次。建筑规画，遂亦多模仿东制。复续行购地两次，其一为基地十三亩九分五厘三毫，连购入旧屋、围墙等费，计支银三千二百八十三元有奇；其一为基地二十八亩七分五厘一毫，计支银四千七百九十五元有奇。建筑教室楼房廿幢，计支银一万四千二百五十四元有奇。又规画本校宿舍及附属小学等处工程，于二年四月开工建筑。当工程最紧之时，而赣宁乱作，省款又无着，工人、债户环集交迫，结亏之数达银一万零八百六十余元。是为倬经营校务第二恐慌。积经数月，种种设法，俾工事得以暂停，而又蒙前省长应公之成全、前锡邑令陆公之赞助，乃复得稳渡难关。洎乱事既平，重行开工建筑。附属小学业经开办，本校班级将复增添，一切从属房屋，均不容稍缓。而政府已颁布京外各机关停止五年建筑之令，本校工程苟不推广，则现筑房屋不惟不敷当时之用，且不适用。请示则深恐难邀允准，爰复冒昧进行。至三年冬间，工程结束，按照预定计画，增加工程几及三分之一，计建筑本校宿舍楼房五十三幢，手工教室平屋六间，附属小学教室平屋三十八间，大讲堂一所，其他两校从属房屋又三十余间，以及围墙、驳岸、水沟工程等费，共支银六万零二百二十一元有奇，溢出预算多至银一万五千余元之巨。又购入历年议价未成之基地一亩九分七厘，连围墙价值，计支银一千二百三十一元，除领到款项及种种设法弥补外，不敷银四千八百九十七元有奇。详送工事决算册，遂遭驳诘。旋经省委崔君验看工程，以本校建筑校舍委系加添工程，因之经费较增，查无浮冒情事，其工程亦属坚实等情详复，奉省长饬知，溢出之数准作正项开支，而责倬通盘筹画，于经常费内逐渐撙节弥补。此项亏累，至本年八月始克清偿。四年之秋，以附属小学进行至速，校舍又复不敷，复于经常费中设法撙节，添建平屋十八间，计支银二千一百六十二元有奇。窃查本校现有基地共约七十亩有零，除由倬捐入及圈入无主荒基外，地价共约银一万一千六百余元，大小房舍共约四百间，建筑经费共约银十万元。而倬历年乃常在劳瘁中，回想前因，为之心悸。然幸告厥成，得免倾覆者，此则沈信卿、黄任之、卢绍刘诸先生维持调护之力也。然而，购地之举历经四次，地价逐年昂贵；倘使于开办之初一次购置，节省经费可二三千。建筑之举历经五次，物料工价亦逐年昂贵；倘使于开办之初一次建筑，节省经费当盈万。且以历年添置，所有围墙及从属房屋，筑而复改之损失亦不下一二千。其原因虽由于经费之奇困，而倬亦不得不自愧规画之未周。至校舍之制，最初建筑，但知求工坚料实及采光、通气之适宜，而于大小、位置未尝审察。及后模仿东制，大小、位置虽较适用，而窗牖之开既欲翻新又求惜费，殊不合宜。差幸留心管理，损失尚少。藉令倬任事之初，于学校建筑法，即粗有所知，不致盲目进行，率意模仿，则其节费、适用当远胜于今日，此则深自愧憾者也。若夫本校讲堂、病室，尚未建筑；小学校舍，亦未完备，正不知观成在何日耳！

二①、设备

五周年②之中，关于设备经费，已几达一万六千元。其款出于临时者半，出于经费者亦半。当其规画之始，种种设置取法于第二师范者为多。厥后迭经校内职教员，为国内外之考察，设置时有变更。然以经费拮据，教室及操场上之种种设备尚未完全，重以本年改变各级课程，决定高级诸生于普通各科之外自行研究一二分科，则设备上之需资益巨。且各种设备，无论仿造、自制，必经吾人几费研究，而后从事制作，方可以稍稍适用；若轻率为之，遗憾必多。屈指本校设备上之遗憾，实属不免。

三③、职员

倬自任事以来，深知才弱体孱，滥荷重负，非访求贤者、才者，相助为理，实不能胜任。侧席之思，时萦寤寐，幸蒙同志不我遐弃。此五周年④中，校风、课业得免堕落者，皆同事诸君子热心赞助之力也。然而，班级日多，人才愈形不足，同声同气之相应相求既不易得，而贤者、才者或以倬办事无方、不善维系，或因事因病，或为强有力者之所夺。默计数年中退职以去者，如秦君鼎臣、张君季源、储君涵奇、吴君涤楼、张君彬士、章君伯寅、顾君渭臣，均极一时之选。而舍监章君秉嘉，任职于开校以前，一切规画，尽力赞襄，数年之中任劳任怨，确定校风，凡舍中分食之制、上级生管理下级生之制，强半为章君所规定，其功尤不可没；及至平会事起，管理意见旋即差池，章君又恐身为怨府，遽易初衷，校内遂潜生事故。窃觉于前途关系绝大，连累所及，不得不听其去职。此固本校之大不幸事也。然使倬德足以感人，识足以防患，而又能措施咸宜，则校务当蒸蒸日上，诸君子必不去，校内各职司可一一奏得人之庆，而离完美之精神为不远矣！每思及此，良用内疚。

四⑤、学生

曩昔留学日本东京时，某教师之言曰："贵国前途欲有希望，惟有尽力造就第二代之国民。"闻其言而绝痛。自承乏师范以来，觉所荟萃者均为第二代国民之母，倬又为造就第二代国民之母之人，责任至重。而今日芸芸青年都生长于不良社会之中，故夙夜兢兢，所惟恐或怠者，第一在铲除学生固有之劣根性，第二在养成学生

---

① 原作"（一）"，据通行写法而改。
② 原无"年"，据正文篇名而改。
③ 原作"（一）"，据通行写法而改。
④ 原无"年"，据正文篇名而改。
⑤ 原作"（一）"，据通行写法而改。

自动能力。开校之初,即以淡荣利、耐劳苦、守纪律为倡。由兹以后,日夕以敦行勤学与诸生相勖勉。民国元年,职员、学生人数虽少而亲爱愈恒,倬亦颇以精神能贯澈全校为快。乃至二年冬间,平会事起,自请退学者一时多至二十余人。平会者,武进某生为之魁,其旨趣以校事为不平而欲平之也。盖以舍监章君勇于任事,对于学生命令训诲,类从严格;而倬又以时经赣宁乱后,愤激愈甚,进行愈急,凡所主张,有强迫而无商量,诸生遂积不能平,暗中运动破坏,以图一逞。风潮既定,退而复入者约十数人。倬自经此故,乃知主校事者断不可一意孤行;且时艰虽急,教育行程只能渐进。又以平会之魁,出校后颇自奋勉;退而复入之生徒,能为学校中坚人物,且有办事干才者颇不乏人,益自咎措施乖方,以致误人子弟。是后宗旨虽不变更,而审度个性及训导启迪之方,乃益自加研究。诸生心理,亦复为之改变。惟至今校中现象,职员既多,学生亦众,青年之狡且黠者未免对倬则恭敬服从,对他职员则傲慢恣①肆,同级生之感情、此级与彼级之感情亦日就落寞,欲求如元年之一堂和蔼、协力前进之风,不可得矣!此固由倬能力之薄弱,而亦深抱才难之叹者也。至关于数年中教授、训练、体育之方,试分列之,如下:

(甲)教授。综计本校教授之状况,业经数次变迁。前清宣统三年,开校未久,即行停辍,无成绩可言。民国元年四月,继续开校,武进顾君惕生任国文教科,吴县张君季源任英文教科,两君学力饶足,督课认真,学生精力率瘁于此二科,其他各科至为幼稚。及民国二年,博物教员江阴陈君谷岑,史地教员向君炳峰来校任课,两君甫自日本考察返国,本其研究所得,切实提倡;暑期中,复由科任教员提出博物、史地、图画、手工四科宿题;冬间开成绩批评会,颇蒙教育界同人称许。而国文、英文两科重要教员,又先后更易。故三年度中,诸生科学上之兴味甚高,即文学上之兴味骤减。倬以国文一科于师范生之前途关系绝大,而诸生根柢②大率浅薄,思有以振起文学之精神。国文教员吴江沈君颖若、薛君公侠等先后来校任职,学识、经验均至丰富,所以督促之、引导之者甚力,而学生成绩仍不足观。科学上之成绩,以各级平均论之,似亦无进步。本年春夏之交,复议决预科注重国文、算学,以求程度之均齐;本科二级以上,则减少授课时间,而由诸生于普通学科之外,再自行研究一二科,以期专精。试行未久,利弊若何,尚不可得而知。惟逆料之,决不能但有利而无弊。然诸生心理,对于新制,至为乐从,自动之力甚强,此则已见端倪者也。至教授方法,其始颇重注入,虽不明定学年学期考试,而视临时考试甚重,教员中甚至有动出试验宿题者,渐废止宿题之制,不拘拘于试验,而注重笔记、实验及各种命题或自由制作,教材亦由各科教员屡经研究修正。然其所缺短者,犹不能全体抱一致之精神。对于试验事项,虽不至预示范围,或不

---

①　原作"欲",误。

②　原作"抵",误。

免预告日期，隐失"临时"二字之真意。笔记一项，则各级未能一律，少数同学且未免不勤录于听讲之时而借钞于退课之后，以欺本科教员之耳目。至各科教材，亦未必尽能适当。凡此皆无庸讳言者也。

（乙）训练。倬才质不逮中人，而生平性行得以无大过误者，实由贤母良师之教而成。乃四十年来，窃觉世界愈文明，而吾国社会现象则愈降落。荏苒半生，有志未逮。洎乎承乏本校，掌吾省一部分之教育权，思有所发抒，以矫正社会之颓风，故益注重于训练。至其训练旨趣，则以社会之中惰逸奢靡、浮滑散涣寝成痼疾，芸芸青年咸孕育长养于此恶社会中，则禀乎遗传，中乎习俗，大势滔滔，每况愈下，实事势之所不能免。故既定"弘毅"二字为校训，以示准则，而又矫之以刻苦勤劬，正之以诚恳亲爱，以冀渐收效果。同事诸君子咸本此旨，戮力进行。开校以来，全体训话及个人谈话，倬唱之，舍监及学级主任随之，亦几瘏口而哓音矣！作业之监督，告假之郑重，寝室、自习室之检查，自治之提倡、鼓舞，又有所谓室长会、级长会、各本级同学谈话会注意条切磋录等，不惟职员行之，各级学生中之贤且才者复自为之，亦既叮咛而反覆矣！然而，全体学生中，贤者自贤，不贤者自不贤。近岁以来，贤者固日益奋勉，不贤者亦日益纵恣；年级低者犹隐肆咒张，年级高者乃益无顾忌，而倬所怀抱之旨趣终不能全达。至训练方针，其始专重严格教育，其继乃力倡学生自治。然积之久而觉纯事严格固非所宜，自治之真精神又不能实现。乃窃愿于校中提倡高尚之娱乐，俾淑性怡情，欲念不流于卑劣，而倬所悬想之目的亦未易告成。由今思之，一误于倬自视高而视人亦高，凡己所能者，均以为尽人所能；凡己所不以为苦者，均以为尽人不以为苦，直欲悉屏弃人间俗欲而别寻乐趣，未免拂青年心理。再误于叠遭世变，而又亲与同校诸君子屡游文物之邦，耳闻目见，觉此强彼弱之悉由自召，因是进德愈猛，求治愈急，且不自揣能力之不逮，率焉效法他人，不免取貌遗神之失。三误于平会事起，倬急急焉自索其失败之由，欲改弦更张，以图再振，而主舍务者不加审察，疑其旨趣变易，遂亦意志灰颓，校风乃隐坏于冥冥中。四误于贱性柔懦，往往恶恶而不能即去，姑息养奸，阴为全体青年之害。若夫最近一年，任舍务者屡易其人，职员虽劳瘁不辞，学生自性成玩愒。且校内各职员旨趣虽同，能力自异。训练上之未易奏功，固势所必然者也。由今而后，校内各职员苟戮力同心，以研究诱掖、感化、训诲之方，使贤者益贤，不贤者即不能变化气质而劣根性亦能潜伏；校内诸生苟相互琢磨，以促进其自治能力，则革松懈之风而入于整饬，固非不可能之事。若长此悠悠，则江河日下之势成。此本校训练之现象也。

（丙）体育。"健康之精神，宿于健康之身体"，西哲有明训矣！原体育之要纲，不外保卫与锻炼二者。倬之初念，实注重于锻炼。盖以世变日亟，凡我青年非有强固之体魄，耐饥寒，忍劳苦，为风霜雨雪之所不能侵，蛮烟瘴疠之所不能害，不能应今后之事变；且即以小学教员论之，全校、全级之事务萃于一身，亦断非不能耐饥寒、不能耐劳苦而体弱易病者之所能胜任，是非锻炼不为功。倬又亲见日本师范学生饮食之淡泊、服务之勤劬而其体魄至强，校内病房大都成为虚设。即以吾国论之，北方强而南方弱，然北人之饮食、居处实远不如南人之安适。即以吾省论之，淮、徐一带之学生往往能负笈担囊，日行百里，以扣校门，而饮食、居处之清苦乃殊甚。即以倬本身论之，自问此生粗有学识，实困心衡虑而成，自童稚以至壮年，其经历之困苦殆有什倍于诸生者。窃不自量，欲以责己者责人，故食必饱而菜不丰，服务必责其勤，为学必求其奋。然回想数年之中，当民国初元，学生身体虽苦而精神殊快，任体操教科者亦得人，故体质犹不甚弱。二年暑期之后，以迄三年之春，体操教员既已易人，全校学生对于科学之兴味既浓，对于体操运动之兴味日减；又迭受校内外之影响，精神愈不乐，愈觉饮食、服务之苦，而身体乃大坏。全校奄奄，几无生气，体育无方，为世诟病。倬亦自以本欲益人，而适以害人，不得不引为内疚，乃改易方针，注重保卫。校医华君实甫素以善卫生著称，对于将病、现病、甫经病愈之学生，非常注意；一般体质衰弱者，又为种种特别之待遇，而学生身体之柔脆如故。又以体操教员陆君小槎，自日本留学归国，返校任课，以体育为己任，乃复保卫、锻炼双方并进，既竭力鼓励运动，注重检查身体，而节省脑力，增添饮食间之养料，亦时切研求。然本年暑期前体格检查，仍未见有显著之进步。本科二年级改变课程，仅仅两月，而诸生以自由研究，用脑过多，发现头昏头痛之症者乃至十之三四，身体之不可用仍若是。其故首由于诸生赋禀之薄弱，幼年时代不善摄生，及入本校，一一须认真从事，身体实有所不胜；次由于诸生心理往往有所偏嗜，以致一日中脑力、体力之运用总不能适宜，而身体知能遂不克平均发达；复由于学生既多，职员耳目精神不能遍及。例如，早晚虽强迫运动，而规避或潜匿者，不乏其人；若夫有病而讳疾忌医，或小病及病愈以后偷安调养不自振作者，更不乏其人。故校中实施状况，意虽美，法虽良，而欲求成效之显著，实多扞格。此本校体育之现象也。

五①、校友会

数年之中，本校事务所差堪自慰者，则校友会之进行是矣！查本校校友会，成立于民国元年九月，其始不过为各校友联络之机关，组织学艺、运动两部。学艺部之成绩，惟月出杂志一册；运动部之成绩，惟设立球会，从事运动而已。其经费则收入寥寥，印刷杂志之费赖本校补助。而另出基金设立贩卖部，贩卖学生所必须之物品。二年暑期之后，以赣宁之乱，省款奇绌，并杂志而停印之。然而，校友会之组织已推广为总务、图书、运动、学艺、谈话五部。倬又逆料省款将日益支绌，不得不急求自立。欲事业之进行，不得不先属目于经济。时校中隙地甚多，颇拟督促

---

① 原作"（一）"，据通行写法而改。

诸生开辟菜畦，冀收利益，以补助校友会经费，乃适为酿成退学风潮之主因。倬经此挫折，而志不之堕，爰复变计借用学生保证金，购置校外地亩，雇用园丁，植桑种菜，兼事畜牧，以图生利。而职员、学生捐款，及他项之收入，亦渐加多。于是校园之规画，图书之购置，运动品物之消耗，杂志之印刷，其费用一一归之本会。事业愈扩张，需资亦愈巨。倬又以园艺之利息尚微，非得大宗收入，决不能支。三年之秋，遂遴选职员，自理伙食，时以改行分食之制。已历一年，校内同人方以为苦。而庶务员虞君淇洲又系生手，厨丁复不负责，菜蔬遂益不可食，怨咨之声时盈于耳。洎四年春夏之间，倬以考察邻近各县小学教育状况，离校时多，校中遂以饮食玩好之微暗生事故，平时笃行励学之成规几败坏不可收拾。倬愤恨成病，积经数月，求去不能；再行入校，乃注意撤换厨丁，剔除中饱，研求制办食料之方。虞君亦以屡受刺激，勤于监察，菜蔬渐丰，物议渐定。而膳食盈余，乃为校友会收入之一大宗。校友会之基础亦因以巩固，今则借用之保证金渐次清偿。而基本产业，乃有地十数亩，咸辟为桑园、菜圃；有屋十六间，租为附属小学儿童寄宿之所。其他如图书、品物及校园种植与夫筑墩、辟池等费，亦属不赀。若夫运动品之消耗，娱乐室之布置，指名制作之教便物，以及远足、开会等需要费用，悉支会费。即本校正项开支，有碍难报销者，亦往往以会费弥补之。是校友会不惟能自立，且隐为学校之尾闾矣！诸生中之办事干才，亦于会务养成者为多。会之组织，现并为总务、学艺、运动三部，每部再各自分组。会长，以校长任之；部长，由校长推职员任之；部长之下，设干事长，由全体学生按照资格互相推举，会长委任之；干事长以下，设组长、干事等职，学艺部由各组推任，总务、运动两部则由干事长荐任。历半年开大会一次，其余各部事务由各部开干事会以处理之，干事长主持其事而受成于会长、部长焉。

六①、附属小学

附属小学成立于二年九月，至今不过三年，已满十级，儿童之数达四百人，本校师范生实习已经三届，进行至速，则主事唐君闰生苦心擘画，同事诸君协力赞助之故也。惟是附属小学成立以来，校中经费年年奇困，又以进行愈速，时觉房屋之不敷。方且百计设法，以增添校舍。而校内一切精神上之设置，如图书、仪器、标品及种种之教便物，几尽荡然。小学教育，以直观主义为最重要。兹以设备上之缺乏，而使多数儿童受不明确、不完全之教育，实为附属小学最大缺憾。校内同人虽富有研究心、责任心，而学生成绩实不甚佳良，是必于教授、训育再为精细之研究而后可。倘能使劣等生及不良儿童日益减少，而驯至于无，教育之目的方臻圆满。若夫校内所组织之童子军，一年以来，粗有成效，而人数甚少，急须推广。贩卖

---

① 原作"（一）"，据通行写法而改。

部、储蓄会，则殊不足称。今则商业补习科业经添办，唐君主以贩卖部、储蓄会为是科儿童商事实习之所。而鄙怀又欲于校外隙地辟一小学农园，使由乡间来校之儿童以课余从事农业；而另设一日曜工作场，使住居城市中之寒苦儿童习工作；至校内种种应用之教便物，苟为吾人之力所能自谋者，拟合小学教员及本校学生从事制作，以备应用。诚使鄙怀一一能见之实事，则三数年后附属小学或有成绩之可观，今尚未也。

七①、本校与地方小学之联络

师范学校为小学教员之制造场，附属小学又为地方小学之中心，则师范学校之应与地方小学相联络殆无疑义。近岁以来，吾省行政长官、教育团体对于此举，提倡甚力。本校亦曾三度开暑期讲习会，会员虽多，实际上有无影响，殊未易言；两度开单级研究会，则以办法未臻妥善，地方教育人员转多误会，到会人数且不甚踊跃，遑论其他。倬又曾两次亲赴邻近各县，一以视察毕业生任务状况，一以参观地方小学状况。兹又准选定附属小学学识、经验俱备之教员二人，分赴邻近各县，举行巡回参观讲演，联络之方仅仅有此。惟窃觉能力、精神均为有限。地方小学之联络，必欲本校居主动地位，实有所不胜，亦恐未必确收效果。所望地方小学教员不惮烦劳，来相接近，乃为两益。惟在本校应如何振作，方能感召群贤，此则殊费研究者也。

综以上各端言之，就本校所已经过之时日，而论其所已办之事业，举无足道。惟窃觉青年子弟，其才质实多可造；而本校成绩所以无完善之一日者，殆由各种机关未能一一同时敏活之故。则倬之才德、学识实不足以胜此任，盖有可知。譬之工厂，其始置机器百副，引擎之力固运转有余，渐加推广，至一倍、再倍于前，而发动力小弱之引擎未尝撤换，则运动不灵，节节阻滞，亦固其宜。本校情形，实类于是。惟倬以五年甘苦，而得教训数端：

（一）②倚赖之性，断不可有。如有所倚赖，则其害即生于倚赖中。

（二）③失败为成功之母。一经失败而意志销沈，是自杀也。

（三）④教育事业无丝毫可以幸获。研究深，火候⑤到，乃能见效。

（四）⑥青年最富于情，故晓之以理，绳之以法，均无甚效力。惟以家人子弟

---

① 原作"（一）"，据通行写法而改。

② 原作"一"，据通行写法而改。

③ 原作"二"，据通行写法而改。

④ 原作"三"，据通行写法而改。

⑤ 原作"侯"，误。

⑥ 原作"四"，据通行写法而改。

待之，则自就范。

（五）①吾省青年体质，非根本治疗，其他方法均不可恃。

倬又私念本校浪窃浮名已非一日，而其中真相，校内外同人或未必深知。兹特悉行披露，一以倬精力虽衰，责任所在，犹欲从事进行，冀以求教育大家之指示；一以新校创立已五周年②矣，种种经过之事实，于教育界中，或不无讨论价值。故谨述现状，并抒管见。惟诸君子有以教正之！

---

① 原作"五"，据通行写法而改。
② 原无"年"，据正文篇名而改。

校 长 训 话①

（九月三日），校长训话，云：

吾今日欲言于诸君前者，回忆前学期中，吾校有一事，令余受重大之刺激，刻刻不能忘怀者，旧同学当尚存于胸，即讲习科钱君之惨变是也。推此事发生之因，固在死者之不慎，而吾实不得不任此咎。何也？校规之周密是也。吾颇注意养成能自治之人才。意谓新生初来，质性未必纯良，故御之严；旧生入校久，自必谨守规则，故御之宽。况旧生既近毕业，则转瞬即为人师，尤宜养成其自动能力。故有限制的自由出入之例，自信法至善也，乃其反动力竟如此。由是可知，此种规则仅宜行之于自治能力充足之人；苟不然者，则仍刻刻不容疏懈。故自本学期始，取消此例，即前有役员公出例，亦一律取消；役员必不得已而欲外出时，仍当依告假之例。诸君其识之。

吾尚有一言为高级同学所当注意者，即"盈满"二字是也。上学期之惨变，偕钱君往者，是否均有盈满之气概，诸君当默辨之矣！吾校颇得虚名，故外间多揄扬语，盈满之气由此出焉。前在沪时，黄任之先生曾语余曰："青年修养，亟宜注意，方足应社会之望。今之师范生，初入社会，勤于所事，成绩颇佳，遂得荣誉；于是，自命不凡，藐视旧教员，趾高气扬，卒为社会同人所厌恶。此青年之所以不可不注意修养也云云。"余意此实师范学校之咎，植根未固，故后之结果终为"盈满"二字所累耳！

方今教育界之公评，每谓凡初入校之学生，最易管理，以其程度浅、知识薄也。夫年级愈高，受教育愈久，管理当益易易，而今乃反是，可知教育功效之薄弱矣！余窃谓全校同学，十成之中，约得优良者五六成，其余亦四五成。苟此优良之同学，能忠告善道，俾不善者同归于善，则吾之所极快意者也。夫同学观摩之力，最为伟大。譬诸某生有过，待师长知之，其过固已甚矣！若在同学，固当其萌芽时已能知之；苟有人焉，于其始犯之时，恳切规劝，则自能改变初衷，转为优良之学子，此必非师长之力所能及也。诸同学对于自治之意义，当已明瞭；而自治之精

---

① 张光煾：《校内记事》，《江苏省立第三师范学校校友会杂志》，1917 年，上期。此文是张光煾根据顾倬训话记述而成的。篇名据正文内容而加。

神，则非仅仅能治一己已也。古先哲之卓然不朽，岂生成哉？亦赖良师益友相辅而成焉耳。吾校各师长学粹品端，实不易得，然于化导同学，终不能得十分圆满之效果。深望吾优良同学能以切磋砥砺补助之，此今之四年级同学所尤宜注意者也。四年级同学得于天者独厚，凡所授之教科，必遇良教师；其所受教育，较他级为纯粹。故补助教师化导同学之功，实有厚望于此级焉。此级在校受课仅有半稔，平日品学兼优者宜持之以恒，不及者当竭力修养，以达最圆满之地位。则他日出外任事，或能副社会之望。此固学校之名誉，而亦本级同学之名誉也。望共勉之。

余对于新生尚有数言相告。本校素甚认真。当录取之初，曾开一谈话会，舍监薛师已有一席言语，告诸君以校内情形，诸君如以为苦，当必不来。今竟齐至，是可征诸君之于校中规则，具有同情也。诸君在校，期以五年，将来造成何等材料，皆决于此五年中。现初入校，所以教诸君、导诸君者，有学级级任及各室室长；校内种种情形，可询问之。一年之后，自然洞悉。按照部章，入师范有三阶级，试习四个月为第一阶级，预科毕业为第二阶级，必至第三阶级，乃入本科；如有不善，随时可以命令退学。诸君不可不深自警省也。

校 长 演 说[①]

（九月）十七日，开校纪念，休假一日。午前九时，行纪念式，校长演说，云：

吾校产出，六周年[②]于兹，每周年[③]辄开会纪念往事。此一年中，不过校课方面，略有变更，无足纪念。去年高级实行分科，于课外自由研究，半年后似稍有可观。顾一年之中，确难有十分之效果。往者已矣！请言此后之进行。

方今社会责望师范甚殷，而吾校学生尤为社会中人所重视，以为学生出自此校，于学业自应万能。各地方小学亦以为惟师范生乃能兼任各科。于是，吾校毕业生之任事，苦况实多。陈献可先生现任巡回讲演，接触较多，亦曾数道及之。盖毕业同学所任学科，或无充分之学力，教授小有缺点，又不能见谅于他人，此其所以苦也。今细察高级生一年中之情形，恐将得同一结果。盖此一年中，同学于自由研究之一二科，倾向颇盛；其他学科，鲜有能完善者。始吾裁定分科研究之用意，本欲使诸同学于普通学科俱克完美外，再自由研究一二学科，俾得精而益精也，除国文教育时间遵照部章外[④]，他科则于高级主张删节无用之教材，因得减少时间，而以其余暇供一二学科之研究，不图诸君之未获我心也。此后愿诸君重视各科，勿事稍懈，预习、复习，遵守实行，以达乎平均圆满之地位；行有余力，然后可自由研究一二学科；研究时所读之书，如有未解，必力加思索，最后乃询诸教师，此养成自动力之要素也。至如理科之类，有必须实地练习者，尤不可不加注意；否则，徒读死书，而不能彼此会通，他日一经叩问，将瞠目无以对矣！又高级中有升学之志望者，其必须之主要学科，或且无优良之成绩，此尤不可不深自警省者也。

预科生中籍江阴者，殆占五分之二，人材济济，至为快事。惟此后务须各以优良之成绩相表见，乃为可贺。而高级同学之籍江阴者，尤应负善导之责焉。至全体同学，平日每有以彼此同乡，较为亲切之观念；或以级与级之关系，而分亲疏，斯

---

① 　张光焵：《校内记事》，《江苏省立第三师范学校校友会杂志》，1917 年，上期。此文是张光焵根据顾倬演说记述而成的。篇名据正文内容而加。

② 　原无"年"，据正文内容而改。

③ 　原无"年"，据正文内容而改。

④ 　原作"国除文教育时间遵照部章外"，误。

诚情所难免。特各同学今既同在一校，自当以全校为一团体，品行、学业上之竞争，固足以促进进步，而绝不可有丝毫意气存焉。吾人眼光宜远。若今日社会中人，往往以所见甚小，起种种无谓之争执，可笑亦可鄙矣！

对于分科研究之管见①

吾校自往年二年级以上实行分科研究之制，至今一载有余，尚无成绩之可言。而据各方面之报告，殊无良美之消息。大致一级之中，能不抛荒普通学科，而又以自动之精神研究一二学科者，殆居至少之数。故教者以为苦事，而学者亦殊无乐观。若是乎分科研究之不适用于吾校也明矣！惟是鄙见以为凡百事务，于改革之初，必有种种之困难，惟在吾人能尽力排之，且不惟排之，并须为不绝之研究以战胜之。不佞生平粗有学识，全得力于自修。年来厕身办事界中，学殖荒落，而无论所办何事，殆无不经二三次之失败、四五次之挫折而成。故深信分科研究之制尚未能断定其为不适宜，而犹望诸师长、诸同学之悉心研究其得失，以改良而促进者也。改良、促进之方，不佞试述其三要点，以备商榷焉。

一②、分科研究之制，非轻视普通学科，而望诸同学于普通学科之外，再精研一二学科，以养成完备之生活能力。不佞殆屡屡言之。此其要旨当为高级诸同学所共晓。一则普通学科为常识所必需。二十世纪之国民当形态、精神两者俱备，以形态论，聋者、瞽者、哑者、跛者固为废人；以精神论，常识如有所缺，亦可谓之废人。吾辈青年所宜引为大憾者也。一则诸同学毕业以后，为升学计，固不可不备具普通科学；为任事计，尤不可不备具普通科学，社会心理殆无一不视师范本科毕业生种种科学俱所擅长。已毕业之同学时时自恨，亦时时以此困难情形报告于不佞前者，更仆难数。我在校同学岂无所闻知？奈之何不痛自惊心而仍此泄泄沓沓也耶？万望诸同学自今以后，断不可有所藉口，抛荒普通科学。不佞当提议于教授研究会，请诸科任教师对于所授学科加以严重之督促而不容其不及格；又当提议于训育研究会，请各学级主任及舍监于诸同学之课程及自修状况时时加以检查而劝导之。此则当豫告者也。

二③、欲养成完备之生活能力，必求普通学科之外，再精研一二学科。不佞固已言之矣！夫其所以当如此者，殆以无论何学科，仅得师范学校教师所授与之材

---

① 顾倬：《对于分科研究之管见》，《江苏省立第三师范学校校友会杂志》，1917年，上期。

② 原作"（一）"，据通行写法而改。

③ 原作"（一）"，据通行写法而改。

料、所讲习之时间，必不足以应用；且无论何学科，欲实有充分之能力，必不可不出于自动。今者小学教育大唱自学辅导之新主义，而为教师者乃只能墨守师承，绝不能自求进步，可乎？痛乎吾友李君逸航之言，曰："今日小学教员日日诏见儿童自动，而教员自己犹不能自动，是坑①陷儿童而已。"善乎吾友黄君任之之言，曰："中国人强于记忆力，而弱于觉悟心，盖亦有故。譬之五官四肢，若口，若目，若耳，若鼻，若手足，不论何一部分，苟常用之，则此一部分必异常发达；设一日停止作用，则此一部分必渐废弃。然吾人苟长此无觉悟心，恐一事不能成。须知现世界为何如世界，非脑力能研究，决不能得新知识、新学业、新事物，以战胜于两大间。如徒恃记忆力，曷克与碧眼黄髯相竞争哉？吾人种种聪明才力，何尝稍逊于皙种人？善自为之可也。"是则我同学今日从事研究，万不可有倚傍教师之心。故不佞对于诸同学请求科任教师出席讲授之举，极端不表同情。盖无论一事一物之在所不知，一字一句之不能了解，均须自己查书，自己质之师友。于极愤极悱之时，而一旦豁然贯通，乃为有味，乃能获益。惟以诸同学今日能力之薄弱，则凡所读之书，必须求教师指示，确照所定范围，从事研究，而不宜愚而自用。盖科任教师均于此道亲尝甘苦，吾人发轫之初，依彼途径，则不至误入歧趋，妄费日力。此则学生时代之幸福也。不宁惟是，研究科学之时间，每日不必求多，得两时足矣！其所贵者，在日日能遵守此规定之时间，养成自动之习惯，则终身受益殆非浅鲜。我高级诸同学，请勿河汉斯言！

三②、本校对于分科研究之各级，规定积两月开小学艺会一次，俾诸同学发布其所研究之心得与疑义，合全校教员、同学而共讨论之。用意固甚善也。乃历经开会三次，真能发布其研究所得者不过十之二三，而为临时所豫备者乃居十之六七，且渐生厌故喜新之心。于是演讲材料或则崇尚奇诡，或则故作诙谐，于开会之宗旨相去远矣！日昨教授研究会中，业经讨论及此，规定今后分科开会以救其弊，则所望于高级诸同学者务须认定方针，切实研究于上列云云。谨发抒所见，告高级诸同学，并以验其今后实行之能力焉。

---

① 原作"阮"，误。
② 原作"（一）"，据通行写法而改。

告毕业同学①

本校毕业同学得一百四十一人，其服务地点，除附属小学及第四、第七两师范附属小学外，任地方小学教员者占籍为十三县。此外，升学者五人，因豫备升学及因病不就事者二人，欲就事而未获者三人，其近况不可考者二人。此四月中，校内指导教师陈献可先生视察所及者殆半；毕业同学之来校者，其数不可计；与本校来往信件，共得三百六十九通。吾于此而有欲告我毕业同学者焉。

我毕业同学服务状况，于此一百三十八人中，不免染社会之恶风者。据陈师之所报告、外界之所批评，仅仅有三数人，其余皆知自爱，尽责任，具见我诸同学能实行本校校训，不负校内诸师长数年训迪之苦心，而示后来同学以良好之模范。私衷愉快，莫此为甚！认为本校良好之气象者一也。

我毕业诸同学前在校中，与不佞同声同气者固多，而不快于不佞及诸师长督责之严者亦在所不免。毕业后，出任校务，与社会人士相接触，乃返而自觉其在校时之非，鉴不佞及诸师长训勉之诚意，函来人至，转表现其亲爱之态度者殊多。不佞平时辄希望本校之精神与我毕业同学之精神固结而不可解。由今日之现象，进而不已，其庶几能造此境乎！认为本校良好之气象者又一也。

虽然，此数月中，间接、直接，我毕业诸同学以同事之龃龉、财政之困难相报告，或悻悻求去而竟达其目的，或悻悻求去而终不得去者，不下十余处。调停劝告，破费心神。论其事实，咎固不尽在此诸同学。然此诸同学不善与校长、同事相处，不善对学生家庭，不善对地方父老，粗疏直率之失，实不可辞。夫吾人今日所处之社会为何等，今日之小学教员其人格为何等，欲一一尽如吾志，殆事势所不可能。曩尝深佩欧美传教之士，无论置身何所，终不改其殷殷劝善之心，甚至火其庐，杀其身，而前仆后继，卒不少悔。吾辈致身教育，亦必有此热诚，具此毅力。积以数十年，风起泉涌，俾清新空气充塞于都市、乡村，或可以移今日之人心，而挽将来之浩劫。其成功与否不可知，尽吾辈之力以为之。匹夫之责，如是焉而已！若所至之地，曾不数月，望望然去之，夫亦何用设师范学校造就吾辈之师范生为？且使易地以后，而即能顿改旧观，犹可言也。然逆料今日之一般社会，彼善于此者则有之，其真能惬心贵当者殆难言矣！行见蹙蹙靡聘，非愤世嫉俗，激而为不近人

① 顾倬：《告毕业同学》，《江苏省立第三师范学校校友会杂志》，1917年，上期。

情之流，即终不免变易其志操，与庸庸者同化焉耳！吾深望此诸同学翻然变计，以练习世故人情。同事虽顽固腐败，我积诚以感之；世俗虽卑鄙龌龊，我尽心以化之。其有效果欤，我之幸，亦学校之幸也；其无效果欤，我之心可质鬼神，即我之德与年俱进。曩者函告某同学，谓但使无损吾人格，其他种种，未尝不可以迁就。昔人有云："禹入裸国而与之俱裸。"夫岂真裸哉？裸者其形迹，不裸者其精神也。惟所欲定为戒律者，不嫖赌，不吃烟酒，不说谎作伪，而常保我忠信笃敬之真。此则罗罗山所谓"乱极时须站得定"者也。若夫经济之艰困，触处皆然。我毕业诸同学，固有能不为经济所困而布置井井者（略见于陈师《视察报告》）。犹是一同学，彼能而我不能，是固当责吾能力之薄弱，而不容归咎于经济之缺乏矣！此则愿与我毕业诸同学共相勖勉者也。

不佞又有耿耿在心者，则我毕业同学根柢之多浅薄是也。师范毕业生，国文程度之不足，已为舆论之定评。实则其他科学，亦何莫不然？惟是社会中不乏老师宿儒长于国文之人，故国文之短绌乃愈见。此固不独吾一校之毕业同学为然，而亦正吾校毕业同学所当引为内疚者也。惟是不佞常谓以师范学校中五年或二年之日力，欲造就植根深厚之小学教员为绝不可能之事。全在已毕业后，一方面致力于教管儿童，一方面勤加修养，求教学之相长。故毕业诸同学每日无论如何忙迫，必须抽出两时，为自己读书地步。苟循吾说以行之，初掌教鞭之日，即使笑柄滋多，积岁累月，自有愉快胜任之一日。若忽忽悠悠，得是已足，自误误人，厥咎甚重。我毕业诸同学，幸勿河汉斯言。

不佞又有深望于我毕业同学者，本年度开始之时，即拟筹办学校博物馆。举小学校中所需用之教便物，凡金钱所能得者，一一筹备；非金钱所能得，而必须竭吾校同人之心力，以制作之、搜集之者，亦一一着手经营，冀蔚为大观，以开教育界之生面。只以筹度未精，停顿半载。兹已经全校职员开会表决，协同办理，并由不佞推定贻清、承儒两同学，为筹备处正、副主任，期以七年度筹备完全，八年度春间开馆。兹第一步已着手调查教材，编定要目。寒假以后，为第二步之进行，实事制作、搜集。倘使此举得以告成，将来于教育上有重大之价值，即有裨益于我毕业及在校诸同学者甚巨。深望我毕业诸同学各就所知所能，加以赞助。各地方重要之天产品、工业品及小学良美之教具，务须随时搜集。所需之费，可于本校筹备费中任之。

右列各端，凡以表不佞心中之喜悦及希望而已。至其所欲白者，殆千万言不能尽。我毕业同学其共鉴旃！

教育家责任①

现今我国之教育家，大都不负责任。故所办教育，方之日本，有相形见绌之势。兹先就日本方面论，其国势之强，与欧美各国几乎并驾。揆厥原由，全赖教育之发达耳。日本自创办学校至今，垂五十余年，而一般教育家无一不热心任事，同轨进行，故纵观前后，进步之速未可言喻。以地狭人稀之日本，教育之发达竟如彼。我国则地广人众，教育之幼稚乃如此，伊谁之咎？是实教育家之不负责任故也。前曾考察东京教育，参观师范学校，该校系鹏桥先生于明治五年创办。鹏桥先生本其诚恳之心，与各教员互相策进，互相研究，孜孜不倦。厥后办学者皆视学校为生命，所负责任，不肯轻弃矣！故日本学校，无论师范或中学或小学，对于学生方面，教授与训练，莫不各具热忱；即引导外来之参观人，亦异常周至，推诚布公，一一指导；且校中有无缺点，遇参观者至，必请求指摘。于此可见，日本教育之发达，全由教育家之肯负责任而已。至若我国，则反是，教育家对于教育事业颇不注重，故数十年来所办教育全属机械动作。若是，则中国前途尚有何希望之可言？

况现今掌政权者，未谙教育原理，实居多数。若以教育事宜委之官吏，隔膜殊甚。果尔则教育家之专责既无可旁贷，是不得不就教育方面深研极究，以冀发达，视学务为切己之重任也。苟我中国之教育家，人人能切实担负责任，造成一教育最完全之中国，岂不甚善？

若论教员之对于学生，关系尤重。学生父兄费许多资财，令子弟入学，固深望子弟受完全的教育，造就高尚之人格。为教员者既受其付托，定当引为己任，与以相当之报酬，始不负学生父兄之期望。

教育所最宜注意者，道德、知识与身体三者而已。今论身体，在学儿童之身体，反弱于未入学之儿童。论道德，未入学者虽无完美之德育，然品性尚不致过劣；乃入学而后，沾染习气，视道德为无足重轻。至于知识，小学生茅塞初开，正宜注重国文，乃今一般学生所作文字类皆似通非通。三者不备，何以见信于社会？故人家子弟往往不愿令入校肄业，或设帐延师，或入塾就傅。盖私塾中科学虽不完

---

① 顾倬：《教育家责任》，《吴县教育杂志》，1917年，第5期。此文是金轩人根据顾倬所作的演讲辞整理而成的，原篇名为《顾述之先生讲演教育家责任》。

全，而其教师若肯负责任，竭力改良，亦未始无益也。

要之，教育家须肯负责任，而教育始有进步。况当今之世，家庭无教育，社会无教育，儿童欲受教育，必入学校。然则为教员者既执掌教育权，亟宜研究教育原理及教授、训练诸方法，切实施行，庶几当此无愧！如谓训练责任在校长及管理员，普通教员可弗问；教授责任在国文教员，专科教员可弗问，尤为悖谬。夫普通教员于训练上，虽无专责，亦当辅佐。至于专科教员之授专门科学，若历史、地理等科，何一不寓有国文，分言之为专科，合言之则同一国文而已。

教授小学学生，至毕业时须具有普通常识，而后责任方尽。惟教授方面，却多困难。一教科书之不能一律适宜也。欲尽责任，必多方面研究之，始可补其不足。一教便物之无力购置也。欲尽责任，须设法自制之，始能用之无穷。由是观之，现今教育家所最要者，莫如实事求是，始终不懈，并须具有心理学，可断言也。鄙人学识粗浅，因教育家之责任问题至当研究，故不惮烦劳，竭力设法。无如赞同者少，难以偿愿，他果勿论。敝校附属小学，自表面观之，犹可言也；至若学生成绩，高等尚可，初等三四年生终觉参差不齐，其故皆由各教员于"责任"二字不甚注意所致耳！现在日本东亚会，极注意个别教授，于劣等生则施以特殊之方法，故所办教育日臻完善；虽中小学校之各学生成绩未必尽美，而教员对于学生无一不负责任也。

若论学生成绩，则中国学生之留学欧美、留学日本者固不一其人，考其成绩，亦未必较逊于他国人，甚且或有过之者。盖学生本皆可造，不患无成绩，所患者教员之不负责任耳！

要言之，教员对于社会有应尽之责，斯社会对于学校有信仰之心。否则，虽日日言教育，日日办学校，终无益也。鄙见如是，不识诸君以为然否？

检定小学教员管见^①

检定小学教员，业奉教育部令，限中华民国七年七月以前，将第一期检定事宜一律办竣。各省区亦已组织检定委员会，依次进行矣！窃维检定教员，所以辅助师范学校造就师资之不逮，为国家整理普通教育必要之法规。惟在吾国，事系创举。其办法之妥善与否，有关于小学教育者甚大。敢贡其管见于下：

一^②、《规程》之诠释

小学教员之数，以地方小学校之数而定。各地方既已办理小学，而师范学校毕业之人才不足以供用，乃以检定教员济之，此原则之所在也。以故施行检定，第一问题当揣核各地方需要之员数，第二问题当调查国立、省立师范学校本科毕业之人数，夫而后可订检定时宽严、疏密之标准焉。

查日本学制，检定教员，实始于明治七年，至明治二十四年，其法令乃渐趋于完密。至明治三十八年，全国教育程度已达极高之点。然一核其检定成绩，则试验检定之合格者仅仅占百分之二十二有奇，盖亦难矣！而地方教育所以绝不受检定之影响者，良由师范毕业人数年年增加，则检定合格之人员固不妨日即减少也。日本明治七年，凡各地方欲为小学教员者，在官立师范学校，行学业试验，授与证书，其有效期限为三年。十四年一月，定小学教员免许状授与法：（一）无官公立师范学校之卒业证书，而欲为小学教员者，检定学力，授与三等免许状；（二）有效期限五年；（三）与一科或数科之免许状者，得为代用教员；（四）以授业生与助手之名，属于教员补助授业者，其学力之检定与否，得从地方之便宜。七月，复加订正：（一）与教员免许状者，皆为训导，唱歌、体操、裁缝、家事、经济，及视土地情况增加农业、商业之一科者，其教员得不经检定；（二）得唱歌、体操、裁缝、家事、经济等之学科，又得一二学科之免许状者，称为准训导；（三）硕学老儒，善教授修身科，或长于农业、工业、商业等之学术者，得不经学力检定，授与该学科之免许状。二十年，定因地方情况，对于欲为小学校教员者，得从便检定其资格，授以相当之假免许状，其有效期限为四年以内。二十四年，以文部省令定关于

---

① 顾倬：《检定小学教员管见》，《教育杂志》，1917年，第9卷，第10号。
② 原作"（一）"，据通行写法而改。

检定小学教员等之规则，其委员会以府县官吏并师范学校校长及教员组织之，由委员将检定之成绩具申于府县知事，府县知事认为合格者，授与相当之免许状。检定分为二种：甲种为认定，乙种为试验。自是而后，检定办法日加绵密。至明治三十八年，各地方小学教员检定委员会所施行之检定成绩，应无试验检定志愿者八千一百七十二人，合格者六千七百六十二人；应试验检定志愿者三万二千一百二十五人，合格者七千二百人；以百分比例核之，无试验检定者占百分之八十二有零，试验检定者占百分之二十二有零耳。

吾国今日对于小学教员施行检定，为第一届。全国地方教育程度若何？需要若何？行政机关具有卓识，无待赘言。惟于教育部颁行法令，有不得不望各省区之善为运用者。试条举之，如下：

《检定小学教员规程》第一条："国民学校、高等小学校教员，除国立或省立师范学校本科毕业生暨别有规定外，以照本《规程》检定合格者充之。"绅绎上列条文，国立或省立师范学校所设之讲习科，其毕业生经师范校长呈奉省行政长官核准，给予毕业证书者，当然在免试验检定之列。盖讲习科之设置，载在《师范学校规程》。惟《规程》明列一年以上、两年以上之两种讲习科，为养成国民学校正、副教员而设；手工、农业等专科之讲习科，为养成手工、农业等专科教员而设；则其充任校务，一则以国民学校正、副教员为限，一则以农业、手工等专科正教员为限，所谓别有规定者是也。即县立、私立师范学校，或甲、乙种讲习科，苟办理合度，经省行政长官之认可者，其毕业生徒，当亦视同一致，此固法令之所许可也。兹读《京师检定小学教员施行细则》第八条，师范讲习所（照《师范规程》第六十五条之规定办理者）二年以上毕业者，准于五年内充国民学校正教员；一年以上毕业者，准于三年内充国民学校副教员，均自毕业日起算；其毕业在检定以前者，自检定之日起算；在规定年限以内，无庸加以检定云云。业于本年四月奉教育部指令核准，各省区似可仿照施行。且以实际论之，今日乡村小学教员，毕业于师范本科者殊少，毕业于师范讲习科者较多。倘出身于办理完善之师范学校，则其成绩实在他种学校毕业生之上。异日各省区实行检定之后，师资必更形缺乏，势不得不再办甲、乙种讲习科，以应一时之急。非待遇较隆，不足以勖来兹，况《师范学校规程》不已失一部分之效力乎？是苟视师范毕业生，又须重应试验检定者，法令上不免相抵触矣！

第十四条："具有左列资格之一者，得受无试验检定：（一）毕业于中学并充小学教员一年以上者；（二）毕业于甲种实业学校并积有研究者；（三）毕业于专门学校确适于某科目教员之职者；（四）曾充小学教员三年以上经地方最高级行政长官认为确有成绩者。""具有第一款资格经检定合格者，准充国民学校正教员、高等小学校本科正教员；具有第二款、第三款资格经检定合格者，准充国民学校专科教员及高等小学专科正教员；具有第四款资格经检定合格者，准充国民学校正教员、助教员或专科教员，并准充高等小学校本科、专科正教员或助教员。"绅绎上列条文，窃谓以今日吾国教育之程度，又初次举行检定，其于无试验检定资格，宜从宽从疏，而不宜从严从密，事理之所当然。惟是宽与疏可也，宽与疏而并无界别则不可。彼受试验检定之人员，试验科目及程度须按照师范第一部课程。无论何项专科，须并试《教育学》及受验科目之《教授法》，须酌加实地演习。其视教育之原理、方法，若是重且大也。兹核无试验检定之资格，如第一、第二、第三三项非不可得之事也，乃全不问其教育上之心得若何、方法若何，而概与以五年至八年之有效期间，何厚此而薄彼耶？且自《检定规程》一实行，而《师范学校规程》所定之本科第二部可以废止；即存在，而苟非愚且戆者，或真心研究教育者，必不入。何也？中学毕业以后，设法谋充一年之小学教员，以博得此第一项之资格，斯已可矣！第二、第三项资格，则并一年任事，亦在所不须，而国民及高等均可运行自如。夫以不谙教育原理、方法之人，而明许其久拥皋比，斯亦教育前途之障害也矣！鄙见凡具此三项资格者，委员会中仍须细核其教授、管理上之成绩。成绩而良，予以合格之无试验检定可也。成绩而不良，只宜与以代用之头衔，而复须责以自行研究教育，备代用期满后之考核：其有进步欤，则检定之；其无进步欤，则斥退之。诚如是，则小学教育不致发生困难。而具有此三项资格者亦不敢予智自雄，实教育之幸事也。若夫第四项资格，则于实际为最难得，而流弊亦最易滋生。何也？玩味“经地方最高级行政长官认为确有成绩”十六①字，以各省区论之，所谓最高级者，当然属于省行政长官，无疑义也。省行政机关中，固时时省视学出外抽查。惟是一县之中，省视学所视察之学校能有几何？视察而确有成绩优良之报告者又有几何？则将何所据以为审查之标准？且检定合格以后，既准充国民学校正教员或专科教员，并准充高等小学校本科、专科正教员或助教员，是又小学教员人人所乐闻者也。种种影射冒滥之弊，安得不因之以起？鄙见地方小学教员，富于自修、勤于职务、积有良好之成绩者不乏其人，惟宜兼采地方教育界之品评，以为优良之准则。至许可状中，则宜将或国民学校正教员、助教员，或高等小学正教员、助教员或某项专科教员，分析言之，而不得出之以浑括，《规程》所载实系此旨，不容误视者也。

　　第十九条：“试验检定除用笔试外，得兼用口试，并宜酌加实地演习。”绅绎上列条文，其视试验之重，至矣尽矣！然而按之实际，口试一项，万不可少。惟是应试之人数既多，则临时委员之人数亦宜增多，否则恐有名无实。若夫实地演习一节，则于理论为至当而实行为至难。何也？一则欲求一适宜之学校及适当之时间，实不易得；二则检定委员未必皆富于小学教授上之经验，将是以衡人之长短，恐不免有流于武断者；三则苟非杰出之人才，应试时无不视此为畏事。则规避者必多窒碍难行之点，殆非一端。奉行者正宜审慎出之，可加则加，不可加则部章固明予以斟酌之余地者也。

---

　　①　原作“五”，误。

第二十条："凡受正教员或助教员，试验检定者以各科目平均分数满六十分以上者为及格，但修身、国文、算术三科之试验分数非各满六十分者仍作不及格论。"绅绎上列条文，于平均分数之中，注重修、国、算三科，其意深矣！惟是地方小学，不无老师宿儒根柢①深厚，望重一乡，能教授修身、国文、历史、地理等科，而算术、博物、理化等科则非所素习者，应试之时，分数平均，犹可言也；算术分数，如必以满六十分方为及格，则此辈老师宿儒无及格之希望，断断然矣！明知不邀检定，亦必得代用教员之资格。当此人才缺乏之时，未尝不可仍执教鞭。然地方之舆论、儿童之信仰均因以变更，或且有令学校前途受极大之影响者，是不可不深思而长虑者也。鄙见检定委员遇此类时，不可不稍从宽假，或不妨陈述理由，请示于教育总长，求相当之解决。

第二十二条："凡受试验检定或无试验检定者，须填具志愿书及履历书，并由保证人填具品行证明书，陈送检定委员会查核。前项志愿书等，由检定委员会遵照本《规程》所定书式分别印发。凡现充中学校或师范学校之校长、教员，皆得为保证人。"绅绎上列条文，应试者之保证人以现充中学校或师范学校之校长、教员为限，其所证明者为身家清白、品行端方并未犯有《检定规程》第十一条各款情事。是殆非真知灼见者不能实行保证。现任之中学、师范校长、教员，服务本乡者为至少数。质言之，大率就职于数百里或千里之外者也。无论于本籍，于客地，凡现任小学教员之情形，明析者因未尝无十之一二，而隔膜者实居十之七八。是则此项证明书，欲实行担负责任，能乎不能，在教育部之意。殆深信中学、师范之校长、教员为诚实可恃，而正不知适令其受人之欺以欺人而已。鄙见此项保证人以各县之教育会会长、劝学所所长、学务委员为最适当，闻见既真，保证自确；各省区似宜陈述意见，于中学、师范校长、教员以外，增添各县有关系之办学人员，乃为得当。

第三十三条："各省区因特别情形须展缓该管地方全部或一部之检定者，得由行政长官咨陈教育总长检定之。"绅绎上列条文，教育部深知各省区教育程度未能一例，特留此伸缩之余地，以待各省区之斟酌施行。惟窃谓检定小学教员，于地方教育前途，关系至为重要。如所管地方，程度低浅，似宜采用日本明治二十年以前种种宽大办法以济其穷。质言之，即检定小学教员之学力，多受以成绩证明书，俾充代用教员是也。不此之出，而轻事咨陈展缓，窃期期以为不可。盖用宽大主义，是管辖小学教员固有法矣！用展缓主义而听其泯泯汶汶②，是谓无法。此则深望各省区行政长官之注意者也！

《施行检定小学教员办法》第五条："试验时，应按照《规程》第十九条，兼用口试，并加实地演习。此项口试及实地演习由主任委员分别核定，以此二项分数并为

---

① 原作"抵"，误。
② 原作"泯泯絭絭"，误。

一科分数，与各科分数平均计算。"绅绎上列条文，于笔试成绩之外，注重口试及实地演习成绩。果能实行，立法之善无逾于此。惟是实地演习之多窒碍，吾固已言之矣！则窃谓此二项分数之核计，亦宜由各省区自行议定酌量变通之法，以见之施行，方为有当。

第八条："检定合格之教员，以满五年至八年为有效期间。此项期间，由各省区依地方情形分别规定之。但代用教员，应以二年至三年为限。"绅绎上列条文，一则定检定合格教员之有效期间，一则定代用教员之补充期间，均授各省区以分别规定之权。鄙见以为，即期间论，则宜概从严格。盖代用教员，固为一时权宜之计；即检定合格教员，亦不过谓其学力尚能胜任焉耳，未必皆满意之选也。教育事业日异月新，以师范本科毕业之学生，服务后苟不能教学相长，历一二年即谓陈旧，何况受检定之小学教员？若一经检定，期以八年，俾得有恃无恐，不求进取。则此八年之中，世界教育状况进步，已不知凡几；而吾国之小学教员，故步自封者占多数，其必居人后无疑矣！鄙见就今日之程度论，立法宜宽，而为期宜短。立法宽，则及格者多，今日之小学教育不致有骤形缺乏师资之恐。为期短，则易于推陈出新，已受检定者时有戒心，即未受检定者亦易于自奋，斯实促进教育事业之要图。惟是部章既已明定有效及补充之期间，则断断焉宜以五年及二年为极限。

右列各条，综而言之，一为受检定者之资格，二为试验办法，三为受试验者品行之保证人，四为各省区因个别情形之得行展缓，五为检定教员有效期间，均妄有所诠释，非好辩也，良以私衷深望检定小学教员得良好之效果，特贡献其所知，以为刍荛之助焉耳！

二①、调查之要点

施行试验检定之前，其最要者莫如调查，此则县行政机关所当切实奉行者也。县行政机关，须知检定小学教员为今日振顿地方小学之要务，藉以淘汰不良之教员，而予良好教员以保障者也。惟是行之而善，小学教育固立行振作精神；行之而不善，或反增教育前途种种之障碍。故鄙见以为从事调查，断不可徒恃空文，而宜矢之以实意。小学教员之状况，县公署闻见较亲，则其所注重之要点，一宜调查本县学生肄业及毕业于国立或省立师范学校之人数及其成绩，一宜调查本县学生肄业于公私立中学、专门实业学校之人数及其成绩，一宜调查此类毕业生已就职于本县地方小学教员之教管成绩，一宜调查非学校毕业生而为地方小学教员之教管成绩，一宜调查部、省、道、县视学及地方人士对于本县小学教育之公评，而一一汇总造册，呈送省行政公署，以备检定委员会之查核。尤宜调查全县学校之数及所需男女教员之数，与五年中进行计画，呈报省署。要求委员会所检定及准与代用之人数，

---

① 原作"（二）"，据通行写法而改。

于本县需要方面，不甚悬殊。是则检定告竣，于地方教育前途，有百利而无一害者矣！若仅仅视为敷衍中央政令，一切调查事项，悉发小学教员，任其自行填注，据以转报，即为了事，而其余一概置之不问，则其结果之不良恐有不可思议者在矣！不宁惟是，奉行部章、省令，为县公署之天职。以故举行检定之前，端宜督促本县小学教员，悉应检定；实行检定以后，端宜切实遵办，使之发生效力，夫而后得促进之精神。检定委员会须知兹事体大，稍一不慎，即为草刈人才，贻误国家。调查审核，勿惮烦劳；所尤要者，不宜自用私心，而宜采取公论。对于应无试验检定者，审查资格，固宜以此为主要；对于应试验检定者，公论所关，亦实检定委员良好之参考资料也。

三①、试验之要点

行试验于今日吾国之各省区，操之过严，则与教育界以绝大之恐慌；操之过宽，则等于无检定，启小学教员夜郎自大之心，均非所宜。鄙见当试验以前，委员会中宜明定各学区应行录取之员额，不足则以代用济之；当试验时，笔试之问题宜宽，口试之问题宜密。是何以故？盖笔试难，则落第者必多；口试易，则无以识其真相。高等小学校正、副教员之笔试、口试，宜注重考察其根柢②。国民学校正、副教员之笔试、口试，宜注重衡量其方法。而要之笔试之后，参以口试，则观其眸子，可以知胸中之正否；聆其口才，可以辨教态之良窳，正不惟学案上足以补笔试之不逮也。若夫试验结果，则邀合格之检定者，固不宜滥；而补充之代用教员，不妨从宽。庶地方小学供求适合，固无须代用者之补充。一遇求过于供之时，则代用之教员较多，于地方办学人员，可较轻其困难。此则今日师资寥落之秋，所不容不尔者也。

以上云云，得失是非，未敢自信。惟以事关大局，不敢默默，冀世之有道君子实教正之。

---

① 原作"（三）"，据通行写法而改。
② 原作"抵"，误。

校 长 训 话[①]

校长——绍介新职员，命全体同学行谒见礼毕，训话，云：

今日同学之在座者，新同学居四分之一，旧同学居四分之三；旧同学固已熟知校内情形，新同学则尚未知也。兹当开校伊始，余有极重要之数言以告我新旧同学者，须知师范学校者所以造就小学教员。小学教员责任之重，诸君或尚有所未知。其凡国之强弱，全系乎人民；而人民之智愚贤否，全系乎小学教员。盖小学教员所以造就全国儿童，使有为良好国民之资格者也，则师范生责任之重可想而知。故须立志为第一流人物，庶可胜任。要之，欲立国乎地球之上，全国人民必有相当之程度，无有能幸存者。今吾国之捣乱极矣！而兹数月中，尤为危险，其结果固难逆料。但将来无论如何，挽救之法，厥惟教育。现在世风日下，我国道德之堕落已达极点。诸君欲有高尚之道德，固惟师长之训练是赖。但社会之恶风日炽，诸君莫不生长其间，极易沾染。故须立定意志，使不传染社会之恶习，而并能以一己高尚之道德，改良之，矫正之，乃克有济。暑期中，苏州桃坞中学校长梅君请余演讲，余以为圣为贤勉彼诸同学。今复举以告诸君。

我国人民程度极低，故腐败至此。欲希进步，全赖诸君。是则诸君非勉力加功，增进其学识、技能不可。诸君在校仅仅五年，欲求最完备之学识、最高尚之技能，诚未易言。但由此而得自学之门径，则固当然之责；然非于平日竭力加功，亦徒托空言而已。

近日余心至为不快，诸君其知之否欤？试观在座师长，有重要职员未曾出席者否？回溯近年吾校体育，实能积极进行。昔日同学患精神衰弱病者极多，今则入调养室者只有感冒，而精神衰弱之病则鲜，凡此皆体育主任陆师之功也。陆师何以能致此功？诸君其试思之！当陆师在校时，无时不以诸君身体之强弱为己任；对于朝体操也，课余运动也，皆莫不振作精神，以为前导，虽病中不肯稍息。本年四月中，即已抱病，予初固不以为意也。后经医生云："陆师以积劳过度致疾，非休息不可。"遂回乡调养。至于今日，迭经医治，医者言神经衰弱已达极点。是则陆师

---

① 张光焜、朱阳镛：《校内纪事》，《江苏省立第三师范学校校友会杂志》，1918 年，上期。此文是张光焜、朱阳镛根据顾倬训话记述而成的。篇名据正文内容而加。

之病，诸君实致之。诸君因陆师之督促，而身体日即坚强；陆师乃以坚强之身，过劳而反致病。诸君试自问之心，安乎否乎？夫使诸君对于运动，果有自动之精神，陆师亦何以致病？今陆师病矣！诸君将从此残贼其身躯，使吾校体育一落千丈乎？抑振作精神，热心运动，以慰陆师，俾陆愉悦，或能早日痊愈而早日到校乎？旧生中信仰运动者尚多，余希望旧同学率新同学对于运动，自己切实进行，毋待教员之督促也。

再告毕业同学①

余囊者曾为文以告毕业同学矣！时隔半年，窃觉本校之浮名，并毕业同学以俱盛。读部视学钱均夫先生之报告，略谓此次视察苏省教育，凡小学教员为该校毕业生者，大半具有相当学识，任事认真，勤苦卓绝之风实非他师范毕业生所能及，其诱掖而奖劝之者至矣尽矣，蔑以加矣！然细核吾毕业同学服务之实况，试自问之，真能名副其实者曾有几人？本校巡回指导员陈献可先生继续前职，足迹所至者殆遍。据其报告，又得不称职者数人，各毕业同学与母校通讯之勤亦较逊于前半年。本贤者责备之心，凛君子过情之耻，是乌可以无言？《易》有之："履霜，坚冰至。"余固深虑毕业诸同学不善与校长、同事相处，而勉以练习世故人情矣！不图近半年中，某某两校，其校长未尝无一时之选，始亦深信任吾毕业同学，而卒以种种事故，意见相差池，不可复容，乃解职去；解职以前，又以不避嫌疑，不安缄默，致大为校长所厌恶。某某则年少气盛，与同乡先辈未免遇事纷争。某某则浮躁性成，出位之思在所不免。此其人可无论其成绩若何。要之，皆不愿吾校毕业生中有此不良之现象者也！

抑又闻之，地方教育行政界之言矣！本年本校举行第三届本科毕业典礼，敦请无锡县公署第三科钱孙卿先生赐词训。钱先生之言曰：贵校毕业生之服务于无锡一县者，为数甚夥，成绩亦甚美；惟其不足者，往往进行太骤，不自审其权限，不顾校长及学务委员之为难；诸君出而任事，须就此缺陷之一点力加矫正云云。钱先生之所忠告我校毕业同学者至可钦感，人人宜奉慰圭臬者也！崇明施视学以任用本校毕业生，持函省视学章伯寅先生致意之言曰：谨遵台命，将省立师范生尽力推荐，计已定夺者，三师三人；（余略）将来鄙邑教育果能日有起色，则师范生之能力于此可见；万一不然，老朽者将窃议其后矣；务望先生面晤各师范校长时，嘱其诰诫各学生振奋精神，为师范生吐气，勿以俸给之菲薄而敷衍了事云云。施先生之所鞭策我毕业同学者亦至可钦感，人人宜奉为药石者也！

我毕业同学试思两先生之言，一则发于已任用之后，故其词婉；一则发于甫任用之初，故其心切。要之，我毕业同学任职于他县者，地方人士之批评虽不得而知，然两先生之言可为其代表矣！我毕业同学须知地方人士之相期望者如是其初，

---

① 顾倬：《再告毕业同学》，《江苏省立第三师范学校校友会杂志》，1918年，上期。

则吾辈对于小学所负担之职权、责任不可不郑重而分明，使吾辈任事之所无良好之成绩表现于人前，无以对地方父老。然以初出任事之少年，而于教授训管上之主张、设备上之计划，必欲尽如吾意；苟拂之焉，而强者怒于言，懦者怒于色，悻悻然去职以为快。无论其学识、其经验，未必胜同校之先辈；即果胜焉，凡作一事，其价值愈大者，其曲折亦愈多，必直情而径行之，抑亦不思之甚矣！吾尝谓粗疏直率之失，我少数之毕业同学实不可辞。循是而不变，则定惟粗疏直率，行见其卤莽而灭裂矣！夫余何苦对既毕业之同学尚复哓哓不已，以招其厌恶？抑亦深念担荷之重，名实之不可不相副；重爱本校，重爱本校之毕业生，深望其砥砺切磋，咸达于完成地位。故言之不已，复长言之。我毕业同学其善体此意也！

抑余尤有深感触于中者，余病我毕业同学普通学科根柢之多浅薄，而其显见者尤莫如国文。以故本届暑期特召集本校毕业同学开国文研究会，一则讨论教授方法，一则敦请本校诸名师讲授修养方法。全体毕业同学共一百七十七人，到会者除留校毕业同学外，属第一届本科毕业者无人焉，属第二届本科毕业者得八人，属第三届本科毕业者得十人；属第一届讲习科毕业者得二人，属第二届讲习科毕业者得六人，属第三届讲习科毕业者得十七人，留校之毕业同学得六人，如是而已。余之初意，以为我毕业同学当咸知国文之重要及一己能力之薄弱，幸而校中有此盛会，将争先恐后有如不及，所不到者当无几人；即不尔，亦必满总数三分之二。乃由今计之，到会人数仅仅得毕业总数三分之一而弱。以类推之，本科毕业之出席者少，讲习科毕业之出席者多。以级论之，毕业愈早者，出席之人数愈少；毕业愈后者，出席之人数愈多。若是则在校年限较长，自是之心亦较深。毕业愈早，则于教育界已得相当之地位，或已存厌弃教育之心，故不复注意于学业。是岂良好之现象乎？就个人言之，譬之商店，凡出售之货物，悉为三数年前所营积，而绝不推陈出新，欲望其业之发达得乎？吾人置身教育界中，当时时回念从前在校五年二年之力所得者曾有几何？世界教育日新而月异，我则故步自封，教与学不能相长，欲免淘汰得乎？即不尔焉，是直一时之侥幸而已。若为社会计，吾人又负有振起次代文化之天职者也。已不能应世界之潮流，以日求进步，而厕身讲席之中，俾受我之教育者，其程度亦因以低浅，是次代之文化直由我而闭塞之矣！余屡告毕业同学，无论如何忙迫，每日中必提出一二小时，为自己修养地步。乃以暑假余间，设重要之国文研究会，而到者之寥落犹如是，余不能无慨于中矣！

虽然，余为此言，非惩已往也，为望将来也。余之所以粹其精力注意于毕业同学者，窃谓地方小学非余之所能为力，而毕业同学谊属师生，余当然负劝勉、督促之责。外之则毕业同学果成绩良美，地方小学不患其不进步；内之则本校成绩之若何，悉视毕业同学以为断。总理学校，一面在方法之完善，其责任在毕业同学之悉心研究，而本校巡回指导教师实辅助之；一面在根柢之充厚，则余实引为己任，业经决定进而设国文函授社于本校，聘请名师，函授毕业同学以国文，更进而将设科学研究会，至年年暑期讲习之举亦决赓续进行。深盼我毕业同学联袂偕来，共同研究，以副予之厚望，而无如本届之举足趑趄也。

不宁惟是，饮食服御，绝大之经济在焉。余主持本校校务，俭朴一端，亦精神之所集注。同人感其诚，群相应和，以故校内诸生不得不趋于俭朴，恶衣恶食，习以为常事。而时下装饰，如金丝眼镜、金指环之类，又绝无所见。即偶见之，校内同人必加以诟诫。夫岂得已哉？私窃以为吾国人民处境之所以日穷，心术之所以日坏，实以豪奢为绝大之原因。惟其豪奢，故所入微而所出巨。衣食时虞其不足，而种种寡廉鲜耻之罪恶遂缘是以生。欲挽救之，全在教育者以反朴归真为己任，直接以化导学生，即间接以感格家庭、社会。一二十年后，人情风俗或转移豪奢之习，而崇尚俭朴未可知也。必如是而吾国庶有补！更即其浅者言之，方今百物昂贵，数口之家仰事俯畜良非易事。小学教员俸给，其最多者月至二三十元而止，平均约不过月十数元，其最少者月数元而已。是章身糊口之资，以布衣蔬食为限，犹时虞其不足。若自制稍不严，有恒产者必日即亏耗，无恒产者恐年年不能不举债。平旦思之，未有不慄慄危惧者。若夫指环之类，则尤非衣食比，多之不足荣，少之不为辱。方今金价虽属低廉，然每购一指环，恐非吾一人一月膳食之资不能办，是亦不可以已乎？年来渐觉毕业同学之来询候者衣服渐华，而金指环之映触乎眼帘者尤日益多，此亦不免沾染时习之一证也。故并述余之所见如此。若误以谓余于毕业同学一服御之微尚复琐琐干涉，余何至若是其愚？更望毕业同学善体此意，不改在校之常，力崇俭朴，以为教育界之中坚。否则，出入本校时，变更服饰，以掩一时之属目，固易易耳！

余草此文竟，觉对于毕业同学之感想复稍异于曩者，上篇多希望之心，本篇多责备之语。虽然，惟望之殷，故责之切。耿耿寸衷，其日夕萦绕于我毕业同学之左右乎！我毕业同学将何以慰之？

江苏省立第三师范学校附属小学校
添设工业补习科旨趣书①

本校附属小学于普通科外添设商业补习科，已有年矣！近岁以来，职业教育之议大昌。不佞外顾时局，内念我无锡地方之需要，觉非仅仅注意商业学徒，遂足以塞责。附属小学又为各地方人士研究教育之总机关，是职业教育之当若何准备、若何进行，不得不引为己责。爰拟分附属小学为普通、职业两大部。职业部中，则于已设之商业补习科外，推广农业、工业两补习科，以为地方小学倡，而并望区内儿童人人各得出就相当职业之准备。缘陈述计画于省长齐公、厅长符公之前，两公大韪之，遂以新计画列入本年度预算。省议会诸公亦韪其议，惟以省款支绌，且一年之中并扩工、农两部，设施非易，以故议会主张分年举办。不佞深感官厅议会用意之笃，相度缓急，遂先工而后农焉。

工业补习科之程度，与乙种实业差相等。无锡县立乙种实业学校，办理染织科也有年。则揣度地方情形，所急须添设者殆莫如木工与铁工两种。试先言木工。吾锡户口繁殖，家具什物，需用至夥。各种木器，其粗糙者大率来自苏州，其精细者大率来自宁波、上海。一年中输入之数，虽无确计，当必不资。而本地木工大都注意建筑，不注意于家具什物制作上之研究。不宁惟是，无论何种工业品物，其制作之始大率先事模型。学校教具，亦以模型为至要。吾邑工人绝无普通科学为之根柢，以故不善制图，不审学理。凡百模型，只能仿造，不能创作。苟非急急培植后起之人才，循是以往，决无进步。反言之，则以全县八十万之人口，铁轨、运河交通相接之点，急急养成制作家具及模型之技能，决为地方之所甚重要。请再言铁工。全邑工厂林立，凡百机器，大率购自外洋。即退一步言之，亦必购之上海。机械制造，固未易言；而修缮管理，则非绝不可能之事。然而，各工厂中所用机匠大都借自楚材，翻沙之厂为数有限，而工厂中技师亦大都来自异地。更退一步言之，日常用具，锻铸更易。然而，全县打铁之匠墨守成法，绝少心得，所成工具真能适用者，闻仅仅有一二处。五金杂货，需用至繁，仿造至易，更非本地铁工所能梦想。其他一切，可置不论。是则为地方计，急须造就适用之铁工，断断然矣！易言

---

① 顾倬：《江苏省立第三师范学校附属小学校添设工业补习科旨趣书》，《江苏省立第三师范学校校友会杂志》，1918年，上期。

之，即此项木工、铁工之学徒如果有成，将来必富有生活力。此则不佞所敢预言者也。

不佞既已有志增设此科，急急焉先为培植师资及物色师资之计划。兹本级主任兼木工科主任王君，则以本校第一届本科毕业生，曾任宜兴杨巷市立两等小学校校长、教员，而由本校选送肄业于木工教员养成科、实习于木工厂者也；铁工科主任蔡君，则以浙江甲种学校毕业生，充武林铁工厂技师、任甲种工业学校机械部管理员各有年者也，两君均富有学识、经验。即木工、铁工之技师，亦大率求之省内外大工厂中，一面拟选吾邑木工、铁工之能者以为之助。将来成绩若何，固未可预必。而当此创办之初，则固深荷得人之庆者矣！

木工、铁工之工场，均拟特建，求其适用，而经济又至节省。将来木工实习，须分木工、车工、漆工三种；铁工实习，须分锻工、铸工、板金工三种。工场设备，非一时所能为力，不得不按期进行。兹先自木工工作及锻工工作入手，而后渐进于各种，悉期以三年学成。惟是实际与理想能否相符，则今日招致学徒之得当与否，实为最大关键。鄙意以城乡寒苦子弟年龄较长，曾毕业于国民学校，体质强壮，秉性聪颖，而未染习气者为合格，曾肄业于国民学校而备有他项资格者次之。为造就儿童计，为振兴社会计，不得不希望我伯叔兄弟精选合格儿童，使来学习。

不佞对于添设本科，所尤注意者：第一，在授以必须之生活技能；第二，在不改平民居常勤工作、耐劳苦之良习惯；第三，在渐次变化其鄙陋粗暴之气质。以故于工作则先施基本教练，而进之以分工，俾得专精一艺；于服务则凡种种劳苦之事，均须操作，冀养成其自动之能力。饮食一端，则平民之生活程度及固有之工作场，本不常荤食。作业则固有之工作场中，日曜、暑假本在所不停。凡此皆吾民良好之习惯也，务有以保守之。然而，寒苦子弟鄙陋粗暴，每出于不自知。故品性陶冶，视之綦重。而普通学科，则不求高深，只重应用。入校一二年后，如果认为既已足用，拟即灭削之，而专注重于实习。质之伯叔兄弟以为何如？

《弘毅日志》发轫辞①

自本年五月四日以来，全国学生界大呈活动气象。校报，其活动之一种也。公私各校，以校报揭布者相络绎。吾校当暑期后始业时，亦即有少数同学，抱组织学校新闻之意见，迟迟至今，方始告成。兹当发轫之初，主其事者持编辑细则，来请示于余。余取而阅之，见其宗旨纯正，欲立人先立己，欲达人先达己，是诚青年为学正当之径途，相观而益善者也。抑又恐其所揭橥者与所实践者不能表里相符，且或初终之易辙也。既嘉美之，又欲勖励之，是乌可以无言？

校报多矣！本报定名为《弘毅日志》，不急急于刊行，而出之以露布，其费也廉，其事易举，而其益则甚大。何也？报纸之益，在于广见闻，增学识。故记载愈详实，调查愈真确，批评愈纯正，则读之者得益愈大。然一校之中，本无甚新闻。于是为之者不免琐琐碎碎、支支节节、扭扭捏捏，撰为文字，以揭于公众之前。究其实际，毫无所补。我诸同学洞瞩其非，乃一扫而去之，不作空谈，不涉学校行政，专注意于吾人身心之修养、知识之交换。则是全校二百②人各以其所心得、所怀疑者，互相告语，互相问难，努力以进于上达之途。循是行之，久而不懈，将管理员、教员之力所不能尽者，《日志》之力均能及之，而一切自治自动之事业悉以此为之管钥，可以奠定吾校基，光大吾校风。余之所日日期望，各师长之日日劳精疲神不能收圆满之效果者，一旦豁然贯通，而悉以吾诸同学互助精神所表现之《日志》解决之，私心快幸，莫此为甚！

虽然，余今之所见及者，一纸细则而已。主任及干事其果能悉本此规定以力负责任乎？投稿者其果能悉本此规定以发表思想乎？未可知也。即使主任及干事及投稿者一一能各如所规定，而勉为学生界中最有价值之《日志》，其果能持之以恒乎？未可知也。夫"弘毅"二字，吾校之校训，而诸同学取以名《日志》者也。则请人人悬此二字于心目中，诚使对于编辑部所共同商订之细则而不能极端遵守，全体同学所公推之编辑员、全体编辑员所公推之主任而不能极端服从。凡关于个人修养及社会、国家之各问题，人人自负己见而不能平心商确，会员互相问答不能为学理之切磋，而流为口舌之争论，有一于此，均谓"不弘"。投稿之文，或始勤而终惰，或

---

① 顾倬：《〈弘毅日志〉发轫辞》，《弘毅日志汇刊》，1920年，第1期。
② 原作"白"，误。

随随便便玩弄笔墨而缺乏精神，或投稿文件中有担任干事及校内教师认为不妥之处而不肯勇于修正，有一于此，均谓"不毅"。若夫本部主任及干事尤不可不励以虚心，持以实力，共认此《日志》为吾校言论机关，负有唤起吾全校诸同学灵魂之责任，而抱一历久不懈之决心。杨椒山有云："铁肩担道义，辣手著文章。"主任及干事，当日日三复此言矣！

　　至余之对于本《日志》，其所负之责任奈何？使此《日志》而良好、有价值，则爱之敬之，必尽余之心力以辅导之；非附好也，问余之良心，衡余之天职，当如是也。使此《日志》而不良好、无价值，当随时警告诸同学，以促其反省；使警告而无效力，或且有违背宗旨、逾越范围之言辞发布，则断然勒令停止，虽有百千碍难在前，亦不为之屈且挠；非示威也，问余之良心，衡余之天职，当如是也。我诸同学，其三致意焉！

勖本校学生会①

　　三月二十七日，本校学生会开成立大会于大礼堂，请余出席致训辞。余既诺而行之，然仓卒之间，义有所未尽，故特草此文以公之《弘毅日志》。

　　学生会应文化新潮流而产生，吾国前此所未有也。有之自民国八年五月四日始，至今不逾一年，而披览全国之学潮。凡属对外交，争内政，无不以学生会为标识。今且学校之中，排校长，逐教员，为种种自由之行动，并合其全力以与官厅相抵抗。一般政客及新闻记者以遂其愤时嫉俗之私，而目睹此思虑单纯、热血奋涌之学子见义勇为，一唱百和，认为吾国最新之文化运动，誉扬备至；即觉其有不当，亦曲谅而回护之，此一派也。京内外行政官厅及过半数之学校职教员，则又深痛学风之堕落；青年学子之逾越轨范，人人疾首蹙额，认谓洪水猛兽之祸之不是过，此又一派也。两派议论各趋极端，无调和之希望。而全国学生不自审察，一逞其感情如故。往事已睹，后事尚未可知。总之，非外交战胜，内政改良，教者、学者与社会中各方面之人员各有绝大之觉悟而能自尽其天职，深恐此学潮将永与政潮相牵连，而无宁静之一日。此实吾中国存亡生死之机所系焉者也。

　　何也？军人专横，议员恣肆，其患害仅在一时。若全国之学生终日与惊涛骇浪相奋斗而不能专心于学业，则吾国其将谁托？良以今日之学生实异日社会之中坚人物，所以励相我国家，面与世界各国相争衡、相摩荡于地球之上者也。非力学何以成才？非成才何以致用？世之议者，动谓二十世纪当造就活泼灵敏之学生，故宜鼓励其自动之精神，而不可读死书。事压抑，使归于无用。绅绎其意，殆谓学校中之职教员其教授、训练当与社会中之所需求者相密接，学校中之学生其所学者当为异日用世计耳。青年学子辨析不清，以为社会先觉所提倡者在此，而一般舆论所推波而助澜者亦在此。于是改造社会、革新政治、促进新文化种种重大事业，凡他人所逡巡畏缩、嗫嚅趑趄而欲前复却者，我国学生界悉轻轻置之仔肩之上，嚣嚣然有不可一世之气概。其尤甚者，官厅之委任校长，校长之聘请教员，几须征学生同意，学生地位之高至此已极。虽然，平心思之，吾人之精神之地位各有限度，学生之才力、心思日驰骋于外鹜，而仅仅以其余暇从事于学业，顾名思义，于"学生"二字称乎否乎？彼政客及新闻记者谀美之言，余之所万万不敢赞同者也。往岁以来，京内外官厅处理学潮，悉宗放任，逮其滋长蔓延，乃复大变态度，严加取缔之令日三四至；而学校之中，复几视为蛇蝎之不可触手，相率以敷衍了事为得计，反是者则又联合以与之相对抗，师弟之间有如敌国。长此纠纷，恐陷吾中国于万劫不复之地者不在武夫，不在政党，不在土匪、游民，而正在吾教育者与受教育者。此又余所太息低徊而断断认为谬妄者也。以故余之对于学生会，盖别有见。

当未有学生会之前，学生会正不必有；当已有学生会之后，学生会亦不易无。何也？儿童青年以学行之未成就，而受教育于学校，当然受教育者之制裁，正无庸联合团体，以隐与职教育会相对峙。且一校之中，必有校员、学生联合设立之校友会；一级之中，又往往有级任教师及学生联合组织之学级会。学生如有主张，有研究，固不乏发表之时与地也。是故当各校学生会最初成立之时，如果政界中人非必欲违反民意，而一般政客及新闻记者非别有用心，极端鼓吹，以为青年学生之后盾，学校中人又能尽晓晓之诚，使自觉悟，则学生会之名可以去。亦既激成之，利用之，隐忍之，以至于今，是非大摧残、大破坏不能使之消灭；且果大摧残、大破坏矣，压力愈甚，则弹力亦愈大，恐不惟不能消灭潮流，且日益澎湃而汪洋；即果能消灭之，国家元气从此大伤，非历久不能复。思之思之计，惟有取其躯壳而易其灵魂。

吾校之有学生会，亦始自往年五月，暑假以后，复为一度之更新组织，而卒若有若无。究其宗旨，固合学生之本分，而亦学生应尽之天职也。然商确复商确，荏苒数月，不能完成，继乃发展其局部之事业，成绩粗有可观。余盖从旁为数月之观察，深知诸君脑筋清楚而能力有未逮，然职员、学生之间其差强人意者有二点，一则感情融洽，一则意旨近接，缘毅然愿以本校为新潮流之试验品。遂于寒假开校以后，提出舍务一部分，大变更其固有之组织，以学级会为中心，由各学级公推代表，联合组织学生会，而付之以自治权。商之校员、学生，悉表同情。机会已熟，进行自易为力。夫使吾校之试验而其结果不良，则校员知之，诸君亦必觉之，虽十易其方法，或不至激起怒潮；使吾校之试验而有良好之成绩，则学生会得一正当轨道，岂惟吾校之幸？抑亦全国教育界、学生界所当顾而乐之者也。

以故欲言学生会之性质，余所提撕警觉诸君当辟而廓之者有二点：

（一）学生会非奔走国事之机关

学生会之所由来，为奔走国事故也。而余谓非奔走国事之机关，与现今趋势，得毋刺谬？然试细思之，一国之中，为立法机关者，有议会；为一社会集合研究之机关者，有教育会、商会、农会等；为社会中兴办一事业商确进行之机关者，有各种协会，如水利协会、路矿协会等，凡此皆以奔走国事为前提者也。譬之公司，行政官吏其办事员也，人民其股东也，而议员及教育会等之职员则股东之代表也。公司中种种事务，股东代表实负全体或局部之责任，以办事员之腐败致公司将入于倒闭之途，则股东代表实不容坐视。若学生则股东之子弟也，学校之职教员居于宾师地位，其一则有父兄在前，尚无股东资格；其一则职务所在，不得不暂时抛弃其股东之权限，而一以作育人才为急务。公司之兴废存亡，自有人负其专责，非宾师及子弟事也。以故学校之职教育，尚不容以奔走国事为前提，何况学生？学生，今乃以股东代表概为仗马寒蝉，自放弃其责任；全体股东亦概不过问，或过问而自慨其无效果，乃一任子弟之纵横恣肆以为快乐，此至不祥之事也。以故我学生界中人急须自觉。今日之办事员蠹食我公司之财产资本者，其罪固不容诛；今日之股东代表绝不知责任之所在，其罪亦岂容末减？我生不辰，逢此鞠凶，苟有良知，能无愤恨？然而，我学生界须知今日恶浊空气遍于全国，决非吾辈天真烂漫之青年所能扫而空之；又须知今日政治之所以不良，皆由当路者、在野者从前未受良好教育、不学无行之所致。吾人不得不急急培养其新血轮，而一任此老废物之自行排泄以归于尽。若如往事，以全国学生之争持，外交方面虽稍入于停顿，而牺牲青年无限之精神以为代价，所得实不偿所失。倘长此奔走国事，而置切身之学业于不顾，则瞻念目前，未必即有益于国事，而学生之精力由此消耗，即国家有用之才因以减削，直接、间接所受之损失至少以五年、十年为断，对自己、对国家均有无穷之害，奈之何溺而不返也耶？诸君所不可不审思而长虑者一也。

(二)①学生会非干涉学校行政之机关

学校行政校长主之，职教员助之，非学生所宜干预者也。今之现象则反是。自学生自治之说大昌，而学生界中遂动以自治为藉口，凡一切学校之设施，咸思干预，以遂其便利之私图。教育前途之危险，殆无有过于斯者。何也？以校长、教员之不得其人，而教授、训练不能有造于青年，青年起而反抗，此固事之所恒有。为校长、教员者固宜虚心容纳学生之意见，而加以促进改良。今后教育界所当注意之要点，余将专篇言之。至社会中负有监督学校之责者，对于良校长、良教员，当辅助而奖励之；对于不良之校长、不良之教员，当抨击而纠绳之，使知舆论之可尊可畏而不敢不督励进行，此则社会中良好之气象也。若在学生，则所受者而为良好之教育，固当循循于礼法之中；即使教授、训练不无缺憾，而有所请愿②于校长、教员，亦当确尽学生之天职，本之以诚，矢之以信；谅校长、教员具有良知，当无不为所感动；如是而归于无补，则惟有诉之家庭，择优良之校而转学焉，为最妥善之一策；若联合多人，酝酿风潮，以与校长、教员相搏战，则其事之能成与否未可知，而个人学业之损失、行动之艰危实甚。嗟乎！学校中多少才长质美之青年，以滋事而废弃者，殆未可以更仆数矣！何况现今各处学潮，其所揭橥以反对校长、教员者，得失是非，未可概论。要之，自治事业与学校行政之范围，解析不能分明，而因以生种种无端之冲突，则其彰明较著者也。夫使学生之于校长、教员而无信仰

---

① 原作"(一)"，据通行写法而改。
② 原作"顾"，误。

之心，校长、教员之于学生而不负辅导、栽成之责，尔诈我虞，互相欺蔽，是学校非造就人才之地，而为养成鬼蜮之场矣！且使学校之设施一一以青年之趋向为趋向，而果能适当，则是诸青年岂惟确有自治之能力，谓之成德达材可也。今日之学生界，试自问焉，其果德已成而材已达乎？以求学之年而蕴有不率教之思想充类至尽，将使教者人人苟且逢迎，而学者人人卤莽灭裂，虚骄之气、自大自是之恶习植根深固而不可拔，则病入膏肓，虽有扁鹊，无能为矣！以故学生自治，要惟以学生部分所应自主持者为范围，而对于学校行政，丝毫不容妨碍。诸君所当明辨而笃行之者又一也。

然则本校学生会之重要责务，果何在乎？试更述之于左：

（一）养成互助精神

自俄国儒者苦鲁巴金唱互助说，谓人类进化不在竞争而在互助，一般学者咸宗尚之，以其主义实较达尔文生存竞争优胜劣败之说为圆满也。苦氏对于互助之精髓，亦既尽言以发挥之。然余窃觉吾国先哲阐发此互助之精髓者，实胜于苦氏。试证之《礼运》篇，孔子之言曰："大道之行也，天下为公，选贤与能，讲信修睦。故人不独亲其亲，不独子其子，使老有所终，壮有所用，幼有所长，鳏、寡、孤、独、废、疾者皆有所养，男有分，女有归。货恶其弃于地也，不必藏于己；力恶其不出于身也，不必为己。是故谋闭而不兴，盗窃乱贼而不作，故①外户而不闭。是谓②大同。"夫使人人不失其所，人人不私其所有，互助之效至此，则即今日寰球人类所最惧之过激主义当亦无自而生。孟子之论井田，其言曰："死徙无出乡，乡田同井，出入相友，守望相助，疾病相扶持，则百姓亲睦。"墨子之说兼爱，其言曰："视人之国，若视其国；视人之家，若视其家；视人之身，若视其身。诸侯相爱，则不野战；家主相爱，则不相篡；人与人相爱，则不相贼；君臣相爱，则惠忠；父子相爱，则慈孝；兄弟相爱，则和调。天下之人皆相爱，强不执弱，众不劫寡，富不侮贫，贵不傲贱，诈不欺愚。凡天下祸、篡、怨、恨可使毋起者，以相爱生也，是以仁者誉之。③"孟子与墨子之学说不同，而其提倡互助主义则同。三哲之言何其博大而昌明也！末流之弊，乃至人各私其家，家又各私其身，其不肖者视国家、社会之公共财产事业无一不可以牺牲而供己之欲壑，其贤者又率以自了汉终身。语有之："各人自扫门前雪，莫管他人瓦上霜。"消极之言，奉为至宝。全国人民之思想悉不出此两途。吾先哲所揭橥之互助主义，扫地以尽。以故世界列强，其人民各有绝大之团结力；而吾国乃如一盘散沙，永远不能凝合。无论何事，以一人之财之力能包举之者，则事无不成。合两三人以为之，其成其败已在不可知之数。若集多数

---

① 原无"故"，据孙希旦《礼记集解》而改。

② 原作"为"，据孙希旦《礼记集解》而改。

③ 原作"凡天下祸、篡、怨、恨可使毋起"，据孙诒让《墨子间诂》而改。

人以为之，则无不败；其幸而不败者，必有豪杰之士主持其间；而其他众人，则非在势力范围之下，而不各相抗，即不相问闻者也。吾国人聪明才识，何一不出人之上？即此一端，足以对消其种种长所，灭绝吾人种而有余。欲挽救之，非极力提倡互助、履行互助不可，是则吾学校同人之责矣！学校为社会之雏形，诸君居处、饮食、游息于其中，实为绝好互助主义之试验场。诚使人人相亲相爱，相敬相尊，有善相劝，有过相规，有奇相赏，有疑相析，历久而不衰，则今日学校中数百青年固结不可解职精神，他日廓而充之，虽塞乎天地之间可也。以是立国，何国不立？以是摧敌，何敌不摧？此则诸君对于社会、国家绝大之担负也。近数周中，各级同学之感情虽属和谐，而互助工夫则尚有愧色，其共勉旃！

(二)①确定法治基础

学生自治，为今日一最重大之问题。然使各校中之学生果实能履行自治，则无论何人，未有不表同情者。惟以学生均生长于不良之社会中，其脑袋已满储种种不良之习性；而学校中之职教员又未必皆有自治之素养，即未必真能尽辅导自治之责任，所危险者即在此一点。夫学校之中，既已励行学生自治，教职员之当若何辅导？此问题当别论之。而所望于吾校之学生者，要在由人治而进于法治。何谓人治？校中既已定学生自治之范围，则必由学生自行选举职员，订立章程，为种种自治团体之组织。诚使领袖而果其人，学识、才力均足以迈众，众人咸服从之，则其自治成绩必甚优良。然质言之，人治而已，是与得良好教职员行开明专制而奏良好之成绩者殆无以异。如是而言自治，犹未足以尽自治之精神。何也？自治团体之组织，历数月、半年而一更易其职员，今日以得人而成者也，他日即以不得人而败其效果，或且不如开明专制之永久焉，可断言也。何谓法治？人人置身于规律范围之中，各有真正之觉悟，能自尽其责任而屏绝倚赖心，又能容纳他人意见而富有服从心，是则得民治主义之真精神。无论为领袖者属于何人，自而治之成绩不因以减损。如是而后，可以言自治；如是而后，其成绩决非开明专制之所可比拟；如是而后，异日置身社会，皆厘然为良好之公民，能奏地方自治之实效；如是而后，吾国之共和基础可以巩固。今之中小学校咸知地方自治之重要，而类于学校中分划自治区域，假设市议会、市政厅及裁判所以资练习，用意之勤至为可佩。但细思之，学校中之学生，要在唤起其自治之精神，而不在模仿其形式。美国顾樊山之言曰："大凡造成一概念时，须先有一种凭藉，再因类推想，构成一根据事实的理想概念。此概念之有无实用，全在乎精神方面，并不在形式上的符号。使学校事事模仿行政上的组织，非特笨重难行，并且个个学生变成职务人员，有治人的资格，却没有被治的练习。"(《新教育》第三卷第三期。)其言实先获我心。以故吾校之所主张，不愿步他校之后尘，而特革新舍务之组织，以供诸君练习，其办法以各室风纪员由

---

① 　原作"一"，据通行写法而改。

同室生轮流担任之一节为最扼要。诚使风纪员而人人能维持风化，同室生而人人能受风纪员之制裁，则法治之基础定。发此议者出于诸君，余与各级任教员将由是以验诸君实行之能力焉。

（三）①促进文化事业

二十世纪世界之文明，一言以蔽之，学术进步之表现而已。世界各国，无论其抱何主义，而所以能贯彻此主义者，全在此大多数之学术专家，尽开物成务之妙用，社会、国家乃蒙其福。以故各国政府及在野伟人，每不惜岁投巨大资金，以培植学者。彼中学者亦不惮艰辛，孜孜兀兀，尽力于哲学科学上之研究。无论内忧外患至于何极，而此旨终不少变更。吾国近岁以来，社会上各种事业未尝不粗有动机，而无一事不觉人才之缺乏；换言之，即无一事不觉吾人所学之未足以应所用耳，此为吾国前途绝大危机。乃操政柄者既不知振兴教育，而转事摧残一般学子，又实行其自杀之政策，反他人力学兴国之常轨，而欲废学以救国，是所谓北辙南辕，愈行而愈远者也。如是而又侈言爱国，侈言文化运动，可乎？否乎？吾校正名师范，则全体学生以研究教育儿童为本位，决不能以学问大家期之。今日在校之学生，即在诸君，亦断然无此责任。惟是教育方针日新月异，诸君异日当若何造就智、德、体三育成绩均良好之儿童，即当于今日在校时尽若何之修养，对于各种科学当如何贯彻、如何运用，对于教育学理及实施当如何钻研、如何练习，一一神而明之。则今日为良好之师范生，他日即为良好之小学教员，未来之社会永受无形之厚贶矣！促进文化事业之功，殆无有逾于此者。若如学校新闻、露天演讲、义务学校等，于五四学潮以后为极盛，吾校亦一一行之，是非今日舆论所称为文化事业者乎？但以余思之，如果校内学生于及身应注意之学业已无不尽，行有余力而从事于斯，则甚善；否则，务外自高，不揣其本而齐其末，所谓"养其一指，失其肩背"者也。试更分析言之，各校所出校报，由学生主持而寄赠者，所见亦不为少，而满余意者殆鲜。诸君所撰之《弘毅日志》，第一册业已印为汇刊以公之众，其果能满人之意否乎？未可知也。夫②使诸君认此《日志》为交换智识、激励意旨之利器，而各吐其所怀疑、所心得者，互相披露，以贯注其自立立人、自达达人之精神，推而行之，更以吾人之所商兑者求他校同人之指示，以联合对外之心一转而为向内，则全国学风可以丕变。露天讲演及义务学校为实行通俗教育、平民教育，诚能普及一方，其功甚伟。高级之师范生苟能预为练习，以始终不懈之精神相贯注，毋逞感情，毋尚虚气，求学之光阴虽因以稍分，抑亦当务之急也。藉令认识未清，视为时髦事业，舍己芸人，争相仿效，则于社会未必有补，而个人切身学业先即牺牲。是聚六州之铁铸成大错，后虽悔之，嗟何及矣？此则诸君所宜知也。

---

① 原作"一"，据通行写法而改。
② 原作"失"，误。

　　诸君所负责任，其重大如此。而余尚有欲勖诸君者，以上三端，蕴之于心而求其实践，是谓志士；形之于色而发为空言，是为妄人。诸君，诸君，其各好自为之！

四告毕业同学①

余既为文以三告毕业同学矣！光阴荏苒，又复一年。此一年中，全国学界号称多事，而新教育之主张、新文化之运动又极波谲云诡之致，我毕业同学之思想之办事方针当亦不无变易。然以余思之，教育上种种问题，于高等小学及国民学校之儿童影响最大者，厥有二端：一为语体文，一为自治制。试各以余之意见，分别论之。

一②、语体文

吾国言、文之歧，最于各国，不仅字有文、俗之殊，即文法、语法亦大相差异。故言、文不能统一，于推行教育之障碍甚大。今则国语注音字母既已订成颁布，由是而励行语体文，使向所谓推行教育之障碍者一扫而空，岂不甚快？且各国文字、语言咸趋一致，吾国亦岂能外是？言、文合一，则幼稚教育、通俗教育均易施行，即大学、中学之学生听讲笔记③及各种会场之记录，亦可不假思索，迅笔直书，而传其真髓，其有补于文化事业固甚大也。虽然，窃有问，吾国白话文字由来已久，宋元以后尤为盛行；然而，此千年中，以文学著称者不可胜数，而长于白话文者施耐庵、曹雪芹两人外殆无人焉，推其故，固由于重文体、轻语体之习蕴蓄至深，抑亦文体有定准而语体无定准，文体能见长而语体不易见长，文体统一而语体不统一所应有之结果也。即以《水浒》《红楼》两书言之，其文各有特色，而其体实至不相侔。吾人熟读是书，久而不倦。然苟拾其中运用熟语，则不求甚解者正所在有之。以故普通文字未达通顺之地位者，未必喜读是两书。且必有以方言之各别，能读《水浒》而不能读《红楼》，能读《红楼》而不能读《水浒》者。是故当今日而欲通行语体，则实有先决问题在。先决问题奈何？一为标准语。合二十二行省及蒙古、青海、西藏等处以立国，地大而交通难，人多而种类杂，故其言语至为繁复。夫既改文体为语体矣！苟任操各地之方言，则曩昔语言不同一，而文字犹能达意通情者；此后纯用各地方言以抒写之为文字，将并欲达意通情而不可得。即谓教育部审

---

① 顾倬：《四告毕业同学》，《江苏省立第三师范校友会丛刊》，1920年，第4期。
② 原作"（一）"，据通行写法而改。
③ 原作"计"，误。

定各书肆编订之教科书，实为施行语体文良好之范本；抑知不先统一其语言，则犹是一教科书。而各地方人士各以土音读之，土话解释之，平时所操之言纯为土话，即平时所作之文字殆无一非有土话，有文言，有类似普通夹七夹八之白话文。画虎不成，转而类狗，是则文字之劫其害犹小。始意本欲推行文化，而结果乃转成为摧残文化，此则国家前途莫大之患害矣！惟然故改变文体之前，必须由中央政府组织国语调查会，调查各地方言，而决定一种最通行之标准语，颁行海内，设立传习所，强迫全国师范学校之学生及各地方中小学校之教员以操同一之语，作同一之音，夫而后基础定。白话文字易冗长，而所用助词笔画多繁复，书写费时。故又须利用注音字母，仿照日本以四十八假名，互相拼合，而成助词、助动词、代词之注，创为新字，运以草书，俾便应用。有此充分之预备，然后可以改弦更张。一为模范文。《水浒》《红楼》为吾国最优美之白话文，固有目共赏者也。然则此二书者，其遂可谓研究语体文者之模范乎？试证之古今名人之评两书者曰：“《水浒传》叙宋江等事机巧甚详，坏人心术”（《游览志余》），“《红楼梦》之为书，实有荡魄销魂、易性移情者在。青年儿女，非夙具慧根能勘破一切者，未有不为所溺者也。当世不少明达，子女血气未定时，幸勿以此等书授之”（《小说考证》）。即余以半百年华，疾病中或郁闷时，亦往往取此两书，随意浏览，自问血气已定，决不致为所游移，然往往情绪缠绵，久而后已。其文之足以动人若是，即其书之不可轻读亦在是。何也？其他不必论，即使醉心此书，忘寝废食，一切学业、事业均置之度外，而成为一书痴、一情迷之人，损害已不可胜言矣！故以鄙见揣之，凡中小学生所阅览、所诵读之模范文，必须急行搜集，其要点有三：一学识充足；一文词简洁；一标准语虽尚未定，而一篇之中语语普通，无局于一地之方言搀杂其间。此类教材，恐搜集之难远胜于普通文字，亦断非一时所能有成。夫以社会中人不细审文体变更，须先有种种之预备，而轻事号召推行，目为文化运动之一，已属可怪。教育部为全国最高行政机关，乃亦盲目进行，轻下全国国民学校一二年级废止文体、改为语体之令，且将从前已审定之文体教科书限期废止，抑亦不思之甚矣！夫以从前千百儒者费心血、绞脑汁以为之，而不能夺普通文之席者，今乃欲以一纸空文夺之，有是理乎？余恐从此国民学校之教授文字，行见非驴非马非牛非狗，而断然成为四不像之一怪物。即使三五年后，余之所谓标准语、模范文者一一能得其当，然即此三五年，全国儿童为所牺牲者殆已不知凡几。嗟乎！吾国今日之教育，有主张，无研究；有破坏，无建设。朱子有云：“教学者如扶醉人，扶得东来西又倒。”不图今日操政柄者、发舆论者均为醉人，教者、学者之东来西倒，更在所不必论矣！是故余对此问题，所切望于毕业同学者，第一自己急宜研究普通话，普通话粗有头绪，则宜自己练习语体文，准备既已充足，乃可实施于教授。兹部分虽已颁布，而国民一二年级教科书悉改语体，实际能否励行全国，要在不可知之数。与其不能而牺牲无限之儿童，毋宁暂缓而违背部令，问之良心较可以自安。若国民三四年级以上，则即按之部令，进退固余裕也。我毕业同学以为何如？

二①、自治制

学生自治，为教育上最重要之一问题。未有不能自治，而可为良好之学生；未有不能为良好之学生，而异日能为良好之公民者也。虽然，学生既长育于家庭、社会之中，则家庭、社会之良否，其影响于学生者甚大。夫使家庭而为良好之家庭，社会而为良好之社会，则此辈学生少习长安，已成惯性，使之自治，固易为力；反是，则彼脑袋中实满储不良之习惯，教者时加干涉，犹能潜伏，若一放纵之，则其动静云为，正有大背乎自治主义者，而复许以剽窃②自治之名，俾图自便，其为危险何可胜言？要之，学生自治，亦有种种之先决问题，个性、年龄、程度是也。故以余之所窥测，在现社会中所生长之儿童，就学于国民学校中者，几几乎均无自治之能力，全视教者之陶熔而范成之；高等小学，则年龄较长，程度较高，得良好之教师，尽指导之责任，使之练习自治，固无不可。然苟教者认为既责学生自治，即可一切不加过问，而悉任学生之所欲为，是又大误矣！学者学自治，教者即教自治。杜威先生之言曰："自治的性质，不但是扩充自己的权利，并且是加重自己的责任。自治最重要的条件，就是把自己的思想责任加重。从前被人治的时候，有人替我思想，种种的建设、种种的需要都委之于人。于今自治了，须得自己思想，自己去做那种种建设和需要的事情。这不是加重我们思想责任么？这样看起来，自治比被人治还难着百倍。"（《新教育》第二卷第二期）③其所以晓喻学自治者至矣尽矣！而对于教自治者，则犹未之及。窃谓教人自治，亦比治人难百倍。何也？治人，则以我为主体，立一定之章程，设一定之规范，使受治者率而由之可矣！教人自治，则以人为主体，任人之自立章程，自设规范，而又能悉就正当之径途，则必不烦口告，而有暗示之精神与感化无形之妙用，然后可以尽教自治之责任。以故愈注重学生自治，而教者之照顾愈宜周到，观察愈宜精详。盖如果学生有脑筋混杂、手法忙乱之时，教者宜尽心力以指导之，夫而后学生不致误入歧趋；习之既久，至能由勉强而进于安行，则自治之功成，而教者乃可入无为之境。此断非吾人所宜轻忽掉之者也。倘于学自治之真精神及教自治之真理，都不细加考察，而漫取地方自治之形式，组织于学校中，以为即此可以练习自治，恐仍无当。何也？社会由个人集合而成，个人不能自治，而社会能自治者未之有也。诚使一社会之中人人咸能自治，则形式上之组织固易易耳。方今教育上之思潮日新月异，学校之施行自治制者甚夥，而余一得之愚则不能不为我毕业诸同学告。其盍一省此言，有无研究之价值乎？

---

① 原作"（一）"，据通行写法而改。

② 原作"切"，误。

③ 杜威：《学生自治》，《新教育》，1919年，第2卷，第2期。

抑余犹有忠告我毕业同学者，则契约之不可不郑重是也。近一年中，我毕业诸同学不免有中途弃约改就他职者，无论其得校长及学务委员之同意与否，总之为吾人职务上所不宜有。盖既已订约在前，即令任事状况极端为难，总须约满，乃可他就。若以约书所载，往往有教员如有万不得已事故须自觅相当之人作代之条文，遂以觅代为自便之图谋，且又隐位置一私人之饭碗，是其取巧舞文，心术尤不可问矣！盖使教育中人而置信义于不顾，则社会为之破坏，谓之社会中之蟊贼可也！吾甚不愿我毕业诸同学亦效而尤之！其他种种，可置不论。

校长覆储剑南书^①

剑南仁弟惠鉴:

　　昨读来书,述校状甚详,至以为慰。吾弟承名校长之后,使西江学校已堕而复振,不为无功。承询各节,谨答如下:

　　一^②、分团教授,今日风行全球。然吾人不当取其名义之新,而当注意于实行后之效益。就教师言之,实行分团教授,须具有恳挚之精神。盖非以一级分为数团,教材、教法适合儿童程度之为难,而难于引进中下等之儿童,使终得圆满之成绩以去。《中庸》所谓"或生而知之,或学而知之,或困而知之,及其知之一也。或安而行之,或利而行之,或勉强而行之,及其成功一也"^③,吾国往哲之注意自动者如此分团教授之成绩亦如此。此吾人所宜长虑而深思者也。质言之,其初因一级程度之不齐而分为数团,以求合儿童之程度,要其归必使中下等之儿童亦能及升级、毕业之定格,分团教授之实效端在于是。若使用不得其当,则儿童之优秀者不免自骄自矜而进步转为之迟滞,儿童之鲁钝者不免自暴自弃而成绩亦愈劣,则匪徒无益矣!贵校施行伊始,务望审慎出之。

　　二^④、算术教授,对于最高年级,趋重珠算,以便利儿童应用于社会。鄙意于部定现行法令,虽微有变更,而因地制宜,亦似有正当之理由,可为吾人立足地。如使省县视学来校视察,不妨将变通意见切实陈述之。

　　三^⑤、修身教授,与训练相表里。凡儿童所应知之道德,不能不强灌输之。查此科教材,虽多干燥,而为儿童所倦听,然殊不可轻忽视之者。何也?以十岁以下之儿童,为之道立身、治家、爱国型方之要,其无当于儿童之程度也,又何待言?惟是蒙以养正,谓之圣功。吾国古先哲之所以兢兢致意于此者,岂有他哉?亦谓儿童之心正如白纸,投以朱则朱,投以墨则黑,冀早有所深印于中,俾灭杀外诱之力

---

① 　顾倬:《校长覆储剑南书》,《江苏省立第三师范校友会丛刊》,1920 年,第 4 期。

② 　原作"(一)",据通行写法而改。

③ 　原无"或生而知之,或学而知之,或困而知之,及其成功一也",据孙希旦《礼记集解》而改。

④ 　原作"(一)",据通行写法而改。

⑤ 　原作"(一)",据通行写法而改。

焉耳。若今日人心风俗颓坏已极，基本教育尤不得不注意于修身教授。要而言之，论其方法，须时时变换，及以种种设施，引起儿童兴味；论其资料，则殊不宜一以兴味教育为前提，致儿童应知之德目不能完备。童话故事虽为教授修身良好之资料，但总须与德目相切合，尤宜由概括之言辞，使儿童知讲授童话故事之真精神，而非若说小书、宣经卷之视为儿戏。此不可不加注意者也。

四①、各教室中均悬级训，每日始业时全体起立，级长朗诵，以资警醒，法至善矣！惟是级训所标之文字应注意者决有二点：（一）②定训练进行之顺序，分年揭示，俾共重视；（二）③就本级所缺短者，揭示以为标准，俾知矫正。无论何点，苟能督励实行，其收效之弘非可言喻。但是欲学者之率由，教者须先自勉为模范，而并励之以始终不懈之精神。否则，所谓级训，亦不过一级中装饰之品而已。

五④、一级中成绩优良，加以名誉之奖励可也；遽即以模范学级称之，则恐弊多而益少。盖得者不免以此傲他级，失者不免生怨望之心也。任教育者务在养其儿童活泼、进取之精神，而杜塞其忌嫉、嚣张之习气。儿童感情强而气局小，见师长之多誉我，无有不自满盈；见师长之不誉我而誉人，无有不怀嫉妒，种种流弊因之以起。倬意中所谓真正优秀之儿童，必其身体强，学业好，而出之以纯谨、谦和之态度者也。是其人必成就于博文约礼循循善诱之中，非标榜主义之所能致也。中材以下之儿童，亦望其感受化雨春风而能优游渐进，非刺激其神经，遂可收功于旦暮也。曾涤生有云："莫⑤问收获，但问耕耘。"吾人今日亦尽耕耘之力而已，其收获则成于自然。深恐吾弟不免有欲速之心，故纵言之。

右列各条，均希鉴察。此后办事方面，如有困难及怀疑之点，可再函询。倬虽极忙，然于吾校诸毕业同学有重要之问题来相质证者，必当于忙中答之，可预言也。专复，即颂近祉！

顾倬 谨启

十二月四日

---

① 原作"（一）"，据通行写法而改。
② 原作"一"，据通行写法而改。
③ 原作"一"，据通行写法而改。
④ 原作"（一）"，据通行写法而改。
⑤ 原作"不"，据曾国藩《曾国藩日记》而改。

校长致储剑南书①

剑南仁弟惠鉴：

　　日前吾弟来校，藉知一切。兹又寄到《收支报告册》一本，甚以为慰。吾人置身教育界中，为校长难，为良好之校长则尤难，以对内、对外两方面，均不可疏忽视之故也。以言对内，当虚以接物，虑以下人，使人人感我之热诚，佩我之盛德，然后肯真心助我；校内同人能达真心相助之地位，夫而后事无不举，我之主张方可以贯澈。弟任事不过一年，而校内男女教员颇多调动，深恐平时未能得同人之信仰，则个人吃苦怄②气之处必甚多；若不加自反工夫，恐旧者去而新者来，其不能得力仍如往昔，此则可为焦虑者也。以言对外，则一地方中必有同等之学校，各校内容、形式必有短长；为此校校长者，只可誉扬他校之长，而万不可批评他校之短。不惟对地方父老，对省县行政人员，不容不时时自慎；即对于校内同人，谈及他校，亦当本此旨而不违。吾弟身为客籍，尤以融洽地方人士之感情为前提，此则急须审慎者也。颇闻吾弟于此两点，不无欠缺。此间既有所知，不得不掬诚相告。江湾离上海租界甚近，苟非有要事，星期佳节，望勿多作沪上之行。又嘱。此颂近祉！

兄倬　谨启

十二月二十九日

---

① 顾倬：《校长致储剑南书》，《江苏省立第三师范校友会丛刊》，1920 年，第 4 期。
② 原作"呕"，据通行写法而改。

校长覆杨古白书①

古白仁棣惠鉴：

前得来书，校务冗集，缺然久未报，至以为歉。吾弟自毕业以后，出任教务，不逮半年，即以与校长未能接洽，终至去职。兹乃复得担荷高等小学校务，前车之鉴，谅时在怀抱中，大抵吾人固不可无自信心，而自信之度亦殊不宜过高。

弟实始终失之于自信。惟其自信，故但觉己②之是，但觉己之有能力。而历经蹭蹬坎轲，遂在所不能免。自弟离吴江以后，历次来书，觉自信之心终不稍杀。此次书中已③甚注意，而仍不免有自负之语气存。倬之所代为忧虑者在此。

弟之所宜时时自加反省者亦在此。自来自负之人，即才器卓异、学识超群，往往不能得志。何也？以人多忌嫉之而厌恶之也。矧在吾人，外以顾世，内以顾人，实无可以自负。抑自负之习，往往旁观者清、当局者昏，非时时痛下克己功夫，殆不能自悟。兹任事二高已数月矣！近状如何？甚以为念！日昨整理各处来函，重见弟信，觉期盼倬之忠告出于至诚，而又觉弟之天资实属聪颖，因竭尽其愚，幸审察之。专复。即颂近祉！

顾倬　启事
十二月四日

---

① 顾倬：《校长覆杨古白书》，《江苏省立第三师范校友会丛刊》，1920年，第4期。
② 原作"已"，误。
③ 原作"己"，误。

校长覆谢景灏书①

景灏仁弟惠鉴：

　　前得手书，诸事冗集，缺然久未报，至以为歉。吾弟骤任校长，诚宜时时自加审慎。兹数月矣！未识校内外同人能否接洽，殊驰念也。前数年中，杨巷市教育颇有锐进之名，不识近状若何？窃念一校之良否，实集中于校长。而今之小学校长，不惟当留意于对教员、学生，尤当留意于对外。

　　弟等在校时，于交际方面工夫均浅。一旦为校长，则交际之合宜与否，办事之顺逆随之，吾弟所宜时时留意者也。要而言之，"居处恭，执事敬，与人忠"，三语尽之矣！涵奇②先生深得社会之信仰心，其办学成绩实有不可及处。吾弟距离较近，遇事如有为难，可时时请伊之教，练习一二年，自能胜任愉快。专复。即颂近祉！

顾倬　启事

十二月四日

---

　　①　顾倬：《校长覆谢景灏书》，《江苏省立第三师范校友会丛刊》，1920 年，第 4 期。
　　②　储涵奇，名沧曙，字涵奇，江苏宜兴人。清末秀才，后毕业于南京两江优级师范学堂，时任宜兴县立第三高等小学校长。

校长覆汤庆年书[①]

庆年仁弟惠鉴：

　　前得手书，知已改任学委，缺然久未报，甚以为歉。吾弟虽稍通世故，小有干才，而资格甚浅。学委一席，责大任重，不惟吾弟时虞陨越，亦倬所代为忧虑者也。兹任事已将两月，近状如何？至以为念。大抵学委一席，上承劝学所长之制裁，而下负指导小学教师之责；其最要者宜公，宜勤，宜恕，宜提倡新学识而又不可不顾虑地方状况，至联络同事之功夫亦断不可少，望注意之！

　　贵县近年教育方面，进步若何？深以为念，便希示悉。此覆。敬颂近安！

顾倬　启事
十二月四日

---

　　①　顾倬：《校长覆汤庆年书》，《江苏省立第三师范校友会丛刊》，1920 年，第 4 期。

校长复刘景衡、王心闲书①

景衡、心闲仁弟惠鉴：

日前得来书，谨悉一是。上海新办模范自治讲习所，系刘灵华先生所创办。先生学问粹美，而所主张未必概系法学。弟等志在研求法学，不妨选书自读，而摘记其疑点。日后来城，当为绍介于校员钱子潜先生，以备质问。若自治讲习所，则明年是否添招学员，要在未可知之数。况以弟等职司教员，一时恐难觅替人；即有替人，又须得学务员之允许，周折较多，殊非所便。倬意如此，弟等可善自度之。

颇闻近来怀上一市，东西各校意见纷歧，势将分裂，殊为疑虑。倬素以怀上教育，经前学委顾彬生先生之苦心擘画，成绩最有可观。吾校毕业诸子服务地点，亦以怀上为最多，属望之私至为切迫。曾几何时，佳兆变为恶朕，不惟倬之所不愿闻，当亦弟等所不愿见也。心闲，义属本乡；景衡，虽系客籍，而任职年久，且已重以婚姻，关系均甚密切。不可不以融洽全市教育界之感情为己任，俾云翳去而日月明，合全市人士之力以图猛进。幸甚幸甚！专复。即颂近安！

顾倬　启事

十二月四日

---

① 顾倬：《校长复刘景衡、王心闲书》，《江苏省立第三师范校友会丛刊》，1920 年，第 4 期。

江苏教育进行之再商榷[①]

民国六年，曾撰《江苏教育进行之商榷》文一篇，登载于《时报》"附张"。当时倬承乏省立第三师范学校长，自问为受舆论指教之人，而非发表舆论之人。故刍荛之献虽诚，而未敢揭真姓名，以别号披露，知者殆寥寥。前文所与吾省诸君子商榷者，至今仍缺憾重重，绝无所补救；且尤甚焉，以奉职无状引咎自退之人，何敢复有所论列？然而，江苏吾父母之邦也，"维桑与梓，必恭敬止"，我虽不才不贤，有才者、贤者在，不辞颜厚，敢再贡一言。

嗟乎！吾苏教育，其表面如火如荼，为全国人士所瞻仰；而抑知其真实内容，乃日趋于破坏堕落之途乎！远者不必论，论其近者；小者不必论，论其大者。往年一商学潮，拒绝新校长也，历半年而解决；一农继之，驱逐现校长，至今尚未解决；七师继之，则校长已实行驱逐矣！兹六中又见告，先则殴辱职教员，打毁器物，继则控告校长，皆以罢课为利器者也。计其时不满一年，而巨大之风潮四起，且其情实愈闹愈凶，"铜山西崩，洛钟东应"。吾知其他各校必惴惴焉有戒心，即贤者亦必相率敷衍苟且以希冀无事，尚何教育之可言？窃尝深思力索吾省学潮所以起伏蔓延不可收拾之原因，以百分比例析之：空气变更、思潮鼓荡占五十分，学校本身之劣占三十分钟，教育行政长官及团体领袖之处理无方当亦占百分之二十焉。何也？民国成立以来，非乏学潮也，惟其害至近今而烈，则空气变更、思潮鼓荡实致之。盖自民国八年五四运动，发难于北京，而吾省首先响应。当时议者之重视学生，可谓倾倒至矣！学生以一朝兴奋，骤得神圣之名，于是趾高气扬，忘其本分，殆人人以英雄豪杰自居。而议者亦英雄豪杰称之，直视全国之大，真爱国、真合群者惟有学生，而振饬校风亦惟学生是属。又以教育思潮风发泉涌，不可复遏。世界各国之文化，无论其为实况、为理想，一一由文字之绍介以输入吾国。杜威、罗素两先生联袂前来，宣传尤力，凡所纷陈于青年学子耳目之前者，色色形形，不可偻指；青年学子不善辨别，而又无人尽指导之责，以分析其孰是孰非、孰得孰失、孰可则效孰不可则效。又一方面则政治日益浊乱，社会日益腐败，学校中人才、经济日益匮乏，间接、直接由身经口语、书报流传，以映入青年学子之脑筋；青年学子感情强而意志弱，受此种种刺激，其思想遂横溢而不可复制。是故论其本质，则以

---

① 顾倬：《江苏教育进行之再商榷》，《义务教育》，1922年，第3号。

生长于恶社会中，遗传渐染之劣根性陷溺已深，而又负有睥睨尘寰不可一世之气概。对于校务，则种种不足称其意。故一有不快，即行溃决，此学潮之所以易起也。及其既起，而议者非疾俗愤时，怀挟成见，即别具野心，利用青年以泄其阴忿而遂其私图，故其论调往往于校长、教员多责备，于学生多恕辞。学生背后，时有不健全之舆论，为之推波助澜，遂全不顾及身之利害得失、学校之荣辱安危，而极端以破坏为能事。不良分子因以跋扈倡狂，优秀分子乃陷溺其中不能自拔，是皆谓空气变更、思潮鼓荡之赐焉可也。今日学校教育，实不能造就青年；今日之教育者，其德、其才、其学、其识、其责任心，实不能满人之意。岂惟人不满之？即校长、教员自问良知，亦当不满。议者以为近顷风潮，总因大抵在教科上、训育上缺乏一种活泼猛进之精神，足以吸收世界新潮，餍服青年；心理缺望于平时既久，一朝有触即发，遂难收拾；欲求根本相安，自非改变教育方针不可，所见良是。然细思之，世界新潮，有适于吾国情者，有不适于吾国情者，有吾之教育程度所能勉几之者，有不能一蹴以致者；若夫活泼猛进餍服青年之精神，则尤为教科上、训育上实心实力积久有得之结晶，决非徒手所能奏效，空言所能告成。是即有极良好之校长，佐以极良好之教员，戮力进行，亦必有相当之金钱、完美之图籍工具，供其使用而后可也。以今日吾省之人才、财力，乌足语此？即退一步言之，校长、教员能负全责，能自求教学相长，能有高尚道德为学生矜式，已绝对不易得。倬忝长三师十一年，学校之浮名极盛，而自问及校内同人，苟合此三要素绳之，则从未有全体惬心之一日。岂惟若是？今日教育界中，夫固有人格卑污、学力浅薄，或且联盟结党，平时则隐肆把持，有事则暗中操纵，以一饭碗问题而不屑为种种之罪恶者。是则今日学校之本身，实时时有引起风潮之导线，此亦无容讳言者也。学校而有风潮，校长之耻；境内所属学校而屡起风潮，是则行政长官之耻矣！盖使行政长官而能知人善任，视察制度又完善，则所属学校当不至极腐败、极纠纷，风潮或可以不作。既已发生风潮，而行政长官之德望威信可以服人，应付之才复明敏，则风潮虽作，可以即平。若至此响彼应，纷至沓来，是行政长官之德望威信业已扫地。今也学生拒绝校长，尽力坚持，至最后之五分钟，而终占胜利，无怪驱逐校长之举接踵而起。校长之抵抗力弱，学生顽强，则一驱逐而即承认之；校长之抵抗力稍强，学生之驱逐力稍弱，则与之敷衍磋磨，稽延时日，而揆其究竟，终必承认而后已。是与其谓校长之进退权操之行政长官，无宁谓操之学生之为当矣！今后为校长者，非仳仳睍睍惟学生之首是瞻，不能固其地位。至于此境，则校长中之稍知廉耻者必纷纷托故以去，而教育前途殆入于不可思议之境矣！社团领袖，有指导教育者及受教育者之责，且又极负时望者也；乃至有事之秋，非缄默取巧，即俟教育行政长官，既已发表政见，而以极端矛盾之报告、矛盾之主张披露于报纸。是其举动，适使学生奉为护符，官厅无下台地步，以延长学潮，非徒无益而又害之，则陷学校于不生不死之地位者夫固有当分任其咎者在矣！且细思之，行政长官有用人之责者也，社团领袖有言责者也，平时进退人才、主持清议，果能克尽厥责，不应容不良校长混迹于学校中；即不幸有之，则校长之怠弃公务，不修私德，当随时发觉而黜退之，不应待学生告发；学生既已告发，则当然切实调查，慎密商确，讯予断决，以为亡羊补牢之计，不应各行其是以助长学潮。历来行政事宜，官吏、社团，各尽其责而沆瀣一气者，事无不成；反是，则无不败。至社会舆论，对于良校长、良教员，当辅助而奖勉之；对于不良之校长、不良之教员，当抨击而纠绳之，使知舆论之可尊可畏，而不敢不策励进行，此则教育前途良好之现象也。若在学生，则所受者而为良好之教育，固当循循礼法之中；即使教科、训谕实多缺憾，而请愿于校长、教员，亦当确尽学生天职，本之以诚，出之以敬，谅校长、教员具有良知，当无不为所感动；至万不得已而陈诉于行政长官，其界限以及身学业为旨归，其手续以陈诉为止境，采择与否其责由官厅任之，非学生所可强制执行者也。若如今日，一有不逞，动辄控告校长、教员于官厅，且任意周纳，公布其罪状于社会，胁制同学，肆意罢课，以要挟官厅，而与校长、教员相搏战，是其行为宁有是处？故鄙见窃谓以校长、教员之不得人，而教科、训谕不能有造于青年；青年起而反抗，为校长、教员者固宜容纳学生意见，而加以促进改良。若在学生，则反抗之法亦有多端，而绝对不容有罢课权，更绝对不容有驱逐校长权。何也？学生之来校，非求学乎？求学而出以罢课，宁非自杀？且反对校长，罢校长之课；反对某教员，罢某教员之课，犹可言也。夫至对于全体教员宣示不受教、不信任，则法莫善于解散。盖惟解散而后有澈底澄清之一日，学生可以悉数转学良校，腐败顽旧之校长、教员可以尽去，破坏之极乃能改造。然而，解散令下，则学生又无有不抗拒者，是与无赖光棍之横行乡里殆无以异。虽然，学生之宣言罢课，每痛诋校内之种种不良，校长、教员之种种罪状，万不得已出此自杀政策，表示改造学校之决心，而冀社会、官厅之怜助。议者不察，亦往往怜之助之，认其罢课为奋斗精神。嗟嗟！此等谰语妄言可以欺人，不可以欺我。学校之所教与所学，不外教科、训育、体育三者。学生既已提倡自治自动，则真正良好之学生，凡属于训育与体育方面者，大率可以自治自动行之；饮食、居处不合于卫生，事势所不能免。然而，今之学生，固无一非自命不凡者也。几见有志道之士而耻恶衣恶食者乎？几见欲当大任之人而不先苦心志、劳筋骨、饿体肤者乎？所有赖乎教师者，惟此教科。然而，教科即甚不良，真有志者未尝不可以自学；学校即甚不良，决不致使学生无自学之地与时。苟或有之，则必学生自身纷扰恣肆，致无安心求学之时；亦妨害良好学生，使无安心求学之地焉耳。嗟嗟！罢课、罢课，主动者不过一二人，附和者亦不过至一二十人而止，其余则皆受胁迫而不能自立者也。"少壮不努力，老大徒伤悲"，惜寸惜分，古有明训。夫以一二人之主动，一二十人之附和，而全体数百人相率罢课；使以数百人合为一人计之，罢课至一二月，即等于数十年，恐一人之寿命无此长矣！而岂容罢课之恶魔常伏学生膏之上、肓之下，以致其死命乎？至学生之不容有驱逐校长权，则又有说。校长不易为，吾国之校长更不易为，吾省之校长尤不易为。何以言之？非深明教育原理，有相当学识，有控制群英、综核事务之才，而又洞晰环境之优点、劣点与夫世界教育进化之正轨，不可以为校长。吾国官厅、社会不能尽监督、辅导之责，财政又极困顿，为校长者须时时应付环境，筹措金钱；学校本身又大率破碎空虚，不成片段，而师资难得，故更不易为。加以吾省人士思想高而责望奢，教育现状与全省之财力、师资已绝对不能相应，故尤不易为。现任校长，上乘之选，可谓绝无；不得已而求其次，若学识超群，行为迈众，砥柱中流，不为财力、师资之缺乏所困，而卓然有成绩表现者，已如麟角凤毛；不得已而求其又次，但使不怠公务，勤勤恳恳，尽瘁于校事者，是亦难能可贵之流矣！故以事实论之，吾省今日教育界英俊之士已尽登场。凡为校长之选，而沈沦草野中者，苟非曾任校长而谢病家居，恐已乌有；新进者流，阅历尚浅，五年、十年之后，或者人才辈出，而今则尚非其时。于此而太阿捝持，授学生以柄，苟现任校长一一不安于位而去，将何以善其后？以法理言之，学校与官署异，校长与官吏异；官吏则公仆也，校长则师表也。然而，官吏有违法损害权利之行为，人民亦只有陈诉平政院之权，著于约法，而不能竟自驱逐之也，何况学生？何况居于师表地位之校长乎？更转言之，校长之良否，全校学生之成败实系之。学生而驱逐不良校长，选择良校长，于事实法理固不可许，于情似有可原；抑知驱逐不良校长，选择良校长，此教育当局之责也，社会同人所当建议者也。诚使学生而果有选择良校长之识力，驱逐不良校长之职权，斯学校中惟学生独尊，谓之太上校长可矣！降心求学，又胡为者？且当学生时代，而即纵欲任性至于此地，异日投身社会，纵欲任性又将如何？情乎情乎？其屠戮青年之刽子手乎？不宁惟是，旧校长而果为学生所驱逐矣，新校长而果得学生之承认矣！诚如省长王公之答一农学生曰："去一盛复来一盛，则如之何？其再驱逐之乎？则区区数载光阴，可经几回驱逐校长之风潮乎？其容忍之乎？则改造学校之心，将何以达？"然而，此犹就校长之真不良、学生之真有猷有为者言之也。以倬所知，无论何校，大别言之，优秀分子必占少数，不良分子亦必占少数，其大多数则可上可下、可进可退者也；详细分之，则人心之不同，殆如其面。若如议者所谓学生于未入校时，即有一种抱负、一种希望；既入校后，为谋一己之出路，不愿虚掷光阴，有绝大之觉悟，而又有自任改革学校之决心者。倬承乏三师十一年，毕业及现今在校之学生数逾五百，得此者殆一二焉；其他所成就者，皆经师友熏陶之力，而勉强行之者也，是亦麟角凤毛不可多得之选，而岂容一概论？大致一级之中，全视中坚组织，相观而善，是之谓摩；群众心理，恒受一二人之暗示。倘少数中坚分子能于平时宣传正论，一切无谓之纠纷早消灭萌芽之际、无何有之乡；反是思之，则薄物细故亦能酝酿而成极大风潮。以故一风潮之起，造意者必为害害，及其着手为反抗之组织，则必推举代表。夫此为代表者，或平时学业、名望为众所称，或有胆略、有口才为众所服，或向来喜出风头、学生如有举动彼必干预，或富有感情者也。一经推举，则群众以公谊迫之，虽欲解脱而无从。惟然而潮流中之人才，必至复杂，仅观其表面，即谓真相在斯，往往误事。又以学校本身，实多引起风潮之导线。风潮既起，校长又往往不善处理，开除为首之学生，而不良分子乃正利用时机挑拨公愤，风潮从此不可收拾，非极端破坏，或校长低首下心以让步焉，不能平矣！知乎此，则消弭学潮固自有策。（一）事前之预防。月晕而风，础润而雨，学校风潮之起亦必有端倪。风潮有起于一时之冲动者，其事易发而易收，然亦有应付不善竟至扩大者。若夫酝酿极深，一朝发难，则往往至不可收拾之一境。其诱因而起于教员，则于其龃龉之始，急宜注意侦查，而断不可轻听一方面之言论。诚使教科实在不良，则教员当然撤换。惟是进退教员，有礼义，有契约，要在暗示学生，使明校长之真意，则学生必能忍耐一时，至瓜代之期而祸根拔矣！倘教科并非不良，而却有当容纳学生请求之处，则宜恳切与教员商量，并疏通学生意见；如由于学生误会，或无理取闹，则当召集学生，恺切晓谕，使自觉悟。凡此则校长之外，领袖教员及管理员皆当相助为理者也。倘领袖教员及管理员能尽其责任，而急急排解之，俾无庸校长之亲与学生接触，则尤善。其诱因而在校长本身，则既有端绪可寻，校长即宜痛自反省。如误点而在己也，自当改弦更张；误点而在学生，急宜开诚布公，俾学生洞明真相。职教员则团结一气，一方面拥护校长，一方面开导学生。其诱因而在学校规律及饮食、居处等等，则尤为复杂。举凡校长、管理员、事务员、校役、厨丁皆为学生所不快之人，是尤宜切实商榷。如真有当酌量变通或设法振顿之处，自宜随时改良；如事势实有所不能，亦必使学生洞晓其为难之点。苟不快之因而实由于学生欲望之不正，则校长宜断然以正义裁之，绝对不为所摇动；而辅助校长者则时时晓之以理，告之以物力艰难，动之以情，喻之以法，学生自无由团结而鼓动风潮。虽然，学生之中实有不良分子，长于播弄是非，且以幸灾乐祸为快者。是其人必小有才，必善交际。校长、教员当时时留意其行为，俾有所忌惮；而又要在芟其羽翼，破其奸谋，使不得逞；及至势孤党散，则瓜熟蒂落之期已届，可毅然以法绳之。若果如斯，则风潮或可以不作，即作亦限于局部而收束易矣！（二）临事之处置。山雨来则风先满楼，学校风潮之将起也。平素不良分子必有意跋扈倡狂，而良善分子亦必时有不满意学校之言流露于外，多数学生多沙中偶语之态度，则已构结成熟而祸将作。校内多数职教员苟非愦愦，必有知者，当急报告校长；校长闻信，急宜预为之计，要在侦察学生所以不快之实情，急为临时之应付，或可消灭于无形。过此一关，而祸竟作，其始必为局部，殆应付不善，乃蔓延及于全体。是则校长、教员急宜自反，急宜心气平和。盖青年有最最危险之一点，苟为感情所驱遣，则愤不顾身，遑论学校。故当感情极烈之时，喻以理，禁以势，绳以法，均归无用，惟有徐徐俟其血气之自平。诚使自反之后，过在校员，则校长及校内同人无论公义私交，均宜以法语巽言，冀教员之觉悟；过在校长及其他种种，校长当立有鲜明之表示，"君子之过，如日月之食焉。过也①，人皆见之②；更也③，人皆仰之④"，学生当无不翻然改图者。若过在学生，或虽不尽在学生而学生亦有几分不是，则无论其风潮闹至若何地步，断然不宜轻受学生之要挟焉。惟绝对不容于此际开除为首之学生，即为首者素行极不堪，亦当审慎。彼固鼠也，以器为凭，则不可投；恐一投而鼠未必死，器乃已先碎也。吾国先民有教我者在矣！老子不云乎："知其白，守其黑，为天下式。"又曰："天下之至柔，驰骋天下之至坚。"孟子不云乎："有人于此⑤，其⑥待我以横逆，则君子必自反也⑦：我必不仁也⑧，必无礼也⑨，此物奚宜至哉⑩？其自反而仁矣⑪，自反而有礼矣⑫，其横逆由⑬是也⑭，君子必自反也⑮：我必不忠。自反而忠矣⑯，其横逆由⑰是也⑱，君子曰：'此亦妄人也已矣。'"何况芸芸青年，心理之变幻无常，尽有平时极爱戴之校长、教员，反眼若不相识；及夫事过，则又泄泄融融亲若家人者。是故一遇风潮，当为久远计，不当为敷衍目前计。诚使问之天良，实无愧怍，是即因一风潮之故而葬身其间，不失为磊落光明之君子，无所惮、无所歉也；问之天良，而实在不安，是身受地方父老兄弟之重托而断送青年前程，罪不容诛。虽无风潮，亦无以自解，何况因我而起风潮，致累及学校，累及全体学生之家属，有万不可不悔改者在矣！惟诚可以感人，惟智可以察物。校长、教员能诚能智，风潮未有不即起即平者也。藉令风潮竟不能由学校自平，至上达行政长官，则行政长官有必要之处置，吾固已言之矣！惟是吾省历史，向为教育中心，负全省之重望，有左右政界、社团之

---

① 原无"也"，据杨伯峻《论语译注》而改。
② 原无"之"，据杨伯峻《论语译注》而改。
③ 原无"也"，据杨伯峻《论语译注》而改。
④ 原无"之"，据杨伯峻《论语译注》而改。
⑤ 原作"人"，据杨伯峻《孟子译注》而改。
⑥ 原无"其"，据杨伯峻《孟子译注》而改。
⑦ 原无"也"，据杨伯峻《孟子译注》而改。
⑧ 原无"也"，据杨伯峻《孟子译注》而改。
⑨ 原无"也"，据杨伯峻《孟子译注》而改。
⑩ 原无"此物奚宜至哉"，据杨伯峻《孟子译注》而改。
⑪ 原无"自反而仁"，据杨伯峻《孟子译注》而改。
⑫ 原无"而有礼"，据杨伯峻《孟子译注》而改。
⑬ 原作"犹"，据杨伯峻《孟子译注》而改。
⑭ 原无"也"，据杨伯峻《孟子译注》而改。
⑮ 原无"也"，据杨伯峻《孟子译注》而改。
⑯ 原无"矣"，据杨伯峻《孟子译注》而改。
⑰ 原作"犹"，据杨伯峻《孟子译注》而改。
⑱ 原无"也"，据杨伯峻《孟子译注》而改。

实力者固别有在，行政官吏其后进也。是则一遇学潮，当然征集彼方之意见，尽可联合调查，互相商榷，以收广益集思之效；万一政策失败，亦自有人分谤。为教育领袖者，则当密勿陈词，面折函争，以冀贯澈其至正至公之主宰，而万不宜轻轻宣布，亦不宜缓缓旁观。双方一致，则无隙可乘，有弊必革，吾省前途实利赖之。区区弭平学潮，又何足道？抑舆论之中，又有一极谬妄之言，最足惑人之听闻者。学校风潮至极烈之时，校长往往招用警士，行政长官最终办法不免下解散命令。议者每以摧残教育痛诋斥之，抑知警士有保护公安之责。学生而至妨害公安，当然受警士之干涉。学校之变更及废止，行政官厅且有认可之权，何况解散！是则校长、教员而果不良，黜逐之可也；岂惟黜逐，宣布其罪状，禁锢不再用可也。学生而果不良，则开除之；岂惟开除，施以特殊之教育可也。吾国古时有移郊移遂、屏之远方、终身不齿之文，世界文明各国有感化院之设，凡以济学校教育之穷者也。学校而果不良，非破坏不能振顿，解散可也；惟是解散之后，即须限期重行组织，以重教育。盖校长、教员而不称职，是已失校长、教员资格；学生而不肖，是已失学生资格。学校良，则为造就人才之所；学校不良，则为牺牲青年之屠宰场耳。悠悠之口，其何足凭？行政长官当鉴空衡平，不畏强御，不受请托干求，当机立断，期以必行。总之，名可败，官可以不作，身可以遭暗杀，而主义不可以软化。（三）事后之补救。学校风潮非绝对不祥物也。尽有一经风潮而由此日进无疆者，亦有一经风潮而由此一蹶不振者，其别在有觉悟与无觉悟焉而已。校长而有觉悟，则从前之种种缺点及种种失着，必能设法改革之；急进渐进，虽视其人之能力，而造福于学校则一。教员而有觉悟，则研究责任之心日益丰富，而教学相长矣！学生而有觉悟，则必深悔从前之猛浪，致受极大之痛苦与牺牲，有损于个人，有害于学校，相戒以不再犯。诚如是也，则人人各尽其道，有不洗濯渐磨干云直上者乎？苟反是焉，由此尔诈我虞，互相欺蔽。或校长、教员益益放任，希图无事；学生益益纵恣，自大自是之恶习植根深固而不可拔，则其疾不可为矣！抑风潮休止，而校长、教员、学生未达觉悟之一境，是非平也，伏焉而已，稍缓即复起。以故学校中固有一经巨大之风潮，而此后遂无半年数月之苟安者，究其极为最不堪之学校而后止。由前之说，吾人所宜猛省者也；由后之说，吾人所宜痛戒者也。以故一经风潮之后，校长当不惮劳身焦思以图补救。虽在今日财竭而内容破碎空虚，凡关于教科、体育，果欲切实改观，有不得不乞灵于金钱者，实无法以处此。然而，吾之力固有限，吾之斤斤爱校、硁硁求有益于学生之心，则固可掬以示人也。诚能如是，则教员、学生无不为之感动，进取固未易言，破坏之举当可以不复作。其在官厅，亦当然有应负之责任，对于曾经风潮之校，尤宜切实监督制裁：校长而不贤，则事平而撤换之；校长而贤，则指导之，给以相当经济，促其改革，而后即安。又有一节，亦官厅之所宜注意者。大凡一次风潮之结果，每有学生开除，所开除者每为学生代表。代表之品类，吾固已言之矣！其真正鼓动风潮之学生，或且不与于代表之列，结果乃逍遥事外，再在暗中酝酿风潮。为代表者，固有极不堪之学生，而良好学生或虽非良好而犹可造就者殊夥。历来学潮结果，必有此类学生身受摧残，亦学校中至不平之事也。然而，闹一风潮，以学校及全体学生之损失论，为代表者其罪实无可原，予以开除处分，实不为过。且业已开除之学生，万不可再容回校；如回校焉，亦必有切实改悔，及有人切实保证之手续而后可。此则表学校之严威，杜奸顽之气焰，固应尔也。惟在官厅，则急宜分别办理：真不堪者，施以特殊教育，毋再任移祸他校；其良好者，则指令转学他校；虽非良好而犹可造就者，亦宜开其自新之路。此又善后事宜所不可少焉者也。嗟乎！沧海横流，至于今日，吾教育界同人及行政长官急宜投袂而起，同心协力以扑灭之。必使学潮不作，乃可以趋正轨。否则，多数教者、学者及行政者之精神之脑力悉消磨于此潮流中，一切若何改造、若何建设、若何进行、若何推广之种种门面话，均可以不说。

虽然，学潮平矣！教育前途，其遂有希望乎？犹未也。吾省名为饶富之区，而以现有财力支持现在空虚破碎之学校，已觉不能胜任；欲整理之，实无良策，遑言推广。省经费尤为困顿，积亏已达五百万金有奇。而各省立学校之内容，完备者少，残缺者多；学校愈后起，则其残缺尤甚。然而，十年度省教育经临各费固已至一百八十八万元矣！财厅严公，对于省校经费，极有维持诚意。然而，经常费欠放之期，动逾两月。各校虽欲维持现状，而已非易易，设备之一空所有，校舍之纷裂不全，种种管理教科均感困难，竭蹶经营，年复一年，终必有不能敷衍之一日。财力之困顿如斯，教育之需要如彼，其奈之何？窃维开源之法，惟望裁兵。督军齐公，于武人中比较的可谓贤者，对于教育事业颇具热忱。东南大学图书馆之建设，全省人士啧啧称道。虽然，吾不望督军之多出私财，而惟望督军之多节公费。倘能于所属军队，留其精锐，汰其老弱，如有空额，则涓滴归公，毋任属员之侵吞肥己，一面则兵虽减额，而训练愈精，适足以成劲旅；一面以所节兵费，指给为教育费经临之用，以作育人才，斯为最乐观之政策。其次，则省长王公勤慎清廉，本负重望，切盼力争一二特款，如赔款退还沙田变售之费。倘能筹得整数一二百万，分给各校，作为建筑设备之需，斯不过数年，各校均有苟美苟完之日，全省莘莘学子弦诵其中，或可以望有成。十一年度预算，省三科吴君特以此事周巡各属，亲自考察其内容。省署又有预算审核会之组织，冀分别先后缓急，俾得正确平允，以达圆满成立之目的。嗟乎！吾省教育之真有预算，其殆自本届始乎！虽然，倬有两疑问焉。一则先后缓急究以何者为标准？省署既已派员周巡各属，是各校所送预算，其必不能如往年之任意蛮减也明甚。当此各校大都百孔千疮之时，为校长者，苟具有责任心，不能不希望校务之促进。质言之，可后者、可缓者固未必无，当先者、当急者分之虽少，合之则恐成巨款。逆料本年财力，决不能胜，财政当局能否勉为其难，以应教育当局之要求。如果不能，又将何策？恐其究竟，终归任意蛮减，求预算提出时之收支适合而后已。否则，仍如往年之虚拟收入，任议会之核减而后已。

一则对于议会能否负全责？查《简则》第四条所定任务：（甲）审核各校编送预算草案，斟酌损益之；（乙）出席省议会，说明预算编制趣旨；（丙）审议省议会议决预算案拟定公布或交复议之办法。诚能一一实行，曷深佩仰！虽然，本届议会议员对于教育能否与行政界悉表同情，要在不可知之数。万一议会别有主张，不以省署之所审核者为准，而出入殊多，究竟审核会委员能否当事力争；力争之不得，能否定交复议；复议之后，而议会仍固执原案，省长有无补苴善策。苟或不能，则正确、平允及圆满成立之目的终不可得而达。思之思之，省立学校需款之状况，大别之可分三类：其一，规模粗具而进行方面有不可不推广者；其二，得半缺半不能中止者；其三，实际不成为学校者。以情实论之，皆先也，皆急也。财力而果能担荷，自当悉应其要求；财力而竟难胜任，不得不加以裁制，计惟有以学校成绩为衡，各先其尤优者，而后其次优者。嗟乎！分年计画，作佣之罪实始鄙人，重累诸公，饱尝痛苦。今后，切盼主持教育事业者扩大其范围，以本年成立某某数校、明年成立某某数校为计画，而无责各校支支节节以为之。盖行政官厅有扩大之计画，即以一年中所能担任之财力，悉注于某某数校，则局部可告成功；各校自为计画，而以一年中所能担任之财力，分散于各校，经费即能应手，其前途亦至杳茫，何况经费之往往不应手乎？历年编制预算，每于经常费外，以所余款项，任各校之瓜分，其愚者以经费不敷，所得仅一金而有二金之用，其黠者转多取巧之方，殊为失计，不能不改易方针。尤望立法与行政机关抱同一之热忱，互相谅解；苟非确有的款，万不可再议扩张，而急急焉即固有事业，切实加以整理，则本年度不能圆满成立，可以期之来年，积久自达圆满成立之一点。而又望掌一部分之教育权者深知民脂民膏之不易得，对必需之款，则百计以图其成；对于消耗，则尽力以从撙节，庶可以度今日之难关，而卜将来之盛况。吾省明达诸君子能如是乎？馨香以祷祝之矣！

吾省今日又有一极大之恐慌者，则师资之缺乏是矣！学校之最重要者，莫如师资。彼文明先进各国，教育之程度虽高，犹时以缺乏师资为虑，何况吾国？若夫吾省学校较多，故师资尤为缺乏。近岁南高毕业之学员，为数虽已不少，然未必尽为吾省用；即用之，或亦有以人地不相宜告者也。以故各地老儒及有名之小学教员已大半入于中等学校，学力之不能胜任愉快，固其宜也。虽然，学力充足，而又富责任、肯研究，此出类拔萃之选非教育同人所尽能几也；学力不充足，而富责任、肯研究，此教育同人所尽可勉焉者也。倬不重望多得一二学力充足之人，而望多得千百富责任、肯研究之人。教育之趋势愈新，则教员之责任愈重。世界教育日新月异，为教员者，即宜应世界之进化而日迈月征，故断以求教学之相长为惟一要义。彼富责任、肯研究者，学识、品性，必能与年俱进。是即今日良好之师资，特患其学力既不充足，而又无责任心、无研究心，则末如之何也矣！今日教育界中，果以何等人为多乎？有一思念之而令人惶然骇、瞿然惊者。盖其实况且不如是止也。虽然，文明先进各国，为良好教员者，社会同人尊之敬之，行政长官爱之重之，既得最高之名誉，而又有年功加俸等等之实利随其后，人人争自濯磨，无惭师保，固其宜也。吾国，则不然。社会既无是非，官厅又无黑白，良教员固无劝之之方，不良教员亦无惩之之术。在今日教育制度、舆论制裁之下，夫亦何乐而为贤者，何惮而不为不贤者乎？嗟乎！师资如是，保存旧国粹，尚所不能；实施新文化，更何从希望。吾省明达君子日日唱言改进，而于此振兴教育之根本要图，则绝不为之设计，仰又何也？不宁惟是，今日财政困顿，故款项发放之期每不应时，校长点金乏术，以致教员薪金亦不无积欠。夫以今日生活艰难，而仰事俯畜之资又不能应时以至，教员之苦痛亦行政者所宜知。以故财政当局无论若何为难，总望其将教育经费早行发放；校长无论若何为难，总望其将教员薪金早行致送，俾得无内顾之忧，而精神专一于教学两方面。虽然，为教员者，亦急宜体谅当局者之为难、节衣缩食、忍度苦支以待，虽至穷饿无聊，而弦诵之声不可以一日辍。吾党献身教育、改造时势之精神断在于是。

　　不独是也，吾省现今教育状况所尤为危险者，莫如实行与言论之太不相应。遇一言论家，则必谓今日思潮如何促进，两三年中出版新书、新报不可以数计，各校学制及教法如何改新，青年求知欲如何发达。是不惟文明各国教育上积几多岁月而表现之成绩，吾人皆可以旦夕几；即各国伟哲所仅仅发舒之理想而尚未经实行家之试验者，吾人已以捷足得之，且尽有突过他人，自居于创造之列者。青年学子渐染日深，思想愈锐，几视天壤间无不可为不能为之事。言论之突飞竞进，至此极矣！遇一实行家，则无不扼腕太息，谓学校精神之退化，学生成绩之低降，有年不如年之痛。小学然，中等学校亦无不然。吾友陶君，长国民学校有年，其成绩为全国教育人士所称道。一日相遇，谈家常琐事，陶君谓：吾女已届就学年龄，拟联合数家，聘一教师以课之。吾友龚君，有声于中等学校之教师也，往岁辞退学校，而受私塾教师之聘。闻之沪上近两三年中，家属令子弟退校而聘请教师以设私塾者殊夥。是又为学校不见信于社会之实证。学校教育实行之现状如斯，又至可悲观者也。嗟乎！凡事言之非艰，行之维艰，教育实行事业也。思想之所以可贵，为其能指导实行家前进之径途，如夜行有烛、渡水有舟，此则人人所获益无穷者也。若务高远而不务切近，犹之海市蜃楼，非不奇观也；乘轻舟过万重山，非不快意也，而于吾人究有何效益？此则至可思维者也。且夫思想言论之自由，当由积学而致。吾国学术思想之勃兴，莫过于周秦之交。孔子、孟子、荀子、老子、庄子、墨子、韩非子、商君，儒家、道家、墨家、法家之大师也。孔子博学而集群圣之大成，辙环所至，几遍列邦。孟子私淑孔门，道既通，又复周游列国。而荀子，亦老师祭酒之选也。老子，周守藏室之史。庄子，于学无所不窥。墨子，仆仆道途，身无暖席，务实际，重力行。韩非子，喜刑名法术之学，而归本于黄老。商君，亦少好刑名之学者也。此诸子者殆皆终身寝馈于学，又复谙练世故，洞达人情，极一生之精力，而各自成一家言；门人弟子复各本其师说，负笈从游，相与讲贯，此其时学术思想之所以勃兴而不可遏也。今则不然。晚清之末，国学衰落，至于今兹，尚不能复振。而近数年来，世界思潮、政局又复大变，吾国相形见绌，几几不能自存。于是有志之士急欲灌输欧美新文化，以转移吾国固有之颓风。译著之业极盛，然而无组织，无选择，本末不具，派别不明，而稗贩、破碎、笼统、肤浅、错误诸弊皆不能免。教者、学者多无澈底之研究，往往好作大言，且多流于空想。不惟思想愈高，离实行愈远，且益以长空疏、卤莽之恶习焉。此吾侪今日之大忧也。吾国青年学子聪明才智而富于情感，实可爱重，陶冶而玉成之，皆异日干城之选；但急宜诱掖其感情，使归于正轨，而不可放任其感情，使入于歧途。今日虚桥之气、纵恣之风，所以陷溺无限之青年而不能自克者，舆论之过，亦吾辈实施教育者之过也。试更举一二论之。吾省十年之中，依次所提倡之体育、童子军、职业教育、中等学校之选科制，其成绩若何，殆难悉举，议者亦渐不注重之。何也？谓其已提倡，已施行也。自治、自动、服务社会等名词，至今已渐渐不称道。何也？谓其已提倡，已施行也。现今所全力主张者，为新文化运动，大别为二：一则文字之革新，改文体为语体是也；一则科学之革新，打破学科制，而施行设计教学是也。夫文字之当革新，亦何待言？吾国言、文之歧，最于各国。大江以南，方言及口音，尤与普通话相隔太远。由是而励行语体文，使向所有之种种障碍一扫而空；且文字浅，则领会易。诚如胡适之言，小学改用语体文以后，时间应该可以大缩短，而程度可以必不降低，此今日至快意之事也。虽然，有先决问题在。先决问题奈何？一为标准语，一为模范文。今也此类书籍虽渐产生，语体之各种教本亦渐由书肆编辑刊印，然其内容究否适当？是吾省教育先进所当切实研究者也。不宁惟是，吾省中小学教员十之七八为作文言、操土语者，是即已有适当之标准语、模范文以供研究。即矫正口音，恐亦有需设法传习者，虽凭藉注音字母，未始不可以且练习，且教授。然而，此固社团领袖及行政长官所当负之责也。虽国语传习所亦曾办过，短则一周，长则一二月而已。以如此重大问题，而但经二三届短期之讲习，事前无准备，事后无检查。各县接踵办者，亦大率一二周或一二月焉而已。谓能认识注音字母则可，谓即能教授语体文则不可。且教授语体文之初步，读讲均易于为力，而认字与写字则难。四儿于往年始入学，历半年后，检其读法成绩：课文之长，多至百字，全课琅琅成诵，且有能背讲者；然任指一字问之，则不能识，亦不能写也。缀法亦不易。苟非教者能自作完善之语体文，又能确有基本教授之顺序，窃恐儿童所作文字，将不免一段之中，有土话，有普通话，有类似普通夹杂迷离之白话文，是文体一致而语体将万殊也。画虎不成，转而类狗，是则文字之劫，其害犹小。始意本欲推行文化，而结果乃反摧残文化，是则教育前途莫大之患害矣！而何可玩忽视之？今日吾省国民学校大率已改用语体文，而教师确能胜任愉快者殆寥寥也。此则急宜根本研究者也。设计教学，由自动教育进步而成。吾友袁君之报告曰："设计教学，美国行之最盛。凡授课及游戏工作，皆以自动的计画，发展儿童本能，而增加其兴会。

其授课不依编定教科书为轨范，而以实际上之需要，自择问题，阅览多种参考书；视问题范围大小，或各个研究，或分组研究，作为报告，公诸全级，共相讨论；教师乃就其所未及之处，予以匡助，或更整理组织，为有系统的讲述，使全级儿童益加明瞭。"美矣哉！造就共和民国健全自动之国民，固应尔也。袁君又曰："英、德、意诸国，亦有新教育家，全用儿童自动教员辅导之方法，正在试验中，是又可知设计教学之非易易。除美国外，如英、德、意诸国，犹在试验时代也。"倬又窃思之，施行此方法，亦有先决问题在焉。先决问题奈何？家庭良，环境良，学校良；而担任教师又能力充足，融会儿童各种科学上所应有之常识及社会上所重要之问题，预定进程，而以暗示之方，使之奋起；学校中种种设备及家庭环境，又能顺应儿童之要求。于是数十儿童各以其所心得，贡献于大众之前；教师为之正其谬悠，补其缺憾，而极良好之计案由是成。积以数年，则此数十百计案尽将社会各种重要问题与夫旧识新知融成一片。譬之食物，取其精华，去其渣滓，则所得养分充满全身。教育之功能，至矣尽矣，蔑以加矣！反是思之，家庭劣，环境劣，学校劣；而担任教师又无能力，一任儿童之自由提出问题；而学校中种种设备及家庭环境，均不能应儿童之要求；担任教师又无暗示之方、正谬补缺之学识，其所得结果将何如者？诚使在学数年，日劳劳于此自动之计案中，泊乎毕业，其所得结果将何如者？惟然而知英、德、意诸国宁让美之先驱，而不敢轻作主张，必由少数新教育家切实试验之者，其卓识老谋为不可及也。吾省教育同人其有志于此乎？请自提高自己学养程度及苦心经营完美之学校设备始，斯可矣！

　　吾省今日又有两大问题将行而尚未行者，其一为义务教育，其一为新学制。义务教育之当积极进行，宁有疑义。新学制详细研究，可讨论之处虽多，而论其大体，则胜于现行制殆万万焉。施行义务教育，第一在积极整理已设之国民学校，第二在积极筹备师资，第三在筹措财政，第四在切实调查学龄儿童、筹度设校地点。不此之出，空空计划，今年推广几何，明年推广几何，至某年而普及，是则痴人说梦而已。虽然，义务教育欲达圆满之目的，固未易言。若各就地方情势，依次推广，犹非难事。何也？能筹得常年费数百元，即可添设一所。其事犹轻，而其责易举也。若夫新学制，则非通盘筹画，万不可轻率施行。何也？新制改小学为六年，而无高等、国民之别。寖假一县之中，国民学校多欲改为小学；高等小学如照小学四二制论，则缩为两年，收缩非普通心理之所愿也，寖假而多欲扩为小学六年，寖假而多欲改为初级中学三年。县教育事业如此扩充，财力、师资其能胜任否乎？现制中等学校，师范五年，中学与实业四年。新制中等教育悉为六年，分为三三制，是又无校不在扩充之地位也。虽师范及普通，均可专办一期，职业可纵横伸缩。然而，谁伸谁缩，谁办一期，非办学者所肯自定、所能自定者也。中等教育，就现状论之，师资、财力已属不能维持；新制一行，则其负担愈重，漏舟重载，覆没可虞。新制留各地方伸缩余地，且取纵横活动主义。议者每谓良学制等于无学制，诚哉是言！然吾不问学制，而论行学制之人。痛乎孟禄博士之论中国新学制草案，于其利害畅乎言之。倬尝窃味中学教法不根本改良，只怕就行新制也无益……最要者教育家有改良教法之觉悟起，而致力于改良教法，过信制度是一种普通的危险……时常改制，这是革新教育上最忌的行为……自由愈大，办学人愈应当审慎……总而言之，设备适当的地方，行新学制而不至于缩小儿童因无力受中等教育而损失的教育机会，则新学制可行；惟能改善教法之处，方能试用新学制。换言之，教学时学生能参与学习过程来发展应付实地环境的能力，能用他所学的来改善社会，或用他所学的来达到他专门的或职业的目的；有这种教法的地方，方可用此新学制等语。而深慨吾辈不能自谋，至他人之代为我谋，乃诚恳深切若是。要而言之，现制虽甚不良，苟宽恕吾人不自奋发之罪，将教育上种种过失悉诿之于学制，学制所不任也；谓一改新学制，而即能发挥平民教育精神应社会进化之需要，发展青年个性，学制所不任也。天下惟真能办理教育之人，乃可推究学制之适当与不适当。吾为此言，非阻挠新学制也。吾固深痛现制之不良，早欲改之，无如自审实在无此能力，不敢误人自误，而投闲置散者也。亦深望吾省掌一部分之教育权者，人人自念其才力、精神，与夫全省财力、师资之实况，郑重视之。高等及初等师范则宜急急焉注意教科、训育，培植良好之师资，以为之备；行政长官急急通筹全局，俟各方面确有把握，然后可分别进行。嗟乎！一发牵而全身动，一子错而满盘输。兴吾省、亡吾省者，其新学制乎！何也？事前有充足之准备，临事有周详之程序，则从前种种错误，皆可趁此机会而革除之，由是人才辈出，而吾省兴矣！藉曰不然，则其倒乱将更甚于今日。虽欲不亡，不可得也。民国初元，省校、县校均骤扩张，而无预定之计画，已为大错。今日，岂容再误？更约言之，非有极正当舆论之指导，极负责、极明察行政机关之主持，万事均无从措手。吾省今日不欲教育进行则已，苟欲进行，自改造舆论始，自改造省县教育行政机关始。

嗟嗟！吾省今日教育界之行政长官、团体领袖皆吾之好友，且曾为所统属者也。省立各校长皆吾往日之同辈，公义私交极相笃厚者也。兹以商榷进行，语多开罪，实属万死。吾苏教育为全国所推尊，教育同人绞脑汁、费心血，以致此灿烂光明之境，良非易易。兹以商榷进行，尽暴露其缺点，使全国轻我苏人，实属万死。然言虽戆妄，心实忠诚。诸君子如以倬之人格及十一年办学成绩为有丝毫价值，请垂鉴而教正之，幸甚幸甚！民国十一年三月。

调查局之组织[1]

办理义务教育，第一件事情是着手调查。盖凡全县学龄儿童之数，学龄儿童中已就学、未就学之数，全县各市乡中已设学校之学级数、教员数及各学级之学生数，各校能否推广学额，设校地点是否合宜，均须确切调查。再进一步，各市乡已办之学校，教员是否通晓教育，学生成绩是否优良，附近有无私塾，塾中儿童之数若干，教本是否改良，均须确切调查。再进一步，某市乡应行添设之学校，地点宜在何处，有无公地公产可以取用，亦非确切调查不可。其事至繁亦至细，非富有行政经验及教育学识者不能胜任。以故鄙见各县急宜设立调查局，专司其事，期以一年告竣。

调查局之组织，当然以劝学所所长为局长。县视学、县教育会会长，及地方全体教育界公推若干人为委员。举凡调查事务，统由委员会公同商定，而局长总其成，均为义务职。各市乡学务委员，均为常任调查员，亦义务职。另视地方区域之大小，已设学校之多寡，酌量就地方小学有名之校长、教员中，选聘若干人为专任调查员，按月支给薪金，分赴各市乡，会同学务委员从事调查。

诚能如是，则一年所需之费大致一二千元至三四千元不等。然全县教育实况，从此可以明瞭，实为当今急务。倘不设此局，而以调查之责悉委之学务委员，学务委员又分委之乡图董，欲其确实，恐未易言也。

---

[1] 顾倬：《调查局之组织》，《义务教育》，1922 年，第 9 号。

调查学龄儿童之方法①

学龄儿童，在欧美、日本各国极易调查。何也？户籍本极清析，而警察又办理优良；逐年各地死亡及产生之数，住民均须报告警局，警局随时登记；则学龄儿童，虽无须特别调查，亦可知其实况。吾国，则不然。地方户口，向系出于约计。近来筹办选举，名虽屡次调查，实则无次非约略开列，各地选民之数且可凭空捏造，遑论其他。人口既无确数，学龄儿童之调查尤为虚应故事；惟然学龄儿童之实数，遂杳渺而不可得。

虽然，办理义务教育，而不先求学龄儿童之实数，则本之不清，种种计画进行将何从说起。各县筹办义务教育之第一步，当然从事调查学龄儿童。惟是调查之责，如仍由乡图董委托地保，虽百年之后，亦未能得其真相，一则调查惯例，约略开计，地保固优为之；一则乡民愚昧，或且有种种猜疑，未必肯述其儿童之实数及年龄。以故鄙见必须调查员亲赴各乡村，排户调查记载，又须将调查原委亲切为之说明，以破其疑点。

调查学龄儿童，须按照学龄期，分别男女，一一详加记载，固不待言。即儿童有无残疾，及是否入私塾读书，亦须记载。乡村户口之多少，生计之大概，男女儿童之有无家庭作业及工厂作业，何处为各乡村中心地点，亦须记载。凡以为将来设校计也。各县调查学龄儿童，果一一注意于斯，则一届调查以后，再加以一二届之覆查，学龄儿童之实况，庶几详确。

---

① 顾倬：《调查学龄儿童之方法》，《义务教育》，1922年，第9号。

分画学区及筑路[1]

推广乡村小学，有急须注意者两点：一为分画学区，一为筑路。各市乡学龄儿童，既已确知实数，不得不分画学区。学区既定，某区内原有学校，或可容纳全区内之儿童；或即不能容纳，而原有学校可以设法推广；或原有学校地点不适中，不得不迁地为良；或一区内学校之数太多，可量移其一二于他处，均可着手整理。至添设学校，亦可择适中之地，着手筹备，以便利通学儿童。惟是分画学区，本会临时大会公议，一学区之范围，以九方里为度。鄙见以为学区可就调查之结果，假定设校地点；然后就地点之四周，推想各村居之远近，约以九方里左右划为一区；奇零村落则附入各区，庶设校地点可以适当。盖校地不惟当注意适中，且宜注意户口繁盛、交通便利，若拘拘于九方里之计画而胶柱鼓瑟，转非所宜。尤有一要点，大之各市乡固有区域，小之本市乡都图区域，或须打破，则不可不审者也。

乡村小学，每逢雨，人数必少。南方多雨，故乡村小学之儿童数往往零落不全。此为就学上一大困难。揣其致此之因，实以乡村多土路，一经天雨，道路泥泞，不便行走，故动辄辍学。兹学区既定，就学儿童之数，有远至二里内外者，则交通方面，尤宜顾虑周到。鄙见拟并劝导乡民，或以公款量加补助，陆续建筑阔三四尺之石子路，各村居互相衔接，以便利就学儿童。实则筑路为各地方交通要政，正不第便利儿童也。

---

[1] 顾倬：《分画学区及筑路》，《义务教育》，1922年，第9号。

办理农村师范学校之管见[①]

自省县立师范学校本科毕业生多不乐任务农村小学，且实际亦有种种不适宜，于是农村小学教育多操于不良教员之手。近岁义务教育呼声日高，吾省明达君子急急焉以推广小学教育为先务。而欲推广之小学，十之八九在农村，乃愈觉造就农村小学教员之不可以一日缓。兹者省教育行政机关已指定一、二、三、四、五省立师范学校，咸于十一年度添办农村分校，期以二年或三年，为农村小学造就适当之师资。侧闻议会亦表同情，预算虽尚未成立，而此案定通过无疑。是则农村师范不久可以产生，固吾省师范教育革新之一点也。

虽然，今日农村小学之无适当教员，谓专由地方师范学校不设置农村之咎，其所录取之学生不注重农村子弟之咎，斯一设校而种种问题均可以立解。藉曰不然，则办理农村师范，仍不能解决此困难之问题；且或反以种种不良之习惯，传播农村，亦未可知。盖非农村师范实能改造教育，一则锻炼学生人格，使具有献身教育界之决心；一则解决农村小学种种应行变通注重之要点，而使所造就之师资实合农村之用，未可以踌躇而满志也。欲解决此困难问题，请先观农村状况。各农村之真相及农民性质，虽未必尽同，然可括其共同之点，以两言蔽之曰："生活简单，脑筋鄙陋。"以故小小一两间房舍，全家八九口可衣食寝处于斯；一二布褐短衣，可以度四季；方杌一张，蔬菜一二盂，全家围坐，可以各进饭三四碗；如遇荒岁，不能食饭，则粥可充饥；不能煮米为粥，则杂粮、野草亦可充饥，其刻苦类如是。男女于农作忙时，终日勤勤，至夜不稍休；操作于风中、水中雨中、烈日中，均在所不顾，其勤奋类如是。然而，男子于农作外，犹不无游荡之时；妇女则治家事，育蚕，助农事之操作，有暇尚勤习女工，日出而作，日入而息，乡间妇女殆无愧色。虽然，保守之见极深，进取之心极薄；农事成败既诿之于天时，疫疠流行又归之于气运；浑浑噩噩，与太古遗民相去无几。全国各界进化之濡滞，殆未有如农村者也。以故吾侪今日固觉儿童就学之不容缓，农村中人则绝对无此心理。全省真正农村子弟，未入校者至少占百分之九十余焉（今日乡间小学，大多数设于镇上，入学者大多数为镇上工商界之儿童，来自农村者甚少，有之则必农村小康之家，欲令儿童改就他业；或农妇以儿女众多，使幼者就学，以减少其家中之纷扰者也。若农村

中人，而真知教育之不可缓者，殆绝少），即未入私塾而一字不识者亦至少占百分之七八十焉。

反以观之，今日之师范生则生活舒畅，脑筋繁复，与农村中人判如霄壤。以言居处，则食一所，寝一所，自修一所，上课又一所。以言饮食，则每日三餐，宜粥时则粥，宜饭时则饭；佐饭之肴，合食者四簋，分食者两簋。以言衣服，则有布有帛，四季俱全；又有校役，隆冬之顷，或且加呢大衣焉。庭院空旷，电灯照耀，什用器物应有尽有。而又日日谓居处、饮食之不合卫生，起居之不自由，待遇之太刻薄，不知足者往往占十之八九。服劳之事，历数周而轮及一回，然犹或思规避，或敷衍以塞责。迹其心事，忐忑纷驰，类不肯专致于学业。若在求学之时，而即矢志毕业以后终身教育事业者，千百中殆未可以一二数。至有志农村教育，毅然以生佛自居者，尤为麟角凤毛。曩尝谓今日之师范生不啻天之骄子，非妄言也。是则师范生之与农村，真如柄凿之不相入。当今之世，而欲造就良好之农村小学教员，难矣难矣！

吾友王君领鹤新撰《试办省立农村师范讲习科计划书》（载《义务教育》志第六号），于农村师范之重要言之綦详，所定办法七条深中肯綮，鄙见多所赞同。惟窃谓办理农村师范，不得不与现有之都市师范大异其旨趣，则必先物色良好之主任及教员。其员数以少为贵，而必朴实勤劳，布衣蔬食，不惮艰苦，为学生唱；凡百事务，出于躬亲，为学生唱；和平公正，化导愚顽，不厌不倦，为学生唱。校中休业之期愈少愈好，暑假可以不放假，温度过高则临时休业，日曜午前亦可照常授课；其他一切纪念日、节日，除了双十节当郑重举行祝典以鼓励农民爱国之心当然休业外，其余亦可以不辍。是不惟责任重，而时期短，不得不惜寸惜分，以二年之光阴，抵三年之课业且假期之变更。窃为农村小学所以不可不改造之一点，当于就学之时，养成其习惯，坚定其志向。主任及教员职务虽极苦辛，然苟有此热诚，具此毅力，则造福农村，厥功至伟。其次为选录合格之学生。王君办法中一二两条，亦极扼要。但鄙见入校以后，于普免学膳、杂费等之外，制服、书籍等等最好亦均给予，俾除本人必不可少之零用外，均无须增重家庭担负；及夫毕业，则绝对励行服务期限。诚能如是，庶几得真正无力之农村子弟，为今日之学生，即为异日之教员。在今日教科、训育至易灌输，在异日以一小学为一农村文化之中心，庶有望矣！

若夫教科、训育，尤有可得而言者。鄙见欲锻炼学生人格，使有献身教育之决心，则其主旨在涵养学生专一、高尚之品性。选取教材及平时训话，均宜注意于斯。且学业上之知识、技能，与农业上之知识、技能，断宜双方并进。盖最良好之农村小学教员要在半农半教。质言之，农事闲时则为教员，农事忙时则为农夫。惟然而生计可以充裕，且田园、衣食均在于斯，乃肯久安其业。更换言之，要在拔农民之俊秀，授以教育责任，一方面造就儿童，一方面即为农村之中心人物。以吾省今日简单质朴之农村，苟得一二主要人才为之指导，其治理至易为力，而犹非仅年年培植数十农村小学教员，只求生活之适宜，遂可以毕乃责也。鄙见对于农村小学之教科，力主简要（以公民、国文、算术、农艺、手工为必修科，其理由当于他篇详述之）；则农村师范之教科，亦只须力求切用，即如教育为师范学校之主科。然窃谓理论不妨从略，实际不厌求详。农民及儿童心理，则不可不特加研究。惟在今日有一极重大之问题，即小学国文一科，究用文体抑用语体是也。两三年来，朝野通人极力提倡国语，各县国民学校改用语体文者殊夥。然而，吾省大江以南各县之方音本属特殊区域，小学教员人人模仿几句四不像之蓝青官话，操四不像之国音课本以教学生。于是，一校之儿童，其语其音乃至千差万别，遑论各校，遑论各县。谬种流毒至于此极，固有心人所痛哭而流涕者也。倬又何忍再言国语？虽然，此非法之咎，而卤莽以施行者之咎也。当改国文为国语之前，部省教育机关本宜有充分之准备，务使师资遍于各县，乃可以限期实行。（往岁曾为此事，力陈于教厅，不见用；力陈于教部，不见用。思之有余痛！）今则一般小学，既为重大之倒乱，受重大之牺牲。吾省各师范校长、教员，本当极力设法以图挽救。且国语、国音是一事，语体文又是一事。就文论文，语体实浅于文体。农村小学，文字愈浅，乃愈适宜；似不必改其语与音，而最好改其文字。鄙见拟请现将设立分校之各师范，联合聘请通人编定语典，奉为标准，而以之教授农村分校学生，期以两年，勤加练习，毕业后教授儿童，当不至误人自误。若夫农业科目求要，不求备。例如，作物一种，宜棉之所，则授以棉；宜稻之所，则授以稻。惟必须有实习场所，督饬学生躬耕力作。农事极忙之时，酌量停止课业，从事农场实习，亦无不可。要之，今日养成学生且耕且读之风，他日自安半教半农之习。若夫训育主旨，则无论为造就农村之小学教员及主要人物，均不可不注意于自治。盖农村中有治人者，有治于人者。小学教员、主要人物，治人者也。己不能治，何能治人？是则自治之素养，安可不于学校中造成之？惟倬所谓自治，乃重自治之精神，而不重自治之形式。自治之精神若何？人人敦行勤学，且尽互助之诚者是也。自治之形式若何？授学生以柄，为种种立法、司法、行政等之组织者是也。窃为自治而果有精神，其形式上练习，其事易易；但注重于形式，则沐猴而冠，终为兽性。且农村现状，于最近二三十年中，惟保育政策可以适用，共和政体绝对不宜，自治形式实非所要。以故极端主张在主任及教员监督、指导、暗示之下，励行自治；而绝对不主张主任及教员退居旁观地位，一任学生为种种形式上之组织以增纷扰。（方今中等学校学生，自治成绩鲜能满意，或且为种种罪恶之薮者，最大原因亦由于此。）自学校当社会化之真理不明，于是一般学生咸以奔走社会为要图，而不肯安心求学，且往往为他人利用，于今日学风消长，影响极大。鄙见教育者实负有指导社会、改造社会之责，学校中之教者、学者一言一行、一举一动皆可以为社会法，斯无形之感化至神。社会中种种重要问题，学校教师尽力研究以解决之，尽力赞助以兴革之，卓然以学校为社会之中心，斯真社会化矣！惟是为教师者，固宜随时发表种种意见，以指导众人。为学生者，只宜受教员之命令，经社会同人之许可，乃得从事服劳，以资练习；若径挺身而出，居之不疑，则当待学成以后；且虽学成之后，亦非一入社会即可发展其本能。古人所谓"信而后劳，信而后谏"，其说殆不可易。今日都市学校，于此问题屡加试验，以根本之错误，而失败已如此。断不欲将起之农村师范，再蹈此倾覆之前车。且农村中人思想之卑、见识之陋、种种迷信之深，尤非不知者所能逆测。无谓之纷扰顷刻而生，皆办理学校者所宜注意者也。惟然故尤绝对不主张在校学生会干预校外事务。

　　如上云云，物色良好之主任及教员，精选学生，定教科、训育之要旨，皆关重要。而其尤重要者，希望五校迅行联合组织农村师范分校委员会。举凡制度课程、编辑教材以及训育要旨，图书、器械必备之要目，一一由会中订定，而各校校长、主任执行之。虽不中，不远矣！吾国人最大之缺点，要在每遇一新问题，易于发表，易于奉行，易于盲从模仿，而不肯积极研究。故事前无充分之准备，事后又无随时改良，以致凡百事业大率归于失败。农村师范，为全国大多数人民开化之起点。成，则不仅教育可以普及，且实为促进农产、改造农民思想之端倪，立国强国之根本，悉系于是。败，则农村小学教育之进行，殊无把握；且正以都市人民骄惰、豪奢之恶习传播农村，而促其同化，则前途之危险更甚。深望诸君子郑重视之！

整理固有学校①

办理义务教育，必以极切实之功夫、极细密之方法，整理固有学校为第一要义。

何也？现在地方小学，成绩优良者，无论任何一县，断言之，总为少数，而成绩不良者总为多数，或且有极不堪者，农村小学则更为逊色。就学儿童之不发达，固由地方人氏鄙陋不开通，不知教育儿童之重要。质言之，亦由地方小学实在无成绩可以动人。儿童就学与不就学，就学之后毕业与不毕业，于一家之生计问题、一身之人格问题，实在无显著之利害。不良教育与无教育，相去极微。故非整理固有学校，即使经费充、师资足，积极推广小学，而欲望一般人民之信仰学校，终未易言。吾人须知添办学校，其权在地方行政人员。学校既增，而人人乐送其子女来校就学，则其权在地方人民。强制之法令，尚非现今所能办到。

我有子女，必为之选择良校，使受较良之教育。人之心理，殆无不然。无如一般乡民，选择良校之识，当然不如吾辈。且乡村之间，或有周五六里仅此不良之学校，即欲选择而无从，信仰学校之心何自而生？以故整理固有学校，而使有学校之规模；校长、教员无不名誉之行为，不旷课；校内各学年儿童，于所授功课多数能瞭解，缀法能联贯，实为小学成绩之最低限度，亦即为引起家庭信仰心之最小分际。我不愿各地方有二三特出之优良学校，而愿各市乡之小学优劣不至大相差，则推广义务教育可以着手进行。否则，固有学校，其学生尚多寥寥不足额，空言推广，亦奚以为？

整理固有学校，县视学及地方学务委员实负其责，而学委之责尤重。盖以一县之大，学校之数有多至数百所者，县视学一人实不能专任督促振顿之责。学委所担任之学区，则范围较小，学校之数亦少；是宜终岁往复视察，并加指导，使学区以内各校之校长、教员不敢不自勉。地方人士及家庭意见，亦可时通问讯；各校之优点，可互相告语，俾知取法。又宜定时召集区内小学校长、教员，开会研究，并相互参观，俾人人有向上之心。儿童成绩，可由学委不时加以面试，择尤给奖，则所费无多，而教员、学生必咸思奋。凡此皆学委所当引为己责者也。

各校校所，大都借用庙宇庵堂，或租赁民屋，不尽适用。鄙见均属无妨，惟采

---

① 顾倬:《整理固有学校》,《义务教育》,1922 年, 第 10 号。

光、通气关系殊大，则必须设法补救。又最简要之校具、教具、标品、图书等等，亦不可无。鄙见各县均宜斟酌地方情形，商定一最简要之设备，缺者则于一二年中陆续增补完全。

又有一端，为整理固有学校所不可不注意者，欲学校成绩之优良，在选择良材；而鼓励久任，则年功加俸之制度不可不行。鄙见年功加俸，实在无须巨款，藉令定例：小学校长、教员任职满五年者，得加常俸十分之一；此后每进一年，增加二十分之一；若成绩卓卓，则不拘年例，特加俸给，以资鼓励。则至将来小学成绩日益优良，需费或巨。若在现今二三年，则一学区中，每年得受此俸给者，恐不过寥寥数人，其需费由数十元至百元而已足，而人人有所希冀，争自奋发，教育前途获益殊大。凡此皆整理固有学校所必要之事也。

处理私塾[①]

办理义务教育，除整理固有学校外，处理私塾亦为一大问题。处理得宜，未始非义务教育暂行救济之一法；处置不得宜，则为教育前途绝大障碍。是在各地方人士好自为之而已。

各县私塾之实况，大略如下：

一[②]、绅商殷富之家，不愿子弟入学校，或不信任学校，而专聘教师设一私塾，或数家合聘一教师设一私塾者，学生由数人至十数人不等，此其教师人格、学力往往出于普通小学教师之上，但塾中学科往往不完备，而训育成绩则远胜于学校。鄙见此等私塾，但须整理其学科，便为极良好之小学。是宜规定儿童所必修之学科，劝其增添完备；则至相当时期，私塾学生可由地方教育机关举行毕业试验，及格者给予文凭，与公立小学同等之待遇。

二[③]、塾师开门授徒，维持其自身之生计者，学生由数人至数十人不等，其流品则分两种：（甲）人格尚不甚劣、文理近通顺者，塾中情实有完全为私塾形式者，有参用学校形式者。鄙见地方教育机关，宜不时检查指导，督以改良，规定儿童所必修之学科，补助塾师学识。至其实况能合改良标准，即可认为私立小学。（乙）人格极卑污，或文理不通，实不称其为塾师者，则宜断然勒令停闭，而分别加以处理。真不堪者，绝对令其改业；尚可造者，责以自学，岁加试验，至有相当学力，再准其开设私塾，或录用为小学助教。

循是说以行之，则一二年后，各县可增许多私立小学，且增许多合格及待用教员，亦现今应急之一法也。

---

① 顾倬：《处理私塾》，《义务教育》，1922 年，第 10 号。
② 原作"（一）"，据通行写法而改。
③ 原作"（二）"，据通行写法而改。

施行义务教育之必要事项①

　　吾省施行义务教育，官厅之督促、社会之鼓吹业已不遗余力。惟是各县学龄儿童，虽大都无正确之统计，然其失学之数总在百分之五六十以上。各县培植师资，筹措款项，增添学校，虽拟积极进行，计画之书披露本刊者已有多处，然恐终为纸上空谈。即使两三年中，款项稍有所得，师资、学级可以稍稍推广，而普及希望终未易言。何也？财政与人才，实未能应吾人所志之目的物也。

　　虽然，以鄙见思之，义务教育，固未可以一蹴几。而现今各县实施之宗旨、方针，亦尚有可研究者。大致教育问题，一在求其精，一在求其普。求其精，则各县户口繁盛之地，必设多级小学校，设备宜求其完全，教科、训育宜求其美备。近今教育上最新问题，如设计教学、智力测验、职业陶冶等等，皆宜积极研究，冀有以发展天才，造就优秀儿童，为异日社会之中坚分子。故经费不可不充足，师资不可不精选。吾省各师范附属小学，于此等要点极为注意。切盼各县教育行政机关及教育界同人，亦渐渐注意于斯，毋任各附属小学独合为一大团，而地方小学咸自抛于团体之外，致吾省小学教育之现况成为两橛。此为今日地方小学教育一重要问题，而实非本文所殷殷注重者也。本文之所注重者，在求其普。如上云云，吾省现今各县，可希望其进行者殆居少数。何也？精神教育往往为环境及教育程度所限制，师资缺乏既非一时所能为力；且教育尚未普及之时，倘以有限金钱，专投之少数学校，冀达精良地位，而抛弃大多数失学儿童于不顾，实非所宜。故模范小学，一时不必多求；而普及问题，则不能不多方研究。试述其要点于下：

　　一②、学校性质

　　各县行政人员，于分划学区之后，筹度设校地点。如四周村落，所集学龄儿童之数在数百以上者，人民生计问题无特别之状况者，则不得不筹办多级小学校。或因一时入学儿童之不发达，而先设单级小学，亦宜为将来推广扩充地步，则其种种布置宜求苟美苟完。或户口虽繁，而儿童以谋生关系，不能安心就学；或人民过于贫困，儿童有种种就学之阻碍；或四周村落，户口稀少，则不得不筹设简易小学以

----

① 顾倬：《施行义务教育之必要事项》，《义务教育》，1922 年，第 11 号。

② 原作"（一）"，据通行写法而改。

济其穷。或相地之宜，设立半日学校、夜学校；或相时之宜，设立短期学校、日曜学校，均无不可。美国各省小学之就学日期，殆非一例。欧洲丹麦则有半日之制。瑞典则有间日制。日本当明治中年，尚多变则小学。查明治二十七年，犹令如学龄儿童就学不便，而市町村又不能任扩张设备之负担时，得区分全校或某级之儿童行二部教授；又以贫穷及其他事情免除就学之儿童，得于夜间或星期日及其他便利时日，以近易方法受相当之教育者。道厅府县试验之于寻常小学，得授以与课程相当之证明书。其寻常小学修业年限可三年或四年，泊至明治三十三年，义务教育期限乃殆有四年之规定。各国先河之导固若是也。校舍苟能建筑，则力求质朴，不尚华美；如不能建筑，则祠①堂、庙宇、庵舍、家屋未始不可以借用，但在改良通气、采光，设备则从简要，俾易成立。

二②、教科目

初级小学之教科目，按照现行部章，为修身、国文、算术、体操、图画、手工、唱歌七科。吾省各县，并有加乡土(或更析为自然、社会、地理)、卫生等科者。夫论人生之需要，科目愈完备，则儿童之受益愈大。体操、唱歌为体育之要点，图画、手工为职业陶冶之始基，即乡土、卫生等科亦为儿童所必要之知识，此犹举大概言之也。实则各科于德育、知育、体育、美育、群育各方面均有关系，欲施完备之教育者，实不可偏废。虽然，一般小学岂易言此？既已无圆满之设备、良好之师资，则不惟加设科可以无须，即图画、手工、唱歌等科亦可以暂减。义务教育为授与全体儿童必不可少之知识计，则如何可以为人，如何可以与人交际而已。故鄙见初级小学，可暂定修身、国文、算术、体操四种为必修科。(国文一科，现制已改为语体文。请参观拙著《办理农村师范学校之管见》，见本刊第九号。)而体操一科，各教员不能教授，亦不妨暂缺。修身要目，不足以括公民所必备之知识，拟改为公民科。凡乡村小学及都市中之简易小学，如半日学校、夜学校、短期学校、日曜学校之类，均可照此办理。科目既简，则儿童就学年限可以缩短，且师资亦易胜任。今日乡村小学，往往拘泥部章，备列各科目，实则教者既不能胜任，学者乃徒抛废时间，而杳无所得。则何如暂行缺略，俾以有用时间专攻主要学科之为善乎？惟是乡村小学，似宜于后二年加入农艺手工一科，利用稻草、麦秆、柳枝、荆条、蒲草、芦蓆草等等，以为应用物品，随时出售，唤起儿童企业之心，且使知废物之无一不可以利用，而冀将来增进农业上之副产焉；儿童年龄大者，或再于第三四年加授农业一科，但须以物色师资为前提，不宜虚设科目以为装潢门面计也。

---

① 原作"词"，误。
② 原作"(二)"，据通行写法而改。

三①、师资

初级小学，既暂定以公民、国文、算术为必修科，则每一教室得一教员而已足。如今日通常办法，一教室两教员或两教室三教员者，约可节省三分之一或五分之二之经费。而其实际则图画、手工、唱歌等科，本不过敷衍名目，耗废时间，小学中能卓有成绩者殆少；苟暂减之，于精神上实无甚损失。至公民、国文、算术等科，今日小学教员不善教者亦居十之六七。此则一方面切望办理师范教育者之特加注重，以冀良好师资逐渐增多；一方面切盼地方行政人员，对于现任小学教员，设法予以种种之补助。鄙见各市乡均宜聘有函授教师，暑年假中宜设种种讲习之会。凡小学教员根柢浅薄者，强迫令之补习。教法不良，则宜酌给公费，指令出外参观；或派专员，亲至各校举行模范教授。日曜则择适中地点，聚集小学教员，勤开讨论之会。逆料小学教员，以身家衣食之所属、名誉之所关，苟非暴弃下愚，必知勤奋，教学相长，自在意中。夫与其科目多而教者无以为教，学者无以为学，何如科目少而先举一二重要学科，聚精会神，以督责之，指导之，使大体改进之为愈乎？吾之此言，绳以教育原理，纵不甚合，然为疗治一时之疾病计，则未始非适当之药石也。否则，以学力绳之，今日小学教员，至少有半数不能胜任。必欲乞灵于师范，能否积极推广，实无把握；即能积极推广，其收效亦在三数年之后，实无以应急需。且此辈不称职之小学教员，欲尽淘汰之，则似不仁，且亦非事势之所能办到。救济之方，鄙言殆不可易矣！

四②、其他种种

（甲）义务教育之年限，现制定为四年。鄙见大可活动，最要者在明定初级小学之程度，科目既已简单。如初级小学毕业，应备之常识宜至何点，读书、习字、缀文、演算之能力宜至何点，公民知识宜通晓至于何点，合此格者即可准其毕业，三年也可，即二年亦无不可。

（乙）入学年龄，以足八岁为始期，似最适宜。欲早入学者，得受身体检查。身体之发达早者，准入学，但至早亦须足六岁。良以吾国民体质屡弱，儿童入学稍迟，亦根本治疗之一端。惟过迟，则乡村儿童已渐渐能赞助家庭作业，或工作农作；都市儿童最终毕业之期，或与其出就职业已有妨碍。

（丙）全年就学时期，鄙见乡村小学，可规定寒假若干日，蚕农假若干日，暑假则温度升至九十度以上者临时停课。如乡中利用暑假开讲习会，小学教师均须入会，则暑假亦规定若干日。节日及乡间如有临时事故，则酌行放假，日曜、午前则

---

① 原作"（三）"，据通行写法而改。

② 原作"（二）"，据通行写法而改。

不放假，午后休业，俾教师料理俗事及赴教育讨论会等之要需。都市中，正则小学当然遵照通行章程办理，变则小学则放假之期尤宜随时酌定。总之，以斟酌家庭状况及便利儿童为前提。

（丁）各市乡普通教员之外，宜有二三预备教员，平时赞助学委，担任调查、宣讲等事；及各校教员或有因事因病不能不缺课之时，则往往为之代。各校既已明定为一教室一教师，此类正当缺课为事之所恒有；苟代者无人，势必至荒废儿童学业；即至万不得已之时，学委亦当代任教课。又一校而有两教室以上者，至万不得已之时，宜鼓励二部教授。

（戊）小学校必预备教员住宅，约有数利：（1）教员眷属，或于无意中可尽助教及看护儿童之责；（2）教员室家之系念可以减轻，饮食亦便利；（3）教员眷属既在一处，则回家旷课之事可以免；（4）教员于课暇既有眷属团聚之欢，则种种不正当之征逐可以减少；（5）教员有安土重迁之虑，可望久任。纵实行之后，或亦不能无弊，然利多害少，可以断言。凡此亦必要之事也。

循吾之说行之，则其事较轻而易举，至五年、十年之后，吾省义务教育既已普及；或虽未普及，而离普及不远，然后再求完备可也。若必明定年限，科目必求完全，学校性质必为正则，师资必取之师范毕业生，预定计画本年若何、明年若何、后年若何，则用意虽勤，而刻舟求剑，恐舟去而剑终不可得也。要之，励行师范教育，以为小学教育之母。郑重设校地点，及明定小学教师奖励、惩戒之方，改良视察制度，此为根本大计。切盼各县教育行政人员之猛力进行！惟同时亦宜为种种治标应急之计画，心思宜精细，手段宜敏活。深愿与吾省明达君子共讨论之！

新　学　制①

新学制业经公布，小学废止国民、高等名称，改为初、高两级；规定毕业期为六年，初级四年，高级二年；前四年得单设，后期亦得暂展长一年为三年；初级中学、高级中学，以各三年为正则，亦得用四二制或二四制；师范学校六年，亦得单设后二年或后三年，并得酌设相当年期之师范学校或师范讲习科；职业学校之期限及程度，得酌量各地方实际需要情形而定；初等、中等之教育，其任各地方自由伸②缩如此。

旧制极呆板，新制极活动。吾人久束缚于呆板制度之下，一旦得任意活动，殆无不踌躇而满志者。新制未颁布以前，各地方试行新制者，已时有所闻；新制已颁布以后，各地方办学人员将如鸟入天空，翩然翱翔，不可复制，其从此干云而直上乎？抑终为无所归之野鸟乎？殆未可知矣！

鄙见以为旧制不良，业已改革，则不必再论学制，而急急焉宜求施行学制之人。曩尝谓改行新制，非有极负责、极明察之行政机关，则万事无从措手。良以吾省各地方教育程度万有不齐，将来虽希望一律能以完全办理中等教育为本位，今则除少数县分外，只能以责成办理初等教育为本位。然即以初等教育言之，义务教育如何而可达于普及地位，已为一大问题。为补充初级小学教员之不足计，则相当年期之师范学校或师范讲习科不可以不设。为儿童生活地方实际需要计，则相当期限及程度之职业学校不可以不设。是则扩而充之，当然以中学教育之初期为限。

虽然，办一初级中学，如但为涂饰门面计，则余固可以无言。如果实事求是，则所需校舍，纵可以原有之高等小学校改设，但中等学校必多寄宿生徒，不能不设寄宿舍，则房屋必须增添；程度加高，则备品必须增添；师资，亦非固有之教员所能胜任。大概言之，中学每级，除征收学费外，每年至少担负经费银千元；开办费除房屋外，至少须五六千元。师资，则高等小学成绩卓著之教员，固可酌量任用，然多数必须添聘高师毕业者充任之。教科、训育、体育，均须力求完善。至相当年期之师范学校或师范讲习科，其备品、师资与初级中学等；而学费既已免除，至少须增费千元；学生膳金如系公费，则每年每级又须增加担负银二千元。相当期限及

---

①　顾倬：《新学制》，《义务教育》，1922年，第11号。

②　原作"绅"，误。

程度之职业学校，其师资亦必物色确能胜任之人；备品则视性质而定，简易者千元已足，繁重者恐须一二万元；常年经费则至少须三四千元，多则须在万元以上。惟成效既著，当然有生产品可资浥注。

以鄙见思之，各地方须确有此负担之财力，能得良好之师资，乃可进行。否则，师范讲习科虽以养成初级小学教员之需要，不能不急行办理，但至万不得已之时，亦可委托省立师范学校代办，或附入他县所办之讲习科。至初级中学，则境内如有省立中学或私立中学者，尽可缓设。职业学校办理如有成效，出品可以畅销，担负实不为过重，尽可酌量行之。高级小学原定三年者，不妨一仍其旧，且暂单设，但须要求公私立中学招收入学之二年级生；如高等小学向设双级者，不妨于第三年分为二组，一为需要职业之补习科，一为相当中学第一年级之学程，斯生徒毕业以后，升学与不升学均极便利。

若夫初级小学，断为教育本根；且其费轻而易举，当然积极进行，冀其早行普及。至市乡中户口繁盛之地，则酌设六年制之高、初两级小学，或初级四年、职业准备二年之小学，轻重缓急，斟酌适宜，庶几有当。

要之，学制既留各地方伸缩余地，则其伸缩办法，当然由各县教育行政机关量其所能胜任之财力，采纳教育同人正中之意见，确定各本县教育上之适当办法，而分年计划，一致进行，断非可任教育界中人人自由活动。此则我省县行政机关及教育界同人所当辨析分明者也。曩吾尝曰事前有充足之准备，临事有周详之程序，则从前种种错误，皆可趁此机会而革除之。藉曰不然，则其倒乱将更甚于今日。何也？以今日现状论之，各地方师资、财力已不克胜，何况因学制之变更，人人自由活动不受行政机关之制裁，而好大喜功，沽名蔑实，则以有限之金钱，争办不能胜之学校。无相当之备品，无胜任之师资，是办理学校者将终有外强中干、进退不可、周旋不能之苦，而生徒乃断送于残缺不全之教育中，卒之岁月蹉跎，泊乎毕年而所学不足以致用，终为社会弃材，则其失甚矣！

嗟乎！吾之此言非阻挠新学制也。私窃以为各地方教育人士倘能详细思之，郑重行之，则基础固而高堂大厦乃可以渐渐设施。否则，则无基础之房屋，恐致倒坍；或且糜费钱财，而终不能成立。兹当实行之始，粗有所见，谨以质之同人。

经 济 公 开①

地方经费，凡负有出纳之责者，不容有丝毫苟且。吾国相沿旧习，本须按时公布，昭告大众。民国成立，监督之途益有专责，乃习之既久，概属具文。及县自治停办以后，地方教育经费遂入于挪移、侵蚀不可究诘之一途。吾省官厅、社团及地方人士咸以经济公开为唯一之治疗良方，固其宜也。

虽然，以鄙见思之，教育行政人员对于经济上所负责任，其一为坚社会之信用，其二为标个人之道德。人人出入分明，即人人能受社会之尊敬、赞助，而教育事业可以积极进行。此则经济公开之要旨也。若专为解除本团体中教员、学生之误会计，对付社会不良分子之攻讦计，则所见亦太浅矣！

经济公开之旨趣，不可不分明。经济公开之方法，尤不可不研究。顷见松江教育界会议经济公开办法，校长方面，多数以为所长各校经济俱已公开；教员方面，则主张须定一具体条件，俾各校长遵守。即最后退步，亦须校长承认增加教员授课薪金，方为校长自愿公开之诚意表示。（载本月十二《申报》"新闻"栏）是否虽未敢信，如其然也，则图穷匕见，经济公开之后，问题固甚多矣！

质言之，教员认为学校经费必由校长侵吞，而以公开为监督校长之具，是其属意惟在个人权利之平均，校长不能独断独行而已。旨趣若斯，则根本错误。地方教育人士不可不细加思索者也。

是则经济公开，不欲实行则已；如欲实行，惟无锡办法，可以采取。（参观本期"调查报告"②。）地方各团体组织会计会议，互相监督，而并以监督官厅。凡教员、行政人员悉负应尽之责任，而于额定预算内，仍人人伸缩自由；为之属者，则绝对不容置喙，措施较为适当。窃愿各地方明达君子一研究之！

① 顾倬：《经济公开》，《义务教育》，1922年，第11号。
② 此处指沈澄清《无锡县施行义务教育之实况（十一年十月调查）》，发表于《义务教育》1922年第11号"调查报告"栏目上。

推行国语[①]

曩者教育部颁行国民学校，改国文科为国语科，自民国九年秋季起一律实行之令。讫今已两年有半，实际未能办到，即试行者亦无成效之可言。顷教部复令自十三年秋季为始，检定小学教员加试注音字母、国语文、国语文法三项科目；在此定限以前，责成各省区广设国语传习所或讲习会，招集所有教员及时学习，以为检定之预备。提倡国语之心，可谓勤且笃矣！

小学教育实行国语，此为极大问题。鄙见以为必须教部自行切实设立国语学校，责成各省区考选优秀之士，入校肄业，至短之期，约以一年；再责成各省区办理学校，即以毕业学员归任传授国语之师资，遴选人才，明定年限，与国立等，毕业后再依次推及各县，务使由干生枝，由源及委，方臻妥善。一面由部编辑语典，或委托各大书局编辑而审定之，俾造语则有法可循，正音则口耳传布。积极筹备，期以十年，然后小学教育定期励行，斯则不朽之盛业也。

今也不然，部以一令责之省，省以一令责之县。国语传习之所，部办及省办者虽各有一二届，为期至短，县办者尤短，为涂饰门面计，斯可矣！实事求是，则直等于无。音标固已有书，然读音是否正确，则在所不问。语典则至今无善本可为依据，岂真以《水浒》《红楼》为度尽金针，可一任小学教员人人之自习乎？循此行之，不完善之语，不正确之音，流毒将遍全国，是真今后儿童莫大之劫矣！

虽然，责难官厅，其无望矣！不得不重有望于各地方明达君子，急速为之设法。吾省大江以北，音与语去普通尚近，较易为力；大江以南，则固语言上一特别之区域也。各地方应如何妥筹的款，敦聘专家，切实传授，以期患害之较轻。不佞愿以九顿首直接为数十万小学教员请命，间接为数百万儿童请命。

---

① 顾倬：《推行国语》，《义务教育》，1922年，第12号。

校地与校舍①

　　办理义务教育，于设校地点，关系至为重要。自来各县教育行政人员，当创设学校之始，往往无系统之计划。以故有一方里中公私立小学多至数所者，有八九方里中无一校者。急宜即本区固有之学校，细加筹度。倘其地既有私立小学，则公立者不妨量移他处；即无私立学校，而距离不远、就学方便者，亦可分析学区，斟酌配置；地旷人多而无学校者，量加添设，一转移间，各得其宜矣！

　　虽然，固有之学校而加以归并，添设之学校而求其适当，校地、校舍必发生问题，斯固然矣！窃以为校地必在学区之中心，俾四方来者均从便利，此无可移易者也。校舍则民间旧屋未尝不可用，但须注意面积之大小及通气、采光。教室之面积，务能容五十人以上；通气，则可于四壁之上下多开小洞；采光，则最好有正窗，有补助窗，光线过强、过弱均非所宜。倘教室之左右两面未便添开窗户，可于靠近左右檐之屋面开汽窗，以为采光之用；尤简者作玻璃天窗，俾增室内光线，亦无不可。地盘，则以高爽为宜。若屋中之柱，虽有妨视线而实无大碍，尽可听之。若夫建筑新屋，则选择校地，必须避去种种不适宜之场所，教室方向宜东南或西南隅，操场尤宜在教室之东南或西南隅，以防冬季寒风。凡教室面积，与夫通气、采光及各室之位置，均不可不细加斟酌，此则所耗费者全在精神而不在经费。至实质方面，宜力求坚固，不尚美观。倘经费不足，并坚固而不能顾及，则墙址、屋架断断不宜苟且，做工比用料尤重。若屋上盖顶之砖，室内铺地之砖，尽可不用。四壁如能筑土为墙，或夹竹片为墙，而涂以灰泥纸筋，亦无不可。斯费省而仍适于用者也。

---

① 顾倬：《校地与校舍》，《义务教育》，1923 年，第 13 号。

义务教育筹款建议①

义务教育问题，吾省官厅、社会已咸知为当务之急矣！本年议会常会，除本会请愿书外，议员提议者计八案，连署者多至数十人，而对于金山亩捐主张维持反对之提案及请愿书不与焉。第六次省教育行政会议，教厅及各县行政人员所交议请议成立审查者计五十一案。不佞既选集其议案，汇列本刊（见本期专件），以告邦人君子。又以其所言者十之六七为筹款问题，因复述鄙见于下，备邦人君子之教正焉。

国以民而立。欲觇国之强弱，先审民之智愚。以至愚之民，介于教育普及且提高之列强中，欲求免于覆亡，不可得也。即无论国，但以吾民及身言之，一丁不识，等于一物不知，困苦殊甚。苟非丧心病狂，与言教育子女之重要，当无不入耳者。然而，因家计之困顿、村落之散处，不能顾及子女之教育者有之；不明教育之真相，墨守旧法，以就学私塾为良图者有之。惟然故义务教②育，其始必由地方明达君子积极提倡；及夫既已普及，既已提高，全国人民咸知教育之重要，且信任教育子女之必由学校，则筹措款项实属不成问题。盖子女教育之费，殆与全家衣食之资不能一日缺者等也。

虽然，欲为义务教育筹措款项，有先决问题二：

一③、整理固有学校

吾省小学教育，十年以来，虽有进步，然综全体论之，实在不能满意。如执一受教育与未受教育之儿童，或受私塾教育与受学校教育之儿童，分别其优劣贤愚，正有难言者。诚使受教育之儿童品性、知识、体质确胜于未受教育者，受学校教育之儿童品性、知识、体质确胜于受私塾教育者，幼在家庭，长就职业，一比较之，果有实证，则愚夫愚妇信仰学校之心自油然而生。曩常谓及门诸子咨嗟太息以言之，殆无一能解决此问题者。是则我教育同人所宜反躬自责，亦各地方教育行政人员所宜悉心研究者也。倘非于固有学校切实加以整理，则固有之学款或且投于虚

---

① 顾倬：《义务教育筹款建议》，《义务教育》，1923年，第13号。
② 原作"效"，误。
③ 原作"（一）"，据通行写法而改。

牝。固有之学校，学生尚寥寥无几，侈言推广，庸非多事？筹措新款，安得不生阻力？整理之方，其略则不佞已于"问题杂话"中言之（载本刊第十号①，及第十二号朱麟公《普及义务教育声中一个建议》②文）；其详则俟之异日，另撰专篇，兹不复赘。

二③、重宣讲

地方教育行政人员，欲实施义务教育，必先筹措款项。欲筹措款项，必先以子女之不可无教育，振兴教育之不能无款项，遴选乡望素孚之士四出宣讲，使愚夫愚妇咸知其事之重大，则种种阻力可以灭杀。盖所筹各款，除向绅商个人筹募公益捐外，无论取之于农，取之于工商，直接、间接，总之为加重人民负担。全体人民既因当局之宣传政策而了解教育之作用，则昌言反对之徒将稍稍难施其伎俩。夫使得贤明强毅之行政长官、开敏之议会，明定义务教育分年进行之办法；及夫筹款标准，督励各县戮④力前途，属在人民，本易为力。山西一省其先事之师也。但以吾省论之，即使行政长官能负全责，而开明专制之政策既万万不能施行，人民代表亦未必有此卓识伟略，遂以至重且大之义务教育经费而不得不由各地方善自为谋，则非家喻户晓，不能破除障碍。惟是宣传分际，以说明教育子女之要义，及各地方逐年负担教育经费之约数，与夫行政人员为教育人民子女而擘画经营之孤诣苦心为止境，不宜以欲筹某款某款，先琐琐为群众说明。苟不慎焉，则非徒无益，且反有害矣！

若夫筹措款项时，所不可不注意者，又有二要点：

吾省各县办理义务教育，除固有之款项外，如烟酒带征学捐一成，已经财部及全国烟酒事务局署名之允准，自十二年度一月起开始征收；如亩捐，则为各县共有之大宗款项，业经行政长官之认可，但各县实施方面，已征收者究占极少数，其余或在筹措中，或已招反对而在搁浅中；他若货物税带征、中费加征、商铺捐、住房捐，与夫各就大宗特产筹画征收之特捐，地方教育行政人员当一一力为设法。如须经行政长官之核准、省议会之通过，固不能不依法办理。若在各地方而有自行活动之地步者，则但须官绅协力同心，即可以进行无碍。大凡无论筹何款项，普通人民反对之能力必甚薄弱，假借民意以为反对之口实者必在此少数之经董、土豪。以故地方教育行政人员不得不于筹措款项之初，对个中之二三重要分子，以诚恳之意

---

① 顾倬：《整理固有学校》，《义务教育》，1922年，第10号。

② 原作"第九号"，误。朱麟公《普及义务教育声中一个建议》，发表于《义务教育》1922年第12号上。

③ 原作"（二）"，据通行写法而改。

④ 原作"戳"，误。

旨、谦和之态度，虚衷商确，而冀其赞助，断不宜侃侃正论，炎炎大言，以与此经董、土豪争一朝之胜利。自来筹款问题，其所以招各方面激烈之反对者，往往由于意气用事，而人亦以意气报之，其结果则彼方面抱"宁为玉碎，毋为瓦全"之心，虽自居于小人而有所不屑。习之既久，则悭吝鄙啬之空气充满于社会中，自私自利之心日深，好义急公之心日沮，而事不可为矣！此则地方教育行政人员当注意于筹款之初者也。

地方教育经费，每年收入之数，某项若干，总数若干；每年支出之数，某项若干，总数若干，必一一随时公布，昭告大众。一岁之始，宜有预算；一岁之终，宜有决算。当其编造审核之时，教育行政人员宜召集会议，公同讨论。当此县议会未成立以前，倘使地方各界本有会计会议之组织，则教育经费必须造具专册，详细说明，交会公议。是不惟广益集思已也，对己则教育行政人员所以自①明其责任，对人则所以坚父老兄弟之信仰心。经济之不可不公开，固若是也。方今各地方教育行政人员于收支学款往往无清切之布告，一般愚民全不知其实况。是故一言筹款，则人人窃窃私议，目为敛钱自肥，而当局亦往往无以自白。根本治疗之法，固自有在。此则地方教育行政人员当注意于筹款之后者也。

平心论之，以吾省财税之区，为振兴人民关系最深切之义务教育分年筹措经费，当非难事。而其难有若登天者，固由全体人民之愚，于切身利害尚不能辨析分明，抑亦我教育行政人员心力之犹未尽也。不佞，无锡人也。锡邑全年公私立学校教育经费，其概数以三十万金计。然而，现今全邑就学儿童，不过占学龄儿童总数之十二三。如果达于普及之境，且欲中等学校，与夫职业补习等校，应有尽有，则岁费当以百万计。粗视之，添筹七十万教育经费，于地方财政实况，必发生极大之影响。然以鄙见思之，恐即此绅商各界全年征逐应酬之费，已超过此数而有余；全年一县鸦片、红丸、纸烟之消耗，亦超过此数而有余；其他种种，可置不论。以言生产，则乡间比户育蚕，岁入在千万外；然如果切实研究，于蚕种及养育成分，一一加以审核改良，则岁入增加一二百万，至易为力。谁谓民穷？所患者源既不能开，流又不能节。振兴教育之要义不能喻之人人，各界领袖人物又乏协同进取之精神，故教育事业亦陷于停顿之一境。是固吾全邑人民所同负之咎，而实士君子之耻也。一县如是，他县可知。通计吾省各县，户口繁盛，而义务教育之需费巨者，则物产必较为富饶，民力必较为充足；若夫物产少，民力困，则亦往往地旷人稀，义务教育之经费亦因以轻减。观彼日本，以北海道荒寒无人之境，殖民以后，办理义务教育不五十年，竟臻普及，每户每人均担任公学费者。相比较，吾省各县固不能以无款诿矣！窃有所感，谨举以告同人。

---

① 原作"白"，误。

县教育行政机关①

县教育行政机关业经教育部召集学制会议，议决组织大纲。闻不日即将公布施行，其范围比现制之劝学所扩大实多。大纲十三条中，惟指导员资格未明定，董事资格未及富有教育学识、经验最重要之一项，最所不解；其余，大体尚表同情。惟制度是一事，实行又是一事。窃恐巨大之纷更非各地方一时所能办到，而省行政长官督责若复无方，则其结果将仍归于敷衍门面之一步，可断言也。

鄙见早谓欲促进地方教育，必先有负责之教育行政机关。但以劝学所改为教育局，非仅易其名，要在变其质。质言之，视学之必改为指导员，且宜推广其名额；市乡教育委员必须负办理本学区教育事务之专责，此为当然之事（吾省各县中有责任极分明者，但不尽然）；教育局中，应有负责之董事以赞襄局长，亦为当然之事。各地方明达官绅急宜筹措款项。以鄙意度之，县教育行政机关常年经费，恐须视县之大小，分别规定，自五千元以上至一万五千元以下方能足用。尤宜妙选通才，分掌事务。大约无论何项人员，总以有相当之学识、经验及宅心公正者为最要。指导员及市乡学区教育委员，最好在现任小学有名之校长、教员中选任之，则庶几矣！

吾省第六届教育行政会议，于改组教育局案，议决俟部令公布后，再行一律改组，以昭郑重；而先于劝学所组织董事会一节，则业经教厅谘询，会议公决，即将实行。是其他可暂置不论，惟董事之职权既重，则其得人与否关系甚巨，深望各县行政人员及教育同人郑重视之！

---

① 顾倬：《县教育行政机关》，《义务教育》，1923 年，第 13 号。

备　品①

　　小学校中必要之各种备品，大别为校具、教具。何谓校具？黑板、桌椅、钟铃等属之。何谓教具？书籍、图画、仪器、标本等属之。其余尚有一切需用之杂具，最易耗损。质言之，亦校具类也。置备之分际及适用与否，与开办费、经常费有关系，与教管之实际更有关系。办理义务教育，最好由地方教育行政机关预定一适中标准。属于校具，有须绘图制样，或特订制作所者；属于教具，有须审查公布，或特约贩卖所者，或联合采集制作者，均不可不加意者也。

　　校具中，如大黑板之光色及其纵横尺寸，以何者为适宜，须加研究。小黑板使用尤要，断宜多备。儿童用桌椅，过大则太占面积，过小则不敷用；过高过低，儿童身体为之受损，均须有适中尺寸；材料式样，精细则糜费，粗简则不经用（竹制品费省而不耐久，且不便修理），大致木材必须坚厚，接笋做工尤宜真足，式样则不妨从粗。教员用置书之架，以及吐痰之筒、置字纸之篓②，均不可不备。此则乡村小学往往忽略者也。

　　若夫教具，则尤须注意。供教员教授用者，教科书外，须有教授书、参考书、研究书。他若大算盘，计数器，修身作法、理科等等之挂图，以及教授时须用之各种标品，均须备具，并宜注意保存。（此类品物，有无从购置，经各地方自行征集制作者，地方教员、行政人员当为之设法。）供儿童游戏用者，如铁环、沙盘、纱球等等，亦宜酌量备具。

　　约而言之，地方教育行政机关宜审定小学校应备之品物，编造目录，并记载其价值及制作贩卖之所，分为甲、乙、丙三种，甲种较备，乙种适中，丙种最简。然后就物品之繁简，核定经费之多寡，无论已设及拟设之学校，均宜视财力之实况，或增添，或筹备，以资应用，庶可称学校之实焉。

---

　　①　顾倬：《备品》，《义务教育》，1923年，第14号。
　　②　原作"麓"，误。

经 费 标 准[①]

办理地方小学，须由各地方教育行政人员议定各校经费标准。良以包办制度，决不适宜。而年费多少，悉任各市乡之自由支配，无适当之标准，亦殊未当。惟是学校经费，以教员俸给为最大。故欲定学校之经费，以一学级中所需之教员数为先决问题。

鄙见极主张一级一教员，学科则从简单。除公民科、国语科、算学科外，凡教员能力所不能任者，尽可从缺。一市乡中，聘请预备教员数人，平时任调查、讲演、劝学等之责；倘遇地方小学教员因病、因事不能不请代之时，则为之代。惟然而学校之经常费可以定。

大致单级小学，每年经常费以二百元至三百元为度；两学级之小学，以四百元至五百五十元为度；三学级之小学，以六百元至七百五十元为度；四学级之小学，以八百元至千元为度。各县可即各市乡财力之实况，就此标准中厘定各校经费。其详细支配，如每校每年经常费二百元者，教员俸约一百二十元，伙食约三十六元，杂费约二十元，购置费约二十四元。(按年添置图书、品物之费。)经常费每年三百元者，教员俸至多一百八十元，伙食至多四十八元，杂费至多三十元，余为购置及他种建设之费。两级以上者可照此类推，大致购置费必须占总数十成之一二；杂费则属消耗，宜极撙节。三学级以上，如果学生发达，或须添聘助教一人，则经费如果不敷，酌量增加，亦无不可。经支杂费及购置费，须按月实报实销。

开办费之标准，凡小学一级，可以百元至百五十元为度。校舍如须建筑，则现今工料逐渐昂贵，恐凡创设瓦屋一所(约三间至四间)，至少须五六百元(增添一教室可较省)；即草顶、竹架、泥墙，亦须以三四百元为度。

学费可由教员经收，而不能由教员包收。所征收之学费，按月造报，至学年终了之时，再行编造总报销。征收不足之数，应否豁免，或须追缴，由地方行政人员负其责。

---

① 顾倬：《经费标准》，《义务教育》，1923 年，第 14 号。

学 级 编 制①

　　一学级之儿童，为教员之教授计，为儿童之学习计，均不宜过多。然级数增加，于经济上之关系至大。以故酌中定制，不得不以每级五十人为准；逾此准而一级人数多至七十人以上，则必须分为两级。此人数多寡之宜斟酌者也。

　　单级学校，以一教室而含四学级。合级学校，则一教室中含两学级。通例以一二与三四分编，为最合宜。然遇万不得已时，一四与二三分编，亦无不可。若一三与二四分编，则不甚适当。此学年分配之宜斟酌者也。

　　而其所尤为难者，乡村小学就学②之儿童，其年龄长幼有相差至七八岁者，编为一级，极感困难；亦有同一年龄而智力之相差殊远者，编为一级，令之俯就仰企，教者难，而学者亦受无形之损失。新制得变通年期及教程，是则小学教员于智力测验之方法不可不加研究。即智力之敏钝，受相当之教育，则平时授课，教学两方面均便利。至年长失学之儿童，可增加授业时间，加以补充材料；及至程度可以提高之时，不妨跳跃升级，缩短其就学之年。（入学之第一年，教授得法，定可跃升。）不惟大有造于年长儿童，即教授上亦减少困难。

　　若夫学力不及格，以至留级之儿童，于本人为不幸，于学校亦殊为难。良以留级生徒，往往因学业之不良，而传染及于品性。除因病留级者或有良好成绩外，其余往往不可造。然而，留级儿童，真正为劣等生者殊少，大率由于人事之不修。以故小学教员，最宜注意其初，而加以殷勤指导，使不陷入于劣下之途。又各科苟非均劣下，不妨但留其劣下之一科，使之补习，而他科依旧进行，庶不致耗有限之光阴而减杀其兴味，亦编级上之宜研究者也。

---

①　顾倬：《学级编制》，《义务教育》，1923 年，第 14 号。
②　原作"业"，误。

儿童用教课书及物品①

儿童用教课书，现今通行之本以商务印书馆、中华书局两处出版者为较善，然两局亦各有多种。此则地方教育团体不得不选定数种，布告各校，任教员之采择应用。至各种用品，如石板、铅笔等等，乡村小学大都由教员至城市采办，而转售之儿童。当其采办之时，不得不详细检查，求其物美价廉，而适于使用者；若任意疏忽，则非儿童吃亏，即公家受损。习字、习画、演算、缀法等本，能整购纸张，而令年长学生自行装订成本，以供全校儿童之用，则其费较廉。

尤要者在注意儿童平时之使用。儿童一年中使用教科书及物品，其耗费有数倍于学费者，此为家庭所最厌恶。何也？儿童本尚不知惜物节用。一学期中，教科书往往换至数本。石板、石笔，尤易损断。毛笔，亦不善保护笔锋。白本，则往往任意乱涂，每页不能尽其用，致成浪费习惯，殆几几无校不然，无儿童不然。此等习惯之改良，小学教员应负其责。

方今家庭之中，大多数不能教育儿童，尽温习、督课之责任。是则幼小儿童在校时所用演算、习字、习画、缀法之本，最好由教员收存，每周令带回家中，呈父兄母姊阅览一次。无锡市立第一小学校即用此法。以故一学期中无抛弃之本，而每页书写，均自始至终，亦无空行抛弃。习之既惯，即家庭练习之本，儿童亦不致乱涂乱弃，此至可法。鄙见以为儿童之信从教师命令，远胜于父兄。大凡儿童所用教科书及物品，小学教员既须审慎代办于先，使用时又须勤勉检查于后，奖其惜物节用者，而惩其浪费者，无形搏节之银钱决非少数，且不第儿童一时之受益已也。惜物节用之习惯，幼小时养成之，则终身受益不浅矣！

---

① 顾倬：《儿童用教课书及物品》，《义务教育》，1923 年，第 14 号。

读宪法起草会通过义务教育年期及免费感言①

宪法起草委员会业将教育专章起草完竣,于本月一日开三读会,完全通过。其第二条:"义务教育之学年,至少以六年为限。在义务教育学年内,免纳学费;其教科书及学校用品,均由学校设备之;小学教员之年功加薪及养老金,以法律定之。"具见国会诸君子重视义务教育及优待小学教员之盛意!吾中华民国小学教育,其从此有生色乎!草野书生莫名感佩!虽然,窃有说。

当今日寰球列强教育程度咸即提高之日,吾国义务教育仅仅制定六年,诚哉其为至少也。惟是德、英、法、日等国,均于义务教育既已普及之后,就审国情国力有当提高之势,然后相率提高年期。吾国今日,则于义务教育离普及程度至辽远之时,而先悬一六年之期限以为鹄,此则大有不同者也。关于年期问题,本会袁会长上国会书中言之详尽(见本期专件),不佞固无庸再置一词。兹所欲陈述鄙见者,为儿童免费及教员待遇之两点。

小学教员责任最重而权利最薄,实无以维持生活。若工若商,以比较的言之,其责任多比小学教员为轻,而权利或比小学教员为重。权利轻者,若各种手业,则其身体极为自由。若行政机关、地方自治公益各团体之员司,则责任轻而权利重,尤未可以相比例。小学教员日日坐守青毡,而事畜之资苦无所出,往往冬暖而儿号寒,年丰而妻啼饥,一遇天灾人事,尤几几无以为生。以故每不肯安于其业,见异思迁。无恒产而有恒心,当此米珠薪桂之秋,惟士亦未易能矣!惟是普遍加薪,各地方现今财力所万万不能办到。最小限度亦须有年功加俸及养老金之办法,方足以聊尽慰藉小学教员之心。不特此也,欲小学教育之办理有成效,必望教员久任;且不惟久任已也,必望教员视校事如家事,视儿童如子弟,而有研究不怠之心。年功加俸实为鼓励诱掖之最良方法,养老金亦报酬之所当然。盖惟国家、社会若是重视小学教员,斯小学教员感而思奋,久而不懈,所造就者在今日为各地方良好之儿童,在他日即为各地方良好之公民。文化、政俗之改进悉基于是,而国家、社会受益无穷。此则教育精神之所在也。以故列强政府类视此为唯一要图。小学教员年功加俸及养老金之费,往往动支国库,不惜岁提巨款,或制定基金以备用。吾国亦岂

---

① 顾倬:《读宪法起草会通过义务教育年期及免费感言》,《义务教育》,1923 年,第 14号。

容外是？兹幸国会诸君子高瞻远瞩，为吾国小学教育立不朽之盛业，切盼毅然厘定国家经费岁支小学教员年功加俸及养老金之定率，俾政府通行各省民政长官早日实施。不佞实祷祀祈之！

若夫儿童在义务教育学年内，免纳学费及给与教科书学校用品之办法，则不佞实多疑问。"义务教育"之名词，世俗有误会者，每以不收儿童学费，或教员不受俸给当之，则实大谬。窃维"义务"名称，其涵义殆有四种。（一）国家对于人民之义务。国家有保护人民之责，必使人民有道德，有知识，有生活能力，保护之实乃尽，则舍教育无他术。教育亦至繁复，强迫命令，普及人人，必明定年期者，所以示国家对于全体人民应尽义务，以此为最小之制限也。（二）社会对于人民之义务。社会集各个人而成，组合社会之分子程度高，即社会之程度高。一社会中之各个分子，其知识、道德、生活能力亦有最小制限。以故社会中自治机关、公益团体咸有为本地方振兴教育之义务，一地方绅商士庶咸有慷慨捐输办理学校或赞助教育经费之义务，俾全社会之寒苦儿童不致因无告之穷而陷于失学。庶全社会中无程度不足之人民，而社会之基础乃固。（三）父母或保护人对于子女之义务。以私言之，子女固家庭所独有；以公言之，子女实无一非全国家、全社会之人民。父母或保护人为私计，既惟尽心教育子女，而家庭乃能兴盛；为公计，又惟人人尽力教育其子女，使各有相当之道德、知识、技能，乃可以效力于社会、国家，而不致为社会、国家之蠹。惟是各个家庭负担之能力，万有不齐即不得不审定最小制限之年期，使无论其境遇若何，皆可以勉几仰企。（四）儿童自身应尽之义务。人必有自主独立之资格，乃可以谓人。欲望其具有人格，非自幼时受相当之教育，必不能成。更进言之，人无一非国家、社会之一员，对于国家，对于社会，均有应尽之责任，是尤非身受相当之教育者，决不能胜任。义务教育之定有年期，实审国家、社会之实力，而定最小之制限。倘并此最小制限之教育而不能受，将人所应备之常识概属不知，是其不称为人，无疑义矣。曾是有人之形，无人之格，而可腼颜厕立于人世者。故儿童既欲为人，必受此不容不受之教育，而对己对人之义务乃尽。"义务教育"四字之真诠若是。

国会诸君子为各地方出类拔萃之选，于义务教育之真诠知之甚审，必不若吾侪小人学识谫陋而易于误会，可以断言。揣其所以有此规定者，殆万分重视初步教育，以为能使人民负担减至极轻，则实施方面必无阻难。用意之深，良可钦感！惟是就受教育者言之，其负担因更减轻；就施教育者言之，其负担乃益加重。且夫父母或保护人咸有教育子女之义务，则其当负担学费，负担教科书及学校用品等等用款，殆无疑义。平心论之，人民之力果能胜任，则于彼儿童所应纳之学费，虽多取之不为虐。现今世界列强，于义务年期内，儿童应纳之学费豁免与否，悉视地方人民之富力以为准，初无一定办法。各国既已各殊，即一国之中，各地方亦往往不一例。（如日本东京附近乡村各小学，寻常四年免费，高等二年仍纳费；东京市中及北海道各小学，寻常高等各学年概纳费。具见本刊第十二号陆君规亮《调查记》中①，可备参考。）至其因地方人民实力瘠薄，必以不征收为原则者，亦由于教育既达普及之一境。国家及各地方负担经费既已确定，豁免学费有益于大多数家计困顿之人民，而无碍于地方事业故耳。若夫教科书及学校用品，则必须儿童自备，非万不得已，不能轻家庭负担。至教科书由学校借给儿童，前班交还，移作后班，用者亦间有之。（菲律宾梅雪克国民学校办法即如是。）然究系极少数，若在吾国今日就学儿童如是之寂寥。（议者或以为惟就学儿童至为寂寥，不得不以免费为招徕之计。鄙见不然，一则增级添校，需费浩繁，筹款既难，则学费实正当收入，事实上不容抛弃；一则免费学校，人民心理转有不乐送子女入学者，敝县此风即颇盛，他县亦谅必有之，或者转增阻力。）各地方经费如是之困顿，各省区、各特别区人民程度又万有不齐若是，而即以普通概免缴纳学费订入宪法中，似嫌太早。给与教科书及学校用品，尤为特例。如果责以实行，殊多窒碍。何也？一则概免学费并给与教科书及学校用品，适以增家庭及儿童倚赖之心者，教育之大敌也；一则此项负担实非各地方财力之所能任，亦断非国家财力之所能任。大凡以一儿童计，每岁所纳学费及教科书、学校用品等等费用，就各地方现状论之，大率自三四元至九十元不等，然至少必在一元以上。学费，则各地方列为教育收入，所以抵支出之一宗。教科书及学校用品，有代为经理者，有任其自理者，而要之于地方公费绝无干系。苟免纳而给与焉，则即以至少之数为准，一县之中，有就学儿童，万人，自实行此制起，即骤增万元经费；有十万人，即骤增十万经费。现今各地方已有款项，殆无不支配一空，筹措新款，难乎其难！而就学儿童与学龄儿童之比较，除山西外，均相差甚远；此制行，则不惟不能增添，且将减少，方可以支应，如之何其可也？此制行而冀普及，是犹航断港绝潢而望其至海也。国会诸君子其三思之！草案虽成，而宪法会议尚未开议，尽有修正余地，是在诸君子一念之转移而已。

虽然，不佞无暇为全国计，且专为吾省计。吾省号称财赋之区，且以教育发达见重于他省。然一稽就学儿童与学龄儿童之比较，最多如宜兴，不过占百分之四十九强（学龄儿童数四六一二九，已入学儿童数二二九六九）；最少如东台，不过占百分之二强（学龄儿童数一二六八九九，已入学儿童数三〇四〇）；其余各县，大都在百分之二三十以下。（据本刊第七号《苏省学童比较表》，原以江都为最少；但据本刊第九号《江都义务教育分年计画书》中所载已入学儿童数，与《比较表》相差几至一倍，未敢臆断，姑以东台为最少。）虽各县学龄儿童，均无正确之调查统计，《比较表》实未可奉为定准，然以各县现况论之，距普及之期至为辽远，殆无人能否认此言。不佞所谓非将年限放低，学校之性质放活，学科目减少，决无能达到之

---

① 原作"具见本刊第十三期陆君规亮《调查记》中"，据刊物内容而改。陆规亮《日本北海道教育调查记(附表)》，发表于《义务教育》1922 年第 12 号上。

一日，自信此言殆不可易。则对于义务教育之年期，急宜按照学校系统改革令，义务教育年限暂以四年为准，至适当时期，再议延长，万不可有所摇惑。至半日学校、短期学校等等，但使儿童继续受业，积满四年，亦可以义务终了论。若夫学费之征收与否，可悉任各县自由规定。教科书及学校用品，除赤贫儿童，至万不得已时得酌量借给或发给外，悉由家庭担负。早日订定本省施行义务教育单行法规，通令各县，责以励行，亦现今之急务也。

师范高级生宜利用假期实地调查以资练习[①]

欲改进现今之初等教育，莫要于小学教员明瞭地方社会状况，然后可造就儿童，适应学制改革之标准。则其素养不得不于师范学校中造成之。然而，养成之方法，究以若何为最当？此实现今最可研究之一问题。谨以管见所及，述之于下，以备邦人君子之考鉴焉。

欲明瞭地方社会状况，不得不致力于调查。然调查亦岂易言者？非有调查之常识及研究社会心理，则因应无方，万不能得其真相。吾国各地方素所举行之户籍调查、商业调查等等，大率虚填悬拟以塞责焉。此何以故？一则主其事者本无实事求是之心；二则受调查者多所猜疑，不肯贡其实况。社会同人心理之混沌，殆无有甚于吾国者。今夫教育事业，必须知社会之长所而后可因势利导，又必知社会之短所而后可对病下药，则舍切实调查外，殆无入手之途。是非于调查方法，加以精确之研求不可。初入校之师范生，其年事尚轻，其根柢甚浅，正宜力注意于基本之陶冶，万不足以语此。及夫年级既高，教育心理、公民要旨，与夫社会问题及其种种应有之组织，均已经校员之讲授，都市、乡村概况，业已粗有所闻知。而距毕业之期渐近，则校内之职教员自宜诏以径途，给以表式，使人从事调查，庶能且贤者，于本市乡社会之状况，得益瞭如指掌；其次者，虽不能融会贯通而见小见大，亦必粗有所心得，然后出而任事，于己[②]则不致隔碍多端，动辄得咎；于儿童则可因地方之风土人情，施以相当之训练焉。

师范高级生毕业期近，各种学科均须结束，又须研究小学教育，平时在校每苦其无暇晷。以故现今学校往往提倡社会服务，使校内学生旁骛横驰而不克专心求学。得失是非，究属若何？鄙见每不免怀疑。若夫假期，则天然良好之机会也。吾人学识，有可得于有字之书者，有必得于无字之书者。社会中事事物物，随在与吾人有关。吾人必灼知其消息盈虚，而后能以所得之知识，应用之于实际。则利用暑寒假日，一一为实地之调查，既不致虚度光阴，又以增广见闻，法无有善于此者。素养既成，将来出任小学教员，习为惯事，收效之宏不待言矣！

然则实地调查，其注意之点何在？本会前会通告酌拟全省师范讲习所联合会会

---

① 顾倬：《师范附属小学应与地方小学教员共同研究》，《义务教育》，1923 年，第 15 号。
② 原作"已"，误。

期内对于师范生所外作业之办法，大别为农事调查、社会调查两种，业已概括其大纲；详细分之，则物产、风俗、生计、教育等等问题，均在调查之列。校中宜编制各项调查表，发给学生；各学生可以其所属市乡，协同从事调查，而教职员居于指导地位。假期既满，则开调查报告会，分别稽核其成绩，而加以批评。斯一二年后，全县社会状况，可瞭如指掌。不惟对于儿童可实行社会化之教育，凡百进行悉基于是矣！

师范附属小学应与地方小学教员共同研究[1]

师范附属小学负有三大任务：（一）实施初等教育，造就良好之儿童；（二）指导师范生之实习，以培植小学师资；（三）为地方小学之中心，提挈小学教员共同进取。三者皆备，而附属小学之任务乃尽。兹者省立师范学校，业奉明令组织分区小学研究会，即以附属小学为集会场所。各师范学校以组织已成告者已有数处，其余当亦在进行中。是则各县师范讲习科，其第一步要在自行设立附属小学，而对于教学、训管加以切实之研求；第二步当与地方小学教员尽共同研究之责任焉，殆不待言矣！

师范教育，为小学教育之母。而附属小学，则师范教育实施之场所也。不惟未为母者，由此养成；即已为母者，亦当到此研究。良以附属小学之师资，较之地方小学，必稍良美。附属小学之设备，较之地方小学，必稍完全。以故教育上之新主义、新方针必首由附属小学试验研求，然后以其成功、失败之实况报告于地方小学，地方小学踪其后而效法之。譬之行路，附属小学教员在前，而地方小学教员陆续追随其后，进行路程之相距常在一二步与三四步之间。则教育事业之日进无疆，可以预卜。附属小学若理想过高，主义及方法太新，使地方小学教员望尘不及，而地方小学教员亦遂自抛于研究团体之外，固非地方佳兆。倘使各不相谋，或者徒务虚声，不求实际，一方面终日营营逐逐于盲进妄从之中，一方面默守故常，牢不可破，教育前途危险实甚。此则各县讲习所附属小学断宜慎之于始者也。

不宁惟是，地方小学教员固宜深知附属小学训管之精神，而各视其力之所能及，勉事仿效。附属小学教员亦宜知地方各小学之实况，而加以指导。本届联[2]合会中，省立各校长谈话会，五师任校长即提出巡回指导员一问题，谓仅仅省校举行，不能遍及各县，希望各地师范讲习所皆能特设专员，共策进行。此实整理地方小学根本要图，亦各校不能不引为己[3]任者也。

虽然，各师范附属小学与地方小学共同研究，其第一点须自己造成良好之成绩，第二点须以诚意欢迎众人之前来，须以虚心容纳众人之意见。相观而善，是之

---

[1] 顾倬：《师范附属小学应与地方小学教员共同研究》，《义务教育》，1923年，第15号。

[2] 原作"练"，误。

[3] 原作"已"，误。

谓摩。地方小学教员亦或有优良之成绩，驾附属小学而上之者。此则附属小学教员亦宜择善而从，万不可夜郎自大。教育本为公器，研究尤属无穷。倘以地位稍高，遂过流于自用，必强人从我，亦非所宜。一得之愚，尤望教育同人共注意之。

按，两题均联①合会中公决为辅助义务教育之讨论问题，业经本会通告。而旨趣、方法，则付缺如。兹谨以管见，补其缺文，就正有道。

---

① 　原作"练"，误。

小学教员参观问题[1]

小学教员,有曾受师范教育者,有未受师范教育者。前者以教学思潮日新月异,即小学教员不能不日迈月征,随时参观优美之成绩而资研究,求教学之相长,意至善也;后者既已滥竽为小学教员,而于教学、训管之方,倘又不勤加研究,是自误以误儿童也。转言之,教学、训管本非难事,心诚求之,虽不中,庶几不远。各地方小学教员非师范毕业生而有良好成绩者甚夥,其所以致此之由,固在肯切实研究而无不自参观入手。

虽然,参观小学,得力之所,不在设备极完全,经济极充足,师资极高尚,而在所参观之学校,其设备、经济为己[2]校之所能勉几,师资中又有办事极切实、极肯研究之人,则在在可为吾人法。参观教学,无论何课目,至少须尽一单元;参观训育、体育及校务、级务之处理,必勤加窥察,且勤加询问,乃可得其真际。又须于参观他校之时,常以己校相比较,从其善者,而改其不善者。质言之,须时时有主观之念存,与其一日之间奔驰数处,不如以数日之心力专注于一处;参观归后,于他校优点须力求效法;效法而失败,则研求其所以失败之原因,或再往参观以解决之。各地方小学教员能如是乎,则初等教育日进无疆矣!

---

① 顾倬:《小学教员参观问题》,《义务教育》,1923年,第15号。
② 原作"已",误。

学生演剧之得失[①]

演剧之要义有二。其一，举历史上正邪善恶之事实，一一表演于群众之前，使咸知劝惩戒谨，此属于社会教育者也。近来提倡新剧者以历史事实为不切近，而特描摩现社会之事实，以启发愚蒙，其用意尤为深挚，所谓化装讲演是矣！其二，举平时学习所得，一一为实地之表演，请当地教育者之批评，此属于学校教育者也。向者学校之中，每定期开学艺会，其主旨在使学生表演平时所习学艺，就正有道，以测验其所教所学之是否适宜。兹也，更进一步，而使学生融会所习之学科，举其情境事实，化[②]装以演习之，是直精神教育之结晶，自动教育固宜若是。

藉曰不然，以学生地位，不注重发表个人切身之学艺，而注重化导社会，是其宗旨已不甚切当。然使所演之剧真能唤醒世人，犹可言也。或者于社会教育且绝无关，仅仅博同人娱乐之趣味，而不惜耗精神、费时间以预习之。是其成绩至最优异之一境，不过为一良好之艺员，大非学校之所宜提倡者矣！

今也各地学生，募赈则演剧，赎路则演剧，为学校筹捐则演剧，与夫其他种种，凡欲为敛钱之举动者，皆无不出于演剧。则是学校已为剧场，学生已为江湖剧客。所得利益与所受损失，以数计之，殆未可比。深愿教育界、学生界同人之猛醒也！

---

① 顾倬：《学生演剧之得失》，《义务教育》，1923 年，第 15 号。
② 原作"北"，误。

检定小学教员与义务教育之关系①

办理义务教育，第一在求师资。师资何自出？要在省县立师范学校及相当年期之师范讲习科。多设而办法良，则师范毕业人数岁岁增加，小学教员乃有供求适应之一日。然而，今日吾省各小学教员之曾毕业于师范者恐不过十之三四，其余大率非师范毕业生。为应一时之急需计，则检定办法自不可少。吾省施行检定，始自民国七年。回念当时不佞曾有《检定小学教员管见②》，披露于商务印书馆《教育杂志》第九卷第十号中。按照部令，师范毕业生，永免检定；一年以上、两年以上之讲习科毕业生，暂免检定；毕业中学并充小学教员一年以上者，毕业甲种实业学校并积有研究者，毕业专门学校确适某科教员之责者，曾充小学教员三年以上经地方最高级行政长官认为确有成绩者，得受无试验检定；其他现任或欲任小学教员者，悉行按照《规程》，受试验检定；检定合格，有效期间为五年至八年。不佞文中所注意之点：第一，在解释《规程》，略云："初次举行检定，其于无试验检定资格，宜从宽从疏，而不宜从严从密。事理之所当然，惟是宽与疏可也。宽与疏而并无界别，则不可。彼受试验检定之人员，试验科目及程度须按照师范第一部课程。无论何项专科，须并试《教育学》及受验科目之教授法，须酌加实地演习。其视教育之原理、方法，若是重且大也。兹核无试验检定之资格，如第一、第二、第三三项非不可得之事也，乃全不问其教育上之心得若何、方法若何，而概与以五年至八年之有效期间，何厚此而薄彼耶？夫以不讲教育原理、方法之人，而明许其久拥皋比，为教育前途之一大障害。鄙见凡具此三项资格者，仍须审核其教授、管理上之成绩。成绩而良，予以合格之无试验检定可也；成绩而不良，只宜与以代用之头衔，而复须责以自行研究教育，备代用期满后之考核，其有进步欤，则检定之；其无进步，则斥退之。诚如是，则小学教育不致发生困难。而具有此三项资格者亦不敢予智自雄，实教育之幸事也。若夫第四项资格，实际为最难得，而流弊亦易滋生。何也？玩味'经地方最高级行政长官认为确有成绩'十六③字，以各省区论之，所谓

---

① 顾倬：《检定小学教员与义务教育之关系》，《义务教育》，1923年，第16号。
② 原作"检定小学管见"，据刊物内容而改。顾倬《检定小学教员管见》，发表于《教育杂志》1917年第9卷第10号上。
③ 原作"五"，误。

最高级者，当然属于省行政长官无疑义。省行政机关中，固时时有省视学出外抽查。惟是一县之中，省视学所视察之学校能有几何？视察而确有成绩优良之报告者又有几何？则将何所据以为审查之标准？鄙见地方小学教员，富于自修、勤于职务、积有良好之成绩者不乏其人，惟宜兼采地方教育界之品评，以为优良准则。"又云："部定检定合格之教员，以满五年至八年为有效期间。此项期间，由各省区域地方情形分别规定，但代用教员应以二年至三年为限。鄙见以期间①论，则宜概从严格。盖代用教员，固为一时权宜之计；即检定合格教员，亦不过谓其学力尚能胜任焉耳，未必皆满意之选也。教育事业，日新月异。以师范本科毕业之学生，服务后苟不能教学相长，历一二年即为陈旧。何况受检定之小学教员，若一经检定，期以八年，俾得有恃无恐，不求进取。则此八年之中，世界教育状况，进步已不知凡几；而吾国之小学教员，故步自封者实占多数，其必居人后无疑矣！鄙见就今日之程度论，立法宜宽，而为期宜短。立法宽，则及格者多，小学教育不致有骤然缺乏师资之恐；为期短，则易于推陈出新，已受检定者时有戒心，即未受检定者亦易于自奋。斯实促进教育事业之要图。惟是部章既已明定有效期间，则断断焉宜以五年及二年为极限。"第二，在陈述调查要点，略云："履②行试验检定之前，其最要者莫如调查，此则县行政机关所当切实奉行者也。县行政机关须知检定小学教员，为今日振顿地方小学之要务，藉以淘汰不良之教员，而予良好教员以保障者也。惟是行之而善，小学教育固立行振作精神；行之而不善，或反增教育前途种种之障碍。故鄙见以为从事调查，断不可徒恃空文，而宜矢之以实意。小学教员之状况，县公署闻见较亲，则其所注重之要点，一宜调查本县学生肄业及毕业于国立或省立师范学校之人数及其成绩，一宜调查本县学生肄业于公私立中学、专门实业学校之人数及其成绩，一宜调查此类毕业生已就职于本县地方小学教员之教管成绩，一宜调查非学校毕业生而为地方小学教员之教管成绩，一宜调查部省道县视学及地方人士对于本县小学教员之公评，而一一汇造总册，呈送省行政公署，以备检定委员会之查核。尤宜调查全县学校之数及所需男女教员之数，与五年中进行计画，呈报省署。要求委员会所检定及准与代用之人数，于本县需要方面，不相悬殊。是则检定告竣，于地方教育前途有百利而无一害。若仅视为敷衍中央政令，一切调查事项，悉发小学教员，任其自行填注，据以转报，即为了事，而其余一概置之不问，则其结果之不良恐有不可思议者在矣！不宁惟是，奉行部章、省令，为县公署之天职。以故举行检定之前，端宜督促本县小学教员悉应检定；实行检定以后，端宜切实遵办，使之发生效力，夫而后得督促之精神。检定委员会须知兹事体大，稍一不慎，即为草刈人才，贻误国家。调查审核，勿惮烦劳；所尤要者，不宜自用私心，而宜

---

①　原作"问"，误。

②　原作"旅"，误。

采取公论。对于应无试验检定者，审查资格，固宜以此为主要；对于应试验检定者，公论所关，亦实检定委员良好之参考资料也。"文中所举，对于检定办法，言之甚挚。本省行政官厅，当时于合格教员之有效期间定为五年，代用教员之有效期间定为二年，则与鄙见差相合。而其余所陈各节，均未蒙省县行政长官之采择施行。

数年以来，试验检定，亦殆无一次能切实办理，抢替传递，诸病百出。逃避检定之教员依然混迹于小学中，各县亦从未闻一处有取缔、督促之方法，小学教员弁髦检定之政令固不自今日始矣！总之，各县办理小学，临时聘请师资，平时培植师资，绝无计画；即有计画，亦徒托空言，并无切实施行之力。一任不良之小学教员，无论有无资格，人人视为啖饭之地而不计其他，各县教育行政人员所不能逃避之咎也。各县教育实况，平时并不注意调查、视察、督责。对于检定办法，宽严疏密，并未顾及各县教育实况，而年年照例奉行。已应检定者是否真能合格，未应检定者如何处置，一概漠不关心。又省教育行政人员所不能逃避之咎也。

本年第一届检定合格之教员，有效期间，业已届满。教厅特定暂行办法呈省达部，重施检定，固政令之所当然。惟是对于《检定规程》第十四条第一、第二、第三款之规定受无试验检定之合格教员得延长有效期间为八年，第四款受无试验检定之合格教员须即行重受检定，办法实欠公允。对于得充小学正教员者，须曾任高等小学、国民学校校长正教员五年以上，经省教育行政长官核给奖章及传令嘉奖，或得有省视学学次以上之优良评语，办法实太苛刻。命令既颁，各县之应重受检定者及未经检定者，联合一气，顽强抗拒之声屡见报章。省县行政官厅均已陷于无办法之一境。本会同人引为大忧，业经公议修改检定办法，陈述意见于教厅；倘能照办，此次抗拒检定之风潮当可渐臻平清。惟是不佞所鳃鳃过虑者，抗拒检定之风潮虽平，而官厅威信损失已甚。一般小学教员直认为大奏凯歌，此后将莫余毒。悠悠之口，方唱一经检定合格，当与师范本科生永受同等待遇之谰语浮辞。是则三载光阴荏苒易过，届时政令已无可展长，能保小学教员之俯首帖耳甘就范围，未可知也。是则不佞所急欲揭櫫者，厥有二义。其一①，小学教员非师范毕业生所以必受检定之欧美、日本，无论何国，均全力注重师范。但是小学师资之需要，往往非师范所能尽供，不得已乃有检定非师范毕业教员，认其有相当程度者，给予许可状，准于有限期间中，可以充任教员之一法。其在法国，旧制凡高等小学毕业，准受检定而充教员；今则规定公立小学教员，至少须习师范一年；为变通办法计，特改定师范校制，准收通学生，自第一年起即实地练习，以便一年出校者即可任务。其在英国，凡中学毕业，未入师范而曾在小学练习试教者，得充无证书教员，受检定后乃给证书。其在美国，乡村小学教员，以中学毕业受检定者居多数；且小学教师从

---

① 原作"（一）"，据通行写法而改。

此省转至彼省服务，必由该省之省教育局核验以前所有之证状，或须经试验检定，换给证状。其在日本，自明治七年为始施行检定，至明治三十八年稽其检定成绩，全国应无试验检定志愿者八千一百七十二人，合格者六千七百六十二人；应试验检定志愿者三万二千一百二十五人，合格者七千二百人；以百分比例核之，应无试验检定而落第者占百分之十七有零，应试验检定而落第者占百分之七十七有零。至其有效期间，至多不过五年，期满后重应检定。自兹以后，仍旧继续举行。惟全国师范毕业之人数日多，小学师资已不患其缺乏，即检定办法日加绵密。夫彼文明先进各国对于小学教员之检定，所以不惮烦数如此者。盖重视小学教员，非有相当程度，非促以时时有所顾忌而不绝研究，即认为不能胜任。是则非师范毕业生而欲充任小学教员，不能不受检定之手续，无疑义矣！请言其二，吾国检定小学教员，自民国七年为始，至今各省区业已陆续举办，而吾省则已届重行检定之期。虽各县义务教育筹画进行，师资之缺乏甚巨。省县完全师范及相当年期之师范讲习科，推广终属有限。即万不能从严取缔不合格教员之滥竽于小学校中，或有主张经行停止三年检定，以解除种种困难者，而鄙见窃期期以为不可。吾省县行政长官，当此青黄不接之时，一方面宜郑重检定权，而宽其试验之程限，俾多得代用教员，以应一时之急；一方面完全师范及相当年期之师范讲习科，设立既属不易，惟有提倡期限更短之讲习会，如暑期、寒期中之讲习，提倡地方师范之设函授学校而收校外学生，提倡地方师范之设指教员，提倡地方小学教员得至省县立师范学校之附属小学参观实习。总之，予以种种补习之机会。就小学言之，俾不至贻误儿童；就小学教员个人言之，即增长其学识、经验，使受检定时之易于合度。此则现今当务之急也。如果因此而省县教育①行政机关具有戒心而遂从放任，则此辈小学教员将绝无向上之思。今日固流毒无涯，将来亦撤换难尽。小学教育之前途，殆有不可言、不可问者在矣！若夫师范毕业生，应如何诏以自行研究，予以补充学识，此则为别一问题，不必与检定事项混为一谈。至如中学、实业专门之毕业生，则必须责令补习教育，加以试验，而不得轻轻悉以无试验检定与之。此制不更，是师范学校殆无专设之必要。此亦检定办法中大可研究之一问题也。不佞因本届吾省检定风潮，感触万端，而认其与义务教育有重大之关系，故述所见以告同人。

---

① 原作"员"，误。

本会创立二年之回顾①

本会创立于民国十年七月二十八日②，至今已二年矣！当其创立之初，本省教育同人成以施行义务教育，必需规画调查研究。兹事体大，非组织永久之团体，不能期同轨之进行。于是本会遂应时而出，公推袁君观澜为会长，黄君任之、张君孝若为副会长，复由会长推定各干事员。旬日之中，组织就绪。各县人士闻风响应，支会亦蓬勃产生，不可为非一时之盛举也。

然而，本会成立不数月，风雨为虐，水灾遍大江南北，万不得已，商定展缓义务教育进行办法，呈请省长令厅饬县，按照办理。由是而各地方义务教育之推行，实际遂入于停顿。又以小学苟积极增加，顾念师资缺乏殊甚，不得不极力提倡筹办相当年期之师范讲习科，省令亦责成第一、第二、第三、第四、第五师范学校，添设农村分校，以期共策进行。兹也，省县合计共四十所，加以省立、县立之师范学校十八所，全省造就男女师资之处殆不为少。愚以为期小学之普及，其问题较大而难；求小学之改进，其问题较小而易。然未有已办之小学无进步，不能得家庭、社会之信仰，而可望普及教育之努力进行者。是则切望办理师范教育之诸君子兢兢致意者也！

本年三月，由本会召集全省师范讲习所所长及未设师范讲习所各县之行政人员，开联合会于南京，讲演讨论，计期半月。其问题之最重大者，决为师范讲习科课程教材之研究。兹也，课程标准、教材纲要大致公布，所望者从此而有适用之课本，各校科任教员又能善于运用，则短期师范之前途必有显著之进步，实本会创立后之一大事也。

本会又以办理义务教育，师资之外，莫要于经费，亦尝积极为地方设法。然而，省议会两次会期均未能议及，各县地方人士意见又不能一致，以此筹措款项往往阻力横生，其能如愿以偿者殆占少数。然即此已经筹得新款之各县，衡以八年中推行义务教育增校添级之计画，相去尚大悬殊。如何按年筹措，不得不望各地方人士之善自为谋，殆非本会鼓吹赞助之诚所能完全奏效者也。

本会又知提倡义务教育，不得不注意于调查。省视学及各县同志既已热诚相

① 顾倬：《本会创立二年之回顾》，《义务教育》，1923年，第17号。
② 1921年7月28日，江苏义务教育期成会在南京讲演厅成立。

助，调查各地方办理义务教育之实况，依时报告。本年以来，本会又特聘专员担任调查，将所报告随时披露于本月刊。然区域广则促进难，各县地方教育详细调查，殆非本①会所能顾及，不得不希望各地方人士之善自为谋。

愚自往年九月，主任本刊编辑，至今亦将及一年，不无感触。盖以任事之初，犹见各县之以计画相报告，一二月后，即归乌有。本年仅得金坛所长吴君之计画书一通，其余即征求各地方片段之教育状况，投稿者亦寥寥可一二数。夫仅仅以文字发表，其于进行实际尚绝无足道，何况并此空言亦归岑寂。是各县义务教育现今之犹在停顿中，可以想见；如何策厉进行，苦无善法。回顾已往，粗有所陈，惟本省诸君子实教正之！

---

① 原作"未"，误。

民国十二年本省义务教育进行之希望①

自民国八年，教育部规定筹办义务教育期限。全国自民国十年始，期以八年普及。本会应时产生，尽鼓吹督促之责，亦已二年。起视吾省，究能省城及通商口岸县城及繁镇均依期办理完竣否？深恐希望与事实绝对不相符。往者本会曾统计吾省学龄儿童数，欲达普及希望，须加设初级小学三万八千级，共需师资五万七千人，添校添级建设费需一百九十万元，经常费按年递加，达完备年度，需九百四十九万八千余元。（均见本刊第七号《本会请愿省议会书》。）是殆非全省各县城乡人士无一不念兹在兹，存克期办到之心理。纸上空谈，终成话柄。不惟六年、八年已也，即期至二十年、五十年以后，亦终无圆满希望，可断言也。以故不佞今日决不敢以克期办竣之希望期同人，而不得不以按年进行之希望责同人。就本年计，所希望者凡三：

一②、希望于各县师范学校者

上年度省县立师范学校十八处，各县师范讲习科三十六处，省立农村分校二处，共五十六处。本年度省立四师、三师农村分校业已开办，五师不久亦开办，各县师范讲习科增加者又五六处。是实施师范教育之所，以比较言之，固已不少。但所当督责者，决为师范教育之内容。省县立六年师范学校，备品、师资较为完美，年期亦较长，可置缓论。不佞所尤注意者，乃在各县相当年期之师范学校及师范讲习科。检核各师范讲习所报告之概况表，经费大都不充足，师资大都专任者少、兼任者多，校舍、备品大都简陋，此均无可如何之事。惟是学校内容，有形式，有精神。形式方面，在在与经济有关；精神方面，则固有不名一钱，而校员、学生可以勉几者。尤要之一点，决为全省师范教育有一致研究之精神。本年三月，各县师范讲习科联合会既已宣告成立，数月以来无所表见。希望于十二年中，各师范职教员能切实联络，互相参观，互相讨论，以共同戮③力前途。即以一校言之，校舍不合用，则于采光、通气可以设法补救；以狭小而分为数处，管理宜益求周密；备品不

---

① 顾倬：《民国十二年本省义务教育进行之希望》，《义务教育》，1923年，第18号。
② 原作"（一）"，据通行写法而改。
③ 原作"戳"，误。

足，应如何废物利用，或自行制作图表；采集标品，制作简单试验用具，均望各校职教员之善自为课。若夫课程教材，既已由本会所组织之委员会编订纲要，布告各校；顷正在特约通人，商恳书局着手编辑课本；特以时期太促，本年度开始尚不克出版。不佞忝居主任，要当引为己①责，屈指半年以后，主要之各科，或有适当课本，可供各校同人之用。在课本未出版以前，应如何按照要目，自编讲义；课本既出版以后，应如何参考各书，使用仪器，善为教学，亦不得不望各校各科教员之切加研究。总之，以师范教育之日求改进，俾小学教育能得良好之师资，此为实施义务教育之本根。不佞所希望最大之一点也。

二②、希望于各县教育局者

各县教育局均已宣告成立，局长多知名之士，筹画义务教育之进行实属责无旁贷。揣适当之进程：第一，宜特设调查局。调查学龄儿童，调查推广学校之地点，调查分画学区之标准，调查已设立学校之扩张计画。不佞已于本刊中屡屡言之。盖非切实始以调查，不能望措施之悉行合度。此则教育局不可不急急进行者也。第二，宜整顿固有学校。非已设学校一一有相当之成绩，不能引起社会、家庭之信仰心，不能动地方父老之赞助心。转言之，舍固有之学校，不加整顿，任其敷衍废弛，而以创设新校为急务，先后轻重之间尚不甚当。更转言之，整理固有学校，经费之关系较轻于增设。一方面注意调查筹款，一方面注意改进现有之小学，双管齐下，而至适当时机，步步扩充推广，庶几若网在纲，有条不紊。此则教育局不可不急急进行者又一也。第三，宜设法筹款。筹款至非易易，然亦非绝对不可筹。不佞曾有建议书披露于本刊矣！兹也，各县自治制相继恢复，教育局不能不与之联络。本届省教育会常年大会，各县教育会及会员，对于市乡教育之权限及经费，提案甚多，颇主张教育独立。惟是不佞以为即现今实况论之，教育尚不能独立。盖非义务教育已达普及之期，教育专款既已确定，则款项问题非仗各地方人士之戮③力同心，切实筹措，殆无从着手。所望地方自治机关，人人知教育己之子女，及教育人之子女，为本身惟一要务。而力赞其成，亦不得不望教育局长有相当之学识、才能，实力至诚，令人感动，且洞达世故人情，以冀得道多助，其殆庶几。若一味凭藉官力，滥用职权，成效殆鲜，必使教育经费如水之有泉，源源不绝，然后可以有为。此则教育局不可不急急进行者又一也。

---

① 原作"已"，误。
② 原作"（二）"，据通行写法而改。
③ 原作"戳"，误。

三①、希望于各县支会者

各县义务教育期成会支会，已成立者计三十六县。窃维两年以来，本会成立，而支会亦陆续产生，如火之然，如潮之涌，不可谓非盛事。各支会成立之始，必有宣言布告大众。但试问两年以来，支会之成绩所表露者何在？其仅仅为同声之响应乎？抑苦于措施之无策乎？非所敢知矣！惟是吾人既已集合同志创设一会，即必有一会应尽之职责，应为之事务。流览支会组织，大部分为调查、研究、编辑、讲演等部。则即此调查、研究、编辑、讲演等等，支会同人万不可置身事外，而必以知行合一为相互之勖勉。不佞希望各地支会即以其所自期许者，于十二年度切实进行，使之有声有色，则造福地方已非小事。若仍此泄泄沓沓，是各地方义务教育之不克进行，我支会同人殆有不能辞其责者。狂瞽之言，幸垂鉴之。

右列三端，言之是否，未敢自信。但个人愚见，实认为非常重要，且并不强人所难。希望全省教育同人，于十二年度切实进行，以培其本，以端其基！其他希望，请俟异日！

---

① 原作"（三）"，据通行写法而改。

阅山西各县筹措义务教育经费报告书感言①

本会于本年二月间，通函山西各县，咨询筹措义务教育经费办法。至今得覆者计二十二县，为全省五分之一。业经汇造总表，登载本期会刊（"参考借鉴录"）。综核表中所列，商店有捐，住户有捐，房屋有捐，地亩有捐，牲畜有捐，此外又有他种特捐。征之于人民者，可谓烦矣！而不佞之所见者乃别有在。

教育子女，实为吾人切身最急之事务，与衣、食、住之需要殆无以异。如果有子女而不知教育，仅顾目前负担之轻，不顾后日赡养无人及身不免饥寒之痛，是谓自绝其生活，亦无不可。以故义务教育之费，各地方人民均宜善自为谋。质言之，即人人宜筹学费，纳捐款，以期众擎易举，可于适当地点创设学校，俾吾子弟有就学之场所焉。由是思之，设施义务教育而忧经费之无从筹措，实至奇异之事也。然而顾瞻各省，遍地愚民，竟不足以语此。晋省则殊不然。

一、所筹措之捐款，城市商店、住户其捐额有等级之分，尚不足奇；所难者，乡村教育之费，往往由地亩匀摊，而此乡与彼乡、此村与彼村其捐额乃殊不一致，几几乎量出为入焉。彼户口繁而田地腴者，其捐款较多，犹可言也；若使户口少，土壤瘠，而亦节衣缩食，以负担教育费之捐输，是则诚知所先务者矣！虽人情不甚相远，他省人民所不能者，而晋省人民独能之，未始非政治之良美、舆论之指导有以致此。然而，当仁不让，见义勇为，固吾省人民所当勉几！以吾省沃饶之区，苟人人咸知此义，无论何县，均不应仰屋兴嗟，谓设校之无资、筹款之无策；义务教育之进行之普及，指顾间事耳。此则吾人所宜注意者也。

二、办理地方教育，行政机关颇能为久远之图。如永和县之定以五年分筹捐款，冀备足永久教育基金，可以其息供用，而得一劳永逸；核其捐款，上等富户不过岁五元，中等三元，下等一元，其数至为微细，而集腋可以成裘。此岂吾省各县人民财力所不能仿效之者？又如高平县之每遇丰年，每亩带征积谷若干，以其所入作为教育基金，不准挪足别用，亦至美之方法。各县征收学费，多视家庭负担之能力分别重轻，尤属可法。曩尝独居深念，谓现今各校征收之费，不问学生家庭贫富，悉归一律，使贫者望而却步，而长富者重权利、轻义务之心，办法实非。然历年格于定例，揣测人心，终无法以破除之。不图晋省竟有此先例在焉，此尤可贵难

---

① 顾倬：《阅山西各县筹措义务教育经费报告书感言》，《义务教育》，1923年，第19号。

能者也。而其所尤令人感叹者,乃在计画之精详、方针之敏活。如石楼县之各乡村,多十户上下之贫民,不能自立学校;全县设学之费,乃纯由公款开支,能合十余村合设一校;而各乡村以就学不便,多设村立私校,并冬春学校,其款乃由各村自筹。如蒲县之五十户以上村庄,自行筹款设校;二十户以上村庄,三五村联合筹款设校,小村则由县补助;核其就学成绩,乃除极贫残疾儿童,均已强迫入学。如左云县之五十户以上村庄,一律设校;五十户以下村庄,一律改良私塾;二十户以下零星小村,分段设立流通学校。

凡遇种种困难之点,均有种种变通方法以解决之。惟然而教育乃有普及之希望。不佞曾于《施行义务教育之必要事项》文中(见第十一号①),详述种种治标应急之计画;验之晋省,益信此言之不可易矣!惟是晋省设校经费至为节省,其事实轻而易举,固由俗尚俭朴,人民之生活简单。然窃恐学校备品未必能充足,又兴学之前,对于培植师资似不甚措意,未识其教育成绩实况若何。吾省现今办理义务教育,以预储师资入手,实为根本之图。虽然,不佞之为此言,其宗旨不在臧否他人之得失,而在深望吾省教育行政人员及地方父老兄弟借镜他山,知己之短长,亦知人之短长,而分别为孰当保守、孰当效法,以期竞胜争存,而勿让晋省义务教育推行之成绩独专美于前。此则惓惓愚忧,所欲表白于公众之前者也。

---

① 原作"期",据刊物内容而改。顾倬《施行义务教育之必要事项》,发表于《义务教育》1922 年第 11 号上。

义务教育与平民教育[1]

义务教育，在使学龄儿童受相当年期之教育；平民教育，在使失学之平民受相当时期之教育，其旨一也。吾国注意教育事业，殆不过一二十年。故就学儿童与学龄儿童，犹可以百分比；若夫平民之失学与未失学者，殆更难以数量计。窃尝独居深念，谓以今日国事之危急，即真能实施义务教育达普及之一境，其收效尚在一二十年以后，实属缓不济急。所尤要者，在急速造成此大多数失学之平民，使咸能识字、知算，且尽国民之天职，庶几可为国干城。以故当今日而提倡平民教育，不佞实极端赞同。

不宁惟是，义务教育，所以造就儿童。而欲使儿童之父兄咸知子女之不可以不就学，亦必其本身先稍尝学业之况味，然后知教育之重要。是则欲望教育之普及儿童，先尽力平民教育，以造就其父兄母姊，亦良好之方法也。

虽然，平民教育设施之难，更甚于义务教育。近岁海内名人尽力提倡，北京、杭州、广州等处均已先后创办学校，长沙、烟台等处已著成绩。吾省诸君子亦不肯甘居人后，业于南京省会积极创设，已多至二十四处，男女学生总数一千六百四十三人，行见日渐推广。而省长且以议会议决十二年度补助地方小学经费，指定为推广平民学校之用。冀各县接踵而起，业经列为议案，咨询议会。意者平民教育之声浪，其踵义务教育而兴，未可知也。然其设施之难，则顾虑及之者犹少。不佞曾一再为文，投之《新闻报》"教育新闻"栏矣！兹不复赘。

抑不佞所欲郑重与吾省诸君子商者，以平民教育与义务教育双管齐下可也，以平民教育代义务教育而兴则不可。回忆前岁初唱义务教育之时，响应至速，曾不数月，而各县支会如风发泉涌之不可遏，渐次归于岑寂。两年以来，各县推广学校之数殆有限，良以天灾、人事交迫而来，遂入停顿状态中。近闻句容一县，十二年度，推广小学四十所，即以上年度讲习科毕业生四十人充任教员，最为孟晋，而他县则未之闻。倘使畏推广义务教育之繁难，不若措施平民教育之简易，因即移其心力，贯注于斯。是义务教育之进行益杳杳无期，而平民教育亦未易惬心贵当，是两失矣！鳃鳃过虑之言，度各县明达君子必不出此也。

---

[1] 顾倬：《义务教育与平民教育》，《义务教育》，1923年，第20号。

地方教育之谈话[①]

本月一日，江苏省立第三师范学区开小学教育研究会成立会。校长陈君谷岑、主事章君天觉邀愚向各县代表述教育上之意见，愚粗有所陈，各代表认为有研究之价值。谨追述其词，如左：

鄙见地方小学须别为三种：

其一，试验学校。无论何县，必须公推一二优良学校，试验教育上之新方法，则其校之经费必稍增加，师资必先精选。试验入手，在先研求教育书籍，并参观他校之优良成绩。就参观论，须于一校中择与吾所担任之同等学级为长期之参观，至少以一星期计；并与当校教师切实讨论，方能以其所得，归报校内同人。再勤开讨论之会，公推研究最精而儿童学级又较整齐者从事试验。试验而成功，则逐渐推之他学校；试验而失败，则深究失败之原因，再加研究试验。如是日进无疆，则其学校之成绩必隆隆日上。一校既确能报最，然后以其所得报告教育同人，则一地方之模范学校由此造成，而他校亦相鼓荡、相观摩，趋于日新又新之一境矣！

其二，普通学校。一地方并立各校，方法之新旧，教师之能力充足与否，儿童之成绩优胜与否，当此草创时代，均事势所不能免，万不能一旦而尽冀其革新。惟教师人格不容有缺失，教学训管不容不认真。此则固在地方行政人员督责之勤，而亦我教育同人所应尽互助之责任者也。故鄙见普通学校在今日以整理为第一义。盖惟此类不能圆满之学校占地方极大多数，故整理之责綦重。

其三，简易学校。大凡乡村单级小学，以地方之偏僻、经济之困顿，实不易得良好师资。而学科必求其完备，教员往往以两人任一学级，实则无一科能胜任愉快；似不若减少学科，专就尤重要之教科目聘请一教师，较优其俸给，而责以独任，于实际较为得益。不宁惟是，为设施义务教育计，如有须俯加迁就，设为半日学校、季节学校者，则科目尤不可不简单。方今各地方教育实况，经济、人才均已达不易促进地位。如行此通权达变之方，或犹可稍稍进行也。

要之，筹度地方教育，计画不可不精，而方法不可不活。思虑所及，谨以质之诸君。

---

① 顾倬：《地方教育之谈话》，《义务教育》，1923年，第20号。

南通小学教育九日考察记①

南通教育之名驰海内外，谈者每以江北之南通与江南之无锡并称。倬无锡人也，桑梓之乡，见闻较切，而于南通则知之未详。民国九年，虽曾率省立第三师范本科四年生，赴南京、曲阜、济南、天津、北京、保定、武昌等处，参观小学教育，由沪宁津浦路而上，京汉路而下，浮江流以终结于南通，得一瞻南通教育盛况，然为期不过三日，足迹仅限于城市。本年在本省义务教育期成会会刊编辑之责，会固有调查员，以调查各县乡村小学教育为主旨，会长袁先生观澜特以调查南通乡村教育事见委，适遂余之私愿。爰于十二月九日欣然首途，晚抵申，至省教育会，适先期函约之人不在会。又是日系星期，大达公司轮舟停止开行，不克赴途，寄宿会中。

十日午前十时，至江湾西江小学校，校长俞君积生在申，晤教员施君冶良、钮君志夷、王君蔼如等，皆三师旧同学也。在校午餐毕，回申。晚登大吉轮舟赴通。

十一日午，抵任港，登岸，径至通城南有斐旅馆。

访友人于君敬之于代用师范学校，述来意二。其一，本省义务教育提倡有年，而其实际各县均入停顿地位，必有一县为之首倡；县区域尚大，再小之，必有一市一乡为之首倡，切实推行以达于普及地位。各县地方人士乃有观感兴起之一日，吾辈任劝导者亦有所凭借。南通教育、实业为全国模范，不得不以此望之南通，愿尽宣传之责。其二，自师范讲习科课程教材委员会组织以来，讲习科各科纲要已经各专家编辑告成，而乡村小学课程教材纲要犹在编订中，兹事体大，非考察乡村教育实况，殆无把握。南通师范教育办理最早，地方教育行政亦早有计画，其实施成绩当胜于他县，愿一瞻其实况！于君为之规画路程，并赠以县图。此行目的所在，本为垦牧乡，事前闻袁先生转述张啬老言，谓："南通义务教育之推行，最有希望者莫如此乡。"盖地系新辟，户口不多，而路政完美，其事易举。颇思一往，并瞻仰垦牧成绩。乃以距通城甚远，轮舟往返，为期须四日，而该乡固有初级小学不过四所，时间不经济，爰变计俟他日改道往。而特就通城附近，经观永、三乐、金沙、西亭、兴仁之五市乡，约期四日，作小圆周之行。并经于君指示，所历各市乡教育士绅，尤以金沙市孙君谨臣为最负重望。

---

①　顾倬：《南通小学教育九日考察记》，《义务教育》，1924 年，第 22 号。

十二日晨八时，赴乡，至洪济院，参观观永市立第六初级小学。单级编制。教员一人。学生四十四人。教室虽非特建，而一排六间，另教员室一间，大门一间，在两侧，自成一院落。操场在后，尚合用。第一时课常识，讲授我通土布之销路。校内教具及表册粗备。儿童作文注重实用。儿童玩具有棉纱球。客座内所列成绩尚可观。惟手工为纸细工耳。

十时抵观音山镇南，参观观永市立第一初级小学。复式编制，一、四合，二、三合。教员二人。儿童七十余人。全年经费四百二十三元。校舍系用太平寺余屋，房屋宽畅。教具及表册粗备。精神、形式，均似可观。一、四合级授自然科，对于四年生，出鲜鲫鱼逐节发问、指示；对于一年生，示以鲫鱼之简笔范画，令各在黑板摹绘。二、三合级授社会科，同程度，同教材。利用校外隙地，种植蔬菜，为园艺实习场所。利用场中隙地，布作校园，花坛以小石子堆砌，掘地作沟，为理想小公园，饶有思致。

旋往镇北，参观李氏私立初级小学。单级编制。教员一人。儿童约六十人。第三节课授唱歌，各级合教，教法纯熟流利。第四节三、四读文，三为语体，四为文体；一、二写字，一年生指示笔顺。于两课中间休息时，与教员陆君略谈，知系代用师范新毕业生。据陆君云，学生家庭不赞成教授注音字母，该校四年级以一次文言、两次语体相间教授云。返一校午餐，闻先日观永市李君让吾在教育局相见后，知倬将道经该市，特嘱备膳。因得与教员徐、包两君谈，知全市公私立十四校，一、二、三、十各校为合级，其余均单级。教员十八人，惟一人系检定合格，其余皆师范毕业。市教育会亦附设一校内，会中办有巡回文库，都为教员参考、儿童阅览书籍，计共两箱，各校轮流递置，每校一月。

饭后登程，路过观永市第八初级小学，校舍系特建，关锁无人。

三时至三圩头，参观观永市立第二初级小学。复式编制，一、二合，三、四合。教员二人。儿童一百零三人。校舍新建。以前所至各校，科目及教学时间均已改行新制；是校犹用旧制，但改修身为常识。教学方法，据保教员云，系采自学辅导主义。国语科，一、二、三均用语体，四为文言。校内设有学级自治会、新小说流通社。购置小说之费，均由教员捐助，其热诚可敬。惟是鄙见对于是校，拟提出研究问题凡三：（一）儿童国语一科，三年以下纯用语体，而四年级纯用文言，儿童能否免除困难？教材支配是否妥善？殊可思量。（二）初级小学即予各级儿童以自治，儿童是否有此能力？（三）小说固为社会普通人所喜读，但仅仅排除旧小说，提倡新小说，则主义尚未尽善，似宜检别内容。鄙见不如多购通俗教育书。凡小说之纯正有意义者，当然为通俗教育书中所尽包容。若果如斯，其效益当更大。

五时至侯家油榨，参观三乐乡立第一国民学校，已散学。教员宋、单二君闻信至，因得入校参观，并与两君略谈。宋君疑倬为省视学，盖此地向无外县参观人至，急以来意告之。是校为复式编制，一、二合，三、四合。教员二人。儿童七十五人。常年费四百余元。

登程,赴金沙。时将暮,微雨,急行到镇。已深黑,抵初级中学宿焉。本日由通城至观永市镇,计十八里。由观永市镇至三圩头,亦十八里。又六里至三乐乡镇。又十五里至金沙镇。参观学校凡六处。

县立初级中学,旧为职业学校,往年暑假后改名初中,分普通、职业(织科)两部。普通科学生五十三人,职业科学生二十二人。大多数来自农家,少数来自商家。本年度经费预算四千六十元有零。校长孙君谨臣家住金沙镇,适赴苏,主事顾君益三亦他适,均未晤。舍监张君冠三、庶务徐君乔周等,竭诚款待,并预约金沙市教育会调查员钱君星伯为引导。

晚餐后,略询金沙全市概况,知面积约四百二十方里,户口约十二万余。学龄儿童。无确切之调查。倘以户口十人中得一学龄儿童计,当为一万余。有公私立初级小学四十六处,儿童总数约三千人。

金沙全市区域,分七灶二十七总。灶中前产盐,向为菁华之所,民间较殷富。小学为复式为多。

金沙女子多勤于纺织,其地居通邑中心。通邑土布、小布,大都以金沙镇为贸易场所。镇之市场,绵长四里有余。

十三日晨,初中教员教员郁君引导参观学校一周,旋钱君星伯至。登程,天大风,向北迎风行,至金沙市立第十四初级小学。复式编制,三、四合,一、二合。教员二人。儿童五十八人。校舍系特建,全年经费三百八十一元。

钱君又引导参观金沙市立第二十初级小学。单级编制。学生四十八人。教员一人。校舍系特建,教室内陈饰井井。王教员德铨授课,三、四算,一、二读,教态从容,精神能贯注各级,儿童亦极注意。(一年级生字教笔顺。)是长于单级教授者。王君系代师毕业生,月俸十二元,在金沙全市中已为最高俸。留校午餐,因得略谈,言论亦多中肯要。

午后,钱君引导参观三里墩张氏私立第二初级小学。单级编制。教员一人。儿童三十三人。年费二百四十元。学科时间均照旧制。未见授课。

复至金沙市第二十七初级小学。单级编制。教员一人。儿童三十九人。全年经费二百元有零。参观授课,三、四写字,一、二读文。

返金沙镇,参观金沙市立第一初级小学。多级编制。四教室。一主事。六教员。儿童一百三十人。全年经费一千零五十四元。时低级已休课,得参观主事罗君公民课,三、四两级合在礼堂教授。

至市教育会,详询一切。钱君告以市教育会之组织,有会长、副会长,驻办庶务;全年经费约三四百元,除县款每年补助四十元外,均由市公所支给;市公所每年收入约五千元,用之于教育者三千元,余供他项支给。

市教育会设有评议会、研究会两种。评议会每年最多开二次,批评研究会一月一次。各校轮流行批评教授，其地点则由研究会指定之。凡开研究会时，到会者每人收会资一角，藉供膳费。行某科批评教授开会时，凡任教某科者例须出席，不任某科者听。乡村各校，则附近者于星期日相互集合，讨论教育上各种临时商榷问题。以上皆钱君所告语也。

向钱君述愚见，两日考察所及。其一，知南通乡村小学，多一教室一教员，用人至为经济，深表同情。惟鄙意有不可不顾虑者一端，即教员或有疾病、事故，则学校即不免停课。偶一二日，犹可言也；设三四日以上，则儿童所受之牺牲太大。鄙意全市中似宜预备流通教员二三人，平时则任调查学龄儿童、劝导儿童入学、通俗讲演等等职务；如市内小学教员有缺席者，则往代课。其二，金沙全市四百方里，而公私初级小学多至四十六所，其数殆不为少，所患疏密不均，最好通盘计画；并调查私立小学经济之负担力，如克胜任，则不妨将公立小学量移他处，使各级儿童均可增加。金沙小学教育为南通各市乡冠，深盼切实推行，达于完善地位。

晚与初中职业部教员郁君仲芳久谈。郁君谓乡村小学以困于经费，设备每甚简陋。鄙见以为乡村小学设备简陋，此当然事，吾人不可以完备之心理相责难，但须研究乡村必不可少之备品，凡教具、标品等等，最好由各市乡教育同人自定一简而要之标准，庶有途辙可以遵循。又谓两日中参观乡村各校，对于手工一科，颇致怀疑。盖学校既设于乡村，则儿童所习手工，必求切合农村之用，其次亦须与农村稍有关系。所至各校，表现手工成绩大都为纸细工，或则并无所表现，似于农村儿童无甚关系。是则乡村小学教员果能教授手工与否为一问题，即能教授，选择教材如何适当又一问题也。

十四日晨，六年小学主事秦君敬翔来访，即引导至校参观。校以县立第二高级小学、市立第十六初级小学合并改办。高级支县款，初级支市款，全年经费二千八百六十元。有教室六。职教员共十二人。教员俸最多者月二十元，最少者月十元。儿童二百二十八人，有寄宿生五十余人。校于十二年度开始改行新制，自初级一年生起，而高级生仍照旧制办理，故有高二、高三两级而无高一级。第一节参观各级授课，大都为国语科。高二姚教员教国文，令两儿童剖解文法，列表书黑板，字好而书写速，在座儿童笔记本亦极清析。教员就所书两表逐节发问，用班决法，校订其得失，儿童注意力强。就同时所见各级授课状况言之，对于该级最为满意。闻秦君面告，初一二级均授语体，自初级三年起参用文体五分之一，四年三分之一，高级递加。关于常识之须知者，以各项问题作表，悬挂教室内。关于道德方面者，教室内悬有格言牌。而全校组织为新村，村分十五路，亦均以德目作名词。新村组织，以学生自治团为总机关，分为邮务、商店、储蓄、政务、卫生、医局各部。别有学生图书馆，阅览人数，每日有统计。仪器、标品大致略备。校中每日晨上课前，各级齐集，举行十五分操。而学生自动事业，尤注意表演新剧，一学期中大规模两次，隔三四周各级表演一次。凡此皆当时所见所闻之可记载者也。秦君诚挚谦抑，各教员均和蔼可亲，固宜有此良美之成绩。窃觉教授国语，于语体、文体之分际极为得当，新制招生自初级一年起，高级则照旧制结束，办法尤为妥善。注重学生自动，如新村组织，如演剧，亦属重要。惟憾不克详睹其内容，加以研究耳！

秦君引导参观女子六年小学。主事刘君杏生。教员六人。事务员二人。儿童一百〇一人。分四教室。连旧制高三共七级，六、七合，三、四合，一、二合，五单设。一、二年教室壁间悬有手工、图画成绩，联络教授，颇合度。校内蔬菜园、贩卖室、图书室均备。全年经费一千六百元，高级支县款，初级支市款。学校新闻出有半月刊。

秦君又引导参观市立幼稚园。保姆二人。儿童出席者二十七人。全年经费六百余元。复参观市立第五初级小学。复式编制，三、四合，一、二合。教员三人。儿童七十余人。全年经费四百八十六元。

钱君星北来，与秦君暂别，由钱君引导参观游民工场。场系民国二年开办，分藤竹、斑竹、履、刊刻、织、裱糊、印刷、西木、本木九科，每科任用一二技师，木科较多。所收游民，由各处送来，至有生活能力方准出场。别收艺徒，四年学成，均不收费。每年开支约五千元，系市费及临时捐助。出品每年约值价一万余元。城区及海门均设有分销场所。于盈余中酌提若干成，分给游民作奖金，惟至出场时方能领取。监工员刘君德清言。

参观孙氏私立高级小学，系孙君谨臣所捐设，分三教室。旧制二级，新制一级。职教员八人。儿童九十七人。经费一千五百九十八元有零。校舍系特建。校园有花草、亭池之胜。

参观市立第四初级小学。三教室。三、四合，一、二单设。教员四人。儿童一百三十五人。全年经费六百五十元。

秦君敬翔留午餐，全校教员陪席。午后在初中礼堂开欢迎会，金沙镇上教育同人及高小以上学生均列席。张君冠三述介绍词，请指示金沙教育缺点。愚声明不敢以片面之观察，作具体之批评，特向在座学生讲演《自学与自治》，约一时余。随别金沙诸君子，登程，赴西亭。

金沙小学教育为南通全县各市乡冠，殆无间然。其一，由于孙君谨臣提倡之力。其二，地方户口密而土地小（每人平均不足二亩），故人民勤朴之风较胜；且设学校较早，故基础较固。惟以个人感想所及，亦有可贡献者数端。其一，南通中等专门学校，都为退老、啬老兄弟所创办；小学亦有张氏私立者，均由退老、啬老自任校长，犹可言也。金沙除孙氏私立高级小学外，各校皆系公款所设立。而调查所至，其校长一席往往冠以孙君名，否亦为顾君益三名。与其使全市教育人员崇拜一二巨子而减杀其自立自奋之精神，不如此一二巨子自退居校董地位而以学校全权委任贤者，名义定则责任专，于教育前途关系殊大。此则一二巨子毅然自断，改弦更张，指顾间事耳！其二，据金沙教育界诸君子所告语，亦颇以为学校数多而疏密不能均匀；以倬考察所至，其言殆信。例如，金沙一镇，有六年小学二，高级小学一，初级小学三；而第一、第五两初级小学，女子六年小学，儿童均不甚多。倘能综核全市设校地点，量为归并添设，当可扩充多数学额，而经费不必大增。此则在全市教育同人通力合作。其三，金沙市学龄儿童，已入学者约不过三分之一，即使布置得宜，就固有之学校学级，至多可再增加三分之一或四分之一，其余必须另行筹设。颇闻通邑市乡附税所占成数，以学校计，不以区域计。金沙设校独多，故所占附税之成数亦多。各市乡已抱不平，再无扩充余地，不识能否就地筹捐。例如，土布、小布既大多在金沙分散，能否酌征特捐。此则尤在地方绅、商、士、庶人人好义急公①，或有希望。其四，金沙市学校经费及教员俸给，较他市乡为更薄。此行所见，真正乡村小学不过四处，除精神充满如第二十初级小学外，其他各校，以比较的言之，成绩似不若所见观永各校。能否酌加每校设备之需及酌行年功加俸之制，亦在全市中人物斟酌施行。

三时登程，行十二里，至西亭，径往六年小学。晤校长易君仙樵，谈叙极欢洽。知西亭全市有完全小学一处，公私立初级小学十八处，与骑岸乡合立初级小学一处。学龄儿童之入学者约占五分之二。全市初级小学教员俸给大致月十二元。单级有两教员者，两级有三教员者。市教育会每年开会四次；平时组织参观团，由会推定若干人，分赴各校参观；即以参观所得，于教育会开会时提出，报告大众，加以批评，以其优点、缺点抄送各本校。

易君年已六十六岁，前任第二区学务委员，本年度开始改任今职，不任课而兼庶务，办事热心有朝气，校费不足则自捐输，待遇同人，不啻家庭子弟。诸教员皆年少英俊。易君谓：“无论教员如何教授，总要学生成绩良好；学生成绩不良，教员总无足取。”又云：“学校教育，断为良心教育。”皆至言也。

易君款以晚餐，全校教员陪席。晚餐毕，易君介绍全校教员汪君稚尧等十一人开谈话会。经汪君等提出重要问题约六七个，讨论逾一小时。兹录其问答于下：

问：小学校课本改用语体，家属多不欢迎。且就现今实况，于应用方面，尚不能尽废文言。究以如何为最适宜？

答：小学校课本改用语体，家属之不欢迎，此系暂时事。吾国人民保守之见极深，于一事变更之始，每不免怀疑，积久则淡忘而安之若素，是实不足为虑。所最要者，既已改用语体，则于语典、语法必须切实加以研究，即语体文之篇法、章法，亦须注意，万不可随口成语、随笔成文、忽略草率，自误以误儿童，此则关系极大。今日吾国中小学校改文言为语体，为新文化运动之一种。惟缺少准备时期，种种谬误悉由此起。要之，语体之学习，实易于文言。吾国文辞深奥，兹以改浅文辞，讲贯科学。而改用语体，实为当今急务。惟不能根本改造，养成师资，明订年

---

① 原作“功”，误。

期，切实准备，然后定期施行，乃在上者轻轻颁布命令，在下者卤莽模糊，轻事改革，此则教育前途大不幸事也。兹事体大，深望诸君子切实加以研究，俾教、学两方面均得惬心贵当！至文言尚难废除，鄙见小学毕业生必须文言、语体均能通顺，乃便应用。即初级小学修业终了，亦须稍通粗浅文辞。是则语体文及文言文教学分际，断宜斟酌。大率一二年可尽用语体，三年以上则须逐渐参用文言；年级愈高，则讲授文言之分际愈多，庶能双方兼顾。

问：高级生读文言文，往往不注意。当用何法以引起其注意力？

答：文言之构造，异于语体者殊多。儿童惯读语体文，则于文言文往往有不尽了解之处。鄙意一方面对于读物内容，宜选其极有兴味者，冀可因文之内容，以引进其研究形式之心；一方面宜于高级生教学国语时，凡语体、文言构造不同之处，随时加以指示，逐渐引进之。即如作文，其始可于作语体文时，令作简单对照之文句，再进则令多练习言、文对译。以鄙见思之，如行此法，或可减杀困难，而使其注意力增强。

问：高级小学添招新生，往往因投考人数之不多，求学额之充足，迁就程度，多所录取。及至编级之时，重行智力测验，固属为难；即分团教授，亦尚无补。试问有何善法？

答：高级小学添招新生，往往程度不齐，此事极难处置。论其根本解决，在整顿地方初级小学，此则非高小教员所能为力。如实行智力测验，降低班级，苟非开通之家属，往往不表同情，致多纷扰。且学校内部亦须各教员和衷共济，方能办到。否则，担任高级教员之所乐者，即为担任低级教员之所恶。如以天才优异，特别升班，行政官厅非对于彼校深信不疑，备案时或多驳诘，此又事势所不能免。鄙见惟有分团教授，较可以济其穷。但是一级之中，分团亦不宜过多。似以入学校之第一学期，普通教程稍缓进行，成绩优者则注意反覆练习，成绩逊者则切实督促进行，参用个别教授之法；殆夫一学期后，则实行分团教授，编级上之困难或可稍稍减除。（按解决此困难问题，分团教授犹系旧法，以小学教育上之新趋势言之，殆莫如打破年级制；而于教育方面，则实行模仿道尔顿制，所有困难可以一概扫除。但以愚实地考察现今一般小学校之实况，决不敢以此最新颖、最高尚之说进。世有知音，当不以余言为谬妄也。）

问：现今中等学校招收新生，往往提高程度。小学毕业生之应试者，往往不易录取。应否将小学程度提高？抑可设法令中等学校迁就小学？试问如何解决？

答：现今中等学校招收新生，其程度日益提高，此为竞争试验当然之结果。盖以今日中等学校投考生之踊跃，非将程度提高，何从分别去取？此则绝对非他人所能干涉。若小学提高程度，势必增加年限，或加重教学分际。窃维增加年限，则于法令及家庭心理均有关系，事实上所办不到；加重教学分际，则在知识上为多量灌输，而不问身体之能否胜任，是于教育原理大相刺谬，尤非所宜。鄙见对此问题，所应先解决者，小学毕业生究应否以完全升学为正轨。若个人愚见，则以为小学毕业生而悉望其趋入升学一途，实为社会、家庭心理上之谬误；论其正轨，小学毕业以后，多数宜分就各种职业，而拔其少数英俊，乃予升学。诚如是言，则可于高级小学第一年修业终了时，即就学生成绩优者，调查其升学之志愿及家庭之负担能力，然后于正课之外，注重二三重要学科，令其课外预为准备，以便应升学考试，似最合宜。

问：现今小学教育表面似日有进步，而实则一般小学内容都呈停顿、退化之实况。以何方法补救之？

答：此问题至为重大，其原因亦极复杂，实未能率尔作答。惟以鄙见思之，小学教员自甘暴弃者必甚少。惟以僻处乡村，见闻寡陋，不进则退，势所必然。吾人对彼，不宜为消极之批评，而宜为积极之指导。积极指导若何？第一，地方须有良好之教育行政机关。凡属县视学及教育专员均须学识、经验冠绝一时，为群众所钦服；随时亲至各校，考察教者及学者之成绩，加以指导。例如，云南昆明市市政公所教育课之组织，有行政视察二人，专科指导四人，络绎巡回于各校，分任指导之责；各校教员处此积极指导之下，安得不努力进行？第二，地方须有良好之教育会，由会依时召集同人切实研究。兹见贵市教育会调查小学日表，会中推定调查员若干人，按期分赴各校调查教学实况，再按期开会报告，将其优点、缺点通知各本校，俾得促进改良，亦为一良好之方法。总之，行政人员及社会团体双方督促，则小学教员之贤者自有上达之心，其不贤者殆无从插足。所尤要者，吾人须激励一般小学教员，使自知教育之重要，而有孟晋精神，则于其生活问题、知识问题不得不予以补助。方今小学教员生计困顿，一体加俸，事势所不能做到；而年功加俸之法，则不可无。盖所以慰藉小学教员，俾有增高俸给之希望也。平时以公费给予日报及教育杂志各一种，暑年假分别开讲演会等。制定乡村小学备品要目，得以公费分年购置。似均为地方财力所尚能负担，且亦地方教育所必要之务也。现今教育上之大病，乃在徒尚空谈，不顾实际。故议论愈亢进，而事实乃适与之相反。吾人当力矫其失，戮力前途，庶有转移之机括乎！

问：小学儿童以语体与文言之扞格，每不喜浏览报章。当用何方法以鼓励之？

答：小学儿童不喜浏览报章，不仅语体与文言之扞格已也。盖报章本为成人所浏览，而实非儿童心爱之读物。惟是报章记载现社会之事实，于吾人知识方面关系极大。高级儿童必须浏览，俾知社会之种种实况。鄙见最好由教员摘要录出，文辞之深者则改浅之，事实之繁重者则节减之，有时再加以说明，另成为学校新闻之一种。是儿童不必日日读全报，而能尽得报中之菁华，且有种种辅佐品以引起其注意力，兴味必能增高。惟是学校新闻，抉择宜审。各校每有宏文巨制，黏贴壁间，琳琅满目，而实则所费之精力甚多，所得之效果甚少。此则徒壮外观，为学校中之一种装饰品而已，吾人可不必效法之。

本日宿该校，夜微雪。

十五日晨，易君请于早操时向全体学生训话，并告以每届冬令，通学生早晨往往迟到，且希望成绩日益进。至时，遂向全体儿童演说。略谓午前第一二节多重要课程，不可缺，且宜养成早起勤动之习惯。并盼望为余留一绝大纪念，何也？使校中本有迟到、缺课之风因余一次演说而遂革除，则校史上将永传为佳话。并以勉益加勉、竿头日进为属望。演说约十余分钟，特不识其效果如何，能否副易校长之期望耳！早操约十余分钟，纯熟整齐。

易君引导参观各级授课，全校共七级。第一节均课国语，五年级讲授可怜弱国人民的生命，取材《少年》杂志，儿童均用抄本；难字难句，反覆问答，教员应答明敏而警辟，儿童质问切要，是善教而善学者。就同一时间之所参观，教室内之成绩当以此为最。各级教室均有级训，室内均满悬格言条，饰以优美之图画，是能以美感教育引进儿童道德上之注意力者。校中有书报室，分教员、学生阅览两种；教员参考书以校款购置，学生阅览书则校长、教员捐款购置；由学生推定干事，轮流值日；书籍得借入教室中阅览，每次以二日为期；如有心得，则揭示教室中，供大众之研究。六年级更自组阅书会。校内有贩卖部，其资本出之学校；如有利益，用以津贴寒苦学生；推一教员主其事，而选学生若干人，轮流任干事。每晨有早操，月曜日周会，则行训话。通学生距校远者，早晨携冷饭来，午间校中为之蒸热，给以热菜汤。该校精神团结，一切措施亦尚适当，校长之恳挚、教员之虚衷，均不可及。全校经费三千四百四十九元，高级支县款，初级支市款。儿童三百四十二人。教员十一人。月俸最多十八元，最少十二元。校舍系庙宇改建，庙产甚富，有田七八百亩，现归校产，地租由教育局代收，足充初级经费。

别①易校长，登程，至李双楼，参观西亭第二初级小学。合级编制，两教室，三、四合，一、二合。教员三人。儿童一百十五人。岁费六百二十元。三四年级主任教员易伯绅，系易君仙樵之公子，留午餐，因得见通学生在校午膳之实况。该校学生有远居二三里外者，回家午膳，殊感不便。清晨到校，携冷饭来备午膳者，多至五六十人。易君特嘱厨丁为之蒸热，并各惠以菜汤。全年此项费用约须二十余元，均由易君捐助。午膳时亲见学生取自蒸笼，即在教室中进食，干饭、锅巴、番薯、芋子不一。食毕，各将碗涤净，置小篮中，竹箸则置课桌中，恍若日本儿童挈带便当之风，断为乡村小学良好之模范。特非得热诚之教员，嘉惠儿童，则吾国人民向不惯冷食，此风亦无自行。贤父贤子，殊可怀念也。

登程，过市立第十一初级小学。复式编制，三、四合，一、二合。教员三人，科任制。儿童一百十二人。岁费四百余元。午后到此，未见授课。

途过某小学，关锁无人。

---

① 原作"剔"，误。

自西亭行十八里，抵新地西街，参观兴仁乡立第一初级小学。复式编制，三、四合，一、二合。教员三人。儿童一百零九人。全年经费六百元有零。时正休息，久不见上课。教员某陪往参观东街乡立第五初级小学。复式编制，三、四合，一、二合。教员二人。儿童八十余人。三、四合级教室内，师生俱阒如。一、二年级儿童均在教室中，未上课。询引导教员某，知兴仁乡共七十方里，有公立小学七所。因镇上两校均无甚可参观处，不再搜求乡校。连日奔驰，身体亦感疲劳，遂行，历十二里，返有斐馆。

《西亭道中口占》

得得车声行百里，雨晴风雪壮征尘。
饱尝江北乡村味，我是江南画里身。

主宾萍水相逢日，适馆授餐万种情。
最是无穷怀想处，宁馨众口唤先生①。

观永西亭各擅场，金沙桃李尽芬芳。
游踪②未到留遗憾，七灶菁华岁月长。

自愧蹉跎衰朽年，偏推讲席着先鞭。
兰亭盛会群贤集，重冠偕来雪月天。

十六日晨，谒张啬老，未晤。

偕于君敬之至教育局，见局长邢君蟆初、董事徐君子才，知全县分五学区，每区设教育委员一人。最初亦以自治区域为教育区域，每区设学委一人。后甄别得五人，即就人数分定五区，以人才、历史关系分配职务，不限定住居本学区。每年俸给三百六十元，旅费一百元。职务如下：（一）规划设校地点；（二）辅助市乡董事筹措款项；（三）编制本区内各校预决算；（四）荐任本区内各校教员于校长；（五）视察本区学校。委员会议之期，每半年规定两次。全县市乡教育会，除垦牧未设外，均组织完全，为会长制。惟县教育会向亦为会长制，近改为委员制。县教育会补助费岁一千二百元，市乡教育会每处岁补助四十元。教育局董事九人，分别区域，大致每两市乡推一人。每月开常会一次，有事则开临时会。教育款产，由局长

---

① 此处自注：参观金沙幼稚园，入门幼稚生众口唤先生，至为可爱。
② 原作"纵"，误。

保管，董事任稽核之责。各市乡固有之款产，均归学董掌管。附特税则由县署征收，每月以实征之数，由局长领取，分发于学董。每遇不足时，学董须筹垫。发款约在月之十五后、二十前。（在金沙时，闻张君冠三面告，畸岸乡学款，于每月一号发。盖因学董热诚，先事筹垫也。张君，系畸岸乡人。）惟各市乡所分附特税，以校数支配，不以区域支配。各校编造报销，以年计，不以月计。全县小学教员俸给，中数为十元至十二元。儿童学费，各市乡征收不同，多者岁二元，竞化市闻有收四元者。以上皆邢、于两君所告语也。

本日为日曜日，邢君留局午餐，午后拟参观男女两附属小学。乃至女师范附属小学，适两附小开第七次联合演说竞进会，少坐即返旅馆。

晚应严君德滋之招，至代师附属小学。严君兼任教育局董事、教育会委员。并集师范及小学各同人，邢局长亦列席，开谈话会。严君邀余演说，为述《推行义务教育之方法及其希望》。大致对于全县注重量的增加、质的改进。量的增加，在通筹设校地点，量移学校，以就儿童；质的改进，在酌设流通教员，在补助小学教员知识。凡乡村小学，平时于杂费外，给以地方报及教育杂志各一种；暑寒假中开讲习会，选择一二重要学科，分年讲习；凡小学教员，于某科能力薄弱者，预行存记，届时强迫到会补习，在酌定年功加俸制度，以资鼓励。对于南通、金沙两市，垦牧一乡，则力致盼望普及之诚意。盖以南通市为全县首市，金沙市教育最发达，垦牧乡设施较易；且均有伟大人物为之中坚，登高一呼，则众山皆应故也。

十七日晨七时半，应女子师范之约，到校参观一周。校舍系新建，规模宏大。女生制作之图表成绩极多，具见注意世界、国家重大事务。随由教员李君砮警邀往礼堂讲演，为述《女子师范教育之要件》。大致在说明贤母良妻为女子最大之天赋。造成贤母良妻，亦即女子教育之特点。现今吾国盛唱男女同学，俾女子得受高等教育固为重要，但无论教育进行至若何地步，女子中之能成为教育家及科学家者总系少数。吾人不能不望大多数女子悉勉为贤母良妻，直接有益于家庭，即间接有功于社会。女子师范教育，尤以此点为最重要。

讲演毕，第一区教育委员王君练吾已候待，随往参观南城外附近乡村市立第三初级小学。单级编制。教员二人。儿童六十余人。壁间悬有儿童读物多种。时尚未至九钟，又系月曜，教员均未至，儿童亦尚寥寥，无从候待，遂他适。王君复引导参观市立第十八小学。单级编制。教员一人。儿童四十余人。校舍系特建。手工成绩有麦秆①细工，制作草帽缏。时已愈九钟，儿童未尽到校，教员亦未至，遂行，途中遇教员某君赴校。

参观市立二十一初级小学，在城中。单级编制。教员二人。儿童五十九人。设立不过三年。故仅有一、二、三三级。全年经费四百十六元。正教员梁君季真。校

---

①　原作"杆"，误。

内图表极完备，有校舍平面图、校况一览表、经费概况表、历年教职员状况表、历年儿童比较表等。各种儿童课外作业，分为图书、风纪、卫生、交际、调查、工作、贩卖、园艺等股。儿童写字、作文成绩亦殊可观。而尤所难能者，则校中备品粗具。凡教授上使用之挂图及儿童读物多种，悉由梁君捐购。校费困缺，凡正当用款遇有不足时，则由梁君垫补。以月俸十二元之小学教员，而热诚若是，不可多得之选也。入教室参观时，梁君特招儿童起立，唱欢迎歌。

参观市立第一初级小学。校舍借用学宫。教员七人。分五教室，单式四，复式一。一、二合级。儿童一百六十二人。全年经费一千四百七十六元。三四年级行自学辅导主义，一二年级参用设计教学法。课外作业，有工作、贩卖、看护、讲演、园艺、卫生等。晤主任王君样东，略谈，知南通市地方小学有儿童学业竞进会，每月一次，日曜午前行之。

王君练吾面告竞化分五小区，共十五校，有六年小学一所，地接海门，妇女多育蚕。

至教育局，午餐毕，别王君。参观代用师范附属小学，适主事严君师范有课，高级二年主任教员李君也三任招待。询知附小共十一级，初级五，内复式一，高级六。教员二十四人。儿童四百余人，寄宿者一百五十余人。经费岁不足万元。初一、二、三，均女教员。一二年行设计教学。全校教育方针极注意儿童自动。寄宿生五分钟早操，于起身后行之；各级五分钟早操，于养性训练后行之。月曜、木曜无早操，有周会。校园分区。儿童分组担任服务。校自治团、立法评会，全体员生均列席。教学各科均有研究会，每隔四周开会一次。地方小学之联络，则有研究会，一年开会一次。李君引导参观全校一周，校舍宏而备品富，惜走马看花，未克一一记载。

参观西门外市立第五初级小学。复式编制，一、二合，三、四合。两教室。三教员。儿童一百零五人。经费全年七百余元。女生另有休息室。添建教室，尚未竣工，预备扩充班级。参观一二年课唱歌科，教授有法；三四年课尺牍，注重各人自己阅读，方法似旧。

参观城内高级小学。旧制四级，新制二级。教员十六人。儿童四百余人，寄宿者一百九十余人。全年经费五千四百余元。教员月俸最多者三十二元，最少者十余元。校舍系就旧时书院改设，故规模极廓大。一年级有言语科，每周一次，儿童轮流练习演说。有图书馆。设裁判法庭。查南通各小学，设有裁判法庭者，仅于此校见之。方今时彦盛唱学生自治，校内因设为立法、司法、行政各机关，从事演习。然究竟施之小学是否适当，实应行研究之一问题也。

四时，应女师范附属小学叶主事之约，到校讲演。校内共九级，初级单式四，复式一，高级三，补习一。凡招考时，初级毕业成绩逊者入之。儿童三百二十三人。教职员十七人。俸给最多月二十四元，最少月十五元。全年学校经费七千七百元有零。一二年级施行设计教学，亦注意全体儿童自动。学生自治会事务，共分九部。叶主事引导参观全校一周，历经图书馆、史地馆、儿童博物馆、作品展览会等处，琳琅满目，是之谓美育，是之谓科学化。旋往应授室，全体教员均列席，女师四年生亦至，为演述师范附属小学之三大责任。第一，实施小学教育。大致谓教育方法，至设计教学而效益大，但有先决问题二：一为良好之师资，一为良好之环境。贵校庶几无愧，惟所望者，必先审度儿童应具之常识，豫定计案教程，俾凡儿童旧识新知以及必须练习之文字、算数融成一片，则精神教育殆无逾是。大凡施行新方法，不得不先为郑重之研究，继为郑重之试验，庶有确实良好之结果。第二，造就良好之师范生。大致谓造就师范生，附属小学教师之责任綦重，仅仅注意教科尚不能圆满，必也于种种方面均为亲切之指导，而小学教师之本身人格感化尤为重大。即就教科论之，鄙见教生试教，每周规定几时，犹不尽善。个人理想，同时每级教生人数宜少，最初则令参预赞助，渐令担任教科，至终了之二三周，能完全以级务教科相嘱付，而小学教师居于指导地位，庶几教生因任重而可以致远。否则，一周之中，以多数时间之预备，而仅仅授课一二小时，成绩即良，仍不足恃也。第三，为地方小学研究教育之中心。大致谓所贵乎附属小学者，谓其能挈引地方小学教员，同趋于改良促进之一境也。吾省现今各师范附属小学联合而成一大团体，地方小学教员则多抛于团体之外。换言之，附属小学主张日益进，方法日益新，地方小学教员望尘不及，乃甘自暴弃，入于停顿、退化之地位。则是附属小学如乘飞艇，而地方小学教员则降至水平线以下。充其极，全省各地仅有特殊之优良小学，而大多数小学则亡羊歧路，莫知适从，实为今日小学教育一极大之问题。个人愚见，以为附属小学必举己之所研究、所试验者，以其失败、成功或始失败而后成功之实况，亲切报告地方小学教员，使一一明瞭其真相。地方小学教员如果来校参观，尤宜一一亲切指示，并以参观之要素，向之亲切说明，使知为本身极有关系之举，而毋蹈现今赶热闹、快闲游之常态。不宁惟是，附属小学教员更须时往地方小学亲加指导，并为经费困难而设备简陋者作进行之设计，一方面亦可深知地方小学之实况，而收广益集思之效，庶几附属小学与地方小学渐渐能融为一炉，争相奋勉，小学教育之前途实利赖之。上列三端，深望贵校诸君子俯加教正。如果认为可行，贵校诸君子首唱其端，各校必有继其后者，则其效益当不第南通一县已也。讲演毕，随意谈话，叶君特令女生手制佳点以进，厚谊可感！

　　七时，应代师之招，到校向学生讲演，为述《自学与自治》。大致谓自学、自治为今日极新之名词，而实则吾国数千年中之先哲、欧美近数百年之学者对于此旨无不力极阐明。所谓自学，非提倡最近流行之道尔顿制也。良以从前承乏省立第三师范时，五六年前，即施行类似道尔顿制之方法，其所研究之各科，成绩有极良者，有极不良者；乃知成绩之良否，在人而不在制度，未敢断言此制之确可施行也。愚之所注重者，乃在青年学子，人人不可无自奋自勉之精神。窃维自学之方有三要点：（一）求门径；（二）勤笔记；（三）有恒心。于此三者始终不懈，则必能大成。自来教学大家、科学大家，殆无一非努力自学者。此愿诸君之共勉者也！所谓自治，质言之，即人人无烦师长之督责，而能自己治理自己之谓也。以鄙见思之，有体有用。体何在？其一，须实行克己功夫；其二，须实行互助功夫。两者兼备，斯立己立人之基础定。用何在？即人人在校，应练习办事之干才。是则为学生者，不惟当受职教员之指导，且下级生须受上级生之指挥，能治人，亦能受治于人而服从之，共和人民之要素也。且学生自治，绝对与地方自治异。盖彼则为人民所推选之俊才，而付托以自治之全权者也！此则学习自治，而希望他日之能成为俊才者也。故以自治为号召，而与教职员争权，绝对为学生自治问题中所不应有。近来时彦提倡学生自治，不重精神而重迹象，种种流弊悉由此起。诚使体、用兼赅，则异日效力社会、国家，于立法、司法、行政之三权并立，明辨而奉行之，固甚易易。审度自治之真谛，而督励实行，尤望诸君之共励者也！个人之感想如此，其是否，请诸君思之，并望贵校诸师长教正之！讲演毕，小憩。顾君宜孙、于君敬之各有所馈赠，将分别自存，并赠第三师范小学教育博物馆。本日演讲三次，参观学校八处，身体最劳，而精神则至愉快。盖既得瞻各校良美之成绩，而又得与诸教育家、青年学子相共切磋，至数小时之久故也。

十八日晨，离通城，赴平潮市。途中感念前昨两日欢叙情事，口占两绝：

> 旧雨重逢今雨求，南通城市小勾留。
> 来时设醴去赠品，结契云霞第一流。
>
> 特为观光到彼都，敢云讲学会鹅湖。
> 井蛙聊贡拘墟见，就正还须有道呼。

九时，至唐家闸，置行李于旅馆，即往平潮。十时半，抵平潮市河东六年小学，第二区教育委员马君溅山已在校候待。

六年小学，以县立第八高等、市立第一国民学校改设。高级支县费，初级支市费，岁三千元。共五教室。（旧制高三暂编为七年级。）高级教员六人，初级教员三人。儿童约二百四十人。就庙宇余地，建筑校舍。校长邵君芷衫兼任教课。参观各级授课，七年级授算术，至保险，以南京东南大学口字房保险费作应用题。鄙见以为算术上各种应用问题，不宜凭空撰造，更不宜牢据死书，当以社会上随时发现之事实及当地各项物价出为问题，一方面练习算数，一方面能使儿童随时留意社会之实况。换言之，以实际生活上应用得到之问题教儿童，斯算术方为有用。然所见殆鲜，不图于该校得之。各级教授国语科，于语文之分际亦尚合度，初级教室中完全授语体，四年级于课外补习文言；高级一年语体占五分之四、文言占五分之一，二年语体占五分之二、文言占五分之三，三年文言占五分之三、语体占五分之二。参观四年级读法课，教员讲授亦有精神。校长邵君留午餐，得与学生同食，教委马君陪坐。食前，校长招余向高级生演说。临时询邵君高级生有无缺点，邵君告以求知心似不若所见江南各校之强。因即以《求知心》为题，向学生演说。并嘱以勿专于课本上求死知识，须于课本外求活知识。例如，报章及乡土上事事物物，均当随时留意，庶异日可为社会上有用之人才。又觉南通小学学风似偏于整肃，整肃之极，其弊或流于呆板。嘱以于求知方面，精神当力趋活动；于秩序方面，形式宜仍守整肃，斯为得之。

马君引导参观张氏私立初级平民小学。单级编制。岁费一百数十元。又引导参观本市第十三女子初级小学。复式编制，一、二合，三、四合。女教员二人。儿童七十余人。岁费三百数十元。

又至第五初级小学。校长顾君东木。全校分六教室，一二年级各两教室，三四年级各一教室。教员八人。儿童二百四十六人，为全市学生最多之校。全年经费一千五百余元。参观授课，一年级体操，表情唱歌，柔软动作，联合演习，教授有方；二年甲级茨菇写生，发问说明甚细；四年、三年两级读文，注重练习国音，颇准确。陈列手工成绩，麦秆①细工，制作草帽缏；黏土细工，制作实物模型。校内行自治制。设镇西村，村政厅分十部，卫生、营业、运动、会计、园艺、调查、畜牧、讲演、工作、研究是也。设村议会。愚于是校教学方面，颇满意；于训育方面，未克详细调查，不敢妄下评语。

马君面告本镇学生五百余人，分入三校，差近普及。全市区域约四百方里，学龄儿童约七千人，入学者约一千五百余人。公私立十五校，共三十一级，内单级三校。全市教育经费约六千八百余元。本市杂捐约一千八百元，由董事经收。余款出附特税，由教育局支配发给。本市教育会，每年开常会一次；评议会两月一次，评议学校内容，各校教员均为评议员；每次开会，到者约三四十人，本市教育同人能联络一气。

别马君，归途，参观云台山该市第七初级小学。复式编制，一、二合，三、四合。教员三人。儿童一百人。全年经费四百余元。参观一二年级课算术，教一年计数，用实物青菜与秤，当场指示称法，以所得之数，令练习心算，切于实用。二年实两位法一位乘法。三四年级课国语，三年读文，四年写字，书法成绩都工整，读文逐句用启发式，儿童注意力强，是亦乡校之出色者。

参观西河口唐闸市第二初级小学。时已薄暮，校中已放课，教员在校，入内参观大概。复式编制，三、四合，一、二合。儿童七十余人。全年经费四百余元。

返唐家闸，宿旅馆。本日自通城至平潮市，行三十里；归至唐闸，又十余里。

---

① 原作"杆"，误。

十九日晨，参观私立敬孺高级小学。敬孺，系退庵先生之子，已逝世。退老以其私产创办学校，留作纪念，退老自任校长。晤主事郭君肖楼。校共三级。上午八时一刻即授课。午前四节，午后三节。职教员十一人。儿童一百十三人，寄宿者六十九人。全年经费二千六百文。参观授课，三级均国文，一年级逐字逐句讨论极细。校内亦施行自治制。

参观唐闸河东实业私立第一小学校。本系初级，现已改为完全小学。主事郭君正平出招待（私立三校总主事）。一校设二年、三年、四年、五年、六年五教室。教员八人。学生二百五十九人。郭君引导参观授课，二年唱歌，游戏表演极活泼；三年、四年均读文，逐句发问，读文有音节。该校三年以上均用国文，因校长张退老、啬老两先生不赞同语体文故。郭君又引导至高岸第二校，设一年、二年、三年三级。参观授课，一年算术，二年唱歌，三年读文。又引导至大生里第三校，设一年、二年两级，附设幼稚园（自本年始）。三校经费均出自大生厂，实行年功加俸制度，每历二年加俸两元；教员最初到校，月俸均十四元，现最多已有加至二十八元者。三校校舍均新建，设备井井。且均注重童子军，十二岁以下为幼童团，以上为童子军。郭君年少英敏，教员亦多良选，又以年功加俸之故，爱校心愈挚，以故成绩粲然。

郭君坚留午膳，因得纵谈，知曾任南通巡回讲演员半年。据述全县各市乡中，镇之学校良好者多，村之学校多未能满意。又云："吾人今日应改造环境，注意农村重要之点。"又云："吾人今日当注重精神教育。近一二百年，欧美物质教育，发明创造，俱臻其极，乃以酿成空前之大战争。吾国醉心物质文明，而精神教育日益堕落。吾非谓物质之不应注重也。良以徒重物质而抛弃精神，其现状遂成为不堪闻问之一境。瞻念前途，不寒而栗，故吾辈亟宜以精神教育救之。"皆至言也。而"对于地方小学教育，不当为消极之批评，当为积极之指导"一言，尤为深获余心。

与郭君别，返旅馆，赴天生港候船，途中口占二绝：

> 唐闸平潮两日期，名贤伟论可钦迟①。
> 一堂分我春风座，劝客进餐进馔时。
>
> 旧识新知倒屣迎，莘莘学子举心倾。
> 征夫身去神常在，敬祝前途万里行②。

夜十二时，大庆轮舟抵岸。登舟，三时开驶。二十日午后四时抵申，赴省教育

---

① 此处自注：谓郭君正平。
② 此处自注：敬祝南通教育一日万里。

会，与袁先生略谈。即日夜车返锡。

此行在通不过九日，而涉历六市二乡，所到者计女师一、初中一、游民工场一、幼稚园二、高级小学二、完全小学七、初级小学二十八，共四十二处。时期短而经历多，万不足以概真相。然窥豹一斑，窃觉各校于言文科均极注重，儿童表现之成绩多可观；国语课本，都以普通音教授，有极满意者。各校教员以师范毕业者为多，故教学方法较旧较新、较灵活较呆板虽均不免，而优劣不至大悬殊。完全小学，除金沙市女校平稳外，两附小及金沙、西亭、平潮、唐闸公私立各小学均出色，乡村小学较逊，然亦有极出色者。经费均困难。月薪大致以十元为中数。杂费每级每年大致以十五元为中数。而教员则每级一人者为多。乡村小学中之艺术科，则所表演之手工成绩极可思量，图画成绩所见者尤少。各校大都已用分数制，学科亦已改用新学制委员会所编订之科目。惟金沙第二十初级小学之王君德铨对于新制颇表质疑之意，以为科目太繁而教材未善，乡村小学教员颇感苦痛。分数制亦不甚适用于单级，每遇重要学科，于短促之时刻中照顾各级，往往不能周到。王君为倬此次参观乡村单级小学所最钦佩之一人。窃认所言为极有价值，以故经此次之考察，而倬从前所主张之乡村小学科目宜简单之意，愈觉其不谬。艺术科，尽可不教；如其教之，则必以合于乡村生活能就地取材者为切当。又念南通小学学风比较的为静穆，为稳慎，以活动之眼光观之，未免流于呆板，失之陈旧。然二三重要学科，所表现之成绩殊胜。教育方法，究以何为最有成效？愚于此点尚未敢轻下断语，然于易君仙樵，所谓"良心教育"，所谓"学生无良好之成绩，无论方法新旧，终无是处"，则窃觉其言之不可易。

南通小学教育之实施方面，大致尚称满意。比较各市乡教育之成绩，则以所见所闻，当以金沙市为最优，而白蒲乡为最逊。（白蒲学校本少，闻此次省视学章君伯寅视察所及由如皋入南通白蒲境，至平潮，一日之中连至六校，内五校未见授课，章君大不快。愚行踪所至，亦有遇之者。吾人当责小学教员之勤劬，而人亦当于行政上筹补救之善策，此可别论。）惟行政方面，则颇觉有可研究之点在。其一，各校校长每多执用人之大权而不问校内事，居校长之名，无校长之实，业已酿成风气。（凡所见校长在校任事及兼课者，成绩均良。）此则心所谓危不敢不告者也。南通有名之教育者，往往以全邑教育同人能被动不能自动为憾。窃谓此制不改变，则社会之所陶熔者天然为造成能被动不能自动之洪炉。以全邑崇拜伟人之心理，而观感所及，遂使地位较高、势力较大者均以伟人自居，而人亦以伟人奉之。此则前途之至可危险者也。其二，南通教育委员之职权，名义上固甚重要，而实际则殊空洞。各校用人之权，有校长在；经费之数，有校史在。一学区中，包有四市乡。而每市乡教育之精神，意者均习惯所造成，教育委员实处于无能为力之地位。县视学二人，薪金数尚不薄，而其旅费恐不能敷终年在外视察之用，故颇闻实际不能多出外。鄙见深盼重教育委员之权，增视学之旅费，而规定指导视察之考成，俾络绎巡

649

回于各校，则小学教员之精神必益振。至南通教育、实业之中枢，断为退老、啬老两昆仲。故两老之于南通，可谓擎天之柱。谈者亦每以为必祷祝天锡遐龄。以愚观之，就教育论，各专门大学、女师、及男女职业学校之前途，诚于两老有绝大关系。若地方小学，则所支用者均系地方公款，于两老之关系较轻，所望者乃在年岁之丰稔。南通今日地无旷土(七日所经，未见不种植之土)，野无乞丐，有田三百十万亩，中岁可产棉一百万包，以每包换价六十元计，全年约六千万。关于农产，又有米豆及其他。沿江沿海之区，水产及盐亦不少。因产棉之故，而土布、小布销行极远。可谓土地沃而民力勤矣！惟是天降水灾，连续三年，哀哀小民遂入困境，此后尚未可卜。是则水利之兴修，实扼南通教育、实业两界之死命。颇闻垦牧乡垦牧事宜已大告成功，虽全县收成极歉之年，而该地之收成总不薄，是尤其明效大验也。南通最初教育计画，本系除滨江、滨海草地不计外，定十六方里设校一所。兹以初级小学校三百二十四处，按之全境八千方里计，所差无几；而以全县现今号称一百二十万人口，约十分之一，得学龄儿童十二万计，按之现今入学儿童，不过二万一千八百有零，尚不足百分之二十，实于普及相差尚远。南通本年度县教育经费预算为五五九五八九五〇，市乡教育经费预算为一〇八八〇六九八六，总数为一六四七六五九三六，其数殆不谓少。由是推之，小学教育果达于普及之一日，所需必数倍于现今。一得之愚，深望人事修而天时、地利助之，俾义务教育之早观厥成，当全国模范县之名而无愧色也！

义务教育实施事项①

义务教育，为吾国最大之一问题。政府及各地方提倡亦已有年，然细审各省区进行之实况：山西发动最早，督促最力，设校办法又力求简易，数年以来就学儿童达百分之七十以上，实施成绩冠于全国；惟造就师资，似尚未极端注意。江苏师资缺乏，乃极力鼓吹各县，以培植师资为入手之方；除于省立师范加设农村分校外，在最近期间，全省六十县中，所设相当年期之师范②学校，或二年以上之师范讲习科，逾五十以上，不可谓非根本之图，而各县反对加税，推广小学进行殊缓。两省似各有长短，若数量之增加、实质之改进，两者兼备，莫如云南，以一年之力而省垣昆明市由就学儿童百分之二十九，一跃而至百分之九二。考其内容，如学龄儿童之调查统计、设学地点之筹度经营、应添班级之配当规画、小学教员之甄取录用，与夫其他种种教育行政机关，无一不运以精心，矢以毅力，最为惊人之举。然滇省施行义务之期，第一期仅限于省垣，以贤明当局，积极主持收全省之师资，充一方之教席，惬心贵当，固属不难；此后推之全省，范围愈广，筹费倍艰，师资措施非易，吾人不得不拭目以观其后。近则湘西十县，以素号贫瘠之区，而进行甚力，任用得人，亦可期其后效。此外，各地虽未克知其详况，不敢妄言，然义务教育之不能按期推进，几于万方一致，是其症结所在，吾人不可不探索之也。

要而言之，以吾国各省区区域之大小、户口之繁简、居处之疏密、民力之丰啬万有不同，都市乡村生活之状况又各别，而欲以一定之办法、一定之年期、一定之科目，冀其迅行普及，此殆不可能之事。且无论数量之增加、实质之改进，均宜顾及都市、乡村两方面。故以鄙见思之，厥要有三：

一③、学校性质。（甲）正则小学校分为多级、单级，日日按时授课，都市、乡村通常学校皆以此为准。（乙）变则小学校分为半日、间日、短期、日曜、夜学等制，盖凡都市中之童工童贩，与夫童役使女，均不能整日授课；贫瘠及户口稀少之乡村，亦非筹设变则小学，不足以济其穷。

---

① 顾倬：《义务教育实施事项》，《新教育》，1924年，第9卷，第12期。
② 原无"范"，据正文内容而改。
③ 原作"（一）"，据通行写法而改。

二①、年期。义务教育之年期，现制定为四年，此就都市、乡村通常学校言之也。如果儿童以生计之关系，并受此四年义务教育而有所不能，则年期不可不活动。吾国现今各地，提倡平民教育，只须每日授课一时，历十六星期则可终了，此在成人失学补习之期，固宜节短。然在贫瘠旷僻、学款教师不易筹备之乡，欲先设学以树风声，即义务教育亦似无妨于四年正则小学以外，许其变通缩短为三年或二年。（日本施行义务教育开始十余年，本有三年简易小学，及修习满十六个月，即认为义务教育终了之规定。）

三②、教科目。都市、乡村生活状况绝端不同，以故都市小学之课程可定为国语、算术、社会、自然、工用艺术、形象艺术、音乐、体育八科；农村小学之课程可定为国语、算术、常识、体育四科为必修科，农业、艺术为加设科。惟课本必须分别编辑，以期适用。

三者既定，各省区可各量其师资、财力，分别实施。然其进行办法，恐尚不能无差别。则请略述，如下：

第一种办法，省教育行政机关，与社会团体联络进行，一方面尽力督促，一方面尽力鼓吹。首在责令各县单独或联合设立完全师范或相当年期之师范学校，以造就师资；次在详细调查学童，筹集经费，酌量校所，分别实行劝导、强迫，以推广小学。倘一时无相当之师范毕业生，则不得不就现任之小学教员，实施种种指导及补习之方法，使暂应一时之需。更宜使学科目及设校性质，均与地方儿童生活相接近，明定期限，按年推进。全省有固定之计画、统一之精神，当可望于十年内外，渐臻普及，而内容亦可与之相称。

第二种办法，省教育行政机关，或因限于时势，减其统摄全局之实力；而尚知顾念事实，不仅以文告为了事。各县之财力、人才，于培植师资、推广小学，虽不能兼顾并进，而能就力之所及加以注重，降至全省中有若干县于义务教育之进行能确定计画，切实施行；再降之一县中有一市一乡得较有力之中心人物，能筹画地方义务教育，达于普及之一境，以为全县、全省之模范，则彼此互相观摩、互相争竞，当具有进取推广之希望。

若一省区对于第二种办法尚不能行，而仅仅奉行文告，颁订规程，甲年若何？乙年若何？丙年若何？期以几年，达乎普及。而实则种种困难问题，一切不顾；变通办法，一切不知；但以一纸空文，行之各县，即为了事；各县亦漠不关心，束之高阁。则不惟完成之望等于河清，即进行之期亦同画饼。有言责者，有行责者，均宜引为大忧也。

义务教育问题，年年提出本会。宏文伟论，屡见不鲜。除少数地方稍有办法

---

① 原作"（二）"，据通行写法而改。
② 原作"（三）"，据通行写法而改。

外，各省区义务教育之停顿如故。矧谫陋如愚，乌足言此？以前滥于江苏《义务教育》月刊中，为种种之陈述，亦均屡屡空谈。故不敢不约旨卑思，草拟此篇以就正诸君子，尚其有以教之！

江苏县立师范学校成绩展览会之我见①

本省县立师范学校成绩展览会，业由本会议定，以六月十日为征集出品截止期，以七月七日至十四日为展览会开会期，地点设在南京。又经本会公推专员，拟订征集标准，函请教厅公布。所定标准见专件，想为我教育同人所共睹矣！兹当各县师范学校筹备出品期中，不佞粗有所见，谨陈于后，以备采择。

展览会之要旨，在征集各校平日实施之成绩，陈列一处，以备观摩，用意甚善。惟必各校教职员深知此意，选送教职员、学生真确之成绩，经教育同人之参观研究、各专家之审查批评，乃有价值。历来办理此会，往往宗旨不明，贪多务美，侈为外观；征集者、应征集者均昕夕劳瘁，历时甚久；装潢陈设，糜费甚多，而于教育上之真正影响殆极少。此其故实在预备期中，无征集标准相诏告；开会之初，凡各校所送出品，不加去取，一概陈列；开会之后，又不能为精密之审查。以故人人视成绩展览会为争奇斗胜之场，与工商物品之博览会陈列所含有广告性质者几无以异，此则毫厘之差、谬以千里者也。

本会所定征求标准，有要点二：一求合度，一尚真品。甲项关于学校行政者，计分十一类。质言之，皆表示学校真相，各种图表及说明书均系各校平时之所必须编制。大凡教育行政成绩最卓著之学校，其文字之记载别类分门，能使逐年校务、教务之进行瞭如指掌。不惟校内左图右史，可时以为自省之资；即觇校政者，亦可披其册籍，而知学校历年盛衰消长之实况焉。本会同人窃谓办理学校，不可不注意于此。故窃愿各县立师范学校能一一表现其真实之成绩，以备共同研究之资。乙项关于学科者，大别有四科，每科注意之点均分三类。质言之，皆表示教员、学生平时教学之真相，而不尚临时特制。历来展览会陈列成绩贪多务美之弊，可以一扫而空。惟不佞于征集标准中，又有须切实声明者。师范学校之学生，凡所习之学科，无不崇尚笔记，而以教育为尤要。标准不过举其尤要者言之。倘使各科均有良好之笔记选送，岂不甚善？又曩者承乏第三师范时，高级学生文课，有评改附属小学生作文之例。其法由本校国文教员先期选集附属小学儿童作文真本数篇，于教室作文

---

① 顾倬：《江苏县立师范学校成绩展览会之我见》，《义务教育》，1924年，第23号。

时，油印发布，限期评改，而教员再评阅其所评改之优绌，师范生得益殊巨。各校如有行此法者，似亦可以选送。

虽然，征集标准固极正当、极妥善，而实事求是则断在县立各师范学校之职教员。不佞愿拭目以觇其后！

办理农村师范的旨趣①

我国师范学校大都设立在都市中间。近来，各地方的人士都觉师范毕业生不愿到乡村小学，也不适宜于乡村小学。于是多数主张设师范于乡村，竟正名为农村师范，希望可造就乡村适用的师资。这是今日最新的事业。我省已办五校，贵校即为五校中的一校。如果办得好，不特一校的光荣，且关系江苏一省，可以备已办各校的观摩，为将办各校的模范；办不好，那么教育前途真不堪设想了！

既已正名为农村师范，第一须注意农村。欧美各国农村情形，我们虽未克目见，然常在报章上"欧美通信"栏中知道其大概，山水的优美、物产的丰富、乡村人民的富有自治能力实在令人钦羡。我国的农村便大大不同了。然而，全国人民住居农村的，约占百分之八十五。简单说一句：就是全国百人中的八十五人尚没有开化，这是何等危险呢！开化的责任，全在教育同人；诸君试想一想，肩上斤量多么重！倘使担得下的，那么造成个灿烂光明的中国并不难。现在正像一只到南北极去探险的船，摆舵的，撑篙的，就是诸位先生和许多同学。换句话说说：诸同学是研究农村教育的人，便是将来的农村中心人物；列席的诸位先生，就是造就农村中心人物的先生，前途责任是何等重大啊！

贵校有位很好的王先生，因担任本县县视学，就要解职回去。我见他的告别书上，介绍两个人：一个是崇明黄君凤岭，一个是美国哈维夫人。我以为两先生是今日教育界的麟角凤毛，不是人人所做得到的；我只想诸同学做个平平常常的人，那就好了。但是做个平平常常的人，也要看定目标，照着走去！要晓得我们到乡村上去，不是使农村上多我们一个人，是要我教成农村适用的人，所谓化农村的便是；但是我要化农村，先要农村化。这是何等说素呢？大凡我们要到农村去做事，须像一个教士醉心传道的宏愿。我还记得前清光绪年间，在东林学校任事时，来一个外国教士，他竟会拖着辫子，穿着方袖马褂，见面后便打躬，把我们的服装礼体学得一模一样。实在佩服！最难的是这一条辫子。（我这句话，不是赞成辫子，诸君不要误会！）我曾经到乡村上去，一般小儿们围着我看，我当时很厌恶他；后来细想，这并不是他们不好，正是我异服异言的不好。到乡村去，而衣着、语言不能和他们

---

① 顾倬：《办理农村师范的旨趣》，《义务教育》，1924年，第24号。此文是潘达仁、蒋洵侯根据顾倬在江苏省立第三师范学校农村分校所作的演讲辞整理而成的。

一样，当然要引起他们的奇怪心了。他们要是奇怪我们，我们还能去接近他们，他们还能给我们化吗？所以像我这种衣裳，是不该穿的；同学们那种的衣裳，也是不当穿的。要是农民所穿的衣裳，常常一件老青大布衫。就是农民所吃的老米饭，虽一大碗一大碗地盛着，下饭的却没有什么菜；比较考究的，一张低低的桌子，摆着几碗青菜烧豆腐，豆腐烧青菜，同样的菜，团团围着，却吃得喜地欢天。讲到住，只很矮小的一间两间房屋，却住着许多人，实在是不讲究卫生极了。（农村住屋，的确不卫生；但他们终日行动，不在屋里，而在屋外，实在无碍卫生。）总上看来，今日要做良好的师范生，他日要做良好的农村小学教员，穿的只要老青大布衫、黑大布马褂（或者大布校制服），吃的只要老米饭、青菜豆腐，住的只要矮小的房屋，习惯成自然才行①。

我们生活方面能够农村化，精神方面才能化农村。但是要有化农村的热心和大愿，不在学校里用功，更有何法？农村现状，须要我们去改进的，很多很多！现在略说农事一种：农事是农民最最切要的，但是没有一个农民不牢守祖宗十八代相传的老法子而肯改用新法的。但是改用新法，谈何容易！我们没有良好的成绩发表，要以空话收功，是万万不行②，也万万不可。邹秉文先生曾向我说："我几经试验，从前种种提倡农业，都不得法；现在方知只有三个步骤：一、种子好；二、方法好；三、农具好。我们照着做去，两年、三年之后，果有良好的成绩，他们自然佩服。"邹先生的说话，实在至理名言。诸君对于农事一科，不可不注意学习！学习要点，不在空空书本上的讨论，而在田野实习。种子的选择要注意！中耕施肥的时期、方法要注意！购用农具要注意！却不要轻事试验！我深知试验非一二年短促时间所能办到。诸君在学校中，对于农事有深切的经验；将来到小学校里去，能在校旁辟地试行，农民见了，自然佩服。此外各科，也要在学校中切实研究。

农村师范的目标：一、接近农村生活。我刚才已详细说过。二、调查农村实况。总括一句，似乎农村情形是一样的，实则彼农村和此农村不同的地方很多。同学们从农村来，毕业后亦望在本农村发展；今年暑假回去，就可在本处详细调查。如有优点，要扩大他；如有缺点，要改革他；遇着困难问题，可提到校里来和诸师长共同研究解决！三、应具改进农村的学识和精神。我亦已略略说过，却是很繁杂而又很重要的！同学们现今所学习的科学，都是到社会上去应用的工具。乡村和城市不同的地方很多，就是应用工具，也必有不同地方。要是相同，又何必于都市外另办农村师范呢？这是最紧要的一点；深望诸同学切实注意！

有些人说：学科方面，本师范须精到，而分校不妨随便些；备品方面，本师范须充足，而分校不妨简少些。这是绝端不对！我以为分校中关于形式方面的备品，

---

① 原作"兴"，据通行写法而改。

② 原作"兴"，据通行写法而改。

当然要简而朴；关于精神方面的备品，如图书、仪器等等，断断不可简少，或者有比本校更加注重的地方。师资也更要郑重，因为本校里毕业生出去就事，一校总有许多人分掌校课、校务；分校里毕业生出去就事，总是单级，或者合级，每级只一个人，可见这一人须种种学科都有相当的能力，方能胜任愉快。就我所见乡村中良好的教员，实在非城市教员所能及。不得不希望诸君自勉！即使诸君没有这种希冀①，将来也逃不脱到农村去就事；那末须在这二三年中，养成相当的学识和精神方好！再进一层说：前此农村无教育，在没有人才；现今许多农村师范生出来了，将来毕业后，倘仍旧不愿意任事农村；即使任事农村，而仍旧敷衍塞责，不能改进农村教育，更进而改造农村社会，那又何必多此一举呢？那还有什么希望呢？农村教育到此水尽山穷，即师范生毕业后的命运也不啻宣告死刑！为将来农村中心人物的诸同学，为造就将来农村中心人物的诸位先生，须知今日农村师范学校仿佛似韩信的背水阵，只有进步，没有退步，千万努力！千万努力！

我再把上面所说的总括几句，就是形式方面，要农村化；精神方面，要化农村。农村师范的目标，有三个要点：一、接近农村生活；二、调查农村实况；三、应具改进农村的学识和精神。

---

① 原作"几"，误。

我之农村教育观①

一②、农村急须教育之原因

农村教育，为吾国现今至重大之一问题。何也？全国人民，住居于农村，而以农为职业者占总数百分之八十以上。有此大多数无常识之国民，而欲适应世界潮流，增进国际地位，殆必不可能之事。农村急须教育之原因，此其一。

吾国工业、商业，较之世界各先进国，实至幼稚。以言商业，如关税之受制于协定，金融之操纵于外人，均足以制吾商业界之死命。以言工业，欧战期中，麦粉、棉纱等事业，骤见起色，曾几何时，而原料昂贵，销路阻滞，操此业者，人人有无可奈何之痛。惟兹农业，则既非外力所能压迫；而且以吾国各省区、各特别区，可耕垦而未开发之地之多；即农事发达之区，亦以方法之粗、种子之杂，不能尽地利、天时之用，留待吾人发展之事业至夥。藉令切实研求，农产增进之数量，虽倍蓰于现今，亦属无难。小言之，工商业因原料之充足，而内顾可以无忧；大言之，全国增进若干物产，即增进若干人民生活能力，影响于社会国家者至大。然非对于一般农民，施以适宜之农事教育，终归绝望。农村急须教育之原因，此其二。

就一农村言之，无论村中户口之多少，殆无不休戚相关，忧乐与共；即凡百事故，均宜通力合作，无待言喻。不宁惟是，农人大率生计艰困，迹其所以致此之由，良以农村中既无储蓄之所，又无借贷之所。无储蓄机关，故劳力所入，苟有盈余，不免浪费。无借贷机关，故平时如有要需，往往投借于地主、土豪，子息巨而限期促，到期不偿，则抵押之品即被没收。或者米谷登场，即举以付之典质，而偿零星借贷利重本轻之债。若夫一村之中，此家与彼家，此人与彼人，雀鼠之争为事势所不能免，亦往往以调处乏人，酿成大故。质言之，皆由农人浑浑噩噩，一物不知，使生活状况日陷于愁苦困穷而不自觉。无教育之害如是其甚也！就一农人言之，既已为人，即有必备之人格，亦有应具之常识，而尤必有忠于职业、善自经营生活之心。现今吾国之农人则何如者？以言人格，则农人浑朴，非若他界之浇漓，俭约、忠厚之古风犹有存者。质言之，本于天然，成于习惯，而非由学养得之。以

---

① 顾倬：《我之农村教育观》，《义务教育》，1924 年，第 27 号。
② 原作"（一）"，据通行写法而改。

故地方愈鄙塞，风气乃愈淳厚；以进化的原理论之，此等风俗，至不可恃。以言常识，则蚩蚩者氓，能识之无者已绝少，遑论其他。以言职业，则农之子恒为农，其职业实由于世守。然而，今之农民，真能终岁勤动，经营主产、副产，惟日孳孳，不自暇逸者殆少。收成付之天时，工作因仍旧法；一岁之中，忙日少而闲日多，寂坐无聊，则习为不正当之娱乐。其较善者，亦徜徉于街市，谈笑于茶坊，虚度光阴而不之惜。出产少而生计困，亦固其宜。无教育之害如是其甚也。农村急须教育之原因，此其三。

虽然，欲施教育于农村，必澈底了解农村状况，所施教育乃中肯綮，则其应行先事研究者如下。

二①、农村之类别

一县城厢市镇以外，统括之为农村。实则农村之类别，至为繁赜。

自经营农业方面加以观察，有以农作物为主之村落，凡村中农民，注重于栽培一种或数种之农作物，而以蚕桑、畜牧为副业，全国大多数农村皆属之。有以森林为主之村落，如湖南及东三省等林木繁盛之区属之。有以畜牧为主之村落，如蒙古、甘肃及山西、陕西省之北部属之。有以渔业为主之村落，如沿江、沿海、沿湖渔民荟萃之处属之。有以蚕桑为主之村落，如浙江省之杭州、湖州及广东省三角一带地方属之。有以园艺为主之村落，凡村中农民，大率栽培花果、经营蔬菜以为生，其区域较散，然名产之地亦往往有之。有甫事开垦之村落，如热河、绥远、蒙古等处属之。耕垦区域之大小、土壤之肥瘠、物产之丰啬，关系于人民生计之盈绌者殊巨。即教育事业，不能不随地而施。其一，须就各地方农业上之需要，施以适宜之指导；其二，须视各地方农民及农村儿童就学之便利，规定适当之方法；其三，须酌量各地方经济之实况，分别进行之后先，万不能以一例论。

自形态方面加以观察，有散布于平地深山道路之两旁，或江河湖海之沿岸，或水陆路之交叉点，村与村相望，各集人群以居处者，是谓道路村落。有以二三豪农为中心，而多数小农环绕之；或以一庙宇为中心，而四周环列农民房舍，成极大之田庄，设堡筑园以居处者，是谓田庄村落。有零星小户，分布于数里至数十里之间，各各结茅以居处者，是谓疏散村落。此三者之中，田庄村落，则有中心人物，使此二三豪农，如果好义急公，知教育之重要，而有志提倡，或更量力捐输，其进行至易为力；反是，而刻剥小民，把持村政，亦为教育事业绝大之魔障。道路村落，则此村与彼村往往各不相谋，以一村之力，势不能振兴教育，然欲与他村联合设立，则往往意见纷歧，未克一致。然其易于措施之处，亦在少把持事权、盘踞势位之人，苟有热诚教育而得农民之信仰者为之擘画主持，"德之流行，速于置邮传

① 原作"（二）"，据通行写法而改。

660

命"，殆非虚语。惟此疏散村落，则非待地方财力丰裕、人才充足之时，殆不能为之设法。何也？以其本身绝无自动之希冀，而户散地广，种种措施均属费多效少故也。

自社会方面加以观察，可大别为农村、山村、渔村。农村施教育较易，山村较难，渔村更难。何也？山村之贫瘠，较甚于农村，且其交通更不便利，故教育事业不易措施；渔村人民半水半陆，每无定居，区域广而居处散，惟变则之学校或尚可以设立，必欲授课以时，殆为不可能之事。

自历史方面加以观察，则有氏族之别、土客之分。其一，一村之中，或为一六姓，或为二三大姓，累代相传，子孙繁衍，往往有一族公共之产业、公共之规约可供利用，则振兴教育实非难事。或者新辟之乡，族姓极散，则一无凭藉，未易进取。其二，土著客民错杂以居，不惟设立学校难期告成，且往往尔诈我虞，易滋事故。

吾人不欲研究农村教育则已，如其欲之，农村种类，必先辨析分明，乃可推行无阻。

三①、农村之组织

全国农村，凡为人群荟萃之所，无论户口之多寡、区域之大小，统治制度必不可少。

吾国农村统治之制，发达最早，具见于《周礼·地官》："五家为比，比有长；五比为闾，闾有胥；四闾为族，族有师；五族为党，党有正；五党为州，州有长；五州为乡，乡有大夫。"上下相联属，各以教其所治；治理之方，以家为单位。故尤要者，乃在"五家相受②，相和亲；有罪奇邪，则相及"。而况自上而下，所治皆不过五人，统治制度之详密而易简如此。夫惟一乡之中，官备而法详。以故若网在纲，有条不紊，意美法良，至此极矣！惟是吾人所不可不辨别之一要点，则周之统治制度实为治民而非民治。

自秦以后，经汉、唐、宋、明而至于清，统治制度逐渐废弛，亲民之吏乃惟县令。吾家亭林先生引陈梅之论而为之说曰："以县令一人之身，坐理数万户口，赋税色目，繁猥又倍于昔时，虽不丛脞，其可得乎？愚意以县治乡，以乡治保，以保治甲，视所谓不过五者而加倍焉，亦自详密，亦自易简，此斟酌古今之一端也。"虽然，保甲之设，何尝不累代相沿？惟法制疏而精神失农村统治制度遂几等于无。

洎乎清季，有鉴于欧美、日本之强盛，觉采用新制不可复缓，于是颁布《城镇乡自治章程》；未及实行，清社以屋。民国初年，内务部重行修订，颁布《地方自

---

① 原作"（三）"，据通行写法而改。

② 原作"爱"，误。据孙希旦《礼记集解》而改。

治施行条例》。十年，复布颁《市自治制》《乡自治制》。至今，全国干戈扰攘，即隶属于北方诸省，亦未能一律实行。惟是鄙见以为地方自治制即能实行，仍不过为一般土豪争权夺利之资，而农村人民之困苦颠连如故。何也？市、乡自治制度，以一市一乡为单位，而非以家为单位，则法制疏而精神失诚如故也。各行省中，惟山西一省施行村制，又复颁布村范，以其贯澈村制之精神。其制：满三百户以上者为主村，不满三百户者为散村，合数散村为一联合村。村有长有副，村之中，满五家为邻，设邻长；五邻为间，设间长，均由人民公举。村长之上有区长，受省长、县知事之命令，统辖所管各村；村长副，受区长之制裁；邻长、间长，受村长副之制裁；统治精神，与周制绝相似。而尤胜者，在各长均由人民公举，夫是之谓民治。虽然，以贤明有力之长官主持其上，成效卓著，因所宜也。吾故谓山西现有成绩，可称之谓官督民治，而犹非真正人民自治。各省区、各特别区，如有意改进农村，必先以良美之制度，则山西省实可为模范。惟欲农村人民真能实行自治，非增进农民知识，提高农民程度，不能达此目标。十年教育，积极推行，其庶几乎！

四①、改进农村之要点

吾国今日农村种种应行改造之点，以文明先进各国为例，其事殆千条万绪。兹姑就最急要者言之，厥有四端：

其一，土木工程。吾国农村道路，万不可不改良，南方多雨之区为尤甚。总之，此乡与彼乡，此村与彼村，必有相当衔接之道路，乃可以利便交通。此则各村农民当善自为谋者也。若夫农事之盛衰，基于水利之兴废。现今，水旱之灾遍于各省，与其谓天灾之洊至，毋宁谓人事之未修。盖凡农田之畔，增高堤岸，开浚沟渠之举，当地农民均有切身利害，协力同心，农隙之时开工浚筑，事之所当然也。

其二，保安。现今，武人乱政，财尽民穷。以故盗贼痞类纵横各地，农村人民之身家性命在在堪虞，不得不急谋自卫。土匪出没之区，尤非组织乡团，选集壮丁，勤事训练，以为御侮之图，而一面坚壁清野，使匪类无从窝藏，无从掳掠，则一方之治安几无从保。

其三，借贷及储蓄机关。农村借贷之所，吾既言之，一为典质，二为地主、土豪，两者均利重而条件苛。苟有余钱，又无从零星储蓄，极感困难。是则借贷与储蓄机关实为农村一日所不可少。急宜设法自行组织，公举信用昭著之人，主持其事，一面接洽本县银行钱铺，以为后盾；一面于村内特设流转金融之所，俾有余者可以储蓄，不足者可以借贷。金融活，则农村之命脉通。

其四，村事公断。农村中每有因薄物细故之事，而终致酿成大祸者，其故由于农民概无法律之知识，无道德之观念。一有争竞，其始每评论于茶肆，野叟田夫三

① 原作"（四）"，据通行写法而改。

三两两不明正理之评论，决不能了事；其继则申诉于乡图董，又以乡图董公正有理事才，能化大事为小事、小事为无事者亦少，故往往不能弭患于无形；其终乃涉讼于官府，则无论讼事之胜败如何，十之七八归于败家破产。亦有重大事故，遭强暴之侵陵，而忍气吞声以受之者。农村黑暗之情状大率如此。为保障人民之权利，及互让和平计，公断之处决不可无。是宜公推贤良正直之人主其事，村民如有争执，即由调处，诉讼事故必能减少。

以上四端，实为今日农村当务之急。其他次急之务，姑不尽言。然非司教育者详悉指导，使农民咸知互助之不可缓，而又守法奉公，欲求有成，不可得也。

五①、农民之人生观

农村之类别如此，农村之组织如彼，与夫改进农村之要点，均如上述。吾人所再宜注意者，厥为农民之人生观。

吾国人民之中，思想最简单、欲望最狭小者，莫如农民。论其随遇而安，则食、衣、住三者备极不堪，均可忍耐。以故一遇凶岁，因饥寒之交迫，而四散以就食他方，犹为少数强者；其弱者，则坐以待毙而已。论其委心任运，则明明有利可图，而农人不之动，曰："是有命焉，不可强致也。"明明有害可避，而农人不之顾，曰："是有数焉，不可幸逃也。"惟一目的，在迷信神权。以故关于农事，久雨而求晴，久旱而求雨，有虫害而求驱除，无不诿之于神；关于家政，吉凶则卜之神，疾病则决之神，避祸趋福则祈之神，乃至疫疠流行之时，驱逐疫魔，亦惟赛会迎神、设坛供神之是赖，而绝少向上之企图。家而赤贫，但能年年衣食可以敷衍，知足极矣！家而小康，亦仅望子弟异日能作一商人，更进而读书有成，能作一教员，则快乐已极。对于乡先生至顺敬，苟能时出入其门，则尤为无上荣幸；路遇亲戚故旧，必谓相公厚我厚我，且虚言状矣！

惟然故农民之优点，在俭朴、耐劳苦，生产之所入虽微，家用之所出亦少，往往世守其业，历久不衰；其缺点在保守而不进取，鄙啬而不开通，涣散而不团结。以故农业状况，但知牢守累代相沿之旧法。他国农民，已将土壤之膏腴吸收殆尽。吾国农民，则辛苦艰难从事耕种，而土壤之生产力历数千年如一日；农村状况，亦与太古所谓"凿井而饮，耕田而食，不识不知，顺帝之则"者无大异。其与欧美各国劳农，努力运动，咸欲发展其势力于农村之外，尤甚而欲攘夺国家行政之大权者，殆未可同年而语。以如是之农人，可谓顺民。转言之，以如是之农人，可谓愚民。曾是二十世纪之潮流中，有此大大多数之愚民，而不归于淘汰者！是非收功教育，不能改进其人生观。

---

① 原作"（五）"，据通行写法而改。

六①、欧美农村教育之趋势

农村教育，不易普及，且农民每不知教育之重要，故必用种种方法，引诱农民子弟入学。此就量的方面言之也。农村小学，以师资、经费种种之关系，更不易有良好成绩，应如何注意研求，提高农村文化程度，尤为重要。此就质的方面言之也。何况农村教育，实不仅限于学龄儿童，并应为非学龄儿童施补习教育计。谨本此义，综核欧美各国办理农村教育之前型，作表以明其概要，如下：

```
                        ┌单级小学之改良及增设——美国
                 学龄儿童┤义务教育之普及——世界各国
                        └季节制、半日制之乡村小学——瑞典、挪威、丹麦等国
        量的方面┤
                        ┌奖励乡村组织各种会集，如青年会、农民会之类
                        │——世界各国
                 非学龄儿童┤乡村补习学校之增设——欧美、日本等国
                        │补习教育定为义务制——美、英、德、法、瑞典、
欧美农村┤               └丹麦等国月夜学校——美国
教育概要
                        ┌乡村小学以农业为必修科——美、法、比、日本等国
                 学龄儿童┤义务教育年期延长——英、法、德、日本等国
        质的方面┤       └联合学校——美、加拿大、澳洲
                 非学龄儿童：国民大学——丹麦、瑞典、德等国
```

总括言之，欧美农村教育共同之趋势有三要点：（一）义务教育年期之延长；（二）农村补习学校之增设；（三）补习教育定为义务制。盖全国学龄儿童，既已设为种种方法，使咸就学，且提高其在学年期，又复于农村最有关系之学科特加注重。全国成人及青年既已身受义务教育，有初级普通之知识，又复以为不足，诏之补习，俾得完成其道德、知识，且特授以农业上最新之方法、技能，而增进其生产能力。成绩尤著者，厥惟丹麦之国民大学、美国之联合学校。丹麦自举办国民大学以来，其显著之成绩凡三：（一）田园都市。凡都市中所有之图书馆、音乐场等文化事业依次具备，而田园之整顿尤为精致绝伦。（二）经济上之收益。种种组合相继以起，收入增加十倍。（三）政治上之收获。欧战告终，英、法鉴其热诚，藉以恢复失地。美国设立联合学校之各省区，备品充足，教科革新，准合乡村需要，又复招致良教师，以汽车或马车分赴各乡村，迎送儿童往返。儿童出谷迁乔，兴趣横溢，其与从前乡村单一教室之学校，形式、精神判如霄壤。夫以欧美各国农村教育之进步如斯，而返观吾国农村，无论成人，无论儿童，识字者已寥寥不可多得。吾

---

① 原作"（六）"，据通行写法而改。

人何可不引为大忧，以急谋造福于农村也耶？

七①、农村教育今后进行之步骤

办理农村教育，既不可一日缓，则进行之步骤究因如何，殊费研究。鄙见须分三步，而同时兼顾学龄儿童与非学龄儿童两方面。试述其步骤，如次：

第一步

(一)造就师资

分述，如下：

(甲)创设农村师范学校。农村学校教员，一方面为儿童之教师，一方面为农村中心人物，改造农村之责，非异人任。现今未研究农村教育之师范生，对于农村状况，诸多隔膜，万不能胜任愉快，故必特设专校以造就之。办学之目标有三：一、接近农村生活；二、调查农村实况；三、养成改进农村之学识和精神。

(乙)大学、专门高中农科设教育研究科。大学、专门高中农科毕业之学生，必具有相当之学识、才力。惟是毕业以后，欲望自营农业，亦非易易。若利用此辈人才，从事推广事业，宣传研究所得，俾一般农民知所效法，更进而为学校教员之导师，间接、直接教授一般农民，并为之解决种种困难，则效果甚大。是宜于大学、专门高级中学之办理农科者，均增设教育研究科，使明教育上之原理、方法，乃出而服务农村，实为至要。

(丙)召集农村小学教员设短期之讲习科。现今一般农村小学教员多不知教育为何物，至农村教育之特性，更无从说。然农村教育之权，实握于此辈冬烘先生之手，纵令急速培植良好之师资，亦必三数年后，方可得人。是非招致此辈教员，急行设科讲习，使粗知教育及农村种种应行注意之点，暂准代用，一时殆无他策。

(二)编订适用课本

现今小学使用之课本，编辑者非任职农村之人，于农村之状况及农民需要之点，每多隔膜。是宜俟农村小学课程问题商榷大定之后，盼望海内书局物色相当人才，从事编辑。惟在现今过渡时代，急宜注意者有两点：其一，注重农村生活必需之要点；其二，顾念现今一般农村小学教员教学能力，以为一时救急治标之计。若完备之科目课本，不得不期之数年以后，各省农村师范毕业之人材渐多，庶几利器与良工相需为用。

课程问题，吾既别有所论列矣！师资问题，关系亦至重大，当专篇论之，兹不赘。

---

① 原作"(七)"，据通行写法而改。

第二步

（一）为学龄儿童尽力推广简易小学校

山西省义务教育最为发达，入学儿童占学龄儿童百分之七十以上，为各省区所不能及。往岁曾调查其设校办法，试略举数县以示例。左云县，五十户以上村庄，一律设国民学校；五十户以下，一律改良私塾；二十户以下，零星小村，则设流通学校，教员按半月或一月轮流教授。石楼县，各村多十户上下之人民，学校由绅士筹捐设立，十余村合一校。近因学生就学不便，多设村立私校，又设冬春学校。蒲县，则五十户以上村庄，自设学校；二十五以上者，三五村联合设立；小村则由县补助。最近，教厅复定改进小学之制：其一，学科简单；其二，办法简易。（详拙①著《乡村小学课程之商榷》）更按之世界各国，美则各省小学之就学日期至不一例，丹麦则有半日之制，瑞典则有间日之制，日本北海道至今尚有变则之教育所及特别教授场。（教育所课程不必完备，教师略宽资格，授课不分级，时间不画一，教以切实应用之国语、算术而已，特别教授场更简便。）农村小学之不可不力求简易，征之山西，按之世界各国，灼然无疑。盖各地方经济、师资均为有限，而农村方面又以户口之疏、交通之不便，有种种困难问题，非将办法、年期、学科目参以活动，欲望入学儿童岁岁增加而达普及之目的，难矣！

（二）为年长失学之人筹办农民补习学校

施教育于儿童，即使办理完善，收效尚在十年以后。欲求效果之速，不得不为年长失学之农民计。今日平民教育，呼声日高，倘更扩而充之，使时期稍长、教科目稍充足，定为国语、算术、常识三科，稍加农业上必须之知识，改为冬春学校，即附设于地方小学中，招村中一般农民入校肄业，所费虽微，而得益至大。

第三步

（一）计画设备充足、科目完全之优良小学校

简易小学，不过为一般不易就学之儿童计。各国小学教育进步迈往，农村儿童之知识、道德日新月异。吾国苟以因陋就简为满足，断乎不可。一方面求量之增加，一方面亦当求质之改进。鄙见一县之中，必须筹备优良小学一二处，以为各乡村之模范。惟是学科训练，必以农事为中心，必以最经济之师资收最伟大之效果。

（二）计画为已受教育之人设农业补习学校

农业补习学校，注意农业之改进。改进农业良非易易，不惟须有科学之知识，并须有丰富之经验。以故办理农业补习学校之先，必办理农事试验场。试验既有成绩，开办学校，招集有初级普通常识而躬耕陇亩之农人，为之讲授经营改善之方法，使一一见之实施。尤宜注重农村社会之组织及进化，俾确定其人生观，以农为

---

① 原作"绌"，据通行写法而改。

事业，以村为目标，斯农村教育之主旨乃可以贯澈。

八①、结论

本年四月，应江苏省教育会之招，赴徐州讲演乡村教育，自愧学识谫陋，于农村教育问题，并无深切之研究。惟是海内教育家近正积极注意此点，不敢自默，时隔一月有半，谨追忆其所讲演者，加以考证，著为文辞，披露报端。诸君子不弃而教正之，幸甚幸甚！

---

①　原作"（八）"，据通行写法而改。

乡村小学课程之商榷[①]

吾国各行省办理小学，虽已有年，而大都均设于城市，一县中小学发达者，乃渐渐推及乡镇；至真正农村，则除山西一省及他省教育极发达之县外殆极少。而通行小学课程，向日教部所颁布者，实根于日本化。今之新学制委员会所编订之《课程纲要》，大率为当今有名学者，运其精锐之头脑，参以欧美之章制，分别编订，科目极细，标准极审，虽尚未经教部正式公布，而书局既据以编辑课本，学校既据以改订学科，殆与已公布者无异。然细审其内容，于乡村之状况及乡村人民需要之点，实未尝为深切之研究。各地师范学校又多未研究乡村教育。乡村中固有之不良教员更不知教育为何事。于是乡村中即有小学，其能切于乡村儿童将来生活之要素，肩负有改革农村社会，促进农村文化之责任者，殆如麟角凤毛之不易得。总括言之：（一）真正乡村小学本极幼稚；（二）即有小学，亦往往无适当之课程；（三）即为制定适当之课程，而现今乡村小学教员，有相当之学力者殊少。惟然而乡村小学课程乃为今日大可研究之一问题。

欲研究乡村小学课程，第一，须审度吾国乡村状况。欧美各国之乡村，虽为足迹所未至，然往往于报章之上"欧美通信"栏中，见其鳞爪，山水之清幽、物产之丰富、人民自治能力之充足至可佩仰。而吾国之乡村则何如者？以乡村之性质言之。就职业方面加以观察，间有习小商小工者，而大大多数则习农；农之中应分为作物、森林、畜牧、蚕桑、渔业、园艺各种，能于其所习之业，获大利者若而人，致小康者若而人，一县之中可屈指计也。就地理方面加以观察，其村落有散布于道路之两旁，或水陆之交叉点，相距二三里以上，各萃数户，数十户，多至一二百户，而成为一村，村与村相望者；其村落有合数百户至一二千户，围绕大地主以居，成为一极大之田庄者；亦有人民稀少，相隔数里至数十里，仅得零星小户，成为疏散之村落者。就历史方面加以观察，一村之间，有一姓者，有得二三大姓者，盖其先人移居于斯，子孙蕃衍，则族大众多；亦有新辟之乡，五方人众闻风而来，各各结茅以居，族姓极散者，则有民族之别；近岁农民以生齿日繁，四出觅食，与其地固有之人民错杂以居，经营农事者，则有土客之分。乡村性质之复杂如是。以乡村之组织言之。山西一省，施行村制，其制满三百户以上者为主村，举村长一

---

① 顾倬：《乡村小学课程之商榷》，《申报：教育与人生（周刊）》，1924年，第29期。

人，村副二人或四人，择一村品学兼优而有资力者投票公举；不满三百户者为散村，举村副一人或二人。划数散村归一村长管辖，谓之联合村，而以各村副助之。村长副之下，满二十五家为一间，举一间长；满五家，举一邻长；均受村长副之主裁，联属办理地方公事。村长之上有区长，承省长、县知事之命，统辖所管各村，故事无不举。乡村之有统治制度者，惟山西省庶无愧色，其他各行省、各特别区举无足以语此。大率乡村之间，绝无公共组织，经济事权多有操于土豪之手者；一村之人民，身受盘驳压制，穷极无聊；则弱者转于沟壑，强者流为痞类，尤甚者则为土匪。无论地方自治制，未必能实行；即能实行，亦不过为占有势力者争权夺利之资，而于一般乡僻小民则绝无利益。乡村组织之不良又如此，是为乡村教育所以不易兴起之绝大原因；亦惟无教育之故，而愚民万万残喘苟延，历数千年无改造之一日。然使吾国乡村永无改造之希冀而长此混沌黑暗，则吾国前途亦永无能自存立之一日。何也？全国之大，万非此百分中一二十之知识阶级及其他劳动阶级所能担负巨肩。吾辈诚能发大愿，有大志，欲为全国大多数之乡村谋实施教育事业，必深知乡村今日之苦痛，而寓改造精神于所受课程中，庶几有当。此宜注意者一也。

第二，须注重乡村人民生活必需之要点。全国人民生活之简单，殆无过于农民。然农民生活亦岂能长简单者？地方繁盛、交通便利之区，农民来往都市，往往震惊都市之浮华，而不能免都市化，舍其习勤尚朴之风，以趋好惰好奢之倾向，可为寒心。瞻风俗者，必于穷乡僻壤之间，乃得累代相沿之美俗。殆夫交通一便利，地方一繁盛，而美俗即随以去。吾人须知时至今日，不能阻其不交通，不能望其不繁盛，是惟教育足以保守其固有之美俗而促进其未来之美俗。且夫地方愈交通，愈繁盛，则生活程度愈高，是惟教育可以增长其生活能力。吾甚望各地方能于小学之外，力倡农民补习学校，仿照丹麦办法，以促进农民之智、德、体三育，并灌输农业上选种、深耕、驱除虫害、改良农具种种之新知识，以促进其生产能力。然而，小学教育距普及之期尚远，既未得陇，何敢望蜀？则乡村小学之课程，不能不注重其将来之生活问题，一则生产之根苗，一则应用之能力，实为地义天经。兹也，美、法、比利时、日本等国乡村小学咸以农业为必修科；吾国现今即尚不能，而课程之内容乌得不趋重农事？此宜注意者二也。

乡村小学课程所应注意之点既如此，请更就事实论之。乡村小学，能否悉以四年为毕业期？四年之中，能否日日就学，与都市之儿童同，而适用现今所制定极绵密、极繁重之课程？以吾思之，殆断然有为难者。何也？劳农子弟习为农事，正以维持其生活，重要更过于读书，只可以农事辍读书，不能以读书妨农事，非将其他各种之分量减轻，而将切于农民生活之分量加重，是为不适用。曾是办理乡村小学，而可授以不适用之课程者？

虽然，上列云云，均就积极言之也。就消极方面言之，今日乡村教育，握于谁人之手？试问乡村小学教员中，毕业于师范以上学校者曾有几人？未毕业于师范学校而确有相当之学力者曾有几人？吾顷者曾撰《农村小学之真相》文，将农村小学教员评其等差，分为九品，披露于《新闻报》之"教育新闻"栏，谅诸君子当其鉴及之。乡村小学亦尽有极出色之教员，其成绩令吾五体投地者，然大多数则不称职；而且以经费之困顿，每级以一人为单位。若如新定课程，最低之限度计惟八科，欲以一人而胜任愉快，殆为不可能之事。往岁曾至南通，实地参观乡村教育，各校学科亦已都改从新制，而无如各科表现之成绩，绝少见及何？故鄙见以为今日乡村一般小学教员，即此二三重要之学科，亦须一面督促以学习之本原，一面指导以教授之方法，务令教学相长，积岁累月，庶不致自误误人，而终有胜任愉快之一日。山西小学教育之成绩，未曾亲见，不敢妄加赞美，但其教育行政实为有法。近顷见该省教厅颁布改进小学制。其一，变通国民学校学科。凡无力升学者，国民学校，定为通俗国文，人民须知珠算暨笔算之加、减、乘、除四科，而其余概可从略。其二，各县之村庄，最低限度，必设一简单小学。其课程准前定。其师资可联合附近村庄各校，聘一正教员，用循环制教授。每村再聘一人为助教，正教员离校时，应将所授课程详细为助教讲授明白，即由助教代行教授；正教员回校，则详加纠正。其授课时间，不得妨碍工作，或午或晚，均无不可。物穷则变，变则通，乡村小学教科目之不可不简单，办法之不可不活动，时为之，势为之也。又考美国乡村小学课程，最初亦只有读、写、算三项。以师资不良，辅导乏人，教材与生活需要不相联络，故所教仅按书本，所学仅凭记忆，其教育结果所致于社会进步之效率甚小。又以乡村教科书，与城市未分，所习皆城市之事，适足以感起儿童羡慕城市之兴味，而速之去乡，是与乡村教育之根本目的相反。故制定新课程，必以乡村目前需要为本位。（汪懋祖《美国教育澈览》。）是则留美学者实地考察之言论。可知美国从前小学成绩之所以不良，课程之简关系犹小，课本内容及教授方法之不适当乃为最大病根。兹也，美国业已改进乡村小学，不惟单级制之增设改良，且已有五省改单级制为联合学校，裁并各村小学，而于适中之点特设一处；各村儿童，日日用马车或汽车迎送；科目力求完备，设备力求崭新，俾众儿童悉受良好之教育。此则与财力、交通、道路工程均有关系，万非吾国现今所能学步。按山西之成例、美之前型，乡村小学之课程不可不另订也审矣！

乡村小学根本异于城市，吾既言之。即本刊前载《乡村教育进行之步骤》文，亦认乡村小学课程有改订之必要。惟是柏良君之主张，犹与新学制委员会所订之《课程标准》无大异，而其内容则大不通，夫固以农村为中心者。鄙见则并以为高级学科可完备，初级不可不简，即新学制《课程纲要》"总说明"第七条："乡村小学，各科目有不能独设时，得酌量合并，依教授之方便，从简略以利推行；但国语、算术之授课分数，不可再减。"是亦明明自以为尤重要之学科，惟国语与算术，授课分数不容减少，而非《纲要》内容不可活动也。是又明明谓国语、算术之外，皆可从简略以利推行也。更进言之，所定课程亦尝详细读之矣！吾人就所见所闻，衡以全国各省区、各特别区小学教育程度，能否一律通行，应俟全国教育者之公论。约言之，此项课程，在今日犹为完备之草案，而尚未确奏革新之大功，此则编订者所不能不自认者也。更进言之，吾之主张乡村初级小学课程宜从简单，宜以农事为中心，为治标计，为救急计也。吾人须知欧美、日本义务教育之年期均已在六七年以上，其学龄之儿童就学者多至百分之九十九、九十八，即日本亦已至九十七。如是而小学之前四年，确定一种不易之课程，以国民公同应具之人格、常识、技能为本位，无城市与乡村之别。是虽谓"悬之国门，不能易一字"，吾中心悦而诚服者也。返观吾国，全国学龄儿童之就学者不逮百分之二十，此犹括城市、乡村儿童言之；如果撇除城市，专论乡村，以意揣之，虽谓学龄儿童仅仅得百分之几，亦无不可。而师资之缺乏则又如何？是则吾人制定小学课程，急须为此百分之九十几儿童，一律易于就学计；易于就学，而又于本身生活方面，得小小之实益计；急须为此一般冬烘头脑之小学教员，可勉事改良，且教且学计。殆夫三数年后，全国教育果有促进之一日，然后加重乡村小学课程之分际，未为晚也。更进言之，吾之主张课程宜事简单，盖为一般不能设立完全小学之乡村计。如果有良好之乡村，乡村中又有良好之教员，办理课程完善、设备充足之小学，吾虽为之执鞭，亦所忻慕。近于江苏之崇明友助乡，得一极满意之小学教员，甘以第一把交椅奉赠，而膜拜于其前。（见拙著《农村小学之真相》文。）自问绝对非顽旧刚愎之人，深望诸君子之俯鉴愚忧也！

　　乡村小学课程，主张科目简单者亦不乏其人。朱麟公君主张设国文、算术、工艺、体操、训练五科，张弘君主张设国语、算术、常识、农业、游技、艺术六科，均见江苏《义务教育》会刊"言论"栏。储劲君主张设国语、算术、常识、农业、艺术、体育六科，见《时事新报》"学灯"。江苏第七届省教育行政会议，教育厅交议，靖江县视学请议，推广农村小学案，主张设公民、国语、算术、体操四科，均见江苏《义务教育》第廿二号会刊专件。科目之分配，立说虽有不同，而主张简单则一。上月曾在江苏省教育会，与友人朱君经农、章君伯寅详细讨论，就吾辈三人共同之意见，拟定为国语、算术、常识、体育四科，得相地方需要，加技艺科。国语科注重文字，常识科注重直观与实验，算术科注重农村之日常应用，体育科注重卫生，技艺科注重农村工作。其当否未敢自信，但为治标救急，并兼顾小学教员之能力计。窃以为容有几分商榷之价值，仅以就正同人。惟是不才，又有所欲附带言之者，对于国语一科，却不主张纯粹儿童文学，其理有三：（一）科目既简，而国语又为纯文学，儿童所得知识未免太空；（二）纯文学非较有根底之教员不能胜任，现今一般之小学教员实不足以语此；（三）纯文学之欣赏，凡非乡村儿童生活所必需者，可酌量删节，盖仅能受四年义务教育之儿童，实用为重，欣赏为轻也。但亦绝对不主张国语一科专取日用杂字书，要以农村人民需用者为准。兹事体大，谨披露所见，公之报端，冀海内教育同人之指正焉！

兵事中教育问题[①]

暑假将满，战祸骤开，光阴荏苒，已逾一月。发轫于江、浙一隅，而蔓延几及于全国，已成为直派与反直派决斗之一问题。直、奉之交，业已开火；滇、粤之师，业令动员；军阀以联盟而响应，生灵以遭乱而涂炭。以故直、皖之争不过数日，直、奉之战未逾一旬，兵事即已终结。民五帝制发生，滇南首义，公理所趋，舆论一致，桂、粤、浙、秦、湘、蜀相继独立，为期惟经数月，而战祸实不甚烈。惟粤省孙、陈之衅，川、闽群雄之乱，旷日持久，为患较甚。然仅属一隅，无关全局。兹也，直派与反直派调动军队，计其总数，已在五六十万以上。即就东南战事言之：黄渡、浏河作战最烈，一月之中，大战、小战，双方死伤殆已数万，而旅进旅退，至今未越雷池一步。杭局骤变，卢主缩短战线，聚精锐于淞沪，冀图死守；齐主包围强敌，乃欲与闽军夹攻淞沪，以图一逞；胜算谁操，此时尚未可预料。东北风云乃起，奉张、洛吴似均有决死之心，秣[②]马厉兵，积极备战，一为报仇雪耻之谋，一为扫穴犁庭之计，尤与前次战局大有不同。粤、滇僻处南服，而欲会师中原，行军之期已非易易。总各方面观之，殆非旬月间所能速了，财政则罗掘以应军需，民生则流散以避兵祸，教育事业其不能不受摧残而遭停顿也审矣！

虽然，兵祸为破坏之恶魔，教育为建设之大计。以彼日俄之战，欧陆之世界大战，若日，若法，若德，若比，均有存亡继绝之大关系，不能不倾全国之兵力、财力以御外侮，而国内之学校未尝少辍。诚以一时之事变所关虽大，而国家前途所望青年学子之效力于异日者，其艰巨尤倍蓰于现今。以故一方面激厉国民，奋其忠勇之精神，为海陆军之后援；一方面激厉教育者与受教育者，移其海陆军决心死战以报国家之精神，为从事教育及受教育之精神。此各国之所以强，所以虽挫败而国势终未可以轻视也。吾国光复以来，连年内乱，武夫效死，不于国外之疆场，而惟以供一般军阀争地盘、竞权势之私斗，功罪是非，未可以同日语。在平日既以兵费漫无限制，致各省教育经费多归无着；一旦有事，则又不惜尽括国家地方之脂膏，悉用之于弹雨枪林，而使莘莘学子咸辍学以待命，可痛实甚！

十余年来，苏省当民二之秋，局部曾遭变故，然为期未久，即告弭平；浙省，

---

① 顾倬：《兵事中教育问题》，《申报：教育与人生（周刊）》，1924 年，第 53 期。
② 原作"抹"，误。

则始经未巨兵祸。"人材渊薮，财赋名区；士夫酷爱和平，妇德素敦礼教。综贷殖之挽毂，汇文化之策源。改革以来，素称完善。"虽在武人，咸知此义。兹也，锦绣山河沦为战场，省立学校业经正式宣告闭门。苏省长之通令则曰："现在时届九月，正省立开学之时。只因江、浙战谣至今未息，各校男女学生远道来学，既感困难；而各学校校长于此人心浮动、金融枯涩之时，维持校务，亦颇不易，暂行展缓两月开学。……"浙省长之通令则曰："现值军事繁兴、金融枯滞，教育经费既难按时支发，各该机关势必办理为难，所有省立各教育机关应即暂行停止进行。……"至对于各县教育机关，浙令谓："应否暂停进行，由各该县酌量情形办理。"苏省则另令各县知事："除实在被兵地方，学校无法维持，应准暂行停办外，其他各处，应责成各县知事照常办理，不得藉故辍课云云"。两两比较，浙省尤为消极。惟苏省于省立学校虽展缓有期，于县市乡立各校虽主照常办理，然于经费之筹拨亦无确切办法，则省校两月以后能否一律照常开学，县市乡各校能否不藉故辍课，要在不可知之数。前日报载江苏省教育会干事会提议救济省立学校停顿办法，议决："省立各校，在本学期内，除师范得收膳费外，其余各校均得照私立学校就地方情形酌增学费；教职员的尽义务，省署就原定维持费外，酌量加拨，照常开课，俟事平时将原定经费补发。……"业经通告行政机关，及各校酌度办理，用意可为至善。惟以鄙见思之，当此兵戈扰攘之秋，生计维艰，家属负担之力至困且竭，即各校定章应缴之各费，尚苦无从筹措，遑论增加；倘各校果照此施行，惟殷富小康者之子弟乃能入校，其他殆有不能不辍学之苦焉。

虽然，不佞，苏人也。兹姑为吾苏计，所欲为官厅告者，回忆民二赣宁之役，省垣被兵，省行政公署暂移沪上，不过数日，即令行各校云："本省军事方殷，饷糈甚急，一时教育费无从筹画。各该学校只能通告诸生，展缓开学：如有建筑工程，应即暂行停止；如果该校有现存款项可支，所在地方秩序亦尚宁谧，即将该校全部即一部先行开学。"时八月七日事也。阅期十二日，又令各校云："现在吴淞战事告终，镇工亦已平靖，宁垣大军云集，不日可望肃清，谋根本之善后。虽财政益陷困难，而教育断不容缓。兹为维持学校起见，除宁垣各校，须俟地方大定，再行筹画开办；以及徐州第七师范学校，交通阻滞，只能展缓开学；其余各校，于无可设法之中，勉筹开办。特规定临时撙节校用方法，职教员薪水暂发半数；各项杂支，可缓者一律从缓；临时费，一律停止：依此规定，姑按省议会议决各校按月应支经常费数目，依七成支给。"并开令单行各县知事，分担校款。经此一令，各校咸从事筹备，按时开学，鼓歌弦诵之声未尝少歇。至今思之，当时省行政长官实能通晓大体，亦即今日先河之导，所可资效法者也。明知当日省立学校不过二十余所，且班级多未充足，又无积欠，省教育之负担殆不过现今半数。今则学校多而班级备，各校积欠已满三月，筹措尤难。惟立国基础，实惟教育。松江、太仓、黄渡等处均属战区，当然无从开学。其余各校不得不希望省行政当局迅速明令，统于十一月初一律开校。以前积欠及九、十两月经费，暂俟战事终了，再予补支；十一月分经费，则按照本年度额定之数，暂发七成；教职员薪金，暂支半数；其他，一概撙节支用。惟该款项①先事筹措，统于月初发现，在战事未平期中，永照比例。若如前次通令酌订办法七条，其第六条所载"本年度各校与职员所订契约，照常有效"，藉以慰各校教职员之心，固为要着。惟是其一，各校教职员，多数均以馆谷所入，供仰事俯畜之资，在此停课②期中，杼轴告空，困苦殊甚；其二，各校教职员，在此停课期中，绝无所尽义务，而事平之后，一律享受补给之俸金，亦嫌使用之不经济。各校月支之款，以薪俸为大宗，似不如迅筹开学，暂给半数以维持各教职员现今之生活，暂留半数以待后日之补支，措施较为得当。此则应请省行政长官注意焉者也。

不佞所欲为学校告者：半年学历不过五月，辍课两月，已去五分之二。倘使十一月初不能准备开学，则寒假以前殆无开课之期。何也？逆料一月之内，战事未必告终；且即告终，而本省国库积亏已达七百七十余万，省库积亏亦数百万，总计已逾千万；经此大变，支出增加，收入减少，又加以兵灾善后之需，恐累积亏耗须以数千万计，财政纷如乱麻，清厘不易。省立各校长苟非善自为谋，对于官厅，援引前例，联合陈词，请拨校款；对于各本校调度有方，继续进行，实难预料。至学生收费问题，如照省教育会议决办法，增加各费，深恐寒苦学生无力缴纳，不得不相率废学，人数锐减，则收入转少，益增困难。鄙见对于此点，正主张变通办理。例如，学生到校，半年中应纳各费，均须一次缴足。当此兵事期中，或酌度地方情形，分为两次缴纳；或对于寒苦学生，酌予通假，不足之数，得以展期缴纳；家庭之负担较轻，学子之来游自易。至家属之境遇稍丰者，最好以自动之心，捐输校款；或预缴子弟来校学费，以维持学校，即维持其子弟学业。学校中亦不妨通告豪富之家属，请求赞助。似此酌盈剂虚，庶几有当。此其一。教职员俸给问题，鄙见平均通计，可以月支半俸为准。若以个别论，则月俸在三十元以下者，必须全给；月俸在三十元以上，而家庭之担负重者，亦须分等办理。至一校之教职员中，如有家境稍裕，无须倚硕田为生活者，似可不送现金，给予债券，迨事平后补送。各教职员必能共谅苦衷，专心乐育。此其二。学校费用问题，薪金而外，以伙食为大宗，此为师范学校特殊之困难。省教育会议定师范生酌收膳费，兹事体大，鄙见亦不甚赞同。惟此项费用如果为难，鄙见学生缴纳之保证金、校友会之积聚金均可暂时移用。如此两款，早为校用所挪移，已无现金存在。则惟有改荤食为素食。且就校中隙地，提倡种植蔬菜，亦未始非节流开源之一法。其他中等各校，若购置、杂支、印刷、灯油、茶水等等费用，均可力求撙节。此其三。但欲贯澈此主张，非校

---

① 原作"颁"，误。

② 原作"谋"，误。

长及各职教员均抱艰苦卓绝之精神，同心戮力，共策进行，殆亦有难言者。此则应请各校校长及职教员注意焉者也。

不佞所有欲为学生告者：今日之青年学子，浪费者多，节用者少，在承平无事之时，已非所宜，矧在乱世！调查各校学生，每月零用少则数元，多有须十数元者。实则在校之学膳宿费既已如数缴纳，则学生自用之费，惟书籍、笔墨、纸张为不可省，此外各宗无一可以节省。约言之，除必要之书籍外，每月得一元，作为洗衣、沐浴、剪发及购置文具等等之需，已极充足。青年学子一方面宜重视学业，一方面宜力顾家庭经济；惟能苦学，庶可有成。各校职教员，籍隶各属，或者家在战线中，困守危城，播迁异域，不克到校，亦事势所不能免。校中各项学科，以万不得已①之故，或不能完备。青年学子尤须顾念学校办事之为难，不宜求全责备，愈当此乱离之世，学校风潮愈不容发生。此则应请各校学生注意焉者也。

不佞又有最要之一言，欲告我官厅及学校之教职员、学生者。方今吾国名流盛唱收回教育权之高调。然以吾苏论之，教会学校大都按时开学，而吾国立、省立之各校，惟东南大学已②有力筹开校之宣告，其他各校则多数寂寂无闻，此尤吾人所宜认为大耻。倘以锋烟弥漫、岁月蹉跎，学校弦诵之声竟为鼙鼓声所压倒而长此岑寂。是我苏省民政长官、教育当局以及地方父老兄弟能力之薄弱已③尽暴露。不宁惟是，吾苏不幸已④捲入战事之漩涡。如天之福，此次兵事为根本解决，或吾苏有人，处置善后问题，能永出苏民于火热水深之外，私衷期望，非敢逆睹也。苟或不然，则五年、十年以内，恐无安靖之一日。如果一隅起衅，全省辍课，东南教育扫地以尽。如武夫扰乱，其患在一时；若学子荒嬉，则吾苏自治自立之萌芽为之杜绝。是又吾人所不忍见亦不忍闻者也。不佞涓涓忧之，故不恤垂涕泣以道之。若夫经兹奇变，吾苏教育方针有须根本改革之要点在，当另为专篇论之，兹不赘。

---

① 原作"巳"，误。
② 原作"巳"，误。
③ 原作"巳"，误。
④ 原作"巳"，误。

兵事后教育问题①

东南战事已告终结，苏省行政长官业经通令省校分别支配给与经费，一律于本月初筹备开学；浙省亦有筹备开学之动机，是东南教育不久即能恢复原状。不佞所认为兵事后教育上应行根本改革之大问题，不敢不陈述管见以供献于教育同人。然于陈述改革管见之前，有必先陈述及之者凡二：

一②、大局之危殆

孙、齐、卢、何之战历四十日而胜负分，胜者已高奏凯歌，负者亦逍遥河上。粗观之，淞沪争执之一点业已③消灭；直派势力范围中三角同盟之一角，其势力已尽摧灭，似此后可告无事。然自冯军返旆以来，直派已④自分裂，奉方军队业已⑤入关，卢部残师未尽就范，警耗传来，洛吴失败南下，京津风云，恐影响再及于江、浙。纵曰不然，护军使之一职，能否裁撤？如不能裁撤，而逐鹿者多，究归谁氏？制造局总办一席，攫夺之端倪已露，则此后江、浙两省之主军政者能否不起龃龉，要在不可知之数。幸而免此，国债、省债已尽累累，而军队又以收容敌方残旅，养兵之费有加无增，行见兵灾之后将复苛敛重征以逞其黩武穷兵之大欲。地方小民能否胜此敲剥，一任火热水深而不致揭竿思变，尤在不可知之数。武力统一之迷梦既不能如愿以偿，战祸究如何收束。逆料武人专政，此仆彼兴，根本计画未必即澈底解决，深恐为期不久复演战史，则此后神州以内将尽成流寇纵横、土匪充斥之局。江、浙富饶之区尤为各方所指目，杀机既动，锦绣河山能否不再遭蹂躏，益在不可知之数。嗟乎！大兵所至，村市为墟，矧属战区，毁坏尤烈！各地方之遭是劫者每谓洪杨之役殆不是过，兵灾之酷殆如是矣！而地方绅庶则又何如者？公团领袖及巨室富商一闻警信，往往挈家远避托庇洋场；匪类无赖，往往乘机思逞；一般士民号召名义，假保卫地方之名为自己出风头、攫金钱之地步者实繁有徒。当危急

<hr/>

① 顾倬：《兵事后教育问题》，《申报：教育与人生(周刊)》，1924年，第57期。
② 原作"(一)"，据通行写法而改。
③ 原作"己"，误。
④ 原作"己"，误。
⑤ 原作"已"，误。

存亡之秋，真能以维持地方为前提，实力实心始终不懈者，无论何县均寥寥可屈指数。以如是散涣无团结力之人民，固不待兵祸之临无能为役，即土匪蠢动为患亦已甚巨，报载屡载，毋庸赘言。纵免浩劫，亦关幸运而非人谋之臧，可断言也。嗟乎！江、浙两省素称声名文物之邦，士夫酷爱和平，风俗素敦礼教，其优点固在于斯。然转言之，则柔弱无能惯为非我族类者所宰制。东南漕赋之重甲于全国，平时既竭人民之脂膏以供国用，兹又开兵祸之端，非集两省人士注意自卫，种种事前之呼吁和平、事后之要求赔偿均为徒托空言。即令政府军阀对于战地灾黎稍施振恤，九牛一毛，亦何补取子毁家之痛？嗟乎！江、浙两省苟不能跳出武人党争之漩涡，而欲免为闽、粤、川、湘之续，不可得矣！

二①、教育方针之错误

有自卫之空言，无自卫之实力，江、浙两省之公耻也，而苏又深于浙。唱自治之高调，无自治之精神，江、浙两省之通病也，而苏又甚于浙。探本穷源，教育界当首尸其咎。何也？教育同人日日痛言国耻，痛言内乱，而何以雪国耻，何以靖内乱之本根，绝未顾虑及之；青年学子久经刺激，情感勃发，故每当国事不堪之际辄攘臂奋袂流血丧生而不悔。弊之所至，叫嚣浮躁有不可一世之概，卒也，万目睚眦，百口嘲谤，而青年学子亦遂短气灰心复归岑寂，曾无丝毫有补于时艰。教育同人咸谓民国以来政治风俗之日趋败坏由于人民无自治能力，于是日日提倡学生自治，提倡学生服务社会；而自治之萌芽何在，服务社会之基础何在，绝未顾虑及之。青年学子误入歧趋，干预校政及地方事务，酿成种种对学校、对社会纷纭扰攘之端，而海内学风遂陷于不可救药之地位。此不惟江、浙两省教育上之病态为然，然江、浙人士聪明俊伟每为全国先驱无可讳言者也。不宁惟是，知有人才教育而忽于国民教育，故以立国最重要之义务教育，所以使人人得有为国民之资格者，进行极怠缓。而风发泉涌，注重中等以上教育；新制实行，公私学校纷纷为升格运动者尤如热狂，盗名敛钱之私立学校且蜂起；经济之能否负担，师资之能否胜任，学校内容之能否充实，一切在所不顾，而惟以自由活动畅所欲为为快。是则夸大主义之为害也。教育界有名巨子思想甚高、观察力甚锐敏，而又往往能文章、善词令，凡欧美先进各国教育上几经岁月而表现之成绩，吾人皆可以一蹴几，尽有新主义、新方法，发源之地又在试验研究期中推行未广，而吾国则已积极进行此响彼应速于置邮传命者。然细察之，则确能名实相符、成绩卓著者殆居少数，其多数则相为号召而已。驯至教育界、学生界发表之文字虽多，然质言之，不过视新文化为一种投机事业，骛外自高，绝不足表现其真成绩。驯至展览会场所表现之科学成绩，运动会场所表现之体育成绩，博大多数观众之赞赏者，一核以学校之真实状况，绝对不相

---

① 原作"（二）"，据通行写法而改。

符。教育之现状如斯，真令人有五色目炫、五声耳聋之痛。是则虚伪主义之为害也。教育为最高尚之事业。然而，教育界中固多轻义务而重权利者，甚至暮楚朝秦，契约可置之不顾；甚至联盟结党，平时则隐肆把持，有事则暗中操纵，以一饭碗问题而不屑为种种之罪恶。青年学子习染所成，自视为天之骄子，以学业为骗文凭、谋出路之径途，以学校为快乐安闲之传舍，依赖缺望连类而生。是则拜金主义之为害也。上月，江苏省教育会通告苏省各校毋忘十月五日贿选之国耻，其至重要之语有云："愿我教育同志益加砥砺尊重人格，并养成青年不为利诱、不为威胁之志节，以图挽救时危而固共和之基础。"嗟乎！吾人而欲自卫、自治与全国之武人宣战以达自立之基，非养成青年不为利诱、不为威胁之志节无自希冀；然非教育同人先有不为利诱、不为威胁之志节，以为青年模范，恃何道以养成之？教育同人苟欲不为利诱、不为威胁，则必自一矫从前夸大、虚伪、拜金之恶习，而能不尚虚名，不贪小利，侃侃持正谊以实事求是。始请进而言教育上应行根本改革之两大问题：

第一，训育问题。训育之要重于教学，训育之难亦甚于教育。有训无教，犹不失为谨愿之愚民；有教无训，则小才小智适足以长恶济奸。近岁吾国科学教育总不能尽满意，不可谓无稍稍进步；训育则不惟无进步，直谓之有退步可也。何以故？吾国兴学二十余年，其始固多官僚式之学校，然校内之管理员同有勤恳、公平能得学生之信仰者。私立之中小学校往往由一二有志之士自任训管，视学生如子弟，学生亦爱戴如父兄，历久不衰。是其学校中所造成之青年儿童总未必尽属贤能，退而就教育、工商各业卓然粗有成绩者实不乏人。近则新陈代谢，校内各科教员既自谓无训育之责任，而学校亦往往特聘一二专员授以训育专责。此一二专员往往为中学、大学之新毕业生，其自身在学校中既未受良好之训育，实不知训育为何事；又以时会所趋，教育空气为之大变，中小学生循规率教之心远不若前，"训育"二字直视为可有可无之列。抑知官署式之学校事事专制，视学生如奴仆，布告规条怀挟官气者，固无所谓训育；旅馆式之学校事事放任，视学生如骄子，一切迁就因循希图无事者，亦不得谓训育。所贵乎训育者，为其能变化学生之气质，淘成学生品性，使贤者益贤，不贤者亦转而为贤也。近来时彦力倡学生自治，其宗旨甚是，而其运用之方法则非。何也？青年在校但知机械的服从，则出校以后决无独立自营之力。学校教育以造就有规律而能活动之学生为旨归，则训育主义不得不以养成青年自治为终要之目标。惟是学生生长于恶社会中，其性质万殊，即其进程决不能一致，或则可径养成其自治能力，或则先须铲除其固有之劣根性，然后可诏以自治。往者不佞承乏江苏省立第三师范校务时，曾表示训练顺序，定为四条：①干涉；②指导；③监察；④自动。由今思之，此言仍不可易。嗟乎！"自治，自治"，青年学子所举以为口头禅而破坏校章、抵抗师训，学校教职员所视为毒蛇猛蝎之不可触者。质言之，皆误用学生自治之方，重形式而弃精神之故。更质言之，"自治"二字以"自"字为至重，种种责任均由自身做起，然后以互助精神推及于同侪；师长之所表率者在是，学生之所遵守者亦在是；根本既固，一切组织乃随之而起。小学生徒及青年之无能力者，当然重施基本陶冶，即不得轻言自治。此则自治之要义，教育同人所宜深省者也。就今兹内乱之实况言之，各地方人士大率无组织，无团结，平时好为大言，而一旦有事，乃如拉朽摧枯纯无抵抗。甚至教育界之巨子有谓吾人日日向学生昌言人格教育、公民教育，而内乱中种种见闻竟有无从自解，开学后无颜见学生者。回思临城匪祸，抱犊崮中被掳之外人，其自治之组织为何如？吾人遭此奇变而种种惭德乃尽暴露，又可以知空言人格教育、公民教育而不能艰苦卓绝笃励力行者，殆无丝毫价值之可言也。是则今后教育方针急宜禁浮言，重实行；戒空想，励恒心；且薄责人，而重律己，务在训练学生人人有急公好义、不辞劳怨之精神，乃可以应今后之事变。抑又有言者，中小学修身教科现已改为公民，就学理论之，诚有改革之必要。惟窃谓公民教育仍须以人格教育为出发点，能修身而后能齐家，能型方而后能正俗，训与教当相互为用。乃新学制《课程纲要》，初级小学学科目，公民科与地理、历史、卫生合而为社会科；高级小学学科目，公民科虽独立，其分剂仅占总学分百分之四。往昔国语一科亦含有许多道德上之训话者，今则议者又主张改为纯文学，是小学教科中属于道德教育一点者，其质量已减为极少。当此人欲猖狂、天理灭绝之时，不无研究价值。窃念今兹东南、东北绝大战端，推原祸始，实由贿选，以堂堂人民之代表而醉心金钱、牺牲廉耻，此则个人道德问题。惟兵与匪何一非中国之人民，而残暴凶很至于此烈，此又个人道德问题。非于今后小学教科中注重个人人格教育以为之基，而即进于民治主义之公民教育，筑室沙中，殆无不倾者。教育界之明达君子当知此义，不得不附带言之。

第二，体育问题。江、浙两省之人民于全国中素以文弱称，而江南、浙西各县属为尤甚。夫在承平之世，以东南人士之智慧绝伦，政治、文学、教育、实业一一出人头地，独体质①稍逊，不适宜于武事，固无妨也。生当乱世，则体魄之虚弱、精力之萎靡、心神之颓丧实为身亡家破之祸阶。以故为今日两省之生存竞争计，不在育成一二特出之奇士，而在锻炼普通人民之体力。近十年来，教育人士何尝不竭力提倡教育？省立县立之运动大会年年督励施行，而体育之不振如故。至于现今，教育人士对于联合运动之会集，方且人人疾首蹙额以停止展缓为幸事。何以故？则以各校所选之运动员并非平时校内全体学生竞争抡拔之结果，而或系豢养选手，或系雇募专员；成绩之优良遂与学校中体育实况绝端无关系，而转增种种无谓之纠纷，学风之败坏实基于是。又近来体操一科，教育方法大有变更，而体育课程茫无实准，体育家之主张意见纷驰，学校之体育成绩遂益不足道。新学制《课程纲要》独体育一科至今犹付缺如，体育之不讲至此极矣！经兹内乱，吾人须知吾两省之土

---

① 原作"资"，误。

地为俎，吾两省之人民为鱼肉，而吾两省人民所共戴之军阀乃磨刀霍霍以宰之；吾人既已一尝其赐，痛定思痛，苟欲自保其室家，自全其生命，同心戮力保障共和，则再有此事发生，不得不诉之武力。不宁惟是，吾两省均负富庶之名，而无业之游民充斥在在可虞。此次兵事由各县之遭劫掠者，本地土匪每与外来客兵相应和，吾人苟欲制服内奸，亦不得不诉之武力。虽然，以吾两省现今人民之体质而希冀达此目标，是梦想耳，是呓语耳！是则吾人毋作大言。苟不自振作，则即五十年、百年以后，终为军阀之奴隶而任其屠戮已耳！是非积极注重体育又乌乎可？既欲积极注重体育，则一省之中，宜急选深明原理及技术者为体育指导员而授以全权；宜迅行组织体育研究会，集全省体育教员勤事研究（往者不佞尝谓欲振兴体育，与其督励学生，不如督励教员，盖必有良好之教员而后学生体育成绩可望其改进）；宜迅行聘请专家编订《中小学体育课程纲要》，即各种运动之方法及规律亦宜绵①密制定；宜急令中小学各校各按等差，备具必须之体育器械。诚使教者、学者以及官厅之督责、社会之鼓吹，群认体育为今日学校中至重要之课程，或者有改观之一日。抑又思之，体育非仅属于体操运动已也，举凡身体之检查、疾病之诊察以及每日之动作起居均须适当，而以节制饮食为尤要。日本井上氏之言曰："凡为国民者必须猛健，方成人格。而欲练习此猛健资格，其道无他，先在口不择味，米谷以外任何种种杂谷粗食皆能果腹适口，然后处常处变而无难色。须知吾人大声疾呼提出粗食猛健主义于国民者，并非但取其节省生计，乃从国民勇气上、实力上鞭辟入里营完全生活，以养成其坚牢猛鸷之能力也。"旨哉斯言！夫以今日吾国青年、儿童养尊处优，口腹之欲一有不逞，则肆意喧闹，成为故事。此习而不变更，当此乱离之世，不惟御侮锄强可谓绝望，即遭乱时之困苦饥寒亦恐不能忍耐，一旦有变则转于沟壑已耳！应如何本身作则，提倡粗食，是又教育同人所宜深省者也。抑又思之，当民国初元，中等以上学校尚于体操时间中参加兵式教练，厥后以人民厌恶黩武之义，遂并此告朔饩羊而废除之，是又对于现今时局绝大之矛盾政策也。兹也，北京大学毅然特创学生军以实施严格之军事训练，其章程备载本刊，而他校尚无所闻。窃谓江、浙两省宜急起效法，授青年以军事上必须之知识而锻炼其身躯。纵使以经费之困顿及他种之阻碍组织为难，亦宜每周插入军事教练一二时，并就适当时期练习野战，即不能贯澈国民精神以备异日执干戈而卫社稷，亦可以抵御匪人。方今耳闻目见，各地方有欲集合团员保卫地方，乃求一教练员而不能得者。现状如斯，前途危险又何待言？凡我教育者与非教育者不能不动魄惊心而急急焉痛自振拔者也。若如各县小学所创办之童子军，亦望其切实训练。以余所闻，精神充满者固多，然亦有徒壮外观而不崇尚实际者；会操时一二日少数人勉强之精神不足以概全体，虽虚誉日隆，而主其事者可以欺人，不可以欺己，安得不痛自针砭也耶？

---

① 原作"棉"，误。

　　嗟乎！不佞曩在校中，当赣宁乱后，抱此训育、体育之两主义与校内员生互相策励。殆五六年，力薄才屡，未能贯澈，而大势滔滔，同志殆少。五四运动以后，海内学风尤与鄙怀相枘凿，自维谫陋，愤恨去职。荏苒数年，怀疑之点总不能自释。经兹大变，骨鲠在喉，必吐之而后快，爰不辞谬妄，悉倾倒于教育同人之前。所言而是，望采纳之；所言而非，望纠正之！

谨告投稿者①

投稿诸君子公鉴！本刊出版以来，辱承诸君子热诚投稿，且稔知本刊主张，不唱高调，不尚空谈，惟实际之是重，殷殷以学校中教育、训管之实况见告，精要之心得、详明之试验均时见于文辞中。不惟阅者餍心，认为良好之伴侣；即鄙人亦深幸吾道之不孤，能使本刊以短促之岁月而销行日远，为国内教育同人所推重，不可谓非幸事也。

虽然，鄙人曩者鳃鳃焉惟稿件缺乏之是虑，今则出于意想之外，时时苦稿件之多，无从处置。大致本省各县已经投稿于本刊之"小学教育家"，为鄙人所佩重者几近二十人。此二十人中，平均每月以一文见投，已苦不能不割爱。况尽有一月之中，投以数文者。鄙人书斋邮递之稿、探询之书殆不绝，本省教育同人精神之活动实为可喜。（此中多地方小学教员，真正乡村小学亦不在少数。）然使活动之精神多用于投稿中，又为可惧。何也？尽力于教学、训管是一事，以教育、训管之实况或其理想研究发表于文字又为一事；多用一分著作之精神，即减少一分教学、训管之实力。此则尽人知之，无待鄙言也。

抑鄙人对于本刊进行之步骤，亦有可陈述者：鄙见各县地方小学，其优劣太不齐，优者有特殊之成绩，劣者则远在水平线下，尤以乡村小学为甚。故第一步注重发表学校状况。盖先在使人人明瞭教育为何事，地方无论如何鄙啬，经费无论如何支绌，学校规模无论如何狭隘，凡所设施有必不可少者在，谚所谓"麻雀虽小，五脏俱全"者是也。第二步则注重教学、训管之内容。盖使小学教育而悉上正当之轨道，决不可专骛外表。今日国内有名之优良小学，详细评论之，恐其成绩大都以外表胜人。若一研究其内容，究竟于儿童之品性方面、知识方面、才能方面有何显著之进步？超出一般普通小学，能使人人一望而知其出于安定门下者何在？当兹国步艰难，真能如普、日之小学教师贯注其国家主义，使人人知方有勇，以冀其将来为国干城者又何在？恐皆瞠目而不能答！是非萃全国小学教育同人于教学、训管之内容切实加以研究，由模仿时代一跃而入于自觉时代不可。第三步则拟注重小学教员自身之修养。"学然后知不足，教然后知困"，教与学本能相长。议者每论小学教员之资格，兢兢于师范毕业与非师范毕业，实犹非探源之论。要之，不仅当考察其

---

① 顾倬：《谨告投稿者》，《小学教育月刊》，1926年，第2卷，第6期。

出身，而尤当考察其既已身为小学教员，教之外能否尚致力于学。往昔承乏省立第三师范校务时，常留意毕业生之成绩，尽有在校时成绩良而出校后殊平常者，在校时成绩劣而出校后乃胜人者，则任事后学与不学为之也。小学教员为己为人，当兼营并顾。往者每告诸生，谓每日至少于百忙中腾出一二小时，以致力于自修。质言之，小学教育自身修养之最低限度，必须常读一二种报章、杂志；每岁至少购置四五种新出之教育书；而于文学、科学，亦当温故知新，不自懈怠，夫而后可以为儿童师。循是言之，指示为学之径途，不得不望之大学、中学之教师及海内通人硕彦。求学之方法，与其怀疑之点、心得之处，小学同人尽可以自述，备同志之互相切磋。诚能如是，则吾国之小学教育庶几日进而无疆矣！区区愚见，颇欲本此步骤，督励进行。今则本刊内容，犹回翔于第一步与第二步之间，一二年中，希望渐进于第三步。但其宗旨为大大多数之小学同人计，而不欲为少数优异之人才计，故其内容以切要浅近为归；进程之迟速，以小学界实况为准。所望投稿诸君子共鉴此衷也。

本刊编辑之宗旨既如上述，则所望于诸君子者，投递之稿不在多而在精。凡属于教学、训管方面者，倘能积以半年，一述其实况，再历半年则再述之，不惟在己可以为反省之功夫，即阅者亦能如按图索骥而窥见其实施之成绩，于己于人两有裨益。又失败为成功之母，怀疑为真理之因，种种错误之端，亦望毋讳、毋隐、毋粉饰，一一直陈，以贡献于诸同仁之前，斯其文之价值甚高。如于课程、教材，确有所特见，确有所发明，则随时见告，俾得随时披露，亦所大愿。

投稿文章，又有一易犯之通病，则在冗长。本刊所收稿件，有多至数万字者，耗精敝神莫此为甚。而在鄙人得之，则虽为佳构，亦苦无从位置，不能不出以节删；又以事务冗繁，不能尽出以己手，往往发表意见，委托他编辑员代；但一经删节，文虽较短，而其精神往往失真，即其文不免逊色。是知投稿文辞，以简要明净为第一义，洗伐功夫决不可少；有时利用图表，较以文辞发表，转为显明。故此后所投之稿，请至多以万字为准，精义名言，与其敷衍为数十句十数行者，不如以数句数行了之。古人作文，其最精要处，有谓"悬之国门，不能易一字"者，吾人当取以为法也。

虽然，本刊为教育界之公物，故鄙见愿公之全省，凡任何小学教员所有投递文字，必加以详细审度，每期中酌量采登。惟窃觉发表能力未必尽人皆有，抒写实际文字，较发挥空论，又有不同。凡属参观所得，研究所得，教学、训管上之所得，若仅仅就一事一物言之者，请撰短篇文稿，至多以五六百字为极限；鄙人积聚稍多，可汇类登入。

上列云云，实为鄙人从事本刊编辑后年半中之感触。惟投稿诸君子实鉴正之！

乡村教育中之农事陶冶①

顾君述之(倬)前任江苏省立第三师范学校校长，现主编《小学教育月刊》，研究乡村教育，致力甚深。近发表其对于乡村小学实施农事陶冶之意见，分四项如左，极切实可行。

一②、乡村六年小学，自第五年起，须添设农业科。现今中华、商务两书馆均有此种课本出版。中华课本并附有设计、实验、实习等课，教授书第一册中附有学校农场之计画，对于实习之准备及各种实习事项分配等，可供实习参考。

二③、乡村小学之未设高级者，自第三年起，亦宜添设农业科。现坊间尚无适当之课本出版，宜由县立师范学校或县教育局参酌本地情形，编成课本，供全县乡村小学之用。关于实习事项，可参照中华出版之课本及教授书斟酌施行。

三④、乡村小学如实乏能担任农业科目之教员，可与本地乡民联络，临时聘请本乡名望与知识较高之人士，来校举行农业上之演讲并指导实习；而校内教员则随时与儿童讲述农业之重要及乡村生活之趣味等，并养成勤劳耐苦之习惯。至实习方面，则令儿童回家随父兄行之。

四⑤、乡村小学如无农业科目或实习，亦必须设有学校园，面积至少半亩；惟或整或散，均无不可；屋角、庭心，均可利用。除一部分栽种花草供观赏品外，宜栽谷类、豆类、棉类、蔬果等，由教员率领儿童实地耕种。

至于此项师资，顾君主张即养成于县立师范。故以为县立师范学校务须添设农业科，讲授与实习并重，以研究乡村小学农事陶冶方面之种种问题，使师范生得有相当之学识与经验，并以供小学教员之观摩；一面宜将乡村小学农事陶冶种种材料设法搜集，再按当地农事上之需要编辑教本，以供毕业生任事乡校之实施。

---

① 顾倬：《农村教育中之农事陶冶》，《教育与职业》，1926年，第74期。
② 原作"（一）"，据通行写法而改。
③ 原作"（二）"，据通行写法而改。
④ 原作"（三）"，据通行写法而改。
⑤ 原作"（四）"，据通行写法而改。

下卷

教育学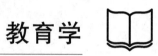

序①

　　日本小泉又一著有《教育学》一书。彼邦各府县有名之师范学校大率用为课本。吾国前清光绪三十年，留学界曾一度译印，顾舛误殊多。予于民国二年，在江苏第三师范学校讲授《教育学》，遍搜国内通行课本，其能阐明理法繁简适宜者甚少，因求得是书日本明治四十三年订正本，译述应用凡有不合于吾国情及学制者则改易之，间亦采取他家之说，补其一二。窃觉明瞭适用，因付之梓，冀流播于教育界焉。

　　无锡顾倬识。

---

① 小泉又一：《教育学》，顾倬译，文明书局，1914 年版。

《教育学》目次

绪　论

第一章　教育之意义

"教育"二字连缀成句，始于《孟子》，所谓"得天下英才而教育之"是也。朱子以为，教者效也，育者养也。而日人则训教为爱，训育为助。揆之欧西语源，则有导引之义。今之所谓教育，于此数义，殆无不包，请分述之。

一、教育者，由成熟者及于未成熟者之影响也。

教育为人与人之事业发动者，必有自治之能力；有成熟之状态受动者，则必其身心共薄弱，无独立之能，于知识、于性格皆未成熟而不能由自力以达于成熟之地位者也。夫所谓成熟与未成熟原不过比较而言，既未可明别，而其进程亦甚迟缓。要之，略具自治之能力得由自力以自进者，即目为达于成熟之期。此中之时间，即名之曰教育时期云。

二、教育者，依一定之目的而行者也。

夫仅曰由成熟者助未成熟者，使有自立之力，则蛮民间亦有之，禽兽之间亦或有之，不足尽教育之意也。是以非有一定之目的而发者，不得谓之教育目的之说。后当另详略言之。第一，基于被教育者之必要，启其独立之知能，养其高尚之品性。第二，基于社会之必要，使幼者为社会之人材，致力于社会之进步。要之，教育之理想不外使人善达其处世之目的而已，然此决非教育期内所能达。故教育之直接目的，不过使人备自达于最终目的之力而已。夫是以子弟之模仿其父兄，不得谓为教育。社会中偶然之影响，亦不得谓为教育之势力。要之，教育者为达一定之目的，而从一定方法之意识的动作也。

三、教育者，于一定期间内继续进行者也。

人生于世，或自少至老，时须他人之指导。然于此期内发育最多可得后来发育之基础者，则此期中必继续进行。凡有目的之活动而于最适当之时期截然中止者，大忌也。

四、教育者，普遍之陶冶也。

教育之目的不仅使人能胜特别之业务，得特别之智识、技能已也，且必使其有人之所以为人之价值。习特别业务、修专门学艺者，时亦加以教育之名。而普通之所谓教育，则在对于发育之诸点遍加注意，尤必注意于被教育者之个性，应实地生活上之事情，斟酌于时地之状况。考察被教育者将来所能行之业务，固非以养成特殊之性能及技术为目的也；进其人格，使得忠于所事，保其品位，实为教育之主旨。人固必有此普遍的陶冶之基础，而后始能自存于社会之中耳。

综括以上之所述，则教育者于一定期间以内，由成熟者以一定之目的，施于未成熟者之影响也。

第二章　教育之效果

吾人虽以一定之目的成法施之未成熟者，而未成熟者绝无影响于其间，则教育亦徒劳而已。然征之心理、生理之所述，则未成熟者之心身犹未有固定之性质。人虽各有其禀性，而其力甚弱，易为外部影响所动。且未成熟者之心身，从一定之法则而发达，或种种外部之作用必可与以一定之影响，而养成一定之性质。此即所以证教育之可能也。且纵不能使未成熟者为根本上之变化，然苟有一定之方法，则必生效果，固甚明矣！

教育之必要，由种种方面观察之，要不外于两端：一为主观的，由个人性质言之也；一为客观的，由社会要求言之也。

一、人虽有高尚活动之性质，然非有特出之方案以启发之，终不能十分发达。

二、欲完成现世之社会生活，而更求进步，则不能全恃自然之发育。

虽然，教育之效力决非无限，有阻之者焉。

一、各人于其禀赋，既各有特异之性状，教育不可不与之相应。

二、未成熟者年龄渐长，其陶冶性亦随而渐减。

三、未成熟境遇各异，其所受之影响未必全合于教育之理想，即教育不能全脱于此影响之外。

夫是以教育之功不举，虽不能尽归其罪于教育，然当教育之职者亦宜常留意于兹，察被教育者之个性，使适于教育之作用；又当察外围之事势，巧为利用，使其不为我阻。苟能变化其事势，应教育之作用，则尤善矣！

第三章　教育之理论与实际

教育之作用固先理论而存在，然居今而言，则以先考理论，然后施之实际为便。盖世人所公认之教育理论，多经数千百年之经验、数千百学者之研究而来，神而明之，则施之实际，庶可避前车之覆辙而迅达于理想之域。若不辨此理，专恃一己之经验，则个人之经验为时间与能力所限，终不能尽天下之事物而一一明之也。倘或定不当之方法，步古人之覆辙，则岂惟自招损失？凡被教育者均在所不免焉。

虽然，专通理论，亦不得谓良教育者也。盖理论一定而普遍，被教育者则活物也。苟非临机应变，用之得当，则理论虽精，亦几无可依据之价值。是以理论者，应用于实地而益进步、益正确者也。要之，正确之理论必常基于实际，实际之经验必常为理论所指导。无理论之经验，犹之盲目无经验之理论，则空想也。二者相并而成，相俟而立，不可须臾离焉。

第四章　教育学及其他科学之关系

观上述三章，教育之义可见一斑。兹请论教育学于科学中之位置。盖教育者，定一定之目的，以陶冶未成熟者之作用也。故教育学非如叙述的科学，仅记载其如是如是而已也，必进求其不可不如是之标准焉；又非如纯理的科学，仅推演纯粹之理论已也，必更求所以应用其理论焉。故教育学为规范科学，为应用科学。

教育之必要，前既述之矣！而其进步之如何，于个人及社会、国家，关系至密。而研究教育之理论与实际，资其进步者，教育学之所当务也。是以教育学于应用科学中亦占重要之地位焉。

教育所当研究之问题，略如左列三项：

一、论教育之原理者。（教育学）

二、论教育上实际之设施及管理者。（学校管理法）

三、论教育之学说与实际之变迁者。（教育史）

之三者，第一、第二为对于第三而研究现在之最高理想者也，第二则研究所以实行第一项之理想而见之设施者也。本编之所述，则以第一项为主。学校管理法及教育史或实行本编所述之理法，或深究其理想，则必与本编相辅而研究之。

教育学，更可分为左列三目：

一、何为而教育乎？（目的）

二、以何法而教育乎？（方法）

三、于何地而教育乎？（地处）

有关系于教育学之科学甚多。盖教育学之对象，人也。故凡关于人之科学，皆教育学之补助科。今举其主要者：

一、伦理学，所以明人生之目的，示吾人意志行为之规范。则于说明教育之目的，指导被教育者之意志行为，必有赖于此学之知识焉。

二、社会学，所以明社会之现象及进步之状态。则于定教育之规范，而求其便利，盖与伦理学同为必要。

三、心理学，所以研究心之现象及其发育之状态。则定教育方法之标准，所最不可缺者也。

四、论理学，所以明推理之法则，定思想作用之规范。则于求教育之方法，不可不察。

五、生理学，所以论身体机关之组织作用及其发育之状态。其与教育学之有密接关系，与心理学同。

此外，关于学校之设施，必有行政之知识。研究教育史，必有文明史之知识。

第一编　教育之目的

第一章　教育目的之概说

教育者，陶冶人之作用也。既以陶冶世人为教育之任务，则论教育之目的，不可不明陶冶世人之理想。然其所谓陶冶之理想，以学者之所见而异，以国性而异，亦以时代精神而异。征之欧西教育史，其在希腊，以调和心身之发达为目的，而尤重美的陶冶；降及罗马，采希腊教育之长，兼重实际，以发挥其特色；洎乎中世，基督教盛行，教育全为宗教所束缚，以神之信仰为第一义；入于近世，学问之普及、实科研究之思潮，大有影响于教育；十八世纪时，或唱实利主义，或唱唯理主义，两方对峙，各有是非；十九世纪以来，国民的观念大为发达，始重视国家、社会两方面矣！然即近今以来，学者之说亦复不一，或谓教育者为善谋自他之幸福而设，或谓为养成社会有用之人物而设，或谓为感化未成熟者而设，不能一也。

夫如是教育之目的，征之古今，皆无定论。而其相歧之由来，大要可归于两者，一为实利主义与道德主义之争，一为个人主义与社会主义之争是也。此所谓社会主义，谓教育为社会主义而设，与政治上之所谓社会主义截然异趣，不可不辨。

主张实利主义之说者曰：陶冶世人之理想，在智识丰富，活力旺盛，可得最大幸福，所谓有用有为之资是也。夫人之处世，一生中必有相应之活力，则所谓有用有为之资，其为人之最要条件无疑也。然使用之方，仅顾利益而不知其他，则决不能谓为完人。人之所以为人者，以其有道德的生活在也。盖人为生物之一固不可不与他种生物，同于物质的生活，互争生存；然正惟赖人之行为自有正邪、善恶之别，以保各人相互之关系，始足以自别于他种生物。欲进于真正道德的生活，固以有用有为之资为必要，又必其行动合于真理，合于美的趣味。夫是以道德的品性之确立，不可不谓教育最终之目的。至何者为其道德之内容，则伦理学之所当务，而非教育学之任务也。

明乎此，则个人主义与社会主义之争，亦可解决。盖唱个人主义者以为人生之目的，在个人之完成组织社会，组织国家，特其便利之途耳；唱社会主义者以为人生之目的，在社会之进化，为欲使社会发达，故有需于各个人之完成耳。两者之说似全不相容。然吾人之处世，既为个人而生存，亦为社会之一员而生存，于此不可不负社会之一员所当尽之职任，于彼则有个人之自由，两方面之生活决非相反而实相成者也。

由是言之，则教育之目的，可得而定曰：

教育者，使人备道德的品性为个人，为社会之一员皆有有用有为之资者也。

约言之，则以确立道德的品性为最终之目的。然其所谓道德，决非离实用而言也，亦非尊社会之价值而抑个人之价值也。以实用主义调和于道德主义之中，以个人的思想调和于社会的思想之中，此则吾人教育上所当依据者也。而社会主义之

703

中，尤必发挥其爱国之心。惟欲达此高远之目的，必以被教育者置于教育作用之下，事实上终不可期。且欲使被教育者全包容于教育范围中，绝不受外围之影响，亦复至难。故教育者固宜以此目的默识于心，陶冶其道德的品性，授以社会的活动之能力，而尤当养其自助之力，使自进其品性，自高其活力。虽离教育之作用，仍不失其进步之态则善矣！

第二章　小学教育之目的

夫谓教育之目的，在陶冶道德的品性固矣！然此亘全局以示其终极也，小学教育仅教育之一部。故吾人不得不特举小学教育之目的。

小学教育之目的，以国家之法制而异，而大要必留意于儿童身体之发达，授以道德教育及国民教育之基础，及其生活所必须之知识、技能。

道德教育之要，前既言之矣！然吾人不仅以扶植个人所必须之道德为足也，尤必养成其有担荷国民责任之觉悟及实力。两者本非相反，而衡以今日之大势，正不得不特重国民教育焉。

道德教育、国民教育，其内容甚广，实非小学之程度及期间所能尽，故曰授以道德教育、国民教育之基础。小学儿童，有卒业后复进高等学校受具案的普通教育者，有即此而止者。小学教员亦宜善体此意，立适当之方法，以期指导得宜。

道德与实用相反而实相成，使仅志于道德之高尚，而无生存竞争之活力，则其所谓道德犹未圆满也。故小学校中宜以兼养其实用之智能为当务之急。

然使有高尚之品性，有有为之才能而身体羸弱，不足以任日常之职务，则教者辛苦万千，而究竟归于无用。故身体之养护，当不失教育上必要之条件。此虽非教育之本务，亦非小学所能独任。然儿童身体发育最盛，养护之主意亦以此时为必要，小学校正不可忽视此点也。

要之，教育最终目的，在陶冶道德的品性；而其达之之途，必合此数者相辅而行，而不可偏于一方面。

夫如是，小学校中儿童心身发达最盛，教育作用亦最有效，所施教育可为后日发展之基础。则其任务之重远非高等教育可比，而小学教育之兴味亦在于兹矣！

第二编　教育之方法

欲达教育之目的，则对于学童，必加以种种之作用。惟其作用，苟随时随意呈露于外而不统一，决不能达豫定之目的；欲达豫定之目的，必先立一定之方案以为依据，又必本一定之方案分立各部，互相联络，为组织有机的教育作用，是谓教育之方法。

由教育之目的而考察之，则其对于学童，一宜留意其身体，一宜磨练其智能，一宜指导其行为。于此而教育方法可分为三大端，即养护、教授、训练是也。

养护者，保护其身体之发育，增进健康，强固其生活之基础者也。此其任务，要以家庭为主，行于学校者不过补助家庭之不足而已。

教授者，供给其心之活动，高尚其理想，且授以关于实际生活所必须之知识、技能者也。以学校为主，其行于家庭者仅补助学校之所不及而已。故学校教授，不惟开发被教育者之心，又必与以社会必须之智识。故于主观与客观二方面，均宜立一定标准。

训练者，指导意志，养成善良之习惯，为直接陶冶品性之作用。学校之训练，宜以家庭训练为基础，冀适合家庭之情事；而家庭中亦宜完成学校训练，使之有效。训练之终极，在导个人而使入于社会。故其作用之标准，亦宜兼顾个人及社会二者。

此三者虽有区别，而施行之际有决不可过于区分者。故必互相依附，教育之目的始达。

甲　养护

第一章　教育上之养护

教育之最终目的，既在于陶冶道德之品性。若身体之养护虽似无关于品性之陶冶，然身体者心意之所依托也。吾人心意之发达，常不免为身体之状态所左右。如置此不顾，而欲全其心意之教育，此必不可得。且如前章所述，小学之儿童，其身体之发育方盛，教育者如不尽其养护之道，其贻害于将来有不可挽回者。

故儿童之养护，虽以家庭为主，然一般家庭常有因种种情事而不得自完全其养护之道者。故为小学校之教师者常宜注目于学校以外，而与家庭为亲密之联络，深察儿童平常饮食起居之状，以补助其父母之力所不及。

养护法之详细者，以生理学、学校卫生法等所说明者为主，非教育学之专任也。今特揭教师之日接于儿童，其所宜注意者于下。

第二章　养护之要件

教育者欲养护被教育者之身体，而使遂其强健均齐之发达，宜先振起其心意自由之动作。兹举最重要之五端，如下：

一、由卫生学所指示，凡有害于身体之发育者，排除之；有益于身体之发育者，供给之。

二、养成遂其身体之发育，而增进健康之良习惯。

三、锻炼身体而养其持久之势力，又对于外界有害之影响而养成其抵抗之力。

四、身体之姿态及其举止，使之整齐优美。

五、一切举动必务为敏捷，而使身体为意志之忠仆。

以上诸端特揭其大旨，尚非其特殊之作用。试更从其方法上而分解之，如下：

一、保护其身体之诸机关及诸机能。

二、授以关于卫生上之智识。

三、养成卫生上所必需之良习惯。

四、课以游戏、体操、作业等事。

此中之第二项属于教授之范围者也，第三项属于训练之范围者也，其第四项则两属于教授与训练之问题也。故此以论究其第一项为主，而第二项以下者，可让之于后编。

第三章　儿童身体之发育

研究身体之发育者，属于生理学，虽非教育学之本务，然教育之诸作用取以为基础者殊多。故举其概要，如左：

一、儿童期：男子自初生至十二三岁，女子自初生至十一二岁。

二、少年期：男子自十三四岁至十七八岁，女子自十二三岁至十五六岁。

三、青年期：男子自十八九岁至二十四五岁，女子自十六七岁至二十一二岁。

身体之发育，虽非以青年期为完全之终结，然身体之主要部分达发育之最高点。故普通谓之发育完成期。更即儿童期分之，自生后至满一岁为乳儿期，自一岁至六岁为幼儿期，自七岁至儿童期之终为小儿期。本书主在研究小学校之教育，故于上列之三大时期中，特主述关于儿童期者。

儿童期中，身体之发达颇富变化。试先即身长考之，自初生时至乳儿期之终，发育之度最速，其长约增四十九分之二十四，由此以后发育之度稍减；然男子自十二岁至十四岁之间，女子自十岁至十二岁之间，发育之度又骤增，谓之变调期，即儿童期入少年期之过渡时代也。次就关于体重之发育检之，男子初生时身体较重，女子初生时身体较轻，至乳儿期之终，其重约增三倍有零，然此增加之度实有影响于健康之状态、哺乳之方法及其他四围之情况者，由此以后体重增加之速度稍减；然男子至十三四岁，女子自十一岁至十三岁之间，发育之度又骤增，殆与身长同一现象。此亦教育上所当注意者也。

次论身体诸机关及诸机能之发达，研究颇困难，未易为精确之说明。概言之，则身体各部之机关，伴身长及体重之增加而发育。然其发育之度必非彼此一致，且各部之发育状态缓急迟速，各各不同；即其发育之点，衡以时期，有似年数之相差者。

要之，身体之发育，虽可即通常之身长及体重，以知其大体。然惟据此二者，则发育之健全与否，及发育之达于极点与否，实不能确定，故教育上养护之主眼在遂身体各部之均齐，而有调和发达之成效。是则研究养护之方法者当常留意于斯，用种种之方法而勿偏于一面者也。

第四章　身体诸机能之保护

身体生存必要之诸机能，可分植物的与动物的二者。兹先述关于植物的机能，宜注意者，如下：

一、关于营养机能之宜注意者。

（甲）供给适当之滋养分，至性质与分量，宜即其发达之程度及其现在之情势而斟酌之。

凡饮食时，少食与过食其害相同，且无使妄择珍味。凡刺激性之最厉者，亦宜严禁。

（乙）正其进食之时刻，使养十分咀嚼之习惯。

（丙）于进食前后，勿过劳其心意而课以学科，勿使为过激之运动。

二、关于呼吸机能之宜注意者。

（甲）凡教室之空气，宜十分流通。

（乙）宜正其姿势，廓其胸膛，养深呼吸之习惯。

（丙）休憩时宜在清爽之空气中，使为适宜之运动。

（丁）勿使遭遇空气温度之激变，宜注意之。

（戊）选定校舍之位置，宜避尘、烟等之害者；若不得已，而采用空气不洁之所，亦宜设法以减其害。

三、关于皮肤之宜注意者。

（甲）常使沐浴，知忌皮肤之不洁。

（乙）勿使妄著狭窄之衣服等。

（丙）衣服中之衬衣，宜使清洁。

次关于身体之动物的机能，宜注意者，如下：

四、关于运动机能之宜注意者。

（甲）运动之种类与时间，宜应儿童之性质及其心身发达之程度而斟酌之。

（乙）运动时宜使遍及其身之各部分。

（丙）宜使避危险或有害之运动。

（丁）宜养成其好运动之习惯，但须有制限。

（戊）宜使为相当之休息。

五、关于神经及感觉机能之宜注意者。

神经者，为与心之活动有直接关系之机关，其作用至为微妙，宜为最严密之注意者也。

（甲）不可过劳其神经及脑髓，如课以过多之教科及困难之课业等，亦不可过为刺激神经之谈话。

（乙）劳动其脑髓及神经之后，必与以相当之休息。

（丙）应其年龄，使保适度之休息。

（丁）宜注意于目与耳之保护。

（戊）宜注意头部之受伤害。

欲完善儿童之养护，举凡校地、校舍、教室位置之广袤以及教授用具之制作等，皆宜尽心研究。此又属于学校卫生法者也。

乙　教授

第一章　教授之意义

欲达教授之目的，必先使被教育者吸收智识与技能。施此作用者，称之曰"教授"。

"教授"一语固专指传达智识、技能之作用言也，然宜以左之二条件为准。

一、适合于教育之目的。

二、依合理之定案。

必本此意义行之，乃可称教育之教授。夫智识、技能之传授，乃其终极之目的。若不顾学童之品性及其影响之何如，则所教授者可称为非教育之教授。非教育之教授，于专门教育之学校，虽有行之者，若施于普通教育，则实法理上所不许。

教授上所当行者，约可分为四种，如左：

一、整理被教育者既有之智识。

二、传达其智识、技能。

三、磨练其智识、技能。

四、涵养其高尚而多方之感情。

教授者，于教育终极之目的，所谓品性之陶冶者，不过仅为其端绪，决非于此完结之也。由教授而传达、磨练其智识、技能，使有发展之价值，不得不归之训练及实际生活。故或有称教授为间接之教育者。

虽然，品性之陶冶，必由思想界之完成而入品性者，意志所表著者也。健全之意志，基于健全之思想。且于实际生活所必要之智识、技能，除由教授以传达于被教育者之外，别无他途。故教授者亦达教育目的所必要之方法也。

教授者所宜讲究之题目，如左：

一、何为而教授乎？（教授之目的）

二、以何者教授乎？（教授①之材料）

---

① 原作"育"，据正文内容而改。

三、宜如何教授乎？（教授之作用）

教授之内容，必以教授之材料为媒介。欲达教育之目的，教育者与被教育者之间，断不可无此媒介。此即教授与训练区别之要点也。

就教授材料之各种详细说明之，为教授各论之任务。本书但论教授之全体，至各论俟见之别册。

第二章　教授之目的

教授者，实行教育之一端也。教授之目的，断不在教育目的之外。故欲达教育目的之方法，虽不惟教授，而教授实有分担之责任者也。

即如前编所谓道德意义、国民义务之为何，固宜使之了解，尤宜授以日常生活所必须之智识与技能；且如养护身体，又宜使之领会其强壮身体之方法，是即教授之内容。欲使被教育者能传达此内容，而了解之，利用之，不可不有种种之施措。

由传达此内容之点而论，则教授者必有以扩张被教育者之思想界，是谓实质之陶冶；以保其活动之点而论，则教授者正所以锻炼其心意，是谓形式之陶冶。

形式之陶冶，以开发被教育者心意。而多方发展其能力为目的，不能离实质以行。而所谓实质者，则由吾人所有智识之各方面，可任意取之。

虽然，教授不仅为被教育者形式之陶冶，凡可为教授之内容者，如诸般之智识、技能，实社会上共有之财产，被教育者必先知之，始可营社会之生活。而此社会共有之财产，又不能不赖被教育者之传达。是故教授者当调和此两方面者也。若其偏于一方，即不得谓教育之教授。况此两方面，本不相矛盾。何也？心意之活动，必以其内容为实质；而诸般必要之智识，又须观其所为之方法若何，乃得催进其心意多方之活动故也。

由教授而与以形式及实质之陶冶，是即谓品性高尚之基础。盖必如此，乃可达到其教育之目的也。

试即教授之目的而约言之，如左：

教授者，与以必需之智识、技能，以养成被教育者社会生活之本原，又多方陶冶其心意，以作道德品性之基础，而因得以资其完成为目的。

第三章　教授之材料

由教授而传达者，称之为内容。其所谓教授之材料者，或略之曰“教材”。而急宜研究者，可分为左之三项：

一、宜如何取其材料乎？（教材之选择）

二、选择之材料将如何排列乎？（教材之排列）

三、宜如何保其各教材之关系乎？（教材之联络）

第一节　教材之选择

教授之材料，为被教育者心之养分。养分之适当与否，影响于心之发达者至巨。故教材之选择，在欲达其教授之目的，诚最宜慎重研究之问题也。

材料维何，初不外吾人目前之事物与诸般学艺。盖欲达教育之目的，虽其所当教授之事项正多，但吾人目前之事物与诸般学艺，其范围更为广大。故必以立选择教材之标准为要。

教授之材料，既如上所述其适合于教授之目的者，宜择左之诸项：

一、适切于道德之陶冶与国民之陶冶者。

二、日常生活所必需者。

此两者，皆伴社会之进步，而时变其内容者也。即如现今之文化，日趋于高尚繁复之时代，则其所待于教育者亦不免日加重大。

虽然，按社会现时所要求，而传授以种种材料，被教育者之心力实不能胜任。则其所教授者，必全归于劳而寡效。于此遂又生选择教材之第三标准。

三、适应于被教育者发达之程度者。

惟然故教材之选择，一方面宜顾现时之文化而选择其适当者，一方面宜顾儿童发达之程度而再淘汰之。此两标准，虽不相扞格，时亦有不相容者。盖观儿童心意之发达，欲使受此诸材料，必俟其力能胜任，然后可以。此课之三者之中前二项，由于土地之情况与学校之种类，可以微变其内容；其第三项，则由于个性及男女之别与其年龄发达之程度，亦常有所变更者也。

第二节　教材之分类

教授之材料，大别之有二，即智识及技能是也。凡围绕吾人之诸事物，皆为智识之客观者。若论其主观者，则凡此事物无不含蕴于智识之中，而此智识之存性于客观。关于外来之事物者，在将此智识整理之，交换之，是亦有关于形式诸学科而成者。

智识之关于事物者，分之为人文学科及自然学科二者；关于形式者，可分为言语学、论理学、审美学、伦理学、数学诸种。

试将教材之种类分而揭之，如左：

714

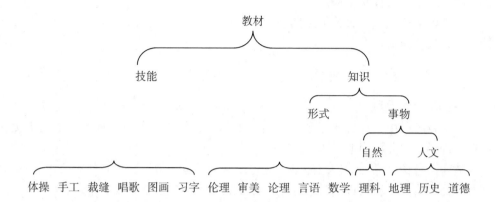

虽然，智识与技能非判然区别也。智识之教材，含技能之分子；技能之教材，含智识之分子。事物与形式之区别，人文与自然之区别，其不能判然区划也亦然。例如，国语者，属于智识之形式者也；而用之以发表思想，则必为技能之练习。习字者，技能之练习也；然如文字之间架结构，必详为说明之，则又为智识之教授。惟本各教科之主要性质以分类而已。

幼弱之儿童，不可综此诸教材而悉教授之。故如右之论理学、审美学以及伦理学等，于普通教育中，常不使独立为一科，盖必从属于他学科而因以教授之也。

吾国小学校所授之教科目，兹准前表表示，如左：

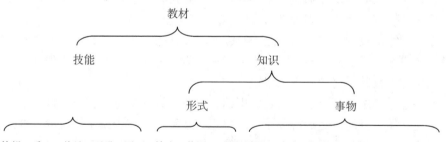

备考：

一、初等小学之教科目为修身、国文、算术、手工、图画、唱歌、体操、缝纫，但得缺手工、图画、唱歌、缝纫之一科目或数科目。

二、高等小学之教科目为修身、国文、算术、本国历史、地理、理科、手工、图画、唱歌、体操、农业、缝纫、英语，但得缺手工、唱歌、农业之一科目或数科目。

三、英语为加设科目。如加设商业者，可减去农业一科。

四、缝纫科只授女生徒。

五、国文科之习字属技能，然小学校令不独立，从属于国语科中。兹从主要之性质，并入智识科。

第三节 各教科之价值

一、智识之教科。

小学校教科中，其应属于智识科者，如修身、国语、英语、算术、本国历史、地理、理科、农业、商业是也。

欲陶冶道德之品性而使之完全，宜先使富于道德之智识，更宜使有公正的确之判断。此惟修身一科可以直接担任之，故于诸教科中独占最重要之地步。

本国历史、地理与理科，凡属于事物而供给其实质之智识者，是皆为扩张被教育者思想界之教科也。即谓凡日常生活必需之智识，皆存于此中亦无不可。

本国历史者，使知国体之大要，以养其国民之志操者也。凡前代之伟人大业皆若置之目前，而能使被教育者无不闻风兴起，此次于修身而直接有效于道德教育者也。

地理者，与以关于人类生活状态之智识，使知国势之大要，且授以生活之方，由此而养成其爱国心之至要之教科也。惟是地理教材，关于自然者半，关于人文者半。教授地理者，必能联络此两者，乃占有最便利之地位。

理科者，与以天然物及自然现象之智识，使洞悉对于人生之关系，而又知利用自然，以增进人间生活之物质的幸福者也。惟是近来自然诸科学日益进步，则欲为各种之事业，其所待于智识者亦有日益增加之势矣！

于初等小学校中不特设以上之三科，非不以此为重也。盖此时儿童之心力犹未发达，各设为一科，而使学习之必不能胜任。教育者宜按儿童发达之程度，于授他教科之中即养成此科之基础观念者也。

智识之教科中，其属于形式者，国语、英语、算术是也。言语一科，不仅为人间交际所必需，且所以运贩古今东西之思想与经验，而使之相交换者也。然则使儿童学习语言，正如入智识之宝库而授之以键钥，实教育上基本之教科也。国语，为言语之最有价值者。至他国之言语，则不能传达国民的意义；然教授之，亦可间接以涵养国民思想。

算术者，使熟习计算，而以便益于日常经济之生活为目的；且此种学科，其格律之严密以由论理的构成。故施之形式陶冶，最有效益者也。

国语及算术虽属于形式，然及其成立，必由实质；且离实质而第言形式，于学校之教授亦必失其价值。故教授此二者，宜并采形式与实质者也。

国语及算术之形式虽属于智识，然运用之功在乎熟练，是又含有技能于其中。

英语者，以交际之便利为目的。然此科与农业、商业，于小学校中无授课之必要，得视土地之情况而加减之。

农业者，使能得农业上之普通智识。商业者，使能得商业上之普通智识者也。其主在发挥实用之价值，并以养成对于实业之兴味焉。

教材之形式部中所谓关于论理及审美之智识者，于小学校中，虽不能别设为一科，然不可谓非教授之至要者。前者于算术、国语、理科，后者于国语、理科及技能之教科，不少教授之机会，是在教育者加意而已。

二、技能之教材。

小学校教科中，其应属于技能科者，即图画、唱歌、裁缝、手工及体操是也。

图画者，摹写通常之形体，以养成其技能之始基，而使敏锐其观察，高尚其趣味者，所必需也。手工，以制造简易之物品，而养成其勤劳之习惯为目的，其在教育中价值，与图画相等。图画教授、手工教授之成功如何，影响于本国工艺品之制作者甚巨。

裁缝，但为女子之教科。若论其性质，亦可为手工之一部。

唱歌者，练习耳及发声机，且由歌词、歌曲而养成其德性及美感者也。

体操者，使身体之各部均齐发育，四肢之动作灵敏，因以增进其健康，而使有快活刚毅之精神，且以养成守规律、尚协同之习惯为目的。如仅以熟习为主，而同于技能之教授，殆不知此中之运用者也。

其他如国语中之缀法、写法，算术中之计算，亦可称为技能之一种，特关系于智识教科者。小学校中虽不使特立，而教育者常宜以处置技能之方法教授之。

授以技能之时，宜伴身体诸机关之练习，使之娴熟，渐达一定之准的而不致中止。

智识之教科，贵应用练习。技能教科之练习，或不无与之同者。虽然，其本原之性质，实异智识之应用练习，惟使将此所受之智识，默为领会，以臻确实。技能则不然，凡所教授皆以实行为主要之目的。既实行矣，犹以为未足，又望其巧于运行，乃为能造其极。技能与智识虽亦有不能相离者，然智识之教科则使练习其知，技能之教科则使练习其行，其别若是。

第四节　教材之排列

凡此各教材必将其固有之性质，按之被教育者发达之程度及教授之时间，均配之而各适其宜。其能合于此标准者，是谓有机之排列，或又称之为教案。凡编①制教案，必先定其学校当教授之教科及其内容，取教授之时间以均配之。大凡以教材配合于总教授之时数者有三种：

一、顺进教案。因教科交换之法，而斟酌学年之进行顺次，变换其教科。

---

① 原作"偏"，误。

二、并进教案。由并列之法，均配其各学年所有之诸教科，同时而并课之。

三、折衷教案。于并进教案中，更加以顺进教案之旨而配置之。

顺进教案者，失各教科之联络，且不适应于儿童心意之发达，小学校中必不能严密而实行之。并进教案者，凡于各学校中必有主要之教科因学年递进，而将益广其范围，益深其包蕴。若教科之种类甚繁，将有不能并行者。故小学校之所行必调和二者，而为折衷教案。大抵并进之教案，学科甚多，儿童不胜兼习，则必少减其学科之数，采取与年并进之法，而渐次增加之也。

由并进教案而将一教科之材料配置于各学年者亦有二种：

一、直进法。以一教科之全体，配置于各学年之中就其各部分，但施一回教授而止。

二、反覆法。即同一之题目反覆求详，与以精密之智识，其教科全体有反覆至数回者。

由前法少反覆之机会，而儿童之思想或不易类化；由后法以同一事项反覆说之，由烦生厌，或有减杀其兴味之忧，故由教科而异适用之条件。若概论之，两者亦不易定其取舍。

吾国教育部颁行之小学校教则于各科教授要旨，既经明示课程表所载。凡诸教科之配置每周教授之时数及各学年教授之内容，均明定之。是即今日一般小学校教员应守之准则也。

如右，固所示各教科内容之大要也，然不能以此为日日教授之豫定案。故各小学校宜本此而更加详细，将其内容选择排列，作教授细目。教授细目者，介于教科配置表与日日调制之教授案之间，以保此两者之连络，而使各教授互为有机之关系者也。

编制教授细目者，必分一学年为若干期，将此各教材按期区分，以均配之；而于各期之中，又按月以配置于各周。至教材之分节，必基学科自然之性质，且须适合被教育者之领会，而一步进一步，俾无所缺陷于其间。惟是教授细目之体裁端宜简约，若过烦琐，转恐拘束者致阙其教授上切当及活泼之机焉。

第五节　日课表及教授案

各教科因一周教授之时数，而配置于各日，以从事教授。即当豫定每日教授之教科及时数，以调制每日当教授之教材。夫将各种教材，配置于一周之各日者，谓之日课表。调制每日当教授之教材，而记入其运用之法者，谓之教授案。

日课表之制定，如不得其宜，则将多费儿童之心力，而教授者亦倍增困难。兹列其当注意之事项，如左：

一、每日教授之时数，因儿童发达之程度而各异。按吾国小学校所示施行规则，初等之初学年每周教授时数，不过二十二时间；高学年不过二十八时间，或二十九时间，将此时数配置于各日。通常每一时间既终，必变换其学科。若在幼年之儿童，更可再区分之，又于每时之中间必与以适当之休息。惟食后之休息，必在一时间之上。

二、人当晨起，概皆精神畅旺，历时则渐减。故过费思考之教科，必课之于最早之时，但不以一时为限。

三、凡类似之教科，当避连续；又运动极盛之后，宜使为手指之练习，而务求精致，不可别置其他之教科。盖相连络之教科，心理上最易于活动移行也。

四、各教科于一周中必隔有适当之日数，乃可使之循环，不可集一教科而连续课之。

五、身体各部之宜注意者，如静坐之后，必置以使用身体之教科；费目力之后，必置以休息目力之教科等。此即配置日课之法也。

六、日课表当便儿童之记忆，不可屡次更易。

教授案者，限于日课表而每日调制之。凡当日教授之教科，须顺次将其材料提出，以记入其运用之方法。其熟于此者，记载虽可简略；未纯熟者，仍宜作详密之教授案。

第六节　教材之联络

如上所举，各教科当本教案之所豫定前后，依次递进。苟同一教科之教授前后之关系不明瞭，又同时所授之教科甚多，如其间不相联络，被教育者之思想不免纷乱，则欲使自能将此各教材消化而利用之，甚难。故教授者于其各部分，宜勿使孤立，而互相联络，以保其亲密之关系焉。

教材之联络，一宜按各教科相互之关系，一宜按各教科前后之关系。欲保各教科相互之联络，其法有二：一以一教科为主，而将其他之教科隶属于此，是谓中心凑合法；一就各教科之性质，集其相接近者而为伍，又集其伍之相接近者而为群，终乃集为有机之全体，是谓汇类凑合法。

教材之联络，与其于教案上筹策之，不若取办于教材，其呈效较多。盖恐于教案上强计其联络，或陷于牵强附会，而失各教科自然之性质也。

今计各教科相互之联络，而举其可注意者数条，如左：

一、编制教授细目，勿妨害各教科特有之次第，而徒计联络之便。

二、于至要之教科外，不可同时授以种种之教科。

三、凡其实际相连络者，不可分离之。如不分离而不易于领会者，则必使之熟习。惟属于技能者不在此限。

四、教师之授课，每一学级宜专任一人，以为教育者自行联络之准。盖教案之联络，全属于形式，且决不能期其十分之融合也。

五、必不得已而数人皆关系于一学级时，则会合各教师，将教授所经过及预定者讨论而合一之。

六、教师不可常有变更。

试举各教科之性质相联络者，如下：

修身者，与历史有亲密之关系。凡其所陈实例，大抵皆采之历史；其各事迹，亦非观察历史不能得其真相。且欲起被教育者之兴感，莫如训话，亦可用以为国语缀方之材料。至所教授之事项，并有可为唱歌之题目者，一以增唱歌之兴味，一以深修身之兴感，又直接有关系于教育终极之目的者也。故凡所教授之各教科，无不间接而隶属于本科。

国语科，所教授之言语，宜常使明瞭其内容。故初步之国语教授，常寓有众多之事物。高等小学校中，如与修身、历史、地理、理科等保密接之关系，可期无重复及隔离之弊。且凡儿童所发表者，宜正其理解，明瞭其智识。此则话法、缀法之教授，兼而有之，正可作为教科练习之用也。

地理，与历史有密接之关系。盖历史上之事实，影响于地方之情事者，为多不知其地，不能解其事之真相；而教授地理，亦可由历史以确实其知识。至地理之关于研究气象，关于地质矿物，关于动植物，均与理科有亲密之关系。广言之，地理兼自然、人文。人文之教科与自然之教科皆相结合者也。

算术之内容，可取地理、理科等之材料以命题，既可观察事物与场所之关系，同时又可观察数之关系。至数之关系，则思想精密。然后发表正确，又全恃乎练习。

手工者，与图画最有关系。此两科可使精密其观察，而与理科及事物之教授皆互相联络。又即其发表思想言之，与国语相关系。若就其劳作言之，则又系于训练。

诸种之技能，以使之熟练为教授之目的。故熟练之法，必须连续不已，是之谓长习练。长习练者，可使其筋肉成一种之习惯。习之既久，乃著磨练之效。此所以各种技能必另为特别之处置也。

技能以练习为必要，故与纯粹智识之教授迥异。虽然，亦有与智识教授不可分离者，是又技能教授之特宜注意者也。

国语一科，含有读法、话法、缀法及书法四种。除读法之外，皆贵熟习，然读法亦有特宜习练之时。

读法与书法，可同时教授。然文字而欲其书写之美，非使与读法分，必不能见其进步。此书法所以宜特别处置也。

话法、缀法，与读法皆有亲密之关系，然不可仅拘于读法之范围内。又欲纯熟读法与话法及作文，不可据相异之练习法。

算术之教材，与其他之各教科有数之关系者，皆可取而用之。然凡关于计算者，欲使十分熟练，必于其内容以外更为特殊之练习。

其他如图画，如唱歌，皆因同一之理由，可与他科相联络，然必不能以之附属于他科。

体操者，非纯粹之技能教科也。虽然，若以之属于智识之教科，终不若以之属于技能之部较为切当。盖身体养护之法，仅能知之，必无效力；故知之，尤贵行之；而行之，又不可止于一时也，必使行之于永久，而又以巧于运用为终极之要旨，则练习之法有同于技能者。此所以别置一体操科也。

各教科同时并立，宜互相联络固矣！然吾人更宜就各教科前后之关系研究之。盖各教科之前后与左右虽皆有联络之必要，而亦有两不相容者；则宜置其左右之联络，而以前后之联络为主。是则各种教科固自有其系统也。

各教科特殊之连锁，常亘多时而互有牵涉。惟是连锁甚长者，若达其终止之时，儿童或忘最初之所授，则其前后相关之效将归乌有。欲避此等艰困者，当用左之诸法：

一、按被教育者发动之程度，分教科为适当之段落。对幼小之儿童，必狭小其范围，总以适合被教育者之理解而止。

二、须将分划之，各部分使明瞭而确有把握；又整理之，使与旧思想相结合。

三、将此各部分组织于旧思想中，一步进一步，终乃综教科之全体，使成为秩序整饬之智识。惟此非教案所能豫定，宜于使用教材时特加之意者也。

第四章　教授之作用

教材之处理，即教授作用之研究，为求如何举教授效果归着点也。兹试分为二条，例举如下：

一、教授之段阶。（教段）

二、教授之形式。（教式）

一以观察教材为主，一以观察教育者与被教育者之活动为主，然此两者固非可以分离者也。论其实际，必顾教育者、被教育者及教材三者之关系，乃能成教授之作用。故教育者须以自己因有之教术，实行其教段及教式之理法；至其巧拙，虽依教育者天赋之性质，而由于实际上之经验与研究者为多。

第一节　教授作用之要件

教授之作用，欲使有效，所当研究者有二要点：

一、教授之对象，就儿童而研究者。

二、教授之内容，就教材而研究者。

就儿童研究者，由心理的方面而求，足以受领此教材之本源也；就教材研究者，由论理的方面而整顿教材之内部，使易入于儿童之心也。

吾人自然之智识、经验本极复杂科学者，即由论理的方法而整理之者也详稽博考。虽几千年之经验，几万人之智识，皆可于短时间中吸收之。故教授儿童，亦宜以论理的方法整理教材，及整理儿童之智识与经验也。虽然，儿童之心意幼弱，若本高尚之论理的思想，而授以有秩序之智识，其领会甚难。故欲收教授之效，为教师者必先设身于儿童之位置，以索处理教材方法之最切当者。

各种之教授作用，既有此二部分之异，则吾人皆宜注意者，一即被教育者之受领教材，一即被教育者之应用练习也。智识之教科以前者为主，技能之教科以后者为主；前者之于应用练习，后者之于受领。虽非其本目的，然亦须常伴此主观者而行。盖欲使用此受领之智识，必先深得其理解也。换言之，各种教材，既已受领而了解之，发表之，自不可不期其应用。故教授者之于学童，凡关于教授之材料，于此受领、理解、应用三事，皆宜时加注意。

由教材之内部考之，吾人之智识或由特殊而进于一致，或由一致而归于特殊。论理学者，或称之为分解法及总合法。以复杂之思想而归于要素，是谓分解；结合其要素而富于内包，即谓总合。分解为抽象之概念，总合为具象之概念；真能融化之者，必依此两途行之。以下本此要件，说明教授之作用。

第二节　教授之段阶

教授之作用，宜本之教案。区别各教材适宜之小项，是谓教授之单元。

教授之单元，宜因教材之性质与被教育者发达之程度而考定之。

一、宜使全体之一部分为小全体。虽独立，而意义亦自能完结。

二、宜有通全体之主点。

三、对于幼稚之儿童，宜小分区划，使一单元中之内容简单。

四、教授一单元之时间，因材料之性质不一，一方须考被教育者发达之程度，一方须考教授细目及时间表之关系而定之。

欲准此条件考定之，而使教材之一单元能十分受领、理解，且自由应用，则有不能不经过之手续，称之谓教授之段阶。

知识教材教授之段阶，如左：

一、豫备。促被教育者之注意，使便于领受新授之智识，以整理其已有之知识也。

二、教授。分为提示及比较、概况三段。凡新授之教材，皆先提示于被教育者之前，而使理解之。

三、应用。使以所得之新智识为种种之发表，试种种之使用，而使归确实，且能不拘死法。

技能教材教授之段阶，如左：

一、豫备。同前。

二、示范。示以新授技能之模范而说明之，使皆得其理解。

三、练习。因所示之模范，使被教育者自加练习，且能应用之。

惟是各教材以有特殊之性质，故教授段阶亦常不能相同。兹试筹画其最适宜之运用，备述于下。

第三节　教授段阶之性质

如前章所述，教授时必待被教育者自己之活动而始得成立。由此言之，则被教育者实为教授之中心，教育者不过居于副位以补助之而已。故教授之段阶，专以促发被教育者之感情而引起其活动之兴味为标准。

一、豫备。

教授者，宜常以被教育者之旧思想为基础而结合之。盖以此为基础者，其利有三：一可促被教育者之注意，一可使容易理会，一可唤起其对于新知识之兴味，使自进而有所活动。此豫备之所以必要也。

（一）①豫告现时教授之一单元。

（二）②唤起被教授者之期待心。

（三）③整理被教育者已有之思想。

预告之目的，在使被教育者期待将学习之材料自向教授之内容，发活动奋厉之心。特方法不得其宜，终不能发挥其效果。

预告当于各单元之始，区分其单元为数节；每于各小节之初，先为一部分之指示，而指示之时务使明白而易于了解。虽尚简单，而不可使抱不定不明之感。总之，以简明有力、能动被教育者之心情为最要耳。

因预告而遂望其整理自己之思想，以从事于新课业，此在幼弱之儿童必不可得，故尤须有以辅导之。乃或业经揭示，而儿童不复现其适当之旧思想，或复现之而混杂不明，此必不能无所误谬。故预备之作用，宜先去此困难，而为扶植其观念之后援，以使容易为新教授也。预备以行复习为最宜，而器械之复习每易生儿童厌倦之心，则预备之功转薄。故行之巧者，颇难以约而得其要领为准。

整理思想，可于预告之后，亦可于预告之先。技能教授，则斟酌以上所述之趣意而行之。

二、教授及示范。

教授之段阶，以提出新材料，使被教育者知之，又先分类化之为目的。故必先将其材料分解为若干之小节，逐渐提出，使之实能了解，又顺次联络之，终概括其

---

①　原作"一"，据通行写法而改。

②　原作"二"，据通行写法而改。

③　原作"三"，据通行写法而改。

全体。于此时宜常与已整理之思想相比较，而使其新旧智识错综融和。盖此中之段阶务使将此各新教材知之甚明确，且能保存其材料于心意中也。然其方法每因儿童之年龄与教材之种类而各异。譬如，修身之教授，于幼年之儿童，则用图画，盖非授以实例，不能使之注意也；于年长者，则宜用讲演，而加以说明之方法，乃能有效。是其例也。

因教材之种类而提示之，有宜分解者，有宜总合者；有当用实物者，有付之思考者。其措施方法，不可不知所变通。

由提出之知识，欲使完成新概念，或类化于旧概念之时，则不惟能收纳此知识已也，尤不可不比较之，使之互相联络，成概括之作用。夫概括之作用行之适当，则既存之知识已得固有之位置，整然自保其秩序。而以此新知识融合之，此事固甚易易也。

新旧知识之比较，又必判别新授之知识而自行之，此其概括与前者异。盖以特殊为主要且分离其普通之成分为目的故也。至纳之思想界中为内部之联络，两者固毫无区别。

概括之作用，宜先自比较之作用因具象的而分离其概括之成分；次即使被教育者以自己之言语，发表其新概念；又其次则使将新概念融纳于已有概念之系统中，合为全系，旋即归于确实。

幼弱之儿童，不得为高尚之概括。故于小学校教授之一段阶，如论理学所言之纯粹概括法盖少，然欲以提示之教材，联结固有之思想，或整理其顺序，而使确有把握，则不得不应教材之性质与被教育者发达之程度而斟酌行之。

教材之提示，虽皆为教育者之所行，而比较、概括之作用则皆宜使被教育者自动，教育者不过辅助指导之而已。

技能教授之示范，乃举技能之实例，常提示于被教育者之目前，而说明其方法也。至将其实例又析为数小段以说明之，俾区分明瞭，而与旧思想结合，则与前所述者无异。

三、应用及练习。

欲确实其新授之智识，且使之运用，自然不可不为应用之练习。夫教授中应用之作用，即在使各教科之智识适用于实际，以接近被教育者之实地生活，而又将其既得之智识确定之，补充之，扩张之，以唤起其兴味也。

应用之方法，亦有种种。例如，于修身、历史等，就所谈之人物而加以批评；于国语，则将新授之文字、文法等，使适用于他处；于理科，则即所观察、实验，而整理发表之者是也。其他各教科中，亦自有各异之方法。

应用一端，较比较、概括等，更宜使被教育者自动。故当教授之时，其所待于教师者，若不适应于被教育者之能力，则决不能有效。

技能教授之练习，在就所示之模范，使被教育者自行反覆磨练，以渐至于坚定者也。然使反覆至度数太多，虽此中不无进步，但恐学童因烦生厌，或不免有流于机械的之忧。且活气充满之儿童每欲为自由之行动，则永为反覆至练习，尤所宜忌。故练习之法，尤贵有种种之变化焉。

四、教授段阶之适用。

以上所述教授之段阶，不过示其大体而已。至论其实际，则各教科之性质不同，一教科中之各单元及学习者之情势等各异。故运用时，皆当为适宜之变化，此实技术的练习之要义也。今试举其最宜注意者，如下：

（一）①不可拘泥段阶之形式，而强之使就序，以至抑制教育者与被教育者之活动力，而有陷于形式之弊。

（二）②宜考各教材之性质，定适当之段阶。

（三）③各段阶之动机，须应被教育者发达之程度，常以被教育者之思想界为的。

（四）④欲使被教育者专心教授，须排去种种扰乱思想之诱因，管理上当宽严得宜，设备上之利用宜巧，教授上之准备宜周到，教具之提出运用当适宜，凡此皆使教授段阶有效之要件也。

（五）⑤教科书虽常用于教授段中，然因教材之性质，或有便于预备段者，或有便于教授段终之概括时者。笔记簿之使用，通常以于教授段之终为本体，然亦有便于先笔记而后入教授者，是在教育者之适宜运用而已。

（六）⑥如单级教授，因种种之情事而不能履行各段阶之时，可省略应用；至提示之诸作用，则决不可省略也。

第四节　分解法与总合法

儿童于入小学校以前，由经验与交际所得之思想界，不过为偶然积集之观念。有刺激其觉官之最强者，遄其势力，当无不为所压迫。故虽有适当之观念，使无以保其联结之力，亦将为不完全之偶然观念，仅顺其列以自存，终不能发挥至当。教授者，即改造此思想界，而使适合于教育之目的者也。计其所为，第一宜分解儿童已有之思想界而整理之，第二宜加新教材于儿童之思想界而扩张之。

教授宜以儿童之思想为准的，既如上述。然教授之端绪，有对于其单元之全体

---

① 原作"一"，据通行写法而改。
② 原作"二"，据通行写法而改。
③ 原作"三"，据通行写法而改。
④ 原作"四"，据通行写法而改。
⑤ 原作"五"，据通行写法而改。
⑥ 原作"六"，据通行写法而改。

者，有对于其一部分者。对于全体者，宜用分解法；对于一部分者，宜用总合法。而各教材以有直观的与思想的之别，可分其教授为四端：

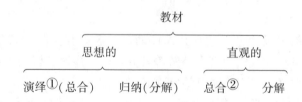

直观之分解教授，即将所有之教材分解其某为空间、某为时间之成分，而详析之；总合教授，即集其成分而构成全体也。譬如，授以人体之智识，则头也、胸也、腹也、手足也，皆取熟语以授之；而又分解其何以出语，何以缀字，何以发音，则属于前项者；若授以各地之物产，而后言及一国之产业，其由音而成语，由语而成句，则属于后项者也。

思想之归纳教授，即由具象而进于抽象，由直观而作概念，由各殊而归于一致，见结果而发著其原因是也；演绎教授，即由普通而进于特殊，由规则而解为实例，睹原因而推究其结果之类是也。

初步之教授，欲为总合的、演绎的，必先分解的、归纳的。何则？幼儿之思想界本由于一一之观念而成其直观之经验，多漠然不明其故。然亦不可但依赖分解的、归纳的方法，分解之后，须使总合；归纳之后，须使演绎，二者固常相附而行。兹就直观之材料言之，始须分解其全体，而使之明瞭，后复总合之，将所得之全体更与他之全体联结为一大全体。思想之材料亦然，始由于一一之场所归纳之；既已归纳，而所得之概念更当应用于其他之场所者是也。必如此，乃可将其思想扩张之，推进之，利用之，俾自能生起其兴味。

以上所述，曰"分解""归纳"，曰"总合""演绎"，皆当行于教授阶段中之提示段者也。若预备，则宜处理通常之分解者。

第五节　独断法与启发法

施教授时，教育者或以完成之教材，传达于被教育者；或以不完成之教材，必待与被教育者相合，乃可共完成之。此于教授之能收效与否，关系甚巨。

由前者而言，则教育者仅传达其教材，而使被教育者受领；被教育者不过以自己能力所及之范围，充其量以追随之。此殆以确定之教材，使之受纳者也，故谓之

---

① 原作"译"，据正文内容而改。
② 原作"合总"，据正文内容而改。

独断法。

由后者而言，则以被教育者为无定之状态，可以随其意之所向而留有余地；教育者以既得之智识，而解释之使完成。此法在使被教育者立于能动之地位，而因以得发挥其动力，故谓之启发法。

独断法以教育者为教授之中心，而被教育者全处于受动地位；反是，若启发法则以被教育者为教授之中心，教育者但居客位以补助之而已。故启发法优于独断法。兹试揭其所长，如左：

一、能使学童自注意，自发动，以收容教材。

二、可使之类化。

三、能唤起多方之兴味。

四、能应其个性。

虽然，此非谓各种教材皆可用启发法也。若历史上事实之智识，则宜以独断法为教授，而使被教育者记忆之；其他以智识为基础而思索、判断、推理之教材，则以启发法为主。

究之此两法将何所取，则由于教材之性质而决。盖于各教科各教授单元之全部，须用独断法；如只一部分而教授最多之时，则宜用启发法。

启发法，即分解被教育者之思想者也。若其既有之智识或有不足，则须以增其智识、开其见解为主。否则，教授者或流平板，至杀被教育者向学之兴味。但欲重智识之增殖，或有偏于独断法者，则其弊尤甚。故启发法困教师，独断法困儿童。教育者欲其适用，实不可不深注意也。

第六节　教授之形式

教授作用因教育者与被教育者之关系而可得观察于外部者，是谓教授之形式，或略之曰"教式"。

教授以教育者为主而发动之，与以被教育者为主而活动之者，观其形式，可大别为二种，如前章所述。虽第由教材上论之，若由形式上观之，亦可称其前者为独断的，后者为启发的。

独断的教式，如于理科之实验、观察等，将其实物现象提示于被教育者之目前而教授之；又如写字、图画、唱歌等，示以模范而使仿效之；于读法、历史、修身等，则以讲演而使之闻之者皆是也。故由此而区别之，殆有三端：第一曰"示教式"，第二曰"示范式"，第三曰"讲话式"。

启发的教式，亦有种种，如于缀字、算术等，则只与以问题而试被教育者自然之活动，又教育者巧于出问而诱导被教育者之心，次第以启发其智识，更进则师弟互为问答，于其最自由之交际中处理其教材是也。由此而区别之，亦有三端：第一曰"出题式"，第二曰"发问式"，第三曰"对话式"。

兹表示其形式上之种类，如左：

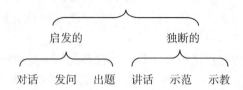

凡此诸教式，决不可独用一端，又不可互相反背，固相辅相助而始能达其教授之目的者也。譬如，练习写字，既示以模范，使则效之；又必授以字之结构，有如何之法则，则始可适用；可即由发问及对话以导之使出，此即示范与发问并行者也。如斯于种种地位，必并用种种之教式，而使不陷于简单。此诚教式运用上所最宜注意者。而对于幼年之儿童，尤宜多转换，以应其注意继续之度。

教式虽为外部之动作，然无论何地何时，皆不可任意用之。何则？教式亦同于教段，与各教材不能分离，且与教段有密接之关系故也。

教式之价值，在促被教育者自动，因由程度促进其兴味而定之。此教授性质上之自然者也。对话式及发问式，于此中最有价值，且此两式与诸教式皆可互相结合。故诸教式皆可因其适用之如何，而唤起儿童之兴味。若论实际之成功，则视教育者之经验与工夫之多寡。

一、示教式。

示以实物、模型、绘画等，或行实验，置现象于目前而教之，称之为示教式。虽多与其他之教式交互为用，无用于独立者，而于地理、理科等则殊不能阙此教式。若于应据之场所而不知所据，则教授必不能有效。

就所用之示教式，而示其宜注意者，如左：

（一）①关于事物智识之教科，必宜用此等教式者，决不能以其他之教式代之。

（二）②用于示教之教具，以实物实际为原则；若必不得已，或用模型、图画等亦可。

（三）③所采用之实物、图画等，务宜择普通之件且易为明瞭之观察者。

（四）④一时不可示以过多之材料。

（五）⑤使被教育者十分观察材料，须以不待说明而能自得其要点者为最善。

---

① 原作"一"，据通行写法而改。

② 原作"二"，据通行写法而改。

③ 原作"三"，据通行写法而改。

④ 原作"四"，据通行写法而改。

⑤ 原作"五"，据通行写法而改。

（六）①置材料于被教育者之目前，虽宜指导其观察点，然其范围则须应被教育者发达程度而斟酌之。

（七）②观察法之练习，总之在练习其觉官，以敏捷活泼而得其紧者为至要。

二、示范式。

示范式，乃示以模范而使仿效之也。故适用之范围极广，如图画、书法、手工、裁缝、唱歌、体操、言语、作法等皆是。各科之教授虽亦与他教式交互为用，然须以示范为主。盖如以上诸教科，虽经千百回之说明，不如示以一回之模范，以教师至巧之实例能浸灌儿童而亦使之精巧也。

（一）③示模范者，须合于学童发达之度，分解其最适宜者而提出之。

（二）④示模范之时，宜先说明其要领。

（三）⑤讲解要领之时，不可同时使则效之。

（四）⑥教授之程度须合被教育者发达之程度，过难则寡效，过易则使生厌倦之心。

（五）⑦互用问答式，使被教育者自行发见教示之要领。

（六）⑧凡教示之要领，务使其应用于一切之场所。

三、讲话式。

讲话式，即用实物示以模范或不能时，以谈话助其观察，新其记忆、想像，进其理解，与刺激其感情之谓也。

讲话式更分为叙述与讲义二者。如修身、历史等，即事实以谈话者，属于叙述；读法之按读本而说明字句之用法及作文之法式者，属于讲义。

当示以实物模范时，必不能无说明于其间，此亦讲话之一端也。故此中之所注意，凡教授场所，殆皆可据以为准则者也。

自讲话之一面观之，虽不过为传达智识之方法，然教师之讲话正可为儿童话法之模范。故教育者于讲话之时，尤宜注意：

（一）⑨讲话须合被教育者发达之程度，使平易而易于领会，不可杂以被教育者不知之言语。

---

① 原作"六"，据通行写法而改。
② 原作"七"，据通行写法而改。
③ 原作"一"，据通行写法而改。
④ 原作"二"，据通行写法而改。
⑤ 原作"三"，据通行写法而改。
⑥ 原作"四"，据通行写法而改。
⑦ 原作"五"，据通行写法而改。
⑧ 原作"六"，据通行写法而改。
⑨ 原作"一"，据通行写法而改。

（二）①被教育者之程度低，宜以具象者与之，使与所已经验者相联结。

（三）②讲话宜秩序整然，为适宜之段落。每一段或因休止，或由问答，而使之反省，以渐次引其进步。

（四）③被教育者有所不解或误解之处，须丁咛而告语之。

（五）④被教育者之自谈话，不可不及心得之部分。

（六）⑤勿为平板之讲话，使学童之注意渐归散漫。

（七）⑥教育者之辩舌，虽为快利，然不可强弄诡辩，又勿过于滑稽。

（八）⑦声音须明朗而有活气。

（九）⑧声音之强弱、大小，须应教材之性质及学童之多寡。

四、发问式及对话式。

发问式之范围最广，常与诸教式结合以为用者也。今试举其列于教育上之价值，如下：

（一）⑨能使被教育者领会教授之作用，为无间断之启发而不暇他顾，且能振起其精神，使常活泼而不散漫。

（二）⑩能使被教育者因教育者之指导而整顿其思想，且表彰之，以渐归纯熟。

（三）⑪能坚确被教育者之观念而促其思辩，且能奖励自动反省之机。

（四）⑫教育者与被教育者之心意常相接触，则易为适切之教授。

（五）⑬由发问而知教授之效果如何，可促动被教育者之反省。

（六）⑭被教育者之个性，有许多机会可得而窥见之。

（七）⑮能使被教育者自觉其一己之力。

---

① 原作"二"，据通行写法而改。
② 原作"三"，据通行写法而改。
③ 原作"四"，据通行写法而改。
④ 原作"五"，据通行写法而改。
⑤ 原作"六"，据通行写法而改。
⑥ 原作"七"，据通行写法而改。
⑦ 原作"八"，据通行写法而改。
⑧ 原作"九"，据通行写法而改。
⑨ 原作"一"，据通行写法而改。
⑩ 原作"二"，据通行写法而改。
⑪ 原作"三"，据通行写法而改。
⑫ 原作"四"，据通行写法而改。
⑬ 原作"五"，据通行写法而改。
⑭ 原作"六"，据通行写法而改。
⑮ 原作"七"，据通行写法而改。

（八）①启发法之教授固宜用此发问式，然发问式亦非皆生利益者也。盖发问之法不得其宜，则于以上诸端或反有深受其弊者。

或有以发问式为无地无时不适于用，甚且直视之为教授法者，则误矣！盖发问式者，固非由实验以传达其智识之教式也，亦非示以模范而使练习之教式也。其所以适用者，惟当被教育者想起其旧知识之时，能由一己之思辨，以自发见其新关系而已。不明此理而妄用以为教式，往往有减杀被教育者向学之兴味而致生厌倦之恐焉。

对话式者，由发问式而生，即教育者与被教育者互相问答，或使各学童自行问答，而领会教材于其间之谓也。故发问式之利益可由此更得一层之发展，但此事甚不易为。欲其巧于适用，则比前者尤为艰困。

关于问答方面，有特宜注意者，试列举之。

教授之可用问答式者，如左：

（一）②使复习前日所教授者之时。

（二）③以既授之材料更有深进一层玩味之时。

（三）④行于教授上每段落约习之时。

（四）⑤因已授之材料而求其间新关系之时。

（五）⑥变化教式而警醒被教育者注意以新其兴味之时。

发问之种类，因形式而分为决定发问与补充发问二者。决定发问者，即于发问之言辞中已⑦含有答案之语句，唯决其可否，或使选择其中之一部之谓也；补充发问者，即缺其谈话之一部而使补充之之谓也。决定发问，比之补充发问，其促动被教育者之思索较少，除教授上特别之场所外，可不用之。今就发问式而别举其要件，如下：

（一）⑧明瞭。

（甲）用语宜适切。

（乙）宜简当而精确。

（丙）仅得学童能理会之语言。

---

① 原作"八"，据通行写法而改。
② 原作"一"，据通行写法而改。
③ 原作"二"，据通行写法而改。
④ 原作"三"，据通行写法而改。
⑤ 原作"四"，据通行写法而改。
⑥ 原作"五"，据通行写法而改。
⑦ 原作"己"，误。
⑧ 原作"一"，据通行写法而改。

(二)①限定。

(甲)须有一定之意义。

(乙)不可失于广博。

(丙)务宜单纯。

(三)②适切。

(甲)须合于学童思索之程度。

(乙)对于教授之进行须有效力。

(丙)宜提出于适当之机会。

(四)③有力。

(甲)须以有趣味之形式，促动学童兴奋之念。

(乙)言语不可过简。

此外，教授者发问之时，有最宜注意者数端。

(五)④须振起全班学童之注意。

(甲)先对于全级发问，而后择其适宜者，使一人答辩。

(乙)问题有难易，使为答辩，宜详察被教育者之造诣。

(丙)宜使全级之被教育者更代答辩，不可倚于一偏。

发问之法虽当，若处理答辩不得其法，亦终难收发问之效。今试举其宜注意者，如下：

(一)⑤须用明亮正确之言语。

(二)⑥为无关系之答辩者，应促其反省。

(三)⑦答辩正确，须察其是否幸中，务戒雷同。

(四)⑧凡是非相半者，宜别出问题，以发见其所误之部分。

(五)⑨不能答辩者，或答辩全谬误者，宜详考其原因。若系发问法不得其宜，则变换问式；若系被教育者之错误，亦宜别有以应之，而取适当之方法。

(六)⑩如答辩有误，宜切禁从旁之嘲笑。

---

① 原作"二"，据通行写法而改。
② 原作"三"，据通行写法而改。
③ 原作"四"，据通行写法而改。
④ 原作"五"，据通行写法而改。
⑤ 原作"一"，据通行写法而改。
⑥ 原作"二"，据通行写法而改。
⑦ 原作"三"，据通行写法而改。
⑧ 原作"四"，据通行写法而改。
⑨ 原作"五"，据通行写法而改。
⑩ 原作"六"，据通行写法而改。

（七）①利用被教育者之答辩，而进行教授之作用。

（八）②当慎班次教科之妄用。

五、出题式。

出题式，即提出问题而试察被教育者自由之思想也。算术、缀法等，用此教式最多。就其性质论之，虽不过为发问式之一种，然由此更可使被教育者益自奋发，取其已有之智识而磨练之，且唤起其学习之兴味，与养成独立自为之风。不独此也，被教育者自奋之际多，则教者乃有暇时。故无论合级教授、单级教授，皆宜用此教式。若与以宿题，使于家庭作答案，以补学校教授时间之不足者。惟便于优等儿童与劣等儿童，盖借此可与其家之父兄参与学校事务之机会也。即出题式而举其宜注意者，如下：

（一）③欲使入于自动，当先使十分了解问题之意。

（二）④欲普合一级中之优等生与劣等生，或区别其问题亦可。

（三）⑤宿题须视被教育者之发达及强健之度与其家庭之情况，而斟酌之。对于幼年之儿童，以不课为宜；即或课之，其问题亦宜少而易。

（四）⑥对于课题，宜检查其答辩之正否，又宜注意被教育者勤劳之度。

第七节　单式教授与复式教授

以多数之被教育者发达之程度略相同编制为一学级，而同时施同等之教授者；及以发达之程度有差，区别为二组以上，或异教授之材料，或异教授之程度，而同时施数种之教授者。前者谓单式教授，或者谓复式教授。于小学校中，合两学年以上之儿童为一学级之合级教授，合全校儿童为一学级之单级教授，及为复杂编制之二部教授等，均以复式教授之法为适用焉。

复式教授之最当注意者，在使各组之儿童就适当之作业而无闲暇。故复式教授比之单式教授，实有特殊之点。今试举之，如左：

一、当少教授力之分割。

同时而所教授之组数多，教授之力不能不分割。然教授力之分割者多，则于一组直接教授之时减少，不无薄弱效果之忧。故复式教授，须考各教科固有之顺序，与被教育者发达之程度，少分组数，俾施同样之教授，以减少教授力之分割。

---

① 原作“七”，据通行写法而改。
② 原作“八”，据通行写法而改。
③ 原作“一”，据通行写法而改。
④ 原作“二”，据通行写法而改。
⑤ 原作“三”，据通行写法而改。
⑥ 原作“四”，据通行写法而改。

二、教授力之分配须适当。

教授力之分配，在即教材之性质，斟酌各组儿童之发达程度，以施直接教授；又须按儿童之发达程度，于其低者多分教授力。如以同一之教材，教授各组，要贵使程度低者实能理会，而程度高者无厌倦之忧。

对于各组直接教授与间接教授，一时中当交互循环。何也？直接教授苟专施于一组，则他组于时间之大部将不能受教授者之直接指导矣！以故循环之度数当由教材及被教育者之程度而异。要之，浅显而不轻佻，斯为良耳。

三、利用被教育者之自修。

复式教授，不能无间接施教、直接施教之分。然欲间接教授之有效，在使被教育者能以己之勉力，从事课业之习惯。被教育者苟无自修之习惯，则直接教授以外之课业均不能有效，而教授之效果必劣于单式教授矣！

养成被教育者自修之习惯，实教授上之要件。复式教授于此加以训练，当务之急也。

四、当使各组不互相妨碍。

如使一组为自动课业时，而对于他组为壮快之谈话，示以动人日之绘画等。如话法、读法，并课各组声音冲突。如一面课有兴味之游戏，一面课严格之体操，则不免以此组之教施扰乱他组之注意，双发均无益而徒劳。苟遇此时，或变更时间专课一组，或授以各组普通之材料等，乃为便利。

五、敏活教授之作用。

教授时之言语当简单而明瞭，态度当沈着而敏活，俾使被教育者皆以教育者之心为心。教育者一举止，一顾盼，均能督励全级儿童之着着进行为最要。

欲善用此等之准则，必先研究各科之配合法，定适当之时间表，又须考求教材之处置及复式教授必要之管理法、训练要目等。关于此类之要点，当备述于各科教授法中。

第八节　教具

欲全教授之效果，须有各种之补助物，是谓教具。如用于修身、历史等之挂图类，与用于国语、地理、理科等之模型、标本、诸器械、地图、地球仪，及游戏、体操之用具等是也。就其广义言之，即教科书、黑板之类，亦为教具之一。

详教具之种类者，属学校管理法，本书但论其大端而已。教具适用之巧拙，于教授之效果大有影响。

一、教科书者，因各教科之目的而排列适当之教材，以简易其教授之作用者也。故于节约教育者与被教育者相互之时间与劳力大有裨益。

教科书因教科之性质，有可使儿童携带者，有不可使携带者。要之，教科书须以教授细目为基础而编纂之。故教授者亦必先按教授之细目以选择教科书也。

教科书之体裁，虽因教科而各异，然宜适切教科之性质与被教育者之程度，以记事简洁而得其要领者为切当；其文体以适合于被教育者之心力，足以为其模范而又便于记诵者为宜。

采用教科书，如有因地方与学校之不同而未能相宜者，教育者宜补正其不完全之处，俾适于地方之状态，是其前后有不可不取舍者。

教育者不可熟通教科书，又当巧于利用。盖必以教科书为主脑，而又举自己丰富之智识修饰之，以提供于儿童，俾各儿童一读教科书而教授上全体之精神俱现，斯为得当。若拘泥教科书而转失教授之自由，则不如不用之矣！

使用教科书，宜有种种之变化。故无论复习、教授、应用，皆以能变化其用法为适宜。

二、黑板，为教授所必用之具，所以补谈话之不及，而使学童易于留意者也。或谓教授良否，可以使用黑板时所消费白垩之多寡为比例，洵不诬也。然使用此物，亦有巧拙之别。今试就黑板使用而示其最宜注意者：

（甲）宜使教室内全部之儿童皆宜窥见。

（乙）宜整然有秩序，不可流于杂乱。

（丙）黑板虽系教育者所用，然又必适宜被教育者之使用，乃为至当。

三、如模型、标本、写真、绘画等，足以补直观，助想像，多数教授上所不可缺，行示教式时处置教材之所依赖者也。此等之教具虽不若实物、实况有直接利用之益，然实物、实况亦有反不如教具之有效者。例如，实物复杂而不便观察之时，微细而不易识别之时，实况之转变急速、必要事项难于认辨之时，概以教育补助实物、实况。对比而观察之，其益甚大。

总之，模型、绘画等，必使于直观之点表现明瞭。故当备教授上必要之部分，而舍不必要及妨碍直观、理解之部分。换集此等教具，教育上当注意选择，以发挥教具之特长。

四、其他诸种之教具，可助长其教育之效者甚多。故教育者不独宜整备各教科必需之教具，又宜研究其使用法焉。

五、使用教具方法之适宜与否，其效果大异。例如，教授修身，提出绘画之机不适当，不能动儿童感兴；又示以物体之时，惟使多数儿童远望，则得不明瞭且不完全之直观。故使用教具之法，不可不加以研究。至各教科特用之教具，则见于各科教授法中。

凡教具之有价值者，不求美丽，不重高价，惟以师弟协力搜集、制作且适切于教授用者为最贵耳。

第五章　教授之术

教授之作用，既如上述。而教育者之才具、经验运用之巧拙各异，今欲使教育者于教授上有圆满之效果，必须具备之资格如左：

一、精通教授之材料。教育者不熟谙教授之材料，则当其传达于学童，在己先混昧不明，安能使人之有所感动耶？不独此也，教育者之脑中既乏教材之智识，则选择教材亦必不得其宜，而无由施适切之教授。故教育者之智识必既深且博，而教材选择之区域乃益广，而切用之教授自无所拘束而有活泼之机。否则，所教授者或失于狭隘，或陷于谬妄，或陈腐而不适于用，是所谓贼夫人之子矣！由此观之，教育者正宜勤勉自修，对于诸科学研究不怠；而凡关于实际生活者，必先养成其丰富之智识与高尚之识见，以此与被教育者相接，其庶几乎！

二、熟达教授之方法。教育者不独当知教育学所示教授上之法则也，尤必须熟于运用。盖教授之法则不修正，如船无罗盘而航行于大洋中，即幸免覆没，而迂曲漂泊，终难望达于彼岸。且诸种之法则不过表示其常例而已，个性之变化无限，欲其适用，非神而明之，必有不能著手之处。然则教育者务宜了解各法则之原理，使适用于各种之场所，又次第积为经验，以养成随机应变之才能，是不可缺者也。

三、有教授之热心。教育之教授，决不可以智识、技能之传达为满足，尤必以活泼之热心与温雅之爱情临学童，使不识不知自生无穷之兴味。教育者既举全幅精神以与之，无论如何顽童，无不被其感化；如何痴儿，无不能自奋励矣！

四、此外，如言语明瞭及举止灵敏而不失于轻躁鄙野、身体强健而心情复能快乐等，皆教育者所宜必有之性质也。

以上各端，以巧于教授之术为直接之要素，然于教育者之人格影响颇大。盖教育者之人格于教授作用有重要关系。求感情之交通，增特殊之光彩，而教授始有生气。惟然故教育者当研究己之人格，涵养感化之源泉；更即以上所述诸点，练磨教授之术，积岁累月，以求其完成，乃得发挥教育的教授之真价。

丙 训练

第一章 训练之意义及目的

训练者，指导儿童之意志，养成善良之习惯，有直接陶冶品性之作用者也。品性之陶冶，就消极言之，在使儿童不接不良动机发动之机会；就积极言之，在启发善良之动机，行善良之行为。此两作用互相设施，而陶冶之功用乃全。训练，主积极方面之作用。若消极方面，则关于学校管理者为多，当于学校管理法论之。

人之意志与智识本有重大之关系。故论其实际，于是非善恶之别，既能明瞭判断。而欲达善良之目的，犹不能以确实之手段，遂行之者尚多况幼弱儿童，欲望方盛而智识、道德之力尚不足以调节之耶！教育者不先有以整顿其行为，则其术将无所施。是虽养护与教授并用，而欲收陶冶品性之效果，有不可必得者。此指导意志之所以尤贵于训练也。

训练，与教授及养护相待而行，以完善其智识与感情为基础，而养成健全之意志，陶冶高尚之品性者也。教育之目的，既以陶冶品性为最要。训练，即直接以陶冶之者也。故或有以训练作用，谓足尽教育之能事者。

约而言之，训练之目的，在范其一切之行为，使合于道德，以养成良善之意志而已。当被教育者受教育时，而望其受教育期之后，凡道德上所谓善者实行之，所谓不善者引避之，则不得不陶冶其意志。此训练者之责也。

不仅意志为然，凡有动作，皆宜使率此而行，以养成其道德之习惯。道德之习惯既成，自有道德之品性，而教育之目的乃由此以达。

第二章 训练与个性

教育者以使儿童自行感动为至要，而于训练为尤甚。盖道德之品性，以良善之习惯为要素。而此良善之习惯，必由于反覆良善之行为而成。夫冷静之知识，未足以动人之意志也。必察个性之所趋，与利用其心之活动而指导之，儿童乃易顺从。迨履行既久，自易成良善之习惯也。

人心之不同者，有如其面。盖人之禀赋不同，则其意志发动亦必各异。而此禀赋实为品性之基础。例如，人心各有所倾向，其意志虽甚薄弱，而欲矫正之，亦甚不易。教授者虽曰因材而施，而可用同一之方法者甚夥。若训练，则随人随时，各异其术。夫以施于甲而为有效之方法，施于乙而生有害之结果者，比比皆是。故教育者训练之方法，在应儿童之禀赋，不可不因人而递变也。

关于禀赋之研究，向分为胆汁质、多血质、神经质、粘液质。近时之实验心理学更加详细研究，立种种之说，或有分各种之型，如视觉型、听觉型、运动型、混合型者。训练上苟注意之，于实际应用得益不少。

虽然，训练虽宜应被教育者之个性，然不可常使之各异。盖个性之倾向与社会所要求之人格如不能相容，当先打破其本根之地。至其他，则常以儿童独立之动作为重；然至必不得已时，亦宜加以一定之限制。

第三章　训练上学校与家庭及社会之关系

训练之要旨，既如上述。然被教育者在学校之时间不多，欲举学校训练之效果，必家庭、社会同一步调，相辅以行而后可。

虽然，家庭各有特别之事情，社会亦种种不同。故欲其与学校之训练同一步调，以善导被教育者，实未易几。是则学校之训练与两者如何联络，实宜注意考究者也。

家庭，被教育者生长之地也。其教育之方针及家风等，与被教育者之影响最显著。概言之，家庭以成立亲子、兄弟等之爱情为要素，父母忘己而爱子女，子女之慕父母亦出以真心，兄弟之关系准之，感化之作用不知不识行于和气中者为多。故一家之父母尊长，须以适当之方针，化导其家人，使家风自进于善良，则子弟所受之训练自得优良之效果。虽然，家庭不可但以学校之教育为目的。如以教育上理想之家风训练其子弟，不能不期望于一般之家庭也。

子弟之教育，于一家之利害休戚关系甚重。故家庭与学校训练之方针不合之时，当交换意见以谋一致。学校之教育者与家庭之养护者为相互之联络为最要。

社会比家庭更复杂。被教育者于社会之见闻与学校训练之方针不一致者为多。虽然，被教育者将来为社会之一员，以活动为运命，则所受之影响颇强。文明各国每于此着目，或以政府之威力，或以共同团体之事业，或依国民各自注意，以抑压认为训练上之有害者，俾被教育者不受恶感化；同时，更于他方面，助学校之训练，使之有效，故各般之施设不怠。盖社会中留存训练上有害之事物，仅以学校之力必不能芟除之，欲使被教育者不接触之亦不可期。诚思被教育者影响之大，则教育者当尽力以避恶感化，善用其势力，乃可举学校训练之效果耳。

第四章　训练之要件

训练上当养成之道德，在应被教育者发达之程度，由对于自己①日常切实之诸德始，而推及于尚公德，效力国家，博爱人类。

训练以指导被教育者之意志为作用，使意见与行为一致而养成勇气。故涵养诸德，又当养成其自助心，俾被教育者能自修诸德，而教育之目的乃达。

向幼小之儿童而即责以自助，甚难。故必甄别儿童外部影响之善恶，使有就善良而避不良之意志发于自然，能左右自己之冲动。以此教育者当以自己之意志管理儿童之意志，以教育者之心为其心，使不能恣其冲动。此教育之初步，所以以养从顺之德为必要也。

虽然，从顺过度，则被教育者常依赖教育者。至年齿既长，犹无独立自营之行为，何日而可期道德的品性之确立乎？故训练在先使被教育者从顺教育者，而于其间行种种善良之动作，远不善之影响，以养成善良之习惯。

少成若天性，习惯成自然。儿童之始行一善事颇觉困难，反复行之，遂成习惯，自无困难之感，此殆与各种技能因练习而发达者等。总之，道德的教训亦成习惯，则品性成矣！

习惯之养成，训练上虽不可缺，然仅反复外部的行为，是机械的动作，尚不可称道德的行为；且因习惯而生依赖之弊，则其进步亦停滞而不能发达，此养成自助心之所以必要也。

以上所述，欲训练之完全，在由从顺之养成以入于善良之习惯，而发达其自助心，然后可期品性之完成。关于养成之方，试细述之于左：

第一节　从顺

从顺，为施教育之必要。然不仅在教育期也，将来为社会之一员，亦属必要。

养成被教育者之从顺，在教育者之性质与教育之方法中。

教育者当得被教育者之亲爱，当致被教育者之信赖与畏敬，又教育之方法不可不适宜。三者缺一，而欲被教育者之真从顺，难矣！

欲得被教育者之亲爱，当先亲爱被教育者。亲爱之心，教育之真髓，训练之基础也。教育者真爱被教育者，相接触之时多，幼弱之儿童亦自然感动而爱教育者矣！

爱过则易狎，教育者之爱被教育者不可流于狎。要之，当和而不同。信赖之情，本乎诚实；畏敬之情，生乎笃爱。威而不猛，亦教育者所必要也。

---

①　原作"已"，误。

养成从顺之机会，关系于训练之诸作用，其所当尤注意者为命令及赏罚。从顺有以命令之严峻，或喜赏恐罚而行之者，则决非真从顺。何也？从顺由恐怖、私欲等而来，无恐怖、私欲之时，则必不从顺。不宁惟是，恐怖甚，则爱减；望赏甚，则有排挤他人等恶德发生之忧。

教育者能得被教育者之信任及亲爱，而被教育者犹有不从顺之时，则必其训练之方法未臻于完善。例如，教育者之责望过奢，或形式不明确，不能应被教育者之能力，或前后相矛盾等，皆足以致被教育者之不从顺。教育者不必责人，当先省己可矣！

养成从顺，当注意之要点如左：

一、得被教育者之爱敬。

二、训练之方法当应用正当。

（甲）坚约束。

（乙）正赏罚。

（丙）命令不可烦多，务简单明确，而期以实行。

三、统一训练之诸方法。

四、从顺之责望须应被教育者发达之度。

五、教育上无必责儿童从顺之时，不可强之。

六、琐末之点，不宜过于干涉。

从顺之责望太过，致被教育者无气骨，无进取心，优柔不断，或阴险欺人，是亦可忧者也。

第二节　习惯

习惯，品性之要素也。品性虽非纯由习惯而成，然离习惯，实不能成立。有善良之习惯，自得善良之品性；由不善良之习惯，而欲得善良之品性，难矣！

幼小之儿童，欲其有高尚意志之行为，实不可希儿。故教育之初以养成善良习惯为必要。养成习惯，由于示范及共同生活等者为良；否则，以训谕、命令、赏罚等导之。

习惯之成立，在反覆练习。故养成习惯，不可不矫正被教育者已有之习惯，不可不助长其良习惯。

积极的养成良习惯，应注意者大略如左：

一、示以善良之模范，于有意无意之间使仿效之。

二、必要之习惯，当及早养成。

三、用种种之方法，使之易入，又永久练习之。

四、以教授及训谕，固其基础。

消极的矫正恶习惯，应注意者大略如左：

一、种种恶习，务以教授及训谕，使自悟其非。

二、恶习当及早矫正之，但难强之于一时。

三、使被教育者慎于择交，以少沾染恶习之机会。

四、一切行为皆习惯之端倪，故细密注意被教育者之行为。凡恶习之源，均及早禁止之。

如是发达道德的习惯次第，复由教授及训谕发达道德的意见。两者相结合，而高尚之道德的品性乃成。

第三节　自助心

道德以由自己①之自由意志而生者为最有价值。故教授虽能涵养被教育者之品性，而道德之实行不能强与。训练在示以门径，使被教育者自修，以完成道德的品性。正如教授之授被教育者，以琢磨独立技能之门径耳。

当自助心完全之时，体力渐强，知识渐富，固无待他人指挥而补助也。训练者即欲使徐达于此域。故就被教育者体力、知识能胜任之范围中，当委以自由行动。

行自助之训练，作业、游戏及交际之间为最多。倘训练作用不就被教育者之发动的，则其效常微。故宜因被教育者身心之发达，渐减少其指导，以养成自助之风。

如命令、禁止、威吓等，是皆不能一任被教育者自由者也。若于委以自助之事，而遽加以命令、威吓等，则妨害其自助之发动矣！

以赏罚诱导被教育者之行为，乃欲养成健全之自助心者避而不用者也。盖赏罚虽适用，亦有害自助心之发达。故藉以为一时权宜之计则可，训练者总以废而不用为善。

今试述养成自助心当注意之点：

一、应被教育者发达之程度，量其力所能之范围，委以自动。

二、凡被教育者之所得自为者，不可干涉之。

三、凡被教育者所不能自为者，不可强迫之。

四、宜养被教育者自信健全之念虑。

五、宜养成坚忍刚毅之风。

六、促自助之动机，在应被教育者之发达而奋励之，渐进以导人于高尚之动机。

被教育者既进于自助之地位，则教育之功可告终极。由是以后，被教育者能自发理想，取书籍及实际上之人物以为鉴戒，而品性可期其日即于高尚矣！

----

① 原作"已"，误。

第五章　训练之作用

训练之作用，大别为二种：一、直接学童之意志而指导之；一、于两者之间用种种之方法，间接学童之意志而指导之。

属于直接者，举其最重之端，课以种种之作业，如使为游戏，因得实行其意志等，大抵皆集多数之学者，或施之于个人，或施之于共同，专唤起其共同之感情，而使影响于意志者是也。

属于间接者，教育者自示以模范，使则效之，如先由训谕以开发其思想，激刺其感情，俾影响于意志，而又以一己之意志强律被教育者，如用褒赏、惩罚之手段以激刺其意志等是也。特表示之，如左：

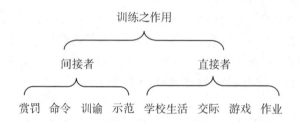

间接之作用，实为直接者之补助。若无间接诸端，则直接者必不能造乎其极。然若仅恃间接者之力，亦必不能收训练之效。

第一节　作业

学校训练，亦有种种之作业，如体操，如散步，如旅行，如园艺与扫除，及其他服务、庶务等是也。各教科之教授自其一方言之，亦有可施训练之手段者。今特举其训练之益，如左：

一、使将道德之意念充满于心臆，以防止其闲居之时生有不良之影响。

二、以锐敏周密之观察，促进其想像、思考之用，而使有快活、纯洁之性情。

三、高自信之念，以养成其忍耐、规律、一致、勤劳之美质。

四、充其自然之力，以多接触社会之机会。

五、使其身体强健且敏捷。

更举课以作业之最宜注意者，如下：

一、作业者，鼓舞学童自己之奋励以行之者也。初则与以适宜之诱导，或尚强之使行；渐则行之既惯，可使自勉而自就之。

二、作业者，宜适合于学童发达之程度，决不可责以甚难者，又不可使之过劳。

三、作业宜按学童之个性，不得强其同一。

四、于必要条件之外，宜养个人自由之动作，使得绰有余地。

五、凡此等作业，教育者宜率先行之。

六、各教科教授之智识、技能，当体训练上之意义，不可失其机会。

第二节　游戏

游戏，乃被教育者所喜，就其所欲行而发展其各自之特质者也。故或以被教育者之自然感发，及基于模拟之冲动，有称之为行于自然之作业者。

惟是作业与游戏有决不可归于同一者。今更比较两者之特质。

一、游戏，以被教育者之自行活动为直接之目的；若作业，则除自行活动以外，更有各业务固有之目的。

二、游戏，则一任被教育者自由之活动；作业，则利用其活动之触发，使服一定之业务。

三、游戏，不可强之使行；作业，则有时虽被教育者所不好，亦当使勉强行之。

游戏在教育上之价值，虽亦略同于作业，然其畅被教育者自然之发达，则于训练上独占有重要之位置。

游戏若专任被教育者自为，则教育之效果亦难完全。是宜于被教育者不自觉之范围，加以适宜之指导。

游戏时之宜注意者，如左：

一、宜为身体各部之运动且使敏捷，而凡事皆择其优美者。

二、凡可以发挥儿童之个性者，不可多干涉之。

三、集多数之人而使共为之。

四、宜使避危险之运动。

五、有害于道德者，禁之。

六、凡游戏时，宜加意指导，而不害学童之兴味。教育者亦可与儿童为伍，以为共同之游戏。

作业与游戏可相并而行。但游戏比于作业，虽促进其自由之发达者甚多，然使耽此过深，或渐生放肆之风，且至过劳，是又教育者所最宜注意者也。

第三节　交际

教育之诸方法，在使被教育者适合于社会之生活。虽然，此第使为间接之了解而已，尚未能直接与社会接触也。故欲使适于社会共同之生活，必先由交际上实演之。

所谓交际者，如在家庭而有父母兄弟等之交际，在学校而有学友等之交际；至学校以外，凡诸种之关系，亦皆含有交际者也。

交际之效有著于教育上者。试分解之，如左：

一、能养成同情，以发达其共同心。

二、使认定自己之价值。

三、通社会之事情，养习惯与风俗，此于实际生活最为直接之准备。

惟是交际之人物，最宜选择。遇有不良者，则其弊因之而生。故教育者常考察儿童之周围，使远有害之影响；若未能即远，则以训谕或其他之方法，使不致妄为摸拟。迨领得其所以然之故，自可勉避一切之恶劣影响，浸假而儿童渐进。由教授及训谕之方法以自择友，则交际之效著焉。故交际之最有效者，在家庭则为父母，在学校则学友之长，与其中俊秀者也。惟是凡属儿童，固皆在交际之中。若其所最敬服者，则被影响亦最多。故其交际必以良善者为中枢，乃能多收交际之利益也。

第四节　学校生活

所谓学校生活者，于学校之中，宜利用交际，而处理被教育者以共同之道。夫家庭及学校以外之交际，必归之被教育者自由之行动，教育者不过可以消极的监护之。若学校共同之生活，则教育者宜以积极的指导之。故于教育上之效果，较前者尤为确实。

学校生活必利用种种之机会。若指导得宜，则可发达良善之校风。校风果已良善，则学童自因之感化，而学校之训练可行之于自然矣！

学校之生活，举其最有效于训练者，如左①：

一、仪式。

（甲）关于国民者。

（乙）关于学校者。

二、会合。

三、旅行远游。

其他如作业与训谕，亦由共同之道，可以致同一之效。

一、仪式。

在学校举行之仪式。

（甲）关于国民者。

（一）②宜行于国庆日及纪念日者。

（二）③于历史上凡关国家之发达，有重大之事变，及圣贤伟人等之纪念者。

---

① 下图表原用文字表述，为了避免与下文序号格式冲突，故改为此图表标示。

② 原作"一"，据通行写法而改。

③ 原作"二"，据通行写法而改。

（乙）关于学校者。

（一）①宜行于学年、学期之始终者。

（二）②宜行于入学及卒业时者。

（三）③宜行于学校开始时者。

（四）④宜行于学校创立之纪念日者。

（五）⑤宜行于其学校中职司教育之人，有出入交迭之际者。

（六）⑥宜行于教育者及生徒或有死亡时者。

学校举此仪式时，全校会合于一堂，又招集被教育者之父兄及凡有关系于学校之人士等为宾客，各正仪容，严肃以行式。当此时，凡属儿童不识不知于国家与学校等，自能起其崇敬之情，且可动其同情之感。

二、会合。

宜举行于学校之会合，如下：

（甲）运动会。

（乙）学艺会。

运动会，虽以奖励被教育者之运动为主，然于此可养其敢为之气象及共同之心者也。若徒流形式，其弊有不可胜言者，是宜避之。

学艺会，以平素所学习者，使之发表于多数人之前，或谈话，或讨论，或朗读其所作之文，或唱歌，互相研磨，互相怡乐者也。会中所演，最多良善之变化。故演习者多多益善，不可偏于一二人。

三、旅行远游。

学校之旅行远游，虽非仅为训练而设，然此中训练之机会颇多，其方法亦因目的之所在而各异，有与以分任之作用者，有可听其自由之动作者，或益深其共同之感情，或奋起其自治之精神，或提振其胜任艰苦之风尚，其效果殆不可枚举也。

旅行远游，宜先定目的，必预就其地为精细之查察，作确实之方案。如漫然率学童赴之，恐将废于半途也。

一定之方案既立于未出发之前，宜遍告学童，使分担，使准备。与旅行中所宜遵守、宜研究者，又须应学者之程度，随时随地为适当之指导。故教育者最宜注意被教育者之行动，遇有训练之机会，必不可忽。

---

① 原作"一"，据通行写法而改。

② 原作"二"，据通行写法而改。

③ 原作"三"，据通行写法而改。

④ 原作"四"，据通行写法而改。

⑤ 原作"五"，据通行写法而改。

⑥ 原作"六"，据通行写法而改。

第五节　示范

示范者，教育者自立模范，使被教育者则而效之之谓也。向幼小之儿童，更宜依此行之，举示范之长所，如左：

一、将训练之内容表示于全体之中，则易感动儿童之意志。

二、就久于服从者而增大其势力。

三、可利用儿童模拟之倾向。

四、可概见直观之作用，故于幼小之儿童尤为适宜。

示范者，教育者之德望既高，则学者自亲爱而敬慕之；较之强以相从者，其获效尤速。教育者具无限之爱情与诚实，以与被教育者相接，必其言行相孚者也。盖示范之力，存于教育者之真品性，而不存于假面孔耳。

示范之影响大矣！一时被教育者或勉而效之，或不识不知而自化之，至此乃可谓之感化。若强之而使就模范，则必不可。夫使被教育者自进而模拟之，或不识不知而自式效之，则如水之就下，有不俟导之而自然流行者，始可收示范之效果，而造成学者之品性也。

第六节　训谕

训谕者，由被教育者遭遇实际之事物，觉醒其思虑与感情，以启发其意志者是也。训谕之形式与教授相似，所异者在就实际之事实行之于临时。约而言之，训谕者使由教授所领得一切之理法，联结于其实际生活之作用耳。故于训练之中，训谕之效比之教授，尤为广大。盖以训谕一端尤易动被教育者之注意与唤起其同情也。

训谕者，指导被教育者之意志，虽同于命令，然非如命令之强为驱迫，殆使被教育者自行选择而犹存有余地也。夫训练之终极，在使被教育者以自由意志自进于道德理想之地位。故训谕者若欲强一切之儿童，使皆率从自己之意志，则必不能有效。

训谕时之宜注意者，如左：

一、训谕之方法，应学童发达之程度而异。凡训谕之意义，必使皆能了解，且能刺激其感情，乃为至当。然其所刺激之动机又必引而上之，使渐入高尚之域。

二、训谕之态度，宜温和，乃可使被教育者诚心悦服。若言语失之激烈，转恐生反抗之情，是宜戒之。

三、训谕之材料，宜选择其最切当者。

学校之中以集全部儿童于一堂而加以共同之训谕为至要。盖全校之训练，必归统一。否则，学校之任教育者常有数人其所训谕者，或不免互有异同，转因此而薄弱其训练之力，此共同训谕之所以宜重也。

共同训谕之所短者，则训谕之内容必不能按全部之儿童而无不切当。然训海正自多方可自出言之方法，使免其弊。

共同训谕之题目，基于一校训练之旨趣而反覆推演之，须洞彻于儿童之全体。共同训谕之力，与各教育者之共同动作，最能动全校之儿童而为校风发达之助。

第七节　命令

命令者，教育者示其意志而使被教育者服从之者也。积极的在促其作事，消极的在使之废事。盖教育者直接生徒而指导之，使向于己之所欲为者也。

由命令所得之行为非出于自己之意见，故命令不可常用。唯训练上必需之行为，儿童因不能自知，则不能不待于命令。然应被教育者次第之发达，施用亦宜渐少，俾由自己之意见，以养成其自由动作之风。

命令与儿童所希望者或不无相左，则易起不快之念。然非赖此命令，则教育者无由施。故教育者宜先使儿童惯于服从。惟是儿童之服从与否，依于所用之方法者正复不少。今特示命令所宜具备之要件，如下：

一、命令务求正大，不可挟有私意。

二、命令宜明确，勿起被教育者之疑念，且宜先审其可为不可为而识别之。

三、命令宜切当，且宜应被教育者之力。

四、命令宜出于一途，前后勿相矛盾，且宜常以同一之态度使之服从。

五、命令宜求简当，繁缛与峻刻①皆所宜戒。

或为一时之命令，或为永久之命令，必订为规则，乃便于行之。行之既易，自可少峻刻之弊。

命令有属于儿童之自请指挥者，则谓之许否命令；有含有强制之性质者，则谓之劝戒命令。于此种种之场所，必求其最适宜者而利用之。

第八节　赏罚

教育上之赏罚，儿童于一切之罚赏，有绝不相同者。举其行于一切之赏罚，如左：

（一）②欲使满足其正义之感。

（二）③保共同之治安，而增进其幸福。

（三）④使个人改恶向善。

赏罚之意义，大略如此。而其于教育上之赏罚，则特以个人之改善为目的耳。

---

①　原作"劾"，误。

②　原作"一"，据通行写法而改。

③　原作"二"，据通行写法而改。

④　原作"三"，据通行写法而改。

儿童当幼弱之时，应外界之情事，必无适宜之意见；处理之者，唯由目前之快与不快而已。故其行为辄奔逸于正道之外，邪正与利害殆有不遑顾者。

于此而欲使之自进于愉快，以归于避恶就善，必别有以引起其耳目而为之媒介，藉以为就善避恶之方法也。

褒赏者即因其为善而施之，以兴起其愉快之情者也；惩罚者即由其为恶而施之，以感动其痛苦之情者也。

赏罚之作用，多由于事后而为自然之赏罚。夫自然之赏罚常被种种之事势所左右，难期一律施行，又因其事之如何而后施之，非先示以影响也。且自然之赏罚时或过于严酷，必善恶已至其极，乃可以此加之。若教育上，则宜划一其自然赏罚，使之易见，而又以和缓行之。

行赏罚时之最宜注意者，如下：

（一）①赏罚本教育上权宜之事，虽适于用，亦宜于特别之地行之。

（二）②赏罚不可过用，必使被教育者以此为终极之标准。

（三）③赏罚宜斟酌行之，务应生徒之个性。

（四）④赏罚不可徒泥其行为，而当深察其意志。

（五）⑤赏罚宜求切当，否则与其失于重，宁失于轻。

（六）⑥赏罚欲适于道德之陶冶，宜由方法定之。

（七）⑦赏罚宜求其近于自然之结果者。

褒赏与惩罚，各异其适用之场所。以下特分言之。

一、褒赏。

褒赏者，对于被教育者善良之意志而以愉快之情，务养成其愈益为善之意志为目的。

褒赏有种种。教育上最可采用者，因其良善之意志而与以满足之称赞。所谓满足者亦不必常表以言语，惟于一切面貌、举止无不表示自然，自能达褒赏之目的。

摹拟自然之结果而加褒赏，亦所常用。例如，对诚实者而信用之，对谦让者而留意之者是也。

儿童之欲望，有与以物体而即满足者，即如与以书籍、绘画、赏牌之类是也。此外，如与以自由之时间，加以特别之待遇，亦屡用之。

---

① 原作"一"，据通行写法而改。
② 原作"二"，据通行写法而改。
③ 原作"三"，据通行写法而改。
④ 原作"四"，据通行写法而改。
⑤ 原作"五"，据通行写法而改。
⑥ 原作"六"，据通行写法而改。
⑦ 原作"七"，据通行写法而改。

误用褒赏，则又生种种弊端。或被教育者欲得褒赏，乃摹良善行为以要之；如不得赏，至有不复更为善行者；甚且以未得褒赏，因发为不平而故意敢为恶行，反抗教育者之意志以自快。又或有受褒赏既多，遂生骄慢之情，反至失其所长者。欲防其陷于此弊，惟于非至要之地勿滥用之可矣！

褒赏一端，得之者则喜，然其他之未得者或易起猜忌之念。若误行褒赏，则易启徼幸之希望，而其他儿童又必至轻侮其褒赏而睥睨之，则转失教育者之信用矣！

褒赏之误用，多由混于学童之被教育者与功力。夫禀赋之卓越者，必得自然卓越之结果，则可少用其褒赏。若以努力向学，而成绩优良，斯乃得褒赏之真价值也。

被教育者之行为虽正当而实等寻常，则不宜轻加褒赏，须视其努力之如何决之。至其他施行褒赏之方，亦必考察其有无必要之理由及时地之适否。

褒赏之用，多在幼弱之儿童。若年龄渐长，意见渐定，则当酌减。故始则以品物投其嗜欲，且应其意志之发达，使满足其利益之心与名誉之心；终则使之乐于为善，以满足其自己之良心为最上之快乐也。

二、惩罚。

惩罚者，用于敢为恶事、不从顺教育者，及不当为而为、与当为而不为者，均宜加以苦痛，俾知悛改，以不背于正道为目的。

学校中所行之惩罚，约可分为三种：（一）①褫夺其名誉；（二）②拘束其自由；（三）③苦痛其身体。

名誉之褫夺者，就其希冀他人依信之愿望而压制之，使感心意上之苦痛。或于广众之中叱责之，或另别其席次，或为特殊之揭示，以置其身于可耻之境，甚且禁止其出校，以促其悔悟等，此皆惩罚之关于名誉上之事也。

自由之拘束，谓拘束其身而使感心意上之苦痛者也。例如，于休息时间，禁其出外，或于他人退出之后，令其独留学校，而加以特殊之课业等；然加以特殊之课业，或易启人嫌忌之情，是亦甚可忧者，故不可为适当之惩罚。

身体之苦痛，又称为体罚。于小学校中，宜禁而不用。

生徒之性质不良，虽惩罚而亦无效，则学校之力将不能教育之，或转于他人以不良之影响，非由特殊之教育，则终无有改正之途，是不得不令其退学。故退学虽不可谓之惩罚，然有时亦为惩罚之用焉。

行惩罚时之最宜注意者，如下：

---

① 原作"一"，据通行写法而改。
② 原作"二"，据通行写法而改。
③ 原作"三"，据通行写法而改。

（一）①惩罚者，不问其为如何种类，即外形言之，皆强迫其人而为之也，故善教育者宜先避而远之。且惩罚过多，其教育之效将因之而减，故用之必限于万不得已之时。

（二）②施惩罚，宜加慎密之检查。是虽由于行为之善恶，尤宜观其意志之如何耳。

（三）③凡有害于儿童之身心者，不可用为惩罚。但毁损其名誉，亦恐激而生变，致陷于甘自暴弃，是亦宜慎用之。

（四）④凡判断儿童之行为，教育者不得凭其一时之愤怒与爱憎之情，是宜即己之职务，务为公平之意念，以思虑其处置之法。

（五）⑤施惩罚，必含有爱怜之情。如侮辱之，骂詈、嘲弄之，皆宜预防者也。

（六）⑥凡施惩罚，必对于有背道德之行为。若一时之过失或由力之不足而生者，则不可遽加以惩罚。

惩罚之有效与否，关于教育者之人格者颇大。如其信威能立，而敬爱之情已自充满于被教育者之心胸；即一盼顾之间，犹能防止其不善之行为而有余。若必频用惩罚，实以表示其一己之无能为也。况惩罚之用，每易阻隔教育者与被教育者之感情而不能相合，则教育之功用或亦有不能加之者矣！

第六章　教育者之资格

训练之法虽有种种，殆无不互相调和，以影响于儿童，恰亦如教授者之当互相连络也。至调和其种种而统一之者，自不能不待于教育者之人格，亦与教授相同。

训练诸方法之有效与否，亦以教育者之品性为主。故此中之关系，较教授之待于教育者，品性尤觉剀切。

教育者之品性，对于其职业，皆由于热心与爱情而生。职业虽无分贵贱，而其效则有大小之差。况教育者之所行，乃指导人之一生，以完成次代之文化而延及百世，其关系至广且大。虽同谓之职业，然与其他之职业正未可概论也。

且即以职务较之，其责任实最重大。盖教育者之所为，性质至为复杂，既因人而异，又因时而异；其所关系，则亘于社会上万有之事，殆无遗漏。偶误其法，则

---

① 原作"一"，据通行写法而改。
② 原作"二"，据通行写法而改。
③ 原作"三"，据通行写法而改。
④ 原作"四"，据通行写法而改。
⑤ 原作"五"，据通行写法而改。
⑥ 原作"六"，据通行写法而改。

影响所及将不止害及于一人一时，旋且及于全社会而贻留于后世矣！故教育之职业至重至难，殆无可比类也。

负如此重大之任，则教育一事岂寻常之才与德足以当之耶？又岂勉强者所能胜任耶？充教育之任者宜思其职之重而憬然觉悟，舍其身以从之。有此觉悟，乃能生自信之心，以爱其职。自信而爱其职，更何忧其成功之无日耶？

教育职业之重要，如上所言。则教育者之资格，必宜养之有素。兹举教育者宜有之资格，如左：

一、教育者宜备有高尚之品性。

教育，不在口舌之业也。教授、训练非先能实行于其身，则必无效。故示范与感化二者乃教育上至要之端，其影响于儿童甚大。教育者宜先自研磨其道德，崇尚其品性，庶几能完成期感化之力耳。

二、教育者宜爱其职。

惟真爱其职者，乃能有忠实之热心。若非真爱其职，或以酬报为目的，或冀其他之感谢，则教育决不能有效。盖真爱其职者，自能实爱儿童；能实爱儿童者，乃可使儿童皆敬爱之。彼此相爱，而教育之功用乃造乎其极。

三、教育者宜通教育之术。

教育者必有引他人之心，而使顺从于己之力，乃可以管理多数之儿童，毋被驱于一时之感情；又不可好为愤怒，常宜以平静怡乐，同一态度接儿童，且降其身于儿童之地位以指导之，俾能类化。是非巧用其术，以刺激被教育者之兴味不可。虽学术深远，不得使遽充教育而品性高尚者，亦未见其为良教员；必有学识、有德性而又熟于教育之术，始得为良教育者耳。

四、教育者勿怠于自修。

教育者之学识、品性与技能无完成之界限者也。今日之造诣虽深，而文化之进步日新而月异，教育者倘一日自安，其进步停滞之日即失其教育者资格之日也。

五、教育者之身体须完全强壮。

教育者将永久继续其职业，若以虚弱屡病之身而膺教育之责，必不能期美满之结果；且身体之不适必生心意之倾向，则与教育者之忍耐、宽容、精密、快活、热心诸德性或不无相反，将何以施其教育耶？况身体不整及发育之不完全者，又先自有害于教育之威信耶！于此而令其为管理，为诱导，为示范，与施完备之教授，势必不能。

丁　养护、教授、训练之相互关系

教育之方法分养护、教授、训练三者，既如前述。然此三者实非可判然区分，必相辅而行，乃达教育之目的。今试举相互关系之一斑①。

养护之目的在遂身体之发达，则必不妨碍身体之诸机关及诸机能之本性，保护之，而助长之。故卫生上之注意，以由教授与以知识为适当。况锻炼②身体，而课以游戏、体操，又必由教授传达方法，然后使之练习。此养护与教授相关之要点也。无论何种教授，欲使被教育者意兴集注、思想活动，则必基生理之原则，由养护之理法先调摄被教育者之身体，否则教授上劳多而功少。此教授与养护相关之要点也。

养护与训练，比之养护与教授，更加密接。盖养护之诸要件与道德的习惯之养成有亲密之关系。例如，饮食有节，为养成寡欲、克己之德之基础；胜寒冷之苦痛，为养成刚毅、忍耐之德之良法。其他如体操，如游戏，如种种作业，所谓一面锻炼③身体，一面锻炼④德性者是也。

行于养护之作用，必期以永久，乃见效果。故实施之际，常赖训练，一方诏以实行，一方使被教育者能以其意志自加选择，而养成自动的卫生之良习惯，斯可矣！

教授与训练之关系亦同一辙。教授，在造成被教育者之思想界，使明关于教育目的之内容；训练，在陶冶被教育者之意志，养成适合教育目的之良习惯。倘令由教授而不与以明敏之意见、高尚之理想，由训练而不免有陷于偏狭固陋之习惯。是谓薄志弱行，固由训练不足，亦由识见不明、动摇不定以致于此。则教授之有负于训练者不少。教授虽得其宜，俾意见高迈、知识丰富，而不能实现善良之行为，教授之效何在？为恶之知能有害无益，固与不能运用知能者等耳！

要之，养护、教授、训练三者互相辅助而后完成教育之作用。养护藉教授与训练之助而得养成强健、敏捷之身体，因以能指导其识见与意志而活动自由。教授藉

---

① 原作"班"，误。
② 原作"练"，误。
③ 原作"练"，误。
④ 原作"练"，误。

养护与训练之助而得养成圆满、高尚之意见与处于社会中所必要之知识，更因强健之身体与健全之意志而能利己益人。训练藉养护与教授之助而养成健全之意志与善良之习惯，更从圆满、高尚之识见，用强健、敏活之身体，以活动于社会中。是则此三者于方法上互相助长，于实际上乃互为因果，使被教育者达教育终极之目的者也。

戊　教育之准则

论教育之方法，必求其通全体当注意之事项。兹举可依据之准则，以便教育者之适用于实际。

一、教育宜准于道德。

教育者既具一定之目的与方案，则其作用不得有一端之无意义者；又教育者既以陶冶其道德之品性为终极之目的，则凡教育之诸作用必皆趋重于此，是又宜定为同一之方向者也。

教育终极之目的，乃全社会所有之人必宜完备之道德。故适合于此目的之教育非他，即合全社会所有之人，皆宜率而行之者也。即有属于社会特殊之阶级，而以人间之陶冶为主，或偏重于特别之职业者，亦不得外视此终极之目的。否则，必至缺品性陶冶之意义，其弊将有不可胜言者。故教育之情状虽有种种，如谓偏重于一方而外视此品性之陶冶者，殆不多见。

二、教育宜法自然。

儿童之发达，皆有自然之顺序；教育所采用者，亦皆准自然之法则。故定教育方法，宜适合于其自然之顺序与法则。不此之顾，而妄言教育，未有不费力多而收效少者。

凡属儿童，藉令不受教育而顺其自然，以受社会之影响，亦未尝不逐渐发达。但此等影响，不纯善良教育之功用。即采用其善良者而扩充之，择其不善良者而芟除之；又由种种之关系，利而用之，短缩其发达之径途，以免其一切之困难与危险者也。

教育之方法，必能研究生理学与心理学，乃有所据。生理学者，明身体自然发达之法则也；心理学，明心意自然发达之法则也。两者皆所以示人类一般之法则，又有认为一人所特有之性质者。教育之方法，或应于其一般者，或应于其各个者，或以此一般之原则而应于其各个之性质，是宜各异其适用之途者也。

三、教育宜取统一。

教育既有一定之目的，则其一切之措施必不可不统一。不统一之教育，费力多而收效必少。故教授与训练，种种之作用宜归一致。是不唯有相互联结之关系也，即论其前后之关系，亦无不秩序整然，由简而繁，由易而难，递进递深，而不可稍有缺陷于其间也。

教育诸作用之统一，如第驰于形式之末，则真统一之影响或转有不能行者。盖形式上之统一虽为至要，而教育者于一己之人格必先保其自然之统一，此尤宜急急者也。况家庭与社会等之影响，按之于学校所施行，多有相矛盾者，此正学校教育之所忧，故尤以统一为至要。

四、教育者宜应时势及社会。

教育者之于被教育者，务使其适应于现时之社会。夫社会者，随时随处而异其状态者也。一代有一代之风化，一国有一国之程度。其时其地，既各有不同，则教育之事亦不能强同。此中之准则，宜分为二端，如下：

（甲）宜与时势相应。

教育者不独当使被教育者能合于现时社会之状态已也，又必期其能注意于未来之状态。故高谈教育者常忧其能适于现时之状态，而不能望社会之进步。然徒为高远之理想而置现时于不顾，恐被教育者有隔离现时社会而不能作现时社会人物之忧。换言之，教育者使其人之位置与力量相应于社会，以谋到达社会高尚之理想。若目前之开化，可以供教育之手段，而不可为教育之目的也。

（乙）宜与社会相应。

凡有一社会，即不能无特有之土地与其言语、文学、历史、宗教等，此一社会所独有开化之程度也。各被教育者既为此程度中人，即有按其开化之程度而更发展之之责。教育为社会开化之基础。故当本适合之材料与方法，以施教育，不然则劳多功少。惟如第见其一社会，而不顾其他，则亦不可。盖一社会之对于他社会，必相提相携，而共图进步。如谓一社会可以独立而自存，是不过往昔之梦语，断不能立于今日交通之世界。故教育者宜以发挥其本社会固有之文化，与他社会相切磋而张大之，以广此全世界文明之范围为至要。

五、教育之方法宜活用。

教育之对象为被教育者，则求其个性，殆不啻千态万状。即就一人言之，而亦时时变换。故教育之方法常宜应事行权。至如何运用此方法，则由于教育者之经验与研究，可以自悟其术。教育学中，仅立其公共之法而已。

要之，教育诸方法如不能活用，是被死法所拘。故欲运用于实际而收其效，必归于教育者之性质如何。盖教育之诸方法，殆与教育者之人格相通，必能运用甚活者，乃能使被教育者生爱敬之情而顺受之。此所以于绪论之中，以"爱"字为教育之真谛也。

第三编 教育之种类及场所

如以上所述，殆皆以小学校之教育为主。然施行教育之种类及场所固不仅小学校已也，其他一切处所无不待教育之设施，小学校必与之相联络，乃可全其教育之功用。本编略涉其一斑。

第一章　教育场所之区别

施教育之场所，由于教育者与被教育者之关系，可分为各个的与共同的二种。各个的，以行于家庭者为主；共同的，则行于蒙养园及学校与其他特殊之营设者也。学校之教育，其目的可分为普通教育及专门教育二者。表示之，如左：

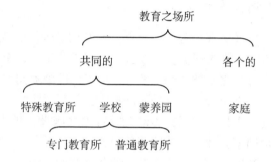

此外，由于施教育者之计划如何，而得立有私人教育及公共教育之区别。

第二章　各个教育与共同教育

各个教育，谓于家庭之中，父母自教育其子，将一切教育之事，仅一人任之者也。共同教育，谓集许多之儿童，使其同时同所而受教育者也。

各个教育之所长，在能合儿童之个性而因材施教。盖教育者将其全力倾注于一人，自能精密考察而与以适宜之处置。夫为父母者，自任教育之事，此乃以自然之爱情相联络，其事自容易施行。即如父母所示之模范，不识不知而自能使之摹拟；其命令，亦不必强之而自能率行。凡此诸端，若一观于其他教育之场所，固不可多见也。

虽然，家庭中必不能以教育子女为唯一之目的，故家庭之父母必不能为适当之教育者。又如自置私宅教师之类，于经济上亦觉难行。况就儿童验之，其影响之源泉亦未能活泼。盖第受教育于一二人者，既不免有所偏颇，而用于实际之生活亦少变化，无以养成其社会生活所必需之诸德性。此共同教育之所以必要也。

共同教育之短长，与各个教育适相反。故论其所短，虽不若各个教育得周密注意于个人，以施适宜之教育，然对社会生活之预备，则断非各个教育之所能及。盖

759

共同教育之处所，即社会之模型也，亦即由家庭生活移入于社会生活之媒介也。儿童自家庭来，以与同学相交际，此中自生有种种之关系。教育者能教育之于同时，而又由同学之伴侣互相磨练，使通世情，此即所谓社会之训练也。

学校者，教育最要之场所也。虽然，如第为共同教育，亦不无缺憾。故学校者宜收容儿童由家庭所受之教育，而以家庭为本原；至共同教育所不及，则由家庭以补助之，两者各以其长所活用而互相补足可也。

第三章　蒙养园

第一节　蒙养园保育之要旨

蒙养园之教育，特名保育。盖学校教育，虽俟儿童达就学年龄后始行之，然若以为教育始期必满六岁，则大误矣！学校教育，固于儿童发达至一定程度开始。未到达之前，有幼儿教育为之基础。幼儿教育之后半，即蒙养园保育是也。幼儿身体稍发达，渐知觅伴侣，喜交游。故宜进而助长之，使得适当之友人，以指导共同生活。要之，介于家庭、学校之中间，为幼儿教育上之施设，扩张母姊之行动而已。盖蒙养园之保育，辅助家庭教育，减轻其负担者也。

蒙养园之保育，其旨趣如斯。盖欲扩张幼儿之交游范围，指导社会生活，则家庭中地狭人少，究不能满足，蒙养园保育因之而起。然仅调摄幼儿相互之交游，规制社会的生活，不得谓蒙养园保育之全部也。

此不过蒙养园教育之一方面也。蒙养园保育之目的，与普通幼儿教育，形式上无甚大异。学龄前之幼儿头脑懦弱，至其后期稍见发达，然尚不能受严格之教授、训练。即日常坐卧之心得，使知之，不如先使效之。保护其身心，引诱其自己活动，以养成善良之习惯。此一般幼儿教育，亦即蒙养园保育之要旨也。

第二节　蒙养园保育之方法

蒙养园保育之方法，在取幼儿了解之谈话、简易之作业、唱歌及游戏课之，俾幼儿自然活动，于不识不知之间受其感化。

一、谈话。

取普通童话，含寓言、物语、历史谈、庶物谈等，于教育之基础，言语之练习及感情教育大有价值。其材料以能引起幼儿兴味，选择备具教育的价值者，引起强烈的感情，或示以免除恶意之成功等是也。与幼儿谈话之际，以平易之言语，出之缓慢，务使明瞭。用形容词者，可取具体的形容之，而不可仅用抽象的言辞。讲至人物对话之处，必以自然之假声，且作对话者之模样表出之，所以发挥两者之位置、人格也。然谈话亦不仅使幼儿为受动的也，且当时时使幼儿与教育者互相对话，进而上之，则使幼儿独语，于发表思想之练习颇重要也。

二、唱歌。

唱平易之歌曲，以练习听音器、发声器及呼吸器，且足以陶冶心情者也。其歌曲，贵在不失童谣性质。歌词之内容及旋律不可卑鄙，而以兴味浓厚者授之，利用幼儿之模仿性，使口耳相传，以欢乐为主。若徒拘泥乐典，则减杀其兴味。至歌唱之间，注意发声及姿势，不知不觉自能为正当之练习矣！

三、游戏。

有随意游戏、共同游戏二种，皆所以满足幼儿之活动性，维持心身之健康，而发达之效力殊伟大也。

随意游戏者，不俟保育者之指挥，诱导幼儿随意嬉戏游乐，陶冶个性，最有效益。共同游戏者，与歌曲配合，为规律严整之肢体运动，盛行于蒙养园，可特称为蒙养园游戏。盖服从规律，以避去自他欲望之冲突，实施共同的社会的陶冶，其效甚大。荟萃众儿而以一保姆保育之，为便利看护起见，则此实蒙养园所必要之保育事项也。随意游戏，则于课授各种保育事项之间，作为休息，即砂场、花坛、游戏器具等设备周到之游园中，行之保育者当周密注意，以豫防幼儿之危险及恶行，调摄相互之纷争，渐次诱导以好意、宽大、节制等之德行，以发挥各个之性能，尽力伸畅天赋之长所。共同游戏，则矫正幼儿之个性，而有助长一般共同性之效力。当实施之时，须留意幼儿发达之程度，不然徒增幼儿之苦痛，以损伤其共同性而已。

四、手技。

授以简易之作业，满足其构造性，且收手工之教育的价值者也。其材料较小，学校初学年之手工材料较易，以特殊之幼儿的细工为主，可以儿童玩具为之。玩具之种类虽多，兹述其为主要品为日本现今所习用而吾国宜仿造者，如左：

积木：以正方体、长方体、三角柱、四角柱等之各体，数个为一组，作各种形体。

排板：以正方形、二等边三角形、不等边直三角形、二等边钝三角形、正三角形等薄板，表里分涂颜色，排列之，作各种形体。

箸：金属制或木制，横径一分，长有五分、一寸、二寸、三寸之数种，安置之，作各种形体。

环：金属制或木制，有大、中、小，及全环、半环、四分之一环之数种，安置之，作各种形体。

纽：以丝或打纽置于桌上，作各种形体。

贝：用小贝、小石子等，排列之，作各种形体。

图画：始于石板上画之，进及纸面，自在绘画；若施彩色，则用色铅笔或绘具。

裁缝：以针及丝于硬纸上，缝成简易之形体。

切纸：最初以切成各种形状之纸片与之，使贴附于硬纸上。贴附方法已经娴熟，与之以剪刀，便自行贴附之。

织纸：剪色纸或细条，以为经纬，编成种种模型。

编纸：以细长之纸，为种种组合之法。

叠纸：与以方形、三角形、圆形等色纸，俾叠出各种形态。

豆细工：以白豌豆及纤竹，造成各种形体。

粘土细工：以粘土，造成种种形体。

第四章　学校

学校者，为集多数之人，施以共同教育者也。夫教育者，集多数之人而教育之，并非欲其为同等之人物。盖儿童之将来位置不一，即所宜受之教育亦不一。一社会之中，既有种种之处所，待种种之人物，则学校之设置亦自因之而有种种之区别。今试观各国现时学制，举其重要者，如下：

第一节　小学校

一、小学校之责任。

小学校中教育之任务，已于第一编详述之。今推衍其意，复述小学校之任务，如左：

（一）①小学校者，代家庭而施教育，且因以补助其所不及者也。盖凡为父兄者，欲全其子弟之教育，或有格于势而不能者，则不得不有赖于学校。此其故，约有数端：

（甲）父兄阙自为完全模范之资格者。

（乙）父兄欲施秩序整然之教育而无闲暇者。

（丙）欲施十分之教授及训练而设备不周者。

（丁）欲加以社会的国民的训练，但在家庭，必不能充其量。

收纳此子弟于学校，则可使为父兄者，自专其职业。由分业之理言之，于经济上之利，所关甚巨。

（二）②小学校者，高等教育之基础也。故必取为社会生活之本根者，而加以陶冶。

小学校于普通教育中，凡其所施，当与以无论为社会之一员，为国民无不具备

---

① 原作"一"，据通行写法而改。
② 原作"一"，据通行写法而改。

之品性与实力之基础。大抵既为社会之人，即宜受小学校教育。又以多数儿童不能受小学校以上之教育也，故小学校之效果如何，影响于社会之进步者甚大。

（三）①小学校者，最适于施国民统一的教育之所也。

凡为一国之国民，皆宜富有同情。否则，欲保国民统一以谋其国家之荣盛也甚难。然此国民之中职业各异，而贵贱贫富又互有差等，则其情或不免相暌。小学校者，即集此各级之人民，施以同等之教育，且使营同一之生活，因以养成其共同之感情。至于其他之诸学校，决不能如小学校之务加以共同之陶冶也。

二、小学校之教育作用。

小学校之教育，一由于教育者而来，一由于教育者及被教育者所组织之学校生活而来。属于前者，第二编已详述之。今试述其关于共同生活者。

学校之共同生活，比之家庭之生活，颇异其趣。学校之生活，务为统一之教育也。故教育者之于各儿童，必不能若父母者之于子女。盖儿童之在家庭，或专恃父母之爱情，而动作不免随意；若入学校，则必服从学规，不能复恣肆其情欲。且集多数之人，从事于共同之事务，决不能如家庭之中得依赖父母兄姊之美意，或免其自己之责任。虽教育者亦专以爱情督率儿童，而管理此多数之儿童，自不能不设有规律而使率由之。是则小学校之儿童，将使由怡乐、亲爱之关系，以入于平等、法律之关系，而渐立其社会生活之本原也。故曰小学校者在家庭与社会之中间，使其将由家庭以入社会之阶级耳。

以儿童而入学校之时，即可目为以个人而入社会之时。学校者，亦可作一国家观也。使学童爱其学校，从顺学校之规律，即可为他日爱其国家，从顺国法之根本。故教育上所最要者，必适合儿童发达之程度，使巧于利用学校之生活，而养成其对于学校从属心、爱好心，以为国民陶冶之基础。

各小学校中如欲为圆满之教育，则宜如何设备，如何管理，所当研究学校管理法者也。

三、小学校与家庭之联络。

小学校之儿童，无论家庭与学校，皆其受教育之地也。家庭与学校，其所施于儿童者，虽各有特别之点，至论其所归，则仍在一途，故此两者宜常互相提携。至保此两者之联络者，则宜参照前编及学校管理法。

四、小学校与社会之关系。

小学校者，教育儿童，以期其立于后来之社会，而为有为之人物者也。故小学校之教育，常宜顾虑其社会。如昧于实际，与徒驰于高远之理想，则其弊甚矣！

儿童常影响于现时之社会，而社会之影响必不尽善良。儿童在小学校中，若犹不能使脱社会之恶影响；或于未入小学校之前，所已受社会之恶习而不能涤除之，

① 原作"一"，据通行写法而改。

则学校教育之效果必全归消失。此其咎虽以社会为主，而学校亦有不得不分其责者。故小学校欲收教育之效果，必使被教育者超出于社会。虽日常生活于不良之影响中，而决不被其诱惑，则必先令其卓然自立，能自行陶冶品性之基础而后可。故小学校之最重要者尤在养成其自助心也。

第二节　小学校以外之诸学校

小学校以外之学校，有以普通教育为目的者，有以专门教育为目的者。专门学校虽各有特殊之目的，然其终极之目的决不能不以陶冶品性为重。置此不顾，则其弊之所延将有关于全社会之隆替者。

一、中学校。

中学校，殆立社会之中流以上，而施以高等之普通教育者也。于此程度之中，男女之性已显著其不同，亦不可复加以同一之教育，故学校宜有男女之分。现时吾国学制，凡男女生毕业于高等小学校，及与有同等之学力者，皆可试验入学，四年毕业。

中学校之所学，亦有二种：一由此而直入社会之生活者，一卒业后更入高等学校者。故中学校宜兼顾两者，而施以适当之教育。

二、大学校。

大学设预科，中学毕业生入之分三部，均以三年为毕业期。预科毕业，及与有同等学力者入大学，分文、理、法、商、农、医、工七科，毕业期三年或四年，专攻高深学术，养成硕学闳材，以应国家之需要。毕业于大学，而更欲精研学术之蕴奥者。入大学院，不设年限。

三、师范学校及高等师范学校。

为有志愿为教员者，施特殊之教育，则师范学校以养成小学教员为目的。卒业于高等小学，及与有同等学力者入预科，修业期一年。预科毕业，及与有同等学力者入本科第一部，修业期四年。中学毕业，及与有同等学力者入本科第二部，修业期一年。高等师范学校，以养成中学校、师范学校教员为目的。卒业于师范学校、中学校，及与有同等学力者入预科，修业期一年。预科毕业入本科，分国文部、英语部、历史地理部、数学物理部、物理化学部、博物部等，修业期各三年。

四、实业学校及专门学校。

实业学校，分甲、乙两种。乙种实业学校，卒业于初等小学者入之；甲种实业学校，卒业于高等小学者入之，修业期均三年。至专门学校，则有法政专门学校、医学专门学校、药学专门学校、农业专门学校、工业专门学校、商业专门学校、美术专门学校、音乐专门学校、商船专门学校、外国语专门学校等，其毕业期本科三年或四年，预科一年。实业学校，以养成人民生活能力；专门学校，则造成具有高等学术之人才者也。

此外，如初高等小学附设之补习科，则为毕业生欲升入他校者，补修学科，兼职业上之预备，均二年毕业。

第五章 特殊教育所

吾国教育，尚在幼稚时代。故于特殊教育，政府、国民注意者甚鲜。各先进国，则凡于因身心之状态及种种之事故，不能受普通教育者，每为设特殊教育。试举其种类，如下：

一、训盲院。

教育盲人所难者，乃使知夫形与色也，而又不易教以文字。近时，因教授文字之器具渐备，而盲人教育乃大进步。

二、聋哑院。

哑者必兼聋。惟因其目力之可用，而聋哑教育之发达乃为之大著。即由其视觉，以练习言语之使用，殆与常人同得发表其思想，又可使了解他人之谈说。

三、痴儿院。

痴儿者，人生之最可悯者也。彼但以心力不如常人灵敏，故不能学普通之学。近时，欧美教育家由生理学及心理学上热心研究，而立有特别之教育法，因得以成功者亦不少。

四、感化院。

人有性质不良，常困苦他人，传播恶风。以为教育之妨碍者，亦不可置之普通学校。感化院，即集不良之少年，由心理上及生理上救治之，以使其同于常人者也。

五、贫穷院及孤儿院。

人有贫穷而不能入普通学校，与幼失父母之依顺而无所保护者。贫穷院及孤儿院，即收容其人，而施以普通教育者也。此辈，如任其所为而不教育之，必至失其生命；即幸得糊口，亦必成为无耻无能之人，而害及于全社会。故此等教育所之设，一虽基于慈善之意，一则保社会治安之必要者也。

第六章 我国之学校系统

欲明以上所述各种学校之相互关系，试依据我国教育部颁行之学校系统，表示之，如左：

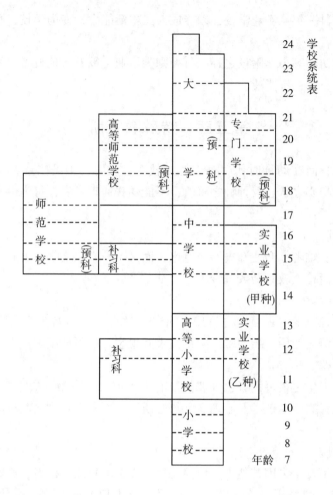

学校系统表

24
23
22
21
20
19
18
17
16
15
14
13
12
11
10
9
8
年龄 7

附录

顾母杜太君懿范录

顾节母家传①

齐耀琳　撰

　　节母杜氏，江苏无锡县人，今江苏第三师范校长顾倬之母也。杜故名族，节母幼嗜读书，通笔札。年三十一，归邑文学顾君宽。六年，生二女及倬而孀，抚遗孤，厉之学，倬以是名于时。节母性强立，有烈丈夫风。年二十四，当咸丰庚申之乱，举室震撼，兄隔京师，父陷贼。母没，市薄棺，节母恸持不可，亲脱珥钏，易良椟殓之。独撑家难凡数年，课弟妹读书，厉针黹。久之父兄归，始结褵顾氏，文学君性狷笃。乱后庐室荡然，僦旧宅大门旁舍处数年。文学君病，节母百计治疗，久不效，则贷金构茅舍以居。宗老悯之，请缓役，节母垂涕曰："吾极知非计，顾夫病将不起，不课室家，大惧病者无以安魂魄，遗恨无穷。且异日孤孀，将焉托也？"闻者泫然。茅舍粗成，文学君没。倬甫三岁，节母束之严。一日吴氏姑归宁，节母设豆肴以侑。倬睨其旁，节母大恚，挈至后园痛挞之。吴氏姑奔而往，节母垂涕谢曰："儿父既死，吾所含辛茹苦者，期此儿成立耳！今乃垂涎若丐子，复何望哉？"文学君之没也。里人哀其贫，请月佽钱为食，节母辞焉。即家设塾，课诸童，收脩金为活。不给，则针黹继之。倬四岁，使辨字，口授唐人诗。五岁，令随诸童入家塾。薄暮归，然灯课倬至夜分，己躬针黹以待。从母怜其幼，请缓之，节母叹曰："吾女俱殇，惟此子，可成不可败，不严将奈何？"文学君之濒没也，执倬手，泣曰："毋坠乃父家声也。"及是倬偶有惰，节母辄垂涕，语之曰："汝忘乃父临绝语耶！"则相对以泣。倬九岁，令从名师龚先生。游归，辄促还塾。言行偶逾检，严厉责之，必长跪请罪乃已。既龚先生没，倬方十四，以贫，故课徒佐。晨夕每定省，节母辄举文学君遗事相荣厉。既冠，隶学官，肄业南菁高等学校，游日本。训诚益严，至今不敢失，先型以此。节母体幼羸，五岁婴疾。中年以往，蒙难艰贞，身孀子幼。虽贫且病，深畏人知。而疾愈剧，家贫不克致医药。剧则号，饿不眠。病间，昼一举火，暮则沃汤水食之。久之童脯差丰，而坚苦如故。居平屡困，不求助于人。族子远宦，馈金，察其诚，乃纳。倬年稍长，诏之信，戒以勿欺，而尤重报德。文学君之丧，族娴资殓事，录其姓字。岁时诏倬，使报之，曰："毋令老母愧乃翁地下也。"赴族娴急难，虽劳不辍。倬止之，则曰："吾急人难，人乃急吾难

---

①　顾倬：《顾母杜太君懿范录》，石印本，1936年版。

也。"或资粮垂绝，里人告之饥，济以斗粮，无吝色。倬难之，则曰："汝器小！与彼同病，乃不相怜耶？"盖天性任侠如此。生清道光丁酉九月二十七日，卒光绪甲辰七月二日，年六十八，葬西乡孔山之原。子倬，县学增生，毕业日本宏文学院速成师范科，今任江苏省立第三师范学校校长。孙三人，长复肄业日本名古屋第八高等学校，余详倬所著《春晖小识》中。

赞曰：嗟乎！节母有言："不患人欺，患己不立。"又曰："男不失志，女不失节。"斯谓善处穷至哉言乎！何其刚峻而怛挚也！观其迭更危难，以一女子撑杜、顾两氏于存亡续绝之交，虽古烈丈夫，曷克加此？可不谓言行契节君子者与？

伊通齐耀琳敬撰。

顾母杜孺人传①

张一麐　撰

吴县张一麐撰。

　　孺人，无锡杜氏女也。明之中叶，江南有隐君子抗节不移、求志全道，世称杜处士者，孺人之先世也。处士讳坤。十传至祖讳若，以学术为府县上宾。父讳兆堂，敦厚长者。孺人幼有羸疾。好书，每见诸弟诵习，默而识之。少长，遂通文义，能笔札。黹绣工绝，其敏勉盖非人力也。清咸丰十年洪杨变作，东南无完土。孺人时年二十四，毁容蓝缕，与家人辟地邑之东乡。明年，母殁，乃祖以贫乏将薄殓。孺人泥首号恸，奉儿时簪珥，俾易一棺，伤心凄断，行路哀之。乱平，旋里，率诸弟工读，内外井井，家以中兴。年三十一，嫁同县顾先生讳宽，字硕甫，有文学、德行。先生遭逢世变，并遘家难，门衰祚薄，块然独处。自孺人来归，乃知有室家之乐。祭祀之仪于是乎备。归三年，举二女，皆殇；举一子，曰倬。倬生三岁，先生以宿疾卒。室如县磬，藐孤茕茕，孺人衔哀将事。观者以为尽礼，戚党有哀其孤寡馈以钱米者，一无所受。于家教授童蒙自给，操心之危，虑患之深，人不能知也。倬虽孤，或乖礼法，不稍宽假。迨就外傅，每自塾归，必课其所习。有疑难，为之解说。督责甚严。小倦，孺人必提耳申儆之，曰：“尔忘尔父临殁之所以诏尔者乎？”倬年二十一补县学生，用公费游学日本，今为江南黉舍大师。孺人以清光绪三十年七月二日②卒，及见倬成立也。

　　赞曰：“女子贞不字，十年乃字。”“靡室靡家，玁狁之故。”此诗人所为伤叹也。天夺其良，以燕翼子，舍命不渝困而能亨。古史称：“哲妇隆家人之道，贞女亮明白之节。”若杜孺人者，可谓兼之矣！

---

① 顾倬：《顾母杜太君懿范录》，石印本，1936年版。
② 原作“十”，据顾倬《春晖小识》而改。

锡山杜太夫人家传[①]

蒋维乔　撰

锡山顾君倬，余昔在南菁高等学校同学友也。南菁旧为书院，凡大江南北才智之士咸集焉。壬寅之岁，改为江苏全省高等学堂[②]，丹徒丁师立钧实主之。倬以是岁来校，与余一见如旧相识。余少年颇病狂易，而倬独渊懿纯厚，接之温然，若千顷汪洋之不可测也。会丁师以病去职[③]，同学亦相率他去。余来海上，而倬归其乡，办东林学校。聚首共砚席仅半载，于倬之家世未详也。顷者倬以《春晖小识》一册贻余，余受而读之，乃知倬之学行所以能致此者，乃秉承太夫人三十年家教使然。以余之不文，乌足以彰太夫人淑德于万一？虽然，以余与倬交谊之深，其又安敢辞也？

太夫人姓杜氏，世为江左望族。幼为父母所钟爱，而体弱多病，父母虑其不永年，不令入塾读书。然早暮见昆季自塾归，挑灯夜读，则从旁默识之。年十一二，已能操书札。性喜勤劳，习针黹，勿稍懈。病烈，则稍休。少间，又操作如常。会洪杨之乱，父陷围城中，兄在京师，音问隔绝。太夫人于危急时，独能安然奉七十余岁之祖父及母与诸弟，避难于邑之东里。虽室家已毁，老幼环集，而临危不惊，处置井然。逾年，母殁，临终呼太夫人，告之曰："汝父存亡未卜，汝兄又道远不得归，而我将死，祖父春秋高，弟妹皆幼。此后事畜之责，惟汝是赖。"太夫人涕泣受命。母既殁，家贫，几无以为殓，则脱簪珥济之，始克成礼。乱平，获返故庐，父若兄亦先后得归。乃归家政于长嫂，而自课其弟妹读书，并及针黹。平旦即起，中宵方寝，终岁如一日。宜其于归顾征君时，一家长幼皇皇然若失所恃也。

征君讳宽，字硕甫，县学生，以诚笃称。太夫人归征君二年，叠生二女，又期年而生倬。是时征君病肺甚剧，又贫甚，资用乏绝。乱后室庐荡然，僦居他屋。太夫人默念夫病若不起，无厝柩之所，何以慰死者于地下？乃悉索告贷，就故址结茅数椽。亲友窃议之，不为动。征君得终正寝，倬仅三岁耳。太夫人矢志抚孤，即家

---

①　顾倬：《顾母杜太君懿范录》，石印本，1936年版。此文后又发表于《光华大学半月刊》1937年第5卷第9期上，篇名改为《顾节母杜太夫人家传》。

②　原作"江南全省高等学校"，据蒋维乔《顾节母杜太夫人家传》而改。

③　原作"会立钧师以病去职"，据蒋维乔《顾节母杜太夫人家传》而改。

中设馆课徒以自给。不足，以针黹佐之。戚族或助以钱，却勿受。然仍善病，病作，则呻吟床蓐，力不能服药，倬则兀坐榻前，母子二人相依为命。邻妇见而叹曰："天苟有知，此家必兴。"然太夫人对人未尝轻言贫也。训倬甚严，不许私蓄钱，不许与他儿龃龉。四岁，教之识字。五岁，入塾。自塾回家，必督之温习。偶有倦容，则诏之曰："汝父临殁时，以毋坠家声诏小子，小子其可忘之乎？"倬悚然，读益勤。一日薄暮，太夫人命倬掌灯。倬偶犹豫，见从母在旁，丐求稍缓。从母以为言，太夫人不许，曰："吾仅此一子，可成不可败。训之不严，将奈顾氏何？"倬九岁，为之择名师。距家半里，计时往来，不许逗留。及长，教以不欺、不苟且、与人以信，而尤勖以知恩图报。手录征君病亟时亲友资助者姓名，以示倬，曰："凡此皆有德于汝父者，汝必报之，汝父无憾，吾亦可告无罪于汝父矣！"倬年十四，卒以家贫，无力从师，课徒自给，益自勉。年二十一，列名于庠，文名藉甚。太夫人自奉极俭，日辄一举火。而遇贫苦无告者，必矜恤之。尝于资粮将绝时，出斗米以予乞者。倬又吝色，则训之曰："汝乃吝耶！吾家固与彼同病相怜也。"太夫人平素节约衣食，铢积寸累。迨十余年，乃有屋七间。为倬娶妇，妇殁更娶，不名一钱，而事卒以成。嗟乎！太夫人之志行如是，其规模远大又如是，虽豪杰之士，何以加焉？今倬任江苏省立第三师范学校校长，学风翕然，弟子之卒业任事者各县多有，成效彰彰，虽谓皆沐太夫人之遗泽可也。太夫人生清道光丁酉九月二十七日，卒光绪甲辰七月二日，享寿六十有八。长女二，均殇。子一，名倬。孙三①：长，复；次，志韩，殇；三，衡。孙女三。

　　赞②曰：曩者丹徒丁师立钧病亟时，倬闻之，蹙然不自安，忧伤之情溢于颜面，告同学曰："师恩深，不知何日得报也？"余居先考之丧，举殡之日，倬自无锡不远百里亲至武进来吊，吊毕而去，襄事之亲友皆不能识，后有识者告余，方知之。呜呼！倬之一言一动皆实践太夫人之遗训，而太夫人之懿德为不可及矣！

　　武进蒋维乔撰。

---

① 蒋维乔《顾节母杜太夫人家传》作"二"，误。
② 原作"蒋维乔"，据蒋维乔《顾节母杜太夫人家传》而改。

节孝顾母杜太孺人家传①

陆士奎　撰

古今大德，莫尚于孝。闺阁至行，莫重乎节。孝由性生，节以义植。节孝之大本既立，百善自从而萃之。间尝披览古人传记，每至孝女、节妇、贤母，叙述其嘉言懿行冠绝等伦者，未尝不反覆讽诵，肃然而起敬焉。然耳闻之详究不如目睹之确，以予数十年来所仅见，其节孝之肫挚真足以感格神明，而百行粹美实足当女界师表而无愧者，未有逾于顾母杜太孺人者也。

孺人之姑与士奎祖妣张太淑人为胞姊妹。其夫硕甫先生邑名诸生，与先父属从母昆弟，自幼即相遇从，其情有逾骨肉。故太孺人于奎为表姨母。岁时往谒，亲若诸母焉。其子述之之表弟亦县学增生，与奎少以文字相切磋，至今相问候不绝。盖两家往来已阅三世，百有余载，葭莩之谊独厚且久。虽家庭之琐屑，殆无不周知者也。

述之十余年前，因念母氏之苦志，即开具崖略，嘱为作传，以志家乘。奎不敏，既无名公巨卿之位，又非所谓蓄道德能文章者，曷足以传太孺人？虽然，知太孺人者，莫予若也；且述之孝亲之意，亦不可违也。予既历年奔走在外，方愧久未应命，而又曷敢终于疏懒不一为诠次其事实乎？

太孺人姓杜氏，世为江左望族。曾祖讳介眉，字景阳。祖讳若，字愚谷，以名幕历就各府县币聘。父讳兆堂②，字翼仙，敦厚诚朴，为世所称。母氏秦。兄锡三，字隽斋，有声黉序。弟锡五，字子畴。又女兄弟七。太孺人自幼即患寒疾，月必一发，发则气喘累日。父母虑其不永年，不令入塾，亦不责以女红。然太孺人性嗜书，朝暮见昆季读，依依不忍去，久之遂通文义。十一二龄，能操书札，其习针黹亦然。咸丰庚申之乱，太孺人年二十四，时愚谷先生尚在，已七十余。其父翼仙先生陷贼中，兄隽斋在京师，息耗不通。太孺人随祖父及母氏挈诸弟，避难于邑之东里。室家已毁，老弱环集，其窘可知。逾年，而母氏病剧，当易箦时，呼太孺人而嘱曰："汝父存亡未卜，汝兄又远离，而我将死。此后，侍奉祖父，及教养诸弟，惟汝是赖。"太孺人涕泣受命。母没，窘甚，几无以殓。太孺人脱钏及珥，哀

---

① 顾倬：《顾母杜太君懿范录》，石印本，1936年版。
② 原作"奎"，误。

恳祖父，勉力摒挡，始克尽礼。自是辗转流离，仰事俯畜，心力为之交瘁。乱平，随祖父挈家返故庐，父兄亦先后归。太孺人乃归家政于长嫂汪氏，而弟及诸女弟仍环列闺中。太孺人课以读，教以针黹，并勖以德、言、容、工诸媺行，旦而起，中宵而寝，一日不少辍。至三十一岁方通顾氏，于归之夕，皆皇然若失所恃焉。其平日孝友之诚概可见矣！太孺人之女德优美有如此。

顾氏为明名臣洞阳先生之后世，居邑城凤光桥，风流文采，代有传人，历十数世而不绝。硕甫先生自兵燹归后，父母及两兄相继逝世，影只形单，异常窘厄，惟以学行端粹、性情诚笃为同人所信仰。自太孺人来归，始有室家之乐。逾年，连举两女先后殇，又期年而生述之。甫数月，硕甫先生即病肺病甚，辍业。太孺人百计医治，而卒无效。时祖遗之屋已毁，仅僦居公屋大门旁。太孺人默念夫病将不起，未能安枕首丘，且异日嫠妇孤儿无以图自立，乃罗掘所余，又告贷于诸女弟，即祖遗故址结茅数椽以居，其缔造之艰至今犹可想见。迨夫没而孀孤，孑立茕茕无依。太孺人乃设蒙馆，课学童十余人，朝夕勤劬，藉修脯以自给。不足，后以针黹佐之。虽病，仍勉力扶持，不肯休息。经营二十余年，子既成立，旋又抱孙。后陆续增屋数间，可谓再造家室，足以慰逝者于地下矣！太孺人平居恒以不及亲事翁姑为憾，每遇祭祀，必虔以恪。临终前二月，适值祖翁忌辰，招呼媳至榻前，谆嘱诚敬将事，慎终追远，至老不懈。太孺人之妇道恪修又如此。

爱子者，人之常情。至于孤子，尤多宽假。太孺人中岁始育述之，体弱乳少，调护已极恩勤，哺饲皆有节度。迨既能自食，无论何时何地，不许私食杂物，故无积滞不化之疾；尤不许私蓄银钱，凡诸尊长偶有所给，虽分文，必奉诸母。与群儿聚处，片言冲突，必严戒之。即玩耍微物，亦不许轻毁。跬步稍有参错，无不立加教正。谓童稚时课之严，长大自能不越范围，所谓习惯成自然也。述之年四岁，太孺人即教以认字，并口授唐诗。五岁，令入塾。朝夕在家，又必亲自加课。偶有倦容，必警告之，曰："汝忘乃父临没之言乎?"稍长，令受业邑中名师，计时往返，许片刻玩误。并时以忠信不欺、知恩图报等，务昕夕训勉，曰："凡有德于吾家者，汝能报之，汝父无憾，吾亦可告无罪于汝父矣！"述之年十四，因迫于家道，及令课徒以佐家用，一面仍以所作文辞请名师指正。甫逾冠，即游庠，会肄业江阴南菁高等学堂。复以地方公举，命述之出洋留学日本。虽违离膝下，而训谕频仍。迨毕业回国，会效力本邑学界。至今为苏省第三师范校长已历数载，公私上下无不崇信。虽述之能自树立，不可谓非家庭训迪而成。太孺人之母教贤明又如此。

至其嘉言懿行，尤不可殚述，兹姑就其荦荦大者言之，所谓管中窥豹，亦可略见一斑。太孺人性端重，寡言笑。虽贫，不肯轻受人惠。虽病，不肯任意偷安。苟稍间，即操作如恒。戚族有急难事，必赴之。虽世俗所望而却步者，不顾也。尝曰："吾急人之急，人乃急吾之急。"有窘极来告贷者，虽己亦窘，必设法以济之，曰："彼与吾同病，理当相怜者也。"又常训其子曰："不患人之相欺，但患己之不自立。"又曰："顶天立地的好汉，全在自己去做。"种种箴言，均可垂世。至其处事之敏、御下之慈、接物之礼和宅心之中，正在他人得其一端已觉难能而可贵者，在太孺人则为庸行。斯岂非节孝之大本既立，百善自从而萃之者欤？其以太孺人之行谊卓卓若此，询可谓女界之完人、壶范之极则。

论天道报施之理，则所谓善人者允宜安富尊荣、坐享终殁。乃计太孺人一生之所历，少既多疾又遭乱；虽中岁宜家，遽然别鹄，风凄雨惨，独抚孤儿，极人世绝不能堪之境；迨辛勤拮据数十年，晚景差顺，似若稍补桑榆。然以视庸庸者之多厚福，颇疑造物者多偏袒之处。虽然，不遇困厄，则其节不彰也；不极艰辛，则其德不厚也。古来世家大族往往簪缨富贵累代不绝，一若天之独有所私，及推究其本原，详考其先世必有积德累行异于庸俗人之所为，或以仁孝著称，或以苦节自励，艰贞卓绝矣！矢志不渝，积厚者流自光，郁久者发必畅。斯盖盈虚消长之数，抑亦天地自然之理也。今述之既卓然于学界之中，为东南最有名望之教育家。其子复游学外洋，即将毕业；次虽幼，亦已崭然见头角。《易》曰："积善之家，必有余庆。"《传》曰："明德之后，必有达人。"然则太孺人之后嗣，其崛兴殆未可量也。予虽谫学，然历观古来天道之报施，其迟速纵未可必要，未有久而或爽者。故特不惮辞费，略表太孺人之盛德，并俟天人相应之明效焉！

民国六年丁巳仲春月，前翰林院庶吉士、湖北即补道、历知安徽怀宁等县事陆士奎谨撰。

778

顾贤母杜太君墓碣铭①

钱基博　撰

太君杜氏，其家世故锡山著姓，为前清处士讳兆堂之女。年三十一，归于顾，为文学讳宽之妇，今江苏省立第三师范学校校长名倬字述之之母也。述之生三岁，即丧文学君，卒能继志述事，以寖发闻为巨儒，讲学著籍，弟子数百人。其为教也，笃躬行，不徒侈口说，有人师之誉。居今职，号能播化，皆太君教也。论者曰："太君家承通德，以处士君之贤女，嫔文学而母人师。《诗》曰：'教诲尔子，式穀似之。'用能不坠家声，以袭芳于弈叶，太君之为功于顾氏，亦鲜俪矣哉！"盖其称誉于邦士夫有如此者，顾未足以尽太君之懿。何也？孟子、荀子，于战国治《诗》《礼》《春秋》，并称儒家大师。然孟子说《诗》称大意，以意逆志而已；荀子则诵数以贯之，思索以通之，始乎诵《经》，终乎读《礼》，綦重章句文学。孟子道性善，慎于辞受、取予；而荀子书详法制、节奏、等威，体国经野，其精博逾于孟子。顾唐韩愈氏推尊孟子，以为醇乎醇，荀子②大醇小疵，匪其伦。盖经师易得，人师难求。荀子经师，而孟子则人师也。然孟子孤子之一述之也，人所知也。说者谓孟子之贤，亦得力于母教者为多。是则孟子之淑世长民，禀母氏之教以为教，即不啻其母氏淑长之也。是则其母氏之教孟子，匪只一姓休，天下福也。以博所睹记，当吾世不乏雄骏魁③宿，擅过人之资，锐志于舆图、历算、考据、词章，张皇幽④眇，哗众取时誉，然于身心无裨。人之所以为人，不廑是焉。惟述之闇然无华，委蛇其间，嫥崇身教，以礼让式门人小子，其亦无愧于古之人师也欤！故博以为太君之善贻谋，以垂范令子者范一世之末学后进，其辅世长民之功不在孟母下也。太君卒清光绪甲辰七月二日，春秋六十有八，以丁未十二月某日葬西鄙孔山之阜，以文学君葬愈久别卜兆，寔⑤去文学君圹五里而遥，盖慎之也。合葬非古，异

---

①　顾倬：《顾母杜太君懿范录》，石印本，1936 年版。此文又发表于《妇女杂志》1917 年第 3 卷第 5 号上。

②　《妇女杂志》作"之"，误。

③　原作"魑"，误，据《妇女杂志》而改。

④　原作"幼"，《妇女杂志》亦作"幼"，均误。

⑤　《妇女杂志》作"实"。

窆从礼，经称之矣！君子于是乎称述之知礼焉。博为碣其墓，以昭其休，铭曰：

梁溪之上，有桥莲蓉。杜氏宅此，代称儒宗。迺诞淑媛，秀灵所钟。生小劬读，遗书罗胸。来嫔于顾，婉娩多从。如何所天，不禄厌世。藐孤在抱，抚之出涕。何以食之，笔畚舌耕。童蒙求我，说经铿铿。哓音瘏口，活此遗婴。既恩而勤，亦庄以莅。母亦有言，毋患人己①厉，患不己②立，小子是谛是识。母亦有言，男不失志，女不改节，处穷之谊。母亦有言，经纶天地，不朽休烈，道在自致。综此三事，母教昭垂，哲嗣秉之，蔚起人师。呜呼贤母！藏骨于兹，谁疑不信，征予③碑词。

民国六年春，无锡钱基博谨撰，许国凤敬书。

---

① 《妇女杂志》作"已"，误。
② 《妇女杂志》作"已"，误。
③ 《妇女杂志》作"余"。

《春晖小识》颂①

黄炎培　撰

无锡顾述之倬少育于母，比长，能承母之教，卓然树立，以奉养其母，而母遽亡。于是著《春晖小识》，以述懿德而永哀思，可谓仁人孝子之心矣！邮示炎培，其书分家世、女德、妇道、母教，与夫平生之懿行嘉言，必详必悉，而于"母教"一篇尤朴质沈痛。盖凡为人母，食之而唯恐饥，衣之而唯恐寒也；而述之之母，食之而唯恐过饱，衣之而唯恐过暖也。抑凡为人母，教之而或过慈也；而述之之母，教之而唯恐不严也。呜呼！可传也已。因援刘中垒表列女之义，谨为之颂，颂曰：

吾国女学，备于有周。胎教是基，梱则是修。流衍千祀，曰有懿美。宛宛顾母，淑德百世。有子曰倬，敦笃教育。奉母之教，式教邦族。邦人悦服，咸师其教。以逮其母，卓彼先觉。

六年九月二十三日，黄炎培。

---

① 顾倬：《顾母杜太君懿范录》，石印本，1936年版。篇名据正文内容而加。

《春晖小识》书后①

张謇 撰

往闻沈文肃公言："古有母贤而子不尽贤，未有子贤而不由于贤母者。"旨哉是言！謇兄弟无似，少贫。父劳于小农商，辄不暇。识字村塾，与邻儿数十为群，塾与家相望，夕归朝出。实赖母教严，不至堕于不肖，兢兢守持，至有今日。每因事思母夙昔之训，又未尝不念文肃之言。今吴中论教育者，江以南必数无锡，江北则南通。两县规画效用不同，而任事之人克称其事则一。謇于无锡谘访，而得顾君述之；尝一见之沪上，与之语，窥其蕴，肫肫然君子也。自国体改革以来，六七年间，自拔其教育之帜而易他帜者，时时有其人，此其人无贤不肖可论，若顾君之肫肫然守其职而不懈益奋焉，可不谓贤乎？而其成乃出于母杜太夫人。盖君三岁而孤，杜太夫人鞠之瘁而督之严。方其始嫠，课徒勤，针黹以自活，而却戚族之恤，日一举火，糊所余栖为诘朝之饔，必孤雏饱而后自啜，其瘁乃至是。而于子则髫髦而眈馔有罚，稽于命务有罚，私食有禁，私畜钱有禁，毁物、与他儿誳有禁。就塾而归，背诵覆问有课。其语人曰："吾惟一子，可成而不可败，教之不严则必败。"乌呼！其严也，盖其明也。今世言蒙养，大率重柔驯而轻裁制，至于师范亦然。谓他国人云尔，他国人固不尽如此云，而欲徇一切纵任之风尚，则猎如此云者以文其说，而贼幼子，而贼人师，以陷世于顽钝、放逸、无耻而不可复。嗟乎！世不复言教育则已，必言教育，则教之本义在人为，人为必有所制而近于强。冶金、范土、揉木、结绳，孰非制，孰非强，而独于人崇自然而畸焉，何教之云必畸自然而后可为教也？世宁无不学校而教成之子，宁无不学校而教以成子之母？此可观顾君之成德，与杜太夫人所以成顾君者而知之矣！顾君以所受而获成者施于教，其行之所及，其知之所竟也，顾君其庶乎！謇抑有感焉！昔母氏之训，最严苟得。凡謇客游所获，一一必究其所从来，俸也则以为府主厚若，若学不足以得是，尤戒勿轻受人惠。今闻杜太夫人于夫病亟时，饮助之人，一一录其姓名，岁时示子，命必报；而于族人子之仕宦而有馈遗者，必察其果诚欤，乃受，何其与吾母行之相似也！今学

---

① 顾倬：《顾母杜太君懿范录》，石印本，1936 年版。

者一任事，但患不得优给耳，不患求多于人或且类跙之为。彼其家独无父母耶？抑子之率不经也？俗尚之浇，宁不自家庭始？若顾母者，可以风天下之凡为母者矣！

民国六年冬，南通张謇。

《春晖小识》书后①

严修 撰

余既深信母教关系之重，则尝证之于宗族乡党余所敬爱之人，或行谊可传，或言动可法；或仁胜，或义胜；或刚克，或柔克，其性格、其意识往往与其母氏相肖。又尝证之于新知旧好余所敬爱之人，为其母氏生前或身后征寿文或传文者，其所称述母氏之德，或行谊可亲，或言动可法；或仁胜，或义胜；或刚克，或柔克，性格、意识又往往与征文之人相肖。如是者，不可一二数也。最近数年，又得两证于江苏之无锡，一为侯君保三，其一则顾君述之也。侯君尝以所撰《太夫人事略》属余作传，顾君亦以所撰《春晖小识》属余为太夫人作传。侯君以真实劳苦自矢，亦以真实劳苦教人。故尝西游陕，遭乱兵，几丧其躯；南游群岛，备受西人窨辱，而其耐忍之力、奋往之气曾不少减。吾目之曰"铁汉"。读其所为《太②夫人事略》，则茕茕困厄之情况，较之归太仆作《陶节妇传》所谓"寒夜嚼冰雪"者，其苦弥甚。此证之侯君，则然也。顾君述之之为人也，庄重而沈重，劲气内敛，慎默寡言，造次颠沛，必于礼法；其教人也，简而有制，威而不猛；与朋友处，凝然肃然，吾敬之如严师。及读其所为《春晖小识③》，记幼时所受鞠育之概略，嬉游玩好，皆立限制，定时诵读，无间寒暑，偶有倦容，必加警告；甚至一晬之失，辄施挞伐；而动作休止，仍在太和元气之中，殆与程伊川所谓《上谷郡君家传》什九相合。由顾君之所述，证诸顾君之为人，古所谓是母是子者岂不然耶？顾君之文语语质实，与夫今世之人阳称亲而阴自谀，如章实斋所讥承考于长杨者，迥不相似。信于今，传于后，如是已足矣！故余不敢更为作传，重复其词，致类骈枝。但证明母教关系之重，书诸顾君文后，冀世之为人子者务自谨慎，毋作非谊，使人议及所生；尤望世人注重女学，使异日之为人母者本身教，为义方，端始基于蒙养，此则司教育者之责也。

辛酉立夏前一日，天津严修撰，同邑杨建纶书。

---

① 顾倬：《顾母杜太君懿范录》，石印本，1936 年版。
② 原作"母"，误。
③ 原作"记"，误。

序①

江衡　撰

　　锡山顾述之先生以教育专家长本省第三师范学校，勋业烂如，超逾侪辈。窃异其能。或谓其渊源东学，厥有师承。及观其所为《春晖小识》，乃知于幼孤后受母氏教育三十年，盖以母仪为师范者也。太夫人志节艰苦，既贫且病，能以坚忍之力处万难之遭。昼具一餐，夜不举火，晨则以隔宿余粒和粞食之。老屋毁于兵，结茅以居。搏节十数年，成屋七楹。招蒙童课读，修脯所入，佐以针刺资为生。遇人从不言贫。其抚孤也谓："止一子，可成不可败。"严督倍于塾师。既长为授室，为续娶，皆自勤苦积聚中来，从不称贷于人。先是夫君病迫，戚友有资助者，太夫人籍其名，戒先生必无忘，必图报。所尤难者，日在病中，捯当诸事，罔弗举宜。邻妇言："天苟有知，此家必兴。"其理然也。疾亟日已亲见先生学成克自立，可无憾。先生既得力于家庭之师范，宜其足以师范诸生。抑更有进者，太夫人之诫子也，不得私食，不得私钱，不得与他儿争竞，在家命温课所习倍于他儿，凡此足为家庭教育之程式，即与学校管理相系维。至其曰"信"，曰"不欺"，曰"不苟"，此尤师范生亟当奉法者。广太夫人之德，为育才之功，人即为锡类之孝子，先生以一身兼之矣！春晖之报，其道大光，《小识》云乎哉！读竟，谨为之序！

　　辛酉六月，吴县江衡。

---

① 顾倬：《顾母杜太君懿范录》，石印本，1936 年版。

《春晖小识》跋①

唐文治 撰

昔读欧阳文忠公《泷冈阡表》，至太夫人"吾何恃而能自守"一语，未尝不尽然伤之，以为太夫人之有恃与文忠公之有待固有默默相契于乾坤清淑之表者矣！然岂无良人早病隐德未彰文园药炉嘤嘤啜泣而能矢志抚孤期之远大者乎？岂苦节之贞只能为冰崖之寒茧而不能动黍谷之春葭耶？吾以为此中之有志而不偿或阻于天人之相厄者正不少也。今读《春晖小识》，知顾母杜太夫人之所以为教与述之先生之所以承志，不觉为之一快焉！盖郑太夫人之有恃与文忠公之有待，此天而以人济之者也；今杜太夫人之所以为教与述之先生之所以承志，此天而以人造之者也。顾氏之阴德与硕甫先生之绩学，早世未必远游，于欧阳氏与崇公然。而以太夫人之妇道、母教、苦节、好义与其嘉言懿行之可歌可泣者，一一详味之而颂诵之，觉胜于人者固可无待于天，而知人人之所能勉，尤非人人之所易勉者矣！夫文忠公既以功业、文章为一时之倡，今述之先生亦以道德、学识为一邑之倡，推而至于一郡一国，则所谓有待者仍未有艾也。企予望之矣！

同邑唐文治敬跋，裘昌年谨书。

---

① 顾倬：《顾母杜太君懿范录》，石印本，1936 年版。

书顾述之《春晖小识》后①

裘廷梁 撰

清光绪二十有七年，侯君保三、顾君述之归自日本，无锡之有新教育自兹始。当是时，述之母杜太夫人以苦节抚孤成立，闻于时也久矣！此《春晖小②识》所由作欤。太夫人教子严，述之三岁失怙，母子方相依为命，而太夫人威挞之不少宽。比入塾读书，才五岁耳。而太夫人督课之如成人，朝暮不少间，与教蒙新法颇殊焉。然述之幼时一饮一食一动心之细，太夫人靡不以精神贯注其间，今世善教育者未或能过之也。呜呼！吾国三千年来传记所称贤母，其教法固不必同于今。而教育之必始于蒙，则古今中西无以异。《易》曰："蒙以养正。"《礼》曰："甘受和，白受采。"惟蒙也为能甘白耳！故泰西以三岁至七岁为蒙之年，必施以特殊之教育。过此以往，其为甘白也难矣！

中华民国六年十二月二十五日，裘廷梁书于海上寓庐。

---

① 顾倬：《顾母杜太君懿范录》，石印本，1936年版。篇名原作"书顾述之《春晖杂识》后"，误。
② 原作"杂"，误。

《春晖小识》序①

杨寿枏　撰

《春晖小识》者，吾友顾子述之为其母杜节母而作焉。述之生三岁而孤，单门素族，家无宿储，以养以教，俾玉于成，实惟母氏之力。泊乎行修学殖为时问人，而回忆青灯老屋牵衣问字之时，此境已渺然不可复得。盖是编之作，距节母之没已十二年矣！呜呼！鹥子之恩，鲜民之痛，摛文述德，以写其哀。孝子不忍死其亲之心固为是与，而吾抑有感焉。吾乡当承平之时，风气清淑，士大夫敦厉学行，即妇人女子亦皆守礼教，娴姆训，井户、庖湢、涤除、洒扫之役无弗亲，蚕绩、缝纫、酒浆、筐箬之事无弗治。吾童时，往来戚党家，所见大抵如是。今风俗乃日衰矣！是编所纪节母之贞操淑德、嘉言懿行，犹想见故家诗礼之风，而志行之介特、识鉴之高明有为近世士大夫所难，此足以光邑乘而垂家范矣！回述之之情而为之序，益以广吾之感焉。

杨寿枏谨序。

---

① 顾倬：《顾母杜太君懿范录》，石印本，1936年版。篇名据正文内容而加。

敬题《春晖小识》长句[①]

蔡元培　撰

好将清比惠山泉，画荻丸熊一邑传。
堂构补行严父训，诗书贻得后昆贤。
难忘斗米周贫事，苦忆孤毡授读年。
报答春晖今有术，待裁狂简正斐然。

读《春晖小识》，深佩顾母杜太夫人懿行，敬题长句，请述之先生教正！
八年八月二十八日，蔡元培。

---

① 顾倬：《顾母杜太君懿范录》，石印本，1936 年版。篇名据正文内容而加。

敬题《春晖小识》后①

范源廉 撰

一子可成不可败，训之不严将奈何？
卓哉此语出顾母，义悬日月洞不磨。
门衰儿健殆天幸，儿时节食慈教多。
和丸画荻史称美，苦节兹尤百倍过。
西风卷茅母病呻，小拳椎背情婀娜。
辛勤乃有屋七间，屋成母老双鬓皤。
儿今托荫母不见，泣述懿娖穷追慕。
读之恻恻动心肺，门人詹为废《蓼莪》。

中华民国九年十二月，范源廉敬题。

---

① 顾倬：《顾母杜太君懿范录》，石印本，1936年版。篇名据正文内容而加。

《春晖小识》题辞①

章钰 撰

顶天事业由人作,女宪名言孰与同?
好继泾皋开学派,狂澜为挽百川东。

我已春晖无可恋,甘从朋辈述先芬。
鸾溪清绝龙山峻,杨太君还顾太君②。

丙辰十二月,长洲章钰录稿。

---

① 顾倬:《顾母杜太君懿范录》,石印本,1936 年版。
② 此处,章钰自注:"近为杨绍沭继慈陈节母作传赞,亦梁溪人也。"

敬题《春晖小识》二绝①

袁希涛　撰

风雨泽门商旧学，弦歌惠麓沦源泉。
岁寒松柏君能耐，长忆孤檠课读年。

慈母当年励霜节，孤儿半世痛金萱。
今看题满春晖志，展誉斑斑有泪痕。

顾君述之以《春晖小识②》见示，敬题二绝。

---

① 顾倬：《顾母杜太君懿范录》，石印本，1936年版。篇名据正文内容而加。
② 原作"志"，误。

题顾述之倬《春晖小识》[①]

沈恩孚　撰

柳丸欧获并芬芳，箴训长留家乘光。
付与佳儿新教育，阳明坠绪在扶桑。

道穷龙战玄黄日，学晦鸡鸣风雨时。
寸草有心春不灭，万山新绿已参差。

沈恩孚敬题。

---

① 顾倬：《顾母杜太君懿范录》，石印本，1936 年版。篇名据沈恩孚的《沈信卿先生文集》
而加。

书《春晖小识》后①

廉泉　撰

刻石埋辞荐瓦尊，孔山葱郁拥诸孙。
一椽茅屋传经地，卅载家庭植善根。
往事堂堂遗训在，孤儿莽莽梦魂存。
泪河迸血能成化，此是吾乡通德门。

用寒厓韵书《春晖小识》后，以慰述之先生，终身之慕，并乞悲诲。
丁巳新秋，廉泉拜稿，芝瑛敬录。

---

① 顾倬：《顾母杜太君懿范录》，石印本，1936年版。篇名据正文内容而加。

敬书《春晖小识》后[1]

孙揆均　撰

敬书《春晖小识》后[2]，奉慰述之大师，永慕。邑子孙揆均呈草。

> 春晖忍诵授唐诗，血泪棒头痛莫追。
> 母是抚孤成再造，子能立范第三师。
> 依依粞粉糊餐日，历历小拳椎背时。
> 往事伤心言不尽，频闻邻嫂叹天知。

---

[1]　顾倬：《顾母杜太君懿范录》，石印本，1936 年版。篇名据正文内容而加。
[2]　原作"敬书《春晖识语》后"，误。

春 晖 小 识①

倬不幸生三岁而孤，无担石之储、期功之亲，赖先妣教养，倬至于成人。然荏苒半生，不能早有所树立。洎乎近岁，乃稍稍效力于梓乡，而距先妣之没已十二年矣！痛世变之日非，惧遗型之泯没，爰述先德，以正之当世立言君子。

一、家世

先妣，姓杜氏，世为江左望族。逮有明中叶处士友琴公讳坤居无锡莲蓉桥，是谓世祖。九传至景阳公讳介眉，先妣之曾祖父也。祖讳若，字愚谷，以名幕受各府县之崇敬，垂四十年。父讳兆堂，字翼仙，敦厚谨朴，为世所称。母氏秦。兄讳锡三，字隽斋，有声庠序。弟讳锡五，字子畴。女兄弟七。归我府君姓顾氏，讳宽，字硕甫，县学生。子倬，县学增生，毕业日本宏文学院速成师范科，现任江苏省立第三师范学校校长。女二，均幼殇。妇杨氏，继娶候氏。孙三，长复，毕业上海工业专门学校中学班，现肄业日本名古屋第八高等学校；次志韩，殇，均杨氏出；三衡，幼读。孙女三，长殇，次幼读，三幼，均候氏出，先妣卒，乃生。先妣生清道光丁酉九月二十七日，卒光绪甲辰七月二日，春秋六十有八，以丁未十二月某日葬西乡孔山十世族祖麟洲公茔之旁，距先君墓约五里而遥。

二、女德

先妣生时家门鼎盛，外曾王父母、外王父母钟爱之顾。外王母多子，生先妣五年而三从母生。先妣与大从母同卧起时，大从母九龄，先妣五龄耳，寝兴乖违，积寒致疾，月必一发，发则气喘累日。外王父虑其不永年，不令入学塾，亦不责以女红。然先妣性嗜书，朝暮见昆季读，依依不忍去，久之遂通文义。十一二龄，能操书札。其勤习针黹，亦然。年十八，病愈烈，少间又操作如常。诸弟环左右，不以累外王母也。年二十四，值清咸丰庚申之乱，外王父陷贼中，外曾王父春秋已七十余，舅氏隽斋先生在京师，息耗不通。先妣随外曾王父及外王母挈诸弟，避难于邑之东里。室家已毁，老弱环集。逾年，而外王母没，当易箦时，呼先妣而嘱曰："汝父存亡未卜，汝兄又远离，而我将死。此后，侍奉祖父，教养诸弟，惟汝之责。"先妣涕泣受命。外王母没后，外曾王父窘于资，将以薄棺殓。先妣泥首号于

① 顾倬：《春晖小识》，石印本，1916年初版。1936年，顾倬将此书与时人回复他的有关此书的诗文汇集付印，并将书名改为《顾母杜太君懿范录》。

外曾王父前，哀感行路，并脱珥及钏以奉。乃易棺殡殓，始克尽礼。辗转流离，仰事俯畜，心力交为之瘁。乱平，外曾王父挈家返故庐，外王父及舅氏亦先后归。先妣乃归家政于长嫂汪孺人，孺人固早随母家避乱他适者也。由此以后，虽不预闻家政，而若弟若女弟环列闺中者五六人，课以读，并及针黹，教以德、言、容、功，且而起，中宵而寝，一日不少辍。故于归之夕，皆皇然若失所恃，而先妣时年已三十一矣！

三、妇道

吾家自经洪杨之变，室庐荡然。祖父秉之府君、祖母张太孺人及仲敏仲父相继逝世，伯仪伯父殉烈，府君形单影只，以诚笃为世所称。及先妣来归，乃有室家之乐。然诸事草创，先妣实力佐之，而善病如故。逾年生大姊，又逾年生二姊。两姊先后殇，又期而悼生。生数月，府君病肺病甚，辍业。先妣百计医治，而卒无效。默念夫病将不起时，僦居大门旁屋，不惟异日嫠妇孤儿无以图自立，且病者不能安枕首丘，则魂魄将遗恨无穷，乃罗掘所余，又告贷于诸女弟，即遗址结茅数椽以居。时府君病甚，资用乏绝，赖亲友之助，勉延残喘。先妣忽有此举，物议纷纭，不为所动，卒以告成。呜呼！府君之得寿终正寝，吾家之得有自立基础者以此。府君病三年卒，顾影孑立，无所恃以为生，先妣矢志抚孤，再造家室，以慰逝者。生平以不及事翁姑为憾。每遇祭祀，必虔以恪。当悼幼时，春秋扫墓，辄躬亲之。临没之前二日，遇曾大父忌，犹呼妇至榻前，命以虔恪将事。

四、母教

府君体质素羸，先妣以多病之身，中年诞悼；又以府君久病，心绪郁伊，乳汁至少。而悼幼时气体殊强，诸尊长咸谓天幸。由今思之，皆先妣鞠育之勤劬有以致之也。盖悼自能进食以来，哺饲至为有节，殆既能自食，无论何地何时，不许私食，故悼幼时从无消化不良之病。亦不许私蓄钱，凡诸尊长偶有所给与，虽分文，必奉之先妣。又不许与他儿相冲突，以故种种玩游均有限制，种种欲望无自发生。依依膝下，一饮一食，一动作一休止，均在太和元气之中，而身体之发育乃至盛，且善良之习惯因此养成。又以母教之严，而感恩爱物之情愈挚。忆三四龄时，所有玩物历历牢记为某某尊长之所赐，逮十数龄而犹存。此悼幼时所受鞠育之概略也。悼年三岁，府君弃养，吴氏姑归宁夫兄子，自远道来省，先妣设肴以侑。悼窃睨其旁，先妣恚甚，挈悼至后园施挞伐。姑母知而奔视，先妣曰："吾所期于此子者如何，乃垂涎如乞儿，吾无望矣！"年四岁，先妣教以识字，并口授唐诗。五岁，入塾。一日薄暮，先妣命掌灯时，三从母适在吾家，悼丐从母求稍迟，从母亦以天未黑为言，先妣曰："吾仅此一子，可成不可败，训之不严将奈何？"每日在塾中，上午必教授生书。每朝暮在家中，必课以定时之诵读。悼偶有倦容，必警告之，曰："汝其忘乃父临没之言乎？"盖府君弥留时，以毋坠家声诏小子也。以故悼幼时读至勤，资质虽不过中人，而每日所习之课程辄倍于他儿。年九岁，命受业于邑名师龚叔度先生门下，距吾家约半里许，计时往来，不敢逗留途中。师甚爱之，且敬先妣之为人，学塾与家庭息息通声气。时倬粗有知识，先妣亦不数数训戒。凡倬言动行为有不是处，先妣色不豫，倬即怵惕自省，或长跪请罪而后已。及年愈长，诏之以信，勖之以不欺、不苟且，而尤重知恩图报。忆府君病亟时，亲友之助以资者，先妣录其姓名，每遇岁时，辄出以示倬，曰："凡有德于汝父者，汝能报之，汝父无憾，吾亦可告无罪于汝父。"倬谨识之，不敢忘。此倬幼时所受教诲之概略也。倬年十四，叔度师没，以家贫，故课徒自给。然仍朝暮在家中，亲承教育。年二十一，而列名庠序，乃常宿馆中。间数日一归省，先妣每询以课徒，课己之业谆谆焉，举府君诚笃得主人与学子信仰之情实，诏以继承厥后。倬肄业江阴南菁高等学校，复以地方公费留学日本，肄业宏文学院。远离膝下，每有赐谕，辄加勖勉。癸卯之夏，先妣大病，时倬羁迟日本之东京。族子来函略述病状而言之不详，驰书询问，以小恙告。后得妇书，乃知病剧，而先妣禁不使知，谓毋以家庭事故纷游子求学之心也。呜呼！先妣之以远大期倬者如此。返里后，承乏东林小学校教员，献身教育实自此始。先妣亦以倬渐能自立为快，孰意天降鞠凶病？经旬日，奄然长逝，而倬遂长为无母之人矣！

五、懿行及嘉言

先妣一生懿行，不胜偻指。兹记其荦荦大者。一苦节。府君没后，门祚式微，不绝如线。戚族咸以为危，有按月助以钱者，先妣力却之。即家中设蒙馆课徒，收修脯①以自活，不足则以针黹佐之。而仍善病，病作，则呻吟床蓐，不寝不食，亦力不能服药。倬兀坐榻前，或握小拳椎先妣之背，母子二人相依为命。时省视之者，惟邻居寡嫂孙孺人。频闻寡嫂叹息而言曰："天苟有知，此家必兴。"而族母秦太宜人、王宜人及归王氏族姑虽所居稍远，亦雅哀矜之然。先妣固不轻言贫与病也。日辄煮一餐，晚餐不举火，早餐则以隔夕之余，糊之以粞粉，令倬食，而食其余。厥后馆童渐盛，针黹亦不绝，所入渐足以自给，而自奉之酷仍不改其常。倬年既长，先妣精力愈衰，不复授徒。倬又蠢野，不问家人生计。岁入殊菲，先妣处之晏如。或资粮乏绝，秘不使知；即询之，亦权辞以对。洎乎没世，衬衣不完，首无金饰。平居虽奇困，不肯求助于人。族子有仕于外者，馈遗必出至诚，乃收纳。以故先妣一生苦节，人尽知之。而其实则非惟人不知，即倬亦不尽知也。一好义。先妣容貌温然以和，而热诚如炙。戚族有所急，必赴之。虽世俗所望而却步者，不顾也。倬以节劳劝，则曰："吾急人之急，人乃急吾之急。吾五岁即病，至今无恙，何所惮而不为耶？"其非戚族而微且贫者，矜恤之惟恐不至。曾于资粮将绝之时，出斗米以给乞者。倬有吝色，先妣训之曰："汝器小耶！吾家与彼固同病之当相怜者也。"一富有独立性质。府君既没，所栖托者茅屋数椽而已。积十余年，乃有屋

---

① 原作"舖"，误。

七间，皆先妣积铢①累寸之所经营也。倬年弱冠，为之娶妇，妇没更娶，不名一钱，而措置裕如，皆先妣茹苦含辛之所成就也。要之，先妣生平，凡发念欲作一事，必成之而后已。岁辛卯适以改筑房屋，负债百千，忽发娶妇议。倬闻命惶骇，恳语危辞以乞缓，历十数日之久，而意不可回，卒从命。倬壮岁以前，性拘泥而才短绌，先妣每恚曰："阘茸似汝，何事能成？"生平无日不在病中，而操作至勤。凡百事务，子妇、仆婢所逡巡而未为者，辄奋自为之。其独立性质类如此。他若处事之敏、驭下之慈、宅心之中，正在他人所难能而可贵者，在先妣则为庸行。

至先妣嘉言，所耳熟能详者，则曰："不患人之相欺，但患己之不自立。"又曰："'棒头出孝子，筷头出逆子。'斯言信不我欺。"又曰："'男子不失志，女子不改节。'斯谓善处穷。"又曰："顶天立地的好汉，全在自己去做。"呜呼！此皆习闻于侍膳问寝之时者也。

约而言之，先妣一生以人世罕有之孱躯，处人世难堪之境遇，而百折不挠，卓然自立。倬行能无似，然犹得崛起孤寒，不辱先德者，三十年家庭教育之力也。惟是年未五十，精力早衰，立己立人，深滋悚惕，而尤惧先德就湮。乃追维往事，所记忆者仅此什百，于此者不可得而言矣，痛何如之！

中华民国五年五月十八日，倬谨识。

右稿储箧中，忽忽廿载，人事变迁有可述者。倬自师范学校退休以后，辍业数年，从事耕读，复起任江苏省农民银行无锡分行经理。长孙复，毕日本名古屋第八高等学校业，复毕业日本东京帝国大学农科，归国后历任苏州、南京、杭州省立农校教员、江苏省立稻作试验场场长，现任江苏省立教育学院教授，配杭州钱氏。三孙衡，毕业东南大学附属中学，入中央大学理科肄业，不幸早故。四孙循，本邑私立无锡中学校毕业，现肄业上海复旦大学。次孙女静英，中学毕业，适同邑蔡氏，已故。三孙女清侣，中学毕业，适苏州汪氏。四孙女幼彤，肄业中学。曾孙三，世荣，肄业中学；耀曾，殇；世华，肄业小学。曾孙女四，咏月，肄业中学；咏玉、咏雪、咏雨，皆幼。

中华民国二十五年七月一日，倬补识，孙婿汪楚宝谨书。

---

①　原作"株"，误。

跋①

顾倬　撰

民国五年，以所撰《春晖小识》就正海内贤哲，多蒙不弃，赐以大文墨宝。时倬承乏省立第三师范学校长之职，浪窃浮名，故来件都于倬奖饰逾恒。名扬其亲，实自标榜，非所敢也。爰珍藏，以待来日。兹倬年老矣！生平志事百无一遂，自恨有负先太孺人期望，将终以无补国家、社会之身为吾国罪民以没世矣！惟精神所注，桑梓敬恭，不敢稍懈，尚无玷于先德。欲避自炫之嫌而使先德湮没不彰，问心亦无以自安。嗟乎！世变日亟，阴教日衰。今之妇女假解放之名，纵恣腐败。充类至尽，国事败坏之恶因恶果，妇女界应分其责。是则太孺人苦行明教，处万难自立之境，以百病丛集之身，而毅然自奋，再造家室，实有足为今日妇女界之模范者。爰汇集付印，分送同人，并述其迟迟发布之原因。

中华民国二十五年七月一日，倬谨跋。

---

① 顾倬：《顾母杜太君懿范录》，石印本，1936 年版。

《春晖小识》册跋后①

无锡有笃行君子曰顾君述之，以坚苦卓绝主义倡率生徒，生徒化之，蔚为学风，皆敦实，励品节，以是无遐迩交口称。顾君所主校庠，程功为优异。揽澄尤心向往之，窃念顾君造诣卓卓如此，殆非折节晚成，矫励以自发愤，必有豫教之功涵濡甚深，行吾素若无事者，始虽未得其详，而心以为然也。已而顾君有《春晖小识》之作，详述其母杜太夫人之节概。揽纵得受而读之，则知顾君之学行皆得之贤母之督教。呜呼！其信然矣！

按《小识》所述，太夫人之处境实为奇穷，终其身在艰贞蒙难之中，非第中年以后守节自誓，足以为世坊表；自其为女子时，固已备尝艰苦，卓然有女丈夫之风矣！吾闻艰难困苦，天之所以磨炼英杰也。女子秉坤顺之德，随遇尤足自安，其将荼拮据、含茹辛苦，修养之功常超越男子须眉丈夫；或久历坎壈之际，侘傺不自聊，女子则无是，其遭遇愈艰者，其所成就尤卓绝。太夫人当其在家从父，遭乱荡析时力任弟妹之教养，直夫子病革时从容料量门户，如程婴立孤之难，迨守志穷居，饘粥不继，则廉介以自持，族姻欲致一丝一粟而不可得，其识力深微坚毅，盖合漆室女公父文伯母为一人者也。

夫妇人苦节，自古以为可珍，表墓式庐，国家加旌异焉。顾第谓其彰贞教、垂壶范而已。然而，孟母断机之教，恒足令无父之儿倔起孤寒，蔚为名世之英。降焉而汉之范、晋之陶、宋之欧阳，亦赖母氏义方之提诏，遂以气节、功业、学问、文章扶植世教，则妇人苦节之诒谋固非仅及闺门以内也。今顾君述之秉杜太夫人之遗训，坚苦卓绝，提掖后进，泽亦被于无穷矣！顾亭林不为李中孚母撰传略，谓为无与天下大计，其殆言之有过激者欤。

龚子伯威，顾君同邑人，又道义之交也。尝为余言太夫人慈悲奉佛，间诣庵院，顶礼如来释迦、观音大士像，顾君筐束帛瓣香，随以左右，行为子者纵不必自言，然承欢养志之心则人皆见之，无间于父母、昆弟之言者也。余故补《小识》之所略，彰孝思之不匮，告天下之为人子者。

吴江费揽澄拜手题。

① 顾倬：《顾母杜太君懿范录》，石印本，1936 年版。

杜孺人传[①]

顾广熙　撰

孺人氏杜，邑之莲蓉桥人。族曾王父，硕甫公室也。幼慧悟，习女红辄精，间就父兄问学，便通文字，重闱皆爱之。岁庚申，随家长避寇东乡。逾年，母秦殁，时父兆堂陷贼中，兄锡三入都，大父年高，诸弟妹皆幼，养生送死，赖孺人尽礼，而济艰之才以显。寇平，父兄归，乃逊家政，而调护弟妹如故。

比归硕甫公，年已三十一矣！硕甫公以诚笃称，零丁孤苦，夫妇赁庑居。生二女不育，子倬诞未晬，硕甫公病甚，家故贫。于时孺人斥所有益以称贷，即旧址构屋数椽；戚党疑焉，迨见硕甫公疾终正寝，始叹其用意深也。

孺人既寡，子甫三龄，盎无斗储，藉训蒙及压线以生，体羸[②]善病，力不能具药，呻吟床褥，哀动旁观。然孺人初不轻言贫与病也。亲友赠遗，不苟受。而岁时祭享，必力疾供具。以倬幼，扫墓亦躬亲之。

念门祚衰薄，惟以教子为急。倬能言，即令识字能记，告以父之言行，尝谓："儿童本性譬如素丝，不可不慎所染。"于倬举动，尤注意焉。一日晏客，倬有欲炙之色，孺人严遣责之，曰："吾期汝者如何乃若乞耶？"又禁私蓄钱，以杜嗜利之渐。倬就外傅，反必斤斤课所与游。或有议其太严者，则曰："吾仅此子，可成不可败也。"硕甫公易箦时，以毋堕家声诏子。故倬偶失检，必警之，曰："尔忘乃父遗言乎？"凡有德于硕甫公者，孺人辄录其姓名，以示倬，曰："受恩不可忘，汝其识之！"倬治事或疏懈，恚曰："阘茸如汝，何事能成？"盖孺人沈毅有识，其于行也一准弗笃弗措之旨。倬之知名于世，教使然也。

孺人勤俭而好施，遭家不造，几不能自赡矣！而饥人来告，未尝不缩食，食之。晚年始辍讲授，然犹检校内政，粗粝终身，不以纷华为可悦也。癸卯夏，孺人剧病，倬方以公费游学日本宏文学院，孺人恐纷其心，禁不使知。倬归未稘，孺人卒清光绪甲辰七月也，春秋六十有八。子一，倬，字述之，县学增生，毕业宏文学院速成师范科，江苏省立第三师范学校校长，妇杨，继娶侯。孙三，长复，日本名

---

① 顾倬：《顾母杜太君懿范录》，石印本，1936 年版。

② 原作"赢"，误。

古屋第八高等学校肄业生；次志韩①，殇；三衡，幼读。孙女三，长殇，余幼。

孺人既殁十二年，倬以所撰《春晖小识》见示，因撮其要而著之。广熙曰："闻孺人于归时，父翼仙公语人曰：'积善者必有后。婿虽孤寒，不为危也。'今述之族祖以学行为世宗仰，二子崭然誉于人，门祚之兴正未有艾。然则天道果可信与？毋亦竭孺人心力以驯致与？孺人以羸躯处哀境，卓然自立，抚孤成名，有振微昌后之功，与欧母争烈矣！非孝子善述，又曷彰乎？"

族孙广熙撰。

---

① 原作"源"，误。据顾倬《春晖小识》而改。

复述之弟书①

顾景璐　撰

　　硕甫叔，与先大夫同出我五世祖玉堂公，与余同庚，生后九月，居同宅，出同行，朝夕互相论文，未尝相离一日，最为亲密。庚申四月，避粤寇，各自纷飞，虽觉疏逖，而音问时通。甲戌二月，余谒选京师，知其吐红，方日企其痊。而仲兄书来，惊悉于是月殁矣！年如颜子，悲无已时。吾叔溺苦于学，诚笃有声，佥谓："宜跻上寿而享多福也！"讵意遽止于是耶？德配婶母杜太孺人之苦节与夫数十年之懿德高行。

　　兄五十岁后始归里，以前事闻其略而未知其详，顷读所示《春晖小识》，洵不愧当年画获人，可歌可泣，钦佩无既。《易》曰："积善之家，必有余庆……非一朝一夕之故。"②曩闻硕甫公缔婚时，翼仙先生语人曰："知其寒，愿以次女妻之。何也？深知其三世积善后必昌。"弟今果不负外王父之望。虽在泉下，其乐可知。然则太孺人之得归叔氏，弟之能得母教，皆因善积三世而然。要知今日之福积自祖宗，还望善自培养，以期悠久。此兄有感而言也。

　　缘吾母当年亦戚族称贤，仲兄成名，都目为报施不爽。岂料昙花一现，后裔鲜能谊关一脉，日切杞忧。吾母今岁十旬纪念，未敢表扬，亦无著述，不如吾弟远矣！毕竟德薄，能勿自愧乎？

　　忆客汴时，接竹舟公书，论及吾人只能自管一身，一身之外，虽妻子，有不能管教处，只有自修一法，修到德厚，自有效验。当时年青，不深以为然。迄今磨练数十年，加以见闻所及，略知其味。以故兄近年力学忍让功夫，与人交，能学吃亏，方是便宜。吾族目今式微太甚，如能同心修德，或可振兴。然不可与言而与之言，为圣人所不许。若吾弟是可与言者，故拉杂布陈以自勉者勉吾弟，是耶，非耶？来件附还，此复。

　　兄景璐手启。丙辰四月二十日。

---

　　① 顾倬：《顾母杜太君懿范录》，石印本，1936 年版。
　　② 王弼注、孔颖达疏《周易正义》作"积善之家，必有余庆；积不善之家，必有余殃。臣弑其君，子弑其父，非一朝一夕之故，其所由来者渐矣，由辩之不早辩也"。

《春晖小识》题词①

沈昌直　撰

寻常妇德未为异，此是人间女丈夫。
三阅时期少壮老，两家②门户只身扶。

有成无败不容宽，截铁斩钉片语酸。
到底棒头多孝子，先生十载起孤寒③。

可怜我亦个中人，课子宵深母氏辛。
三十无成又四十，算来多少负慈亲。

春晖只字未成文④，零落庭闱旧见闻。
一样孤儿茹苦痛，千言挥洒总输君。

吴江沈昌直。

---

① 顾倬：《顾母杜太君懿范录》，石印本，1936 年版。

② 此处，沈昌直自注："母家、夫家。"

③ 此处，沈昌直自注："太夫人之教先生严，尝曰：'此儿可成不可败。'又曰：'棒头出孝子。'今先生果以母教成。"

④ 此处，沈昌直自注："期为先母作传，久未下笔。"

敬题顾师母杜太夫人懿德七律四章①并序

华衮 撰

师母杜太夫人毓秀名门，四德兼备，又工诗知礼，有林下之风。归吾硕甫父子，适值洪杨乱离之后，世叶中落，同志食贫，然眉案相庄，不数梁伯鸾、孟德曜轨范，戚党皆称贤之。不幸吾师中年谢世，师母抚养藐孤，以《柏舟》励节，而清寒莹骨十指，外纱幔，传经籍，延朝夕，惸惸母子踽踽于昏灯老屋之中，茹苦含辛，勉支门户。

数年后，吾述之世弟缵承家学，声隽一黉，文采风流，相期腾达。会清季盛行新法，于是摒挡膏秣，游学东瀛。卒业遄还，迭更世变，精于西学者，一时望若威凤祥麟。今学舍宏开，为第三师范校长，后学奉为津梁当道，尊诸坛席问事，车辙辐辏玄亭，东南学校中推为领袖。虽吾师母不及见，而教成令器，亦当含笑于九原间也。自古名儒硕彦成于母教者居多，如陶士行、欧阳永叔、范希文，其尤著焉者。述之之学固得诸天授，然非贤母之教，不至此。此师母之所以传也。

衮少从硕甫父子游，负笈门墙者三载，又望衡对宇，近接芳邻，故师母之懿德徽音，知之最悉。追维徽美，谨赋七律四章。然姓名卑微，词旨浅薄，不足表扬万一，无任主臣。

赤乌门阀重龙峰，林下风规见女宗。
日暮山林倚修竹，岁寒冰雪练孤松。
挑灯刺绣沉宵拆，挈瓮临流听晓钟。
播淑传芳彤史在，后堂亲睹态从容。

茹苦孀帏四十年，哀猿孤雁暮云边。
布衣蔬食还堪忆，纸阁芦帘绝可怜。
纱幔授经传七试，铁簪劝学比三迁。
郎君贯澈中西学，戚党争称母氏贤。

---

① 顾倬：《顾母杜太君懿范录》，石印本，1936 年版。

白发青裙守故园，勖成令器振清门。
登龙同仰通儒学，封鲊难忘慈母恩。
画荻字留当日迹，牵萝漏补旧时痕。
机声灯影家风在，遗训常教课子孙。

劲节冰霜久著闻，绛帷回首感斜曛。
门承通德升初日，台筑怀清对墓云。
令嗣有才宏设教，吾师不禄早修文。
在天合是随金母，身入瑶池仙子群。

受业门人华衮百拜谨题。

奉题顾君述之《春晖小识》长歌一首①

侯鸿鉴　撰

世界末日果何日，常此亘古无人知。
天经地义不能破，亲亲之道古今持。
我友卅年订交谊，文章道德称虎痴。
少从母教立人范，长复事母多孝思。
灯前画荻当年苦，堂上承欢寸草滋。
一从萱萎负遗憾，血泪斑斑无尽时。
故乡弦诵君负责，教人以孝拜良师。
世方竞夸非孝说，君乃痛忆《白华》诗。
追述春晖挥泪墨，令我一读一思维。
人无贤母必无子，文有至性笔有姿。
我亦伤心廿六载，墓门痛哭终天悲。
读君《小识》有余痛，哀哀如读《蓼莪》词。
客中挑灯有所触，长篇络绎莫迟迟。
寄语青年试反省，天地之外果何之。
有母盍归承菽水，无母胡以报萱慈。
吁嗟乎，寸心负疚千秋泪。
呼号无路，但听子规啼血悲风吹。

无锡侯鸿鉴，时辛酉三月寓春明。

---

① 顾倬：《顾母杜太君懿范录》，石印本，1936 年版。

顾公述之追悼会特刊

顾君述之家传①

侯鸿鉴　撰

顾君述之，名倬，别号云窝，江苏无锡人。少孤。母杜太孺人，教之养之，三十年如一日。九岁，受业于邑名师龚叔度先生门下。刻苦攻书，有大志，以读书非仅猎取科名计，当思有益于社会者何在。既年十七，受业于族兄子成先生。鸿鉴与子成先生为中表兄弟，亦执贽于先生之门，故与君为同门，而气谊契合，尝互相砥砺。以经义不足所学，君治史，鉴治诗赋，相与俯仰古今，上下其议论，窃佩君之崇实黜华，纵谈治乱，握其枢于教育及民生。未几，补博士弟②子员，历课东林、南菁各书院。所为时务策论，务求经世之学，动辄万余言。

适经戊戌③变法、庚子拳乱，一时有志之士咸欲改革政体，以新中国。君偕鸿鉴④及秦君毓钧，赴东京留学，入弘文学院师范科。留学界方欢迎中山先生，开锦辉馆大会，演讲革命，编辑《江苏》《浙江潮》《湖北学生界》《新湖南》《直声》诸杂志。《江苏》同人分认编辑各科，君编辑"江苏教育"；鉴有《哀江南》一文，及译述教育各科，分登《江苏》杂志。弘文师范每届例编师范讲义，君任编《教育史》及《教育心理》，鉴任《教育制度》及《教授法》《训育法》等。

毕业返国，君任东林校长，鉴任竢实校长；君创办新民小学，鉴创办竞志女校；君任中国图书公司编辑教育各书，鉴自编教育丛书刊行；君为直隶傅提学使⑤聘任为普通教育科科长，鉴任江苏、江西等省省视学。光复后，君任省立第三师范校长，鉴任南京都督府教育司省视学，兼任竞志女师范女中学校长。吾两人志同道合。生既同岁，少复同门，长又同学东邦，归更同掌乡邦校务，且奔驰数千里，同任各省教育行政事务。虽晚年各异所职，君任农民银行无锡分行行长，鉴历任各省教育行政事务及学校事务，兼办家乡女学，然趋向未变有其指针主义，同甘于劳

---

① 顾述之先生追悼大会筹备委员会：《顾公述之追悼会特刊》，1948 年 8 月 1 日。此文为其中第一篇。

② 原作"长"，误。

③ 原作"戌"，误。

④ 原作"鉴鸿"，误。

⑤ 傅提学使，即傅增湘，字沅叔。

苦。彼此叠经困阻艰难，而教育之大目的均有所在者。天津严范孙先生，读君《春晖小识》，谓："梁溪有二士，顾君志士也，侯君铁汉也。"鉴不佞，性冒险，一切生死不顾，有几多死而复生之行；君性谨慎坚毅，事事必求实际，而不甘作险峻之行。似与鉴相背，抑知吾二人实则彼此互相辅助，互相维系，数十年之交谊有如此者。

且鉴之生平，赖君相助而成之事，握管不胜尽罄也。如吾竞志女学，君始助吾任教授有年。鉴旅外省任事，凡校务有不易解决者均就商于君，为之擘画周详。是以推举君任竞志女学校董凡十者九年。此君之为女子教育而协助吾竞志者一也。

君尝谓教育必植基于小学，故小学教师究应如何培植。小学儿童，全视小学教师之德智能力如何为断。是以在袁观澜主持义务教育期成会时，聘君主编《小学教育月刊》，凡全省江苏小学教师无不手一编，以为教训小学之指针。此君之有造于江苏全省之小学教育者二也。

君有鉴于农村教育之不发达，既遣子震吉留日学农业专门之学，归而主办小麦场于藕塘桥，为农事教育实验之所。君又受江苏农民银行王志莘行长之聘，任无锡农民银行分行行长，为放款农民，充裕农民经济，以谋农村教育之发达。是以主持虽未及十年，而救济农民生计，建筑①东亭、钱桥、安镇三仓库，为农产储押粮食调剂之所。复办理改良农业生产，辅助省立县立社会教育机关，组织合作社等，成绩固灿然著也。此君之为农村教育而推原尽力于农村经济者三也。

至于君之树于族谊，如修惠山宗祠，清理祖墓界址，斥资重建公厅崇义堂，排解族人纠纷等。此君之敬宗睦族之思足以示范于子孙者四也。

君以少孤，赖母夫人教养以成。故有《春晖堂小识》，历述母夫人之淑德及教子义方之训。海内知人读之，均为感动，而为之题咏。《达观楼诗草》，君之尊翁硕甫②先生遗诗也。君晚年，与杜太孺人之《懿范录》同付剞劂。亲友读之，均知君之所以有成者，要皆由母教来也。此君之天性至孝而有锡类之感者五也。

民国二十六年十一月，君以战事日迫，结束农民分行要事，点交总行，仍偕农民银行同人，先移镇江，继迁汉口，由汉而湘，与江苏同乡筹划救济难民事，拟办江苏临时中学。规划已将就绪，孰知意于七月七日以疾卒于长沙。原配杨孺人早卒，继室侯孺人子四。长复，日本农科大学毕业，历任浙江农业专门学校教员、中央大学农学院教授等职；次子志韩，幼殇，均为杨孺人出。三子衡，肄业中央大学理学院，早卒；四子循，复旦大学商学院毕业，均侯孺人出。女四，长淑英，幼殇；次静英，适同邑蔡劫存；三清侣，适吴县汪楚宝；四炜，适上海黄器周。孙四，孙女四。遗著有《小学各科教授法》《国文读本》《学潮研究》，为已刊者；《云

---

① 原作"槃"，误。

② 原作"夫"，据顾倬《顾氏宗谱》而改。

窝文存》《云窝诗存》，待刊。至散见于各种杂志之文稿，则更仆仆难数云。

　　论曰：君以至孝之性，为敦笃之行，平时沈默寡言。既以改进小学教育为目的，尤以农村教育为植基，充裕农村经济为主干，富而复教，其先圣教人之旨乎？君之卒也，问其时，则七月七日，恰为卢①沟桥起衅一周年纪念之日也；问其地，则长沙，实为贾太傅痛哭之所也。后之人，凡纪念卢②沟之日，即纪念君死之时；各同乡之莅湘者，当无不过长沙而痛哭。矧同里同岁同学同游同任乡邦教育事业如鉴者，能不感愤而为君一哭乎？爰不揣谫陋，而为君作家传，不敢以一人之私交而湮君之行谊。顾今日何日，国家忧患方滋，俯察仰瞻，其真能言教育之同志日鲜，悲夫！

---

① 原作"芦"，误。
② 原作"芦"，误。

无锡顾君述之传①

章乃羹　撰

君姓顾氏，讳倬，字述之，号云窝，江苏无锡人。考讳宽，绩学工诗，为邑名诸省。君四岁而孤。母杜孺人守志抚孤，居穷，自力衣食，卒教子成名。世以仿欧阳歌忠母郑太夫人，称杜贤母。为文诵懿行，以励阴教，君辑《懿范录》行世。

君性沈毅，寡言词。以综核名实，负天下之重自任，由诸生肄业东林、南菁二书院。邑人重君学行，与侯君保三，并赀送日本江户弘文书院，习师范科。

学成回国，侯君举办竞志女学，君则任江苏省立第三师范校长。任职十年，所造就人才，遍布大江南北，远至秦陇；多遣子弟就学，声誉之美，推江南冠冕。盖君不特延师资，谨课程；而一门屏、一饮食之微，无不悉心布置，悉有定程。身至黉舍，如入程不识军中部伍，行阵率如律令，无敢改易。用能共相砥砺，以弘声绩。春秋佳日，中外闻名观摩者项背相望。主教育者嘉其绩，或布明令，或颁奖状。君夷然不一视，以为距所悬标的甚远也。年五十，移疾求去。上官难之，慰勉之，使不绝于道。君去志甚坚，不可挽，则以陈纶谷岑②继。陈君与君共事久，能谨守成规也。

当道惜君闲居，迭任君要职，率却之。会无锡有农民分行之设，任君经理。君素以乡村教育为立国之本，振兴乡村教育，非阜农民赀产不为功，欣然尤可。于是增贷农产本金，筑东亭、钱桥、安镇三农仓，复创导改良农业生产补助合作社。凡所举措，无一非便农民挹注，增垦殖之利。在职八年，存贷之款数逾百万。此君从事农民银行，思树乡村教育之大计。

卒因敌骑入境，独身流徙长沙，感喟时事，旅没客邸，是可悲矣！

君造士，虽以严正著，其于莘莘学子维护周至，以身教不以言教，非大故不轻绳以法。五四学潮兴，举国震动，独第三师范赖君支持，不辍弦歌。而君独居深思，见微知著，尝曰："学校而无思潮，必不能革故鼎新；然而，因风潮猛进者，

---

① 顾述之先生追悼大会筹备委员会：《顾公述之追悼会特刊》，1948 年 8 月 1 日。此文为其中第二篇。

② 陈纶，字谷岑，江阴胡桥镇人。1911 年，被聘为江苏省立第三师范学校教务主任。1921 年，继任江苏省立第三师范学校校长。

吾见亦罕。"识者韪之。君惑世变日亟，男女之大防溃决，慨然曰："今之妇女，假解放之名，纵恣腐败，充类至尽，国事败坏，前因后果，妇女界应分其责。"是可知君心所痛，思所以挽救之故矣！

君卒于民国二十七年七月七日，实戊寅六月初十日，享年六十有七。原配杨，继室侯。丈夫子四人，复、志韩，杨夫人出；衡、循，侯夫人出。女四人。志韩，幼殇。衡，肄业中央大学，以政治嫌疑死。复，卒业日本帝国大学农学部，今为国立中山大学农学院教授。循，卒业复旦大学。孙男女若干人。著有《学潮研究》《云窝文存》《云窝诗存》等书。

章乃羹曰：尼山与冉①有论治邦，曰：庶、富、教。管仲之治齐，亦曰："仓廪实而②知礼节，衣食足而③知荣辱。"盖政无论王、霸，要不能外民生而为治。侈言教育而不顾民生，其究焉为画饼充饥；徒言民生而遗教育，充其至"饱食终日，无所用心"，民德无归厚之日，二者相济相成，断断乎④不可偏废者。无锡工商业之盛甲全国，而教育亦号称国中楷模，由邦人士默识心通，极运用之妙故也。君奋起孤寒，始焉殚心教育，以树风声；终则开辟乡⑤村资源，以阜民生。其有造于乡邦，足为国人借镜⑥。著君遗事，岂为扬⑦休明？甚愿国人追踪前徽，知所则效，使炎黄贵胄不致沦胥以尽云尔！

---

①　原作"再"，误。
②　原无"而"，据黎翔凤《管子校注》而改。
③　原无"而"，据黎翔凤《管子校注》而改。
④　原作"手"，误。
⑤　原作"教"，据正文内容而改。
⑥　原作"境"，误。
⑦　原作"杨"，误。

祭文①

陈纶、向颉垣、施之勉等　撰

维中华民国三十七年六月之吉，陈纶、向颉垣、施之勉等暨全体弘毅学友，致祭于顾公述之之灵曰：

惠山色佳，伯渎流长。造化毓秀，钟在吾乡。东林畅绪，代擅胜场。粤维先生，邦家之光。生具异禀，学出多方。志行贞壮，记诵赡详。博施广援，北塞南江。鼎社屡迁，靡亏物望。心从耳顺，与岁俱章。东寇构衅，朝野抢攘。贪夫易操，处士遁藏。先生投袂，忠奋义倡。墨翟重趼，孔圣栖皇。随军西狩，艰苦备尝。天佑斯文，杏坛草创。声渊金石，气迈清刚。华胄巨献，赖拾坠茫。于是数年，煞费觔张。故识忧劳，匪所克当。长沙赋鹏，蒙叟迷羊。鹤雁导驾，箕斗敛芒。山河既渺，草木如丧。戚党哀号，友生涕滂。方庆复国，遽悼摧梁。凯歌和乐，不及泉黄。公理虽伸，私恨胡量。自顷吾属，失道成盲。责忝后死，谊辱同窗。望断水滨，念切山阳。如何不吊，永判炎凉。于赫令节，爰整辈行。升堂敷礼，布奠倾觞。有灵彷徉，鉴兹心香。尚享！

---

① 顾述之先生追悼大会筹备委员会：《顾公述之追悼会特刊》，1948 年 8 月 1 日。此文为其中第三篇。

顾公述之纪念辞①

钱穆　撰

　　孟子曰："有一国之士，有一乡之士。"余读史乘，自上古迄清末，遥遥数千载，策名其间，得一列传者，为数何限！是殆所谓一国之士者非耶？然循其生平，求其志行高卓，功业伟然，真可以传后世，动千百年后人之景仰，光辉洁白，嚼然无疵颣者，一何少也！大率皆循循娓娓，得一美仕，藏头匿尾，不至于大破裂而止。孔子恶乡愿，余谓此等皆国愿也！其为奸贼，为邪党，生祸其世，殁载其丑者，可勿论。亦有一名一节，或炫文采，或标独行，或高隐逸，形形色色，其果粹美称完人，可以为一国之表率，为后世之模楷者乎？是何才德之不多见，师范之不易觏，而天地常此撑架，民物常此维持，则何也？每余思之，乃知一国之士，有不足以为士；而一②乡之士，乃时有真士者，出乎其间。岂不以衒于国者易伪，而售于乡者难欺？暗然之士，其精光不越而易贞；驰③骛之徒，其精神志易散而不聚。故得行常在于乡邑，而事业每隐于闾巷。譬如千仞之台，起于脚下；凌霄之树，根蟠地底。凡天地之所以不毁，民物之所以常荣，则所赖于一④乡之士转多。余每以此观于当身，而益信斯义之不易也！

　　吾无锡当清之末世、民国之初元，常以模范县见推于全国。其时，大江以北有南通，大江以南有无锡，并列竞爽，皆能于其邑之教育与实业有所兴建。然南通尤以实业著，吾锡尤以教育显。南通主持于张謇一人，吾锡则群龙无首，其事业皆非一手一足之烈之所致。故有识者入境问俗，皆已见吾锡基础稳固，盖尤驾南通而上之。其时也，则有顾公述之以孤童游学东瀛，返而至力乡里教育，为江苏省第三师范学校校长，先后历十年，尤为学生精力所萃。退而为江苏省农民银行无锡分行行长，于农村经济又多建树。抗日军兴，流亡道死于长沙，迄于今逾十岁。而邑之人思之勿衰，集会追悼，方谋所以永其思而大其传。

---

　　①　顾述之先生追悼大会筹备委员会：《顾公述之追悼会特刊》，1948 年 8 月 1 日。此文为其中第四篇。

　　②　原无"一"，据正文内容而改。

　　③　原作"馳"，误。

　　④　原无"一"，据正文内容而改。

余谓顾公生平无赫赫之功，名位不及于全国，而为人严毅坚重，藻①蕴不可测。方其生，隐然负一乡之望；及其殁，受其教育列门墙称弟子者遍邑中，皆有以自靖献。其斯以为一乡之士者欤？其斯以为天地之所以不毁、民物之所以常荣者欤？今之士志浮而气嚣，其驰骛于一国，颠倒于名位之煊濯者，闻顾公之风，其亦有所兴起而思以自反欤？昔韩退之有志史业，而曰②："诛奸谀于既死，发潜德之幽光。"若顾公之潜德，锡之人能道之者详矣！使他日史学重昌，苟非大奸大谀足以祸生民而害世界者，无所逃于史笔之诛伐。其他一国之愿窃禄位，盗荣宠；以及一名一节之士，苟其生而无当于通国之师表，死而无当于后代之模楷者，其事当存则存之，其人不足传则削之。而一乡一邑有真士，其名德虽隐，其位业虽微，然而其精神之所注、意气之所向有足以赞天地而立民物，虽一乡之士乎？此皆昌黎之所谓"幽光当发"。诚使一一笔之于史，传之于后，则所以树风教而淑民生者，岂浅尟哉？余生也晚，而犹及旁窥侧闻于顾公之为人，又熟知于邑之人之悼思之真也。爰揭斯义，以告于兹会，使吾乡之人继自今益有以磨砻之悼思奋厉，踵美前迹，相勉于为一乡之真士，而播其风于全国，傥亦有当夫顾公生平志节之一二乎？

中华民国三十七年七月日，邑后学钱穆拜撰辞。

---

① 原作"澡"，误。

② 原作"日"，误。

顾述之先生哀辞①

钱基博　撰

中华人民抗日军兴之一年，实为中华民国纪元之二十七年七月七日，前江苏省立第三师范学校校长吾邑顾述之先生殁于长沙，年六十有七。

呜呼哀哉！狄焉启疆，何国蔑有？日人肆其封豕长蛇，以图逞志于我，而有二十六年七月七日卢沟桥之发难；张脉偾兴，乘我积弛，蔑我国家，既以倾覆我幽燕，又欲荡摇我东南，越海济师，而有八月十三日上海之进攻。国人同仇，强寇②挫败。然而，奸绝我好，举国兴师，连兵三月，而我失援力屈，上海不守。日人乘胜远斗，而我无锡缩毂京畿，实迫处此。

先生方长无锡农民银行分行，藉寇赍盗以为大虞，敦率所属，慎司筦钥，囊橐所有，以赴镇江而禀成总行，纤毫有籍，洁身而退，临财毋苟，在险弥亮。无锡亦以委寇，而先生义无反顾，挈寡妻，捐庐墓，亡命长沙。基博则挈从子钟韩以任职国立浙江大学教授，随校播迁而抵江西之泰和。先生得浙江大学之校刊《国命》，而读基博之《发刊词》，知其所在，贻书告存，而谓无锡既陷，日人纵火，先生之敝庐荡焉尽焉③。然不以吾室之攸毁，而即征中国之无救。

乡人丁慕韩将军嚄唶宿将，君之所知也，每相见为陈兵情敌势，瞭如指掌。日欣闻所未闻也。基博则以不明日人之兵学，无以成我国之胜算，而日本兵学师承德国。方与乡人顾谷宜教授移译德国兵学大师克老山维兹《兵法精义》，返之我国，验之当前，观其会通，而加"按语"以刊《国命》，诏读者。邮寄相质，先生读之大喜，复谓："读克氏之论，益信胜算之在我，而知丁将军之言不诬矣！"方欣先生遭时弗若，颠沛流离，遇虽困而意气方壮。

自顾老至耄及，钟韩出入扶持，臣精销亡，大惭奋于笔而不如先生之奋于气，

---

① 顾述之先生追悼大会筹备委员会：《顾公述之追悼会特刊》，1948 年 8 月 1 日。此文为其中第五篇。此文又被傅宏星校订的《钱基博集·碑传合编》（华中师范大学出版社 2014 年版）收录，篇名为《顾公述之先生哀辞》。

② 原作"冠"，误。

③ 傅宏星校订的《钱基博集·碑传合编》作"荡为尽焉"，误。

多愁善病。又以予季孙卿①服劳乡邦，军兴之日，义不避难，输军供饷，以一身任，及无锡既破，而日人不安于占领，欲得为用以相镇抚，指名大索，微服走上海。而基博负砚远出，久不得音问，传闻异词，不得不东归一面以商出处，而浙赣之铁路已断。于是西出粤汉铁路以下广州，转香港而抵上海。其间道出长沙，则二十七年之七月初三日晨②也。舍馆甫定，亟访所居而俨然造焉。先生已③婴末疾，病榻延坐，握手亡④恙，喜极出涕。而先生则郑重申述丁慕韩将军之论，为道抗战⑤必胜，奋发低昂，因言："前江苏财政厅长赵君棣华筹办江苏⑥商业专门学校，欲以委重，而师资为亟。吾苏流亡教师之⑦赴湖南教育厅登记者实繁有徒，其中不乏英贤。吾病不出，君盍少留，为我赴厅一检其籍之资深者而录姓名以相示焉。如其人素稔，尤望备注行能以用所长也。"余唯⑧诺惟命。而见先生意气洋洋，方欣先生病而未困，以为可勿药也。其明日，余返报籍名以视，为道其中知交二三，或教或训孰宜，于文于史何能，词不及毕；而先生拊床再起，询所以，乃知病痢也。其时长沙疾疠方兴，而地卑湿，病痢者多亡幸，私心固已忧之。而睹容色之如墨，先生亦有虞心，则姑强颜慰解，为道九州之同可必，而嘱千金之躯善保，相见非遥，殷勤告别。遂以其日之夕行，而以七日之夜抵上海。晤予季，为言农民银行得电告，先生遽以其日赍志长逝矣！

闻信决澜，仰天悲吁，曾不假年，萎此哲人。呜呼哀哉！独念死生亦大矣！然而，自古皆有死，匪死之难，处死为难。先生旅榇长沙，则知所以处死矣！余不为先生恨，独恨国于天地，必有与立，马相伯耆年硕德，蔡孑民北学所宗，国之大老，民具尔瞻，宜其与国休戚，舍命勿渝。然而，寇深国危，托命异域，马相伯不死于中国而死于马来，蔡孑民不死于重庆而死于香港。余生欲偷，曾几何时，九京而可作也，得无悔所以处死乎？匪死之为悔，而死匪其地之不能无大悔也。孰与先生之于长沙为死其地，先生则知所以处死矣！

先生长江苏省立第三师范学校者十年，而基博追随且五年。先生将顺其美，匡救其失，肫肫其仁，不为煦妪。余之受成先生，始于民国六年。先生以前一年见招，而余已受聘吴江，先生则固订来岁之约。及六年春，余以清明扫墓归里，先生则伺余之归而亟造致聘焉。其年致聘之早，莫有先余者也。顾余以明日报谒，先生

---

① 孙卿，即钱基博的孪生弟弟钱基厚，字孙卿。
② 傅宏星校订的《钱基博集·碑传合编》作"□"，误。
③ 原作"已"，傅宏星校订的《钱基博集·碑传合编》亦作"已"，均误。
④ 原作"忘"，傅宏星校订的《钱基博集·碑传合编》亦作"忘"，均误。
⑤ 原作"苏"，傅宏星校订的《钱基博集·碑传合编》作"日"，均误。
⑥ 原作"之"，傅宏星校订的《钱基博集·碑传合编》亦作"之"，均误。
⑦ 原作"战"，傅宏星校订的《钱基博集·碑传合编》亦作"战"，均误。
⑧ 傅宏星校订的《钱基博集·碑传合编》作"惟"，误。

为言师范教育之旨，而申所以相聘。谈次，谓："吾之长兹校也，四五年来，所以开罪故人者不少矣！吾望故人之有裨于教育，而故人不谅吾之处境。"言下慨然。已而振襟言曰："交道之不终，吾则自知罪矣！然吾宁获罪朋友，而不愿朋友之暱就于我，长傲纵欲，以贻误后生，贻误教育。吾望朋友为当代之人师，而不能陷朋友为教育之罪人。知我罪我，任之而已。"其辞恳然，其容肃然，意若有以相敬，而基博则为之①勃然变乎色。及其相处之日久，而睹先生之持躬恪，感先生之接我诚，卒亦谅其亡他而降心相从。

先生每有造述，必诣相视。基博奋笔涂乙，先生委己②以听。然而，生徒课业所系，先生曾不假借。基博未尝一日不改课，先生则未尝一月不检阅，恪恭将事，如临在上。方其得心应手，意随笔注，先生偶举诵说，不觉为之色舞，而文卷评乙，不懈益奋。

先生惟日孜孜以师道劘切吾同仁，而吾同仁惟日孜孜而③以学术劘切诸生，教学相长，用志④不纷。同仁晤对，赏奇析疑，文史而外，语无猥俗，相观而善⑤。海内风动，无不⑥称三师之学风，敬业乐群，实以冠出一时；而不知三师之教风，立懦廉顽，有以率励多士，鼓之舞之之谓作，则先生之有以善其用也。

而今哲人其萎，吾则安放？道揆法纪，日即于堕弛，校长不敢以师范绳僚友，教师亦罕以学业严课督，相为容说，舍业以嬉。其尤甚者，谍诉亡节，师道不立，且不自好，谋食而不谋道，饫廪且以居奇，囤种利贷，肆口而谈，市价烂熟，心田荒芜，黩货近利，何暇教学？学风之不饬于流，胥由教风之不端⑦其本。师失其表，后生何观⑧？追想先生，如仰羲皇。式靡振衰，安得斯人？《诗》不云乎："虽无⑨老成人，尚有典刑。"此基博所以尤惓惓于先生而不能自已也。先生以江苏省立第三师范学校校长发闻，而不以江苏省立第三师范学校校长殁齿。然而，基博系之曰：前江苏省立第三师范学校校长者，则以先生之道，于是为久而尊，树师范，重人纪也。先生于余十年以长，追奉手于平生，惧立身之或渝。先生已矣，后死何堪？呜呼哀哉！长歌当哭，系以词曰：

---

① 傅宏星校订的《钱基博集·碑传合编》无"之"，误。
② 原作"已"，误。
③ 原作"巧"，傅宏星校订的《钱基博集·碑传合编》亦作"巧"，均误。
④ 原作"知"，傅宏星校订的《钱基博集·碑传合编》亦作"知"，均误。
⑤ 原作"然"，傅宏星校订的《钱基博集·碑传合编》亦作"然"，均误。
⑥ 原作"即"，傅宏星校订的《钱基博集·碑传合编》亦作"即"，均误。
⑦ 傅宏星校订的《钱基博集·碑传合编》作"懒"，误。
⑧ 傅宏星校订的《钱基博集·碑传合编》作"觏"，误。
⑨ 原作"亡"，据程俊英《诗经译注》而改。

噫吁嚱①！以先生之年六十有七岁而死不为夭兮，但悲不见九州之同。何独先生于今为然兮，抑自古遗恨于放翁。独以放翁之卓荦有文采而依托于权奸兮，何如先生之德化及人清白在躬。澹泊②以明志兮，开诚以布公。宏作育于师范兮，仰穆如之清风。国不竞而亦陵兮，捐东南于犬戎③。岂委己④于非类兮，逝长沙以悾悾？湘水之流清兮，可以濯吾衷。衡山之云开兮，可以荡吾胸。流离颠沛先生之境困兮，而含弘光大⑤先生之志则充。哲人其委兮，视天梦梦。先生之生亦有涯兮，而先生之教泽无穷。嗟人往而风微兮⑥，先生之道兮昭以蒙⑦。君子谋道不谋食兮，胡睹此日之⑧见金夫不有躬？滔滔者天下皆是兮，余安能无殄瘁之恫？岂徒以哭余私兮，抑⑨欲以发天下之聋？师道严则善人立兮，岂施于今而不通⑩？孰则为生民而立极兮，我心忡忡。呜呼哀哉！

---

① 傅宏星校订的《钱基博集·碑传合编》作"戏"，误。
② 原作"珀"，误。
③ 原作"戌"，误。
④ 原作"已"，误。
⑤ 原作"含弛广大"，据王弼注、孔颖达疏《周易正义》而改。
⑥ 原作"之"，据正文内容而改。
⑦ 原作"先生之道兮昭以蒙"，据正文内容而改。傅宏星校订的《钱基博集·碑传合编》作"先生之道兮之以蒙"，误。
⑧ 傅宏星校订的《钱基博集·碑传合编》作"昭"，误。
⑨ 傅宏星校订的《钱基博集·碑传合编》无"抑"，误。
⑩ 傅宏星校订的《钱基博集·碑传合编》作"抑且施于今而不穷"，误。

追悼会启①

顾述之先生追悼大会筹备委员会　撰

窃惟立国之本，端在教育；教育之基，首推师范。我江苏为文物之邦，论教育则大江以北推南通，大江以南数无锡。而开锡邑师范教育之先河者，则前三师校长顾述之先生也。

先生少孤，母杜太夫人教之成立。长游名师之门，学益孟晋。卒以名诸生东渡受师范教育，深得其实事求是之精神。归国后，初长东林，成绩卓著。继游燕冀，襄傅沉叔先生学幕，受知于严范孙先生。南归后，办理无锡女子职业学校，颇著声誉。教育当局耳先生名，委以省立师范监督之职。先生首捐所创新民小学校址，以为之倡。经始粗成，即告光复。民国纪元，续任第三师范校长。筚路蓝缕，渐底于成。学校弦歌，与辟雍钟鼓相应和。举凡校舍之一砖一室，校园之一花一水，靡不耗先生之心血而成。

长校十年，心力交瘁，爰引疾乞休，而一意于农村经济。偕夫人乡居有年，除耕读外，尤注意于农民生活，慨然有改善民生之志。会苏省方筹组农民银行，延先生主持无锡分行。先生以有志获偿，毅然受任。对于农民经济，多所建白。其努力行务，一如其在三师时，而先生亦垂垂老矣！

七七变作，锡邑继陷，先生随农行内迁，由汉而湘，备尝艰苦。适遭时疫，遽于七七一周年②之纪念日，考终长沙客次，海内同仁同深痛悼。灵榇旅殡湘沅者，十年于兹。戊③子首夏，其哲嗣震吉先生始以先生之丧归。同人等或忝属同舟，或亲沾化雨。对于先生以往之丰功，同深仰止除恭赴西郊公祭外，谨定于八月一日，集合先生旧雨暨弘毅学友，开追悼会于锡师附小之大礼堂。（上午八时半集合，九时举行仪式。）

谨举下列四端，为纪念先生之息壤：

一、重建锡师大礼堂，并定名为"述之堂"，以垂久远。

---

①　顾述之先生追悼大会筹备委员会：《顾公述之追悼会特刊》，1948 年 8 月 1 日。此文为其中第六篇。

②　原无"年"，据顾复《顾公述之年谱》而改。

③　原作"戌"，误。

二、恢复校友会之小学博物馆，以竟前功。

三、刊印先生遗著，以资观摩。

四、募集述之奖学金，以宏造就。

除礼堂募款已另行专册函达外，凡参加追悼会同仁，有惠赐诗文纸联者，请先期惠下；余请概赐现金，充"述之堂"建筑之费，俾得聚沙成塔，集腋成裘。是所望于海内诸君子，是为启。

顾公述之年谱①

顾复 撰

同治十年壬申，一岁。正月二十七日②，生。

同治十一年癸酉，二岁。

同治十二年甲戌，三岁。二月，父硕甫公逝世。

光绪元年乙亥，四岁。母杜太君夫人始教以识字。

光绪二年丙子，五岁。入塾读书。

光绪三年丁丑，六岁。

光绪四年戊寅，七岁。

光绪五年己卯，八岁。

光绪六年庚辰，九岁。受业于龚叔度师门下。

光绪七年辛巳，十岁。

光绪八年壬午，十一岁。

光绪九年癸未，十二岁。

光绪十年甲申，十三岁。

光绪十一年乙酉，十四岁。

光绪十二年丙戌，十五岁。

光绪十三年丁亥，十六岁。

光绪十四年戊子，十七岁。龚叔度师殁，益发愤自学。

光绪十五年己丑，十八岁。

光绪十六年庚寅，十九岁。是年与原配杨夫人结婚。

光绪十七年辛卯，二十岁。

光绪十八年壬辰，二十一岁。

光绪十九年癸巳，二十二岁。入庠补博士弟子员。

---

① 顾述之先生追悼大会筹备委员会：《顾公述之追悼会特刊》，1948 年 8 月 1 日。此文为其中第七篇。

② 原作"正月二十日"，据顾倬《云窝诗存》中《五十述怀》诗前小序而改。顾倬出生于同治十年十二月十八日（公历 1872 年 1 月 27 日）。

光绪二十年甲午，二十三岁。九月，长子复生。

光绪二十一年乙未，二十四岁。肄业东林书院，受知于陶云组师。

光绪二十二年丙申，二十五岁。

光绪二十三年丁酉，二十六岁。次子志韩生。

光绪二十四年戊戌，二十七岁。

光绪二十五年己亥，二十八岁。次子志韩殇。

光绪二十六年庚子，二十九岁。八月，原配杨夫人病肺逝世。

光绪二十七年辛丑，三十岁。三月，继室侯夫人结婚。

光绪二十八年壬寅，三十一岁。入南菁高等学校，肄业，受知于丹徒丁叔衡师。

光绪二十九年癸卯，三十二岁。正月，赴日本东京，入弘文。

光绪三十年甲辰，三十三岁。东林书院改组东林小学，被任该校校长。七月，母杜太夫人逝世。

光绪三十一年乙巳，三十四岁。长女淑英生。

光绪三十二年丙午，三十五岁。私办新民小学校，先租赁吴姓屋，开学后旋在锡巷建筑校舍，迁入。

光绪三十三年丁未，三十六岁。任上海中国图书公司编辑。九月，次女静英生。

光绪三十四年戊申，三十七岁。与华实孚、蔡松如二先生合办女子职业学校。

宣统元年己酉，三十八岁。正月，赴天津直隶提学使署任普通教育科长。五月，三子衡生。

宣统二年庚戌，三十九岁。夏，患失眠，由天津回里休养。秋，长女淑英殇。

宣统三年辛亥，四十岁。正月，筹备江苏省立第三师范学校。七月，开学，任为监督。

民国元年壬子，四十一岁。光复后，改任省立第三师范校长。六月，赴日本考察，留东一月余。

民国二年癸丑，四十二岁。三女清侣生。

民国三年甲寅，四十三岁。

民国四年乙卯，四十四岁。

民国五年丙辰，四十五岁。六月，四子循生。

民国六年丁巳①，四十六岁。重建达观楼。

民国七年戊午，四十七岁。九月，四女幼彤生。

民国八年己未，四十八岁。四月，再赴日本考察教育，绕道朝鲜东北回国。

---

① 原作"己"，误。

民国九年庚申，四十九岁。八月，为长子①复娶媳。十月，上海面粉公会捐办小麦试验场，为之购地筹备。

民国十年辛酉，五十岁。十一月，辞第三师范学校校长职务。

民国十一年壬戌，五十一岁。卜居乡间小麦试验场，以耕读为乐。

民国十二年癸亥，五十二②岁。

民国十三年甲子，五十三岁。

民国十四年乙丑，五十四岁。主编《小学教育月刊》。

民国十五年丙寅，五十五岁。次女静英于归蔡氏。

民国十六年丁卯，五十六岁。被推为顾氏族董会族董，开始清厘公产。

民国十七年戊辰，五十七岁。

民国十八年己巳，五十八岁。十月，筹办江苏省农民银行无锡分行，旋任经理之职。

民国十九年庚午，五十九岁。

民国二十年辛未，六十岁。

民国二十一年壬申，六十一岁。

民国二十二年癸酉，六十二岁。修理惠山宗祠。

民国二十三年甲戌，六十三岁。重建崇议堂公厅。十二月，三子衡故。

民国二十四年乙亥，六十四岁。一月，三女清侣于归吴县汪氏。

民国二十五年丙子，六十五岁。

民国二十六年丁丑，六十六岁。十一月，日寇陷沪锡地，危急，结束农民银行事务，率眷属及行内同人赴镇将职问总行，交楚战局益紧，遂赴汉转湘避难。

民国二十七年戊寅③，七月七日，病殁长沙寓所。卜葬于长沙南门外于木冲。

民国三十六年丁亥，四月，子复赴湘迁葬暂厝。

民国三十七年戊子，五月，由招商公司轮船运枢到锡，暂厝安乐山庄。六④月，安葬于孔山祖茔。

---

① 原作"生"，误。

② 原作"三"，误。

③ 原无"民国二十七年戊寅"，据正文内容而改。

④ 原作"□"，据陈纶等《祭文》而改。

顾君述之诔①

章乃羹　撰

无锡顾君述之，承贤母之教。奋起孤寒，由邑庠生卒业东林、南菁二书院。负笈扶桑，学成返国。创江苏第三师范于无锡。长校十年，誉满江南；所造多士，蔚为良材。退掌无锡农民银行，以阜民生产。树教育之基，为己任。抗战军兴，辟②寇长沙，感疾不起。凡属友好，同声哀悼。胜利以还，乡人念其绩，醵金筑述之堂，又为会追悼。余曾随君后，稔君行事，既为文传君，情不自已，为之诔曰：

觥觥顾君，两间之英。奋起孤露，尊亲扬名。始基所肇，东林南菁。思皇学识，扬帆东瀛。昕夕探讨，曰勤与精。学成返国，父老相迎。筹画师范，推君主盟。卜地孔庙，对宇望衡。综核名实，十载经营。门墙桃李，蔚为琼瑛。退掌农行，操奇计盈。丰衣足食，教育芽萌。总君志节，涵虚太清。天祸禹域，岛夷逞兵。荐食上国，面目狰狞。间关历险，远吊湘灵。天不慭遗，吹陨客星。望风怀想，我泪其零。旋榇东指，兆卜新茔。修视封树，我愧巨卿。呜呼哀哉！

---

① 顾述之先生追悼大会筹备委员会：《顾公述之追悼会特刊》，1948 年 8 月 1 日。此文为其中第八篇。

② 原作"群"，误。

后　记

　　《诗经·小雅·伐木》："嘤其鸣矣，求其友声。"为顾倬先生整理出版一部教育文集的愿望，早在两年前就萦绕于我们的内心。其间，虽有过波折，但从未放弃。如今，由我和妻子整理的《顾倬教育文集》终于要面世了。本书的出版，既是对他人格精神和学术成果的集中展示，也是对他教书育人及学术研究的最好纪念。值此之际，我们不禁心潮澎湃，感喟不已！

　　两年前寒假的一天，妻子无意间跟我提起了学校的创办者顾倬先生，让我对顾倬先生顿生景慕之情。于是，我就开始收集、阅读他的作品。在收集、阅读的过程中，我慢慢地发现他是一位有情怀、有孝心、有思想、有能力、有眼光的教育家。清末状元张謇先生曾高度评价顾倬先生，云："謇于无锡谘访，而得顾君述之；尝一见之于沪上，与之语，窥其蕴，肫肫然君子也。"

　　此前，顾倬先生的作品，大多散落于各处。市场上，关于顾倬先生的一些作品，尤其是著作，一些卖家大多要价不菲。然而，我们最终还是逐一把它们买回来了。有一次，为了能目睹顾倬先生专门为纪念他母亲而撰写的《春晖小识》，我费尽周折，终于找到一个卖家，但无奈对方要价实在太高而一时犹豫不决。妻子得知后，曾试探性地问我："你打算为他整理出版文集吗？"我听后，不免一惊，又反过来试探性地问："如果是自费出版呢？"随后，她朝我会心一笑："买吧！整理所需要的，先全部买来！"于是，几经联系，最终以三千元购得这本《春晖小识》。事后，卖家还特意发信息来，说道："能买到这书，要仙缘的。书中收录了南开大学创办者严修、北京大学校长蔡元培、清末状元张謇、无锡国学专修馆创办者唐文治、著名教育家黄炎培等二十多位名家为他书写的诗文。兄也文化人，最好了！"读完《春晖小识》后，我们不禁爱不释手，深深地被他感念母亲的孝心所打动！后来，我们又陆陆续续地花了万余元，先后买回了顾倬先生的《小学各科教授法》《初等小学修身教授本》《高等小学国文读本》《幼儿保育法》《通俗教育谈》《顾氏宗谱》等作品，以及为纪念他而专门发行的《顾公述之追悼会特刊》。对于自己所购买的这些作品，我们均视如珍宝，好生保存，以作纪念。

　　其实，顾倬先生不仅是杰出的教育家，而且是出色的散文家和诗人。无论是在诗歌领域，还是在散文领域，他的文学作品都表现出了自己独特鲜明的个性，视角新颖，文笔优美，感情真挚，思想深刻，读后令人感动，引人深思，启人智慧。令人欣慰的是，他的这些文学作品，大都保存在他的《云窝诗存》《云窝文存》中，可供人们学习和研究。

颇感遗憾的是，限于主题、篇幅、精力等因素，我们最终却不得不忍痛割爱，对于顾倬先生的其他作品未加收录和整理。古人云："知音其难哉！音实难知，知实难逢，逢其知音，千载其一乎！"在整理本书的过程中，我们虽谬托知己，殚精竭虑，坚持慎取精校，但终究囿于自身学识有限，以致本书难免存在不足之处，惟祈望方家批评指正！

在本书的出版过程中，出版社责编黄金涛先生为我们提供了无私的帮助，付出了极大的心血。此外，本书所涉及的个别字词不易被识别，华东师范大学古籍研究所丁小明研究员、广东技术师范大学徐拥军博士、南通大学艺术学院王维副教授热心帮助，不吝赐教！这些都是本书得以顺利出版的保障。在此，一并深表感谢！

2011年8月，我幸运地进入南通大学文学院工作。2021年11月，我顺利地调入到无锡城市职业技术学院师范学院。一直以来，对那些一路帮助我、扶持我、教导我的人，我都铭记于心，感恩于怀！如今，我和妻子一起在这所由顾倬先生亲手创办的学校里工作。或许，这也算是我们跟顾倬先生之间的一种缘分吧！能为顾倬先生整理出版教育文集，我们真是荣幸之至！

古人云："仰之弥高，钻之弥坚。"顾倬先生的一生是矢志报国的一生，是潜心治学的一生，是精诚育人的一生。我们相信，本书的出版，将为大家映现出一位真正具有仁者之怀、长者之风、学者之范的教育家形象。钱基博先生曾高度评价顾倬先生，云："先生之生亦有涯兮，而先生之教泽无穷。"大家通过本书的阅读，一定会对顾倬先生肃然起敬。他那执着的精神，他那博大的情怀，他那执着的精神，他那赤诚的孝心，他那深邃的思想，他那超凡的能力，他那独到的眼光，皆有值得大家景仰和学习的地方。或许，这正是本书整理出版的真正价值所在。

2022年7月，施仲贞写于无锡蕙兰斋。